Buch

Die Bundesbank ist in Europa nicht überall gut angesehen. Sie geht oft ihre eigenen Wege, und manch ein Kritiker vermutet, daß sie ihre Unabhängigkeit in der Geldpolitik auf dem Altar der Wiedervereinigung hat opfern müssen.
David Marsh, Deutschlandkorrespondent für die renommierte Wirtschaftszeitung Europas, die »Financial Times«, hat sich für dieses Buch nicht nur Zugang zu den Chefetagen der deutschen Wirtschaft verschafft, sondern hat intensiv im hochbrisanten Archiv der Bundesbank recherchiert. Von der vernichtenden Verschmelzung in der Weimarer Republik über die totale Verschmelzung von Partei- und Finanzpolitik im Dritten Reich bis zum Wiedererstehen einer nunmehr unabhängig konzipierten zentralen Geldbehörde in Deutschland spürt das Buch jenen Männern nach, die die Fäden der Geldpolitik in ihren Händen hielten: Hjalmar Schacht, Walther Funk, Hermann Josef Abs, Karl Blessing, Otmar Emminger, Karl Otto Pöhl. Vor den Augen des Lesers entsteht eine spannende Geschichte, in der Geld und Politik die Hauptrolle spielen.

Autor

David Marsh, Jahrgang 1952, schreibt seit 1973 über die europäische Finanzpolitik. 1978 wurde er Mitarbeiter der »Financial Times«, 1986 übernahm er den Posten des Deutschlandkorrespondenten in Bonn. Im Herbst 1991 kehrte er nach London zurück, um in der Zentrale der »Financial Times« die Leitung des Europareferats zu übernehmen. David Marsh ist verheiratet und Vater zweier Töchter.

DAVID MARSH
DIE BUNDESBANK
GESCHÄFTE MIT DER MACHT

Aus dem Englischen von
Helmut Dierlamm, Verena Koch
und Wolfram Ströle

GOLDMANN VERLAG

Umwelthinweis:
Alle bedruckten Materialien dieses Taschenbuches
sind chlorfrei und umweltschonend.

Der Goldmann Verlag
ist ein Unternehmen der Verlagsgruppe Bertelsmann

Vom Autor aktualisierte und erweiterte Taschen-
buchausgabe Juni 1995
Wilhelm Goldmann Verlag München
© 1992 der deutschsprachigen Ausgabe
C. Bertelsmann Verlag GmbH, München
© 1992 der Originalausgabe David Marsh
Originalverlag: William Heinemann, London
Originaltitel: The Bank that Rules Europe
Umschlaggestaltung: Design Team München
Umschlagabbildung: Bavaria/Merten, Gauting
Satz: Uhl + Massopust, Aalen
Druck: Presse-Druck, Augsburg
Verlagsnummer: 12563
ss · Herstellung: Ludwig Weidenbeck
Made in Germany
ISBN 3-442-12563-4

10 9 8 7 6 5 4 3 2 1

Inhaltsverzeichnis

Vorwort   9

KAPITEL I
Das Zentrum Europas   15

1. Das größte Reich   17
2. Auf dem Thron installiert   22
3. »Wir sind arrogant, weil wir gut sind«   25
4. Ein Produkt der Geschichte   28
5. Das Ende der Kader   32
6. Pragmatismus und Überleben   33

KAPITEL II
Sicherung der Währung   39

1. Ein Fixpunkt   40
2. Metamorphose in Berlin   44
3. Eine Last wird abgeschüttelt   48
4. Eine Art Distanz   55
5. Eine feste Tradition   60
6. »Wichtiger als Gold«   65
7. »Die Erfahrung zeigt, daß wir recht gehabt haben«   67
8. Anpassung an die Umstände   71

KAPITEL III
Die Bundesbank von innen   76

1. Die Gobelins sind verschwunden   77
2. Im obersten Stock   80
3. »Wenn wir einen Stein in den Teich werfen . . .«   86
4. Aufsässige Prinzen   94

5. Wie der Präsident seine Männer überzeugt	99
6. »Zur Diplomatie war er völlig unfähig«	103
7. Hierarchische Strukturen	106
8. Geschäfte mit der D-Mark	110
9. Die Vernichtung alter Scheine	113
10. Überschätzt und unterbezahlt?	115

Kapitel IV
Partner in der Katastrophe 120

1. Im Zentrum des Reiches	121
2. Falsche Zuversicht	125
3. Der Verfall der Mark	129
4. Ehrgeiz und Doppelzüngigkeit	134
5. »Möge der nationale Sturmwind nicht ermatten«	140
6. »Diese Regierung wird grundsätzlich Währungsexperimente vermeiden«	144
7. Reichsbank und Repression	148
8. An der Grenze angekommen	153

Kapitel V
Der Marsch der Reichsmark 159

1. »Ein sehr schwacher Mensch«	160
2. Eine Bank mit nationalsozialistischem Charakter	166
3. Der Plan einer europäischen Wirtschaftsunion	172
4. Orthodoxe Ziele	175
5. »Die deutsche Ordnung wurde brutal zerstört«	179
6. Das Schicksal des Zauberers	181

Kapitel VI
Kontinuität und Wandel 184

1. Ein Zwitter nimmt Gestalt an	186
2. Ein Tauziehen zwischen den Alliierten	189
3. »Die Yankees fielen beinahe in Ohnmacht«	194
4. Eine gewisse Flexibilität	199
5. Die alte Garde kehrt zurück	206

6. »Die Bank trifft nicht das geringste Verschulden...«	209
7. Der Kampf um die Unabhängigkeit	213

KAPITEL VII
Die Macht der Zinsen   217

1. »Die Notenbank kann die Regierung stürzen...«   218
2. Zwietracht und Harmonie   222
3. Einen Standard setzen   229
4. Ein Dilemma tut sich auf   233
5. Ein Umschwung und seine Folgen   239
6. Das Ende von Bretton Woods   245
7. Auf der Suche nach einer neuen Ordnung   250

KAPITEL VIII
Die Herausforderung der Einheit   253

1. Ein Unternehmen von historischen Dimensionen   254
2. Ein schwaches Gegengewicht zur Staatsgewalt   262
3. »Die Idee einer Währungsunion ist unrealistisch«   266
4. Der Kanzler ändert seine Meinung   272
5. Die Währungsumstellung nimmt Gestalt an   276
6. Spannungen im Zentralbankrat   281
7. Das Desaster von Brüssel   285
8. Eine unwiderrufliche Entscheidung   288
9. Die Folgen der Einheit   291

KAPITEL IX
Die Suche nach Europa   294

1. Wo sich Europas Straßen kreuzen   297
2. Ein einseitiges Abkommen   305
3. »So ein schönes Paar«   311
4. »Die WWU wird es nicht geben...«   315
5. Der Kampf um die D-Mark   319
6. Übriggebliebene Bedingungen   324
7. Befürchtungen und Perspektiven   327

KAPITEL X
Gratwanderungen   331

  1. Ein delikates Gleichgewicht   333
  2. Der deutsche Weg   337
  3. Die Vorherrschaft der Bundesbank?   341

ANHANG   347
Mitgliedslisten und statistische Daten   349
Glossar   358
Anmerkungen   362
Bibliographie   435
Personenregister   439
Sachregister   443
Bildnachweis   445

Vorwort

Die Bundesbank ist in vielerlei Hinsicht für eine eingehende Untersuchung geradezu prädestiniert. Sie ist zweifellos von herausragender Bedeutung für Deutschland und für Europa insgesamt. Im Wirtschaftsteil europäischer Zeitungen erscheint ihr Name täglich in den Schlagzeilen der Berichte über währungspolitische Fragen. Wie die Bundesbank funktioniert und was für Menschen an ihrer Spitze stehen, erfährt man dagegen selten. Die Bundesbank ist eine nationale Institution, und unter solchen Institutionen sind diejenigen, die mit Geldangelegenheiten zu tun haben, oft die interessantesten, gerade weil wenig über sie bekannt ist. Ohne, wie ich hoffe, das Faszinosum Bundesbank zu entzaubern, möchte dieses Buch dem Leser einen Blick hinter die Kulissen gestatten und gleichzeitig einen Beitrag zum besseren Verständnis dieser so überaus wichtigen deutschen Institution leisten.

Eine Studie über die Bundesbank schien mir aus manch anderen Gründen verlockend. Die Traditionen, die die Bundesbank von der bis 1945 existierenden Reichsbank übernommen hat, sind noch kaum einer eingehenderen Untersuchung unterzogen worden. Erstaunlich problemlos nahmen die Bank deutscher Länder und dann die Bundesbank nach dem Zweiten Weltkrieg Männer in ihre Reihen auf, die sich mit der Diktatur des Dritten Reiches arrangiert hatten oder hatten arrangieren müssen und nun ihren Teil zum Wiederaufbau Deutschlands beitrugen. Aber auch wenn die Bundesbank in mancherlei Hinsicht Kontinuität repräsentiert, ist sie doch in erster Linie ein Symbol des nationalen Neubeginns. Ihr kommt eine Schlüsselrolle in der Nachkriegsgeschichte der Bundesrepublik zu, nicht nur bezüglich des wirtschaftlichen Aufschwungs, sondern auch bezüglich der politischen Wiedergeburt. Ohne eine stabile Währung wäre die Bevölkerung mit der westlich orientierten Bundesrepublik nach 1949 möglicherweise kaum glücklicher geworden als mit der Weimarer Republik.

Vierzig Jahre später spielt die Bundesbank eine kontroverse Hauptrolle in der Geschichte der deutschen Wiedervereinigung, deren heißeste Phase mit der Einführung der D-Mark in der DDR am 1. Juli 1990 begann. Die politische Einheit wurde am 3. Oktober 1990 besiegelt, doch der Prozeß des »Zusammenwachsens« wird noch die Kräfte einer ganzen Generation in Anspruch nehmen. Aus zwei Staaten, die verschiedene Wege gegangen sind, auch wenn beide »deutsch« blieben, ist eine neue Nation entstanden: ein Unterfangen, das in den ersten vier Jahren nach der Wiedervereinigung stimulierende, aber auch schmerzliche Erfahrungen mit sich gebracht hat: politische und soziale Spannungen, die tiefste Rezession der Nachkriegszeit und, im Währungsbereich, in den Jahren 1992 und 1993 den Zusammenbruch des Wechselkursmechanismus des Europäischen Währungssystems. Dabei geht es nicht nur um Politik und Wirtschaft, sondern auch um Menschen, wie die Geschichte der Bundesbank selbst zeigt.

Die Erfahrungen der Beamten der Reichsbank, die sich nach dem Krieg dem Leben in der Bundesrepublik anpaßten, gleichen oft dem, was ehemalige Funktionäre der kommunistischen DDR heute im vereinten demokratischen Deutschland erleben. Wie die Ex-Nazis nach 1945 sind die Ex-Kommunisten Anfang der neunziger Jahre nicht stolz auf ihre Vergangenheit. Heute wie damals versuchen die Betroffenen instinktiv zu verbergen, was sie unter dem alten Regime getan oder nicht getan haben.

Die Ereignisse in Deutschland schlugen in ganz Europa Wellen. Durch die deutsche Vereinigung haben die Bemühungen, die politische und wirtschaftliche Einheit Europas zu schaffen, neuen Auftrieb erhalten. Doch gleichzeitig ist der Weg zu diesem Ziel auch schwieriger geworden. Wieder steht die Bundesbank im Mittelpunkt der Debatte. Wenn jedoch Europa noch vor Ende des 20. Jahrhunderts eine gemeinsame Währung haben wird – wie im Maastrichter Vertrag vorgesehen –, dann wird die D-Mark verschwinden. Wird man die Institution, die die deutsche Einheit entscheidend mitgestaltet hat, um der größeren Einheit willen opfern? Oder wird die Bundesbank weiterbestehen? Auch auf diese Fragen will dieses Buch einige Antworten geben.

Ohne die Hilfe vieler Menschen in und außerhalb Deutschlands wäre dieses Buch nicht zustande gekommen. Ich danke meinen Kollegen von der *Financial Times*, insbesondere dem ehemaligen Chefredakteur Sir Geoffrey Owen und seinem Nachfolger Richard Lambert, die mich in meiner Neugier bestärkt und mir die Zeit gegeben haben, dieses Buch zu schreiben.

Vor allem haben mir natürlich die Menschen geholfen, um die es in diesem Buch hauptsächlich geht: die Männer (in den höheren Etagen gibt es kaum Frauen) von der Bundesbank selbst. Die Bank hat zweifellos selbst einiges zu dem teilweise überzogenen Mythos beigetragen, der sie umgibt. Und doch ist sie eine leicht zugängliche Organisation, die weiß, daß sie sich selbst und ihre Politik in der Öffentlichkeit darstellen muß. Neugewonnene Erkenntnisse kann man dort immer wieder in kontroversen Debatten überprüfen. Seit 1974, als ich das erste Mal mit der Bundesbank zu tun hatte, ist man mir dort fast ausnahmslos mit Geduld, Höflichkeit, Verständnis und Humor begegnet.

Mein besonderer Dank gilt Karl Otto Pöhl, der von 1980 bis 1991 Präsident der Bundesbank war und mir im Laufe der Jahre viele Stunden seiner Zeit geschenkt hat. Ihm hauptsächlich verdanke ich meine Einsichten in die psychologischen und politischen Hintergründe des Zentralbankwesens, das nicht nur eine Wissenschaft ist, die sich mit Zahlen beschäftigt, sondern ebenso oder noch mehr eine Kunst, die mit Menschen zu tun hat. Ich danke auch Helmut Schlesinger, dem Nachfolger Pöhls, der Anfang Oktober 1993 in den Ruhestand trat, sowie Hans Tietmeyer, Schlesingers ehemaligem Stellvertreter, dem jetzigen Präsidenten, für die wertvollen Hinweise, die sie mir in ausführlichen Gesprächen sowohl zur Vorbereitung für dieses Buch wie für meine kontinuierliche Berichterstattung für die *Financial Times* gaben.

Ich danke Manfred Körber, dem Leiter der Hauptabteilung für Öffentlichkeitsarbeit, der mich bei der allgemeinen Vorbereitung dieses Buches uneingeschränkt unterstützt hat. Dieter Lindenlaub, der Leiter des Bundesbankarchivs, tat weit mehr, als die

Pflicht von ihm verlangt hätte. Er förderte mein Verständnis der Bundesbankangelegenheiten, stellte mir Archivmaterial zur Verfügung und gab kritische und überzeugende Kommentare zu Manuskriptentwürfen ab. Die stundenlangen Gespräche mit ihm über entlegene Aspekte der Bundesbankgeschichte, die stets in gelöster und unvoreingenommener Atmosphäre stattfanden, haben meine Arbeit außerordentlich bereichert. Dr. Lindenlaub verdanke ich überdies meine häufigen Besuche im Bundesbankkasino.

Für die in diesem Buch vertretenen Ansichten wie auch für mögliche Fehler ist natürlich allein der Autor verantwortlich.

Viele ehemalige und heutige Mitglieder des Zentralbankrats gaben mir in ausführlichen Gesprächen wertvolle Hinweise, mit einigen sprach ich im Laufe der Jahre mehrmals. Ich danke Leonhard Gleske, Johann Wilhelm Gaddum, Wendelin Hartmann, Hans Hermsdorf, Helmut Hesse, Dieter Hiss, Otmar Issing, Reimut Jochimsen, Norbert Kloten, Claus Köhler, Werner Lucht, Lothar Müller, Kurt Nemitz, Wilhelm Nölling, Friedrich-Wilhelm von Schelling, Johann Baptist Schöllhorn, Werner Schulz, Günther Storch und Karl Thomas. Des weiteren danke ich den Mitarbeitern der Bundesbank Jürgen Becker, Thomas Buch, Bernhard Gaude, Thomas Gierenstein, Siegfried Gutermann, Gerd Häusler, Klaus Hanau, Jürgen Matthiessen, Heinz-Dieter Maurer, Detlev Rahmsdorf, Wolfgang Rieke, Franz Scholl, Peter-Wilhelm Schlüter und Peter Walter für wertvolle Kommentare und Einsichten.

Besonderen Dank schulde ich dem ehemaligen Bundeskanzler Helmut Schmidt, der mir zahlreiche Interviews über die Bundesbank und ihre Strategien gewährte. Für die Zeit, die sie mir gewidmet haben, und für gute Ratschläge zu verschiedenen Aspekten des Buches danke ich Hermann Josef Abs, Ulrich Barth, Kurt Biedenkopf, Wilfried Guth, Helmuth Hartmann, Horst Köhler, Manfred Lahnstein, Hans Matthöfer, Lothar de Maizière, Bernhard Molitor, Karl Schiller, Otto Schlecht und Horst Teltschik.

Für seine unermüdliche Hilfe danke ich besonders David Marwell vom Berlin Document Center. Klaus Oldehage und Kurt

Metschies vom ehemaligen Staatsarchiv der DDR in Potsdam, das heute zum Bundesarchiv gehört, waren mir ebenso wie die Mitarbeiter des Bundesarchivs in Koblenz eine große Hilfe. Außerdem möchte ich Elmar Brandt und seinen Mitarbeitern vom Goethe-Institut in London, Ottfried Dascher und Wilfried Reininghaus vom Westfälischen Wirtschaftsarchiv in Dortmund und den Mitarbeitern der Bibliothek des Bundestags in Bonn meinen Dank sagen.

Die Gespräche mit Horst Kaminsky, Eberhardt Geißler und Bruno Meier von der ehemaligen Staatsbank der DDR waren mir eine große Hilfe. Mein besonderer Dank geht an Walter Krüger und Wolfrid Stoll. Ich danke Robin Leigh-Pemberton und Andrew Crockett von der Bank of England für die Gespräche, die ich mit ihnen führen durfte, sowie John Footman, Elizabeth Ogborn und Henry Gillett für ihre Unterstützung. Die vielen geistreichen Diskussionen mit Jacques de Larosière von der Banque de France waren ein besonderer Genuß. In der Nederlandsche Bank fand ich Unterstützung bei Wim Duisenberg und André Szasz. Nützliche Hinweise verdanke ich auch Alexandre Lamfalussy, Horst Bockelmann, Rickie Hall und Manfred Weber von der Bank für Internationalen Zahlungsausgleich.

Mein Dank für ihre geduldige Hilfe gebührt den Mitarbeitern des Bundesbankarchivs Harald Pohl, Rolf Herget, Gerd-Christian Wannovius, Karin Fitzner und Cornelia Richter. Wertvolle Vorschläge und Hinweise verdanke ich den Kollegen und Freunden, die Teile des Manuskripts lasen: Hans-Peter Fröhlich, Anthony Loehnis und Holger Schmieding. Harold James verhalf mir zu wichtigen Einsichten über das Leben Hjalmar Schachts; Johannes Puhl und Paula Muhlke gaben nützliche Hinweise zur Reichsbank. Ich danke besonders Dietrich Lemke von der Auslandsabteilung der Bundesbank. Auch diesmal war mir mein alter Freund Rudolf Lauer eine große Stütze. Ohne meine Frau und meine Töchter wäre dies alles weder möglich noch der Mühe wert gewesen.

David Marsh
Wimbledon, Mai 1994

KAPITEL I

Das Zentrum Europas

Und wenn viele Leute heute ein schlechtes Gedächtnis haben und die furchtbare Not des Jahres 1923 vergessen haben, so darf ich versichern, daß mein Gedächtnis nicht so kurz ist. Es wurde für mich 1923, noch als ich Ernährungsminister war, zur natürlichen Aufgabe, für die stabile Währung zu kämpfen. Feste Währung ist die Voraussetzung für unser tägliches Brot.
Hans Luther, Reichsbankpräsident, 1931[1]

Es gibt keine harte Währung ohne harte Maßnahmen.
Karl Blessing, Bundesbankpräsident, 1966[2]

Nach der Vereinigung Deutschlands hat sich unsere Rolle und unser Gewicht in Europa verändert. Deutschland ist das Modell, auf das unsere Nachbarn im Westen und im Osten blicken, und wir sind das Land, von dem in erster Linie signifikante Beiträge für die wirtschaftliche Entwicklung Osteuropas erwartet werden. Unsere Währung und ihre dafür verantwortliche Notenbank werden dabei eher noch wichtiger. *Karl Otto Pöhl, Bundesbankpräsident, 1991*[3]

Im Herbst 1960 führte ein ironisch gemeinter Artikel in der rosafarbenen britischen Wirtschaftstageszeitung *Financial Times* in der Frankfurter Zentrale der Bundesbank zu schamroten Gesichtern, während sich in den nüchternen Korridoren der Bank of England ein vergnügtes Schmunzeln ausbreitete. Willy Tomberg, ein Beamter der Auslandsabteilung der Bundesbank, hatte einer ironischen Passage der häufig exzentrischen Lombard-Kolumne der *Financial Times* eine tiefere Bedeutung beigemessen. Die Deutsche Bundesbank war 1957, also erst drei Jahre zuvor, gegründet worden. Sie war die Nachfolgerin der Bank deutscher Länder, der 1948 von den USA und Großbritannien* eingerichteten provisorischen Zentralbank in den westlichen Besatzungszonen des zerstörten, besiegten und gedemütigten Deutschland. Das »Wirt-

---

* Später wurde die Bank deutscher Länder auf die französische Besatzungszone ausgedehnt; siehe Kapitel VI.

schaftswunder« der Nachkriegszeit war bereits in vollem Gang, aber Deutschland war noch immer ein geteiltes Land, und die Bundesbank spielte in der internationalen Finanzwelt nur eine untergeordnete Rolle. Was war für einen Repräsentanten dieses unbedeutenden Neulings in der Geldpolitik naheliegender, als sich bei den Titanen aus der Threadneedle Street Rat zu holen?

In einem Brief an Donald Thomson von der Auslandsabteilung der Bank of England bat Tomberg bescheiden um Auskunft: »In einem Artikel der Financial Times habe ich von einer ›Akademie für Notenbanker‹ in Hetheringsstoke gelesen, die von Mr. Gressing Vocham geleitet wird. Bitte schicken Sie mir nähere Informationen über diese Institution, insbesondere darüber, ob es sich um eine private oder staatliche Einrichtung handelt.« Tomberg fügte höflich hinzu: »Außerdem hätte ich gerne gewußt, ob dort regelmäßige Vorträge stattfinden und – sollte das der Fall sein – ob diese Vorträge in bestimmten Zeitabständen stattfinden, etwa alle vier Wochen oder alle drei Monate.«[4]

Als Tombergs Anfrage in der Bank eintraf, sorgte die Erkenntnis, daß die Bundesbank auf den Schuljungenstreich der Londoner Wirtschaftszeitung hereingefallen war, dort für ungewöhnliche Heiterkeit. »Ich weiß nicht, ob Tomberg Sinn für Humor hat«, meinte einer von Thomsons Kollegen, »aber Sie werden vermutlich Ihren Spaß haben, wenn Sie ihm deutlich machen, daß die ›Akademie für Notenbanker‹ nicht ganz das ist, wofür er sie hält!« Tombergs Brief wurde mit folgender Notiz an den Vizegouverneur der Bank weitergeleitet: »Dieser Brief von Tomberg von der Bundesbank dürfte Sie interessieren. Er könnte schreckliche Folgen haben, und ich habe Thomson angewiesen, ihn nicht schriftlich zu beantworten, sondern am Telefon sein Bestes zu tun, um Tombergs Gesicht zu wahren.«

Auch Lord Cobbold, der Gouverneur der Bank of England, bekam das Schreiben der Bundesbank wenig später vorgelegt. Es war sicher eine vergnügliche Ablenkung von seinen Sorgen um das britische Pfund. Cobbold, der bei der Gründung der Bank deutscher Länder 1948 auf britischer Seite eine Schlüsselrolle gespielt hatte, informierte Lord Drogheda, den Chef der *Financial Times*, mit einigen trockenen präsidialen Worten:

Lieber Drogheda,
Ich denke, Sie sollten den Witz dieses Morgens erfahren (er darf natürlich in keiner Form abgedruckt oder sonstwie erwähnt werden!). Einer unserer Mitarbeiter hat beiliegenden Brief von einem Freund einer ausländischen Notenbank erhalten. Als ich ihn las, hielt ich ihn für einen Scherz. Man hat mir jedoch versichert, daß es sich um eine absolut ernsthafte Anfrage handelt! Du meine Güte.
Mit freundlichen Grüßen,
C. F. Cobbold

Auch Drogheda konnte der Versuchung nicht widerstehen, sich auf Kosten der Bundesbank einen kleinen aristokratischen Scherz zu erlauben. »Der ungezogene Lombard«, antwortete der Chef der *Financial Times* dem Notenbankpräsidenten, »wird vor Freude rosa anlaufen, wenn er erfährt, daß er so ernst genommen worden ist. Es wäre ihm sicher ein Vergnügen, für diesen Notenbanker einen Privatkurs zu arrangieren!«

Die Schadenfreude war allgemein, aber niemand kam durch das kleine Mißverständnis zu Schaden. Der ganze Vorfall bestärkte die Mitarbeiter der Bank of England lediglich auf angenehme Weise in dem heimlichen Überlegenheitsgefühl, das sie gegenüber dem Ausland im allgemeinen und Deutschland im besonderen hegten. 1960 ruhte man sich in Großbritannien immer noch auf dem hart erkämpften Sieg im Zweiten Weltkrieg aus. Niemand in London hatte bemerkt, daß die nächste Schlacht um Europa bereits im Gang war und daß sie nicht mit Waffengewalt entschieden werden würde, sondern durch die Macht des deutschen Geldes.

1. Das größte Reich

Dreißig Jahre später lacht keiner mehr über die Bundesbank. An ihrem Prestige und ihrer Professionalität, ihrem Selbstbewußtsein und ihrer Potenz besteht kein Zweifel. Die Bundesbank hat die Wehrmacht als bekannteste und gefürchtetste Institution

Deutschlands abgelöst. Von Tokio bis Toronto, von Bogotá bis Budapest ist schon der Name der Bank Symbol eines konsequent anti-inflationären Kurses. Die Ratschläge der Bank finden ernste und aufmerksame Zuhörer an den Tischen der Mächtigen, und ihr Arm reicht weit. Als Hüter der D-Mark, dieser exemplarischen starken Währung, die zum Symbol des deutschen Nachkriegsaufschwungs geworden ist, herrscht die Bundesbank über ein größeres Gebiet Europas als irgendein deutsches Reich der Geschichte.

Die Bundesbank ist laut ihren Statuten unabhängig von der Regierung und damit keine gewöhnliche Notenbank. Ihr Handlungsbereich ist gleichermaßen die Politik wie die Wirtschaft. Heute, zu Beginn der neunziger Jahre, ist die Bank in eine ausgedehnte Kontroverse mit der Bonner Regierung verwickelt, bei der es um die ökonomischen Konsequenzen der deutschen Vereinigung geht. Eine der großen Fragen lautet, ob die Währungspolitik der Bundesbank – deren oberstem Organ, dem Zentralbankrat, langfristig auch Bürger der neuen Bundesländer angehören werden – für das vereinigte Deutschland genauso erfolgreich sein kann, wie sie es für die Bundesrepublik war. Die Bundesbank steht außerdem im Zentrum stürmischer politischer Auseinandersetzungen über das EG-Projekt einer europäischen Wirtschafts- und Währungsunion (WWU), deren Ziel es ist, bis zum Ende des Jahrtausends eine gemeinsame europäische Währung einzuführen – ein Projekt, das hinsichtlich der unwiderruflichen Festsetzung von Wechselkursen weiter gehen würde als der Goldstandard oder nach dem Krieg das System von Bretton Woods. Worum es auch geht, eines ist klar: Wer sich mit der Bundesbank anlegt, tut das auf eigene Gefahr.

Die unmittelbare währungspolitische Herrschaft der Bundesbank erstreckt sich über das vereinigte Deutschland. Deutschland ist die drittwichtigste Volkswirtschaft der Welt und produziert ein Viertel des Bruttosozialprodukts der Europäischen Gemeinschaft. Die Einflußsphäre der Bundesbank reicht jedoch weit über die erweiterten Grenzen Deutschlands hinaus. Sie hat die Nationalregierungen als die treibende Kraft der Währungspolitik in ganz Europa abgelöst, in einem Gebiet also, das für rund ein Drittel der Gesamtleistung der Weltwirtschaft verantwortlich ist.

Dies ist eine Folge sowohl der wirtschaftlichen Stärke Deutschlands als auch der führenden Rolle, die die D-Mark im Europäischen Währungssystem (EWS) spielt, Europas Mechanismus zur Stabilisierung der Wechselkurse.

Als der britische Finanzminister – und spätere Premierminister – John Major im Herbst 1990 das Pfund in den Europäischen Wechselkursmechanismus einbrachte, gab er die britische monetäre Souveränität zugunsten der Frankfurter Notenbank auf – wie es die Finanzminister in einer Reihe anderer europäischer Hauptstädte schon früher getan hatten.

John Major war im Oktober 1990 als britischer Finanzminister einer der Hauptverantwortlichen dafür, daß der hartnäckige Widerstand Margaret Thatchers gegen eine Anbindung an die D-Mark gebrochen wurde. Er war sich darüber im klaren, daß es schmerzhaft sein würde, sich der deutschen Disziplin zu unterwerfen. Im September 1990 – zwei Monate bevor er Premierminister wurde – charakterisierte Major das EWS als »einen modernen Goldstandard mit der D-Mark als Anker«.[5] Wie sehr die Vereinigung Deutschland wirtschaftlich belasten würde, erkannte man 1990 noch nicht in vollem Umfang;* genausowenig sah man die Auswirkungen auf die europäische Währungspolitik voraus. Die Folge waren starke Nachwehen: Im September 1992 mußten das Pfund und die italienische Lira aus dem Wechselkursmechanismus des EWS ausscheiden, nachdem eine riesige Spekulationswelle die beiden Währungen unter schweren Druck gesetzt hatte. Im Juli/August 1993 kam eine neue, noch ernstere Krise, in der die Schwankungsmargen für EWS-Währungsfluktationen von 2,25 Prozent auf 15 Prozent erweitert werden mußten, um erneuten Angriffen auf den französischen Franc entgegenzuwirken. Die Reaktion der Bundesbank auf die ökonomische Problematik der deutschen Vereinigung erschwerte zudem die Wirtschafts- und Währungspolitik in ganz Europa. Doch die anderen europäischen Länder mußten sich zumeist mit den Auswirkungen der deutschen Geldpolitik abfinden, denn die sechzehn Mitglieder des Zentralbankrats der Bundesbank, die alle vierzehn Tage in

---

* Siehe Kapitel VIII

Frankfurt über die deutschen Zinssätze diskutieren, haben in der europäischen Währungspolitik heute das letzte Wort.

Die Bedeutung der D-Mark als Ankerwährung des EWS hat dank des großen wirtschaftlichen Aufschwungs Westdeutschlands in der zweiten Hälfte der achtziger Jahre deutlich zugenommen. Die wirtschaftliche Dynamik der Bundesrepublik wiederum war ein wichtiger Katalysator der deutschen Vereinigung, die sich 1989 bereits abzeichnete und 1990 nicht mehr aufzuhalten war.

Die Bundesrepublik überwand die ökonomische Flaute der frühen achtziger Jahre überraschend schnell und erzielte zwischen 1986 und 1990 eine jährliche Wachstumsrate von durchschnittlich 3,1 Prozent. Zugleich gelang es ihr, die Inflationsrate bei 1,4 Prozent zu halten – und sie konnte sich einen Leistungsbilanzüberschuß von durchschnittlich vier Prozent des Bruttosozialprodukts gutschreiben. Nach 1990/91 hat sich die ökonomische Leistungsfähigkeit Deutschlands schlagartig verschlechtert; zur Zeit der Vereinigung aber hatte die Bundesrepublik eine so gute wirtschaftliche Gesamtbilanz, wie es sie seit den sechziger Jahren nicht mehr gegeben hatte, und sie übertraf damit die meisten ihrer europäischen Partner bei weitem.[6]

Die innerdeutschen Ereignisse erklären aber nur teilweise, warum die Bundesbank im Zentrum der Aufmerksamkeit steht. Eine Reihe folgenschwerer internationaler Entwicklungen hat dazu geführt, daß die Bundesbank heute im Rampenlicht der Weltöffentlichkeit steht:

● Die Europäische Gemeinschaft hat beschlossen, daß die geplante Europäische Zentralbank, der die Aufsicht über die WWU übertragen werden wird, nach den gleichen Prinzipien arbeiten soll wie die regierungsunabhängige Bundesbank. Deutschland hat den Rest der Gemeinschaft dazu überredet, dem Plan einer gemeinsamen europäischen Währung streng anti-inflationäre Prinzipien zugrunde zu legen. Da die geplante Euro-Bank – auch wenn sie in Frankfurt, dem Sitz der Vorläuferinstitution, dem Europäischen Währungsinstitut, gegründet wird – die Bundesbank als Kontrollinstanz des europäischen

Geldes ersetzen würde, hegt man innerhalb der Bundesbank große Abneigung gegen dieses Projekt. Der WWU-Plan wird in den neunziger Jahren zu neuen Kontroversen führen, und es sieht ganz so aus, als ob er zum härtesten Test für den Zusammenhalt der Gemeinschaft seit Unterzeichnung der Römischen Verträge 1957 werden wird.

● Die Befreiung des ehemals kommunistischen Europa, die im Zusammenbruch der Sowjetunion kulminierte, hat die Stellung der Bundesbank in der östlichen Hälfte des europäischen Kontinents gestärkt. Dies kommt in der Verwendung der D-Mark als »Parallel«-Währung bei geschäftlichen Transaktionen und Investitionen in Mittel- und Osteuropa zum Ausdruck. Daß die Bundesbank einer stabilen Währung verpflichtet ist, war ein entscheidender Faktor bei der Nachkriegsmetamorphose Deutschlands vom totalitären Staat zu einer blühenden Demokratie mit freier Marktwirtschaft. In der Hoffnung, das gleiche Ergebnis zu erzielen, orientieren sich eine Reihe von Ländern in Osteuropa und der dritten Welt bei der Umgestaltung ihrer Notenbanken am Vorbild der Bundesbank und streben eine »soziale Marktwirtschaft« deutschen Stils an.[7]

● Die Leistungsfähigkeit der Industrie der Bundesrepublik und die hohen Überschüsse im Außenhandel haben Deutschland im Lauf der achtziger Jahre zum weltweit zweitwichtigsten Gläubigerland nach Japan gemacht. Zur gleichen Zeit erweiterten ausländische Anleger ihre DM-Guthaben beträchtlich, ein Zeichen für die internationale Anziehungskraft der Währung. Beide Entwicklungen haben die Stellung der Bundesbank im Weltfinanzsystem beträchtlich gestärkt. Obwohl sich die Bundesbank der Verwendung der D-Mark in den offiziellen Währungsreserven ausländischer Staaten lange Zeit widersetzte, übernahm die D-Mark in den siebziger Jahren die traditionelle Rolle des britischen Pfunds als zweite Weltreservewährung nach dem US-Dollar. Im folgenden Jahrzehnt schickten sich die Deutschen in das Unvermeidliche und akzeptierten das Bestreben ausländischer Notenbanken, DM-Guthaben aufzubauen. Im Jahr 1993 beliefen sich die offiziellen DM-Reserven auf über 229 Milliarden D-Mark, das sind 18 Prozent der Weltwährungs-

reserven. Die insgesamt von Ausländern gehaltenen DM-Bestände beliefen sich auf über eine Billion D-Mark – das ist dreimal soviel wie 1980.[8]
● Die Internationalisierung der D-Mark ist ein Zeichen der finanziellen Potenz Deutschlands; sie kompliziert jedoch die Währungspolitik erheblich. Wegen des Gewichts der ausländischen DM-Guthaben auf den Bank- und Wertpapiermärkten der Welt kann die Bundesbank die D-Mark erheblich weniger direkt kontrollieren, als wenn sie es nur mit einer reinen »Binnen«-Währung zu tun hätte. Wenn Unsicherheiten über den künftigen wirtschaftspolitischen Kurs Deutschlands bestehen wie in den Jahren 1991 bis 1994, muß die Bundesbank ihre Anstrengungen verdoppeln, das Geld knapp zu halten, damit ausländische Anleger und Investoren das Vertrauen nicht verlieren.
● Die fehlgeschlagenen Versuche der USA und Großbritanniens, inflationsfreies Wachstum auf radikal marktwirtschaftlichen Wegen zu erreichen, sind ein weiterer wichtiger Grund für das weltweite Interesse am deutschen Modell der Konjunktursteuerung. Zu Beginn der neunziger Jahre sieht sich die Bundesbank mit beträchtlichen Problemen konfrontiert, die aus dem starken ökonomischen Ungleichgewicht zwischen den beiden so verschiedenen Teilen der vereinigten deutschen Volkswirtschaft erwachsen. Im Vergleich zu den Rückschlägen, die die politisch Verantwortlichen anderer Industrieländer erleben mußten, nehmen sich die Leistungen der Bundesbank in den achtziger Jahren jedoch wie eine überzeugende Erfolgsbilanz aus.

2. Auf dem Thron installiert

All dies hat das Ansehen der Bundesbank – und ihre Rolle als internationales Vorbild bei der Wirtschaftssteuerung – deutlich gesteigert. Wenn so eine mächtige Institution wie das japanische Finanzministerium dem finanzpolitischen Konservatismus das Wort redet, dann beruft es sich nicht etwa auf Reagonomics oder Thatcherismus, sondern auf sein Bestreben, die »Bundesbank

Japans« zu werden.[9] Leider ist jedoch das Wissen um die Funktionsweise der Bundesbank bei weitem nicht so gewachsen wie ihr Ansehen. Kein anderes Währungsinstitut ist zum Gegenstand so vieler Mythen und Mystifikationen geworden.

In den Augen des außenstehenden Betrachters verkörpert die Bundesbank eine einzigartige Mischung von Eigenschaften. Für ihr Festhalten an einer orthodoxen Währungspolitik gelobt, wird sie zugleich für ihren unausrottbaren Hang geschmäht, sich den Regierungen im In- und Ausland zu widersetzen; sie ist Gottheit und Dämon zugleich. Das Federal Reserve System der Vereinigten Staaten mag mächtiger sein, die Bank von Japan unergründlicher, aber keine hat die Unabhängigkeit der Bundesbank oder deren Stolz, unpopuläre Entscheidungen zu treffen, die rund um den Erdball Erschütterungen hervorrufen können. Nur der Internationale Währungsfonds, als Wundertäter verehrt und zugleich als Geisel der Schuldnerländer der dritten Welt geschmäht, hat ein ähnlich schillerndes internationales Image wie die Bundesbank.

Von den großen europäischen Notenbanken stehen noch einige – wie die Bank of England – unter direkter Regierungskontrolle. Andere jedoch, z. B. die Banque de France, die Banca d'Italia und die jetzt »autonom« gewordene Banca d'España, haben sich in den letzten Jahren von dem Einfluß der jeweiligen Regierungen zunehmend befreit. Kleinere Notenbanken, etwa in den Niederlanden, in der Schweiz und in Schweden, genießen wie die Bundesbank eine lange Tradition der Unabhängigkeit. Bei der Planung ihrer monetären Strategien sind die anderen Notenbanken fast immer gehalten, sich an der Frankfurter Politik zu orientieren.

Obwohl die Bundesbank fest auf dem Thron der europäischen Finanzwelt sitzt, mangelt es nicht an Rivalen, denen die Vorherrschaft der Bundesbank unangenehm ist und die versuchen, sie zu stürzen. Ein wichtiges Motiv hinter der Kampagne für die Wirtschafts- und Währungsunion (WWU) ist der Wunsch anderer europäischer Regierungen – insbesondere der französischen –, die währungspolitische Vorherrschaft der Bundesbank zu schwächen. Die französische Begeisterung für eine einzige europäische Währung und eine Europäische Zentralbank ist von dem Wunsch getragen, der D-Mark Fesseln anzulegen und sie letztlich abzuschaffen.

Das Problem der Vereinigung der europäischen Währungen erwies sich als ein starker Faktor europäischer Uneinigkeit. Die Taktik der Franzosen bedeutete für Bundeskanzler Helmut Kohl ein ernstes Dilemma. Kohl wollte einerseits am Ziel einer politischen und monetären Union Europas festhalten, um die Furcht der Nachbarn Deutschlands zu dämpfen, ein starkes vereinigtes Deutschland bedrohe die europäische Stabilität. Andererseits wollte er in einer Zeit, da die deutsche Wirtschaft durch die Nachwehen der Vereinigung bereits stark belastet war, nicht auf die stabile Stütze der D-Mark verzichten.

Auf dem Gipfel von Maastricht im Dezember 1991 sah sich Kohl gezwungen, dem von Frankreich und Italien befürworteten WWU-Plan zuzustimmen, der die Einführung einer gemeinsamen Währung spätestens 1999 vorsieht. Das Unbehagen der Bundesbank angesichts der Perspektive, daß die D-Mark durch eine unerprobte europäische Währung ersetzt werden soll, wird von einem Großteil der deutschen Wähler geteilt. Die Bundesbank hat zu verstehen gegeben, daß sie sich nicht kampflos von ihrem Sockel stoßen lassen wird. Nur eine Woche nach dem Gipfel entschloß die Bank sich zu einer trotzigen Geste: Sie verstärkte ihre anti-inflationären Anstrengungen und erhöhte die deutschen Leitzinsen auf das höchste Niveau seit den dreißiger Jahren. Sie trug mit dieser Maßnahme dazu bei, eine Periode hoher Arbeitslosigkeit und langsamen Wachstums auf dem ganzen Kontinent zu verlängern, was die politischen Turbulenzen in einer Reihe wichtiger Länder verschärfte. Der Restriktionskurs wurde im Juli 1992 fortgesetzt, als die Bundesbank ihren Diskontsatz erneut um 0,75 Punkte auf 8,75 Prozent erhöhte. Der Anstieg der deutschen Zinsen trug dazu bei, daß die Lage für Schwachwährungsländer innerhalb des EWS – vor allem Großbritannien, Spanien und Italien – immer prekärer wurde. Dies hatte zunächst die Pfund- und Lirakrise vom September 1992 zur Folge und dann im Juli 1993 – trotz der seit Herbst 1992 bei der Bundesbank vorsichtig angelaufenen Zinssenkungsrunde – eine erneute Spekulationswelle gegen den französischen Franc. Die Ereignisse von 1992/93 waren ein Signal dafür, daß die Bundesbank der Bekämpfung der Inflation den Vorrang vor der europäischen Währungsunion gibt. Die Bundesbank konnte und wollte die Europäische Währungsunion nicht direkt sabotieren. Es war jedoch offenkundig, daß die WWU nur dann praktikabel sein würde, wenn sie auf einem gesamteuropäischen politischen Konsens basieren würde. Würde der WWU-Plan dank der harten Hand der Bundesbank zunehmend wie eine Anleitung zur Deflation aussehen, dann würde eine wachsende politische Opposition dafür sorgen, daß das Ziel nicht erreicht wird.

3. »Wir sind arrogant, weil wir gut sind«

Die Bundesbank vertritt ihre Doktrin der monetären Redlichkeit nicht nur durch die Härte ihrer Entscheidungen, sondern auch durch die Überzeugungskraft der Logik und des Arguments. In den letzten beiden Jahrzehnten hat sie bemerkenswerte Erfolge erzielt. Stabilitätspolitik im Stil der Bundesbank steht heute im Zentrum der internationalen Wirtschaftspolitik. Seit den späten siebziger Jahren wurde dies in Tausenden von Gipfel-Kommuniqués und Ministererklärungen betont. Die Beamten der Bundesbank sind die Evangelisten der Weltfinanz. Manchmal geben sie selbst zu, daß bei ihnen dicht unter der Oberfläche die Arroganz sitzt. »Wir sind arrogant, weil wir gut sind«, formulierte einer ihrer Repräsentanten mit bewundernswerter Offenheit. Auf internationalen währungspolitischen Konferenzen wirken die Bundesbankbeamten nie derangiert wie die französischen, gehetzt wie die britischen oder überfordert wie die amerikanischen Funktionäre. Die Bundesbanker schöpfen ihre Kraft aus der Gewißheit, daß sie mit der Bekämpfung der Inflation dem hellsten und wichtigsten Leitstern am Himmel folgen. Und sie haben den aufrichtigen Wunsch, daß andere ihm ebenfalls folgen mögen.

Immer wenn die Bundesbank andere Länder zum ungelegenen Zeitpunkt mit einer Erhöhung der Zinssätze verärgert, hat sie die gleiche Rechtfertigung bereit: Die Bekämpfung der Inflation liege nicht nur im Interesse Deutschlands, sondern ganz Europas. Der unmittelbare Anlaß für die Zinserhöhung nach dem Gipfel von Maastricht bestand darin, daß die Inflation in Deutschland über vier Prozent gestiegen war; die Bundesbank hatte jedoch auch diesmal vor allem an Europa gedacht. Helmut Schlesinger, der altgediente Ökonom aus Bayern, der zwischen August 1991 und Oktober 1993 Bundesbankpräsident war, rechtfertigte die Aktion mit der folgenden allumfassenden Begründung: »Eines sehen unsere Nachbarn durchaus: Die D-Mark ist nun mal derzeit die Leitwährung in Europa, und es läge nicht in ihrem Interesse, wenn die D-Mark eine Inflationswährung wäre.«[10]

Tietmeyer, der mürrische, aus solidem Holz geschnittene Westfale, der die Bank als Nachfolger Schlesingers leitet, bediente sich der gleichen Begründung: »Jeder stabilitätspolitische Sündenfall der Bundesbank würde nicht nur das Vertrauen in die D-Mark beschädigen, sondern auch das Vertrauen in die Stabilität des weiteren europäischen Integrationsprozesses.«[11] Geht es um Zinserhöhungen, pflegt Tietmeyer mehr wie Schlesinger seine Rücksichtnahme auf andere europäische Länder zu bekunden. Seine Botschaft ist aber im Grunde genommen ziemlich kompromißlos: »Sie können alle versichert sein, daß wir die Rückwirkungen [der Bundesbank-Geldpolitik] auf Europa sorgfältig abwägen. Aber ebenso wie wir ein stabiles Europa brauchen, brauchen unsere Nachbarn auch ein stabiles Deutschland. Nur auf der Grundlage der Geldstabilität kann es einen neuen, dauerhaften Wachstumsprozeß in Europa und weltweit geben.«[12]

Die Zinserhöhungen vom Dezember 1991 und Juli 1992 stellten einen Wendepunkt dar. Die meisten europäischen Länder – vor allem Großbritannien und Frankreich – hatten versucht, die Rezession durch eine Senkung der Kreditkosten zu überwinden. Die Bundesbank ließ ihre monetären Muskeln nie zu einem derart unbequemen Zeitpunkt spielen. Sie blieb jedoch mit ihrem Verhalten einem Muster treu, das zwei Jahrzehnte zuvor etabliert worden war. Die Bundesbank wurde im März 1973 erwachsen, als das in Bretton Woods geschaffene System weltweit fester Wechselkurse schließlich zusammenbrach. Die Einführung freier Wechselkurse befreite die Bank vom schädlichen Zufluß fremder Valuta durch die obligatorischen Dollarkäufe, die sie hatte tätigen müssen, um den Wechselkurs zwischen Dollar und D-Mark stabil zu halten, und sie erlaubte es ihr zum ersten Mal, sich ganz auf das Ziel der Preisstabilität zu konzentrieren. Im Jahr 1974 zog die Bundesbank als erste Zentralbank die Kreditschraube an, um der inflationären Wirkung zu begegnen, die der starke Anstieg der Ölpreise nach dem Jom-Kippur-Krieg vom Oktober 1973 hatte. Seit damals ist sie dem Ruf treu geblieben, daß sie entschiedene Maßnahmen ergreift, um die Inflation im Keim zu ersticken.

Preisstabilität im Wortsinn ist selten oder nie erreicht worden. Obwohl die Bundesbank relativ erfolgreich darin war, die Inflation in Deutschland niedrig zu halten, hat die D-Mark seit 1948 zwei Drittel ihres Werts verloren. Die Bundesbank verfolgt das langfristige Ziel, die durchschnittliche Inflationsrate bei etwa zwei Prozent im Jahr zu halten – auf dem gleichen Niveau wie in den fünfziger und sechziger Jahren. Seit dem Zusammenbruch des Systems von Bretton Woods fiel die westdeutsche Inflationsrate von sechs Prozent in der ersten Hälfte der siebziger Jahre auf vier Prozent zu Beginn der achtziger Jahre und auf nur ein Prozent Ende der achtziger Jahre. Der erneute Anstieg der Inflation auf vier Prozent Anfang der neunziger Jahre stellt also für die Bundesbank die größte Herausforderung innerhalb einer Generation dar.

Im Vorgriff auf das Grundprinzip der Inflationsbekämpfung, das später von Regierungen rund um den Erdball propagiert werden sollte, erfand die Bundesbank Anfang der siebziger Jahre den Slogan: »Es gibt keine Alternative.« Eine Stellungnahme der Bundesbank aus dem Jahr 1975 enthält einen Satz, der zu einem zentralen Dogma des Thatcherismus werden sollte:

Die Bundesbank verfolgte 1974 mit ihrer Geldpolitik vorrangig das Ziel, durch die Begrenzung der monetären Expansion eine Wende in der Preistendenz herbeizuführen... Dieser Stabilisierungsprozeß verlief freilich nicht ohne gesamtwirtschaftliche Kosten und zum Teil auch individuelle Opfer. Letztere konnten nur verantwortet werden, weil eine wirkliche Alternative zur Stabilisierungspolitik nicht bestand.[13]

Wenn die Regierungschefs und Finanzminister der westlichen Welt heute allgemein zu der Einsicht gelangt sind, die Inflation verringere die Arbeitslosigkeit nicht, sondern sei im Gegenteil eine ihrer Hauptursachen, wiederholen sie damit vertrauensvoll einen Glaubenssatz der Bundesbank. Dieser ging schon 1977 in die internationale Politik ein; damals wurde er auf Betreiben von Karl Otto Pöhl in das Kommuniqué des Londoner Wirtschaftsgipfels der sieben führenden Industrieländer hineingeschrieben. Pöhl, der Mitte 1977 seinen Posten als Staatssekretär im Finanzministerium aufgab und Vizepräsident der Bundesbank wurde, fungierte auf dem Gipfel als einer der leitenden Berater von Bundeskanzler Helmut Schmidt und wirkte von 1980 bis 1991 als quirliger Bundesbankpräsident.[14]

4. Ein Produkt der Geschichte

Wie alle nationalen Institutionen ist auch die Bundesbank ein Produkt der Geschichte. Im Fall Deutschlands nahm diese Geschichte einen ausgesprochen wechselhaften Verlauf. Der ständige Alptraum der Bank – so übertrieben das oft erscheinen mag – ist bis heute die Hyperinflation von 1923. »Nie wieder«, lautet die Parole. Man weiß, daß ein sicherer Weg, den guten Ruf zu verlieren, darin bestünde, die währungspolitischen Zügel schleifen zu lassen. Besonders faszinierend ist, mit welchem Erfolg die Bundesbank die deutsche Öffentlichkeit ständig an das warnende Beispiel der großen Inflation vor siebzig Jahren erinnert, gleichzeitig jedoch die eher unangenehmen oder peinlichen Spuren der jüngeren deutschen Notenbankgeschichte verwischt.

Die Bundesbank wurde 1957 gegründet. Sie ist jedoch keine völlig neue Institution. Ihre Wurzeln reichen bis in die Zeit vor dem Zweiten Weltkrieg zurück. Die in der Besatzungszeit nach dem Krieg gegründete Bank deutscher Länder wurde im Juli 1957 in die Bundesbank umgewandelt, durch ein Gesetz, das die rechtliche Stellung der Notenbank dahingehend veränderte, daß sie den Anforderungen eines Landes entsprach, das sich wieder selbst um seine Angelegenheiten kümmern durfte.[15] Nach dem

Bundesbankgesetz blieb die Bank eine föderal organisierte Institution, aber das Gesetz bekräftigte ihre Regierungsunabhängigkeit und erweiterte die Befugnisse ihres Exekutivorgans – des Direktoriums – im Vergleich zu denen der Landeszentralbankvertreter. Von nun an saßen neben den Landeszentralbankchefs auch die Mitglieder des Direktoriums im Zentralbankrat – eine einschneidende Veränderung.

Trotz der gesetzlich festgeschriebenen Unabhängigkeit der Bundesbank wurde die Position der Bundesregierung gestärkt. Während die Bank deutscher Länder den Landeszentralbanken gehört hatte, wechselte die Bundesbank in den Besitz des Bundes über, und die Bundesregierung hatte von nun an das Recht, den Präsidenten und die weiteren Mitglieder des Direktoriums zu ernennen. Die Landeszentralbanken, die bisher den Präsidenten des Zentralbankrats und seinen Stellvertreter hatten bestimmen dürfen, waren nun in die Gesamtorganisation der Bundesbank eingegliedert. In all den Jahren kam es nur selten vor, daß die Rivalität zwischen den Landeszentralbanken und dem Direktorium Schlagzeilen machte; den Höhepunkt erreichte diese Rivalität vor allem zwischen 1990 und 1992, während der dramatischen Ereignisse im Zusammenhang mit der deutschen Vereinigung und den Plänen für die Europäische Währungsunion.

Die gesetzlich verankerte Autonomie der Nachkriegszentralbank stellte zwar eine folgenschwere Veränderung dar, aber auf anderen Gebieten hatten Bundesbank und Bank deutscher Länder entscheidende Eigenschaften der Reichsbank aus der Zeit vor 1945 geerbt. Was das Führungspersonal der beiden Banken betrifft, zeigte sich eine ähnliche Kontinuität. Vor allem aufgrund von Vorschriften der westlichen Alliierten wurden mehrere prominente Nicht-Nazis von außerhalb der Reichsbank unmittelbar nach dem Krieg in Führungspositionen der Bank deutscher Länder berufen. Später jedoch gelang es den Anhängern des alten Regimes, wieder in ihre früheren Machtpositionen einzurücken. Nicht weniger als neununddreißig Prozent der Beamten, die zwischen 1948 und 1980 in den Führungs- und Verwaltungsgremien der Bank deutscher Länder und der Bundesbank saßen (die sogenannten »Organmitglieder«),[16] waren ehemalige Mitglieder der

NSDAP. Daß sie in die Partei eingetreten waren, war insgesamt mehr aus Opportunismus als aus Überzeugung geschehen, aber genausowenig wie die ehemaligen kommunistischen Funktionäre, die heute noch im Osten Deutschlands einflußreiche Positionen besetzen, konnten sie von sich behaupten, Bannerträger der neuen Demokratie zu sein.

Parteimitgliedschaft führender Beamter

	insgesamt	davon frühere NSDAP-Mitglieder
1948		
Bank deutscher Länder		
Zentralbankrat	13	1 (8%)
Zentralbankrat und Direktorium	18	3 (17%)
1958		
Bundesbank		
Zentralbankrat	19	5 (26%)
Zentralbankrat und Vorstände der Landeszentralbanken	34	13 (38%)
1968		
Bundesbank		
Zentralbankrat	20	8 (40%)
Zentralbankrat und LZB-Vorstände	34	18 (53%)
1978		
Bundesbank		
Zentralbankrat	19	2 (11%)
Zentralbankrat und LZB-Vorstände	34	6 (18%)
1948–1980 (insgesamt)		
Bank deutscher Länder und Bundesbank Zentralbankrat, Direktorium und LZB-Vorstände (»Organmitglieder«)	126	49 (39%)

Die Unabhängigkeit der Bundesbank stärkte fühlbar deren Selbstvertrauen – einer der Hauptunterschiede zur fügsamen Reichsbank. Die Anti-Inflations-Rhetorik, derer sich Generationen von Notenbankern bei der Bank deutscher Länder und der Bundesbank bedient haben, weist jedoch faszinierende Ähnlichkeiten mit der ökonomischen Schulweisheit der dreißiger und vierziger

Jahre auf, ein Zeichen dafür, daß es Stabilitätspolitik sowohl in einer Diktatur wie in einer Demokratie geben kann. Trotz eines zunehmend skrupellosen Kurses der Reflation und Wiederbewaffnung hatte Nazideutschland – mit spektakulärer Inkonsequenz – versucht, eine monetäre Stabilität aufrechtzuerhalten, wie sie früher mit dem Goldstandard verbunden gewesen war. Als Adolf Hitler an die Macht kam, versprach er mit stärkeren Worten als jeder andere Staatschef der Weltgeschichte, sich für die Geldwertstabilität zu engagieren. Seine Hartnäckigkeit war genauso phänomenal wie sein Scheitern.

Das Ziel der Stabilität wurde zuerst im Kaiserreich verkündet. Im Dritten Reich wurde es vom deutschen Rundfunk und von der von den Nazis kontrollierten Presse unaufhörlich thematisiert, um deutlich zu machen, daß man eine katastrophale inflationäre Entwicklung wie 1923 vermeiden wolle. Auch die Reichsbank propagierte dieses Ziel, um den Einmarsch in andere Länder und die Übernahme von deren Notenbanken zu rechtfertigen. Die Devise »keine Experimente«, in der Nachkriegszeit oft benutzt, um zu dokumentieren, daß die Bundesrepublik an einer soliden Finanzpolitik festhielt, wurde zum ersten Mal in den dreißiger Jahren aufgestellt.* Im populären Sprachgebrauch wurde die Reichsbank als die »Hüterin« der Mark bezeichnet;[17] dasselbe Wort wird heute auf die Bundesbank angewandt.

Die meisten der früheren NSDAP-Mitglieder, die eine Anstellung bei der Bank deutscher Länder fanden, wollten so schnell wie möglich vergessen, daß sie dem Totalitarismus gedient hatten. Mit Erfolg: Ihre Vergangenheit war schon bald unter den Trümmern des Dritten Reichs begraben. Sie kamen erstaunlich gut mit einer anderen Kategorie von Bankern aus, mit denen nämlich, die von den Nazis – in Maßen – unterdrückt worden waren. Dazu gehörten einige der ersten Mitglieder des Zentralbankrats und des Direktoriums der Bank deutscher Länder, die jüdische Ehefrauen hatten, sowie einige, die sich gegen die offensichtlicheren Dummheiten der Hitlerschen Wirtschaftspolitik gewandt hatten.

* Siehe Kapitel IV

Die Aufgabe, die Wechselfälle der deutschen Geschichte vor und nach 1945 zu überleben, hatte selbst die klügsten und anpassungsfähigsten Notenbankbeamten gezeichnet. Die Männer, die zur Bank deutscher Länder überwechselten, hatten mit den Entbehrungen von Depression, Diktatur und Niederlage fertigwerden müssen; unmittelbar nach dem Krieg waren mehrere von ihnen von den Siegern eine Zeitlang eingesperrt worden. Und nicht nur die Russen hatten sich den Ruf erworben, brutal zu sein. Karl Blessing, ehrgeiziger Nazi-Technokrat und später erster Präsident der Bundesbank, wurde nach dem Krieg in einem amerikanischen Internierungslager zusammengeschlagen.[18] Im neuen, demokratischen Westdeutschland erhielten Beamte wie Blessing für ihr Bemühen um Geldwertstabilität den gleichen Beifall, den sie aus demselben Grund im Dritten Reich erhalten hatten; der einzige Unterschied bestand darin, daß sie nun um einiges erfolgreicher waren. Männer, die sich einst mit dem Totalitarismus abgefunden hatten, und solche, die ihm verfallen waren, fanden in der Bundesbank gleichermaßen eine willkommene neue Heimat; dankbar rückten sie in ihren Stellungen ein und machten sich an die Arbeit.

5. Das Ende der Kader

Die Beschäftigten der alten Reichsbank bildeten einen technokratischen Kader, der in den ersten Nachkriegsjahren im Zentralbankwesen fortbestand – vor allem auf der Ebene des Direktoriums –, heute jedoch nicht mehr existiert. Die gegenwärtige Struktur des Bundesbankpersonals ist viel heterogener. Im Gegensatz zu den Eliten, die in Großbritannien, Frankreich oder den USA traditionell in Konzernen und Regierungen an den Schalthebeln der Macht sitzen, haben die Bundesbanker von heute keinen gemeinsamen Hintergrund. Insgesamt sind die Männer im Zentralbankrat nicht im Besitz besonderer Vorteile aufgrund einer bestimmten Ausbildung oder Schichtzugehörigkeit, durch Familienverbindungen oder sonstige Privilegien. Deutschland ist deutlich leistungsorientierter als viele seiner Konkurrenten: Es gibt dort kein Äquivalent zu den britischen Renommieruniversitäten Oxford und Cambridge, zur Ivy League in den USA oder zum in Frankreich allgegenwärtigen Absolventenkreis der Polytechnique und der Ecole Nationale d'Administration.

Die drei Präsidenten seit 1980 – Pöhl, Schlesinger und Tietmeyer – kommen alle aus bescheidenen Familienverhältnissen. Pöhl beispielsweise wuchs in ärmlichen Verhältnissen auf. Es sind Männer von sehr unterschiedlichem Charakter und Temperament, aber sie haben die Erfahrung gemeinsam, in einer unsicheren Welt aus eigener Kraft an die Spitze gelangt zu sein. Wenn es eine Eigenschaft gibt, die diese so verschiedenen Männer in den Chefetagen der Bundesbank verbindet, dann ist es jene eigentümliche »Stammesverbundenheit« von Schicksalsgenossen, die Not der einen oder anderen Art zusammengebracht hat.

Dieser Faktor hat im Lauf der Jahre den unabhängigen Geist der Bank und den Glauben an die eigene Rechtschaffenheit mit Sicherheit gestärkt. Um dieses kuriose Phänomen hartnäckiger institutioneller Unabhängigkeit zu beschreiben, zitieren Insider der Bank mit grimmigem historischem Vergnügen die Geschichte Thomas Beckets, des Kanzlers von Heinrich II. Becket hatte sich gegen den König gestellt, nachdem er Erzbischof von Canterbury geworden war, und war deshalb ermordet worden. Daß sich ein Außenseiter, der in die Bank eintritt, oft nach einiger Zeit zu den tugendhaften Prinzipien der Stabilitätspolitik bekennt, und zwar viel deutlicher, als zu erwarten war, wird innerhalb der Bundesbank »Becket-Effekt« genannt.[19] Wenn die Bundesbank mit der Regierung über Zinssätze streitet, erwartet sie normalerweise, wie Becket, daß sie gewinnt, und wie bei Becket ist ihr Selbstbewußtsein manchmal übersteigert.

6. Pragmatismus und Überleben

Deutschland gilt vielen als Hochburg dogmatischen Denkens. Eine der wichtigsten Eigenschaften der Bundesbank ist jedoch ihr Pragmatismus; auf ihrem Weg durch die monetären Untiefen der neunziger Jahre wird die Bank sich Flexibilität und Elastizität zunutze machen.

Die Anpassungsfähigkeit der Bundesbank an äußere Ereignisse läßt sich an ihrer Haltung zum Monetarismus ablesen. Trotz ihres konservativen Rufs sind die Männer der Bundesbank alles andere als unbeugsame Monetaristen – auch wenn sie in den siebziger Jahren eine Pionierrolle gespielt haben, als sie jährliche Zielvorgaben für das Wachstum der Geldmenge setzten. Die Bundesbank führte dieses Verfahren bereits 1974 ein, mehrere Jahre bevor die Zentralbanken in Großbritannien, den USA und Frankreich ähnliche Maßnahmen ergriffen. Die Bundesbank setzt die Vorgabe für die als M_3 definierte Geldmenge jeden Dezember fest, gestützt auf Voraussagen über die Preis- und Produktionsentwicklung während der folgenden zwölf Monate. Aus politischer Sicht kann die Bundesbank dieses Verfahren als ein zusätzliches Mittel rechtfertigen, dem Land beim Erreichen der Ziele zu helfen, die im Gesetz zur Förderung von Stabilität und Wachstum der Wirtschaft von 1967 formuliert sind: Preisstabilität, Vollbeschäftigung, außenwirtschaftliches Gleichgewicht und »angemessenes« wirtschaftliches Wachstum. Praktisch gesehen, betrachtet die Bundesbank die Geldmenge lediglich als eine von mehreren wirtschaftlichen Variablen, die sie zusammen mit den Wechselkursen und der Inflationsrate zu kontrollieren versucht.

Die Bundesbank würde sich nie dazu versteigen, sich auf feste Geldmengenziele für einen Zeitraum von mehreren Jahren festzulegen, wie es die Regierung Thatcher nach 1979 mit ihrer schlecht konzipierten und letztlich wieder aufgegebenen mittelfristigen geldpolitischen Strategie tat. Bereits 1980 erklärte ein leitender Bundesbankbeamter einem Parlamentsausschuß des britischen Unterhauses mit schonungsloser Deutlichkeit, es sei »unrealistisch«, Ziele für mehr als ein Jahr festzulegen.[20]

Notfalls – wenn beispielsweise die Inflationsrate stark fällt oder der Wechselkurs hoch ist – überschreitet die Bundesbank ihre eigene Vorgabe. In den zwanzig Jahren zwischen 1975 und 1994 erreichte die Bundesbank ihr geldpolitisches Jahresziel zehnmal,

und sie überschritt es (manchmal nur geringfügig) in elf Fällen.*
Die Tendenz zum Hinausschießen über das gesetzte Ziel wurde seit der Wiedervereinigung zwischen 1992 und 1994 besonders deutlich, als die Bundesbank zum ersten Mal ein drastisches Ansteigen der Geldmenge feststellte, ohne dies hinreichend erklären zu können.[21] Bei der Bundesbank gilt die Inflationsbekämpfung nicht als exakte Wissenschaft, sondern als Kunst, bei der ein pragmatisches Urteil gegenüber starren geldpolitischen Fixierungen immer den Vorrang hat. An mehreren Punkten ihrer Geschichte machte die Bundesbank den Fehler, die geldpolitischen Bremsen zu spät anzuziehen, und sie verschärfte damit die anschließende Rezession. Es ist jedoch unwahrscheinlich, daß die sklavische Verfolgung von Geldmengenzielen bessere Ergebnisse gebracht hätte.

Karl Otto Pöhl pflegte zu scherzen, die Bundesbank nehme ihre Geldmengenziele nur dann ernst, wenn sie nach einem zusätzlichen Grund für die Erhöhung der Zinssätze suche. So betonte die Bundesbank bei der Zinserhöhung vom Dezember 1991 ungewöhnlich stark das explosionsartige Ansteigen der deutschen Geldmenge, um ihre Maßnahme zu rechtfertigen und ausländischen Kritikern den Wind aus den Segeln zu nehmen. Die Geldmenge stieg allerdings auch nach 1991 deutlich über die von der Bundesbank vorgegebene Marke. Die Bank mußte einräumen, daß die Einhaltung der Ziele in den drei darauffolgenden Jahren zunehmend problematischer wurde – ein schwerer Schlag für die Glaubwürdigkeit ihrer Geldpolitik.

Auch in der Frage der Regierungsunabhängigkeit der Bundesbank hat es sich als nützlich erwiesen, flexibel zu sein. Die Bank war sich immer bewußt, daß ihre Statuten kein absoluter Schutz vor der Einmischung der Regierung sind und daß sie keineswegs eine Garantie für Währungsstabilität darstellen. »Die Vorschriften des Bankgesetzes allein«, schrieb Karl Blessing 1960, »genügen indessen nicht für eine erfolgreiche Währungspolitik. Entscheidend ist, was Männer, die die Verantwortung für die deutsche Währung tragen, daraus machen werden.«[22] Pöhl hatte eine

---

* Siehe Anhang

markigere Antwort parat, wenn er nach der Macht der Bundesbank gefragt wurde; er zitierte dann oft Stalins ironische Bemerkung: »Wie viele Divisionen hat der Papst?« Er meinte damit, daß die stärkste Stütze der Bundesbank nicht das Gesetzbuch sei, sondern ihr Ruf in der Öffentlichkeit und die Kompetenz der verantwortlichen Männer. Die Erfahrungen mit der Reichsbank, die als nominell unabhängige Institution die ruinöse Inflation von 1923 mit zu verantworten hatte, waren ein überzeugender Beweis dafür, daß Unabhängigkeit allein keine ausreichende Garantie für Stabilität ist.

Die tatsächliche Unabhängigkeit der Bundesbank ist eher beschränkt. Die Bundesbank ist in erster Linie für die Geldpolitik zuständig. Ihr Machtbereich erstreckt sich weder auf den Staatshaushalt noch auf die Sozial- oder Lohnpolitik. Die öffentliche Hand setzt sogar aufgrund der landesweiten Tarifvereinbarungen die Gehälter der Beschäftigten der Bundesbank fest. Weder trägt die Bundesbank die letzte Verantwortung für die Bankenaufsicht, noch ist sie an der Industriepolitik beteiligt. Die großen jährlichen Gewinne aus ihren Nettozinserträgen[23] – 1993 waren es 18,8 Milliarden D-Mark – fließen automatisch dem Bundesfinanzministerium zu; die Bundesbank hat auf die Verwendung der Gelder keinerlei Einfluß. Die Regierung und nicht die Bundesbank hat die letzte Entscheidungsgewalt über den Wechselkurs; bei Neubewertungen der Währung sowohl im System von Bretton Woods als auch im bestehenden Europäischen Währungssystem trifft der Bundesfinanzminister die Entscheidung und nicht die Bundesbank. Meinungsunterschiede im Hinblick auf den Wechselkurs haben immer wieder zu Konflikten zwischen Bonn und der Bundesbank geführt und waren in der Auseinandersetzung über die deutsche Währungsunion von 1990 von besonderer Bedeutung.

Auch die berühmte Verpflichtung zur Geldwertstabilität im Bundesbankgesetz kann verschieden interpretiert werden. In den Anfangsjahren wurde der Kampf der Bundesbank gegen die Inflation gelegentlich durch ihr Bemühen überschattet, die externe Stabilität der D-Mark zu erhalten, eine Politik, die noch aus der Zeit des Goldstandards stammte und in den dreißiger Jahren das Dogma der Reichsbank gewesen war. Die Uminterpretation des Gesetzes in Richtung auf maximale Preisstabilität vollzog sich erst gegen Ende des Systems von Bretton Woods, als die Verpflichtung zu stabilen Wechselkursen zwangsweise an Gewicht verlor.

Trotz der sporadischen Meinungsverschiedenheiten mit Bonn sprechen einleuchtende Gründe dafür, die Verantwortung in Fragen der Wirtschaft zwischen Regierung und Bundesbank aufzuteilen. Deutsche Politiker haben ein starkes Interesse daran, daß unpopuläre geldpolitische Maßnahmen von einem Gremium durchgeführt werden, das nicht unter dem Druck der jeweils nächsten Wahlen steht, sondern dem allgemeinen Ziel der Geldwertstabilität verpflichtet ist. Außerdem weiß der Finanzminister, daß die Drohung mit einer Erhöhung der Zinssätze einen heilsamen Effekt auf die Haushaltspolitik haben kann, weil sie ausgabenfreudige Ministerien diszipliniert. Wenn die Bundesbank die Zinssätze erhöht, zieht sie damit nur selten öffentliche Kritik aus Bonn auf sich; der Finanzminister weiß, daß dies von den Wählern als Schwäche interpretiert würde. Die politisch angemessenste Reaktion ist fast immer, der Bundesbank zu ihrer Festigkeit zu gratulieren.

Eine Währungspolitik nach diesem System ist in Deutschland seit langem erfolgreich. Mit der Europäischen Wirtschafts- und Währungsunion würde sich alles ändern. Diese Aussicht stellt für die Bundesbank eine fundamentale Herausforderung dar, die nicht nur ihre Ziele und deren Praktikabilität betrifft, sondern die Existenz der Bank überhaupt. Bei der Diskussion um die WWU geht es um Macht und Tugend. Wer wird das europäische Geld in den neunziger Jahren und danach kontrollieren? Und: Kann man die moralische Neigung der Deutschen zu einer soliden Geldpolitik einfach übertragen, ohne daß andere Länder vor den Kopf gestoßen werden?

In vier erfolgreichen Jahrzehnten entdeckte die Bundesrepublik für sich die selbsttragenden Vorteile einer stabilen Währung; nicht zuletzt dadurch wurde die deutsche Vereinigung erreicht. Wenn Deutschland seine monetäre Souveränität zugunsten einer europäischen Zentralbank aufgäbe, würde es in gewissem Sinn einen Teil seines Geburtsrechts als wiedererstandene Nation aufgeben. Seit dem Zweiten Weltkrieg haben die Deutschen danach gestrebt, »gute Europäer« zu sein. Nie zuvor wurde jedoch von ihnen verlangt, ein vergleichbar großes Opfer zu bringen, um diesem Ideal gerecht zu werden. Werden die Deutschen diesmal das nationale Interesse höher bewerten als die Sache Europas? Die Bundesbank wird darauf die Antwort geben. In den ersten dreieinhalb Jahrzehnten ihrer Existenz hat sie für Stabilität gekämpft. In den neunziger Jahren muß sie ums Überleben kämpfen. Die Bundesbank will diesen Kampf gewinnen.

KAPITEL II

Sicherung der Währung

Es wird Ihre Aufgabe sein, in Ihrer nunmehr die beiden Ressorts vereinigenden Stellung so wie bisher die unbedingte Stabilität der Löhne und der Preise sicherzustellen, und damit der Mark ihren Wert auch weiterhin zu bewahren.
Adolf Hitler an Walther Funk, Präsident der Reichsbank[1]

Staaten und Regierungen gehen an zwei Dingen zugrunde – an Krieg und an schlechten Finanzen.
Hjalmar Schacht 1968 im Rückblick auf seine zwei Amtszeiten als Reichsbankpräsident[2]

Deutsche Stabilitätspolitik ist auch im europäischen Sinne alles andere als egoistisch. Im Gegenteil: Europa braucht auch in Zukunft eine stabile deutsche Ankerwährung und ein ökonomisch und politisch stabiles Deutschland.
Hans Tietmeyer 1993 in seiner ersten Rede als Bundesbankpräsident[3]

Die Deutschen sind weltweit führend in Verkündung und Praxis der Lehre von der harten Währung. Mit Eifer verfolgt und überzeugend propagiert, hat diese Lehre viele Bedeutungen gewonnen: Sie ist Symbol der Wiedergeburt nach dem Krieg und Garant geordneter Verhältnisse, sie sorgt für Sicherheit im Inland und erweckt Respekt im Ausland.

Ohne Geldwertstabilität kann Wohlstand weder geschaffen noch erhalten werden. Sie ermöglicht den Urlaub in der Sonne und den Hochglanz der Versandkataloge, und sie garantiert den Frieden auf den Straßen und das gute Klima in den Fabriken: Sie ist das Vermächtnis der Deutschen für ihre Kinder und für die Welt. Andere Nationen mögen von der Erinnerung an vergangene Imperien leben, von der Schönheit ihrer Landschaft, von sportlichen Heldentaten, von politischer Vorherrschaft oder der Herstellung elektronischer Chips. Deutschland rühmt sich der D-Mark, des Rückgrats der Nation.

1. Ein Fixpunkt

Der Hang zur Geldwertstabilität ist keineswegs nur ein Produkt der Zeit nach 1945. Er kann auch nicht allein durch die verheerende Hyperinflation von 1923 erklärt werden, deren Geschichte späteren Generationen als alptraumartiges modernes Märchen überliefert wurde: In jener Zeit, als eine Briefmarke soviel kostete wie noch wenige Jahre zuvor eine Villa, ersetzte der Schubkarren die Zählwaage als Instrument zur Messung von Geldmengen, und der Wert der Mark im Verhältnis zum Dollar war am Ende mit wahrhaft deutscher Präzision auf genau ein Billionstel des Werts von 1913 gesunken.*

Die Wurzeln der deutschen Sorge um die Geldwertstabilität reichen noch tiefer; sie gehen letztlich auf die Vorstellung von Ordnung als Fundament des Staates zurück. Für ein Land, dessen Grenzen sich immer wieder verschoben haben und dessen Geschichte so verwickelt ist, eröffnete die stabile Mark einen Ausweg aus den Traumata der Vergangenheit; sie ist ein Fixpunkt in einem Meer von Veränderungen. Die Sehnsucht nach einer stabilen Währung war in den dreißiger Jahren genauso stark wie heute. Die Reichsbank gehorchte einem totalitären Staat, die Bundesbank dient einer Demokratie, aber beiden war per Gesetz dieselbe Aufgabe zugewiesen. Als die Reichsbank Hitler 1939 ganz unterstellt wurde, wurde sie zum ersten Mal gesetzlich auf die »Sicherstellung des Wertes der deutschen Währung«[4] verpflichtet.** Als die Bundesbank 1957 als Nachfolgerin der Bank deutscher Länder gegründet wurde, wurde sie in Paragraph 3 Bundesbankgesetz verpflichtet, »die Währung zu sichern«.[5]

Die Reichsbank von 1939 war ein untergeordnetes Anhängsel des Hitlerstaats. Als die Parlamentarier der Bundesrepublik achtzehn Jahre später das Bundesbankgesetz entwarfen, hatten sie aus dem Verfall der Währung in den letzten Jahren des Dritten Reichs gelernt. Sie übertrugen die Sorge für die Währung freiwillig einem Gremium, das nicht ihrer direkten Kontrolle unter-

---

* Siehe Kapitel IV
** Siehe Kapitel VI

stand. Dies war ihrer Überzeugung nach der beste Weg, Korrektheit in währungspolitischen Angelegenheiten zu garantieren. Obwohl die Bundesbank verpflichtet ist, »die allgemeine Wirtschaftspolitik der Bundesregierung zu unterstützen«, ist sie von »Weisungen« der Bundesregierung gesetzlich unabhängig.[6]

Die Unabhängigkeit der Bundesbank konnte nie absolut sein, wie sich bei verschiedenen politischen Kontroversen zwischen Bank und Regierung in den folgenden dreieinhalb Jahrzehnten zeigte, und sie war auch kein Patentrezept gegen die Inflation. Die Unabhängigkeit gab der Bundesbank jedoch ein ausgesprochen starkes Mittel an die Hand, die öffentliche Meinung zu ihren Gunsten zu beeinflussen, wann immer in der Bundesrepublik Zweifel über die wirtschaftlichen Prioritäten bestanden. Der umfassende Wandel der politischen Landschaft nach dem Krieg brachte eine beträchtliche Höherbewertung der Währungspolitik mit sich. Vor 1945 war es die Aufgabe des Staates gewesen, für eine stabile Währung zu sorgen. Danach lernten die Deutschen, daß eine stabile Währung den Staat stabilisiert; denn ohne Vertrauen in die Währung droht auch das Vertrauen in alles andere zusammenzubrechen. Laut Walther Funk, dem zügellosen Nazi-Technokraten, der von 1939 bis 1945 Reichsbankpräsident war, war eine starke Währung die direkte Folge einer starken Regierung:

Schließlich ist aber die Währungsfrage immer eine Vertrauensfrage. Nicht Gold und Devisen, auch nicht das Wechselportefeuille garantieren die Sicherheit einer Währung, sondern die innere und äußere Kraft eines Staates, und nach dieser Richtung hin, meine Männer und Frauen, glaube ich, brauchen Sie und braucht keiner in Deutschland den geringsten Zweifel zu haben. Die Reichsmark ist stabil geblieben, die Reichsmark wird stabil bleiben – und nach Beendigung des siegreichen Krieges erst recht![7]

Später bot die stabile Währung dem neuen, demokratischen und rechtsstaatlichen System einen sicheren Halt. In der Begründung der Regierung Adenauer zum Bundesbankgesetz von 1957 steht, daß »die Sicherung der Währung die oberste Voraussetzung für die Aufrechterhaltung einer Marktwirtschaft und damit letzten Endes einer freiheitlichen Verfassung der Gesellschaft und des Staates ist«. Für Adenauers Wirtschaftsminister Ludwig Erhard, den Architekten des »Wirtschaftswunders« der fünfziger und sechziger Jahre, verdiente die Geldwertstabilität den Rang eines »menschlichen Grundrechts«.[8] Karl Schiller, von 1966 bis 1972 sozialdemokratischer Wirtschaftsminister, formulierte es noch griffiger: »Stabilität ist nicht alles. Aber ohne Stabilität ist alles nichts.«[9]

Das Streben nach einer stabilen Währung wurde auch von dem kommunistischen Staat geteilt, der jenseits der Elbe entstand. »Währungsstabilität«, hieß es Anfang 1989 in einem vertraulichen, in unverkennbarem DDR-Deutsch verfaßten Bericht der Zentralbank der DDR, sei »ein wesentlicher Faktor für den Kampf um hohe Effektivität, Verwirklichung des Leistungsprinzips und eine grundlegende Bedingung für das Vertrauen in die Politik des Staates«.[10] Ein Grund für den raschen Zusammenbruch der DDR zwischen 1989 und 1990 lag darin, daß sie bei der Schaffung dieser Bedingung versagt hat.

Die Rolle der Bundesbank ist keineswegs auf bloße Geldangelegenheiten beschränkt. In Deutschland gehen Finanz- und Politikgeschichte mehr als in jedem anderen Land Hand in Hand – mit Folgen, die die Landkarte Europas verändert haben. Die drei großen Währungsreformen dieses Jahrhunderts – die Einführung der Reichsmark nach der Hyperinflation von 1923, die Geburt der D-Mark 1948 und die Abschaffung der Ost-Mark 1990, die gleichzeitig mit der Ausdehnung der Bundesbank nach Ostdeutschland stattfand – stellen Wendepunkte der deutschen Nationalgeschichte dar. Jedesmal wurde eine fast wertlose, nicht mehr konvertierbare Währung, die durch politische und soziale Unruhen zerstört worden war, durch eine neue Währungseinheit ersetzt, die eine bessere und dauerhaftere Ordnung versprach.

Und jedesmal war die stabile Währung sowohl Ziel als auch Mittel des politischen Wandels. Die Reichsmark, geboren aus der Katastrophe von 1923, war eine Zeitlang die Rettung der Weimarer Republik. Im Jahr 1940, als Hitlers Macht ihren Höhepunkt erreichte, war die Reichsmark der Angelpunkt in den nationalso-

zialistischen Plänen eines gesamteuropäischen Finanzsystems.*
Die Niederlage von 1945 setzte dem ein Ende. Wie die Mark im
Jahr 1923, war auch die Reichsmark durch exzessive Defizitfinanzierung ruiniert worden. Die Währung, die nach den Worten des
Führers die stabilste der Welt hatte sein sollen,[11] wurde 1948 von
der Deutschen Mark abgelöst. Sie wurde unter der Ägide der
westlichen Siegermächte eingeführt, die sich als Geburtshelfer
und Sponsoren des neuen westdeutschen Staates bestätigten.

Daß der Kampf um eine stabile Währung im Dritten Reich ein
beherrschendes Thema war, hatte zwei eminent politische Funktionen: Dadurch sollte die der diktatorischen Macht eigene Disziplin betont werden, und es sollte Vertrauen geweckt werden, daß
die Wirtschaftspolitik der Nazis sich in einer feindlichen Welt als
effektiv erweisen würde. Bis in die letzten Kriegsjahre verkündeten die Beamten der Reichsbank und anderer Abteilungen der
Wirtschaftsbürokratie des Dritten Reichs mit großer Überzeugungskraft die Botschaft, die Reichsmark werde stabil bleiben.**
Als dieselben Beamten später in der Bank deutscher Länder und
der Bundesbank tätig waren, führten sie ihren Kampf für die
Unantastbarkeit der Währung fort, allerdings mit unbestreitbar
größerem Erfolg.

Unter der Verwaltung der Bank deutscher Länder und der
Bundesbank erwies sich die D-Mark als ein viel dauerhafteres und
effektiveres Symbol des neuen Deutschland, als es die Reichsmark je für das alte gewesen war. Fünfundvierzig Jahre nach dem
Zusammenbruch des Dritten Reichs haben sowohl die Ost- als
auch die Westdeutschen die Vorteile einer soliden Währungspolitik zu schätzen gelernt. Die Deutschen östlich der Elbe haben
sogar selbst erfahren, daß von wirtschaftlichem und monetärem
Zerfall angegriffene Staaten stürzen können.

Die Einführung der D-Mark in Ostdeutschland war das Vorspiel zur vollständigen politischen Vereinigung am 3. Oktober
1990. Die Währung, die den Deutschen nach dem Zweiten Weltkrieg aus dem Teufelskreis von Niederlage und Elend herausge-

---

* Siehe Kapitel V
** Siehe Kapitel IV und V

holfen hatte, wurden nun das Werkzeug, das die Diktatur beendete. Diesmal allerdings, auf dem Weg zu erneuter voller Souveränität, hatte Deutschland in scharfem Kontrast zur Währungsreform von 1948 die volle Kontrolle über sein währungspolitisches Schicksal. Es war ein Prozeß, der reich an Widersprüchen und Konflikten, aber dennoch lohnend sein sollte.

2. Metamorphose in Berlin

Wenn die D-Mark der Hebel für die deutsche Vereinigung war, dann war es die Bundesbank, die die Tür offen hielt. Punkt Mitternacht am Sonntag, dem 1. Juli 1990, dehnte die Bundesbank ihren Herrschaftsbereich um dreihundertzwanzig Kilometer nach Osten aus, in das Herz Mitteleuropas, das bis zum Anfang des Jahres unter kommunistischer Herrschaft gestanden hatte. Die deutsche Währungsunion war ein Prozeß von größter politischer und wirtschaftlicher Bedeutung, der jedoch nur dem Anschein nach von der Bundesbank kontrolliert wurde. In verschiedenen wichtigen Stadien erhob die Bundesbank wegen ökonomischer Risiken Einwände gegenüber der Bonner Regierung, fand jedoch kein Gehör. Insbesondere wies die Bank darauf hin, daß ein künstlich hochgehaltener Wechselkurs der Ostmark einen Großteil der ostdeutschen Industrie in den Bankrott treiben würde.* Auch äußerte sie die Befürchtung, die exzessive Staatsverschuldung zur Stützung des Lebensstandards im Osten könne inflationäre Konsequenzen haben. Es war ein Vorgang von paradoxer Pikanterie: Die Ereignisse im Juli 1990 hatten der Bundesbank zu einer nie gekannten Erweiterung ihrer Macht verholfen, enthüllten jedoch gleichzeitig offener als je zuvor die Grenzen ihrer vielgerühmten Unabhängigkeit.

Der Politiker, dessen Verwicklung in das Drama vielleicht am meisten überraschte, war Lothar de Maizière, der erste und letzte demokratisch gewählte Ministerpräsident der DDR. Dieser Bratsche spielende Rechtsanwalt und echte deutsche Antiheld, der

---

* Siehe Kapitel VIII

hinter einer ständig fragenden, abwesenden Miene eine terrierhafte Intensität verbirgt, hatte seinen gallischen Namen von hugenottischen Vorfahren geerbt, die dreihundert Jahre zuvor nach Brandenburg geflohen waren. De Maizière war in Nordhausen in Thüringen in der Nähe einer unterirdischen Fabrik aufgewachsen, in der während des Zweiten Weltkrieges Zwangsarbeiter V-2-Raketen bauten. Er erinnert sich, daß sein Vater, als die Feindseligkeiten eingestellt wurden, zu den Arbeitern gehörte, die man zur Demontage der Fabrik einsetzte. De Maizière erlebte mit, wie der Kommunismus auf deutschem Boden errichtet wurde und wie er, in der Revolution von 1989/90, praktisch über Nacht zerfiel.

Nach langen Jahren der Koexistenz mit den Kommunisten lernten Männer wie de Maizière plötzlich, wie man die Kommunisten ablösen konnte. Er war Mitglied der ostdeutschen Christlich-Demokratischen Union (CDU), die vor dem Fall der Berliner Mauer im November 1989 mit der Sozialistischen Einheitspartei (SED) zusammengearbeitet hatte.[12] In den Monaten vor der Währungsunion stand der schmächtige Mann fast ununterbrochen im Scheinwerferlicht der Fernsehkameras, und sein scharfer Verstand wurde zunehmend Herr über seine Schüchternheit. Jedermann führte die Worte Freiheit und Demokratie im Mund. In Wirklichkeit aber wünschte man sich krisenfestes Geld, und davon soviel wie möglich.

Als der ökonomische und moralische Bankrott der letzten Bastion des Stalinismus immer unübersehbarer wurde, war de Maizière der wichtigste Befürworter einer schnellen Einführung der D-Mark in der DDR, um die rasch ansteigende Auswanderungswelle in die Bundesrepublik zu stoppen. Er trat als führender Kopf für einen Umtausch der alten in die neue Währung im Verhältnis von eins zu eins ein.[13] Dieses Verhältnis war sehr vorteilhaft für die Konsumenten der DDR, für ihre Fertigungsindustrie aber Gift. Am 1. Juli, dem Tag der Währungsunion, erlebte de Maizière persönlich die Metamorphose, die sich mit dem über dem Werderschen Markt in Ostberlin brütenden monumentalen Reichsbankgebäude vollzog. Jahrelang war der riesige Block das Hauptquartier der SED gewesen, das Zentrum der kommunistischen Allmacht. Am Tag der Währungsunion wurde das Gebäude offiziell seiner neuen Bestimmung als Verwaltungszentrale der Bundesbank für den östlichen Teil Deutschlands übergeben. Als die D-Mark die DDR im Sturm eroberte, wurde der ehemalige Tempel des alten Regimes zum Hauptquartier für die Sturmtruppen der Bundesbank.

Das Reichsbankgebäude war ab 1934 als Erweiterungsbau der alten Reichsbank aus dem 19. Jahrhundert in der benachbarten Jägerstraße gebaut worden. Es beherbergte 5500 Beschäftigte. Die Wände der Ehrenhalle waren mit Grafensteinmarmor, die Wände des Querflurs vor der großen Kassenhalle mit Edelfelsmarmor verkleidet; ein Teil der Wände war mit gigantischen Wandgemälden und Mosaikbildern bedeckt. Skulpturen von geschmackloser Grandiosität schmückten das Gebäude, darunter die unvermeidlichen Büsten Friedrichs des Großen und Adolf Hitlers.[14] Die Nazis nannten das Haus »ein äußeres Symbol deutscher Finanzkraft« und »das modernste Bankgebäude der Welt«.[15] Die neoklassizistische Fassade des Hauptgebäudes und der stämmige Erweiterungsbau trotzten dem Zweiten Weltkrieg wie zwei häßlich-muskulöse Zwillinge.

Den Zusammenbruch von 1945 überlebte allerdings nur das neue Gebäude. Die schwer zerbombte Reichsbank an seiner Seite wurde abgerissen, das Grundstück wurde nicht wieder bebaut und macht einen etwas unheimlichen Eindruck. In den kargen frühen Jahren der DDR, während der unruhigen, manchmal gewaltsam sich entladenden Pubertät des neuen kommunistischen Staates, wurde der Erweiterungsbau eine Weile als Sitz des Finanzministeriums genutzt.[16] Erst nach dem Bau der Mauer im Jahr 1961 wurde er zum permanenten Sitz des Zentralkomitees der SED.

Als 1990 mit den Vorbereitungen für die Währungsunion begonnen wurde, war der strenge, mit Kolonnaden versehene »repräsentative Bau Großdeutschlands«, wie er 1940 beschrieben wurde, eine naheliegende Wahl für den östlichen Außenposten der Bundesbank. Es handelte sich um eines der wenigen Gebäude Ostdeutschlands mit großen und sicheren Tresorräumen (8000 Quadratmeter Fläche im Vergleich zu nur 6000 Quadratmetern im

Frankfurter Bundesbankgebäude). Die Kommunisten hatten eine gute Verwendung für die Stahlkammern gehabt. Die Staatsbank der DDR hatte sich zwar im alten Gebäude der Berliner Handelsgesellschaft aus dem 19. Jahrhundert in der nahen Charlottenstraße niedergelassen, sie hatte die gewaltigen Tresorräume im Reichsbankgebäude jedoch weiterhin zur Lagerung von Banknoten und Münzen benutzt. Auch anderes Material war dort deponiert. Als die ersten Bundesbankbeamten das Gebäude 1990 inspizierten, fanden sie durch den Reißwolf gedrehte Überreste unzähliger Parteiakten, die man zuvor in den Stahlkammern gelagert hatte. Die kommunistischen Funktionäre hatten einen Teil der Archive vernichtet – ein verzweifelter Versuch, eine Vergangenheit auszulöschen, von der sie nichts mehr wissen wollten.

Am Nachmittag des 1. Juli traf de Maizière zu einer Besichtigung des monumentalen Komplexes ein. Er wurde von Johann Wilhelm Gaddum herumgeführt, dem Mitglied des Bundesbankdirektoriums, das für die »Vorläufige Verwaltungsstelle in Berlin« verantwortlich war.[17] Gaddum, CDU-Mitglied und langjähriger Freund Helmut Kohls, wurde im Oktober 1993 Vizepräsident, als Tietmeyer an die Spitzenposition der Institution avancierte. De Maizière sagte später, der Reichsbank-Besuch im Jahre 1990 habe musikalische Jugenderinnerungen in ihm geweckt. In der höhlenartigen Kassenhalle im Erdgeschoß des Gebäudes hatte er nach dem Krieg Bach- und Brucknerkonzerte besucht.[18] Zusammen pilgerten Gaddum und de Maizière durch die Tresorräume, in denen sich die DM-Scheine stapelten, die man in einer generalstabsmäßigen Operation über die Elbe gebracht hatte. Das harte Geld, das in der DDR jahrelang als halboffizielle Alternativwährung im Umlauf gewesen war, war nun plötzlich für alle erhältlich. Ab diesem Sonntag wurde ein Vermögen an D-Mark ausgegeben. Man hatte in der ganzen DDR zehntausend Wechselzentren eingerichtet, darunter Tausende kurzfristig umfunktionierte Schulen und öffentliche Gebäude, in denen die ostdeutschen Ersparnisse in D-Mark umgetauscht wurden. Der erste Tag war freilich nicht völlig frei von organisatorischen Pannen. De Maizière erzählte Gaddum halb im Scherz, halb im

Ernst, die Bundesbank habe es versäumt, genügend Zwanzigmarkscheine für den täglichen Bedarf der DDR-Bevölkerung herbeizuschaffen.

Heute ist das Reichsbankgebäude wieder im Besitz des vereinigten deutschen Staates und trägt stolz die bundesdeutsche Flagge. Überall in seiner Umgebung wächst aus den Trümmern des Totalitarismus eine neue Hauptstadt heran. Über dem mit drei Säulen geschmückten Portal wurden die Büros frisch gestrichen, die einst die SED-Führer Walter Ulbricht, Erich Honecker und Egon Krenz beherbergten. Die Männer, die hier früher die Befehle gaben, sind von der Bildfläche verschwunden. Krenz hatte noch vierzehn Tage nach der Öffnung der Mauer im November 1989 bei einem Interview in seinem Büro selbstbewußt gesagt, eine Wiedervereinigung stehe »nicht auf der Tagesordnung.«[19] Heute sitzen Beamte der Bundesbank an noblen Schreibtischen in Krenz' früherem Hauptquartier, das jetzt nach den in Folge der Wiedervereinigung ausgeführten Umstrukturierungsmaßnahmen Bundesbank-Hauptstelle Berlin-Mitte heißt. Draußen, hoch oben an der Wand der alten Reichsbank, wo einst das Hammer-und-Zirkel-Symbol der SED die Fassade des Gebäudes schmückte, befindet sich jetzt nur noch ein großer heller Fleck. Er ist eine der wenigen Spuren der Vergangenheit und scheint sich jeden Tag ein wenig mehr in das Mauerwerk zurückzuziehen, als ob er dem Geschick der Deutschen, aus alten Strukturen neue aufzubauen, seinen Tribut erweisen wolle.

3. Eine Last wird abgeschüttelt

Für Karl Otto Pöhl war der 16. Mai 1991, ein Donnerstag, ein Tag bewegender Gefühle. Pöhl, früherer Journalist und selten um einen trockenen, geschliffenen Kommentar verlegen, hatte sich in den fast elfeinhalb Jahren seiner Amtszeit als Bundesbankpräsident einen weltweiten Ruf für seinen geschickten Umgang mit der Presse erworben. Als Vorsitzender des Ausschusses der Notenbankgouverneure der Europäischen Gemeinschaft und als wichtiger Gesprächspartner der USA bei währungspolitischen

Verhandlungen hatte Pöhl einen Verantwortungsbereich, der weit über die deutschen Grenzen hinausreichte. Stets braungebrannt und mit einem Bauchansatz, den er mit Golf (Vorgabe 21) und Skilaufen unter Kontrolle hielt, war Pöhl ein Mann, dem man seine einundsechzig Jahre nicht ansah. Sein souveränes Auftreten zusammen mit seiner launenhaften Respektlosigkeit, seinem südländisch guten Aussehen und seiner jungen, intelligenten Frau Ulrike, mit der er in zweiter Ehe verheiratet war, machten ihn geradezu zu einer Persönlichkeit aus dem Showgeschäft. Die deutsche Währungspolitik zu führen ist ein Drahtseilakt, und die ständige Aufmerksamkeit der Medien sorgte dafür, daß Pöhl immer im Rampenlicht stand.

An diesem Donnerstag im Mai hatte Pöhl auf einer überfüllten Pressekonferenz im Hauptsitz der Bundesbank im Anschluß an das vierzehntägige Treffen des Zentralbankrats seinen letzten und schwierigsten Drahtseilakt zu bestehen. Er mußte erklären, warum er viereinhalb Jahre vor Ablauf seiner zweiten achtjährigen Amtszeit zurücktrat, durfte jedoch nichts sagen, was den Eindruck verstärken könnte, er habe mit Bundeskanzler Helmut Kohl ernste Meinungsverschiedenheiten über die deutsche Währungseinheit gehabt.

Kohl und Pöhl haben beide die Währungsreform von 1948 als Achtzehnjährige erlebt. Die Geburt der D-Mark bedeutete für beide einen Neuanfang nach der schweren Zeit des Zweiten Weltkrieges. Doch ihre Ansichten über die zweite Währungsreform der Nachkriegszeit, die in der DDR im Juli 1990 durchgeführt wurde, waren diametral entgegengesetzt. Während Pöhl der wirtschaftlichen Herausforderung, die die Reform für Ostdeutschland bedeutete, mit großer Skepsis gegenüberstand, sah Kohl die Ereignisse von 1990 beharrlich in einem optimistischeren Licht. Die Meinungsverschiedenheiten zwischen den beiden Männern nahmen so sehr zu, daß einige Briefe Pöhls an den Bundeskanzler (darunter die zur zentralen Frage der europäischen Wirtschafts- und Währungsunion) zuletzt gar nicht mehr zur Kenntnis genommen, geschweige denn beantwortet wurden. All das konnte Pöhl der Öffentlichkeit nicht enthüllen; wenn er das tatsächliche Ausmaß der Spannungen offenlegte, konnte das die D-Mark schwächen. Er mußte sich an Paragraph 3 des Bundesbankgesetzes halten: »Die Währung zu sichern« blieb das oberste Gebot – auch und besonders dann, wenn der Präsident der Bundesbank kurz vor dem Rücktritt stand.

Seine Aufgabe, den Geldwert in einer Zeit, da sich Deutschland vor große Herausforderungen gestellt sah, stabil zu halten, hatte Pöhl in eine Spirale des Konflikts hineingetrieben. Seine Position als einer der bekanntesten Männer an den Schalthebeln der Weltwirtschaft, die er so lange gepflegt und genossen hatte, wurde ihm allmählich zu einer schweren Last. Pöhl war ein unkonventioneller, ungermanischer Bundesbankpräsident mit einem ausgeprägten Sinn für das gute Leben. Jetzt schien der Mann, der früher auf vornehmen Parties ebenso wie auf Tagungen des Internationalen Währungsfonds mit Fachwissen geglänzt und vor guter Laune gesprüht hatte, in seiner Selbstbeherrschung hart geprüft.

Pöhls nonchalanter Hedonismus erklärt sich zum Teil aus dem Versuch, die bescheidenen Verhältnisse seiner Jugend vergessen zu machen. Er war 1929 in Hannover geboren und hatte eine schlimme Kindheit. Als der Kurssturz an der New Yorker Börse 1929 auch in Deutschland eine Wirtschaftskrise auslöste, war sein Vater, ein Büroangestellter, lange Zeit arbeitslos. Als seine Mutter 1945 starb, heiratete der Vater schnell wieder. Der fünfzehnjährige Pöhl half der Familie über die Runden, indem er im britischen Militärpostamt der Stadt Herrenhausen bei Hannover in Nachtschichten Postsäcke für die Besatzungsmächte sortierte.[20] Ohne die Schule abzuschließen, verließ er mit siebzehn das Elternhaus, um sich selbst durchzuschlagen. Nach der Geburt der D-Mark im Jahr 1948 hatte sich Pöhl seine Sporen als Journalist in verschiedenen Regionalbüros der Lokalzeitung *Hannoversche Presse* verdient. Die Zeitung bezahlte ihm monatlich 150 Mark, damit er seine Ausbildung fortsetzen und an einer Schule in Wilhelmshaven das Abitur nachmachen konnte.[21] Die Zeitung gehörte der SPD, und Pöhl kam durch sie zum ersten Mal in Kontakt mit der Partei. Obwohl er nie besonders links eingestellt war, trat er 1948 in die SPD ein, unter anderem wegen seiner Bewunderung für Sozialdemokraten wie Kurt Schumacher.

Auch wenn ein Kollege einer ausländischen Notenbank Pöhl »die Faulheit des intelligenten Mannes« zuschreibt, ist harte Arbeit Pöhl durchaus nicht fremd. Als junger Mann hatte er gar keine andere Wahl. In den frühen fünfziger Jahren finanzierte er sein Wirtschaftsstudium an der Universität Göttingen, indem er als freier Sportreporter für die lokale *Göttinger Presse* arbeitete. Nachdem er kurze Zeit am IFO-Institut für Wirtschaftsforschung in München gearbeitet hatte, ging er nach Bonn, wo er in den sechziger Jahren als Journalist und in der Geschäftsführung des Bundesverbands Deutscher Banken arbeitete, bis er 1970 Regierungsbeamter im Bundesministerium für Wirtschaft wurde. Pöhl hatte immer großen Wert darauf gelegt, seine Pflichten mit einer gewissen mühelosen Leichtigkeit zu erledigen.[22] Jetzt aber, im Mai 1991, stand er von allen Seiten unter wachsendem Druck, und die Atmosphäre wurde immer gespannter. Es war an der Zeit, sich von dieser Last zu befreien.

Um verschiedene kritische Meinungsträger zugleich zu besänftigen, hatte Pöhl es in einer Kunst zur Meisterschaft gebracht, die von allen Notenbanken ausgeübt, aber nur von wenigen wirklich beherrscht wird: der Kunst, gleichzeitig mehrere verschiedene, währungspolitische Botschaften zu verkünden, die an verschiedene Gruppen gerichtet sind und jede Gruppe für sich überzeugen. Von den deutschen Notenbankpräsidenten hatte nur Hjalmar Schacht, der in den zwanziger und dreißiger Jahren zweimal Reichsbankpräsident war, ähnlich geschickt mit den Feinheiten der deutschen Sprache jongliert.* Schacht hatte wie Pöhl zunächst als Journalist gearbeitet, bevor er als Volkswirt und Bankier tätig wurde. Pöhl war ein Meister der Schachtschen Verbal-Akrobatik, und er beherrschte sie auch unter den schwierigen Bedingungen der modernen Informationsgesellschaft.

Pöhl mußte ein hochempfindliches geldpolitisches Gewebe schaffen, bei dem alles darauf ankam, daß sich die einzelnen Fäden nicht verwirrten. Er durfte zwar die Bonner Regierung gelegentlich zur fiskalischen Solidität bei der Finanzierung der wirtschaftlichen Vereinigung Deutschlands ermahnen, mußte je-

---

* Siehe Kapitel IV

doch allzu kritische Töne vermeiden, um die Devisenbörsen nicht zu beunruhigen. Die Bundesbank konnte auch die Amerikaner für ihre verschwenderische Haushaltspolitik tadeln, sie mußte jedoch zugleich das empfindliche Pflänzchen der transatlantischen währungspolitischen Kooperation pflegen, das zu einem früheren Zeitpunkt in den achtziger Jahren schon einmal beinahe verdorrt wäre. In Reden vor deutschen Geschäftsleuten und Bankiers, die die Inflation fürchteten, galt es zu betonen, daß jeder Schritt in Richtung auf eine Wirtschafts- und Währungsunion (WWU) an denkbar harte anti-inflationäre Bedingungen geknüpft sein würde.* Wenn Pöhl dagegen die französische Regierung oder die Europäische Gemeinschaft ansprach, mußte der Eindruck vermieden werden, die Bundesbank wolle den Weg zu einer solchen Währungsunion um jeden Preis blockieren.

Pöhls Flexibilität, intelligent und selbstsicher eingesetzt, brachte ihm großes Ansehen als internationaler Finanzdiplomat. Aber sie trug ihm gelegentlich auch den Vorwurf der Inkonsequenz oder sogar der mangelnden Seriosität ein. Für einige seiner Kritiker war Pöhl entschieden zu pragmatisch und glich zu sehr einem Chamäleon. »Ich will Ihnen mal etwas zu Karl Otto sagen«, erklärte die von Pöhl für ihre offene Sprache bewunderte frühere britische Premierministerin Margaret Thatcher einmal in einem Interview. »Früher oder später muß man feststellen, daß er alles gesagt hat.«[23]

Zu Beginn des Jahres 1991 wurden Pöhls komplizierte Botschaften, die warnende und beruhigende, besorgte und optimistische Töne enthielten, zunehmend verwirrter; er war es einfach müde geworden, sie zu verkünden. Seine zweite Amtszeit als Bundesbankpräsident hätte bis 1995 gedauert, aber er hatte von verschiedenen Privatbanken lukrative Stellenangebote erhalten. Während des Dramas der deutschen Vereinigung hatte er ein wachsendes Bedürfnis nach einem anderen Betätigungsfeld entwickelt, das ihm und seiner jungen Familie sowohl ein höheres Gehalt als auch ein ruhigeres, weniger exponiertes Leben bringen

---

* Siehe Kapitel IX

würde. Pöhls frühere Leidenschaft für Schlagzeilen war inzwischen der Sehnsucht gewichen, den Medienrummel hinter sich zu lassen.

Pöhl eröffnete die Pressekonferenz am 16. Mai, indem er die Gerüchte über seinen Rücktritt bestätigte, die seit Anfang der Woche auf den Finanzmärkten kursierten. Er erklärte, er werde die Bundesbank »aus persönlichen Gründen« verlassen – eine knappe Formel, hinter der sich mindestens ein Dutzend verschiedener Faktoren verbargen. Auch gab er sofort die entscheidende Erklärung ab, die die D-Mark an den Devisenbörsen stützen sollte: »An der seit Jahrzehnten bewährten Stabilitätspolitik der Deutschen Bundesbank wird sich durch mein Ausscheiden nichts ändern.«[24]

Pöhls Botschaft, daß die Stabilitätspolitik fortgesetzt würde, hatte eine verblüffende Ähnlichkeit mit der Abschiedserklärung eines anderen Notenbankchefs, der sechzig Jahre zuvor in einem anderen bedeutungsschwangeren Moment der deutschen Geschichte aus dem Amt geschieden war. Hans Luther, der glücklose Reichsbankpräsident zur Zeit der Wirtschaftskrise Anfang der dreißiger Jahre, schrieb, als er 1933 von Hitler zum Rücktritt gezwungen wurde,* in seinem Rücktrittsschreiben, es sei von überragender Notwendigkeit, »daß [die] Währung als tragende Grundlage deutschen Volks- und Wirtschaftslebens vor Gefahren und Erschütterungen« geschützt werde.[25]

Die Journalisten, die sich in dem flachen, an einem Parkplatz auf dem begrünten Gelände der Bundesbank gelegenen Gästehaus der Bundesbank versammelt hatten, hatten schon seit einigen Monaten gemerkt, daß die Aufgaben des Bundesbankpräsidenten immer komplizierter wurden. Niemand aber wußte, wie kompliziert sie tatsächlich waren. Pöhls Ernüchterung beruhte nicht nur auf seinen Schwierigkeiten mit der Bonner Regierung, sondern auch auf Spannungen im Zentralbankrat. Dort werden Mehrheitsentscheidungen getroffen, und der Präsident hat wie jedes andere Mitglied nur eine Stimme. Er führt zwar den Vorsitz, kann jedoch gewünschte Entscheidungen nur durch überzeu-

---

* Siehe Kapitel IV

gende Argumente, nicht jedoch durch Erlasse herbeiführen; das kann sehr frustrierend sein.*

Pöhl hatte dem Zentralbankrat angehört, seit er 1977 Vizepräsident der Bundesbank geworden war. Die fünf Jahre davor hatte er den Regierungen Brandt und Schmidt als für Währungsfragen zuständiger Staatssekretär im Finanzministerium gedient. Er hatte also viel Erfahrung in wirtschaftspolitischen Dingen und wußte, daß gelegentliche Differenzen mit der Regierung nicht nur unvermeidlich, sondern auch gesund sind – ein Zeichen dafür, daß die Bundesbank wirklich einen eigenen Standpunkt hat. Ein Dauerkonflikt dagegen war zu vermeiden oder durfte zumindest nicht an die Presse dringen: Ernste Auseinandersetzungen mit Bonn hatten es an sich, der Stabilität der D-Mark zu schaden.

Die Spannungen waren schon seit langer Zeit gewachsen. Pöhl und die anderen Mitglieder des Zentralbankrats waren über die (auf Druck des französischen Ministerpräsidenten Jacques Chirac und seines Finanzministers Edouard Balladur) getroffene Entscheidung der Bundesregierung vom November 1987 empört, einen deutsch-französischen Wirtschafts- und Finanzrat einzurichten, der im Rahmen eines bilateralen Vertrags die Wirtschaftspolitik der beiden Länder »harmonisieren« sollte.[26] Ein weiterer Stein des Anstoßes war der Börsenkrach vom Oktober 1987. Kohl selbst hatte Pöhl im Dezember telefonisch ermutigt, die Zinssätze als Teil eines international koordinierten Plans zur Stimulierung der Wirtschaft zu senken; der Plan enthielt auch Maßnahmen, um den Fall des Dollars zu bremsen. Zu einer Zeit, wo die Bundesbank ihren Diskontsatz auf ein Rekordtief von 2,5 Prozent herabsetzte, blieb Pöhl nicht viel anderes übrig, als das Maßnahmenpaket zu unterstützen. Später jedoch – als die deutsche Volkswirtschaft 1988 und 1989 unerwartet schnell in Schwung kam – änderte Pöhl seine Meinung und vertrat die Ansicht, die Währungspolitik der Bundesbank sei zu lax gewesen und habe zu einer höheren Inflationsrate geführt.[27]

Eingedenk früherer Pressionen, versuchte Pöhl sich auf der Pressekonferenz vom 16. Mai diplomatisch aus der Affäre zu zie-

---

* Siehe Kapitel III

hen. Er gab zu, daß es »gelegentlich Spannungen und Meinungsverschiedenheiten« zwischen Bundesregierung und Bundesbank gegeben habe. »In einem Land, das sich glücklich schätzen kann, eine unabhängige Notenbank zu besitzen, ist dies normal und kein Zeichen der Schwäche unseres Systems, sondern ein Zeichen der Stärke.« Hinter Pöhls diplomatischer Höflichkeit war seine skeptische Haltung bezüglich der wirtschaftlichen Auswirkungen der deutschen Vereinigung jedoch deutlich zu spüren. Die deutsche Währungsunion sei eine politische Entscheidung gewesen, die die Bundesbank »trotz mancher Bedenken in der Sache loyal unterstützt« habe. Diese Unterstützung, so Pöhl weiter, sei seine »Pflicht« gewesen. Damit ließ er demonstrativ die Frage offen, ob er mit der Politik der Bundesregierung einverstanden war oder nicht.

Außerdem hatte Pöhl über ein Jahr lang vor den Auswirkungen der hastig betriebenen Wiedervereinigung auf die Finanzen der Regierung gewarnt. Er hatte immer die Notwendigkeit betont, durch Kürzung der öffentlichen Ausgaben und Subventionen im wohlhabenden westlichen Teil Deutschlands zusätzliche Ressourcen für den Osten freizusetzen. Die Regierung hatte von seinen Appellen praktisch keine Notiz genommen. Im August 1991 sagte Pöhl: »Seit 18 Monaten habe ich mich fusselig geredet... Es wurde alles völlig ignoriert... Wenn ich das Gefühl gehabt hätte, daß ich dies [die Verschlechterung der haushaltspolitischen Lage] verhindern konnte, wäre ich nicht gegangen.«[28] In der politischen Auseinandersetzung mit Bonn fiel Pöhls internationales Ansehen letztlich kaum ins Gewicht. Auch wenn man einer der bekanntesten Notenbanker der Welt ist, hat man nicht viel von seiner Unabhängigkeit, wenn einem die Regierung nicht zuhört.

4. Eine Art Distanz

Die unwissende Außenwelt identifizierte Pöhl mit der Bundesbank; es ist psychologisch und politisch interessant, daß der Präsident selbst dies nie tat. Trotz seiner Professionalität und des

Elans, mit dem er seine Aufgaben erfüllte, wahrte Pöhl eine eigentümliche Distanz zur finanz- und währungspolitischen Bürokratie Deutschlands. Im Gegensatz zu den meisten seiner Vorgänger fühlte sich Pöhl, von Natur aus ein Einzelgänger, in der Bundesbank nie völlig heimisch. Die Bundesbank genoß in der Öffentlichkeit oft übertriebene Verehrung, und – auch in Bonn – wußten die wenigsten, wie beschränkt die Handlungsfreiheit der Bundesbank und ihres Präsidenten tatsächlich war. Beim Gerangel um die deutsche Vereinigung 1989/90 wurde dieses fehlende Verständnis zu einem ernsthaften Problem. Die geographische Entfernung zwischen Bonner Regierung und Frankfurter Zentralbank gilt meist als Vorteil, der die unabhängige Position der Bundesbank stärkt. In Pöhls Fall jedoch war aus der Entfernung Entfremdung geworden. Als die Regierung Kohl ihre Anstrengungen auf Ostdeutschland konzentrierte, schien die Entfernung zwischen Bonn und Frankfurt plötzlich viel größer als hundertachtzig Kilometer.

Am Ende wirkte Pöhls Abschied von einer Institution, in der er als Präsident und Vizepräsident fast ein Viertel seines Lebens eine führende Rolle gespielt hatte, seltsam schmerzlos; sein Ausscheiden aus dem hohen Amt war ein nüchtern vollzogener Schritt. Neuer Bundesbankpräsident wurde Pöhls Stellvertreter Helmut Schlesinger. Schlesinger war sechsundsechzig Jahre alt und fast sein ganzes Berufsleben lang Notenbanker gewesen. Er kam schon 1952 zur Bank deutscher Länder, und als Pöhl bei der Notenbank anfing, hatte Schlesinger bereits ein Vierteljahrhundert für sie gearbeitet und galt seit langem als ihr fähigster ökonomischer Technokrat. Schlesinger ist ein versierter Kletterer, und es mangelt ihm nicht an Standfestigkeit; er pflegt sich fit zu halten, indem er die zwölf Stockwerke zu seinem Büro jeden Tag zu Fuß hinaufsteigt. In das Amt im Rampenlicht an der Spitze der Bundesbank brachte er das detaillierte Fachwissen des renommierten Währungsexperten mit. Dagegen war er nicht Politiker genug, um mit der außergewöhnlichen Herausforderung fertig zu werden, vor der die Institution, die zu seinem Leben geworden war, plötzlich stand.

Außer durch Stehvermögen zeichnet sich Schlesinger durch

große Loyalität zu der Institution aus, in der er groß geworden ist. Er ist der Pfadfinder des deutschen Zentralbankwesens. Bei öffentlichen Ansprachen spricht er etwa von »wir, die Bundesbank«, eine Wendung, die Pöhl geradezu komisch finden würde. Auch in anderer Hinsicht verkörpert Schlesinger alles, was Pöhl nicht ist; er ist konservativ, akademisch (»Die Märkte«, sagte er einmal zu einem Kollegen, »interessieren mich nicht«), asketisch, eigensinnig, hölzern und ein überzeugter Anhänger der deutschen Einheit. Er hat Humor, auch wenn dieser manchmal etwas plump ist. »Sehen Sie sich das Haus gut an«, sagte er, als er 1988 einen Londoner Bankier auf Stippvisite durch das Gebäude führte. »In sechs Jahren leiten wir alles von hier aus.« Ein Spitzenmitglied der Bank of England sagte einmal von ihm: »Für jemand aus Bayern hat er einen ganz anspruchsvollen Sinn für Humor.« Als Schlesinger Bundesbankpräsident wurde, waren seine Amtskollegen im Ausland überrascht von seinem zuvorkommenden Benehmen auf internationalen Konferenzen; Schlesinger kann viel geduldiger sein als Pöhl. Obwohl kein Parteimitglied, steht Schlesinger der bayerischen CSU nahe;[29] er ist bis heute in seiner Geburtsstadt Penzberg im Voralpenland tief im konservativen Bayern verwurzelt. Das Glas- und Porzellangeschäft seines Vaters in Penzberg wird heute von einer Tochter Schlesingers und deren Mann geführt.

Obwohl Schlesinger, wenn notwendig, auch ein geschickter Diplomat sein kann, hat er sich vor allem als radikaler Vertreter der währungspolitischen Ansichten der Bundesbank profiliert. Schlesinger hatte nie ernsthaft an den Maastrichter Zeitplan für die Einführung einer einheitlichen Europa-Währung geglaubt, hatte sich aber während seiner Präsidentschaft aus Rücksicht auf politische Komplikationen mit seiner öffentlichen Kritik sorgfältig zurückgehalten. Erst am Ende seiner Amtszeit wurden Schlesingers Einwände gegen Maastricht etwas lauter.[30]

Auch Tietmeyer, der Nachfolger Schlesingers, CDU-Mitglied seit 1960 und ein bewußt politisch aktiver Präsident, pflegt in seinen geldpolitischen Thesen eine radikale, manchmal sogar moralisierende Tonart an den Tag zu legen. 1931 in Metelen nördlich von Münster geboren, bleibt Tietmeyer tief von seinem

Geburtsort geprägt: Mit einem ihm eigenen Pathos beschreibt er sich als »westfälische Eiche«, die »Stürmen standhalten« kann.[31] Tietmeyer stieß 1990 zur Bundesbank, nachdem er sieben Jahre Staatssekretär in Bonn unter den Bundesfinanzministern Gerhard Stoltenberg und Theo Waigel gewesen war. Als Junge war er Meßdiener; während seiner Schulzeit am katholischen Gymnasium Paulinum in Münster (die älteste Schule Deutschlands), hatte er ernsthaft erwogen, Priester zu werden. Er entschloß sich, Theologie zu studieren, wechselte aber dann zu Wirtschaftswissenschaft und Philosophie über. Nach dem Doktorat und einem kurzen Zwischenspiel als Geschäftsführer der katholischen Studienförderung »Cusanuswerk« in Bonn fing er 1962 im Bundeswirtschaftsministerium an, wo er sich zunächst unter Ludwig Erhard vom Referenten im Referat »Grundsatzfragen der Wirtschaftsordnung und Wirtschaftspolitik« bis zum Abteilungsleiter hocharbeitete. Tietmeyer vereinigt missionarischen Eifer und beträchtliches Verhandlungsgeschick mit dem Charme einer Donnerbüchse. In seinen öffentlichen Ansprachen predigt er nicht nur ökonomische, sondern auch ethische Werte: »Markt, Ordnung und Fortschritt« sind seine Leitmotive.

Im Gegensatz zu Schlesinger und Tietmeyer hatte Pöhl die Stellung der Bundesbank und die Grenzen ihrer Unabhängigkeit gewöhnlich mit einem gewissen Zynismus betrachtet. Obwohl er dies kaum öffentlich hätte äußern können, war er der Ansicht, daß die Institution häufig überschätzt wurde. Für Pöhl war die Bundesbank weniger eine unabhängige Institution als ein Arm der Regierung, dem diese einen wichtigen Teil der Macht übertragen hatte: die Befugnis, die Zinssätze zu erhöhen oder zu senken. Als Journalist bekämpfte er in den sechziger Jahren die Parole »Stabilität um jeden Preis«.[32]

Sobald Pöhl seinen Rücktritt verkündet hatte, war ihm die Erleichterung über den Abschied deutlich anzumerken. Er zog das Datum sogar noch vor und ging schon Ende Juli und nicht erst Ende Oktober, wie ursprünglich geplant. Seine Vorgänger waren als alte Männer gegangen: Wilhelm Vocke mit einundsiebzig Jahren, Karl Blessing mit neunundsechzig, Karl Klasen und Otmar Emminger mit achtundsechzig. Pöhl hörte vor dem Pensionsalter auf und wurde Mitglied der Geschäftsführung eines renommierten privaten Bankhauses, der in Köln ansässigen Bank Sal. Oppenheim jr. & Cie.[33] Er wollte deutlich machen, daß das Leben auch nach dem Ausscheiden aus der Bundesbank weitergehen kann. Der Zentralbankrat machte Pöhl ein etwas bizarres Abschiedsgeschenk – ein Mountainbike. Pöhl nahm einen kleinen Teil des Bundesbankapparats mit. Seine Sekretärin und sein Chauffeur aus Bundesbankzeiten folgten ihm in sein neues Hauptquartier in den vornehmen Büros der Frankfurter Niederlassung der Oppenheim-Bank im Frankfurter Westend.

Daß Pöhl eine der angesehensten Stellungen aufgab, die Deutschland zu bieten hat, verblüffte viele Beobachter und viele Mitarbeiter der Bundesbank. Insgesamt gelang es ihm, die wahren Gründe für seinen Rücktritt zu verschleiern.[34] Bei seinem letzten öffentlichen Auftritt auf einem Festakt in Bonn im Juli 1991 erklärte er, sein früher Abschied sei in Wirklichkeit gar nichts so Ungewöhnliches.[35] In der internationalen Arena habe es zwei bekannte Präzedenzfälle gegeben: Seine Freunde Paul Volcker und Fritz Leutwiler seien beide im gleichen Alter wie er vorzeitig aus ihren Stellen ausgeschieden (Volcker als Vorsitzender der amerikanischen Federal Reserve Board und Leutwiler als Präsident der Schweizerischen Notenbank) und hätten Stellen im privaten Sektor angenommen. Pöhl vermied es, einen dritten Namen zu nennen, der seinem Rücktritt einen historischen Rahmen gegeben hätte – allerdings einen etwas unbequemen. Ein halbes Jahrhundert zuvor, im Januar 1939, hatte Hjalmar Schacht ebenfalls mit einundsechzig sein Amt verlassen, nachdem er insgesamt zwölf Jahre an der Spitze der Reichsbank gestanden hatte. Anlaß des Rücktritts war ein Reichsbankmemorandum an Adolf Hitler mit der Warnung, die »hemmungslose Ausgabenpolitik« werde zur Inflation führen.[36]* Beide Notenbanker hatten, jeder auf die ihm eigene Art und an verschiedenen Wendepunkten der deutschen Geschichte, versucht, die Regierung zu einer Änderung ihrer politischen Prioritäten zu zwingen. Beide hatten die Grenzen ihrer Macht erkennen müssen.

* Siehe Kapitel IV

5. Eine feste Tradition

Die Hauptaufgabe eines deutschen Notenbankers ist fraglos der Schutz der Währung. Dies ist nicht nur aus Prinzip so, sondern dahinter steht eine ungebrochene Tradition. Die sieben Bundesbankpräsidenten seit dem Zweiten Weltkrieg – Vocke, Blessing, Klasen, Emminger, Pöhl, Schlesinger und Tietmeyer – waren sehr verschiedene Charaktere, sie alle konnten ihrer Institution jedoch den Respekt erhalten, den sie fast überall genießt. Eines ist ihnen gemeinsam: Die Macht der Bundesbank als Institution hat sie geformt und geprägt. Manfred Lahnstein, ein informierter Kenner der Bundesbank, der 1977 bis 1980 Staatssekretär im Bundesfinanzministerium und 1982 während der letzten Monate der Regierung Schmidt Finanzminister war, sagt: »Viel wichtiger als die unterschiedlichen Stärken und Schwächen der einzelnen Präsidenten ist, daß die Institution stark genug ist, solche Männer unter ihre Herrschaft zu bringen. Die Institution prägt den Präsidenten.«[37]

Das rituelle Herunterheben anti-inflationärer Formeln spielt eine wichtige Rolle in der Mythologie der Bundesbank. Wenn der Bundesbankpräsident nach den richtigen Worten für seine Äußerungen sucht, darf er sich nicht auf trockene Formeln eines Handbuchs der Geldwirtschaft verlassen. Um die D-Mark vor Unglück zu bewahren, muß er das Schwert ziehen und mit einer nibelungenartigen Sprache einen epischen Kampf mit seinen Gegnern ausfechten. Laut Hans Matthöfer, 1978 bis 1982 sozialdemokratischer Finanzminister und 1979 formell für die Ernennung des Bundesbankpräsidenten Karl Otto Pöhl zuständig, beruht die Macht der Bundesbank primär auf ihrer Berechenbarkeit. »Als ich Pöhl in sein Amt einführte«, so Matthöfer, »sagte ich zu ihm: ›Ich beneide Sie um die Einfachheit Ihrer Entscheidungen.‹ Am Ende meiner vierjährigen Amtszeit konnte ich alle Stellungnahmen der Bundesbank voraussagen.«[38]

Die Tradition der Bundesbank verlangt, daß kein Bundesbankpräsident aus dem Amt scheiden darf, ohne mit einem Schwall öffentlicher Reden überschüttet zu werden. Die Amtsübernahme Tietmeyer wurde Anfang Oktober 1993 wie die Inthronisierung eines Erzbischofs in einer feierlichen Zeremonie vor 750 geladenen Gästen im Frankfurter Palmengarten zelebriert. Die Gouverneure der Bank of England und der Banque de France – zwei Institutionen, die während der EWS-Krisen der beiden zuvorgehenden Jahren unter der beharrlichen Anti-Inflationsregie der Bundesbank besonders gelitten hatten – befanden sich unter dem Dutzend anwesender Notenbankpräsidenten aus Europa und Übersee. In seiner mit pompösem Schwung vorgetragenen Antrittsrede bekannte sich Tietmeyer zur Kontinuität der Bundesbank-Lehre:

Ohne eine stabile Währung kann es eine dauerhafte ökonomische Prosperität und politische Stabilität nicht geben. Es ist und bleibt die zentrale und vornehmste Aufgabe der Bundesbank, die Stabilität der D-Mark zu sichern. Das ist nicht nur der eindeutige Auftrag des Gesetzes, das ist auch meine persönliche Überzeugung... Sie können alle versichert sein: Wir werden uns auch weiterhin mit ruhiger Hand um Stetigkeit und Verläßlichkeit bemühen.[39]

Pompös wünschte Bundeskanzler Kohl seinem langjährigen Ratgeber und Weggefährten – Tietmeyer war zwischen 1982 und 1990 Kohls Beauftragter (»sherpa«) für die jährlich stattfindenden Wirtschaftsgipfel der sieben wichtigsten Industrienationen – vor der Crème de la crème der deutschen und internationalen Finanzwirtschaft »Gottes Segen« für seine weitere Tätigkeit.

Zwei Jahre zuvor fand Pöhls formeller Abschied und Schlesingers offizielle Amtseinführung im Rahmen einer schwülstigen Feier in der Frankfurter Paulskirche statt, wo die Nationalversammlung nach der kurzlebigen demokratischen Revolution von 1848 bis zu ihrem Scheitern getagt hatte.[40] Die Feier war der angemessene Augenblick, Reden zum Lob der Stabilitätspolitik zu halten; sie bot jedoch auch Gelegenheit für warnende Worte. Währungspolitische Gewitterwolken standen bereits am Horizont. Vierzehn Tage zuvor hatte der Zentralbankrat, als er zum ersten Mal unter dem neuen Präsidenten Schlesinger zusammentrat, eine einprozentige Erhöhung des Diskontsatzes verkündet und damit seinem Unbehagen über die steigende Inflation Ausdruck verliehen.

In seiner Rede vor der Elite der deutschen Finanzwirtschaft fand Helmut Kohl angemessen lobende Sätze über Pöhls Präsidentschaft, kombiniert mit pointierten Anspielungen auf die Meinungsverschiedenheiten zur deutschen Währungsunion. Der Kanzler wiederholte, die Währungsunion vom 1. Juli sei seiner Überzeugung nach ein »politisch ebenso notwendiger wie wirtschaftlich verantwortbarer Schritt«. Er versäumte es nicht, seine Zuhörer daran zu erinnern, daß Pöhl selbst sich bei seinem Amtsantritt elfeinhalb Jahre zuvor dazu bekannt habe, die Bundesbank sei bei aller Unabhängigkeit »auch zur Unterstützung der Wirtschaftspolitik der Bundesregierung verpflichtet«.

In seiner eigenen Rede äußerte sich Pöhl zufrieden darüber, daß »Preisstabilität« inzwischen in Europa und anderswo »als oberstes Ziel der Geldpolitik allgemein akzeptiert« sei. Weniger positiv äußerte er sich jedoch über den wirtschaftlichen Schaden, den die Vereinigung nach sich ziehe. Laut Pöhl war die »Beschleunigung der Geldentwertung... hausgemacht«, weil man den Gürtel nicht enger geschnallt hatte, um die deutsche Einheit zu finanzieren. »Sie ist das Ergebnis einer Entwicklung, vor der die Bundesbank und auch ich als ihr Sprecher seit langem immer wieder – leider ziemlich erfolglos – gewarnt haben.«[41] Pöhl brachte die Befürchtung zum Ausdruck, die Geldpolitik könne »überfordert werden« – eine versteckte Warnung, daß der Bundesbank nichts anderes übrig bleiben könnte, als durch eine intensive Verteuerung des Kredits eine Rezession auszulösen. Als Schlesinger das Podium betrat, formulierte er an Kohl gewandt die gleiche Botschaft mit anderen Worten: »Die finanzpolitische Stabilität und die Stabilität des Geldes sind für unser Land entscheidende Werte. Sie müssen erhalten bleiben. Ich darf Ihnen und dem Herrn Finanzminister versichern, daß die Bundesbank ihren Part voll zu übernehmen bereit ist, nicht nur, weil das Gesetz uns befiehlt, sondern weil diese Stabilität der Mutterboden unseres Wohlstandes ist.«

Die Warnungen, die der scheidende Bundesbankpräsident in der Paulskirche aussprach und die demonstrative Festigkeit, die sein Nachfolger zeigte, hatten eine faszinierende Ähnlichkeit mit den Reden, die zwölf Jahre zuvor gehalten worden waren, Ende 1979, als man Pöhls Vorgänger Otmar Emminger feierlich in Pension geschickt hatte. Der Ort der Feierlichkeiten war damals allerdings weit weniger glanzvoll gewesen. Emminger, ein temperamentvoller Ökonom, der unter Karl Klasen siebeneinhalb Jahre Vizepräsident der Bundesbank gewesen war, bevor er 1977 selbst an die Spitze trat, hatte weniger theatralischen Sinn als Pöhl; er wählte für seinen Abschied das anspruchslose Ambiente der Turnhalle der Bundesbank.

Wie Schlesinger hatte auch Emminger einen Großteil seines Lebens bei der Zentralbank verbracht. Er war 1950 zur Bank deutscher Länder gekommen, nachdem er vor und nach dem Krieg an Wirtschaftsinstituten in Berlin und Wien gearbeitet hatte. 1937 war er der NSDAP beigetreten[42] – möglicherweise, um leichter in den Staatsdienst zu kommen.[43] In den Nachkriegsjahren wurde er zum »Außenminister« der Bundesbank. Er war international bekannt und hochgeachtet. 1979 war er enttäuscht, daß er nur sieben Monate länger als das Minimum von zwei Jahren am Ruder hatte stehen dürfen – und daß er wie Pöhl zu einem Zeitpunkt verabschiedet wurde, als die Inflation stieg. Emminger wies auf die wegen der Revolution im Iran gestiegenen Ölpreise hin und hatte keine Hemmungen zu betonen, er hinterlasse ein schweres Erbe; er machte jedoch (ebenfalls wie Pöhl) sorgfältig deutlich, daß es nicht seine Schuld sei, wenn »die Stabilität des Geldwertes, deren Erhaltung doch unser oberstes Ziel ist, heute so stark von Kräften bedroht ist, die außerhalb unserer Kontrolle liegen.«[44]

Pöhl wurde im Alter von fünfzig Jahren bei Emmingers Abschied in sein Amt eingeführt; er war damit zehn Jahre jünger als jedere andere Bundesbankpräsident der Nachkriegszeit. Er hatte etwas Eulenhaftes an sich und wirkte etwas unbeholfener als heute, zeigte jedoch extremes Selbstvertrauen, als er sein Amt antrat. Er spürte, daß er nur die rechten Worte finden mußte, wenn er seine Zuhörer davon überzeugen wollte, daß er die notwendige Statur hatte:

Die Welt wird von einer neuen Welle der Inflation überschwemmt... Auf die sich ja ganz offenkundig abzeichnenden Gefahren für die Stabilität kann es für uns nur eine Antwort geben, nämlich das Geld knapp zu halten... Die Erfahrungen der letzten Jahre haben ganz eindeutig gezeigt, daß Stabilitätspolitik gleichzeitig die beste Wachstumspolitik ist... Stabilität ist die Grundlage unserer wirtschaftlichen Position in der Welt und des Wohlstandes in unserem Lande.[45]

Emminger hatte bei seiner eigenen Antrittsrede von 1977 dieselbe Botschaft verkündet: »Das Ringen um die Geldstabilität ist mehr als nur ein Ringen um Kommastellen in einem Preisindex. Geldstabilität hat etwas mit allgemeiner politischer und gesellschaftlicherer Stabilität zu tun.«[46]

Emmingers Vorgänger, der autokratische Sozialdemokrat Karl Klasen, Bundesbankpräsident von 1970 bis 1977, hatte seine Antrittsrede Anfang 1970 genutzt, um ein anderes Thema anzusprechen. Klasen war vermutlich der politische Kopf unter den Bundesbankpräsidenten; er beschrieb den Status der Bundesbank lieber mit »autonom« als mit »unabhängig« – darin zeigt sich seine enge Bindung an die Regierung Brandt, die in Bonn gerade die Macht angetreten hatte.[47] Außerdem räumte er, für einen Bundesbankpräsidenten ungewöhnlich, dem wirtschaftlichen Wachstum dasselbe Gewicht ein wie der Geldwertstabilität. Nicht nur die Inflation, erinnerte Klasen seine Zuhörer, sondern auch die Arbeitslosigkeit sei für das deutsche Volk »ein Trauma« gewesen. Er vergaß jedoch nicht, seine Rede mit dem traditionellen rhetorischen Trompetenstoß abzuschließen: »Eines kann ich schon heute voraussagen: Eine Inflation wird es in der Bundesrepublik Deutschland nicht geben.« Die Zuhörer eines Bundesbankpräsidenten erwarten keine übertrieben lichtvollen Ausführungen. Sie wollen lediglich hören, daß ihr Geld in guten Händen ist.

6. »Wichtiger als Gold«

In den ersten Jahren nach Gründung der Bundesrepublik 1949 war die Sicherung der Währung von höchster Wichtigkeit. Wenn die Moral vom knappen Geld ein Kernstück des Kreuzzugs zur Gründung des neuen Staates war, dann war Wilhelm Vocke dessen erster Ritter. Der erste Präsident des Direktoriums der Bank deutscher Länder war ein Geheimrat mit asketischen Manieren und untadelig preußischem Benehmen, und er hatte ein unzerstörbares Vertrauen in die eigene Unfehlbarkeit. In den zwei Jahrzehnten vor dem Krieg hatte er dem Direktorium der Reichsbank angehört.[48] Er schied im Verlauf der Entlassungswelle aus – bei weiterhin vollen Bezügen –, die auf das Anti-Inflations-Memorandum der Reichsbank vom Januar 1939 folgte, das alle acht Mitglieder des Direktoriums unterzeichnet hatten. Das Memorandum basierte teilweise auf einem Entwurf Vockes, ein Umstand, der erst Jahre später bekannt wurde.[49]*

Der Pfarrerssohn Vocke war kein Nazi, aber er war auch kein Held des Widerstands. Während seiner Zeit bei der Reichsbank zeichnete er sich durch Nichtstun aus, das er kultiviert haben will, als er in den dreißiger Jahren zunehmend an Einfluß verlor.[50] In den zwanzig Jahren, die er ab 1919 im Direktorium der Reichsbank verbrachte, bestand seine wichtigste Tat darin, auch die geringste Verantwortung für die zahlreichen Fehler der Reichsbank zu vermeiden.[51] Obwohl Vocke gegenüber den primitiveren Anhängern Hitlers Verachtung und Abneigung zeigte, spielte er den größten Teil der dreißiger Jahre die Rolle des vorsichtigen, altgedienten Beamten. Wie viele andere, die über die verhängnisvollen Auswirkungen der Wirtschaftskrise Anfang der dreißiger Jahre besorgt waren, gehörte er zu den ersten Anhängern der Strategie der Arbeitsbeschaffung, die in den Anfangsjahren des Dritten Reichs so erfolgreich praktiziert wurde.[52] Später behauptete er, die ganze Zeit gewußt zu haben, daß Hitler »unsagbares Unheil« über das deutsche Volk bringen würde.[53]

Nachdem er die Reichsbank verlassen hatte, führte Vocke ein

---

* Siehe Kapitel IV

einfaches, aber relativ friedliches Leben im Berlin der Kriegszeit. Seine einzige sichtbare Aktivität war die Mitgliedschaft im Kuratorium des Instituts für ausländisches öffentliches Recht und Völkerrecht der Kaiser-Wilhelm-Gesellschaft.[54] Als Vocke jedoch 1948 im Alter von zweiundsechzig Jahren seinen neuen Posten bei der Bank deutscher Länder antrat, war er vom heiligen Eifer eines Mannes erfüllt, der endlich seine Lebensaufgabe gefunden hat.* Er war ein unabhängiger Geist – mit dem für ihn charakteristischen Mangel an Sentimentalität führte er dies auf den Umstand zurück, daß sein Vater starb, als er erst fünfzehn war[55] – und er wurde der härteste Verfechter der Unabhängigkeit der Bank deutscher Länder. Vocke beurteilte die währungspolitischen Fähigkeiten anderer kritisch: Hans Luther, Reichsbankpräsident von 1930 bis 1933, »verstand wirklich nichts von Geld und Kredit«[56]; Adenauer, so spottete er, sei »in Währungssachen ein Laie«[57]; Fritz Schäffer, Adenauers Finanzminister, habe »von Kredit und Währung wenig Ahnung«[58]. Vocke gewann schnell die Oberhand über den Mann, der nominell sein Vorgesetzter war: Karl Bernard, der erste Nachkriegs-Präsident des Zentralbankrats, war offiziell der Chef der Bank und hatte einen höheren Rang als der Präsident des Direktoriums.[59]

Vocke nutzte seine erste Rede vor der Bank deutscher Länder vom 1. Juni 1948, um die neue Direktive der Eigenverantwortung zu unterstreichen:

... die Unabhängigkeit der Bank und ihrer Leiter [ist] eine unabdingbare Notwendigkeit... Nur wenn diese der Verantwortung der Bank entsprechende Unabhängigkeit nach allen Seiten gewahrt wird, wird die Notenbank das Gut erwerben, das wichtiger ist als Popularität und Beifall, ja sogar wichtiger als Gold und Devisen: Vertrauen im In- und Ausland.[60]

Die Geburt der D-Mark im Zuge der Währungsreform, die später im selben Monat in Kraft trat, bot Vocke eine beispiellose Gelegenheit, Standfestigkeit und Voraussicht zu zeigen. Schacht,

---

* Siehe Kapitel VI

sein früherer Chef, sagte herablassend zu ihm, die neue Währung, die weder durch Gold- noch Devisenreserven gedeckt war, werde innerhalb von sechs Wochen zusammenbrechen.[61] Diese Voraussage erwies sich als genauso falsch wie eine Prophezeiung, die Schacht neun Jahre zuvor, unmittelbar nach Kriegsausbruch, gemacht hatte: »In drei Wochen brechen die deutschen Armeen zusammen.«[62] In Wirklichkeit gelang es der Bank deutscher Länder, die in einer Zeit kontrollierten Devisenverkehrs von einer Unterbewertung der D-Mark (die erst 1958 konvertierbar wurde) profitierte, in einem Ausmaß Devisenreserven anzulegen, das Vockes kühnste Erwartungen übertraf.[63]

Wie Vocke richtig sah, war das Vertrauen in die neue Währung nicht nur ökonomisch von Vorteil. Es war die Eintrittskarte der Bundesrepublik für die internationale politische Arena. Eine stabile Währung würde letztlich »für die deutsche Sache auch die Türen öffnen, die uns heute noch verschlossen sind«.[64] Die Tür zur deutschen Einheit blieb in der Tat noch vier Jahrzehnte lang verschlossen; im Jahr 1990 aber öffnete sie sich unter Bedingungen, die Vocke vielleicht vorausgesehen hätte. Interessanterweise benutzte Vocke, als er »die stabile Deutsche Mark« 1950 als »eines der wertvollsten außenpolitischen Aktiva der jungen westdeutschen Bundesrepublik«[65] bezeichnete, fast genau dieselben Worte, die Kohl vierzig Jahre später verwenden sollte, als er die Einführung der D-Mark in der DDR ankündigte.*

7. »Die Erfahrung zeigt, daß wir Recht daran gehabt haben«

Wenn es für die Bank deutscher Länder und die Bundesbank in den Nachkriegsjahren ein beherrschendes Thema gab, dann dies: daß es Deutschland gelungen war, sich dem internationalen Trend zur Geldentwertung erfolgreich zu entziehen. Im Dritten Reich hatte die Botschaft der Reichsbank, freilich unter ganz anderen Bedingungen, ähnlich gelautet. Obwohl die Reichsmark

---

* Siehe Kapitel VIII

damals theoretisch noch immer an ihren Wert in Gold vor 1914 gebunden war, machte ein immer undurchdringlicher werdender Dschungel von Maßnahmen zur Devisenkontrolle sie praktisch unkonvertierbar. Schacht hatte im Rahmen des sogenannten Neuen Plans von 1934 ein rigoroses System der Außenhandelsplanung eingeführt, um dem Protektionismus des Auslands zu begegnen und die knappen Devisenreserven des Landes zu pflegen. Nach diesem System importierte Deutschland nur aus Ländern, die deutsche Produkte in genügender Menge kauften. Deutschland weigerte sich jedoch standhaft, auf den Abwertungszug aufzuspringen, den Großbritannien in Bewegung setzte, als es 1931 den Goldstandard aufgab.

Das Prinzip, die Währung stabil zu halten, wurde zu einem nicht hinterfragbaren Glaubensbekenntnis und zum Gegenstand allumfassender Propaganda.[66] »Ohne uns an die zweifelhaften Experimente des Auslands anzuhängen«, erklärte Schacht 1935, »deren Auswirkungen wir sicherlich weder jetzt noch in Zukunft unbeachtet lassen wollen, haben wir doch den energischen und bis jetzt geglückten Versuch gemacht, aus eigener Kraft unsere Wirtschaft in Gang zu bringen und unsere Arbeitslosigkeit zu beseitigen.«[67] Noch im Juni 1938 – nur sieben Monate vor seiner Entlassung aus der Reichsbank – verkündete Schacht Deutschlands währungspolitische Tugend: »Man hatte [im Ausland] offenbar nicht damit gerechnet, daß wir unverrückt das alte Ziel jeder ehrlichen Notenbankpolitik im Auge behielten, die Verteidigung unserer Währung nach außen und nach innen. Wir dürfen mit Genugtuung feststellen, daß *wir* dieses Ziel erreicht haben, während andere es preisgegeben haben...«[68]

Ein Kollege Schachts im Direktorium war damals Karl Blessing, ein untersetzter, achtunddreißigjähriger Schwabe von scharfem Verstand und grenzenlosem Opportunismus. Nachdem Blessing im Dritten Reich Karriere gemacht und die Gipfel des wirtschaftlichen Establishments des Nationalsozialismus erklommen hatte, war es ihm beschieden, 1958 der erste Präsident der Bundesbank zu werden. Bereits in den dreißiger Jahren hatten seine Aussagen zur Wirtschaft Gewicht. In einer Rede vom

Februar 1938 hat er dem währungspolitischen Credo der dreißiger Jahre in klingenden Worten Ausdruck verliehen. Sein übermächtiges Verlangen, die Wirtschaftspolitik des Dritten Reiches als Vorbild hinzustellen, führte unvermeidlich zu selbstgerechten Formulierungen:

Wir in Deutschland haben davon abgesehen, die Währungsexperimente der übrigen Welt in den letzten sieben Jahren mitzumachen. Die Erfahrung zeigt, daß wir recht gehabt haben.[69]

Blessing führte ein vielschichtiges und intrigantes Doppelleben. In den letzten Kriegsjahren knüpfte er in Anbetracht der immer schlimmeren Exzesse des Nazi-Staats und der schwindenden Siegeschancen der Deutschen Kontakte zu einigen der Verschwörer, die an dem gescheiterten Attentat auf Hitler am 20. Juli 1944 beteiligt waren. Nach dem Krieg verstand er es, diesen Aspekt seiner Vergangenheit groß herauszustellen, während andere, unbequemere Aspekte einfach vertuscht wurden. Seine Ernennung zum Bundesbankpräsidenten war eines der deutlichsten Anzeichen für die Kontinuität, die zwischen der Reichsbank und der neuen Notenbank bestand. In den sechziger Jahren kämpfte Blessing dafür, der unabhängigen Bundesbank die Stärke und Autorität zu verschaffen, die die Reichsbank vergeblich angestrebt hatte. Als er im Dezember 1969, nach zwölf Jahren an der Spitze der Bundesbank, in den Ruhestand trat, veranstalteten seine Bewunderer einen Herrenabend in Frankfurt. Blessing erklärte den versammelten Mitgliedern der deutschen Finanzelite, die »Währungsdisziplin« sei das »A und O« seiner Karriere gewesen. Er leistete sich auch einen kurzen Rückblick auf die dreißiger Jahre, wobei sein Gedächtnis allerdings sehr selektiv arbeitete. Im Gegensatz zu 1938 fand er für die damalige Zeit jetzt nur Worte des Abscheus:

Formal blieb die Reichsbank bei der Bindung an das Gold, faktisch war dies wertlos, denn es gab keine freien Wechselkurse mehr. Die Reichsmark wurde eine Binnenwährung mit allen möglichen Sondermark-Arten, mit bilateralen Verrechnungsabkommen,

Askikonten*, Kompensationsgeschäften und ähnlichen Behelfsmitteln. Mit diesem vielköpfigen – nirgends beliebten – Monstrum Reichsmark lebten wir bis 1945 oder besser gesagt bis 1948, wobei der Weg stets weiter bergab führte.[70]

Tatsächlich hatte Blessings Weg im Staat Hitlers lange Zeit nach oben geführt, nicht nach unten. Als Schacht in den dreißiger Jahren als oberster Hüter der deutschen Währung amtierte, war Blessing sein begabtester Protegé. Blessing wurde im Mai 1937 Mitglied der NSDAP,[71] ein Schritt, den er 1947 im Zeugenstand des von den Amerikanern durchgeführten Nürnberger »Nachfolger«-Prozesses damit erklärte, »daß man nicht den radikalen Elementen das Feld in der Regierungsmaschinerie überlassen sollte.«[72] Einen Monat später erfolgte seine Beförderung in das achtköpfige Direktorium der Reichsbank. Er verlor diesen Posten im Februar 1939[73] im Zuge der zweiten Entlassungswelle nach der Memorandum-Affäre. Im Gegensatz zu Vocke zog sich Blessing jedoch nicht aus dem öffentlichen Leben zurück. Er wurde zu einem loyalen Anhänger des neuen Reichsbankpräsidenten Walther Funk. Kurz darauf trat er in den Beirat der Reichsbank ein und nahm an den regelmäßigen Treffen des »Freundeskreises des Reichsführers SS Heinrich Himmler« teil, einer Gruppe von Industriellen, die sich Hitlers Polizeichef verbunden fühlten.[74] Blessing war vielleicht kein begeisterter Nazi, aber er schien sich in Gesellschaft solcher Leute wohl zu fühlen. Sein größtes Talent bestand eben tatsächlich darin, mit jedermann gut auszukommen. Oder, wie der stets gestrenge Vocke urteilte: »Er konnte schwer nein sagen.«[75] Auf einer Liste von Oppositionellen, die nach dem Attentat des 20. Juli ans Licht kam, wurde Blessing als möglicher Wirtschaftsminister einer Post-Hitler-Regierung genannt.[76] Nach dem Zusammenbruch gelang es Funk, Blessing vor dem Zugriff der Gestapo zu schützen, indem er behauptete, Blessing habe nicht gewußt, daß er auf der Liste stand.[77]

Während Blessing dieses undurchsichtige Doppelspiel spielte,

---

* Ausländerkonten für Inlandszahlungen, Sonderkonten für ausländische Firmen, die große Export/Import-Geschäfte mit Deutschland tätigten.

blieb er zugleich eine zentrale Figur im Management von drei lebenswichtigen Bereichen der deutschen Kriegswirtschaft, in den Bereichen Geld, Rohstoffe und Öl. Außerdem war er im Ausland für deutsche Wirtschaftsinteressen aktiv. Deutschlands Satelliten in Südosteuropa – Rumänien, Ungarn, Kroatien und Bulgarien – waren besonders wichtig; Hitler hielt die Donau für den »Fluß der Zukunft«, über den Erdöl und Getreide nach Deutschland gelangen würden.[78] Blessing reiste im Herbst 1941 für zwei Wochen nach Rumänien, um die dortige Notenbank über die Eindämmung der Inflation zu beraten. Die Inflation ist »immer die ungerechteste Form der Besteuerung«, erklärte er dem Präsidenten der rumänischen Notenbank. Außerdem machte er Vorschläge zur Verminderung der Kapitalflucht, die an Rumäniens für die Kriegswirtschaft notwendigen Währungsreserven zehrte. Er fügte hinzu, die Verursacher dieses Problems seien »Juden«.[79]

Weil Blessing derartige Aufgaben erledigte, genoß er bei der NS-Führung höchstes Ansehen. In einem Brief an Außenminister Joachim von Rippentrop vom Juni 1944 schrieb Funk, Blessing gehöre »zu den wenigen noch vorhandenen deutschen Wirtschaftsführern, die ein hohes internationales Ansehen genießen«.[80] Zum damaligen Zeitpunkt konnte Blessing auf ein solches Lob noch stolz sein, später hatte er ein großes Interesse, daß solche Bemerkungen in Vergessenheit gerieten.

8. Anpassung an die Umstände

Blessings Aufstieg beruhte nicht zuletzt auf seinen klassischen Qualifikationen. Er war bereits 1920 zur Reichsbank gekommen. Als Devisenspezialist und Assistent Schachts nahm er im Jahr 1929 an verschiedenen internationalen Konferenzen teil (Young-Plan-Konferenz in Paris, Haager Konferenzen und Konferenz in Baden-Baden zur Gründung der Bank für Internationalen Zahlungsausgleich BIZ). Von April 1930 bis April 1934 wurde er als Abteilungsleiter zur BIZ abgeordnet, dann kehrte er zur Reichsbank zurück; dort wurde er anschließend im August 1934, nachdem Schacht Wirtschaftsminister geworden war, zum Generalreferenten beim Reichswirtschaftsministerium ernannt. Als Blessing im Mai 1935 die nationalsozialistische Politik der »aktiven Krisenbekämpfung mit dem Ziel der Belebung der inneren Produktionskräfte Deutschlands und der Verminderung der Arbeitslosigkeit« lobte, wies er darauf hin, daß »dieses Ziel nur auf der Basis einer stabilen Währung erreicht werden kann«. Blessing fuhr fort: »Freilich unterscheidet sich unsere jetzige Währung vollkommen von derjenigen früherer Zeiten. Sie wird aufrechterhalten mit Hilfe einer umfassenden Devisenbewirtschaftung, einer Devisenbewirtschaftung, auf die gerade wir Reichsbankbeamte in einem gewissen Sinne stolz sein können; denn eine solche Devisenbewirtschaftung ist nur möglich in einem Land hervorragender organisatorischer Begabung und einwandfreier Integrität des Beamtentums.«[81] Blessing behauptete, die ausländische Kritik an Hitlers Wirtschaftspolitik basiere »auf völliger Verkennung der deutschen Lage«.[82] Die »gegenwärtige deutsche Devisennot« führte er – mit Recht – auf den Versailler Vertrag zurück, und er erklärte, die Tage des freien Handels seien gezählt. »Der wahllose Austausch von Waren zwischen den einzelnen Volkswirtschaften, der ideologisch auf dem Freihandelsprinzip beruhte, wird künftighin aller Wahrscheinlichkeit nach einem mehr kontrollierten Austausch von Gütern Platz machen. Ebenso wie auf kulturellem Gebiet hat der Liberalismus eben auf wirtschaftlichem Gebiet seine historische Mission erfüllt.«[83] Anfang 1936, in dem Jahr, in dem Hitler mit der Besetzung des Rheinlands den Versailler Vertrag endgültig entwertete, erklärte Blessing, die Exportanstrengungen müßten verstärkt werden, »wenn es uns gelingen soll, die für Binnenwirtschaft und Rüstung notwendigen ausländischen Rohstoffe zu beschaffen«.[84]

Im November 1937 verkündete Blessing, daß die Politik, »nicht mehr im Ausland zu kaufen, als bezahlt werden kann« und die Importe auf Güter zu beschränken, die für die »Durchführung der nationalwirtschaftlichen und nationalpolitischen Aufgaben« erforderlich seien, die »Wiederwehrhaftmachung« der deutschen Wirtschaft und die »Beseitigung des Versailler Diktats« möglich gemacht habe, »ohne daß die Stabilität der deutschen Währung irgendwie beeinträchtigt wurde«.[85]

Blessings loyale Dienste wurden im März 1938 belohnt, als er nach dem Anschluß Österreichs die Übernahme der Österreichischen Nationalbank organisierte.[86]* Im Juni 1938 faßte er in einer Rede in Berlin den Erfolg seines Auftrags in Österreich pathetisch zusammen:

Erst drei Monate trennen uns von diesem denkwürdigen Tag, der uns allen unvergessen bleiben wird. Und doch sind in dieser kurzen Zeitspanne alle diejenigen Maßnahmen durchgeführt oder eingeleitet worden, die das Ziel haben, die Wirtschaft des Altreichs und die Wirtschaft der Ostmark zu einer unlöslichen Wirtschaftseinheit zusammenzuschweißen.[87]

Nach seinem Ausscheiden aus der Reichsbank setzte Blessing seine Karriere fort. Ultrapragmatiker, der er war, bot er seine Talente der Industrie an und wurde Mitglied der Geschäftsführung der in Berlin ansässigen deutschen Tochtergesellschaft des anglo-niederländischen Nahrungsmittelkonzerns Unilever. Die deutsche Unilever, mit der Blessing schon während seiner Zeit im Reichswirtschaftsministerium intensive Kontakte aufgenommen hatte,[88] war von ihrer britischen Muttergesellschaft weitgehend abgeschnitten und nahm in der deutschen Wirtschaft einen wichtigen strategischen Platz ein.[89] Blessing war vor allem für das Margarinegeschäft der Firma verantwortlich; er hatte seinen Posten von April 1939 bis September 1941 inne.[90] In diesem Zeitraum fiel die deutsche Invasion in die Niederlande im Mai 1940. Eines der vielen Ziele der Invasion bestand darin, die beträchtlichen Ressourcen von Unilever in den Niederlanden unter deutsche Kontrolle zu bringen.[91]

Nach der Besetzung der Niederlande wurde Blessing einer der drei Verwalter[92] der großdeutschen Interessen des Unilever-Konzerns.[93] Er gab diesen Posten auf, als im Juni 1941 ein Reichskommissar zur direkten Überwachung des Unilever-Konzerns ernannt wurde[94] und wechselte in die Ölindustrie. Als Blessing noch bei Unilever war, hatte man ihn in den Aufsichtsrat der

---

* Siehe Kapitel V

neuen, staatlich kontrollierten Holdinggesellschaft Kontinentale Öl AG gewählt.[95] Sie war im März 1941, drei Monate bevor die Wehrmacht in der Sowjetunion einmarschierte, von Reichsmarschall Hermann Göring offiziell gegründet worden und sollte die großen Ölreserven verwalten und ausbeuten, die jetzt in Süd- und Osteuropa unter deutsche Kontrolle kommen würden.[96] Blessing wurde sofort im März 1941 stellvertretender Vorsitzender des fünfköpfigen Verwaltungsrates und stieg Anfang Oktober in den dreiköpfigen Vorstand auf.[97]

Die Kontinentale Öl vereinigte die Ölgesellschaften unter ihrem Dach, die von den geschlagenen Belgiern und Franzosen übernommen worden waren. Sie hatte das Ziel, den Zugriff der Deutschen auf die Energiereserven des Ostens auszudehnen. Die Aktivitäten der Gesellschaft gelangten in einigen Bereichen freilich nie über das Planungsstadium hinaus. Galizien in Westpolen und Rumänien standen im Zentrum ihrer Anstrengungen.[98] Wie viele andere deutsche Firmen setzte auch die Kontinentale Öl Häftlinge aus Konzentrationslagern ein, um ihre Infrastruktur im Osten zu verbessern; kurz vor der Eroberung Oberschlesiens durch die vorrückende sowjetische Armee beschwerte sich einer der Manager Blessings Anfang März 1945, die Erweiterung einer Raffinerie im oberschlesischen Trzebinia werde durch den »Einsatz von KZ-Häftlingen mit niedrigerer Leistung« aufgehalten.[99]

Nach Kriegsende wurde Blessing in Süddeutschland in Haft genommen, und die Amerikaner erwogen, ihn als Kriegsverbrecher anzuklagen, verwarfen jedoch schließlich den Gedanken. Im Juli 1948 wurde Blessing erneut Vorstandsmitglied in der deutschen Unilever-Gruppe und widmete sich schon bald wieder seiner alten Aufgabe, Freunde zu suchen und Einfluß zu gewinnen.* Blessings Tätigkeiten während des Krieges waren der britischen Regierung ein Dorn im Auge, deshalb lehnte sie seine Nominierung für den Verwaltungsrat der Bank für Internationalen Zahlungsausgleich Anfang der fünfziger Jahre diskret ab.[100]

Als Blessing 1958 Vockes Posten als Bundesbankpräsident übernahm, zeigte sich, daß das Streben nach Geldwertstabilität

---

* Siehe Kapitel VI

dasselbe geblieben war, was immer sich sonst in Deutschland verändert haben mochte. »Ich habe nicht die Absicht, die D-Mark weich zu machen«, erklärte er bei einer Rede in Frankfurt, »weil ich ein gesundes Geldwesen für das Rückgrat jedes geordneten Staatswesens halte.«[101] Er versprach den Bundesbankbeamten: »Ich werde meine Hand niemals dazu hergeben, eine leichtsinnige Währungspolitik zu betreiben.«[102] In Wirklichkeit war Blessing alles andere als ein Dogmatiker: Höchst flexibel steuerte er die Bundesbank 1961 und 1969 durch die Streitereien um die Aufwertung der D-Mark, und als liebenswertes Mitglied im Kreis der internationalen Notenbanker gewann er das Vertrauen der US-Regierung – insbesondere, weil die Bundesbank in den sechziger Jahren anders als die französischen Behörden aus Loyalität keine überschüssigen Dollars gegen Gold aus den US-Währungsreserven tauschte. Die Amerikaner prägten sogar den Spruch: »What a blessing we have a Blessing«. (»Was für ein Segen, daß wir einen Blessing haben.«) Dagegen waren ihm die britischen Staatsbeamten weniger wohlgesinnt; sie verpaßten ihm den Spitznamen »Mixed Blessing« (»zweifelhaftes Vergnügen«).[103] Blessing entfaltete sein größtes rhetorisches Geschick, wenn er Besuchern von der amerikanischen Notenbank Reminiszenzen an die schlechte alte Zeit auftischte, »... seine qualvollen Erinnerungen an die Zeit, als er den Zusammenbruch der internationalen finanzpolitischen Kooperation miterleben mußte«, wie es ein ahnungsloser amerikanischer Notenbanker formulierte.[104]

Als Blessing 1971 nur ein Jahr nach seiner Pensionierung starb, hielt Wirtschaftsminister Karl Schiller die Trauerrede. Blessings Lebenswerk, sagte er, müsse »Ansporn und Verpflichtung beim täglichen Kampf um Stabilität sein«.[105] Der frühere Reichsbanker Blessing hatte unter ganz verschiedenen Umständen bemerkenswerte Anpassungsfähigkeit bewiesen. Im Dritten Reich wie in der neuen Demokratie war er der Sache »Sicherung der Währung« stets treu geblieben: ein Zeichen für die Beständigkeit der Tradition der deutschen Notenbanker – in guten wie in schlechten Zeiten.

KAPITEL III

Die Bundesbank von innen

Der Zentralbankrat ist vollkommen souverän gegenüber der Bundesregierung... Wir haben hier ein Organ, das niemandem verantwortlich ist, auch keinem Parlament, auch nicht einer Regierung.   *Konrad Adenauer, 1956*[1]

Braucht man in Saarbrücken oder Kiel einen Präsidenten einer Landeszentralbank? Was tut er denn? Er rediskontiert einen Wechsel und reist jede zweite Woche nach Frankfurt, um seinen Finger zu heben und »nein« zu sagen.
Helmut Schmidt, 1991[2]

Der Präsident muß vorsichtig sein. Er kann es sich nicht leisten, gegen uns zu unterliegen.   *Karl Thomas, Präsident der Landeszentralbank in Hessen, 1991*[3]

Der Weg zur Bundesbank führt durch eine eintönige Gegend, doch hin und wieder sieht man die stummen Zeichen der Macht aufblitzen. Das dreizehnstöckige Bundesbankgebäude mit seinen vielen Fenstern erhebt sich auf einem Stück Grünland im Nordwesten Frankfurts, das man in den sechziger Jahren örtlichen Schrebergärtnern abgerungen hat. Umgeben von einem Gewirr von Autobahnen, wirkt das schwerfällige, dreiflügelige Bauwerk, dessen Silhouette sich vom Taunus im Hintergrund abhebt, keineswegs extravagant. Frankfurts Fernsehturm daneben könnte fast der dazugehörige Wachturm sein. In der Umgebung gibt es verschiedene Fußballplätze und die in Pastellfarben gestrichenen Wohnblocks amerikanischer Soldatenfamilien. Am Eingang, etwas zurückgesetzt hinter Blumenbeeten, steht eine drei Meter hohe Betonmauer mit der schlichten Aufschrift »Deutsche Bundesbank« in halbmetergroßen Buchstaben. Man kann es den zehntausenden Autofahrern, die auf dem vielbefahrenen Autozubringer täglich an dieser Mauer vorbeirasen, kaum verdenken, wenn sie das Gebäude für ein großes Hotel oder ein Sanatorium halten.

1. Die Gobelins sind verschwunden

Die Bundesbank ist eine mächtige und sehr effizient arbeitende Institution. In dem Vierteljahrhundert, das zwischen der Aufgabe des zerbombten Hauptgebäudes der Reichsbank an der Spree und dem Einzug in das neue Bundesbankgebäude in Frankfurt im Jahr 1972 vergangen ist, hat sich das Image deutscher Zentralbankpolitik gewandelt: Nicht mehr prunkvoll, sondern schlicht gab man sich, und nicht mehr auftrumpfend, sondern unauffällig. Vor 1945 thronten die Bankiers der Reichsbank in mit schweren Teppichen ausgelegten Etagen auf Sesseln mit vergoldeten Armlehnen. An den Wänden hingen Gobelins, und Diener in Livree servierten erlesene Speisen.[4] Diese Zeiten sind vorbei, sehr wahrscheinlich für immer. Die rechteckigen Schachteln, in denen heute die Bundesbanker arbeiten, sind mit Kaufhausmöbeln ausgestattet, der Teppichboden ist diskret und unauffällig gemustert, an den Wänden hängen Kunstwerke des 20. Jahrhunderts. Die Kunstsammlung der Reichsbank ging 1945 verloren, deshalb hat die Bundesbank anders als ihre europäischen Schwesterinstitute keine Schätze aus der Zeit der alten Meister vorzuweisen.

Wenn die Deutschen aufgrund ihrer Geschichte mißtrauisch gegenüber allem staatlichen Prunk geworden sind, so haben sie gleichzeitig auch den Geschmack an bombastischer Stadtarchitektur verloren. Anders als andere Notenbanken der Welt schmückt sich die Bundesbank nicht mit äußeren Hoheitszeichen, sondern verbirgt ihren Stolz gut. In Washington wacht ein amerikanischer Adler aus weißem Marmor über dem Bronzeportal des Gebäudes der Federal Reserve Bank und blickt geringschätzig über die Grünflächen der Mall auf das Lincoln Memorial. Gegenüber der Hauptfassade der Banque de France im Pariser Börsenviertel erhebt sich mitten auf dem im 17. Jahrhundert erbauten Place des Victoires ein majestätisches Reiterstandbild Ludwigs XIV. Fast scheint es, als wittere das Pferd die Nähe des Geldes, denn seine Nüstern zeigen direkt auf das prunkvolle, mit der Trikolore beflaggte Portal der Bank. Auch vor der Bank of England in der Londoner Threadneedle Street steht ein bronzenes Reiterstandbild, der Herzog von Wellington. Das Denkmal wurde nach der Schlacht von Waterloo aus französischen Kanonen gegossen und in Anwesenheit des Königs feierlich enthüllt. Solche Spuren der Geschichte sucht man in der nach dem Mitbegründer des Frankfurter Vereins für Volksbildung benannten Wilhelm-Epstein-Straße vor der Bundesbank vergeblich. Am ehesten gleicht noch die Haltestelle des 34er-Busses einem Denkmal.

Die Bundesbank, weit weg vom Glanz der Hochhäuser und von den grell-lockenden Neonlichtern auf den Straßen der Frankfurter Innenstadt, strahlt eine seltsame Weltabgewandtheit aus. Das Frankfurter Hauptquartier der Bundesbank hat mit den deutschen Geschäftsbanken nur wenig direkt zu tun, da deren »normale« D-Mark-Girokonten bis auf einige Ausnahmen über die regionalen Landeszentralbanken laufen. Als 1948 die Bank deutscher Länder eingerichtet wurde, drängten die Alliierten bewußt darauf, daß die Zentralbank der neuen Bundesrepublik der Industrie, anders als die Reichsbank, keine direkten Kredite mehr gewähren durfte.* Die Bundesbank mußte sich daher, im Unterschied zur Bank of England, niemals mit Forderungen nach Umstrukturierung oder Beistandskrediten für krisengeschüttelte Großunternehmen auseinandersetzen.

Ferner ist die Bundesbank nicht für die Bankaufsicht zuständig; diese Aufgabe ist dem in Berlin ansässigen Bundesaufsichtsamt für das Kreditwesen übertragen, das eng mit der Bundesbank zusammenarbeitet. Die Regelung, daß die Bundesbank keine direkte Aufsicht ausübt, hat sich im großen und ganzen bewährt, insbesondere auch deshalb, weil in deutschen Banken Solidität erstes Gebot ist und man exzessiven Neuerungen mit großer Skepsis begegnet. Die Bundesbank hält sich an die sicherlich nicht ungerechtfertigte Devise, wonach sich eine Zentralbank um so besser auf ihre eigentliche Aufgabe, die Stabilität der Währung zu sichern, konzentrieren kann, je weniger Kontrollaufgaben sie zu erfüllen hat. Wenn Notenbanken laut Statut verpflichtet sind, für eine stabile Wärung und gleichzeitig für ein solides Bankwesen zu sorgen, kann es zu Zielkonflikten kommen. Nach dem

---

* Siehe Kapitel VI

Krieg gab es in Deutschland nur einmal, im Jahr 1974, eine ernsthafte Krise des Bankwesens. Auslöser war die spektakuläre Schließung der Kölner Herstatt-Bank, die sich mit großen Summen auf dem Devisenmarkt verspekuliert hatte. Daß das Bundesaufsichtsamt in Zusammenspiel mit der Bundesbank die Bank damals am späten Nachmittag geschlossen hat, war ein schwerer Fehler. In den USA war es noch Vormittag und daß eine Bank während eines Geschäftstages geschlossen wurde, wenn Geschäfte und finanzielle Transaktionen noch nicht abgeschlossen sind, war beispiellos. So kam es zu schweren Verlusten für eine Reihe amerikanischer Großbanken. Das Herstatt-Debakel blieb jedoch eine Ausnahme. Die Bundesbank verweist mit Stolz darauf, wie klug und umsichtig deutsche Banken geführt werden, und sieht darin auch eine wichtige Begleiterscheinung ihrer Stabilitätspolitik und den Beweis, daß eine gesunde D-Mark weit mehr Vorteile bietet als nur die niedrige Inflationsrate.

Die Beschäftigten der Bundesbank sollen nicht nur für eine gesunde Währung sorgen, sondern auch die eigene körperliche Gesundheit im Auge behalten. Dafür stehen im rechts der Einfahrt gelegenen Gästehaus der Bundesbank für alle Mitarbeiter und Familienangehörigen eine Kegelbahn, eine Turnhalle und ein Schwimmbad zur Verfügung. In der Mittagspause können sie um einen Zierteich in einem parkähnlichen Gelände spazierengehen und die Hasen beobachten, die hier herumspringen. Gelegentlich wird die Idylle allerdings vom Rattern eines Mercedes- oder MAN-Geldtransporters durchbrochen. Mit Motorradeskorte bringen die schweren, grellgrün lackierten Lkws ihre DM-Fracht zu den Tresoren und holen sie wieder ab.

Zur hundertzwanzigköpfigen Bundesbank-Sicherheitsmannschaft, die die Zitadelle Bundesbank rund um die Uhr bewacht, gehören auch einige Polizistinnen mit sanftem Blick, langem offenem Haar und schweren automatischen Waffen. Außerdem hält die Bundesbank mehrere Wachhunde – zehn Schäferhunde, zwei Rottweiler und ein Malinois bewohnen derzeit die Zwinger –, die besonders dann zu sehen sind, wenn Bonner Minister zu Gesprächen über die Geldpolitik in der Stadt weilen. Die Polizeipräsenz wird regelmäßig verstärkt, wenn die Rote-Armee-Fraktion wieder einen Terroranschlag auf eine Persönlichkeit des öffentlichen Lebens ausgeübt hat.

Besucher der Bundesbank werden im allgemeinen jedoch nicht mit übermäßigen Sicherheitsvorkehrungen empfangen. Ein junger, nervöser Polizist in grüner Uniform winkt den Gast in die Einfahrt zum Hauptgebäude, vor dem eine Phalanx eleganter Wagen der Mercedes-S-Klasse auf Direktoriumsmitglieder wartet. Die Bewacher der Bundesbank haben ein feines Gespür für Statusfragen. »Ein Gast für Dr. Pöhl«, lautete die übliche Meldung eines Polizisten in der Zeit, als Karl Otto Pöhl im Amt war. Die Anrede war ein Ehrenbeweis. Pöhl verschaffte sich in den elfeinhalb Jahren als Präsident der Deutschen Bundesbank auch ohne akademischen Doktortitel Respekt. Er war wahrscheinlich der am höchsten angesehene Notenbankier Europas, doch die Schutzpolizisten vor der Bundesbank konnten sich nicht damit abfinden, daß der Mann an der Spitze des Hauses kein »Herr Doktor« war.[5]

So waren die traditionsbewußten Beschützer der Bundesbank auch sehr zufrieden mit den beiden Nachfolgern Schlesinger und Tietmeyer, die der Vorstellung, die man sich gemeinhin vom deutschen Notenbankpräsidenten macht, weit mehr entsprachen. Schlesinger durfte sich Professor nennen, und er sah mit Glatze, Brille und einem Gesicht wie Doktor Allwissend aus dem Grimmschen Märchen auch wirklich aus wie ein Professor.

2. Im obersten Stock

Der wertvollste Besitz einer Zentralbank ist normalerweise das Gold, das in ihren Tresoren schlummert und dort vor neidischen, gierigen oder überneugierigen Augen geschützt ist. Die Bundesbank ist da eine Ausnahme. Der Einfluß der Bundesbank auf die internationalen Geldmärkte geht vom obersten Stockwerk aus, von einem hohen, holzgetäfelten Konferenzraum, in dem zwei farbige Wandteppiche mit vieldeutig abstrakten Motiven hängen, die der Kölner Surrealist Max Ernst gestaltet hat. Hier versammeln sich die für ihre unabhängige Geisteshaltung und ihren hingebungsvollen Einsatz für die Stabilität der Währung weithin geachteten sechzehn Mitglieder des Zentralbankrates. Die Währungshüter sind Deutschlands moderne Gralsritter. Als Waffen dienen dem Rat sein Renommee und das Vertrauen, das die deutsche Öffentlichkeit in ihn setzt; der böse Drache, den er in Schach halten muß, ist die Inflation.

Fünfzig Meter unterhalb dieses Raumes liegen in unterirdischen Stahlkammern große Mengen von Banknoten, aber nur sehr wenig Gold. Dank der westdeutschen Exportüberschüsse konnte die Bundesbank in den fünfziger und sechziger Jahren, als Gold mit 35 und 42 Dollar pro Unze noch billig zu haben war, einen der weltweit größten Goldvorräte anlegen – 3701 Tonnen oder knapp 300 000 Barren à 12,5 kg mit einem Marktwert von heute rund 60 Milliarden D-Mark. Unter den führenden Zentralbanken mit Goldbesitz ist die Bundesbank die einzige, die nur einen kleinen Teil ihrer Goldbarren auf eigenem Gelände aufbewahrt. In den Tresorräumen in Frankfurt liegen nur etwa achtzig Tonnen, das heißt knapp über zwei Prozent des Gesamtgoldes. Der Rest ist auf die Tresore anderer Zentralbanken, der Federal Reserve Bank in New York, der Bank of England und zu einem kleineren Teil auch der Banque de France verteilt. Im Zusammenhang mit dem Funktionieren der Europäischen Zahlungsunion und des Londoner Goldpools in den fünfziger und sechziger Jahren erwarb die Bundesbank dieses Vermögen im Ausland durch Transaktionen mit anderen Notenbanken; die Goldreserve, in den Geschäftsbüchern der Bundesbank deutlich unter ihrem Marktwert veranschlagt, ist seit Mitte der sechziger Jahre praktisch unverändert geblieben. Die Goldbarren wurden nie nach Deutschland gebracht. Während des Kalten Krieges war man bei der Bundesbank überzeugt, das Gold sei im Ausland sicherer als in Frankfurt, einer Stadt, die von den hinter der stark befestigten deutsch-deutschen Grenze stationierten russischen Panzern innerhalb weniger Stunden erreicht werden konnte. Nach der Wiedervereinigung könnte die Bundesbank jetzt mit gutem Grund darauf pochen, zumindest einen Teil des Goldes nach Frankfurt zu holen, doch im Interesse guter Beziehungen zur internationalen Finanzwelt werden die großen Mengen von Goldbarren wahrscheinlich bleiben, wo sie sind.

In die Nähe der Tresorräume kommen die Mitglieder des Zentralbankrates so gut wie nie. Sie sind mehr im Konferenzraum im dreizehnten Stock zu Hause. Hier sitzen jeden zweiten Donnerstag die sieben Direktoriumsmitglieder und die neun Präsidenten der regionalen Landeszentralbanken auf braunen, ledergepolsterten Sesseln an einem ovalen Tisch mit dunklem Eichenfurnier und beraten die nächsten Schritte der Bundesbank in geldpolitischen Fragen. Den massiven Tisch schmücken gewöhnlich nur zwei Reihen schwerer, gläserner Aschenbecher, die inzwischen, da nur noch wenige Mitglieder rauchen, meist als Briefbeschwerer dienen. An Konferenztagen stehen außerdem Mineralwasser und Saft bereit, und Aktenordner türmen sich auf dem Tisch, an dem das Schicksal der D-Mark diskutiert und beschlossen wird.

Die Donnerstagsrunde bietet ein Forum zur Erörterung der deutschen Wirtschaft, internationaler Entwicklungen oder auch der Beziehung zur Regierung. Zu den am heftigsten diskutierten Themen gehören oft scheinbar banale personelle und organisatorische Fragen, obwohl diese häufig an spezielle Unterausschüsse delegiert werden. Im Mittelpunkt aller Überlegungen stehen jedoch die Festsetzung von Diskont- und Lombardsatz.[6] Die Bundesbank legt damit den Schlüsselzins fest, zu dem sie den Banken Geld leiht; Diskont- und Lombardsatz sind die entscheidenden Instrumente, mit denen sie das Kreditwesen in Deutschland – und ganz Europa – beeinflußt. Der Zentralbankrat verfügt über ein weiteres Instrument der Währungspolitik; er kann über die Festsetzung der Mindestreserven die Liquidität im Geschäftsbankensystem steuern. Mindestreserven sind Einlagen, die die Banken zinslos bei den Landeszentralbanken halten müssen. Dieses Instrument wurde geschaffen, als die Alliierten die Bank deutscher Länder* gründeten; es dient als der »Hebel«, mit dem die Notenbank das Ausmaß der Geldschöpfung durch die Banken unter Kontrolle halten kann.

Wichtiger als die heute sehr seltene Veränderung der Mindestreservesätze ist die Offenmarktpolitik der Bundesbank. Die Bundesbank steuert über den An- und Verkauf öffentlicher Anleihen

---

* Siehe Kapitel VI

und anderer Arten festverzinslicher Wertpapiere die Liquidität der Banken. Über das Volumen solcher Geschäfte entscheidet das Direktorium der Bundesbank. Der Zentralbankrat führt das Direktorium jedoch relativ straff am Zügel, da er bei seinen vierzehntägigen Treffen die allgemeine Zinsorientierung für das Offenmarktgeschäft festsetzt. Die Bundesbank ist in den achtziger Jahren sehr viel flexibler und mutiger geworden, was ihre Transaktionen am offenen Markt angeht. Vor allem mußte sie mit großen Fluktuationen am Geldmarkt fertig werden, als die ersten Auswirkungen der deutschen Einheit auf die finanzielle Lage der öffentlichen Hand spürbar wurden.

Im zwölften Stock, ein Stockwerk unter dem Konferenzraum, haben der Präsident und die anderen Direktoriumsmitglieder ihre Büros. Die langen Flure sind mit endlosen beigen, abgetretenen Teppichen ausgelegt. Über eine Wendeltreppe gelangen die Mitglieder des Zentralbankrats in den obersten Stock, in dem sich der Konferenzraum befindet. Manchmal stehen hier zahlreiche Kameraleute Spalier und zeichnen aus respektvollem Abstand für das Fernsehen auf, wie die Finanzexperten sich beim Einmarsch ins Konferenzzimmer lächelnd die Hand geben. Auf dem Weg über die Treppe kommen die Mitglieder des Gremiums an zwei beredten Beispielen zeitgenössischer deutscher Kunst vorbei: einem auffälligen Wandschmuck aus großen, strudelförmig angeordneten Eisennägeln und einer weiß glitzernden, von einem kleinen Motor angetriebenen Collage aus Glas und Aluminium, die sich dreht und an eine Apparatur aus dem Operationssaal erinnert. Das Nagelbrett »Weißer Wind« kostete 120 000 D-Mark, das rotierende Kunstwerk 70 000 DM. Der Verschwendungssucht ist jedoch ein Riegel vorgeschoben: Um Energie zu sparen, wird der Motor der Collage von acht Uhr abends bis acht Uhr morgens ausgeschaltet.

Im dreizehnten Stock hängen an den Wänden überall farbenfrohe Gemälde aus der Sammlung zeitgenössischer Kunst der Bundesbank, doch die Ausstattung des Beratungszimmers ist keineswegs luxuriös. Hier geht es vor allem ums Geschäft. Im Interesse effizienter und guter Kommunikation ist der Verhandlungstisch im Lauf der Jahre sogar kleiner geworden. Das Gesetz über die Deutsche Bundesbank von 1957 sieht ein Direktorium von bis zu zehn Mitgliedern vor. Zählte man die Präsidenten der Landeszentralbanken dazu, hatte der Zentralbankrat über zwanzig Mitglieder; der erste Tisch war für eine entsprechende Anzahl von Stühlen ausgelegt. Als Karl Otto Pöhl 1980 das Präsidentenamt antrat, übernahm er ein sechsköpfiges Direktorium und benötigte daher lediglich siebzehn Plätze. Um effektive Verhandlungen zu gewährleisten, ließ er den Tisch 1983 verkleinern. Der Abstand zwischen den Stühlen wurde noch einmal geringer, als die Bundesbank 1987 einen neuen und kleineren Tisch kaufte, der nur noch fünf Meter lang und zweieinhalb Meter breit ist. Auch die auf dem Tisch festinstallierten Mikrophone wurden entfernt, um spontane Äußerungen zu ermöglichen (und die Länge der einzelnen Redebeiträge zu verkürzen). Als einziges tonverstärkendes Gerät ist heute in der Mitte des Tisches ein hochempfindliches Mikrophon eingelassen, das es dem offiziellen Protokollführer auf einem kleinen Podium in der rechten Ecke des Raumes erleichtert, die Gespräche zu verfolgen.

Die Donnerstagssitzungen beginnen um 9.30 Uhr morgens und dauern normalerweise bis zum Mittagessen, das ab etwa 13 Uhr angesagt ist. Stehen besonders schwierige Verhandlungen an – in der hektischen Vorbereitungsphase für die deutsche Währungsunion 1990 war das öfters der Fall –, können die Sitzungen auch den ganzen Tag dauern. Die ersten Ratssitzungen der Bank deutscher Länder zu der Zeit, als das Währungssystem der jungen Bundesrepublik völlig neu geordnet werden mußte, zogen sich manchmal noch einen zweiten Tag lang hin. Einige Teilnehmer meinen, die Qualität der Menüs, die im Speisesaal im obersten Stock serviert werden, übertreffe oft die Qualität der vorangegangenen Gespräche. Pöhl sorgte nach seiner Amtsübernahme 1980 mit der Aufstockung des Weinkellers für eine einschneidende Verbesserung der gastronomischen Versorgung, denn sein Vorgänger Otmar Emminger, ein Mann, der wenig Interesse für Essen und Trinken aufgebracht hatte, hatte in dieser Beziehung gegeizt. Einen festen Platz im internen Terminkalender der Bundesbank haben die speziellen Festbanketts, die zu Ehren des sechzigsten Geburtstags eines der Mitglieder gegeben werden.

Dabei geht es unter den Zentralbankern entspannt zu; beim Sekt plaudern sie über die Vergangenheit, und auch kleine Reden werden gehalten. Da das Durchschnittsalter bei einundsechzig bis zweiundsechzig Jahren liegt, dürfen die Banker sich mindestens ein- bis zweimal im Jahr auf derartige Anlässe freuen.

Die deutschen Wirtschaftsjournalisten sind in ihren Recherchen zwar normalerweise weniger neugierig und findig als ihre englischen oder amerikanischen Kollegen, aber dennoch sorgte man sich in den achtziger Jahren im Zentralbankrat zunehmend über undichte Stellen, über die Informationen nach außen sikkern konnten. Tonbandaufzeichnungen der Beratungen kamen für den Zentralbankrat deshalb nie in Betracht: Auf geheimen Wegen hätten unerlaubte Abschriften in die Hände der Presse geraten können. Nach jedem Treffen wird eine schriftliche Zusammenfassung der Diskussion ausgearbeitet, die allen Mitgliedern des Zentralbankrats sowie wichtigen Bonner Stellen in Kopie zugestellt wird. Einsicht in diese Protokolle ist der Öffentlichkeit nach dreißig Jahren gestattet.[7]

Der bemerkenswerte Wandel, den interne Verfahrensweisen während der letzten zehn Jahre durchmachten, hat indirekt dazu geführt, daß die Einsichtmöglichkeiten der Öffentlichkeit eher geringer geworden sind. In der Anfangszeit der Bundesbank verfaßten gewissenhafte Protokollanten eine Zusammenfassung und eine wörtliche Abschrift der vierzehntägigen Sitzungen des Zentralbankrats. 1991 war die 30-Jahres-Frist für alle Berichte aus den Jahren 1961 abgelaufen; die vollständigen Protokolle sämtlicher Sitzungen können nun in der gut geführten Archivabteilung der Bundesbank eingesehen werden. Seit Ende der siebziger Jahre werden die Sitzungen jedoch nicht mehr Wort für Wort protokolliert.[8] Seit 1990 verzichtet der Zentralbankrat sogar auf die Dienste des offiziellen Stenographen, der zuvor immer neben dem Protokollanten gesessen hatte. Berichte über die oft kontroversen Diskussionen, die während der achtziger und beginnenden neunziger Jahre im Zentralbankrat stattfanden, können zwar ab 2010 veröffentlicht werden, doch zukünftige Währungshistoriker sollten sich davon keine großartigen Enthüllungen versprechen: Sie werden ohnehin nur eine sehr selektive Version der Gespräche im Zentralbankrat zu Gesicht bekommen.

3. »Wenn wir einen Stein in den Teich werfen...«

Die Präsidenten der neun Landeszentralbanken sind in der Öffentlichkeit kaum bekannt. Für sich ist keiner dieser Finanzmanager eine besonders auffallende Erscheinung, auch wenn er nach Gehalt, Intelligenz, Alter und Eitelkeit über dem Durchschnitt liegt. Einige haben schlechte Augen und richten es deshalb so ein, daß sie auf der dunkleren Seite des Tisches im dreizehnten Stock sitzen und nicht mit Blick auf die Hügelkette des Taunus. In einem Land wie Deutschland, in dem symbolische Ehrungen durchaus geschätzt werden, ist es erstaunlich, daß noch nie eine Straße nach einem Mitglied des Zentralbankrats benannt wurde. Doch als Gesamtheit hat diese ungewöhnliche Gruppe von Beamten, Professoren und ehemaligen Politikern eine weit größere Bedeutung, als es die Summe ihrer Teile vermuten ließe. Die Beschlüsse des Zentralbankrats über Zinssätze erscheinen Sekunden nach ihrer Bekanntgabe über elektronische Impulse auf vielen Computerbildschirmen, beeinflussen die Devisenmärkte und zwingen Regierungschefs in aller Welt, sich damit auseinanderzusetzen. »Wenn wir einen Stein in den Teich werfen«, sagt Reimut Jochimsen, sozialdemokratischer Präsident der Landeszentralbank in Nordrhein-Westfalen und eines der wortgewandtesten Mitglieder des Zentralbankrats, »schlägt er hohe Wellen zurück.«[9]

Jeden zweiten Donnerstagmorgen verwandelt sich der große Parkplatz vor dem Eingangstor der Bundesbank in ein Ausstellungsgelände der Daimler-Benz AG. Aus allen Großstädten Deutschlands, aus Hamburg und München, Berlin und Bremen treffen die Chefs der Landeszentralbanken in ihren metallisch glitzernden Limousinen ein (einige wenige leisten sich auch PS-starke BMWs). Einige kommen direkt von den Landeszentralbanken, andere lassen sich vom Flughafen herchauffieren.

Die vierzehntägigen Treffen des Zentralbankrats sind die Höhepunkte im Arbeitsalltag der Mitglieder. Das Amt eines Landeszentralbankchefs ist nicht übermäßig anstrengend. Der frühere Wirtschaftsminister Karl Schiller sprach spöttisch von »gutbezahlten Sinekuren«.[10] Der Präsident einer Landeszentralbank verdient ungefähr 380 000 Mark im Jahr, gewöhnliche Direktoriumsmitglieder bekommen dasselbe. Nur der Präsident und der Vizepräsident der Bundesbank verdienen mehr. Der Präsident verdient ungefähr 620 000 Mark im Jahr (einschließlich zusätzlicher Einkünfte als Mitglied des Verwaltungsrates der Bank für Internationalen Zahlungsausgleich ungefähr 720 000 Mark), der Vizepräsident etwa 480 000 Mark. Im Vergleich zu den Gehältern, die in Frankfurter Geschäftsbanken gezahlt werden – ein Vorstandsmitglied verdient dort weit über eine Million Mark pro Jahr –, nehmen sich die Verdienste in den oberen Etagen der Bundesbank relativ bescheiden aus. Im Vergleich zur allgemeinen Struktur der Beamtengehälter sind solche Gehälter dennoch peinlich hoch. Auch deshalb werden die genauen Zahlen nie veröffentlicht.

Die feudalen Bankgebäude in den einzelnen Bundesländern bezeugen, welchen Status sich die Präsidenten der Landeszentralbanken beimessen. In den letzten zehn Jahren wurden die meisten Landeszentralbanken neu gebaut oder erweitert, und damit wurden zugleich gewichtige Akzente im Stadtbild gesetzt. Die hessische Landeszentralbank liegt gleich neben dem ursprünglichen Gebäude der Reichsbank in Frankfurt, in dem von 1948 bis 1972 die Bank deutscher Länder und die Bundesbank ihren Sitz hatten. Sie ist ein großartiges, modernes Bauwerk, das zahlreiche Kunstwerke beherbergt und über dreihundert Millionen Mark gekostet hat. Im Saarland hat man 1964 im Zuge der allgemeinen Modernisierung der Innenstadt Saarbrückens ein sehr viel bescheideneres neues Hauptgebäude für die Landeszentralbank errichtet. Der Sitz der Hamburger Landeszentralbank ist ein unansehnlicher Neubau in der Innenstadt, der 1981 als Ersatz für das nach dem 1. Weltkrieg neben dem Rathaus errichtete Reichsbankgebäude errichtet wurde. In Baden-Württemberg und Niedersachsen sind die Landeszentralbanken in elegant modernisierten Gebäuden der früheren Reichsbank untergebracht. Der bayerische Landeszentralbankchef residiert in einem von Kurfürst Maximilian, dem Neffen des bayerischen Königs Ludwig I., im 19. Jahrhundert errichteten Palais in der Münchener Ludwigstraße. Besonders stolz sind die Bayern darauf, daß in diesem Gebäude Kaiserin »Sissy« von Österreich geboren wurde. Der mit Granit verkleidete Bau der Landeszentralbank von Rheinland-Pfalz und Saarland, der auf unerschlossenem Gelände außerhalb von Mainz für 208 Millionen Mark erstellt wurde, zeigt eine andere historische Perspektive auf. In dem Gebäude befinden sich nicht nur eine Reihe verblüffender Werke supermoderner Bildhauerkunst, sondern auch die besten und sichersten Tresorräume Deutschlands. Über die Mainzer Stahlkammern wickelt die Bundesbank viele heikle Geldtransaktionen ab. Hier lagerten beispielsweise im Juli 1990, als die D-Mark in Ostdeutschland eingeführt wurde, große Mengen deutscher Banknoten. Im Sommer 1991 lagen hohe Stapel von in Deutschland gedruckten polnischen Zloty-Scheinen für die polnische Währungsreform bereit, ein ähnliches Verfahren wie anläßlich der deutschen Währungsreform von 1948.

Da über die Ernennung der Mitglieder des Zentralbankrats unabhängig von politischen Legislaturperioden entschieden werden soll, werden sie auf jeweils acht Jahre ernannt, und zwar Präsidenten der regionalen Landeszentralbanken von den jeweiligen Landesregierungen[11] und Präsident, Vizepräsident und Direktoriumsmitglieder der Frankfurter Bundesbank von der Bundesregierung.[12] Der politische Standpunkt eines Bewerbers ist dennoch von entscheidender Bedeutung: Die Präsidenten der Landeszentralbanken sind häufig Mitglieder der Regierungspartei des jeweiligen Landes. Solange während ihrer Amtszeit kein Regierungswechsel stattgefunden hat, werden die Chefs der Landeszentralbanken häufig ein zweites Mal für acht Jahre gewählt, bis sie mit sechsundsechzig, siebenundsechzig oder achtundsechzig Jahren in Ruhestand gehen. Die Führungsriege der Deutschen Bundesbank ist mit bisher einer Ausnahme ein exklusiver Männerverein. Unter den Personen, die seit 1948 im Zentralbankrat saßen, ist nur eine Frau. Von 1976 bis 1988 war Julia Dingwort-Nusseck, eine energische und eigenwillige, auf wirtschaftliche

Fragen spezialisierte Fernsehjournalistin, Präsidentin der niedersächsischen Landeszentralbank. Von Bundesbankseite strengte man sich für das Wohlbefinden von Frau Dingwort-Nusseck besonders an: Speziell für sie wurde im dreizehnten Stock eine Damentoilette eingebaut.

Die Chefs der Landeszentralbanken sind ganz unterschiedlicher Herkunft. Kurt Nemitz, 16 Jahre lang sozialdemokratischer Präsident der Bremer Landeszentralbank und lange Zeit neben Schlesinger dienstältestes Mitglied des Zentralbankrates, arbeitete wie einige seiner Kollegen nach dem Krieg als Journalist. Er stand den Gewerkschaften sehr nahe, und Pöhl nannte ihn einmal das »soziale Gewissen« der Bundesbank.[13] Nemitz ging im März 1992 mit siebenundsechzig Jahren in den Ruhestand, im Zuge der Neugliederung der Bundesbank wurde seine Landeszentralbank mit der Landeszentralbank Niedersachsen verschmolzen. Seine Abneigung gegen jede Zinssteigerung war geradezu legendär. Weniger bekannt ist seine familiäre Herkunft. Sein Vater Julius Moses war Arzt und in der Weimarer Republik ein bekannter jüdischer Parlamentarier. In den zwanziger Jahren spielte er in Berlin ein wichtige Rolle; nach der Machtergreifung der Nazis 1933 lehnte er es ab, sich im Ausland in Sicherheit zu bringen. Er starb 1942 im Alter von vierundsiebzig Jahren im Konzentrationslager Theresienstadt. Auch Nemitz, der den Namen seiner Mutter annahm, wurde im Dritten Reich als Halbjude verfolgt.

Lothar Müller, der siebenundsechzig Jahre alte bodenständige Präsident der bayerischen Landeszentralbank* und einstige Vertraute des bayerischen Ministerpräsidenten Franz Josef Strauß, ist von Kriegserfahrungen anderer Art geprägt. Im Kampf gegen den russischen Vormarsch über die Oder wurde er 1945 als achtzehnjähriger Fallschirmjäger durch Bombensplitter so schwer verletzt, daß ihm der linke Arm abgenommen werden mußte. Müller schlug sich zu einem Sanitätszug durch, der auf dem Weg nach Dänemark war, und landete schließlich in britischer Kriegs-

---

* Müller mußte Ende 1994 aus dem Zentralbankrat ausscheiden; er wurde Anfang 1995 durch Franz-Christoph Zeitler, den ehemaligen Staatssekretär im Bundesfinanzministerium, ersetzt.

gefangenschaft. Er nimmt seine Verwundung nach außen hin immer auf die leichte Schulter, doch wenn er Besucher zu einem bayerischen Frühstück mit Bier und Weißwürsten nach München einlädt, muß er sich vom Kellner die Wurst pellen lassen.

Zwar würde wohl kaum ein deutsches Zentralbankratsmitglied den britischen Lebensstandard übernehmen wollen, doch viele, darunter auch Müller, schätzen die englische Lebensart. Eine Vorliebe für die Insel hat auch der Präsident der Hamburger Landeszentralbank Wilhelm Nölling, der 1992 kurz vor seinem neunundfünfzigsten Geburtstag nach 10 Jahren Tätigkeit im Zentralbankrat seinen Posten aufgab, um Wirtschaftswissenschaft an der Universität Hamburg zu lehren. Nölling, ein belesener Sozialdemokrat, bereicherte mit Gefühl und Verstand die Gespräche im Zentralbankrat. Während Müllers Interesse vor allem dem Besuch englischer Kathedralen gilt, ist der ehemalige Finanzminister der Stadt Hamburg ein Shakespeare-Fan, der in seinen Reden zur Geldpolitik immer wieder aus den Werken des großen Dramatikers zitierte. Nachdem er sein Amt aufgab, blieb sein Stuhl bei der Hamburger Landeszentralbank mehr als ein Jahr leer, bevor sein Nachfolger Hans-Jürgen Krupp, einundsechzig, der frühere sozialdemokratische Hamburger Finanz- und Wirtschaftssenator, seinen neuen Posten aufnahm. Krupp, Professor an der Technischen Hochschule in Darmstadt und ehemaliger Präsident des Deutschen Instituts für Wirtschaftsforschung in Berlin, galt lange Zeit als Kritiker der restriktiven Geldpolitik der Bundesbank. Kurz nach seiner Amtsübernahme bekundete er lakonisch, er würde »die öffentliche Diskussion« mit der Bundesbank nicht mehr suchen.[14] Auch Dieter Hiss, zweiundsechzig, der intellektuelle Chef der Berliner Landeszentralbank, steht der Sozialdemokratischen Partei nahe. Obwohl kein Parteimitglied, war er in den siebziger Jahren vier Jahre lang als wichtigster wirtschaftspolitischer Berater Helmut Schmidts in Bonn.

Der erfahrenste Finanzexperte unter den Chefs der Landeszentralbanken war sicherlich Karl Thomas, der Präsident der hessischen Landeszentralbank, die ihren Sitz in Frankfurt hat. Vor seiner Ernennung zum Präsidenten war er lange Zeit in der volkswirtschaftlichen Abteilung der Bundesbank tätig. Thomas ist Mitglied der FDP und hat einen guten Ruf als besonnener monetärer Falke von einnehmendem Wesen und mit Sinn für Humor. Überraschend starb Thomas im August 1992. Er wurde durch Horst Schulmann ersetzt, einem strengen Sozialdemokraten, der in den 80er Jahren als Generaldirektor des Internationalen Bankeninstituts in Washington tätig und zwischen 1980 und 1982 Tietmeyers Vorgänger als Staatssekretär beim Bonner Finanzministerium war. Schulmann, einem exzellenten Kenner und Praktiker der Währungspolitik, wurde 1993 die Vizepräsidentschaft der Bundesbank angeboten. Aber er winkte ab, da es für diesen ehemaligen Mitarbeiter von Helmut Schmidt unmöglich erschien, in einer untergeordneten Rolle eng mit dem christdemokratischen Präsidenten Tietmeyer zusammenzuarbeiten.* Heftig umstritten ist der Saarbrücker Oberbürgermeister Hans-Jürgen Koebnick, der 1991 gegen den Willen des Direktoriums der Bundesbank zum Chef der saarländischen Landeszentralbank ernannt wurde. Pöhl wollte im Zuge der Umstrukturierung des Zentralbanksystems die saarländische Landeszentralbank abbauen, doch die Mehrheit der Bundesländer stimmte dagegen. Nachdem die Bundesbank-Struktur Ende 1992 neugeordnet wurde, wurden die Landeszentralbanken in Saarland und in Rheinland-Pfalz zusammengeschmolzen. Dank der Übernahme der Landesregierung in Mainz durch die SPD wurde Koebnick Chef der neuen Bank. Der bisherige Präsident der Landeszentralbank Rheinland-Pfalz, Heinrich Schreiner, ein unscheinbarer CDU-Regierungsbeamter aus Mainz, mußte frühzeitig in den Ruhestand gehen.

Würde und Bedeutung der Präsidentenriege werden traditionsgemäß durch einen Komplement an Professoren ergänzt. Norbert Kloten, sechsundsechzig, als er in den Ruhestand ging, bekannt für besonders langatmige Ausführungen und früherer Vorsitzender des wirtschaftspolitischen Sachverständigenrats der Bundesregierung, war von 1976 bis 1992 Chef der Landeszentralbank in Baden-Württemberg. Er wurde von Guntram Palm, dem ehemaligen baden-württembergischen Finanzminister, ersetzt. Die Anzahl der Professoren wurde aber durch den Zugang

---

* Schulmann starb im November 1994 an Krebs

von Krupp und Olaf Sievert erhöht. Letzterer ist parteiloser Professor für Nationalökonomie an der Universität Saarbrücken, der Anfang 1993 Chef der in Leipzig gegründeten neuen Landeszentralbank von Sachsen und Thüringen wurde. Zwei andere Professoren sind noch im Amt: Reimut Jochimsen, einundsechzig Jahre alt und ehemaliger Wirtschaftsminister von Nordrhein-Westfalen, und Helmut Hesse, ein sechzigjähriger Experte für internationale Wirtschaftsbeziehungen, der jetzt Niedersachsen im Zentralbankrat vertritt.

Im neugerichteten Zentralbankrat von 1994, der durch Personaländerungen an Ernst gewonnen und an Farbe erheblich verloren hat, ist der wortgewandte Jochimsen außer Tietmeyer derjenige, der am meisten in der Öffentlichkeit imponiert. Der SPD-Professor nimmt kein Blatt vor den Mund, was nicht immer auf Gegenliebe im Bonner Kanzleramt stößt. Kohl hat empört auf Jochimsens im Februar 1993 in London ausgesprochenen Vorwurf an die Adresse der französischen Regierung reagiert, wonach Deutschland »gezwungen« würde, dem Maastrichter Zeitplan für die Wirtschafts- und Währungsunion zuzustimmen.[15] Bei der Offenbarung solcher Wahrheiten sollten sich laut Kohl Zentralbankratsmitglieder lieber zurückhalten.

Außer den vierzehntägig stattfindenden Donnerstagsrunden treffen sich die Mitglieder des Zentralbankrates über das Jahr zu zahlreichen gesellschaftlichen Anlässen, etwa zur Amtseinführung eines neuen Landeszentralbankpräsidenten, zur offiziellen Einweihungsfeier eines neuen Gebäudes, zur Verabschiedung eines Kollegen in den Ruhestand oder zu Beerdigungen. Einmal pro Jahr findet die Sitzung in einem der Bundesländer statt. Die Geldpolitik rutscht dann auf der Liste der Prioritäten ziemlich weit nach hinten. Die gastgebende Landeszentralbank präsentiert genußvoll die Vorzüge ihrer Heimatstadt. Man organisiert Empfänge und Kulturereignisse wie Konzerte oder Museumsbesuche sowie ein Damenprogramm, an dem auch die Witwen ehemaliger Mitglieder des Zentralbankrats teilnehmen können.

Gelegentlich veranstalten die Landeszentralbanken Festivitäten von geradezu barockem Zuschnitt. So war 1985 die bayerische Landeszentralbank für die Ausrichtung des »Betriebsausflugs«

verantwortlich. Das Ergebnis war ein dreitägiges Fest mit einem Opernbesuch als Höhepunkt. Der Bundesrechnungshof, der als oberste Rechnungsprüfungsbehörde regelmäßig die Betriebsausgaben der Bundesbank begutachtet, rügte die Aufwendungen für diese Veranstaltung scharf. So habe ein Empfang der Landeszentralbank allein 180 000 Mark gekostet, davon seien 13 000 Mark für »kleinere Geschenke« an die Gäste aufgewendet worden.[16] Für Lothar Müller, den lebenslustigen Chef der Münchener Landeszentralbank, sind solche Ausgaben eine lohnende Investition. Er ließ aus Anlaß des Empfangs sogar eine eigene Gedenkmünze in Silber prägen.

Trotz ihrer relativen Unbekanntheit können die Zentralbankräte aufgrund ihres Alters und ihrer Stellung darauf zählen, daß ihr Wort Gewicht hat, wann immer sie sich in der Öffentlichkeit äußern. Das hohe Prestige sichert ihnen Unabhängigkeit – und verstärkt manchmal auch ihre Sturheit. Einige Ratsmitglieder erweisen sich dann urplötzlich als monetäre Falken. In der Vergangenheit staunten die Landeszentralbankchefs schon manches Mal über den Eifer, mit dem ihre sozialdemokratischen Kollegen der Inflation den Kampf ansagten. Hans Wertz, der reizbare Sozialdemokrat aus Nordrhein-Westfalen, wich keinen Zentimeter von seiner konservativen Haltung in währungspolitischen Fragen ab. Hans Hermsdorf aus Hamburg – SPD-Mitglied seit 1932 und im Dritten Reich deshalb zwei Jahre lang inhaftiert – war ein anderer orthodoxer Monetarist. Wer einen Sitz im dreizehnten Stock der Bundesbank innehat, räumt ihn praktisch nur, wenn er in Ruhestand geht. Er kann mit einer Pension rechnen, die ihm und seiner Familie weiterhin ein angenehmes Leben ermöglicht. Sorgen um einen neuen Job braucht er sich nicht zu machen. Wenn er also für eine Erhöhung des Diskontsatzes stimmt, wird er sich kaum grämen, wenn er damit die Regierung oder sonst jemanden verärgert.

4. Aufsässige Prinzen

Der Präsident der Bundesbank mag in seinem Reich herrschen, aber er ist von aufsässigen Prinzen umgeben. Am Verhandlungstisch im dreizehnten Stock wird per Handzeichen über währungspolitische Entscheidungen abgestimmt, und auch der Präsident hat nur eine Stimme. Pöhl vermittelte manchmal bewußt den Eindruck, als bestimme er allein die Politik der Bundesbank. Tatsächlich war er jedoch nicht nur Vorsitzender, sondern auch Geisel des Zentralbankrates. In Augenblicken der Ernüchterung gestand Pöhl ein, daß er ohne Zustimmung der anderen nicht einmal eine Briefmarke kaufen könne. Pöhl und auch Schlesinger, der im August 1991 Pöhls Nachfolge antrat, mußten feststellen, daß der Korpsgeist im Zentralbankrat ihnen eine Menge Schwierigkeiten bereiten konnte. Unter dem neuen Präsidenten Tietmeyer, der besonders die weniger erfahrenen Mitglieder strenger an die Kandare zu nehmen pflegt, ist mehr Uniformität in den Zentralbankrat eingetreten.

Die Direktionsmitglieder der Bundesbank treten meist sehr viel geschlossener auf als die übrigen Mitglieder des Zentralbankrates. Man trifft sich regelmäßig jede Woche mittwochs, deshalb können die sieben Direktoriumsmitglieder ihre Positionen vor dem Donnerstagstreffen auch sehr viel besser aufeinander abstimmen als die Präsidenten der Landeszentralbanken.[17] Nach Pöhls Abschied wurde das Direktorium Anfang 1992 vorübergehend auf nur fünf Mitglieder verkleinert, im Mai 1992 waren es jedoch wieder sieben.* Wichtiges Mitglied neben Tietmeyer ist der Vizepräsident Johann Wilhelm Gaddum, früher CDU-Finanzminister von Rheinland-Pfalz. Im Direktorium, dem er seit 1986 angehört, war Gaddum für Bankgeschäfte und das Kreditwesen verantwortlich. 1990 übernahm er außerdem die Verantwortung für die Operationen der Bundesbank in Ostdeutschland. Er wurde im Oktober 1993 Vizepräsident, nachdem die Bonner Regierung signalisierte, daß

---

* Anfang 1995 wurde eine weitere Aufstockung auf acht Mitglieder durch die Ernennung des ehemaligen EG-Kommissars Peter Schmidhuber angekündigt.

sie dem von der SPD favorisierten Kandidaten Jochimsen nicht zustimmen würde. Wenn Gaddum voraussichtlich 1998 in Pension geht, wird er aller Wahrscheinlichkeit nach von dem ehemaligen SPD-Finanziminister von Rheinland-Pfalz, Edgar Meister, abgelöst. Meister, ehemaliges Vorstandsmitglied der Deutschen Pfandbrief- und Hypothekenbank in Wiesbaden, gehört dem Direktorium seit Oktober 1993 an, als er Gaddums Verantwortung für Bankgeschäfte und das Kreditwesen übernahm.

Das drittbedeutendste Mitglied des Direktoriums ist Otmar Issing, ein scharfdenkender Professor aus Würzburg, der normalerweise gute Laune ausstrahlt. Er ist für Makroökonomie zuständig und sitzt seit Oktober 1990 im Direktorium. Issing vertritt die Meinung, sicherlich mit Recht, daß der bundesdeutsche Erfolg in der Inflationsbekämpfung in allererster Linie auf den gesellschaftlichen »Stabilitätskonsens« zurückzuführen ist und nur sekundär auf den bloßen Tatbestand der Unabhängigkeit der Bundesbank. »Jede Gesellschaft hat letztlich die Inflationsrate, die sie verdient und im Grunde auch will... Wegen der im politischen Prozeß liegenden Versuchungen kann eine Gesellschaft daher ihren ernsthaften Willen, die Stabilität ihres Geldes zu bewahren, überzeugend nur in der Wahl des geeigneten institutionellen Arrangements dokumentieren. Die Unabhängigkeit der Notenbank steht dabei an erster Stelle.«[18] Trotz Issings soliden akademischen Rufs hat das verwirrende Überschreiten des Bundesbank-Geldmengeziels seit 1991 sein Fingerspitzengefühl im tagtäglichen Zinsgeschäft in Frage gestellt. Issings Stärke liegt freilich in der Konjunkturanalyse. Im August 1993 konstatierte er: »Je länger desto deutlicher ist hier offenbar geworden, daß die Kumulation alter und neuer Aufgaben und Ansprüche den Staat hoffnungslos überfordert.« Im Oktober 1993 war er die erste Persönlichkeit des öffentlichen Lebens, die zugab, die Schuldenquote der Bundesrepublik würde im Verlauf der 90er Jahre die im Maastrichter Vertrag festgehaltene Marke von 60 des Bruttosozialprodukts »zumindest vorübergehend« überschreiten.[20] Die übrigen zwei Direktoriumsmitglieder, die im Mai 1993 ernannt wurden, sind altgediente Experten der Bundesbank: Wendelin Hartmann, zuständig für Organisation und Verwaltung, und Helmut Schieber, früher Vizepräsident der Landeszentralbank in Baden-Württemberg. Auch das jüngste Mitglied des Gremiums, der dreiundvierzigjährig Gert Häusler, der 1978 bei der Bundesbank als Volontär anfing, wurde ein »hausinterner« Neuling der ersten Riege, als Tietmeyer ihn im März 1994 ins Direktorium holte. Häusler, der zwischen 1984 und 1988 das Büro von Präsident Pöhl leitete, hat sich Anfang der 90er Jahre als Chef der Hauptabteilung Kredit einen Namen gemacht. Internationale Erfahrung hatte er während eines zweijährigen Aufenthaltes bei der Bank für Internationalen Zahlungsausgleich in Basel gesammelt. Als er zum Direktoriumsmitglied avancierte, wurde er das jüngste Mitglied im Zentralbankrat, seit Karl Klasen 1948 mit nur 38 Jahren das Amt des Präsidenten der Landeszentralbank in Hamburg bekleidete.

In der Nachkriegszeit hatte die persönliche Bindung einzelner Mitglieder an die Bundesbank noch weitgehend den Charakter, den sie in der Reichsbank gehabt hatte. Verglichen mit früheren Zeiten unter Vocke, Blessing oder selbst Klasen, sind die Landeszentralbankchefs heute allerdings viel weniger bereit, den Bundesbankpräsidenten als quasi natürliche Autorität zu akzeptieren. Seit in den letzten zwanzig Jahren zahlreiche Sozialdemokraten in das zuvor weitgehend von der CDU beherrschte Gremium gelangten, herrscht im Zentralbankrat zudem ein größerer politischer Pluralismus. Der Zentralbankrat ist, wie Deutschland insgesamt, heterogener geworden, streitlustiger, undisziplinierter – und demokratischer.

Für die Öffentlichkeit in Deutschland und im Ausland war Pöhl der allmächtige Herr über die D-Mark – eine Rolle, die er kultivierte, die ihm dann aber zunehmend mißfiel. In Deutschland begegnet man dem obersten Währungshüter mit der Ehrfurcht, die in anderen Ländern Königen oder Bischöfen zukommt. Aber Zentralbankkollegen von der internationalen Szene wußten genau, daß die Aura währungspolitischer Allmacht zum Teil nur Fassade war. Robin Leigh-Pemberton, Gouverneur der Bank of England während der achtziger Jahre, lernte Pöhl im Lauf der Jahre über die monatlichen Treffen der Bank für Internationalen Zahlungsausgleich gut kennen. Er sagte über den Deutschen: »Pöhl ist dem Zentralbankrat in gewisser Hinsicht auf Gedeih und Verderb ausgeliefert. Deshalb denkt er sehr vorsichtig.«[21] Die zwei Nachfolger Pöhls, Schlesinger und Tietmeyer, treten autoritärer im Zentralbankrat auf; beide wissen aber, daß für jeden wichtigen Schritt der Bundesbank die Zustimmung des Zentralbankrats erforderlich ist.

Je näher das Ende seiner Amtszeit rückte, desto mehr wurde Pöhl es leid, dem widerspenstigen Kreis ältlicher Zentralbankexperten jeden zweiten Donnerstag aufs neue einen Konsens abringen zu müssen. Nicht nur Entscheidungen zur Währungspolitik, auch an sich alltägliche Organisationsprobleme wie die Rationalisierung der Bundesbankbürokratie mußten dem Zentralbankrat vorgelegt werden. Pöhl hatte sein Amt 1980 mit der Hoffnung angetreten, das personelle Wachstum in den Zweigstellen der Bundesbank, die über die Landeszentralbanken verwaltet werden, eindämmen zu können. Er mußte jedoch bald einsehen, daß er nicht auf Konfrontationskurs mit einzelnen Landeszentralbankchefs gehen durfte, da er sonst riskierte, ihre Unterstützung für seine Vorschläge zur Zinssatzgestaltung zu verlieren. Von 1980, als Pöhl das Präsidium übernahm, bis Anfang 1990 wuchs die Zahl der Mitarbeiter der Bundesbank von 14 400 auf 15 600, wobei hauptsächlich die Landeszentralbanken neue Stellen auswiesen. Die fünfzehn Zweigstellen in den neuen Bundesländern blähten die Personalkosten noch einmal gewaltig auf. Anfang 1991 hatte die Bundesbank insgesamt knapp über 17 500 Beschäftigte. Im Januar 1992 stieg die Zahl noch einmal auf 18 240 Beschäftigte. Erst nach 1992 leitete die Bundesbank im Rahmen eines Rationalisierungsprogramms Personalabbaumaßnahmen ein, so daß die Mitarbeiterzahl sich Anfang 1993 auf 17 994 und dann, Anfang 1994, auf 17 632 reduzierte. In den kommenden Jahren werden aufgrund einer Empfehlung der McKinsey Unternehmensberatung durch Ausdünnung überflüssiger Zweigstellen erhebliche Personalkosten eingespart. Die Zahl der Zweigstellen wird innerhalb eines Zeitraums von 10 Jahren von 183 auf 120 verkleinert werden.

Neulinge, die mit dezidiert eigener Meinung in den Zentralbankrat kommen, bekommen schnell und deutlich ihren Platz zugewiesen. Seit langem bestimmt das Dienstalter die Sitzordnung am Ratstisch. Neu bestallte Mitglieder fangen am Fußende des Tisches an. Karl Bernard, der erste Präsident des Gremiums, führte diese Regel nach dem Krieg ein, als die Bank deutscher Länder ihren Sitz noch in einem spartanischen Quartier in der Taunusanlage hatte.* Es kann zehn Jahre und länger dauern, bis ein neues Mitglied sich in die Nähe von Präsident und Vizepräsident am Kopfende des Tisches hochgearbeitet hat. Gäste, die gelegentlich aus Bonn anreisen – meist der Finanz- oder Wirtschaftsminister oder ein Staatssekretär, in Ausnahmefällen auch der Kanzler –, sitzen zur Rechten des Präsidenten.[22] Nach Paragraph 13 des Bundesbankgesetzes haben Regierungsvertreter zwar das Recht, an den Treffen teilzunehmen, sie sind aber nicht stimmberechtigt. Beschließt die Bundesbank eine Maßnahme, die die Regierung mißbilligt, kann die Regierung den Beschluß zwei Wochen aussetzen. Dieses zeitlich begrenzte Vetorecht wurde offiziell nie angewendet, aber die Bundesbank berücksichtigt manchmal im voraus die Wünsche der Bundesregierung und verschiebt eine unpopuläre Entscheidung über eine Neufestsetzung der Zinsen um zwei Wochen.**

Die Ratssitzungen werden generalstabsmäßig geplant. Erster Tagesordnungspunkt ist ein Bericht des Präsidenten von unterschiedlicher Länge, dann äußern sich die für die jeweiligen Bereiche zuständigen Direktoriumsmitglieder zu makroökonomischen Entwicklungen, der Lage auf den Kreditmärkten und internationalen Angelegenheiten (in dieser Reihenfolge). Diese Monologe lassen schüchterne Mitglieder des Zentralbankrats manchmal zögern, selbst das Wort zu ergreifen. Robustere Landeszentralbankchefs reagieren anders: Die langatmigen Ausführungen sind für sie eher eine lästige Erinnerung an den Einfluß des Direktoriums. Um sich besser auf die Donnerstagstreffen vorbereiten zu können, wollten einige Ländervertreter 1991 durchsetzen, daß ihnen per Telefax jeweils einen Tag vor der Sitzung eine Kopie der von den Direktoriumsmitgliedern vorbereiteten Stellungnahmen zugestellt würde. Der Versuch scheiterte. Dennoch stellt dieser

---

* Siehe Kapitel VI
** Siehe Kapitel VII

Vorstoß einen Akt der Auflehnung gegen das Frankfurter Direktorium dar, der in den sechziger und siebziger Jahren kaum vorstellbar gewesen wäre.

5. Wie der Präsident seine Männer überzeugt

Der Präsident der Bundesbank und sein Vize geben meist eine gemeinsame Empfehlung ab, wie der Zentralbankrat auf dem Gebiet der Zinspolitik konkret vorgehen soll. Anfang der achtziger Jahre waren Pöhl und Schlesinger in den Ratssitzungen zwar gelegentlich unterschiedlicher Meinung, doch meist gelang es ihnen, eventuelle Unstimmigkeiten vorab aus dem Weg zu räumen. Bis in die späten achtziger Jahre gab es nur eine bemerkenswerte Ausnahme von dieser Regel. Gegen Ende September 1987 beschloß der Zentralbankrat auf Geheiß Schlesingers und gegen den Rat Pöhls eine Zinssatzerhöhung für Wertpapierpensionsgeschäfte um 0,1 Prozent.[23] Dieser scheinbar inkonsequente Beschluß kam zu einem sehr heiklen Zeitpunkt, denn kurz darauf trafen sich die Finanzminister und Notenbankchefs der wichtigsten Industrienationen in Washington. Als die Nachricht bekannt wurde, warf die US Treasury (Schatzamt) der Bundesbank verärgert vor, sie behindere Anstrengungen, das Wachstum der deutschen Wirtschaft zu beschleunigen. Als die Bundesbank den Zinssatz im Oktober weiter erhöhte, beklagte sich der damalige amerikanische Finanzminister James Baker heftig. Baker machte Schlesinger und einer harten Geld-»Clique«[24] den etwas grotesken Vorwurf, ihre Entscheidung habe den berüchtigten Börsenkrach vom Oktober 1987 ausgelöst.

Auch in Personalfragen waren Pöhl und Schlesinger nicht immer einer Meinung. 1990 mußte das Direktorium Ersatz für Claus Köhler finden, der lange Jahre für das Bank- und Kreditwesen zuständig gewesen war. Pöhl befürwortete zunächst die Ernennung von Ernst-Moritz Lipp, dem jungen Chefökonomen der Dresdner Bank, weil ihm die Verjüngung der Bundesbank-Führungsriege am Herzen lag. Schlesinger hatte Bedenken. Er meinte, Lipp werde sich in der Bundesbank kaum durchsetzen können. Pöhl ließ sich von Schlesinger überzeugen und stimmte schließlich einem Vorschlag Schlesingers zu. Köhlers Nachfolger wurde damit Otmar Issing, der als Professor der Universität Würzburg für seine orthodoxen Ansichten in währungspolitischen Fragen bekannt war und sich daher wohl leichter durchsetzen konnte.

Ab 1989 bröckelte der Konsens am Ratstisch immer mehr, was teilweise auf den Streit mit der Regierung um die deutsche Währungsunion zurückzuführen ist.* In zwei Fällen wurden Präsident und Vizepräsident bei der Zinsfestsetzung sogar überstimmt. Am 20. April 1989 verständigten sich die Zentralbankräte grundsätzlich auf eine Erhöhung von Diskont- und Lombardsatz. Aus rein taktischen Gründen wollten Pöhl und Schlesinger die Erhöhung allerdings aufschieben, um Theo Waigel, der erst eine Woche zuvor im Zuge einer Kabinettsumbildung zum Finanzminister ernannt worden war, nicht in Verlegenheit zu bringen. Die Mehrheit der Zentralbankratsmitglieder stimmte jedoch für eine sofortige Erhöhung beider Zinssätze um einen halben Prozentpunkt. Damit waren die Versuche der Bundesbank, ein gutes Verhältnis zu dem neuen Amtsinhaber in Bonn herzustellen, vorerst zunichte gemacht.

Pöhls Autorität war angekratzt, doch handelte es sich noch nicht um einen wirklichen Aufstand. Die zweite Episode war dramatischer: Als der Zentralbankrat am 19. Dezember 1991, kurz nach dem Maastrichter EG-Gipfel, beschloß, Diskont- und Lombardsatz um einen halben Prozentpunkt zu erhöhen, schlugen die Wellen der Empörung in ganz Europa hoch. Pöhls Nachfolger Schlesinger und dessen Stellvertreter Tietmeyer setzten sich gemeinsam dafür ein, die Erhöhung des Lombardsatzes auf einen viertel Prozentpunkt zu beschränken, um Deutschlands Partner in der EG nicht zu verärgern. Doch sie verloren die Abstimmung knapp mit sieben zu sechs Stimmen. Einflußreichen Mitgliedern wie Müller aus Bayern und Jochimsen aus Nordrhein-Westfalen war es mit vereinten Kräften gelungen, die beiden ranghöchsten Führungskräfte der Bundesbank zu überstimmen.[25] Ein weiteres

* Siehe Kapitel VIII

Beispiel divergierender Meinungen im Zentralbankrat trat in der Ende Juli 1993 aufflammenden EWS-Krise zutage. Um dem Kursverfall des französischen Franken zu stoppen, versuchte Tietmeyer am 29. Juli seine Kollegen im Zentralbankrat von der Notwendigkeit einer Rückstufung des Diskontsatzes um einen viertel Prozentpunkt zu überzeugen. Mehrere Ratsmitglieder unterstützten die Initiative des Vizepräsidenten, der vor allem währungspolitische Rücksicht auf die französische Regierung nehmen wollte. Schlesinger, der in den vergangenen Wochen wiederholten französischen Aufrufen zu deutschen Zinssenkungen stark entgegengetreten war, blockte aber das Manöver ab, so daß der Vorschlag im Keim erstickt wurde. Die von Tietmeyer favorisierte vorsichtige Herabsetzung des Diskontsatzes hätte die am 2. August in Brüssel beschlossene Erweiterung der EWS-Fluktuationsmargen aller Wahrscheinlichkeit nach nicht verhindert. Eine diplomatische Geste in Richtung Paris hätte jedoch die Brisanz der Währungskrise erheblich gemindert.*

Die Ereignisse im April 1989, Dezember 1991 und Juli 1993 unterstrichen die große Rolle der politischen Umstände bei der Bestimmung des richtigen Zeitpunktes für Zinsänderungen.[26] Nach einer goldenen Bundesbank-Regel vermeidet man Zinserhöhungen vor europäischen Gipfeltreffen oder wichtigen Sitzungen des Internationalen Währungsfonds. Andererseits bereitet die Bundesbank gelegentlich vor Gipfeltreffen angenehme Überraschungen vor, indem sie zu strategischen wichtigen Zeitpunkten Zinssenkungen auftischt. Auffälligerweise setzte die Notenbank im Oktober 1993 die Diskont- und Lombardsätze um jeweils einen halben Prozentpunkt herab, eine Woche bevor die EG Staats- und Regierungschefs auf einem in Brüssel abgehaltenen Sondergipfel Frankfurt zum Standort für das als Vorläufer der Europäischen Zentralbank konzipierte Europäische Währungsinstitut bestimmten. Die Zinssenkung – wenn auch sicherlich nicht ausschlaggebend für die Entscheidung zugunsten der deutschen Finanzmetropole – hatte zweifelsohne dazu beigetragen, das Verhandlungsklima für die Bewerbung von Frankfurt zu verbessern.

---

* Siehe Kapitel IX

Solche politischen Abhängigkeiten mißfallen dem niedersächsischen Landeszentralbankchef Helmut Hesse, der sein Amt im Dezember 1988 antrat. Das allgemeine Niveau der Gespräche sei für ihn »enttäuschend«, sagte er nach seinem ersten Jahr als Mitglied des Zentralbankrats. Aufgrund seiner akademischen Vorbildung und der Erfahrungen, die er in verschiedenen Beratergremien der Bonner Regierung sammeln konnte, hatte er erwartet, daß im Zentralbankrat sachkundig und unabhängig diskutiert würde. Tatsächlich aber, so sagte er, »waren viele Entscheidungen nicht wissenschaftlich begründet, sondern abhängig von der Politik. Daß Geldpolitik auch die hohe Politik ist, habe ich im zweiten Jahr meiner Amtszeit gelernt.«[27] Hesse, der sich im Zentralbankrat als akademischer Bilderstürmer einen Namen gemacht hat, verfolgt mit Mißtrauen, wie stark das Direktorium internationalem Druck ausgesetzt ist. Deshalb, meint er, müsse die Macht der Direktoriumsmitglieder begrenzt bleiben. »Als Direktoriumsmitglied verbringt man seine Zeit in internationalen Konferenzen und Arbeitsgruppen. Dabei verliert man unmerklich den Kontakt zu den Realitäten.« Die Präsidenten der Landeszentralbanken haben laut Hesse eine wichtige Kontrollfunktion, da sie nicht auf dem internationalen Karussell mitfahren und deshalb objektiver sein können:

Die währungspolitischen Führer der Welt treffen sich regelmäßig, sie lernen sich auch persönlich gut kennen. Es heißt dann nicht mehr »Herr Präsident«, sondern »Karl Otto«. Das ist an sich eine gute Sache, es kann aber auch die Handlungsfreiheit einschränken, weil bei Entscheidungen persönliche Interessen der Verhandlungspartner mitberücksichtigt werden müssen. Der Präsident der Bundesbank ist natürlich unabhängig. Doch der Präsident einer Landeszentralbank ist noch etwas unabhängiger, denn er ist in keiner Hinsicht befangen.

Ex-Bundeskanzler Helmut Schmidt sieht die Macht der Landeszentralbankchefs völlig anders. Die Hochzinspolitik der Bundesbank, die ihm Anfang der achtziger Jahre schwer zu schaffen machte, ist eine der Ursachen für den Koalitionsstreit, der ihn

1982 zum Rücktritt zwang.* Diese Erfahrung hat Verbitterung über den Einfluß der Landeszentralbanken zurückgelassen:

Manche Leute in der Bundesbank maßen sich Rechte an, die nur dem Verfassungsgericht in Karlsruhe zukommen. Sie haben die lächerliche Angewohnheit abzustimmen, statt den Vorgaben des Präsidenten zu folgen. Die Föderalisierung der Bundesbankstrukturen war in den fünfziger Jahren, als diese Institution gegründet wurde, politisch sinnvoll, um der Angst vor zu großer Zentralisierung zu begegnen. Doch heute sollte man dies ändern.[28]

Dagegen meint Leonhard Gleske, der zwischen 1976 und 1989 als Direktoriumsmitglied für die internationale Währungspolitik zuständig war, die föderale Struktur der Bundesbank sei nach wie vor notwendig, um unzulässige Machtkonzentrationen zu vermeiden. Für Gleske, der fünfundzwanzig Jahre lang im Zentralbankrat saß, sind Föderalismus und Unabhängigkeit untrennbar miteinander verknüpft:

Man braucht in diesem Gremium Menschen, die die unterschiedlichen Entwicklungen in den verschiedenen Teilen Deutschlands vertreten. Jedes Mitglied hat einen anderen Werdegang und wird durch ein anderes Verfahren ausgewählt, das der jeweiligen politischen Strömung entspricht. Ein solches Gremium macht es eher möglich, daß eine Notenbank unabhängig sein kann. Wäre es anders, hätte auch ich Bedenken, einer solchen Institution so viel Unabhängigkeit zuzugestehen.[29]

6. »Zur Diplomatie war er völlig unfähig«

Ein Bundesbankpräsident, der den Zentralbankrat erfolgreich in die von ihm gewünschte Richtung lenken will, braucht ebensosehr psychologisches Geschick wie finanzpolitisches Kalkül. Karl

* Siehe Kapitel VII

Klasen, Bundesbankpräsident von 1970 bis 1977 mit bestimmtem Auftreten und einer Verachtung für Details, drückte sich mit Vorliebe knapp und scharf aus. »Das war eine Taktik, die er bei Hermann Josef Abs gelernt hat«, erinnert sich Thomas, der ehemalige Präsident der hessischen Zentralbank. »Leute, die große Reden schwingen wollen, wurden von ihm lächerlich gemacht. Es gibt nichts Schlimmeres, als wenn eine ernsthafte Rede in Gelächter endet.« Pöhl verschaffte sich mit Eleganz, Humor und Sarkasmus Respekt. Schlesinger mit sachkundigen Ausführungen zur Makroökonomie, Tietmeyer mit seiner Aura des Priestertums und seiner Nähe zu den regierenden Christdemokraten in Bonn. Emminger, Bundesbankpräsident von 1977 bis 1979, setzte auf die schulmeisterliche Methode.

In den Sitzungen des Zentralbankrats entwickelte Emminger einen Hang zu beeindruckender Langatmigkeit. »Ich stellte eine zweiminütige Frage und bekam eine fünfzehnminütige Antwort, nur damit er zeigen konnte, daß er es besser wußte«, sagte Johann Baptist Schöllhorn, früherer Staatssekretär im Wirtschaftsministerium unter Karl Schiller und von 1973 bis 1989 Präsident der schleswig-holsteinischen Landeszentralbank.[30] »Bei all seinem persönlichen Charme und seinen intellektuellen Fähigkeiten konnte er es nicht ertragen, wenn ihn jemand in den Schatten stellte«, sagt Horst Bockelmann, der früher die Abteilung Geld und Kredit und dann die Hauptabteilung Statistik der Bundesbank leitete und heute Chef der volkswirtschaftlichen Abteilung der Bank für Internationalen Zahlungsausgleich in Basel ist. »Zur Diplomatie war er völlig unfähig. Er wollte immer recht behalten.«[31]

Emminger war ein Spezialist von großem Sachverstand. Besessen von jedem Detail seiner täglichen Arbeit, zeichnete er manchmal eigenhändig Graphiken zur Währungspolitik der Bundesbank. Über viele Jahre stenographierte er die Gespräche im Zentralbankrat für seinen persönlichen Gebrauch mit. In die sieben Jahre, die Emminger unter Klasen Vizepräsident war, fiel auch die stürmische Übergangszeit zu flexiblen Wechselkursen. Das Selbstbewußtsein des »Außenministers« der Bundesbank wuchs mit jeder der endlosen Konferenzen über internationale Währungspolitik. Bei aller Egozentrik haftete Emminger jedoch etwas Bodenständiges an. So war er stolz darauf, seine Aktentasche selbst zu Krisensitzungen zu tragen – etwas, was der überhebliche Klasen oder der auf sein Image bedachte Pöhl niemals getan hätten.

Pöhl, der Anfang 1980 die Führung der Bundesbank übernahm, hatte als Stellvertreter Emmingers zweieinhalb Jahre lang zusehen müssen, wie der alternde Präsident die Mitglieder des Zentralbankrats verärgerte. Pöhl war fest entschlossen, es besser zu machen – und er bewirkte mit einer Mischung aus Witz und Sachverstand, daß die Sitzungen des Zentralbankrats insgesamt meist ebenso angenehme wie effektive Arbeitstreffen wurden. Trotz seines virtuosen Auftretens und seiner Jovialität fühlte Pöhl sich jedoch in der Atmosphäre des dreizehnten Stocks nie sonderlich wohl.

Im Vergleich zum hierarchischen Denken und dem steifen Umgangston in der Bundesbank bevorzugte Pöhl den unkomplizierten Umgangston bei den monatlichen Treffen der Zentralbankchefs in der Bank für Internationalen Zahlungsausgleich in Basel, auf denen Englisch gesprochen wurde und man sich mit Vornamen anredete. Er konnte seine Herkunft aus ärmlichen Verhältnissen nie ganz abschütteln, vielleicht genoß er deshalb den Kontakt mit den oberen Rängen der Gesellschaft in besonderem Maße. Robin Leigh-Pemberton, Eton-Schüler aus dem alten Landadel, oder Jacques de Larosière von der Banque de France, der Gäste ins Schloß seiner Frau in der Picardie einzuladen pflegte, standen in seinen Augen deutlich über den grauen Funktionären, denen er auf den Fluren der Bundesbank begegnete.

Daß Pöhls Verhältnis zu den meisten Mitgliedern des Zentralbankrats distanziert war, beruhte weniger darauf, daß er sich ihnen intellektuell überlegen fühlte. Schwierigkeiten bereitete ihm mehr die charakterliche Farblosigkeit mancher Kollegen. Was das Verhältnis zum festen Personalstamm in der Frankfurter Bundesbankzentrale anging, war Pöhl belustigt und frustriert zugleich über den dort herrschenden steifen Umgangston und die strenge Hierarchie. Pöhl war vierzehn Jahre lang Mitglied des Direktoriums der Bundesbank. Auch nach dieser langen Zeit siezte Pöhl noch alle anderen Direktoriumsmitglieder. Nur mit vier Mitgliedern des Zentralbankrats war er per Du – mit Nemitz, Nölling, Jochimsen (alle drei wie Pöhl SPD-Mitglieder) und dem immer zu Späßen aufgelegten, einarmigen Müller aus München (Müller überredete den zögernden Präsidenten über einem abendlichen Glas Bier in Bonn zum Bruderschaftstrinken).[32]

Er hielt es normalerweise auch für unter seiner Würde, bei den informellen Treffen der Landeszentralbankchefs zu erscheinen, die manchmal am Vorabend der Donnerstagskonferenzen im Gästehaus der Bundesbank stattfanden. In den siebziger Jahren sorgten Männer wie Hans Hermsdorf von der Hamburger Landeszentralbank oder Fritz Duppré von der rheinland-pfälzischen Landeszentralbank dafür, daß diese abendlichen Sitzungen fester Bestandteil des Terminkalenders wurden. In den achtziger Jahren dagegen waren sie deutlich schlechter besucht. Manchmal gab sich Schlesinger die Ehre, als er noch Vizepräsident war, allerdings nicht deshalb, weil ihm der Sinn nach unbeschwerter Geselligkeit stand; Schlesinger duzt sich mit keinem Mitglied des Zentralbankrats.[33] Vielmehr wollte er die Leiter der Landeszentralbanken diskret auf zinspolitische Änderungen vorbereiten, über die am Tag darauf entschieden werden sollte.

7. Hierarchische Strukturen

Trotz der strengen Rituale im dreizehnten Stock herrscht in der Bundesbank insgesamt eine erfrischend lockere Atmosphäre. In Aufzügen und Korridoren begegnet der Besucher Sekretärinnen im Minirock und Büroboten mit aufgekrempelten Ärmeln, in den Händen Kaffeetassen und Aktenmappen. Mit dem üblichen »Mahlzeit« verabschiedet man sich in die Mittagspause. Im Erdgeschoß der Bundesbank gibt es für die Mitarbeiter das Kasino mit Selbstbedienung, in dem es um die Mittagszeit zum Bersten voll ist; dort finden auch die wöchentlichen Treffen der Skat- und Schachklubs der Bundesbank statt. In einem kleineren Raum daneben ist eine Cafeteria untergebracht, in der Kaffee und Kuchen zu erhalten sind. Wenn im Sommer Tische und Stühle auf dem Rasen vor dem Haus stehen, fühlt man sich beinahe wie in einem vornehmen Feriendorf. Das Kasino bietet mittags eine Auswahl nahrhafter Gerichte an, darunter aus unerfindlichen Gründen manchmal auch ein exotisches indonesisches Reisgericht. Die Beschäftigten der Bundesbank sollen sich jedoch nicht zuviel des Guten gönnen: Über dem Tresen wirbt ein großes Plakat für das weltweit bekannte alkoholfreie Bier aus Clausthal-Zellerfeld, dem Kurort im Oberharz nahe der ehemaligen deutsch-deutschen Grenze.[34]

Den kollegialen Zusammenhalt fördert vor allem der Sportverein der Bundesbank. Der Verein bietet seinen dreitausend Mitgliedern – den Beschäftigten der Bank und ihren Familien, aber auch Pensionären – neunundzwanzig verschiedene Betätigungsmöglichkeiten vom Angeln, Skat, der Modelleisenbahn und der Fotografie bis zu Fußball, Karate und Schießen. Die Gebühr ist wirklich für alle erschwinglich: Mit drei Mark im Monat ist man dabei. Eine Reihe älterer Bundesbankmitarbeiter geht regelmäßig kegeln. Von den höheren Funktionären sind dagegen nur wenige sportlich aktiv. Gelegentlich steigt Dieter Hiss, Präsident der Berliner Landeszentralbank, in den Swimmingpool, und Gerd Häusler, der junge Leiter der Kreditabteilung, spielt begeistert Basketball. Die mehr literarisch Interessierten können der Theatergruppe beitreten, die dem Sportverein angegliedert ist. Gespielt werden Stücke von J. B. Priestley bis Jean-Paul Sartre, gelegentlich auch Komödien, die in der Bundesbank besonders beliebt sind.

Sportliche Veranstaltungen sind ein fester, aber wenig bekannter Bestandteil der internationalen Zusammenarbeit der Zentralbanken. Die Bundesbank nimmt regelmäßig an sportlichen Wettkämpfen mit den wichtigsten europäischen Notenbanken teil.[35] Im Kampf gegen die weltweite Inflation mögen die Bundesbanker sich viel Ehre verdient haben, auf dem Fußballfeld halten sie nur mühsam mit. Von fünf Spielen der Bundesbank gegen die Bank of England in den achtziger Jahren gewannen die Briten drei, die Bundesbank eins, und ein Spiel endete unentschieden. Besonders schlecht sahen die Deutschen 1984 aus, als die Briten aus der

Threadneedle Street haushoch mit 7:1 gewannen. Der Sportverein mit den auffälligen rot-weißen Farben wurde erst 1968 gegründet, doch sportliche Betätigung war schon in der Reichsbank Tradition. Für Jürgen Matthiessen, der seit 1981 Vereinsvorsitzender ist, wird gerade bei den internationalen Wettkämpfen der »Riß« in der Geschichte der Bundesbank deutlich.[36] Im Unterschied zu ihren Gegnern wie etwa der Bank of England oder der Banque de France, die großzügige eigene Sportanlagen besitzen, hat die Bundesbank keinen eigenen Sportplatz. Sie muß städtische Fußball- oder Tennisplätze mieten.

Bei aller Ungezwungenheit auf den Gängen der Bundesbank oder im Sportverein hat doch jeder Bundesbanker ein Gespür für Hierarchie im Blut. Entscheidungen werden in der Bundesbank meist innerhalb einzelner Abteilungen getroffen, und die vertikale Kommunikation, also die Absprachen von oben nach unten, ist sehr viel intensiver als die horizontale Kommunikation zwischen den verschiedenen Abteilungen. Für die Zusammenarbeit der verschiedenen Abteilungen sind allein die Direktoriumsmitglieder und die Hauptabteilungsleiter zuständig. Jedem Beschäftigten ist ein Code zugewiesen, der aus Buchstaben und arabischen Ziffern sowie bestimmten Zeichen besteht. Dieser Code wird in der ganzen Bank anstelle des Namens verwendet. Je kürzer er ist, desto höher steht der betreffende Mitarbeiter in der Hackordnung.[37] Nach einem System, das schon in der Reichsbank üblich war und nach dem Krieg unverändert übernommen wurde, steht in internen Bankakten für den Präsidenten einfach ein Pluszeichen, für den Vizepräsidenten eine Null.[38]

Wenn die Direktoriumsmitglieder die Steuermänner der Bundesbank sind, dann sitzen direkt unter ihnen im elften Stock die Heizer. Daß sie in der Hackordnung einen niedrigeren Platz einnehmen, fällt sofort ins Auge. Die Farbe des Teppichbodens ist nicht mehr ein makelloses Beige, sondern ein kränkliches Gelbgrün. Wichtigste Aufgabe der Hauptabteilung Volkswirtschaft ist die Analyse der monetären Situation.[39] Diese Informationen werden über die Monats- und Jahresberichte der Bundesbank weitergegeben,[40] außerdem tauchen sie in den Reden und Zeitungsartikeln der Direktoriumsmitglieder auf. Der Monatsbericht erscheint in einer Auflage von 52 000 Exemplaren[41], dazu kommen englische, französische und spanische Ausgaben.[42]

Vor allem Eduard Wolf, der führende Volkswirt der Notenbank in den ersten beiden Nachkriegsdekaden, legte großen Wert auf die Tradition der Monatsberichte.[43] Sein ungeduldiger Perfektionismus trieb weiblichen Mitarbeitern manchmal die Tränen in die Augen.[44] Seit der Wolf-Ära sind Größe und Produktivität der Abteilung enorm gewachsen. Da ein Großteil der Arbeit in den Monatsbericht einfließt, veröffentlichen die Volkswirte der Bundesbank nur selten oder gar nicht Originalmaterial unter eigenem Namen. Außenstehende Kollegen, die die freiere Atmosphäre in Forschungsinstituten und Banken gewöhnt sind, finden den Arbeitsstil in der Bundesbank bedrückend. Kritisiert wird manchmal auch die relativ begrenzte Bandbreite und der umständliche und vorsichtige Stil der Artikel in den Bundesbankberichten. Der Monatsbericht behandelt selten gewagtere Themen wie internationales Bankwesen, Innovationen auf dem Wertpapiermarkt, Bankenaufsicht oder Zahlungssysteme, denn das sind nicht die Hauptarbeitsgebiete der Bundesbank. Doch wahrscheinlich empfinden die meisten Leser den von Natur aus konservativen Stil dieser regelmäßigen Publikationen der Bundesbank wohl eher als angenehm.

Als Wolf 1964 starb, übernahm der damals neununddreißigjährige Helmut Schlesinger die Leitung der damaligen Hauptabteilung für Volkswirtschaft und Statistik.[45] Der gute Ruf der Bundesbank auf dem Gebiet der Makroökonomie sollte natürlich erhalten bleiben.[46] Kein anderer Mitarbeiter der Bundesbank weiß soviel über Statistik wie Schlesinger, der sich in der Abteilung von der Pike auf hochgedient hat. Sein Weg nach oben war dabei schmal und steinig. Noch als Vizepräsident der Bundesbank hätte Schlesinger die Arbeit an fast jedem Schreibtisch der volkswirtschaftlichen Abteilung erledigen können. In früheren Jahren war er berüchtigt dafür, um 17.30 Uhr durch den elften Stock zu gehen und sich zu wundern, warum seine Mitarbeiter nicht mehr an ihren Schreibtischen saßen. Nach Wolfs Tod machte Schlesinger sich jedoch große Sorgen, ob er seine Aufgabe auch wirklich erfüllen konnte. Über ein Vierteljahrhundert später sagt er rückblickend: »Am Anfang fand ich das sehr schwer. Ich dachte, ich könne nicht so gut schreiben wie Wolf. Ich mußte mich doch durchsetzen.«[47] Für einen Mann, der sonst nicht den Eindruck vermittelt, als ob er an Selbstzweifeln leide, ist das ein ungewöhnliches Eingeständnis.

8. Geschäfte mit der D-Mark

Die Drehscheibe, von der aus die Bundesbank ihre Geldgeschäfte mit der Außenwelt koordiniert, ist die Abteilung für Devisenhandel und Devisenanlagen im siebten Stock. Wegen der vielen, Hitze abstrahlenden Bildschirme sind die Büros auf dieser Etage mit einer Klimaanlage ausgestattet, ein Luxus, der sonst nur noch den Direktoriumsmitgliedern der Bundesbank gewährt wird. In den Büros im südlichen Trakt mit Blick auf die Frankfurter Innenstadt residiert die Abteilung, die die Devisenreserven der Bundesbank verwaltet. Über neunundneunzig Prozent der Devisenreserven sind in Dollar angelegt; sie bestehen damit im wesentlichen aus einem Betrag von rund fünfzig Milliarden US-Dollar, der größtenteils in Schatzanweisungen und Schatzwechseln der amerikanischen Regierung mit einer Laufzeit von bis zu zehn Jahren angelegt ist.[48] Bis Mitte der achtziger Jahre verwaltete die New Yorker Federal Reserve Bank dieses riesige Paket im Auftrag der deutschen Notenbank, doch seither greift die Bundesbank sehr viel aktiver in das Management ihrer Reserven ein. Das tägliche Umsatzvolumen der Hauptgruppe Devisenanlagen schwankt zwischen einer halben und einer Milliarde US-Dollar.[49]

Die Bundesbank besitzt auch eine große Menge von ECU, die nach der Errichtung des Europäischen Währungssystems gegen vorläufige Übertragung eines Teils der nationalen Währungsreserven geschaffen wurde, jedoch eher von buchhalterischer Bedeutung ist. Anders als die Notenbanken Großbritanniens, Frankreichs oder Italiens hat die Bundesbank keine »privaten« ECU-Reserven (im Gegensatz zu den »öffentlichen« ECU-Reserven, die nach der EWS-Vereinbarung erforderlich sind). Die Bundesbank akzeptiert die dominante Rolle des Dollars unter den

Reservewährungen der Welt und hat es abgelehnt, Reserven in anderen Reservewährungen wie Yen, Pfund, Schweizer Franken oder ECU aufzubauen. Die Abneigung der Bundesbank gegen die ECU ist nicht etwa nur auf eine konservative Grundhaltung zurückzuführen. Sie ist auch Ausdruck mangelnder Begeisterung für eine grundlegende Europäisierung der Währungspolitik.*

Im nördlichen Teil des siebten Stocks sitzen die sechs Devisenhändler der Bundesbank um einen achteckigen Händlertisch. Über der Mitte des Tisches schwebt an einem Faden symbolisch eine Dollarnote. Außer einer Reihe von Bildschirmen gibt es in diesem Zimmer Uhren, die die Zeit in Tokio, Singapur, Frankfurt, London und New York anzeigen. Die Spezialisten für Devisenhandel müssen die Situation auf den Devisenmärkten genau im Auge behalten. Wenn die Wechselkurse stark von dem abweichen, was die Bundesbank für ratsam hält, kann diese ihre wirkungsvollen Interventionsmöglichkeiten einsetzen, um die Ordnung wieder herzustellen.

Solange das Geschäft mit den europäischen Währungen ruhig läuft und der Dollar-Kurs gegenüber D-Mark, englischem Pfund und Yen nur geringfügig schwankt, ist das Devisenzentrum der Bundesbank eine Oase des Friedens; oft sitzen dann nur ein oder zwei Devisenhändler an ihren Plätzen. Natürlich gibt es immer etwas zu tun. Die Bundesbank erledigt eine Reihe geschäftlicher Transaktionen für die Bundesregierung. So führt sie die Dollar-DM-Transaktionen für die in Deutschland stationierten amerikanischen Truppen durch und überweist die Renten, die im Rahmen der Wiedergutmachung an im Ausland lebende, im Dritten Reich verfolgte Juden gezahlt werden.

Wenn die Wechselkurse auf den Devisenmärkten stark schwanken, müssen die Zentralbanken gemeinsam eingreifen, um sie wieder zu stabilisieren. Da der An- und Verkauf von Dollars gegen D-Mark den größten Einzelposten der weltweiten Devisengeschäfte ausmacht, übernimmt die Bundesbank meist die Initiative, wenn eine Intervention der europäischen Notenbanken angesagt ist. Der Umfang der Bundesbank-Reserven so-

---

* Siehe Kapitel IX

wie der Ruf der Bank, den richtigen psychologischen Moment für das Eingreifen zu treffen, führt oft dazu, daß sich der Wechselkurs von D-Mark und Dollar schon beruhigt, sobald die Bundesbank in den Markt geht.

Für eine erfolgreiche Arbeit muß die Bundesbank nach eigener Einschätzung täglich mindestes dreihundert Millionen Dollar einsetzen. Die Devisenexperten widersetzen sich nicht einem ausgeprägten »fundamentalen« Trend, doch sie haben ein feines Gespür für den richtigen Zeitpunkt ihrer Interventionen. Die Transaktionen mit Geschäftsbanken haben normalerweise einen Umfang von jeweils fünf Millionen Dollar; wenn die Geschäfte über Devisenmakler laufen, handelt die Bundesbank jedoch auch mit kleineren Summen. Diese Geschäfte sind meist wirkungsvoller, denn die Makler geben das Signal, daß die Bundesbank ihre Muskeln spielen läßt, über ihre Kommunikationskanäle sofort an den Markt weiter.

Aktuelle Berichte über die Entwicklung auf den ausländischen Devisenmärkten und ständige Beratung mit anderen Zentralbanken sind für die Bundesbank von größter Wichtigkeit. Viermal täglich, um 9.30, 11.30, 14.15 und 16 Uhr, finden Telefonkonferenzen mit den Devisenabteilungen der wichtigsten Zentralbanken statt. Um 13 Uhr informiert sich die New Yorker Federal Reserve Bank telefonisch über das, was sich am Vormittag in Europa getan hat, und nimmt dann an den weiteren Nachmittagsgesprächen teil.

Ein gemeinsames Eingreifen der Zentralbanken von bis zu vierzehn oder fünfzehn Ländern (darunter auch Nicht-EG-Staaten wie den skandinavischen Ländern, Österreich und der Schweiz) wird gewöhnlich mit generalstabsmäßiger Präzision geplant. Am 7. Januar 1987, als der Kurs des französischen Francs gegenüber der D-Mark innerhalb des Europäischen Währungssystems dramatisch abfiel, verkauften die Bundesbank und ihre Partner an einem Tag fünf Milliarden D-Mark. Diese Intervention galt lange Zeit als recht massiv, wurde jedoch Mitte September 1992 in den Schatten gedrängt. Als das britische Pfund und die italienische Lira aus dem europäischen Wechselkursmechanismus ausscheren mußten, verkauften die deutsche und andere europäische

Notenbanken ungefähr sechzig Milliarden D-Mark, um die Wechselkurse der Schwachwährungsländer zu verteidigen. Ende Juli 1993, als die Franken-Krise aufflammte, steigerte sich die Interventionstätigkeit noch einmal: ungefähr einhundert Milliarden D-Mark wurden von den französischen, deutschen und anderen Notenbanken auf den Devisenmärkten abgegeben, um die Talfahrt des Franken in Grenzen zu halten.

Gerät der Dollar unter Druck, drängen die europäischen Zentralbanken auf eine Teilnahme der Federal Reserve Bank an gemeinsamen Aktionen, damit der Markt spürt, daß die Währungsbehörden es wirklich ernst meinen. Doch die Bundesbank weiß oft bis zur letzten Minute nicht, ob die amerikanische Zentralbank mitspielt. Die Bundesbank kann selbständig handeln, da sie allein über die deutschen Devisenreserven verfügt. Die New York Federal Reserve Bank dagegen, die die devisenpolitischen Transaktionen des Federal Reserve System ausführt, verfügt nur über einen Teil der amerikanischen Reserven. Sie verwaltet den anderen Teil im Auftrag des US Treasury und muß daher vor Ausflügen auf den Devisenmarkt die Genehmigung der Washingtoner Regierung einholen. Franz Scholl, der langjährige Leiter der Hauptabteilung Ausland der Bundesbank, ein Pionier im Kreis der internationalen Notenbanker nach dem Krieg, der Anfang der neunziger Jahre in den Ruhestand ging, sagte einmal, das Vorgehen der Federal Reserve auf den Devisenmärkten erinnere ihn an seine Katze: »Du hörst sie nie. Du weißt nie, wann sie aktiv ist. Und du erfährst nie, ob sie etwas gefangen hat.«[50]

9. Die Vernichtung alter Scheine

Die Deutschen hängen sehr an ihren Geldscheinen. Schecks und andere Instrumente des bargeldlosen Zahlungsverkehrs sind bei ihnen weniger verbreitet als in anderen Ländern. Das Volumen der in Umlauf befindlichen Geldscheine und Münzen beläuft sich auf 6,5 Prozent des Bruttosozialprodukts, das ist anderthalbmal soviel wie in den USA und Frankreich und doppelt soviel wie in Großbritannien und Kanada.[51] Mit Geld ist in der deutschen

Geschichte oft leichtfertig umgegangen worden; vielleicht ist das der Grund dafür, daß die Deutschen sehr viel Wert auf ordentliche Geldscheine legen. Viel öfter als anderswo werden zerknitterte oder schmutzige Geldscheine zurückgewiesen. Die Bundesbank muß daher besonders darauf achten, daß nur makellose Geldscheine im Umlauf bleiben. So hat man hier nicht nur beträchtliche Erfahrung bei der Herstellung von Banknoten, sondern auch besonders billige, sichere und umweltfreundliche Verfahren der Geldvernichtung.

Die Bundesbank gab Anfang der neunziger Jahre für den Druck von Banknoten jährlich zwischen 200 und 300 Millionen Mark aus, ein Betrag, der sich in den letzten Jahren durch die Einführung neuer Geldscheine stark erhöht hat.[52] Auf deutschen Banknoten sind keine Königinnen abgebildet, doch auf den neuesten Ausgaben ist eine andere Art prominenter Persönlichkeiten zu sehen, etwa Clara Schumann, die Frau des Komponisten Robert Schumann und selbst eine bedeutende Pianistin des 19. Jahrhunderts. Ihr nüchtern elegantes Konterfei ziert nicht nur die neuen 100-Mark-Scheine, sondern auch die CDs mit ihrer Musik, die die Presseabteilung der Bundesbank gelegentlich als Werbegeschenke verteilt. Wenn neue Geldnoten in Umlauf kommen, muß in einer großangelegten Kampagne der Öffentlichkeitsarbeit darauf hingewiesen werden – nicht zuletzt wegen der internationalen Bedeutung der D-Mark. Die Bundesbank verschickt regelmäßig Mitteilungen an alle ausländischen Konsulate in Frankfurt, in denen die Neuausgaben detailliert beschrieben werden. Dennoch wird ihr immer wieder berichtet, Hotels und Banken im Ausland hätten die neuen, dort unbekannten Banknoten abgelehnt.

Unbrauchbar gewordene Banknoten landen traditionsgemäß in einem speziellen Verbrennungsofen im Frankfurter Hauptgebäude. Die Bundesbank verbrennt täglich mindestens zwei bis drei Tonnen alter Scheine. 1992 wurden 1,7 Milliarden Scheine mit einem Nennwert von 97,5 Milliarden D-Mark vernichtet; 1993 waren es 914 Millionen Scheine mit einem Nennwert von 120 Milliarden D-Mark. Der Rückgang der Stückzahl bei gleichzeitiger Zunahme des Gesamtbetrages ist darauf zurückzuführen, daß 1993 verstärkt aus dem Zahlungsverkehr zurückgeflossene Banknoten der alten Serie zu 500 DM und 1000 DM sowie Bestände der Bank in diesen Stückelungen vernichtet wurden. Die Noten werden bei 1100 Grad Celsius verbrannt, ohne daß dabei Rauch entsteht. Kosten und Aufwand dieses Verfahrens sind der Bundesbank freilich seit Jahren ein Dorn im Auge. Außerdem hat es im umweltbewußten Deutschland Proteste wegen des Kohlendioxids gegeben, das bei der Verbrennung freigesetzt wird. Die Lösung der Bundesbank ist ein automatischer Hochgeschwindigkeits-Reißwolf, der etwa 500 000 Mark kostet und gegenwärtig landesweit in allen Zweigstellen der Bundesbank installiert wird. Der Reißwolf macht den Transport der alten Banknoten zur Sammelvernichtung nach Frankfurt überflüssig.[53] Die zerschnipselten Banknoten dienen der Industrie als Füll- und Isoliermaterial. Eine interessantere Verwendung für alte Geldscheine hat die Bundesbank bislang noch nicht gefunden.

10. Überschätzt und unterbezahlt?

Die Bezahlung der Beschäftigten der Bundesbank ist ein Problem für sich. In diesem Bereich gilt die gepriesene Unabhängigkeit der Bundesbank nicht. Die Gehälter der über 17 000 Mitarbeiter richten sich nach Besoldungsordnungen und landesweiten Tarifabschlüssen zwischen den Gewerkschaften des öffentlichen Dienstes und der Regierung.[54] Als in den letzten Jahren die Gehälter in der privaten Finanzwirtschaft rapide stiegen, mußte die Bundesbank gelegentlich auf die politische Bühne treten und höhere Gehälter fordern, um mit den Verdienstmöglichkeiten anderswo mithalten zu können. Solche Forderungen haben ihren Preis: Wenn die Bundesbank in diesem Punkt von ihrem sonstigen Anti-Inflations-Kurs abweicht, setzt sie sich dem Vorwurf der Doppelmoral aus. Pöhl wies gern darauf hin, daß sein Jahresgehalt mit 600 000 Mark um die Hälfte unter dem liege, was er in einer Privatbank verdienen könne, und nannte die Beschäftigten der Bundesbank »überschätzt und unterbezahlt«. Die Beamten der oberen Etagen der Bundesbank, insbesondere die Mitglieder des Zentralbankrats, verdienen jedoch sehr gut und können sich eigentlich nicht beklagen. In den unteren Gehaltsstufen dagegen scheinen die Klagen über die Bezahlung in der Bundesbank inzwischen tatsächlich gerechtfertigt.

Die Gehälter der Zentralbankratsmitglieder werden in Einzelverträgen mit dem Zentralbankrat ausgehandelt. Die Regierung muß die Vereinbarungen allerdings genehmigen. Diese Regelung war Wilhelm Vocke in den fünfziger Jahren immer ein Dorn im Auge, und er gab sich große Mühe, die Bonner Kontrolle über die Gehälter in der Bank deutscher Länder zu umgehen.[55] Ein anderer Zentralbankpräsident der Nachkriegszeit, dem die Gehälter der Bundesbank zu niedrig erschienen, war Karl Klasen. Als Wirtschaftsminister Karl Schiller ihm Ende der sechziger Jahre die Nachfolge von Bundesbankpräsident Karl Blessing anbot, verdiente Klasen als Vorstandsmitglied der Deutschen Bank etwa 500 000 Mark im Jahr.[56] Klasen gab Schiller zu verstehen, daß er sich mit einem deutlichen Einkommensverlust zwar abfinden würde, daß sein Gehalt bei der Bundesbank aber wenigstens auf die Hälfte dessen heraufgesetzt werden sollte, was er in einer Privatbank verdienen konnte.[57]

Klasen behielt auch als Bundesbankpräsident seinen Wohnsitz in Hamburg bei. Wenn er sich in Frankfurt aufhielt, verschmähte er die Reize des Gästehauses der Bundesbank und bezog statt dessen auf eigene Kosten eine Suite im luxuriösen Schloßhotel in Kronberg im Taunus. Komfort lag ihm so sehr am Herzen, daß die Bundesbank sogar die Genehmigung zum Kauf eines Privatflugzeuges beantragte, das Klasen zu den Zentralbankratssitzungen nach Hamburg holen sollte. Die Regierung erteilte einen abschlägigen Bescheid. Schiller hatte protestiert, da der Kauf eines Flugzeuges die jährlich dem Finanzministerium zufließenden Bundesbankgewinne verringert hätte.[58]

Von 1948 bis 1952 leitete Klasen als junger sozialdemokratischer Banker die Hamburger Landeszentralbank und hatte damit einen Sitz im Zentralbankrat der Bank deutscher Länder. Schon in den ersten Nachkriegsjahren wurde großer Wert auf den Vergleich mit der Privatwirtschaft gelegt. Klasen und seine Kollegen betonten eifrig ihr Recht auf kleine Gehaltsaufbesserungen, wie sie in

Privatbanken in Mode kamen. Im Juli 1948, kurz nach der Währungsreform vom 20. Juni, setzte Klasen durch, daß die Gehaltskonten aller Mitglieder des Zentralbankrats verzinst wurden.[59]

Geld ist der Anlaß gegenseitiger, hinter vorgehaltener Hand geäußerter Verleumdungen der Bonner und der Frankfurter Beamten. Die Mitglieder des Zentralbankrats verdienen heute etwa doppelt soviel wie hochrangige Staatssekretäre in Bonn, die oft doppelt soviel arbeiten müssen.[60] Die Bundesbank kritisiert zwar immer wieder die Lohnerhöhungen im öffentlichen Dienst, doch die jährliche Erhöhung des Sockelbetrags des Jahresgehalts eines Zentralbankratmitglieds in Höhe von rund 380 000 Mark ist direkt an die Tarifvereinbarungen des öffentlichen Dienstes gekoppelt.[61] Was die Gehälter der Mitglieder des Zentralbankrats betrifft, hüllt die Bundesbank sich offiziell in indiskretes Schweigen, ein Zeichen, daß sie mit dem Vorwurf der Heuchelei rechnet.

Weiter unten in der Bundesbankhierarchie fließt das Geld dagegen weniger reichlich. Durchschnittliche Bundesbankgehälter liegen hier oft unter dem, was in Privatbanken gezahlt wird, und die Kluft wird seit einigen Jahren immer größer. Deshalb wird es zunehmend schwieriger, für Bereiche wie Devisenhandel und Informationstechnologie Mitarbeiter zu gewinnen und zu halten. Ein Devisenhändler der Bundesbank beispielsweise kann sein Gehalt spielend verdoppeln, wenn er zu einer Geschäftsbank wechselt. Computerspezialisten verdienten 1995 in der Wirtschaft zwei- bis dreimal soviel wie bei der Bundesbank. Ein Bediensteter der Bundesbank mit sieben bis acht Jahren Berufserfahrung, der in der Kreditabteilung leichte bis mittelschwere Aufgaben zu bewältigen hat, verdiente 1995 einschließlich aller Zulagen etwa 62 000 Mark. An einer Frankfurter Privatbank wäre sein Gehalt in vergleichbarer Position um zwanzig- bis dreißigtausend Mark höher.

Die Mitarbeiter der Bundesbank, die zu den renommiertesten Notenbanken der Welt gehört, genießen natürlich auch viele Vorteile: Sie haben einen sicheren Arbeitsplatz und bekommen günstige Baukredite.[62] Dennoch schrieb Pöhl im April 1989 in dieser Sache eigens einen Brief an Bundeskanzler Kohl, in dem er vor »schwierigen Engpaßsituationen« im Personalbereich warnte:

Die »Aufrechterhaltung des bisher gewohnten Leistungsniveaus« könne nicht mehr ohne weiteres sichergestellt werden.[63] In die Fachhochschule der Deutschen Bundesbank in Hachenburg im Rheinland kommen laut Thomas Buch, dem Personalchef der Bundesbank, weniger hochqualifizierte Bewerber als früher, weil die Verdienstchancen im Vergleich mit anderen Banken relativ bescheiden sind.[64]

Selbst Bundesbankbedienstete der höheren Etagen haben kaum Chancen, sich bis zu einem Sitz im Direktorium vorzuarbeiten. Auch das wirkt auf die Arbeit demotivierend. In der Bank deutscher Länder zu Beginn der Bundesbankgeschichte war es durchaus noch üblich, daß hochbegabte und fleißige Mitarbeiter sich bis zur Spitze hochdienten. In den siebziger und achtziger Jahren wurde dieser Weg jedoch immer schwieriger, da die Regierung zunehmend Außenseiter auf Direktoriumsposten bestellte. Horst Bockelmann, der frühere Leiter der Hauptabteilung Statistik, wechselte aus diesem Grund von der Bundesbank zur Bank für Internationalen Zahlungsausgleich. Im Direktorium der Bundesbank, so Bockelmann 1991, sitzen im Vergleich zu anderen internationalen Notenbanken ungewöhnlich viele »Leute, die von draußen kommen: Das kann sich negativ auf das Arbeitsklima auswirken. Längerfristig gesehen kann es schwierig werden, tüchtige Leute anzuziehen, wenn feststeht, daß sie ihre Karriere höchstwahrscheinlich als Hauptabteilungsleiter beenden.«[65] Daß im Mai 1992 mit Wendelin Hartmann und Helmut Schieber zwei hohe Bundesbankbeamte ins Direktorium berufen wurden, hat als von Schlesinger, dem fundierten Kenner der inneren Verhältnisse der Bundesbank, initiierter direkter Versuch zu gelten, diesen Trend umzukehren und in der Bundesbank großgewordene Beamte mit einem Platz am Spitzentisch zu belohnen. Als Tietmeyer 1994 Gert Häusler zum Direktoriumsmitglied berief, wollte er nicht nur eine Verjüngung des Direktoriums herbeiführen, sondern auch signalisieren, daß für fleißige Beamte der steinige Weg nach oben durchaus zu schaffen ist.

Auch das Gehalt eines Bundesbankbeamten, der nach zehnjähriger Dienstzeit auf der mittleren Ebene der Devisenabteilung arbeitet oder eine Zweigstelle leitet, ist mit etwa 70 000 Mark im

Jahr 1995 relativ bescheiden. In dieser Summe sind sämtliche Zulagen enthalten, also auch das Weihnachtsgeld, das fast einem dreizehnten Monatsgehalt entspricht. Der Leiter einer Hauptstelle oder der Leiter einer kleineren Abteilung im Frankfurter Stammhaus (»Bundesbankdirektor«) verdient etwa 114 000 Mark, der Leiter einer Hauptabteilung zwischen 180 000 und 205 000 Mark. Ein sechsundzwanzig Jahre alter Berufsanfänger allerdings bezieht in den ersten drei Jahren, in denen er sich auf das Amt des Bundesbankinspektors vorbereitet, mit 2000 Mark monatlich ein keineswegs fürstliches Gehalt: mit Zulagen kommt er im Jahr insgesamt auf weniger als 26 000 Mark. Ein junger Bundesbankinspektor verdient einschließlich der Zulagen etwa 3200 Mark monatlich, das heißt einschließlich Weihnachtsgeld etwa 41 000 Mark im Jahr.

Die Bundesbanker wollen eine bessere Bezahlung, doch sie wissen nicht, wie sie das einer Öffentlichkeit gegenüber vertreten sollen, die von der Bundesbank erwartet, daß Sparsamkeit ihr höchstes Gebot ist. Die Bundesbank verteilt gerne von oben herab scharfe Rügen, wenn vor ihren Toren über Geld gestritten wird, doch muß sie zwischen öffentlichem Wohl und den Ansprüchen ihrer Mitarbeiter vermitteln und die Gepflogenheiten beider Seiten im Auge behalten. Die Bundesbanker werden um so eindringlicher die Tugenden einer gesunden Währung preisen, je mehr sie davon überzeugt sind, daß ihre Tätigkeit angemessen entlohnt wird.

KAPITEL IV

Partner in der Katastrophe

Die ganze künftige Lebenshaltung unseres Volkes muß, soweit es irgend möglich ist, von der ungeheuren Bürde befreit und entlastet werden, die der Krieg anwachsen läßt. Das Bleigewicht der Milliarden haben die Anstifter dieses Krieges verdient: sie mögen es durch die Jahrzehnte schleppen, nicht wir.
Karl Helfferich, Staatssekretär des Reichsschatzamts, 1915[1]

Es ist nicht möglich, eine Notenbank zu leiten, ohne mit den politischen Grundsätzen der Regierung im Einklang zu sein.
Hjalmar Schacht, Reichsbankpräsident, 1933[2]

Die nationalsozialistische Wirtschafts- und Finanzpolitik ebenso wie die nationalsozialistische Befreiungs- und Gleichberechtigungspolitik [hat] das Gesetz des Handelns selbst in die Hand genommen. Wir werden uns das Gesetz des Handelns auch künftig nicht aus der Hand schlagen lassen.
Karl Blessing, Direktor bei der Reichsbank, 1935[3]

Die Reichsbank wurde 1875 auf einem Berg von Gold gegründet. Das Gold war der Erlös der Reparationen, die die Pariser Regierung nach dem deutschen Sieg im Deutsch-Französischen Krieg von 1870/71 hatte bezahlen müssen. Am Vorabend des Ersten Weltkriegs war die deutsche Notenbank eine zentrale Stütze des internationalen Währungssystems geworden, das auf dem Goldstandard basierte.[4] Als der Konflikt jedoch ganz Europa verschlang, beendete Deutschland seine währungspolitische Orthodoxie und gab die Golddeckung der Mark auf. Im Reich hoffte man, den Krieg wie schon 1870/71 mit dem Geld der Besiegten finanzieren zu können. Die Deutschen wagten damit eines der größten Pokerspiele der Geschichte, und als sie verloren, waren die Folgen gewaltig. Die schwere Last der Reparationen, die Deutschland 1919 durch den Versailler Vertrag auferlegt wurde – die Reichsbank bezeichnete ihn sofort als »unerfüllbar«[5] – war der Keim für die Inflation der frühen zwanziger Jahre und für die

Katastrophe von 1939, als die Welt zum zweiten Mal in den Abgrund eines Krieges gestürzt wurde.

Bei dieser unheilvollen Entwicklung war die Reichsbank den verschiedenen Regierungen der Zwischenkriegszeit meistens ein williger, wenn auch häufig passiver und allzuoft unfähiger Partner. Sie stand dem Zentrum der Macht nahe, war in den Jahren zwischen 1922 und 1937 sogar nominell unabhängig von der deutschen Regierung und hatte damit eine einflußreiche Position im Staatsapparat inne. Im Dritten Reich schwankte ihr Einfluß zunächst, und schließlich ging er ganz verloren. Die Reichsbank nahm diesen Machtverlust demütig hin; er markiert ein unrühmliches Kapitel ihrer Geschichte.

Die Reichsbank machte in dieser traumatischen Zeit keine gute Figur, weil sie fundamentale Schwächen hatte: Sie war in Selbstzufriedenheit versunken, mußte niemandem Rechenschaft ablegen und hatte unrealistische Ziele, und es fehlte ihr an urteilsfähigen Mitarbeitern. Der zutiefst undemokratische Charakter der Reichsbank machte sie in gewisser Weise zu einem idealen Werkzeug Hitlers. Sie stimmte mit dem Führer überein, daß die Geldwertstabilität von oben diktiert werden müsse und nicht vom Volk selbst geschaffen werden könne.[6] Und als die Reichsbank im Januar 1939 kurz und höchstens halbherzig gegen Hitlers Währungspolitik rebellierte, war es bereits viel zu spät.

1. Im Zentrum des Reiches

Die Gründung der Reichsbank durch das Bankgesetz vom März 1875 war ein zukunftsträchtiger Akt für die deutsche und die europäische Geschichte. Er war ein wichtiges Glied in der Kette von Ereignissen, die Deutschland im letzten Viertel des 19. Jahrhunderts zur führenden Industriemacht des Kontinents machten – eine Position, die es nach einer wechselhaften Geschichte und zwei großen Kriegen heute noch hält.[7]

Die Reichsbank entstand mit der Vereinigung einer zerstückelten Nation. In der ersten Hälfte des 19. Jahrhunderts war Deutschland ein Flickenteppich unterentwickelter vorindustrieller Staaten, die sich voneinander abgrenzten und eifersüchtig über ihre Souveränität wachten. Für die Bildung einer einheitlichen Währung gab es damals weder Wille noch Weg.[8] Im Gegensatz zu den einheitlichen Währungssystemen Englands und Frankreichs gab es auf dem Gebiet des späteren Deutschen Reiches sieben verschiedene Münzsysteme. In den Statuten des von Preußen beherrschten Zollvereins wurde eine Standardisierung des deutschen Münzsystems gefordert. Aber aufgrund von Rivalitäten zwischen den wichtigsten Münzsystemen, dem Taler der nördlichen Staaten einschließlich Preußens und dem Gulden des Südens (einschließlich Österreichs, das dem Deutschen Zollverein nicht angehörte), konnte erst 1871 ein Durchbruch erzielt werden.[9] Im Jahr der auf die französische Niederlage folgenden Reichsgründung war die deutsche Währung so zersplittert wie eh und je,[10] was ein beträchtliches Hindernis für den Handel darstellte. Die Schaffung einer einheitlichen Währung war oberstes Ziel;[11] die französischen Reparationen an Deutschland in Höhe von 4,5 Milliarden Mark, die in London rasch in Goldbarren konvertiert wurden,[12] gaben dem Reich die Mittel an die Hand, dieses Ziel zu verwirklichen. Da Berlin nunmehr über große Mengen an Währungsgold verfügte, konnte Deutschland die neue Mark mit Gold decken und dadurch die Silberwährung ersetzen, die bisher in Deutschland und im größten Teil Europas gegolten hatte.[13]

Die Staatsbank, die zur Überwachung der neuen Goldwährung gegründet wurde, ging aus der seit 1846 bestehenden Preußischen Bank hervor, der Nachfolgerin der von Friedrich dem Großen eingerichteten Institution zur Notenausgabe.[14] Die Bank hatte die Aufgabe, »den Geldumlauf im gesamten Reichsgebiet zu regeln und für die Nutzbarmachung verfügbaren Kapitals zu sorgen«.[15] Obwohl im Besitz privater Aktionäre und in ihrer Verwaltung mit einer gewissen Unabhängigkeit ausgestattet, nahm die Reichsbank in der staatlichen Hierarchie einen klar definierten Platz ein. Nach dem Bankgesetz stand sie »unter Aufsicht und Leitung des Reichs«. Der Reichskanzler war der Vorsitzende des Bankkuratoriums, der obersten Aufsichtsbehörde der Bank; die Verwaltung der Bank lag in den Händen des Präsidenten und der anderen (normalerweise acht) Mitglieder des Direktoriums. Sie wurden vom Kaiser auf Lebenszeit ernannt und waren verpflichtet, »überall den Vorschriften und Weisungen des Reichskanzlers Folge zu leisten«.[16] Der Einfluß der privaten Aktionäre der Bank war begrenzt. Sie wurden von einem fünfzehnköpfigen Zentralausschuß vertreten, der vor allem aus Industriellen und Bankiers bestand, beratende Funktion hatte und einmal im Monat zusammentrat; sie konnten allerdings ihr Veto gegen eine übermäßige Staatsfinanzierung durch die Bank einlegen.

Zur Zeit der Reichsbankgründung waren aufgrund der wachsenden Bedürfnisse der jungen deutschen Industrie eine große Zahl verschiedener Banknoten im Umlauf.[17] Im Jahr 1871 emittierten im Deutschen Reich dreiunddreißig verschiedene Notenbanken Geldscheine. Im Bankgesetz von 1875 wurde der Reichsbank eine zentrale Rolle bei der Notenausgabe zugewiesen, nicht jedoch ein Monopol.[18] 1904 waren allerdings nur noch vier andere Notenbanken übrig – in den größeren nicht-preußischen Staaten Sachsen, Bayern, Baden und Württemberg. Eine andere Kuriosität des Bankgesetzes von 1875 bestand darin, daß Banknoten nicht zum gesetzlichen Zahlungsmittel erklärt wurden. Dies war auf die vorsichtige Haltung der Gesetzgeber zurückzuführen, die davon ausgingen, daß ein großer Anteil von Goldmünzen an der im Umlauf befindlichen Geldmenge die beste Garantie für die Stabilität einer Währung biete. Die gesetzliche Diskriminierung der Banknoten wurde erst 1909 durch eine Änderung des Bankgesetzes korrigiert.[19]

Trotz der theoretisch unbegrenzten Macht, die der Reichskanzler über die Reichsbank besaß, kam es nur in wenigen Fällen zu einer direkten Einmischung der Regierung.[20] Die Handlungsfreiheit der Reichsbank war im wesentlichen durch den sogenannten »Goldautomatismus« begrenzt. Erhöhungen des Diskontsatzes entsprangen immer der Notwendigkeit, Kapital aus dem Ausland anzuziehen, um die Goldreserven über das gesetzlich verlangte Minimum hinaus zu vergrößern, und weniger dem bewußten Bestreben, das Kreditwachstum zu dämpfen. Erst als Deutschland mit seinem Platz in der Hierarchie der Großmächte unzufrieden wurde, wurde die Geldpolitik zunehmend von politischen

Erwägungen beeinflußt. Nachdem es 1911 aufgrund der expansionistischen Bestrebungen Deutschlands in Nordafrika zur 2. Marokkokrise gekommen war, konzentrierte sich das Reichsbankdirektorium immer stärker darauf, Vorbereitungen für den Kriegsfall zu treffen. Eine wichtige Konsequenz dieser Strategie waren Maßnahmen zur Erweiterung der Goldreserven der Bank. In den zwanzig Jahren von 1890 bis 1910 schwankten die Goldreserven der Reichsbank zwischen 500 und 700 Millionen Mark, 1913 dagegen konvertierte die Bank einen größten Teil ihrer ausländischen Wertpapiere in Gold und vergrößerte ihre Goldreserven auf 1,1 Milliarden.[21] Diese Operation war den Maßnahmen sehr ähnlich, die die Reichsbank am Vorabend des Zweiten Weltkriegs ergreifen sollte, um ihre Reserven zu schützen.*

Bei der Reichsbank wußte man, daß die Goldvorräte nicht ausreichen würden, um den gewaltigen Bargeldbedarf zu decken, der bei Ausbruch der Feindseligkeiten zu erwarten war. Dieser Umstand machte Gesetzesänderungen erforderlich, die die Einlösbarkeit der Reichsbanknoten in Gold aufhoben und ein Wachstum des Papiergeldumlaufs ermöglichten. Die Änderungen traten schließlich im August 1914 in Kraft,[22] wurden jedoch schon 1911 vorbereitet, als die Reichsbank mit der glattzüngigen Erklärung aufwartete, eine Aufhebung der formellen Golddeckung, wie sie das Bankgesetz von 1875 vorschrieb, habe »keine sachliche Bedeutung«, sondern solle »vielmehr lediglich in formeller Hinsicht dem Umstande Rechnung tragen, daß das Bankgesetz in seiner ursprünglichen Fassung sich nicht mehr in Geltung befinde«.[23]

Die neue Rechtslage eröffnete dem Staat erstmals die Möglichkeit, unbegrenzte Summen von der Reichsbank zu leihen. Dies schuf einen Inflationsmechanismus, der erst nach der Niederlage von 1918 voll in Betrieb gesetzt wurde. Durch die Gesetze vom August 1914 wurden spezielle »Darlehnskassen« errichtet, die von der Reichsbank mitverwaltet wurden. Sie dienten der »Abhilfe des Kreditbedürfnisses, vorzüglich zur Beförderung des Handels und Gewerbebetriebes«,[24] und zwar durch Darlehen, die

---

* Siehe Kapitel V

(gegen Verpfändung von Waren und Wertpapieren) in Darlehnskassenscheinen, einer neuen Form von Papiergeld, ausbezahlt wurden. Formal galt nach dem Gesetz noch immer die Vorschrift, daß ein Drittel der im Umlauf befindlichen Noten durch Gold gedeckt sein mußte. Diese Beschränkung wurde jedoch durch die Bestimmung umgangen, daß die Darlehnskassenscheine, die die Reichsbank selber hielt, als Teil der Goldreserven zählten. Damit war das Gold als Währungsregulativ abgeschafft: Die eine Form von Papiergeld diente nun als Deckung der anderen.[25]

2. Falsche Zuversicht

Deutschland rüstete für einen Krieg, der wie der Krieg von 1870/71 glücklich, kurz und siegreich sein sollte und für den der Feind bezahlen sollte. Diese Hoffnung ging jedoch in keiner Weise auf. Eine Schlüsselfigur der deutschen Finanz-Oligarchie, die sich in ihren Berechnungen so drastisch irrte, war Karl Helfferich, Staatssekretär des Reichsschatzamts von Februar 1915 bis Mai 1916. Dieser Mann, der die Steuerpolitik des Reichs leitete, war die Verkörperung finanzpolitischen Wunschdenkens schlechthin. Er glaubte wie alle schlechten Finanzminister, sein Geld für eine gute Sache ausgeben und das Eintreiben der nötigen Staatseinnahmen einem gütigen Schicksal überlassen zu können.

Helfferich war ein konservativer Journalist und gelernter Volkswirt. Er war 1908 Vorstandsmitglied der Deutschen Bank geworden und saß als deren Vertreter im Zentralausschuß der Reichsbank. Im März 1915 verkündete er in einer Rede vor dem Reichstag, Deutschland und sein wichtigster Verbündeter Österreich-Ungarn seien entschlossen, den Krieg ohne Steuererhöhungen zu führen. Er äußerte sich abfällig über den Versuch Englands, seine Einnahmen durch zusätzliche Steuern zu steigern, und verwies stolz auf die Schwungkraft der deutschen Kriegsanleihen im Vergleich zu den britischen Papieren. Die erste deutsche Kriegsanleihe war laut Helfferich »ein Erfolg von ungeahnten Dimensionen«, der Kurs der ersten britischen Kriegsanleihe war »alsbald nach der Emission gefallen«. Was die Staatseinnahmen betraf, verließ sich Helfferich lieber auf die deutsche Armee als auf den Steuerzahler. Er führte aus, »daß der gegenwärtige Krieg nicht nur für die Gegenwart, sondern vor allem für unsere Zukunft geführt wird, und daß wir an der Hoffnung festhalten, die Rechnung für den uns aufgezwungenen Krieg beim Friedensschluß unseren Gegnern präsentieren zu können«.[26]

Auch bei seiner nächsten Reichstagsrede im August 1915 hatte Helfferich seinen Optimismus noch nicht verloren. Er wiederholte das Versprechen, die Steuern nicht zu erhöhen, obwohl der Krieg inzwischen die gewaltige Summe von zwei Milliarden Mark im Monat kostete, ein Drittel mehr, als der Krieg von 1870/71 insgesamt gekostet hatte. »Wie die Dinge in diesem großen Kriege liegen, werden also die Kosten so gut wie ausschließlich durch Anleihen... aufgebracht werden müssen... Die ganze künftige Lebenshaltung unseres Volkes muß, soweit es irgend möglich ist, von der ungeheuren Bürde befreit bleiben und entlastet werden, die der Krieg anwachsen läßt.«[27]

Nur selten war eine Hoffnung trügerischer. Daß Helfferich vor allem auf langfristige Anleihen setzte, konnte nicht verhindern, daß auch große Kredite mit kurzer Laufzeit bei der Reichsbank und anderen Banken aufgenommen werden mußten.[28] Als sich der Krieg in die Länge zog, wuchs die Inflationsrate parallel zum raschen Anstieg des Bargeldumlaufs.[29] Zwischen 1914 und 1918 kam es zu einer ungefähren Verdreifachung der Verbraucherpreise.[30]

Selbst Ende August 1918, kurz vor dem Zurückweichen der deutschen Armeen im Westen, war es für das deutsche Volk noch möglich, an den Erfolg der militärischen und finanzpolitischen Strategien des Reichs zu glauben. In jenem Monat stimmte Rußland unter dem Eindruck des Friedens von Brest-Litowsk, den die Mittelmächte den Bolschewisten im März diktiert hatten, einer Kriegsentschädigung an Deutschland in Form von Gold und Waren zu. Der Vertrag wurde geschlossen, kurz bevor die Alliierten mit ihrer Gegenoffensive im September die deutsche Niederlage einleiteten. Die Beute aus dem alten Zarenreich ließ die Goldreserven der Reichsbank am 7. November auf die Rekordhöhe von

2,5 Milliarden Mark anschwellen. Die Goldbarren kamen zwei Tage vor der Abdankung des Kaisers in die Tresore, zwei Tage bevor mit der Ausrufung der Republik eine neue stürmische Zeit des Übergangs für Deutschland anbrach.

In Deutschland herrschten damals anarchische Zustände, und die politische Macht drohte den Kommunisten in die Hände zu fallen. Ende 1918 besetzten revolutionäre Matrosen vorübergehend die Reichskanzlei und hielten die Regierung eine Zeitlang gefangen. Da die Regierung einen Zusammenbruch der Nahrungsmittelversorgung und der öffentlichen Ordnung befürchtete, nahm sie in großem Umfang kurzfristige Kredite auf, um die Kosten der Demobilisierung zu bestreiten und die damit verbundenen Unruhen zu entschärfen. Gegen Ende 1918 hielt die Reichsbank in ihrem Portefeuille Schatzanweisungen im Wert von 27 Milliarden Mark, dreizehnmal mehr als vier Jahre zuvor.[31] Bei der Reichsbank war man sich bestimmt bewußt, daß ein exzessives Anwachsen der Geldmenge eine ruinöse Inflation auslösen würde. Da jedoch ein Prioritätenkonflikt bestand, tat man nichts, um die steigende Geldflut einzudämmen.

Harte währungspolitische Maßnahmen wären sehr schmerzhaft gewesen, aber immer noch besser als die Agonie des nun folgenden Währungsverfalls.[32] Entscheidend trug zum währungspolitischen Zusammenbruch das Problem der Reparationen bei. Unsicherheit und Bestürzung angesichts der Gesamtsumme der von den Siegern verhängten Kriegsentschädigung schwächten den Willen der Reichsbank, sich den Forderungen der Regierung nach immer mehr kurzfristigen Krediten zu widersetzen.[33] Als die Bestimmungen des Versailler Vertrags im Mai 1919 veröffentlicht wurden, waren die meisten Deutschen über die unversöhnliche Haltung der Alliierten entsetzt. Kanzler Phillip Scheidemann beschuldigte die Siegermächte, die Deutschen zu »Sklaven und Heloten« machen zu wollen.[34] Die Reparationen machten in den frühen zwanziger Jahren zwar nur einen kleinen Teil der Staatsausgaben aus, ihre politischen und psychologischen Auswirkungen erwiesen sich jedoch als eine Last, von der die Republik sich nie erholen sollte.

Aus den vertraulichen Briefen, die die Reichsbank ab 1919 an die Regierung schrieb, geht hervor, daß die Bank zunächst vor verheerenden währungspolitischen Tendenzen warnte und sich dann mit dem Unvermeidlichen abfand. Es bestehen faszinierende Ähnlichkeiten zu den vertraulichen Mahnungen, die die Staatsbank der DDR an die dortige Regierung richtete, bevor der Kommunismus auf deutschem Boden in den Jahren 1989 und 1990 zusammenbrach.* Die Reichsbank begleitete die Veröffentlichung ihres jährlich erscheinenden Verwaltungsberichtes im Frühjahr routinemäßig mit Briefen an den Reichskanzler. Die Briefe sollten die Regierung über Entwicklungen informieren, die zu brisant waren, um im Verwaltungsbericht veröffentlicht zu werden. In den ersten Nachkriegsjahren gab es damit zur gleichen Zeit zwei Lageeinschätzungen, eine optimistische und eine pessimistische. Der Verwaltungsbericht für 1918 wurde im März 1919 veröffentlicht, bevor die Bestimmungen des Versailler Vertrags bekannt waren; in ihm hieß es in relativ zuversichtlichem Ton, daß »bis weit in die zweite Hälfte des Jahres 1918 auch der anhaltende und wachsende Zahlungsmittelbedarf durch die Reichsbank voll und ohne Schwierigkeiten befriedigt werden« könne.[35] Im nichtveröffentlichten »Begleitbericht« stand dagegen die unheilschwangere Information, Ende 1918 seien nur sechs Prozent des gesamten Notenumlaufs (einschließlich der Darlehnskassenscheine) durch Gold gedeckt gewesen, im Vergleich zu vierzig Prozent zu Beginn des Krieges. Außerdem wurde darin vor der drohenden »Zerrüttung der deutschen Währungsverhältnisse« gewarnt.[36]

Als die Regierung weiterhin kurzfristige Kredite aufnahm, erhielt sie im Juli 1919, einen Monat nach Unterzeichnung des Versailler Vertrags, zwei weitere, fast beschwörende Briefe mit der Warnung, daß die weitere Inanspruchnahme von Reichsbankkrediten »die ernstesten Gefahren« mit sich bringe.[37] Und die Notenbank stellte das folgende, dramatisch formulierte Ultimatum:

Angesichts dieser Verhältnisse drängt sich immer zwingender die Notwendigkeit auf, durch sofortige weitgehende Einschrän-

---

* Siehe Kapitel VIII

Rudolf Havenstein, Reichsbankpräsident 1908–1923. Er starb an einem Herzinfarkt auf dem Höhepunkt der Inflation am Tag der Stabilisierung der Mark.

Das Reichsbankgebäude aus dem 19. Jahrhundert in der Jägerstraße wurde während des Krieges von Bomben schwer beschädigt. »Die Bomben der Luftpiraten haben zwar auch hier schwere Wunden geschlagen, sie konnten aber den Lebenswillen, die Widerstandskraft und die Schaffensfreude der Berliner nicht brechen.«

Hjalmar Schacht, Reichsbankpräsident 1923–1930 und 1933–1939. »Hitlers Zauberer« glaubte, er könne den Führer kontrollieren, aber er wurde selbst ausgebootet: Gegen Ende des Krieges kam Schacht ins Konzentrationslager Dachau.

Hans Luther, Reichsbankpräsident 1930–1933. Er betrieb eine deflationäre Politik – mit verheerenden Konsequenzen. Er wurde nach Hitlers Machtergreifung abgesetzt, nachdem er nur 100 Millionen Reichsmark für die Aufrüstung bereitstellen wollte.

Reichsbankdirektorium
Nr. II 1202
Akt. IX

Berlin C 111,
den 28. Januar 1939

Depots:
6. Juden: 28. 1. 39 II 1202 (Akt. IX). –

Wertpapiere:
22. Juden: 28. 1. 39 II 1202 (Akt. IX). –

Betr.: Verkauf von Wertpapieren durch Juden

Im Anschluß an unsere Rundverfügungen vom 30. November -II 13691-, 9. Dezember -II 14230- und 30. Dezember 1938 -II 14800- teilen wir mit:

I. Inhaber jüdischer Depots im Sinne des § 11 der Verordnung vom 3. Dezember 1938 in Verbindung mit § 6 der Verordnung vom 16. Januar 1939 (RGBl. I S. 37) können künftig in jedem Kalendermonat einmalig Wertpapiere im Höchstbetrage von RM 1000,– ohne besondere Genehmigung verkaufen, falls die sonst zu I. unserer Rundverfügung vom 30. Dezember 1938 angegeben Voraussetzungen vorliegen.

II. Die zu II. der Rundverfügung vom 30. Dezember 1938 erörterten Zweifel über die Tragweite des Artikels III der Verordnung vom 3. Dezember 1938 sind durch § 6 der Verordnung vom 16. Januar 1939 (RGBl. I S. 37) in dem von uns angedeuteten Sinne (Herausnahme der handelsrechtlichen Kapitalgesellschaften aus dem Depot- und Genehmigungszwang) entschieden worden.

. . .

IV. Die in II. unserer Rundverfügung vom 9. Dezember 1938 -II 11230- angekündigte Regelung der Inzahlungsnahme von Wertpapieren aus jüdischem Besitz auf die Judenvermögensabgabe ist durch einen in der Tagespresse bekanntgegebenen Erlaß des Herrn Reichsministers der Finanzen geregelt worden. Da der durch Artikel III der Verordnung vom 3. Dezember 1938 vorgeschriebene Depotzwang inzwischen durchgeführt sein muß, ist eine Befassung der Bankanstalten mit Anträgen dieser Art nicht zu erwarten, so daß wir von einer Mitteilung der Einzelheiten dieser Regelung abgesehen haben. Zur Unterrichtung der Bankanstalten bei etwaigen Anfragen teilen wir jedoch ergänzend mit, daß der Herr Reichsfinanzminister durch Erlaß vom 13. Januar 1939 Richtlinien gegeben hat, wie zu verfahren ist, wenn ein abgabepflichtiger Jude die Vermögensabgabe in einem Gesamtbetrage entrichten will. Weiter hat der Herr Reichfinanzminister in dem Erlaß angeordnet, daß der für die Inzahlungnahme von Wertpapieren auf die Judenvermögensabgabe – regelmäßig dem Finanzamt gegenüber – zu erbringende Nachweis, daß eine Entrichtung der Abgabe mit ordentlichen Zahlungsmitteln unmöglich ist, bereits dann als erbracht gelten kann, wenn der Jude die in seinem Besitz befindlichen Zahlungsmittel oder die ihm zustehenden Barguthaben für die nächste Zukunft zum angemessenen Unterhalt für sich und seine Familie oder nachweislich zur Bezahlung dringender Schulden oder zur Bezahlung der Kosten seiner unmittelbar bevorstehenden Auswanderung bedarf.

V. In dem Rundschreiben Nr. 14 vom 21. d. M. hat die Wirtschaftsgruppe Privates Bankgewerbe zu 5 c ihren Mitgliedern mitgeteilt, daß die Genehmigung nach § 12 der Verordnung vom 3. Dezember 1938 für sämtliche Verkäufe von Wertpapieren aus jüdischem Besitz unmittelbar an die Reichsbank und die Deutsche Golddiskontbank als erteilt gelte. Diese Mitteilung bezieht sich lediglich auf solche Wertpapiere, deren Übertragung an die Reichsbank oder an die Deutsche Golddiskontbank auf das Verlangen dieser Institute erfolgen soll. Es kommt selbstverständlich nicht in Betracht, daß die Banken zur Abdeckung von Debetsalden Wertpapiere aus dem Besitz ihrer jüdischen Kunden an die Reichsbank verkaufen.

      Reichsbankdirektorium

Reichsbank-Direktive über jüdische Wertpapiere, unterzeichnet von Wilhelm Vocke und Karl Blessing.

Walther Funk, zügelloser Nazi, Reichsbankpräsident 1939–1945. Er wurde bei den Nürnberger Prozessen zu lebenslanger Haft verurteilt und erhielt ab 1957 nach seiner Entlassung aus dem Gefängnis Spandau monatliche Zuwendungen der Bank deutscher Länder.

Emil Puhl, Vizepräsident der Reichsbank von 1940–1945. Er trat 1937 in die NSDAP ein – wie viele andere eine zwielichtige Gestalt.

Eine der ersten Sitzungen des Zentralbankrats der Bank deutscher Länder unter dem Vorsitz von Karl Bernard und Wilhelm Vocke im Jahre 1948.

Wilhelm Vocke, Mitglied des Reichsbankdirektoriums 1919–1939, Präsident des Direktoriums der Bank deutscher Länder 1948–1957; fest überzeugt von seiner Unfehlbarkeit.

Das alte Reichsbankgebäude in Frankfurt: der mit Akten vollgestopfte Sitz der Bank deutscher Länder (1948–1957) und später der Bundesbank, bevor sie 1972 in das neue Gebäude zog.

Karl Blessing, ehrgeiziger und ambivalenter Technokrat, Schachts vielversprechendster Schützling. Nach seiner Karriere an den Schalthebeln der nationalsozialistischen Wirtschaftsmacht wurde er später Bundesbankpräsident, 1958–1969.

Auszug aus einem Artikel von Karl Blessing vom 20. Juni 1938.

Sonderdruck aus der Zeitschrift „Braune Wirtschafts-Post", im Joachim Berger Verlag, Heft 26/27, 1938

Die währungs- und wirtschaftspolitische Eingliederung Österreichs

Vom Mitglied des Reichsbankdirektoriums Karl Blessing, Berlin.

„Österreich ist ein Land des Deutschen Reichs."
Mit diesem lapidaren Satz verkündet das Gesetz vom 13. März die Wiedervereinigung Österreichs mit dem Deutschen Reich. Erst drei Monate trennen uns von diesem denkwürdigen Tag, der uns allen unvergessen bleiben wird. Und doch sind in dieser kurzen Zeitspanne alle diejenigen Maßnahmen durchgeführt oder eingeleitet worden, die das Ziel haben, die Wirtschaft des Altreichs und die Wirtschaft der Ostmark zu einer unlöslichen Wirtschaftseinheit zusammenzuschweißen.

Lassen Sie uns noch einmal kurz vergegenwärtigen, wie die Struktur der beiden Volkswirtschaften unmittelbar vor dem Anschluß ausgesehen hat. Weitere Änderungen in den Besitzverhältnissen sind bei den Privatbankiers zu erwarten, die zu mehr als 90 Prozent nicht arisch sind. Das Ziel der Entwicklung ist der Ausbau eines gesunden und bodenständigen Bankwesens mit starkem Rückhalt im Reich.

Sitzung des Zentralbankrats 1957 unter dem Vorsitz von Karl Bernard. Vocke (der zweite zu seiner Linken) schaut gelangweilt zu.

Der Erweiterungsbau der Reichsbank in Berlin. Marmorverkleidet und mit Statuen geschmückt, entstand während des Dritten Reiches »das modernste Bankgebäude der Welt«. Nach 1961 war es Sitz des SED, 1990 wurde es die Verwaltungszentrale der Bundesbank für Ostdeutschland.

Gewinner und späterer Verlierer: Karl Blessing und Ludwig Erhard, der sich 1961 mit der Aufwertung der D-Mark durchgesetzt hatte, verkünden die Maßnahme bei einer Pressekonferenz in Bonn am 5. März.

Sitzung des Zentralbankrats im Dezember 1966 mit Karl Schiller und Karl Blessing – zwei Monate, nachdem die rigide Währungspolitik der Bundesbank die Regierung Ludwig Erhards zu Fall gebracht hatte. Schiller kritisierte, daß die Bundesbank immer noch das Wirtschaftswachstum hemme.

kung der Reichsausgaben und durch alsbaldige Erschließung neuer Einnahmen dem fortgesetzten Anwachsen der schwebenden Schuld einen Riegel vorzuschieben... Geschieht in der Sache nichts und wächst die schwebende Schuld weiter wie bisher, so ist der Tag nicht mehr fern, an dem wir die unbeschränkte Diskontierung von Reichsschatzanweisungen einstellen müssen, wenn nicht die Reichsbank und damit das gesamte deutsche Wirtschaftsleben zugrunde gerichtet werden soll.[38]

Neun Monate später war die Stimmung in der Reichsbank wieder umgeschlagen, und der Widersacher war der Resignation gewichen. Der vertrauliche Brief, den die Reichsbank anläßlich der Veröffentlichung des nächsten Verwaltungsberichts im April 1920 an die Regierung schrieb, enthielt lediglich die Feststellung, das fünfprozentige Anwachsen des Umlaufs an Banknoten und Darlehnskassenscheinen im Jahr 1919 werde »überaus nachteilige Folgen« haben.[39] Die Bank hatte ihre Drohung, der Regierung die Kredite zu sperren, allzu schnell wieder vergessen.

3. Der Verfall der Mark

Im Jahr 1920 stieg der Notenumlauf um weitere sechzig Prozent.[40] Die Reichsbank erklärte, das Ausmaß der kurzfristigen Kredite, die 1920 stärker zugenommen hätten als während des ganzen Krieges, stelle eine »gefährliche Bedrohung der Reichsbank« dar.[41] Im Jahr 1921 legten die Siegermächte die Reparationen auf insgesamt 132 Milliarden Goldmark fest, aufgeteilt in drei Serien von Schuldverschreibungen und zahlbar in Dollars in Jahresraten über mehrere Jahrzehnte. Die deutsche Regierung finanzierte die erste Zahlung, indem sie frischgedrucktes Geld an den Devisenbörsen für Dollars verkaufte. Diese Transaktion trug mit zum starken Kursverfall der Mark auf den Devisenmärkten bei. Unterdessen kam es im Inland vermehrt zu Streiks und sozialen Unruhen. Einige Unternehmen, wie der Konzern von Hugo Stinnes, profitierten von der Inflation, weil aufgenommene Kredite sich praktisch in nichts auflösten. Insgesamt jedoch führte das wirtschaftliche Chaos, das durch die erzwungene Abtretung Oberschlesiens an Polen noch verschärft wurde, zu einem wachsenden Vertrauensverlust der Industrie.

Als im Jahr 1921 der Notenumlauf um weitere fünfzig Prozent stieg,[42] wurde der Teufelskreis noch deutlicher. Die Reichsbank gestand ein, daß eine Fortsetzung der massiven kurzfristigen Kredite an die Regierung »unvermeidlich« sei.[43] Rudolf Havenstein, der glücklose Reichsbankpräsident, der seit 1908 im Amt war, gab zu, daß die Drohung vom Juli 1919, den Finanzbedarf der Regierung nicht weiterhin zu decken, nur ein Bluff gewesen war.[44] Die Reparationen waren in den Augen der Reichsbank inzwischen zur Hauptursache der Währungskrise avanciert. Die Bank betonte, daß sie auch weiterhin alle Schatzanweisungen der Regierung in ihre Reserven aufnehmen würde, solange die Zahlungen an die Siegermächte in der geforderten extremen Höhe fortgeführt werden müßten.[45]

Ein wichtiger Tag in der Geschichte der Reichsbank war der 26. Mai 1922 mit der Verabschiedung eines Gesetzes, das die Notenbank auf Geheiß ihrer alliierten Gläubiger von der Regierung unabhängig machte.[46] Der Reichskanzler war jetzt nicht mehr Chef der Reichsbank, und das Reichsbankdirektorium hatte theoretisch die Möglichkeit, eine eigene Politik zu machen, auch wenn es noch immer unter der »Aufsicht« der Regierung stand.[47] Havenstein schrieb in einem Brief an Montagu Norman, den Gouverneur der Bank of England, die neue gesetzliche Stellung der Reichsbank werde »deren Autorität im eigenen Land verbessern«, er fügte aber den folgenden aufschlußreichen Satz hinzu: »Für die Inflationsbekämpfung dürfte die jetzige Autonomie der Reichsbank jedoch kaum von Nutzen sein.«[48]

Havensteins Worte sollten sich als prophetisch erweisen. Daß die Reichsbank unabhängig wurde, hatte keinen positiven Einfluß auf die Inflationsrate. Diese lag 1922 bei 1300 Prozent, und die Reichsbank fuhr fort, in exponentieller Menge Schatzanweisungen der Regierung zu diskontieren.[49] Die dementsprechenden Fluten von Papiergeld wurden inzwischen rund um die Uhr gedruckt. Der Gnadenstoß kam im Januar 1923, als das Ruhrgebiet von französischen und belgischen Truppen besetzt wurde, weil Deutschland mit den Reparationszahlungen in Rückstand geraten war. Die Reichsregierung unterstützte von Anfang an den passiven Widerstand, der gegen die ausländischen Truppen ausgerufen wurde. Die negativen wirtschaftlichen Auswirkungen rissen weitere klaffende Löcher in die Staatsfinanzen, die durch pausenlose Verkäufe von Schatzanweisungen an die Reichsbank gestopft wurden. Die Reichsbank machte überaus deutlich, wem sie an dieser Entwicklung die Schuld gab. Unter Aufgabe der branchenüblichen Zurückhaltung warf sie im Mai 1923 den Alliierten vor, die »gänzliche Vernichtung unseres Vaterlands« zu planen.[50] In einem gleichzeitigen Schreiben an die Regierung beklagte sie »die immer rascher fortschreitende Zerrüttung der Reichsfinanzen und der Währung, wie sie unter der untragbaren Last des Versailler Diktats notwendigerweise schließlich eintreten mußte«.[51]

Einige Monate später verschärfte sich die verzweifelte Lage der Reichsbank noch. Deutschland wurde zwischen Juni und August 1923 von einer Streikwelle erschüttert, und der Kursverfall der Mark gegenüber dem Dollar setzte sich rapide fort. »Der ungeheure Geldbedarf des Reiches«, stellte die Reichsbank im August 1923 fest, »muß eine gewaltige neue, das bisherige Maß weit übersteigende Zunahme der Inflation, deren möglichste Eindämmung unser unausgesetztes Bestreben ist, zur notwendigen Folge haben und durch den völligen Zusammenbruch des noch vorhandenen Vertrauens die Entwertung der Mark vollenden.«[52] Täglich wurden neue Banknoten im Wert von 60 Billionen Mark gedruckt, und die Tagesproduktion sollte sich noch weiter erhöhen, als die neuen 100-Millionen-Scheine in Umlauf gebracht wurden. Die Reichsbank erklärte, sie werde auch die neuen Schatzanweisungen der Regierung im Gesamtwert von tausend Billionen Mark diskontieren; es gehe um »die Erfüllung von Staatsnotwendigkeiten«. Zwar drängte die Reichsbank weiter auf finanzielle Disziplin, aber sie wußte, daß ihr Drängen auf taube Ohren stoßen würde, solange Reparationen gezahlt werden mußten. Wie eine zu spät um ihre Tugend besorgte alte Dame brachte die Reichsbank Besorgnis über eine mögliche Verschlechterung ihres Bilds in der Öffentlichkeit zum Ausdruck:

Wir sehen voraus, daß in der Öffentlichkeit versucht werden wird, auch für diese neue ungeheure Belastung des Reichsbankstatus und die damit verbundene Vermehrung der Inflation und Verschärfung der Zahlungsmittelnot die Verantwortung auf die Reichsbank zu wälzen, und glauben erwarten zu dürfen, daß alsdann die Reichsregierung für eine entsprechende Aufklärung und Zurückweisung der uns nicht treffenden Vorwürfe Sorge tragen wird.

Das letzte Vierteljahr von 1923 brachte den Höhepunkt der Krise. Der Bargeldumlauf, der 1921 noch bescheidene 120 Milliarden Mark betragen hatte, erreichte wahrhaft alptraumhafte Ausmaße, nämlich 2500 Billiarden Mark im Oktober, 400 Trillionen im November und 497 Trillionen im Dezember 1923. Die Verbraucherpreise stiegen 1923 laut dem offiziellen Index um das nahezu Zwei-Milliardenfache. Auf dem Höhepunkt der Inflation brach am Morgen des 9. November 1923 in München ein Putsch gegen die Reichsregierung im Feuer der Polizei zusammen. Ein junger Mann namens Adolf Hitler, der am Abend zuvor im Bürgerbräukeller die »nationale Revolution« verkündet hatte, wurde festgenommen. Zwar wurde so seinem Marsch nach Berlin ein vorzeitiges Ende bereitet, aber der Weg in die Katastrophe hatte begonnen.

Da die Mark zunehmend an Wert verlor, überlegten Währungsexperten um die Wette, wie eine Geldreform am besten durchzuführen war. Sie dachten bereits seit mehreren Jahren darüber nach, wie man die Mark durch Anbindung an einen »realen« Standard von unbestreitbarem Wert wieder stabilisieren konnte. Am populärsten war die Idee, »wertbeständige« Anleihen und Schatzanweisungen herauszugeben, die in Gold oder Dollar rückzahlbar waren, um auf diese Weise die Regierungseinnahmen zu stabilisieren.[55] Firmen des privaten Sektors hatten bereits einen Anfang gemacht, indem sie eigene wertbeständige Anleihen und Investmentzertifikate herausgaben, bei denen Steinkohle, Braunkohle, Kalium, Kilowattstunden und Agrarprodukte wie Roggen als Deckungsgrundlage dienten.[54]

Unter den im Sommer und Herbst 1923 vorgelegten Reformideen, die von der Regierung Stresemann verworfen wurden, war beispielsweise der Plan, eine an den Marktpreis von Roggen gebundene Währung einzuführen. Unter Stresemann wurde statt dessen die Rentenmark geschaffen, die durch die Belastung des gesamten in Deutschland vorhandenen Besitzes gesichert war. Die neuen Rentenbankscheine, deren Name auf Stresemanns neuen energischen Finanzminister Hans Luther zurückging, wurden von der gleichfalls neu geschaffenen Rentenbank herausgegeben und waren durch die Belastung landwirtschaftlichen Bodens und der gewerblichen Wirtschaft gedeckt. Viel wichtiger als diese technischen Aspekte war jedoch, bei der Bevölkerung Vertrauen in die neue Währung zu wecken. Einen Tag nach Ausgabe der ersten Rentenmarkscheine am 15. November stellte die Reichsbank die Diskontierung von Schatzanweisungen ein und erklärte das sogenannte »Notgeld«, ein improvisiertes Papiergeld, das von Gemeinden und Unternehmen in großen Mengen herausgegeben worden war, für ungültig. Der von der Reichsbank gehaltene Bestand an Schatzanweisungen, der Mitte November einen Höchststand von 190 Trillionen Mark erreicht hatte, wurde bis Ende des Jahres auf Null gebracht.[55] Stresemanns Minderheitsregierung stand kurz vor dem Sturz, aber sie hatte die Maßnahmen eingeleitet, die zur Stabilisierung der Währung notwendig waren, und den Weg für die Einführung der Reichsmark gebahnt.

Das Umtauschverhältnis der neuen Währung wurde auf 1 Rentenmark = 1 Billion Mark festgesetzt. Es basierte auf dem Dollarkurs von 4,2 Billionen Mark, auf dem die Währung am 23. November 1923, dem gleichen Tag, an dem die Regierung Stresemann stürzte, stabilisiert wurde. Das Vertrauen der Öffentlichkeit in die Entschlossenheit der Regierung, an der neuen Währung festzuhalten, wurde durch energische Haushaltskürzungen Luthers verstärkt. Dies führte zu einer schnellen Stabilisierung der Währung. Allerdings waren dabei zwei Voraussetzungen nicht erfüllt, die man lange für unverzichtbar gehalten hatte: die Lösung des Reparationsproblems und die Rückkehr zum Goldstandard.[56] An der politischen Front bestand deshalb wenig Anlaß zu Optimismus. Die Stabilisierung der Mark hatte einen Preis gekostet, der erst später voll bezahlt werden sollte − von Deutschland und von der ganzen Welt.

4. Ehrgeiz und Doppelzüngigkeit

Die Währungskrise von 1923 brachte mit Hjalmar Horace Greeley Schacht[57] einen sechsundvierzig Jahre alten Mann an die Schalthebel der geldpolitischen Macht, der bis dahin noch nicht öffentlich in Erscheinung getreten war. Sobald Schacht jedoch Reichsbankpräsident geworden war, war er fest überzeugt, daß sowohl er als auch sein Land davon profitieren würden. Schacht, ein Mann von aufdringlicher Intelligenz und überwältigendem Selbstvertrauen, versah sein Amt von 1923 bis 1930 und 1933 bis 1939 mit einer einmaligen Mischung aus Ehrgeiz und Doppelzüngigkeit. Der pausbäckige Wirtschaftstheoretiker mit dem hohen Stehkragen brachte eine dämonische Note in den Beruf des Notenbankers ein, der bis dahin sturen Bürokraten vorbehalten gewesen war.

Schacht war »Hitlers Zauberer«[58]. Als er in den dreißiger Jahren das »Wirtschaftswunder« des Führers möglich machte, wurde er bekannter als jeder andere Finanzexperte der Geschichte. Montagu Norman, Gouverneur der Bank of England, hatte eine Schwäche für Schacht. Er war der Pate seines Enkels[59] und hielt ihn »für den einzig vernünftigen Menschen in einer Partei von gefährlichen Totalitaristen«.[60] Für Wilhelm Vocke war Schacht »einer der großen Männer unserer Zeit«, der freilich »großen Irrtümern verfallen« war.[61] Hitler sah in Schacht einen Bankier, der den Rest der Welt – einschließlich der Juden – überlisten konnte:

Vor jeder Konferenz der Internationalen Bank in Basel hat sich die halbe Bankwelt erkundigt, ob Schacht an der Tagung teilnehmen würde. Und erst wenn das feststand, sind die Bankjuden aus aller Welt angereist gekommen. Dabei haben gerade die Taschenspielerkunststücke von Schacht gezeigt, daß ein intelligenter Arier auch auf diesem Gebiet dem Juden überlegen sein kann.[62]

Schacht begann seine Karriere als promovierter Volkswirt, der sich gelegentlich auch im Journalismus versuchte.[63] Im Jahr 1903 wurde er Leiter des Archivs der Dresdner Bank und übte als solcher auch die Funktionen eines Pressechefs aus; später wurde er stellvertretender Direktor der Bank. Im Ersten Weltkrieg diente er in der Bankabteilung des deutschen Generalgouvernements im besetzten Belgien, danach wurde er Sprecher des Vorstands der kleineren Nationalbank für Deutschland. Im Jahr 1920 fusionierte seine Bank mit der Deutschen Nationalbank und dann, zwei Jahre später, mit der Darmstädter Bank zur Darmstädter und Nationalbank (Danat), einer der vier größten Banken des deutschen Bankwesens. Am 12. November wurde Schacht von Stresemann auf den neuen Posten des Reichswährungskommissars berufen. Er hatte die Aufgabe, den überlasteten und kränklichen Reichsbankpräsidenten Havenstein zu beaufsichtigen.[64] Die Regierung hatte schon seit mehreren Monaten versucht, den sechsundsechzigjährigen Havenstein zu entlassen, aber Havenstein war auf Lebenszeit ernannt und weigerte sich zurückzutreten. Am 19. November schrieb er einen trotzigen Brief, in dem er der Regierung mitteilte, ihrer Rücktrittsforderung zu seinem »schmerzlichen Bedauern« nicht entsprechen zu können.[65] Am folgenden Tag starb er überraschend an einem Herzinfarkt, und das Problem war gelöst.

Schacht war ein entschiedener Befürworter der Wiedereinführung des Goldstandards. Trotzdem war er in jenem schicksalsträchtigen November 1923 eine Schlüsselfigur bei der Einführung der von Karl Helfferich als Alternative befürworteten Rentenmark. Helfferich genoß trotz seiner Fehlkalkulationen während des Krieges in konservativen Kreisen noch immer den besten Ruf und war Schachts Erzrivale bei der Besetzung der vakanten Stelle des Reichsbankpräsidenten.[66]

Im Monat nach Havensteins Tod war die Auseinandersetzung um seinen Nachfolger vom Streit um die verschiedenen Pläne zur Stabilisierung der Mark überschattet. Obwohl die Reichsbank im Jahr zuvor unabhängig geworden war, hatte die Regierung noch immer beträchtlichen Einfluß auf die Nominierung ihres Präsidenten.[67] Das Reichsbankdirektorium trat für Helfferich ein und lehnte Schachts Kandidatur einstimmig ab. Am 17. Dezember 1923 behauptete das Direktorium in einem ungewöhnlichen Brief an das Reichskanzleramt, Schacht habe keine »absolut makellose Vergangenheit«, und stellte fest, daß »Dr. Helfferich die einzige uns bekannte Persönlichkeit ist, welche die Qualifikationen zum Reichsbankpräsidenten im vollem Maße besitzt«. Schacht wurde als »für den Posten des Reichsbankpräsidenten in keiner Weise [geeignet]« eingestuft, man vermißte an ihm »die schöpferische Kraft, deren wir zur Wiederaufrichtung unserer Währung bedürfen«.[68] Außerdem wiederholte das Direktorium eine boshafte Unterstellung, die sich auf Schachts Arbeit im Weltkrieg bezog: die Behauptung, Schacht habe der Dresdner Bank während seiner Arbeit in Belgien bei Transaktionen in Verbindung mit der Bankabteilung des deutschen Generalgouvernements in Belgien Vorteile verschafft.[69]

Der Angriff auf Schachts Kompetenz machte auf die Regierung wenig Eindruck. Anfang der zwanziger Jahre hatte Schacht noch nicht begonnen, im politischen Spektrum nach rechtsaußen zu driften. Er wurde als ein konservativer Anhänger der Republik mit guten Kontakten zu ausländischen Bankiers geschätzt. Das Kabinett des Zentrumspolitikers Wilhelm Marx, Stresemanns Nachfolger als Reichskanzler, kam zu dem Schluß, daß der bürgerlich gesinnte Schacht besser geeignet sei, mit der wirtschaftlichen Krise fertig zu werden, als der der ultrarechten Deutschnationalen Volkspartei verbundene Helfferich,[70] und Schacht wurde am 22. Dezember offiziell zu Havensteins Nachfolger ernannt.[71] Er war sofort bemüht, die notwendigen internationalen Verbindungen herzustellen, und bestand darauf, einen Besuch in der Bank of England zu machen, bevor er im neuen Jahr seinen Posten antrat.[72] Auf der ersten Sitzung mit dem Reichsbankdirektorium sagte Schacht in Anspielung auf die gegen ihn erhobenen Vorwürfe wegen der belgischen Transaktionen: »Nun, Sie haben mich ja alle als Präsidenten abgelehnt, denn ich habe ja silberne Löffel gestohlen, aber... ich hoffe, daß wir gut zusammenarbeiten werden.«[77] Schachts Optimismus sollte sich als berechtigt erweisen. Wilhelm Vocke, der wie alle anderen Mitglieder des Direktoriums gegen Schacht gestimmt hatte, berichtete später, warum er und seine Kollegen ihre Meinung über Schachts Charakter änderten: »Wir haben erkannt«, sagte er 1946 bei den Nürnberger Prozessen, »daß er ein unerreichter Meister in seinem Fach und unserem Fach war.«[74]

Mit Schacht als Reichsbankpräsident schien sich das Reich in den zwanziger Jahren von den Kriegsfolgen und Nachkriegswirren zu erholen, aber das Aufatmen war nur von kurzer Dauer. Die Stabilität der neu eingeführten Reichsmark, erfolgreiche Bemühungen, die Staatsausgaben zu kürzen, und der Dawesplan, ein im Frühjahr 1924 unter dem Vorsitz des amerikanischen Politikers Charles Dawes ausgearbeitetes Abkommen mit den Auslandsgläubigern, führten zunächst zu einer Periode schnellen wirtschaftlichen Wachstums, und die finstere Wolkendecke über Deutschland riß vorübergehend auf. Die Bank, an deren Spitze Schacht stand, gewann wie durch ein Wunder einen Teil des Ansehens und der Autorität wieder, die sie vor dem Krieg besessen hatte, und Schacht ließ sich nur allzugerne das alleinige Verdienst an der Rettung zuschreiben. Er erinnerte sich später, daß ihm damals ein dankbarer Zugschaffner geschrieben hatte, er habe seiner Familie seit Jahren zum ersten Mal wieder Geschenke unter den Weihnachtsbaum legen können.[75]

Im März 1924 wurde auf Schachts Initiative die Golddiskontbank gegründet, ein Notenbankinstitut, das das Recht hatte, Wechsel auf Pfund Sterling auszugeben, wodurch die Beschaffung von Auslandskrediten zur Überwindung des deutschen Kapitalmangels erleichtert wurde. Das neue Bankgesetz vom 30. August 1924 bestätigte und erweiterte die Regierungsunabhängigkeit der Reichsbank,[76] aber es erhöhte zugleich beträchtlich den Einfluß, den die ausländischen Gläubiger auf die Notenbank hatten. Um sicherzustellen, daß Deutschland seine Reparationsverpflichtungen auch wirklich erfüllte, erhielten Vertreter des Auslands Sitze im neuen Generalrat der Bank. Er war das Nachfolgegremium des Bankkuratoriums und hatte das Recht, den Reichsbankpräsidenten und die anderen Mitglieder des Direktoriums zu wählen.[77] Das Gesetz legte außerdem die Bedingungen für die neue Golddevisenwährung fest und verpflichtete die Reichsbank, vierzig Prozent der Banknoten durch Gold oder Devisen zu decken.[78] Trotz hoher Reparationszahlungen von über zwei Milliarden Reichsmark pro Jahr erholte sich die Wirtschaft. Die relative Ruhe an der wirtschaftlichen Front, die dank des Dawesplanes eintrat, trog jedoch. Deutschland nahm Kredite bei amerikanischen Banken auf, um die Reparationen zu bezahlen. Das Land baute langsam das Kapital wieder auf, das durch die Inflation zerstört worden war, aber die wachsenden Auslandsschulden sollten in Zukunft große Probleme verursachen.

Schacht, der die Golddiskontbank gegründet hatte, um ausländisches Kapital ins Land zu holen, war der erste, der die Nachteile dieses Verfahrens erkannte. Er hatte sich schon seit langer Zeit gegen eine zu laxe Steuerpolitik gewandt und darauf hingewiesen, daß die Unfähigkeit der Regierung, während des Krieges die Steuern zu erhöhen, eine der Hauptursachen für die Inflation von 1923 gewesen sei.[79] In einer Reihe von Reden in der zweiten Hälfte der zwanziger Jahre profilierte sich Schacht als ein leidenschaftlicher Befürworter der Unabhängigkeit der Bank und setzte sich für eine Stabilitätspolitik ein, die später zum Markenzeichen der Bundesbank werden sollte. Er erklärte, Deutschland gebe die Gelder des Auslands nicht für produktive Investitionen, sondern für »Luxusgüter« aus – für öffentliche Projekte wie Stadien, Schwimmbäder und Theater, die, wie Schacht klagte, zumeist von verschwenderischen, sozialistisch regierten Kommunen in Angriff genommen würden.[80] Er beharrte darauf, daß der einzige Weg zur finanzpolitischen Rettung über einen ausgeglichenen Haushalt führe.

Zu Beginn des Jahres 1929 faßte die Reichsbank das Problem in deutlichen Worten zusammen:

Wieder wurden ein Jahr lang Reparationen nicht aus Überschüssen der Wirtschaft, sondern aus geborgten Geldern abgeführt, und immer ernster erhebt sich die Sorge, wie lange dieser Verschuldungsprozeß noch fortgeführt werden kann.[81] Im Februar 1929 wurde eine letzte internationale Anstrengung unternommen, um das Problem der Reparationen zu lösen. Die von dem neuen sozialdemokratischen Reichskanzler Hermann Müller geführte Regierung benannte Schacht und den Stahlindustriellen Albert Vögler als Mitglieder der Sachverständigen-Kommission zur Reparationsfrage, die von dem amerikanischen Geschäftsmann Owen Young geführt wurde. Schacht hatte zwar das Recht erhalten, unabhängig von den Instruktionen der Regierung zu verhandeln, überschätzte jedoch seine Handlungsfreiheit beträchtlich. Er spielte ein höchst gewagtes Spiel — und verlor. Sein Vorschlag lautete, die jährlichen Reparationszahlungen Deutschlands auf 1,6 Milliarden Reichsmark zu reduzieren. Außerdem sollten die Alliierten sowohl die Kolonien als auch den Polnischen Korridor herausgeben, Gebiete, die Deutschland durch den Versailler Vertrag verloren hatte. Seine Forderungen wurden abgelehnt. Aufgrund einer Devisenkrise und weil er von Außenminister Stresemann unter Druck gesetzt wurde, mußte Schacht einen kläglichen Rückzieher machen. Nach quälenden Verhandlungen unterzeichnete er schließlich im Juni 1929 widerstrebend den Youngplan über die Zahlung der Reparationen. In dem Abkommen wurden die Reparationen zwar insgesamt reduziert, aber Deutschland blieb gegenüber seinen früheren Kriegsgegnern für ein weiteres halbes Jahrhundert verschuldet. Der Plan hatte das Ziel, einen permanenten Interessenausgleich zwischen Deutschland und seinen Gläubigern herbeizuführen. Auf Anregung Schachts wurde in Basel die Bank für Internationalen Zahlungsausgleich geschaffen, eine Institution, die sich im Besitz verschiedener nationaler Zentralbanken befand und die die Zahlungen nach dem Youngplan bis 1987/88 koordinieren sollte.[82] Schon ein paar Jahre später war der Youngplan jedoch nur noch ein wertloses Stück Papier, und das zarte Pflänzchen internationaler wirtschaftlicher Zusammenarbeit war verdorrt.

Schacht stand vor dem Dilemma, den Youngplan gleichzeitig verteidigen und kritisieren zu müssen. Seine Position wurde immer unhaltbarer, als der New Yorker Börsenkrach vom Oktober 1929 die ganze Welt in Angst vor einer großen Finanzkrise stürzte. Schacht war zwar noch nicht bereit, offen gegen die Weimarer Republik zu opponieren, aber er bewegte sich politisch immer mehr nach rechts.[83] Vielleicht weil er die tödliche Krise kommen sah, die der Demokratie drohte, brachte er den Konflikt mit der Regierung auf einen spektakulären Höhepunkt. Am 7. März 1930 gab er seinen Rücktritt bekannt, mit der Begründung, die ausländischen Gläubiger hätten durch den Youngplan übermäßigen Einfluß auf die deutsche Wirtschaft bekommen.[84]

Der Gegensatz zwischen Schachts Abschied 1930 und dem

kühlen Empfang in der Reichsbank sechs Jahre zuvor hätte kaum größer sein können. Friedrich Dreyse, seit 1926 Vizepräsident der Reichsbank, sagte auf einem Empfang anläßlich des Abschieds von Schacht, kein Ereignis seit dem Weltkrieg habe wohl »die Seele unserer Beamtenschaft so tief ergriffen«, und er fügte hinzu, Schachts Name sei »zu einer festen Bürgschaft für die Sicherheit der deutschen Währung« geworden.[85] Auch Schacht war sich der Bedeutung des Augenblicks bewußt. In seiner Abschiedsrede vor Beschäftigten der Reichsbank pries er den »Korpsgeist« und das »kollegiale Zusammenarbeiten« des Direktoriums und kritisierte dann die Regierung, weil sie die »moralische Basis« für die zukünftige Behandlung der Reparationspolitik verlassen habe.«[86] Er schloß mit den Worten:

Aber ich scheide, meine Herren, nicht mit dem Gefühl des Pessimismus. Das deutsche Volk, in dem es heute so gärt und brodelt, ist letzten Endes viel zu lebenskräftig, als daß es nicht den Weg aus diesem Wirrsal wieder ins Freie finden sollte. Ich hoffe, meine Herren, daß wir uns auf diesem Wege wieder begegnen werden und daß wir uns zurufen werden: »Siehe da, ein Freund und Mitkämpfer!«

5. »Möge der nationale Sturmwind nicht ermatten«

Schachts Nachfolger als Reichsbankpräsident wurde der erzkonservative Hans Luther. Luther schwenkte zusammen mit Reichskanzler Heinrich Brüning auf eine harte Deflationspolitik ein, um den finanzpolitischen Zusammenbruch der krisengeschüttelten deutschen Wirtschaft zu verhindern. Aber nachdem die von der Reichsbank betriebene Politik des knappen Geldes die Auswirkungen der Wirtschaftskrise noch verschärfte, bekamen die Männer der Reichsbank im Jahr 1933 tatsächlich ihren alten Meister wieder, genau wie Schacht es 1930 vorausgesagt hatte. Allerdings führte der Weg, den sie mit ihm beschritten, nicht zur Rettung, sondern in die Katastrophe.

Schachts persönliche Geschichte wird, vielleicht zu Unrecht, immer mit der des Nationalsozialismus in Verbindung gebracht werden. Obwohl Schacht nie NSDAP-Mitglied war[87] und manchem hohen Nazi verdächtig schien,[88] rückte er der Ideologie der Nazis Anfang der dreißiger Jahre immer näher. Seine wirkliche Haltung gegenüber dem Nationalsozialismus ist unwiederbringlich durch das Gewebe von Verschleierung, Halbwahrheiten und Lügen verzerrt, die für seine Äußerungen zu diesem Thema typisch sind. Eines der größten Talente Schachts war die Verstellung, und nirgends setzte er diese Fähigkeit geschickter ein als auf dem trügerischen Boden des Dritten Reiches. Die Antipathie, die wichtige Nazis wie den Reichsführer SS Heinrich Himmler gegen ihn einnahm,[89] wurde später zu offener Feindschaft, die ihn schließlich die Freiheit und fast das Leben kostete. In der ersten Hälfte der dreißiger Jahre war Schacht jedoch ohne Zweifel einer der lautesten und einflußreichsten Anhänger Hitlers im wirtschaftlichen Establishment Deutschlands. Nach dem Krieg beschloß Schacht wie viele andere, die Wahrheit zu verschleiern. Er behauptete, er sei »vom ersten Tag an« in Opposition zu Hitler gestanden.[90]

In den drei Jahren ohne Amt von 1930 bis 1933 war Schacht keineswegs bereit, politische Abstinenz zu üben. Am Tag nach den Wahlen im September 1930, aus denen die Nazis als zweitgrößte Fraktion im Reichstag hervorgingen, brach er zu einer Vortragsreise in die USA auf, wo er über vierzig Reden hielt.[91] Als er in New York das Schiff verließ, sagte er auf Fragen von Journalisten, die vielen Stimmen für die NSDAP seien Stimmen gegen den Versailler Vertrag gewesen.[92] Damals schien sich in Schachts politischen Ansichten eine deutliche Annäherung an die Nazis zu vollziehen.[93] Im Dezember 1930 begegnete Schacht zum ersten Mal Hitlers zukünftigem Reichsmarschall Hermann Göring. Im folgenden Monat stellte Göring ihn Hitler vor. Zur gleichen Zeit wurde Schachts Ablehnung der Reparationen immer heftiger.[94] Im Jahr 1931 sagte er unter Verwendung eines der farbigen Vergleiche, die er so liebte, die Versuche der Alliierten, Zahlungen aus Deutschland zu »erpressen«, seien »so sinnlos [wie der Versuch], Bananen am Nordpol ernten zu wollen«.[95]

Der Zusammenbruch der Österreichischen Kreditanstalt, der

größten Bank Österreichs, löste eine Entwicklung aus, die Schacht schon lange befürchtet hatte: Viele Bankiers des Auslands bekamen nach Jahren des Booms plötzlich Angst und zogen ihre Kredite aus Deutschland zurück. Die offensichtliche Gefahr, die das für Deutschland bedeutete, scheint Schachts Nationalismus noch verstärkt zu haben. Im Oktober 1931 war er mit Hitler und Alfred Hugenberg, dem Vorsitzenden der Deutschnationalen Volkspartei, in dem kleinen Mittelgebirgsort Harzburg und brachte seine Hoffnung zum Ausdruck, »daß der nationale Sturmwind, der durch Deutschland geht, nicht ermatten möge, bis die Wege zur Selbstbehauptung und zum Wirtschaftserfolg wieder freigemacht sind«.[96]

Im August 1932 schmeichelte er sich bei Hitler ein, indem er ihm brieflich versicherte: »Sie können auf mich zählen als Ihren zuverlässigen Helfer.«[97] Nach den Reichstagswahlen vom 6. November 1932, bei denen die NSDAP ihren ersten großen Rückschlag auf dem Weg zur Macht erlitt, unterschrieb Schacht zusammen mit einer Reihe einflußreicher Industrieller einen Brief an Hindenburg, in dem sie empfahlen, Hitler solle die nächste Regierung bilden.[98] Später im gleichen Monat teilte Schacht Hitler mit, er habe »keinen Zweifel«, daß Hitler Kanzler werden würde.[99] Diese Prophezeiung erfüllte sich, als Hitler am 30. Januar 1933 vom Reichspräsidenten zum Kanzler einer Koalitionsregierung ernannt wurde.[100]

Angesichts der großen Unterstützung, die Schacht Hitler hatte zukommen lassen, war es nicht weiter verwunderlich, daß er — nach einer Spendenkampagne, durch die drei Millionen Reichsmark für die NSDAP und ihre Verbündeten aufgetrieben wurden[101] — am 17. März 1933 den unglücklichen Luther ablöste und wieder Reichsbankpräsident wurde. Genau wie 1923 schien Schacht auch diesmal der richtige Mann. Er stand loyal zur amtierenden Regierung und hatte gleichzeitig einen internationalen Ruf als konservativer Finanzexperte, der ihn aus dem politischen Alltagsgeschäft herauszuheben schien. Selbst wenn Hitler keinen Nachfolger an der Hand gehabt hätte, hätte er Luther auf jeden Fall zum Rücktritt aufgefordert. Als Luther und Hitler sich nach Hitlers Wahl zum Kanzler zum ersten Mal begegneten, verärgerte der amtierende Reichsbankpräsident den Führer, indem er ihm für zusätzliche Rüstungsprogramme nur hundert Millionen Reichsmark anbot. Hitler erinnerte sich später belustigt, wie er das Problem der nominellen Unabhängigkeit der Reichsbank gelöst und Luther zum Rücktritt überredet hatte:

Als Luther dann auf nochmalige Rückfrage denselben Betrag [100 Millionen RM] nannte, habe ich den Reichspräsidenten gebeten, seine Ablösung zu veranlassen. Das ist aber nicht ohne weiteres möglich gewesen, da die deutsche Reichsbank seinerzeit noch ein internationales Bankinstitut war. Ich habe deshalb im Wege einer gütlichen Aussprache Luther erklärt, daß er zwar die rechtliche Möglichkeit habe, sich trotz Mangels jeder Basis einer Zusammenarbeit zwischen uns beiden auf dem Posten des Reichsbankpräsidenten zu halten, daß hinter mir aber die Macht stünde und daß ich diese, wenn es das Staatsinteresse erfordere, rücksichtslos gegen ihn zur Anwendung bringen würde ... Ich habe Luther dann für den Fall seines freiwilligen Rücktritts den Botschafterposten in Washington angeboten, da er dort nichts hätte verderben können.[102]

Luther erklärte sich bereit zurückzutreten, vorausgesetzt, er bekam zusätzlich zu seiner Pensionierung eine jährliche Abfindung in Höhe von 50 000 Reichsmark. Er erhielt die Abfindung, während Schacht gegenüber seinem Vorgänger eine Gehaltskürzung von sechzig Prozent oder 80 000 RM pro Jahr hinnehmen mußte,[103] ein Opfer, das die Sparsamkeit der neuen Naziregierung betonen sollte.

Eine Zeitlang bildeten Hitler und Schacht eines der eigenartigsten politischen Gespanne der Geschichte.[104] Die beiden grundverschiedenen Männer einte anfangs ein festes Band gegenseitiger Bewunderung. Ab 1936 setzte jedoch die Desillusionierung ein, und Schacht mußte immer verzweifelter um seinen Einfluß kämpfen. Seine Autorität in der Regierung schwand zusehends, als immer mehr wirtschaftliche Macht Hermann Göring übertragen wurde. Außerdem sorgte Schacht sich über die Auswirkungen der Verfolgung der Juden (und anderer wirtschaftlich einflußreicher Gruppen wie der Freimaurer) auf die wirtschaftliche Leistungsfähigkeit Deutschlands und das Ansehen des Landes in der internationalen Finanzwelt. Vor allem aber gelangte er zu der Überzeugung, daß sich die traumatischen Ereignisse von 1923, Inflation und wirtschaftlicher Ruin, wiederholen würden, wenn Hitler seine Wirtschaftspolitik ungehemmt fortsetzte. Bis 1939 wiegte sich Schacht freilich in dem naiven Glauben, er habe genügend politisches Gewicht, um den Führer zu einem Kurswechsel zu bewegen. Schachts Scheitern beruhte letztlich auf einer Fehleinschätzung. Noch lange nachdem er aufgehört hatte, Hitler zu trauen, glaubte er noch in völliger Verkennung der Lage, Einfluß auf das Geschehen nehmen zu können. Wenn die Zweifel über die Nazis, zu denen Schacht sich später bekannte, ihn veranlaßt hätten, 1937 als Reichsbankpräsident zurückzutreten, wäre die Geschichte vielleicht anders verlaufen. Schacht war damals freilich nicht der einzige Akteur auf der politischen Bühne im In- und Ausland, der die verhängnisvolle Geschwindigkeit unterschätzte, mit der Hitler auf den Abgrund zusteuerte.

6. »Diese Regierung wird grundsätzlich Währungsexperimente vermeiden«

In den ersten Jahren des Dritten Reiches ließ Schacht Hitler jede erdenkliche öffentliche Unterstützung angedeihen. Am 18. März 1933, einen Tag nachdem Schacht auf seinen Posten bei der Reichsbank zurückgekehrt war[105] und fünf Tage bevor der Reichstag Hitler mit dem Ermächtigungsgesetz zur absoluten Macht verhalf, identifizierte sich Schacht in einer Rundfunkrede an das deutsche Volk vorbehaltlos mit dem neuen Regime: »Das Bank- und Kreditwesen ist keine Angelegenheit, die nach irgendwelchen mathematischen Regeln ein Sonderdasein führt, sondern ist im stärksten Maße mit den Interessen der nationalen Wirtschaft und damit des gesamten Volkslebens verwoben.«[106] Wie viele Notenbanker in jüngerer Zeit betonte auch Schacht, daß die Währung auf jeden Fall stabil bleiben würde: »Die künftige Währungspolitik wird ihrer Aufgabe, die Wertbeständigkeit der Mark zu erhalten, unverändert treu bleiben.« Am 23. März, dem Tag, an dem der Reichstag der Diktatur zustimmte, tat auch der Führer alles, um die wirtschaftlich konservativen Politiker zu beruhigen. In seiner Eröffnungsrede in dem von SA und SS abgesperrten Reichstag erklärte Hitler: »Diese Regierung wird grundsätzlich Währungsexperimente vermeiden.«[107]

Schacht warb für landesweite Zustimmung zu Hitler bei der Volksabstimmung des 12. November 1933, um »der ganzen Welt den Beweis dafür zu liefern, daß in dem Kampfe für eine friedliche Entwicklung unter Wahrung der deutschen Ehre unser ganzes Volk bis zum letzten Mann sich dem Führer verbunden fühlt«.[108] Am Todestag von Reichspräsident Hindenburg stieg Schacht in der Hierarchie weiter auf und wurde als Reichswirtschaftsminister in Hitlers Kabinett berufen; seinen Posten als Reichsbankpräsident behielt er.[109] Hitlers Erhebung zum neuen Staatsoberhaupt, das die Ämter des Reichskanzlers und des Reichspräsidenten vereinigte, wurde von Schacht energisch unterstützt. In einer von der volkswirtschaftlichen und statistischen Abteilung der Reichsbank verfaßten Rundfunkrede erklärte er: »Es [ist] erforderlich, daß die gesamte Macht Adolf Hitler übertragen wird.«[110] Schacht pries überschwenglich die natürliche und folgerichtige Einsicht Adolf Hitlers in die wirtschaftspolitischen Vorgänge und Notwendigkeiten: »Gerade in der Einfachheit und Klarheit seiner wirtschaftlichen Gedankengänge liegt das große Geheimnis des Erfolges der Wirtschaftspolitik des Führers.«[111] Diese Ergüsse des Reichsbankpräsidenten standen in seltsamem Gegensatz zu seiner in der Nachkriegszeit oft geäußerten Ansicht, daß Hitler »von Wirtschaftspolitik nichts verstand«.[112] Sie lassen außerdem seine Behauptung von 1948 unsinnig erscheinen, er sei »in die Hitler-Regierung bewußt als ihr Gegner eingetreten«.[113]

Schacht war sich durchaus bewußt, daß ihm sein Ruf als Internationalist in der Regierung die Ablehnung der extremen Nazis eintrug. Um seine innenpolitische Glaubwürdigkeit zu verbessern, hielt er 1935 auf der Leipziger Messe in der gewohnt umständlichen Art eine Rede, in der er ausländische Regierungen ausdrücklich davor warnte, zu glauben, er stehe den nationalsozialistischen Theorien kritisch gegenüber:

Ich kann Ihnen versichern, daß alles, was ich sage und tue, die absolute Billigung des Führers hat, und daß ich nichts tun oder sagen würde, was seine Billigung nicht hat. Also, Hüter der wirtschaftlichen Vernunft bin nicht ich, sondern ist der Führer. Die Stärke des nationalsozialistischen Regimes liegt eben in der einheitlichen Willenslenkung durch den Führer und in der begeisterten und bedingungslosen Hingabe seiner Mitarbeiter und seines Volkes an ihn.[114]

Im Juni 1935 verstärkte Schacht seine Bemühungen, indem er bei einer außerordentlichen Feier der Reichsbank einen öffentlichen Loyalitätseid auf den Führer organisierte. Die Feier fand anläßlich der Aufstellung einer Hitlerbüste in der Eingangshalle des Reichsbankgebäudes statt. Schachts Laudatio war von der charakteristischen Umständlichkeit, seine Sprache aber war von der des Totalitarismus nicht mehr zu unterscheiden:

Wer den Führer in seiner Arbeit, bei einer seiner großen Reden oder bei schwierigen Verhandlungen erlebt hat, der kennt den Hitler, der hier vom Künstler im Bild festgehalten und mitten in den Strom der Arbeit der Reichsbank hineingestellt ist. Wie es aber zum Wesen der echten Kunst gehört, daß sie niemanden unberührt läßt, der vorübergeht, und unaufhörlich die beschenkt, die ihr aufgeschlossen gegenübertreten, so soll auch dieses Kunstwerk alle, die künftig an ihm vorübergehen, aus seinem Geiste berühren, weil in ihm etwas eingefangen ist vom lebensspendenden Geist Adolf Hitlers.[115]

In einem Brief an Hitler hatte Schacht einen Monat zuvor die beiden wichtigsten Ziele seiner Reichsbankpräsidentschaft skizziert. Die Wiederaufrüstung, schrieb er, sei »die Aufgabe der deutschen Politik, der alles andere untergeordnet werden muß«. Gleichzeitig müsse jedoch auch alles getan werden, um eine Inflation zu verhindern – »eine Schlange, die sich in den Schwanz beißt«.[116] Schacht enthüllte, daß die eingefrorenen Reichsmarkkonten von Ausländern heimlich zur Finanzierung von Rüstungsaufträgen verwendet würden; er wußte, daß dem

Führer das gefallen würde. »Unsere Rüstungen«, schrieb er hämisch, »werden also zu einem Teil mit den Guthaben unserer politischen Gegner finanziert.«

Schachts größter Beitrag zur Aufrüstung waren die sogenannten »Mefo-Wechsel«. Dieses Finanzierungsinstrument verwandelte kurzfristig verfügbare Finanzmittel in langfristiges Kapital für den Rüstungssektor; es war ein ebenso unkonventionelles wie schamloses Mittel der Geldschöpfung.[117] Vier große, an der Aufrüstung beteiligte, Industriekonzerne – Siemens, Gutehoffnungshütte, Krupp und Rheinstahl – gründeten eine Firma, die mit geringem Kapital ausgestattete »Metallurgische Forschungsgesellschaft m.b.H.«, deren Akzeptunterschrift der Reichsbank gegenüber vom Reich garantiert war. Die »Mefo« stellte Wechsel im Wert von insgesamt zwölf Milliarden Reichsmark aus. Sie wurden von der Reichsbank diskontiert und dazu verwendet, Schulden bei Lieferanten und Herstellern zu bezahlen.

Schacht beteiligte sich zwar eifrig am Aufbau der Waffenindustrie, aber sein Interesse an der Rüstung war doch in erster Linie finanziell und politisch motiviert. Es gibt keinen Hinweis darauf, daß er sich je aktiv an Kriegsvorbereitungen beteiligt hätte. Das praktische Denken behielt bei ihm immer die Oberhand: »Was nützen uns Tausende von Flugzeugen«, fragte er Heß im Jahr 1934, »wenn wir doch nur für vierzehn Tage Benzin hätten.«[118] In einer vertraulichen Rede im Reichskriegsministerium gegen Ende desselben Jahres sagte Schacht: »Es ist die unabweisbare Aufgabe der nächsten Jahre, die Wehrmacht finanziell und wirtschaftlich so zu untermauern, daß wir schon dadurch einen künftigen Krieg vermeiden können... Wenn uns das Schicksal, was Gott verhüten möge, einen neuen Krieg auferlegen sollte, so werden wir ihn nur dann mit Aussicht auf Erfolg führen können, wenn unsere Wirtschaft und unsere Finanzen geordnet und gesund sind.«[119]

Mit der Zeit drang Schacht immer stärker auf eine solide Finanzpolitik. Als die politische Kluft zwischen Schacht und dem Regime größer wurde, begann die Macht des Reichsbankpräsidenten jedoch zwangsläufig zu zerbröckeln. Im August 1935 erklärte er in Königsberg in einer seiner berühmtesten Reden, daß »die Frage nach der materiellen Durchführung der uns gestellten

Aufgaben mir erhebliches Kopfzerbrechen macht«.[120] In einem vertraulichen Memorandum, das er kurz darauf fertigstellte, klagte er über Deutschlands »Abhängigkeit« von der Außenwelt und seine »verwundbare Lage«.[121] Nachdem sich Schacht wiederholt darüber beschwert hatte, daß die Wiederaufrüstungsprojekte der Regierung durch die Devisenknappheit behindert würden,[122] wurde im April 1936 der Verantwortungsbereich Devisenpolitik an Göring übertragen. Im Oktober 1936 wurde der Vierjahresplan eingeführt, für dessen Durchsetzung Göring zuständig war. Im April 1937 schlug Schacht Göring in einem Brief eine »Pause« in der Rüstungsproduktion vor.[123] Im Jahr 1937 hatte Schacht mit Hitler auf der Terrasse des Berghofes, Hitlers Berchtesgadener Residenz, »eine laute Auseinandersetzung« über die Wiederaufrüstungspolitik.[124] Im November 1937 entsprach Hitler schließlich Schachts wiederholter Bitte, ihn von seinem Amt als Wirtschaftsminister zu entbinden. Sein Nachfolger war der Staatssekretär im Propagandaministerium Walter Funk, inzwischen einer von Hitlers engsten Beratern.* Hitler dankte Schacht für seine »ausgezeichneten Leistungen«, behielt ihn als persönlichen Berater und Minister ohne Geschäftsbereich und gab der Hoffnung Ausdruck, Schacht werde »noch viele Jahre« als Reichsbankpräsident sein »hervorragendes Wissen und Können zur Verfügung stellen.«[125]

7. Reichsbank und Repression

Die Reichsbank betätigte sich selten als Initiator der NS-Politik. In zwei umstrittenen Bereichen der Vorkriegspolitik, der Unterdrückung der Juden und der Annexion Österreichs, war man bei der Reichsbank über das Vorgehen der Regierung zunächst wenig begeistert. Die Reichsbankführung stand der Judenverfolgung anfänglich ablehnend gegenüber, und sie vertrat die Ansicht, der währungspolitische Anschluß Österreichs sei mit einem falschen Wechselkurs vollzogen worden. Trotzdem war die Bank,

---

* Siehe Kapitel V

sobald die Regierung entschieden hatte, ein treuer und zuverlässiger Diener des Staates.

Was die Juden betraf, so argumentierte man bei der Bank pragmatisch: Ein offizieller Antisemitismus werde eine starke Emigrationswelle auslösen; diese werde das Produktivkapital Deutschlands schrumpfen lassen und seiner finanzpolitischen Position im Ausland großen Schaden zufügen. Als sich die Diskriminierung der Juden im Lauf der dreißiger Jahre verstärkte, gab die Reichsbankführung deutlich zu verstehen, daß eine solche Entwicklung ihrer Ansicht wirtschaftlich kontraproduktiv sei.[126] In einem Reichsbankmemorandum von 1935 heißt es, jüdische Emigranten hätten seit 1933 bereits 125 Millionen RM ins Ausland transferiert.[127] Schacht erklärte in seiner Königsberger Rede vom August 1935 zwar, mit dem jüdischen Einfluß sei es in Deutschland »ein für allemal vorbei«, er kritisierte aber willkürliche Angriffe auf das jüdische Geschäftsleben.[128] In einem scharf formulierten internen Dokument der Reichsbank vom Herbst 1935 wird festgestellt, daß es schwierig sei, Juden am Export von Banknoten und Wertpapieren zu hindern: »Die verschärfte Politik gegen das Judentum wird eine neue Welle jüdischer Auswanderung und damit eine erhebliche Verschlechterung der Devisenbilanz mit sich bringen.«[129]

Das Direktorium der Reichsbank brachte im November 1935 in einem Brief an den Reichsinnenminister seine Besorgnis über den Kursverfall der Reichsmark an der Amsterdamer Devisenbörse zum Ausdruck. Der Grund dafür sei der Verkauf von Banknoten, die jüdische Emigranten aus dem Land geschmuggelt hätten. Weiter hieß es in dem Brief, die Unsicherheiten über die genauen Bestimmungen der noch nicht abgeschlossenen Rassengesetzgebung der Regierung verursachten einen »Kursdruck« auf den Aktien- und Rentenmärkten. Vor allem aber würden durch die Kapitalflucht Devisen abgezogen, und das zu einer Zeit, »wo jede Devise für die Beschaffung von Nahrungsmitteln sowie von Rohstoffen für die Arbeitsbeschaffung und für die Aufrüstung benötigt wird«.[130] Im Dezember 1935 warnte Schacht, »die wirtschafts- und rechtspolitische Behandlung der Juden« führe zu einer »Beeinträchtigung unserer Rüstungsaufgaben«.[131]

Im Jahr 1936 warnte die Reichsbank, die von der NSDAP verfolgte »Absicht einer Verdrängung der Juden aus der Wirtschaft« werde »Störungen in der Binnenwirtschaft mit ungünstigen Auswirkungen auf die Beschäftigungslage und die Finanzen des Reiches« verursachen.[132] Als konkrete Lösung schlug die Bank Maßnahmen zur Übernahme jüdischer Betriebe vor. Durch Arisierung werde der Fortbestand der Betriebe garantiert, allerdings gebe es dafür nicht genügend »kapitalkräftige arische Käufer«. Im Mai 1937 verfaßte die Reichsbank eine Liste, die zeigte, daß 345 von 915 registrierten Privatbanken oder 38 Prozent dieser Banken »nicht-arisch« waren; gemessen am Umfang der Bilanzen lag der Prozentsatz nicht-arischer Banken sogar noch höher, bei 57 Prozent.[133] Ein Jahr später wurde anhand einer »streng vertraulichen« Liste von 178 »noch aktiven« jüdischen Privatbanken sorgfältig dokumentiert, wie weit die Arisierung fortgeschritten war.[134]

Nach den organisierten Angriffen gegen die Juden in der sogenannten Reichskristallnacht vom 9. November 1938, in der über 250 Synagogen niedergebrannt wurden, fast hundert Juden umkamen und 26 000 Juden in Konzentrationslager eingewiesen wurden, äußerte Schacht seine Betroffenheit öffentlich. Er tat dies jedoch auf eine Weise, die vermuten ließ, daß er kaum noch damit rechnete, gehört zu werden. Auf einer Weihnachtsfeier von Beschäftigten der Reichsbank bezeichnete er die Ausschreitungen der Reichskristallnacht – für die die Ermordung des deutschen Botschaftssekretärs Ernst vom Rath durch einen jungen polnischen Juden den Vorwand geliefert hatte – als »eine Kulturschande«, die »jedem anständigen Deutschen die Schamröte ins Gesicht treiben muß«. An die Lehrlinge der Reichsbank gewandt, sagte er drohend: »Ich hoffe nur, daß keiner von euch Bürobürschchen dabeigewesen ist, denn für einen solchen wäre kein Platz in der Reichsbank.«[135]

Trotz Schachts unter Kontrolle gehaltener Empörung war die Reichsbank stark engagiert, als das Regime eine Art rassengebundener Reparationszahlung für die Ermordung vom Raths über die Juden verhängte. Drei Tage nach der Reichskristallnacht wurden die deutschen Juden mit einer Sonderabgabe von einer Milliarde Reichsmark belegt, die bis zu zwanzig Prozent des Vermögens einzelner Juden ausmachte und in vier Raten zu bezahlen war. Die Reichsbank war besorgt, die Juden könnten das Geld für die Steuer aufbringen, indem sie große Mengen von Wertpapieren verkauften, was die Rentenkurse gedrückt hätte. Am 12. November sagte Karl Blessing, der inzwischen zum Direktorium der Reichsbank gehörte, auf einer von Göring geleiteten Konferenz, er befürchte, daß »die Juden in den nächsten Tagen ab Montag für Hunderttausende Reichsanleihen verkaufen«; dadurch würde die Herausgabe weiterer Reichsanleihen behindert.[136] Um dieses Risiko auszuschalten, legte die Regierung eine Obergrenze für den Umfang jüdischer Wertpapiergeschäfte fest. Die neuen Vorschriften wurden in den folgenden Monaten durch Erlasse der Reichsbank verkündet; die Juden durften fortan pro Monat nur noch Wertpapiere im Wert von tausend Reichsmark verkaufen.

Ähnlich skeptisch wie die Einstellung der Reichsbank zur Judenpolitik der Regierung war auch ihre Einstellung zum Anschluß Österreichs. Trotzdem spielte die Reichsbank hinter den Kulissen eine wichtige Rolle bei der geldpolitischen Vorbereitung von Hitlers Schachzug im März 1938. Schacht war ein prinzipieller Befürworter der Annexion, betonte jedoch später in Nürnberg, er habe erst einen Tag vor dem Einmarsch der Wehrmacht am 12. März 1938 in Österreich von Hitlers Plänen erfahren.[137] Die Wahrheit ist komplizierter. Deutschland hatte seit 1936 auf eine Währungsunion gedrängt, um das unangenehm steigende Handelsbilanzdefizit zwischen den beiden Ländern zu beseitigen. Die Österreichische Nationalbank setzte einer Union jedoch starken Widerstand entgegen, hauptsächlich weil sie fürchtete, der Schilling könne durch die Anbindung an die »weiche« Reichsmark geschwächt werden.[138] Zu Beginn des Jahres 1938 wurde das Bestreben Deutschlands, Österreich wirtschaftlich unter Kontrolle zu bringen, durch Berichte verstärkt, denen zufolge große Mengen jüdischen Kapitals aus Wien ins Ausland transferiert wurden. Auf einer Konferenz auf höchster Ebene im Februar 1938 betonten Vertreter der Reichsbank, die wirtschaftliche Vereinigung und die Währungsunion müßten Hand in Hand gehen. Dabei argumentierte die Reichsbank ähnlich wie die Bundesbank

1990 in bezug auf die deutsche Währungsunion:* Sie hielt »eine Währungsunion in wirtschaftspolitisch verschieden ausgerichteten Gebieten nicht für möglich«.[139] Als der politische Druck in Richtung auf einen völligen Anschluß zunahm, wurde die Reichsbank beauftragt, ihre Vorbereitungen zu verstärken. In einem siebzehn Seiten langen Memorandum der Hauptabteilung Volkswirtschaft und Statistik der Reichsbank vom 26. Februar 1938 wurde ein klares Ziel formuliert:

Vom deutschen Standpunkt aus [wäre] zweifellos am zweckmäßigsten die Ausdehnung der Reichsmarkwährung auf Österreich (völliges Verschwinden der österreichischen Währung) bei gleichzeitig völliger Übernahme der Nationalbank durch die Reichsbank.[140]

Eine verfahrenstechnische Diskussion über den Wechselkurs beim Anschluß fand am 1. März statt.[141] Anfang März wurde in einem Papier der Reichsbank erklärt, eine Währungsunion würde »praktisch den entscheidenden Beitrag zu einer vollkommenen Eingliederung Österreichs in das größere Deutschland bedeuten«.[142] Friedrich Wilhelm, ein erfahrener Reichsbankbeamter und später NSDAP-Mitglied,[143] wurde von Schacht beauftragt, am 12. März nach Wien zu fliegen, um dort die Devisenangelegenheiten zu klären.[144] Er wurde nach den Entlassungen von 1939 Mitglied des Reichsbankdirektoriums, überstand den Krieg und seine Folgen und setzte seine Karriere als Notenbanker 1948 in der Bundesrepublik fort.** Am 14. März 1938 organisierte er die letzte Generalversammlung der Österreichischen Nationalbank. Er untersagte »jegliche sonstige Debatte« und sorgte dafür, daß sich die Versammlung bereits nach einer Viertelstunde auflöste, indem er unnötige Punkte von der Tagesordnung strich und mit Zustimmung Berlins weiterhin Dividenden an die Aktionäre ausbezahlen ließ.[145]

Sich auf einen Wechselkurs für Schilling und Reichsmark zu

---

* Siehe Kapitel VIII
** Siehe Kapitel VII

einigen, erwies sich als schwierigeres Problem. Die Reichsbank empfahl einen Kurs von 2 zu 1, aber Hitler bestand auf einem Verhältnis von 1,5 zu 1, was einer Aufwertung des Schillings um etwa fünfunddreißig Prozent entsprach.[146] Der höhere Kurs sollte den Anschluß schmackhafter machen und den Menschen, deren Währung abgeschafft wurde, einen Kaufkraftbonus verschaffen[147] – eine interessante Parallele zur deutschen Währungsunion von 1990. Im Mai wurde der Schilling ganz durch die Reichsmark ersetzt. Die Österreichische Nationalbank wurde liquidiert, ihre Einrichtungen wurden in Zweigstellen der Deutschen Reichsbank umgewandelt.[148] Die österreichischen Zeitungen, die der nationalsozialistischen Propagandamaschinerie einverleibt worden waren, hatten bereits im März prophezeit, die Österreichische Nationalbank werde die Tore für immer schließen müssen.[149]

8. An der Grenze angekommen

Die Annexion Österreichs hatte die deutschen Möglichkeiten deutlich überstrapaziert. Schachts wirtschaftspolitische Reden wurden immer vorsichtiger, und er forderte die Regierung immer energischer zu Sparmaßnahmen auf. Gleichzeitig versuchte er sich jedoch vor der politischen Gegenreaktion zu schützen, die, wie er wußte, auf seine Appelle zum Sparen folgen würde. Aus diesem Grund garnierte er seine Aufrufe zu solider Finanzpolitik mit überschwenglichen Lobreden auf Hitler. Eines der schlagendsten Beispiele für seine Unterstützung der Hitlerschen Wirtschaftspolitik lieferte er im Februar 1937, als er die Änderung des Bankgesetzes uneingeschränkt begrüßte. Das neue Gesetz setzte der formalen Unabhängigkeit der Reichsbank ein Ende, durchschnitt ihre Anbindung ans Ausland, die in den Jahren fruchtloser Reparationsverhandlungen beschlossen worden war, und brachte die Bank formell unter Hitlers Kontrolle.[150] Die Repräsentanten der ausländischen Gläubiger saßen schon seit 1930 nicht mehr im Generalrat, und der Generalrat selbst war 1933 abgeschafft worden. Bis 1937 war die Bank jedoch noch immer verpflichtet, bei wichtigen Änderungen ihrer Politik ausländische Notenbanken zu konsultieren, etwa wenn sie die Bestimmungen für die Notenausgabe ändern wollte. Schacht erklärte, das neue Gesetz vom Februar 1937 beseitige die letzten Spuren von Versailles und stelle die »deutsche Währungshoheit« wieder her.[151] Er bezeichnete die bisherige Trennung von Regierung und Notenbank als »staatsrechtliche Anomalie« und sah in der unmittelbaren Unterstellung der Reichsbank unter Hitler »die bestmögliche Gewähr für die Erhaltung der Währungsstabilität«.[152]

Daß Schachts Lobreden auf Hitler während des ganzen Jahres 1938 ständig zunahmen, ist vielleicht ein Zeichen für die zunehmende Verzweiflung, mit der er sich politisch zu legitimieren versuchte. Nach dem Krieg behaupteten Anhänger Schachts, er sei bereits damals ein »erbitterter Feind« des Führers gewesen.[153] Schachts öffentliche Stellungnahmen 1938 schienen jedoch darauf angelegt, jeden Widerstandsgeist zu brechen; er selbst sagte später, er habe nur »den Verdacht der Gestapo abzulenken« versucht.[154] Seine diesbezüglichen Äußerungen nach dem Krieg enthalten wie die meisten seiner Aussagen ein Körnchen Wahrheit, beruhen aber im wesentlichen auf Selbsttäuschung. In einer Rede, die er im März 1938 kurz nach dem Anschluß Österreichs vor den Beschäftigten der Österreichischen Nationalbank hielt, sagte er: »Ich halte es für ausgeschlossen, daß auch nur ein einziger bei uns seine Zukunft finden wird, der nicht mit vollem Herzen zu Adolf Hitler steht.«[155] Und im April 1938 proklamierte er in einem hart formulierten Memorandum an seine Mitarbeiter: »Ich erwarte und vertraue darauf, daß alle Angehörigen der Reichsbank nicht nur in ihrem Tun, sondern auch in ihren Worten stets dessen eingedenk bleiben, daß sie Nationalsozialisten sind. Wer gegen dieses Gebot verstößt, hat mit strengsten disziplinaren Maßnahmen zu rechnen.«[156] Noch im gleichen Monat ging er gegen Angstmacher in die Offensive: »Begriffe wie Furcht um die Sicherung der Währung [spielen] in der deutschen Wirtschaftsgemeinschaft seit langem keine Rolle mehr ... Vorwärts und aufwärts mit unserem Führer Adolf Hitler!«[157]

Mit typischer Zweideutigkeit erklärte Schacht in einer Ansprache an die Deutsche Akademie im November 1938, eine weitere

Steigerung der Reichsbankkredite an den Staat sei nicht nur »sinnlos, sondern schädlich«, da seit dem Frühjahr in Deutschland wieder Vollbeschäftigung herrsche.[158] Schacht behauptete, die Reichsbank habe die Regierung im vergangenen Halbjahr gezwungen, ihre Ausgaben nur durch Steuermittel und langfristige Anleihen zu bestreiten; sie habe keine Zentralbankkredite aufgenommen. Dann fügte er jedoch hinzu, daß die wirtschaftliche Erholung Deutschlands das alleinige Verdienst des Führers sei: »Es gibt kein deutsches Finanzwunder; es gibt nur das Wunder der Wiedererweckung deutschen Nationalbewußtseins und deutscher Disziplin, und dieses Wunder verdanken wir unserem Führer Adolf Hitler.« Der Widerspruch zwischen den öffentlichen Akklamationen des Reichsbankpräsidenten und seinen privaten Vorahnungen wurden immer größer. Im Sommer 1938 sagte Schacht bei einem privaten Essen zur Gastgeberin: »Wir sind Verbrechern in die Hände gefallen!«[159] Eine vertrauliche Reichsbanknotiz vom Oktober 1938, die als Entwurf für das berühmte Memorandum vom Januar 1939 diente, zeigt, wie sich die Lage zuspitzte. Die Notiz weist auf das wirtschaftliche Ungleichgewicht hin, das durch die gewaltige Rüstungsfinanzierung verursacht wurde, und stellt fest: »Die Reichsbank ... muß sich zu der Feststellung bekennen ... daß eine völlige Stabilität der deutschen Währung trotz aller Anstrengung nicht mehr besteht, daß vielmehr eine gewisse, wenn auch noch wenig erkennbare Inflationierung der Reichsmark eingetreten ist. Die Reichsbank braucht dieses offene Eingeständnis nicht zu scheuen, denn sie glaubt, ihr Äußerstes an Pflichterfüllung und Sachkenntnis zum Schutz der Währung eingesetzt zu haben.«[160]

Ein volles öffentliches Eingeständnis kam allerdings nicht in Frage.[161] Der Höhepunkt der Krise kam Ende 1938, als die Regierung vor der Notwendigkeit stand, im ersten Quartal 1939 Mefo-Wechsel im Wert von drei Milliarden Reichsmark zurückzuzahlen. Die Reserven des Finanzministeriums waren erschöpft, und die Reichsbank weigerte sich, das Geld zur Verfügung zu stellen.[162] Hitler teilte Schacht Anfang Januar 1939 in Berchtesgaden mit, er habe die Absicht, die Finanzlücke mit der Druckerpresse zu stopfen. Dies scheint für das Direktorium der Anstoß gewesen zu sein, letzte Hand an das schon lange vorbereitete Memorandum gegen die Inflation zu legen. Am 7. Januar 1939 war das Memorandum fertig. Seine Botschaft war unheilverkündend:[163] Gold- und Devisenreserven seien bei der Reichsbank »nicht mehr vorhanden«, das Handelsbilanzdefizit nehme »stark zu«, die Lohn- und Preiskontrollen griffen nicht mehr, der Geldumlauf habe sich beängstigend schnell erhöht[164] und die Staatsfinanzen stünden am »Rand des Zusammenbruchs«. In einem vergeblichen Versuch, den Führer durch Bestätigung der Richtigkeit seiner wirtschaftlichen Ansichten zu besänftigen, betonte das Direktorium, Hitler selbst habe »die Inflation öffentlich immer als dumm und nutzlos abgelehnt«. Die Notenbank appellierte an Hitler, das Steuer durch eine restriktive Ausgabenpolitik und durch verschärfte Lohn- und Preiskontrollen herumzuwerfen und die Kontrolle des Reichsfinanzministeriums und der Reichsbank über alle öffentlichen Ausgaben und Kreditaufnahmen wiederherzustellen.

Um der Denkschrift der Reichsbank das größtmögliche Gewicht zu verleihen, hatten acht Mitglieder des Direktoriums ihren Namen darunter gesetzt, was normalerweise nicht üblich war. Außer Schacht hatten unterzeichnet: Vizepräsident Friedrich Dreyse, der ohnehin kurz vor der Pensionierung stand, Karl Blessing, Carl Ehrhardt, Ernst Hülse, Max Kretzschmann, Emil Puhl und Wilhelm Vocke. Puhl, Kretzschmann und Blessing waren NSDAP-Mitglieder; sie haben sicher mit gemischten Gefühlen unterzeichnet. Hitler lehnte die Empfehlungen der Reichsbank wütend ab und sprach von »Meuterei«.[165] Innerhalb der nächsten Wochen erhielten sechs der acht Unterzeichner ihre Entlassungsurkunden. Schacht, Dreyse und Hülse wurden am 20. Januar entlassen. Walter Funk wurde Präsident, Rudolf Brinkmann, ein weiterer Aufsteiger aus dem Reichswirtschaftsministerium, Vizepräsident; beide behielten ihre Posten beim Ministerium. Die Entlassung von Vocke, Ehrhardt und Blessing wurde Anfang Februar bekanntgegeben. Ihre Nachfolger waren Friedrich Wilhelm, Kurt Lange und Walther Bayrhoffer, alles Männer, denen der Führer trauen konnte.

Vocke und Blessing blieben bis zum letzten Augenblick treue

Diener des Staates. Eine ihrer letzten Amtshandlungen bestand darin, einen Routineerlaß zu unterzeichnen, der die Obergrenze von tausend Reichsmark pro Monat für jüdische Wertpapierverkäufe bestätigte.[166] Die sechs Entlassenen wurden großzügig behandelt; ihre Gehälter wurden weitergezahlt, oder sie erhielten ein Ruhegeld in Höhe ihrer letzten Bezüge. Zusätzlich erhielt Schacht einen lobenden Brief von Hitler, in dem dieser ihm für seine Mitarbeit an der Wiederaufrüstung dankte;[167] der Brief war Schacht sehr unangenehm, als er sieben Jahre später in Nürnberg als angeklagter Kriegsverbrecher vor Gericht stand.

Zum zweiten Mal innerhalb eines knappen Jahrzehnts mußte sich Schacht mit einem Brief von seinen Mitarbeitern von der Reichsbank verabschieden. Der Brief enthält keinerlei Andeutungen, die der Außenwelt eine kritische Haltung hätten signalisieren können, und das ist vielleicht der Grund, weshalb Schacht den Brief, der sich heute im Archiv der Bundesbank befindet, in seinen zahlreichen Berichten über die Hitlerzeit überging:

Beim Beginn meiner zweiten Amtsperiode mußte das Erbe der vorangegangenen Krise liquidiert werden. Gleichzeitig nahm die Reichsbank die ihr vom nationalsozialistischen Staate gestellten großen Aufgaben der Arbeitsbeschaffung und Aufrüstung auf sich und setzte ihre äußersten Kräfte für das Gelingen dieser nationalen Ziele ein. Als mich der Führer seinerzeit auch mit der Leitung des Reichswirtschaftsministeriums betraute, war es nicht zuletzt die Stütze bei der Reichsbank, die mich die doppelte Arbeitslast tragen und bewältigen ließ. Im letzten Jahr brachten die Angliederung Österreichs und des Sudentenlandes den Erfolg der Rüstungspolitik, an dem auch die Reichsbank teilhat. Das vergrößerte Gebiet schuf neue bedeutende Anforderungen an die Reichsbank, und die alten Aufgaben sind nicht geringer geworden... Ich nehme von Ihnen Abschied mit der Bitte, der guten Tradition der Reichsbank getreu, sich auch fernerhin mit ganzer Kraft, aufrechter Gesinnung und freudiger Hingabe Ihrer Arbeit zu widmen in dem stolzen Bewußtsein, daß die Reichsbank, wo immer sie eingesetzt wird, in vorderster Linie für Volk und Führer einsteht.

Heil Hitler!
Hjalmar Schacht[168]

In den folgenden sechs bitteren, von Größenwahn geprägten Jahren stand die Reichsbank in der Tat in vorderster Linie – bevor sie mit dem Rest der schäbigen Instrumente des Totalitarismus in den Abgrund stürzte. Schachts Abschiedsworte an die Reichsbank waren ein angemessener Startschuß für den Weg in den Untergang.

KAPITEL V

Der Marsch der Reichsmark

Wir tragen die eiserne Verpflichtung in uns, das deutsche Volk nicht durch Inflation zu betrügen. *Rudolf Brinkmann, Vizepräsident der Reichsbank,*
in einem Brief an Heinrich Himmler, 1939[1]

Es erscheint sicher, daß innerhalb Europas ein neuer, unter deutscher Führung stehender Währungsblock im Entstehen begriffen ist.
Otto Pfleiderer, Ökonom bei der Reichs-Kredit-Gesellschaft, 1940[2]

Wir haben zwar schon in der Nazizeit gehört, daß die Stabilität des Geldes auf der Arbeit der Nation beruhe, aber das war eben nur eine halbe Wahrheit und daher eine Lüge.
Ludwig Erhard, Direktor der Wirtschaftsverwaltung der Bizone, 1948[3]

Die Reichsbank hatte, als im September 1939 der Krieg begann, eine harte Währung auf ihre Fahnen geschrieben. Sie ging 1945 an den beispiellosen inneren Widersprüchen des Dritten Reiches zugrunde. Auf dem, was von ihr übrigblieb, baute später die Bundesbank auf.

Die Reichsbank versicherte der deutschen Öffentlichkeit mit einer Ambivalenz, wie sie typisch für viele Ereignisse der deutschen Währungsgeschichte ist, immer wieder, die Reichsmark würde durch den Krieg keinen Schaden nehmen. Für die Regierung aber hatte sie oft eine andere, vertrauliche Botschaft, daß nämlich eine instabile Währung die Verwirklichung der wirtschaftlichen und außenpolitischen Ziele Deutschlands behindern würde. Einige Reichsbankbeamte hatten sicherlich ihre Zweifel, was Moral oder Wünschbarkeit der deutschen Ziele betraf, während andere sich völlig damit identifizierten. Wer Bedenken äußerte – soweit das in einem totalitären Staat überhaupt möglich war –, bezog sich jedoch ausnahmslos auf die Mittel, die Hitler anwandte, nicht auf seine Ziele.

Nach Kriegsende versuchten viele Reichsbanker verständlicherweise, ihr Verhalten im Dritten Reich in das bestmögliche Licht zu rücken. Sie versicherten, es sei Hitlers Diktatur gewesen, die sie daran gehindert habe, offen ihre Meinung zu sagen, und behaupteten, sie hätten trotzdem eine Art Widerstand geleistet. Wie immer schoß Hjalmar Schacht mit seiner Art Geschichtsklitterung den Vogel ab. Er sagte einerseits, er hätte bald »stumm im Grab gelegen«,[4] wenn er aktiveren Widerstand gegen Hitler geleistet und ihm beispielsweise die Finanzmittel für die Kriegsvorbereitung gestrichen hätte. Andererseits stellte er die lächerliche Behauptung auf, die Reichsbank sei »die einzige Behörde im Dritten Reich gewesen, die sich Hitlers Politik offen widersetzt hat«.[5]

Zwar mußten tatsächlich Menschen die freie Äußerung ihrer Meinung schwer büßen oder sogar mit dem Tod bezahlen, aber daß ein hochrangiger Reichsbankbeamter deswegen schwere Nachteile erlitten hätte, ist nicht belegt.[6] Wenn Wilhelm Vocke, der die Reichsbank 1939 verließ, behauptet, die Bank sei von Hitler »vergewaltigt und mißbraucht« worden,[7] so ist das sicherlich eine allzugroße Vereinfachung. Die Institutionen und Menschen eines Staates, der durch Diktatur und Grausamkeit zusammengehalten wird, können sich nach dem Zusammenbruch des Staates leicht der Verantwortung für ihre Taten entziehen. Ein reines Gewissen haben sie deshalb freilich nicht.

1. »Ein sehr schwacher Mensch«

Im Januar 1939 wurde Walther Funk Schachts Nachfolger als Reichsbankpräsident; Funk stand während des ganzen Zweiten Weltkrieges an der Spitze der Notenbank. Er war ein Mann von unangenehmer Vielseitigkeit: Als Technokrat, Denker, Propagandist und Trinker brachte er in das höchste Amt im deutschen Zentralbankwesen eine einzigartige Mischung von Sophisterei, Populismus und Grobheit mit. Er kam vom Land aus einer Familie von Literaturliebhabern aus Ostpreußen – der Philosoph Immanuel Kant hatte einst den Buchladen besucht, der später einem

Onkel Funks gehörte – und war in seiner Kindheit als Wunderkind am Klavier hervorgetreten.[8] Seine Karriere hatte viele Höhen und Tiefen; auf seine Verurteilung als Kriegsverbrecher in Nürnberg folgte ein klägliches Ende voller Selbstmitleid in einer Gefängniszelle der Spandauer Festung.

In den zwanziger Jahren war Funk Chefredakteur der *Berliner Börsenzeitung*, einem angesehenen Wirtschaftsblatt, das der Weimarer Demokratie mit unversöhnlicher Feindschaft gegenüberstand. 1930 trat er in die NSDAP ein, und dort brachte er es schon bald zum persönlichen Wirtschaftsberater Hitlers. In dieser Funktion hatte er auch die Aufgabe, Spenden aus der Geschäfts- und Finanzwelt einzutreiben.[9] Im Jahr 1933 wurde er Pressechef der Regierung, später stieg er zum Staatssekretär in Goebbels' Propagandaministerium auf. Schon 1937, zwei Jahre vor seiner Ernennung zum Reichsbankpräsidenten, löste er Schacht als Wirtschaftsminister ab.[10] Anders als sein Vorgänger erzählte Funk Hitler immer, was dieser hören wollte. Wie Rudolf Heß glaubte auch er an Astrologie. In seinen wirtschaftlichen Voraussagen finden sich Spuren eines mystischen Denkens. Vielleicht waren es Funks unbestrittene visionäre Fähigkeiten, die Hitler am meisten beeindruckten. Hitler sagte im Oktober 1941, er habe dem Wirtschaftsminister seine finanzpolitischen Ideen dargelegt. Funk sei begeistert und sehe voraus, daß sich Deutschland in zehn Jahren von den Lasten des Krieges befreit haben würde, ohne daß die Kaufkraft im Land erschüttert würde.[11]

Sogar die ehemaligen Untergebenen Funks, die vor dem Nürnberger Tribunal zu seinen Gunsten aussagten, fanden es schwer, seinem Charakter positive Seiten abzugewinnen. Funk weinte in seiner Zelle häufig, »von rührseligem Selbstmitleid überwältigt«, wie es der Nürnberger Gefängnispsychiater formulierte.[12] Für den amerikanischen Journalisten William L. Shirer war er »ein schmieriger, dickbäuchiger, kleiner Mann mit unstetem Blick, dessen Gesicht den Autor immer an einen Frosch erinnerte«,[13] für Hermann Josef Abs, den Ehrenvorsitzenden der Deutschen Bank, »ein sehr schwacher Mensch«.[14] Abs hatte Funk in seiner Eigenschaft als Vorstandsmitglied der Deutschen Bank mit Sitz im Beirat der Reichsbank während des Krieges gut gekannt – und er hatte in seinen eigenen Erklärungen während des Krieges einige der ökonomischen Grundprinzipien Funks wiederholt.[15]

Funk war auf seine Weise ein Pionier der europäischen Einheit und unterstützte begeistert Hitlers Pläne für eine neue internationale »Ordnung«.[16] Er hielt, wie für Notenbanker typisch, viel von internationaler Kooperation und war ein großer Bewunderer der Bank für Internationalen Zahlungsausgleich (BIZ) in Basel. Er glaubte, die BIZ werde nach dem Sieg womöglich das Forum sein, auf dem »die Fäden für eine neue internationale Zusammenarbeit geknüpft werden« könnten.[17] Als er die »Bank der Zentralbanker« im März 1939 zum ersten Mal besuchte, schlug er begeistert vor, die Bank solle die »Arbeitsbewährung« der Reichsbank auf internationaler Ebene erproben.[18] Nach diesem Konzept war die »Produktion die erste Deckung einer Währung, und nicht eine Bank oder ein Tresor voll Gold«, wie Hitler es formulierte.[19] Mit der Forderung, daß die Stärke einer Währung nicht auf Gold, sondern auf der Produktion der betreffenden Volkswirtschaft beruhen solle, hatte Hitler unwissentlich einen der Grundsätze des modernen Monetarismus formuliert.

Auf der Konferenz der Notenbanker im März 1939 sagte Funk zu Montagu Norman von der Bank of England: »Konferenzen dieser Art können ungeachtet der Differenzen der Teilnehmer nur nützlich sein, vorausgesetzt, beide Seiten äußern ihre Ansichten offen, realistisch und wenn nötig auch brutal.«[20] Charles Gunston, der Berliner Vertreter der Bank of England, hatte seine Meinung in einem vertraulichen Bericht schon im Jahr zuvor sehr deutlich zum Ausdruck gebracht. Der britische Beamte — der später eine wichtige Rolle bei der Gründung der Bank deutscher Länder spielen sollte* —, war ein Bewunderer Hitlers und hatte 1934 sogar seinen Sommerurlaub in einem deutschen Arbeitsdienstlager verbracht.[21] Er war jedoch kein Bewunderer des neuen Reichsbankpräsidenten: »Funk ist, wie seine Kritiker sagen, faul und vom Alkohol benebelt. Er drückt sich dadurch vor jeder Verantwortung, daß er nicht weiß, was er wissen müßte, oder Göring dazu bringt, die Entscheidungen für ihn zu treffen.«[22]

---

* Siehe Kapitel VI

Auch Schacht kannte die Charakterschwächen Funks nur allzugut. Als er 1945 von den Alliierten verhört wurde, sagte er:

Funk ist ganz sicher dumm und hat vom Finanzwesen keine Ahnung. Er weiß über andere Dinge Bescheid... Insgesamt war Funk ein harmloser kleiner Mann. Er kam aus bescheidenen Familienverhältnissen und brachte es zum Handelsredakteur der *Berliner Börsenzeitung*... Er wurde bei der *Börsenzeitung* wegen homosexueller Neigungen entlassen und schloß sich in der Partei der großen Gruppe von Leuten seiner Sorte an.[23]

Zu Funks schlechtem Ruf aufgrund seiner Verlogenheit[24] und seiner Vorliebe für unorthodoxe sexuelle Abenteuer[25] kam seine Neigung zu alkoholbedingten Entgleisungen. Friedrich Wilhelm von Schelling, Reichsbankbeamter und NSDAP-Mitglied,[25] nach dem Krieg am Aufbau der Bank deutscher Länder beteiligt und später Präsident der Hamburger Landeszentralbank, erinnert sich, daß Funk bei einem Empfang während des Krieges im Hotel Kaiserhof ein Glas Kirschlikör über ihn ausgoß. Er vermutet, daß es sich dabei um einen fehlgeschlagenen Annäherungsversuch handelte. Als Ersatz für das verschüttete Glas reichte Funks Adjutant ihm einen Cognac.[27]

Funks Verhalten war durch eine alarmierende Mischung aus Selbstbewußtsein und Selbstbetrug gekennzeichnet. Im August 1939, eine gute Woche vor dem Einmarsch in Polen, berichtete er Hitler, die Reichsbank sei gut vorbereitet:

Ich melde Ihnen gehorsamst, daß es mir durch die bereits in den letzten Monaten getroffenen Maßnahmen gelungen ist, die Reichsbank nach innen so stark und nach außen so unangreifbar zu machen, daß uns auch die stärksten Erschütterungen im internationalen Geld- und Kreditwesen überhaupt nicht berühren können. Ich habe inzwischen alle irgendwie erfaßbaren Guthaben der Reichsbank und der gesamten deutschen Wirtschaft in völlig unauffälliger Weise in Gold verwandelt.[28]

Nach der Eröffnung einer zweiten Front gegen die Sowjetunion verkündete Funk im Frühjahr 1942: »Der Krieg im Osten dient dem Neuaufbau Europas — der Sieg im Osten vollendet ihn!«[29] Die schattenhaften Illusionen, denen Funk sich hingab, nahmen mit dem Fortgang des Krieges immer mehr zu. Im Fall einer Niederlage Deutschlands, so behauptete er 1944, drohe ganz Europa »das Schicksal der Versklavung«.[30]

Als die Reichsbank die ganze Gewalt des nächtlichen Bombenhagels der Alliierten zu spüren bekam, erwies sich Funk als Meister surrealer Rhetorik. Auf der jährlichen Aktionärsversammlung der Bank im Februar 1944 erklärte er: »Die Bomben der Luftpiraten haben zwar auch hier schwere Wunden geschlagen, sie konnten aber den Lebenswillen, die Widerstandskraft und die Schaffensfreude der Berliner nicht brechen.«[31]

Fast bis zum Ende verkündete er trotzig die Botschaft, die Reichsbank trage zum Aufbau eines neuen Europa bei. Noch im November 1944, fünf Monate, nachdem die Armeen der Alliierten an den Stränden der Normandie gelandet waren, versammelte Funk in hakenkreuzgeschmückter Montur die Mitarbeiter der Reichsbank in der Berliner Staatsoper für einen letzten verzweifelten Versuch, sie moralisch aufzurichten: »Deutschland kämpft nicht nur für das Leben und die Freiheit seines Volkes, sondern auch für Europa und den Bestand der abendländischen Kultur ... Wir werden siegen, weil wir siegen müssen und siegen können, und weil wir die geschichtliche Aufgabe zum Sieg haben.«[32]

Der Hauptteil von Funks Tirade galt dem amerikanischen Finanzminister Morgenthau und seinem kurzlebigen Plan, wonach Deutschland zu einem Agrarland gemacht werden sollte.[33] Die Worte, mit denen der Reichsbankchef seine Zuhörer beschwor, lassen einen aufgrund ihrer Schärfe und verzerrten Prophetie frösteln:

Wir wissen auch, daß unsere Feinde uns nicht nur besiegen, sondern unsere völkische Substanz und unsere Volkskraft vollends vernichten wollen. Nach den von alttestamentarischem Haß diktierten Vernichtungsplänen unserer Feinde soll das deutsche

Volk in den idyllischen Zustand von Schaf- und Ziegenhirten zurückversetzt werden. Aber wie soll dann die europäische Wirtschaft ohne die deutsche Kohle, ohne deutsches Eisen und deutsches Kali, ohne die hochwertigen Erzeugnisse der chemischen und elektrotechnischen deutschen Industrie existieren? Vierzig bis fünfzig Millionen Tonnen Kohle liefert Deutschland an Europa. England kann diese Kohle nicht ersetzen, da es selbst heute schon zu wenig Kohle für den eigenen Bedarf produziert. Sechzig bis siebzig Prozent des deutschen Außenhandels gingen immer nach den europäischen Ländern, die stets mehr als die Hälfte des gesamten Welthandels bestritten, und neben dem englischen Anteil war der deutsche in Europa stets der entscheidende für den Welthandel. Daran haben die Haßfanatiker offenbar nicht gedacht.

Das hatten sie tatsächlich nicht. Den Amerikanern wurde schon bald klar, daß der Morgenthau-Plan kontraproduktiv war; er wurde nie in die Tat umgesetzt.[34] Funks eigene Widerstandskraft wurde 1945 schließlich doch erschüttert, als die staatlichen Goldreserven, um deren Erhaltung er sich so bemüht hatte und die durch die Ausplünderung der besetzten Länder noch gestiegen waren, in Thüringen den Alliierten in die Hände fielen.[35] Goebbels warf Funk »sträfliche Pflichtvergessenheit« vor, weil er nicht besser aufgepaßt habe.[36]

In den ersten drei Jahren nach dem Krieg trugen große Mengen der in Umlauf befindlichen Banknoten Funks Unterschrift; sie wurden erst mit der Einführung der D-Mark 1948 eingezogen. Als die Währungsreform durchgeführt wurde, verbüßte der frühere Reichsbankchef eine lebenslange Freiheitsstrafe in Spandau. Weil er an Gallenkrebs litt, wurde er 1957, zehn Jahre nach seiner Verurteilung in Nürnberg, wegen Krankheit aus der verfallenen Festung entlassen.

Wilhelm Vocke, der Präsident des Direktoriums der Bank deutscher Länder, hatte den Wert der Reichsbanksolidarität schätzen gelernt, als er nach seiner Entlassung im Jahr 1939 weiterhin sein volles Gehalt bezog. 1957 erwies er einem anderen Ex-Reichsbanker einen ähnlichen Freundschaftsdienst. Die Notenbank hatte

Funks Frau Luise seit seiner Inhaftierung 600 D-Mark monatlich für ihren Unterhalt bezahlt. Als Walther (oder Dr. Funk, wie er in Dokumenten der Bank deutscher Länder aus den fünfziger Jahren klangvoll, aber falsch genannt wird) aus dem Gefängnis entlassen wurde, erhöhte die Bank die Bezüge der Funks auf monatlich 1000 D-Mark. Außerdem zahlte die Bank deutscher Länder für Funks ärztliche Behandlungskosten zunächst eine Pauschalsumme von 3000 D-Mark.[37] Die Großzügigkeit der Notenbank gegenüber diesem so abstoßenden Nazi unterlag strengster Diskretion. In Westdeutschland hatte ein neues Leben begonnen, und Männer wie Funk gehörten einer Vergangenheit an, die plötzlich sehr fern schien.

2. Eine Bank mit nationalsozialistischem Charakter

Zeitgleich mit der Ernennung Funks zum Reichsbankpräsidenten und Brinkmanns zum Vizepräsidenten unterzeichnete Hitler im Januar 1939 ein neues Reichsbankgesetz, das beträchtlich über die Gesetzesänderung vom Februar 1937 hinausging. Die Reichsbank – die jetzt offiziell »Deutsche Reichsbank« hieß – wurde vollends unter die Kontrolle des Führers gebracht. Die einzelnen Bestimmungen des Gesetzes wurden bis zum Sommer geheimgehalten, aber in der Öffentlichkeit konnte es kaum Zweifel geben, daß sie zu einem allgemeinen Notstandsplan für den Kriegsfall gehörten. Eine führende Wirtschaftszeitschrift kommentierte, die »Wiedervereinigung von Reichsbank und Reichswirtschaftsministerium« diene »straffster Einheitlichkeit der wirtschaftspolitischen Führung«, die notwendig sei, um »den großen wehrwirtschaftlichen Auftrag des Vierjahresplans« zu erfüllen.[38] Hitler erklärte Ende Januar vor dem Reichstag, die Veränderungen seien Bestandteil von Maßnahmen, die allen nationalen Institutionen Deutschlands »nationalsozialistische Charakterzüge« verleihen sollten.[39] In derselben Rede stieß er eine finstere Drohung gegen die europäischen Juden aus:

Wenn es dem internationalen Finanzjudentum inner- und außerhalb Europas gelingen sollte, die Völker noch einmal in einen Weltkrieg zu stürzen, dann wird das Ergebnis nicht die Bolschewisierung der Erde und damit der Sieg des Judentums sein, sondern die Vernichtung der jüdischen Rasse in Europa.

Das neue Reichsbankgesetz wurde im Juni veröffentlicht und enthielt die Bestimmung, daß die Reichsbank »der uneingeschränkten Hoheit des Reichs« unterstehe.[40] Die offizielle Reaktion der Reichsbank war von ungetrübter Begeisterung geprägt. So schrieb Karl Frede, ein Beamter der Abteilung Volkswirtschaft der Bank: »Der 15. Juni 1939, an dem der Führer das Gesetz über die Deutsche Reichsbank und so die restlose Eingliederung der Reichsbank in den Organismus des Dritten Reiches vollzog, ist ein denkwürdiger Tag in der Geschichte der Notenbank des deutschen Volkes.«[41] Frede trat 1940 der NSDAP bei.[42] Nach dem Krieg wurde er Vorstandsmitglied der Landeszentralbanken Württemberg-Hohenzollern und Baden-Württemberg und gewöhnte sich schnell an die neue Unabhängigkeit.[43]

Gegen Ende 1939 – nach Kriegsbeginn – wurden Fredes Gedanken von Eugen Einsiedel, dem Leiter der volkswirtschaftlichen Abteilung der Bank, aufgegriffen. Einsiedel erklärte genau wie Schacht anläßlich der letzten Gesetzesänderung im Jahr 1937, das neue Bankgesetz werde den Geldwert stabilisieren. Er stellte die Argumentation von der Unabhängigkeit der Bank als Schlüssel einer gesunden Finanzpolitik auf den Kopf und erklärte, genau das Gegenteil sei der Fall. Da die »höchste Entscheidungsbefugnis dem Führer vorbehalten« worden sei, sei die Stabilität der Währung gesichert. Und er fügte hinzu: »Was das zukünftige Schicksal unserer Währung anlangt, so beruht es letzten Endes auf dem gleichen Faktor, auf dem das Wohl unseres ganzen Volkes und damit das Wohl jedes einzelnen unter uns beruht, nämlich auf einem siegreichen Ausgang des Krieges. Und dieses Ausgangs sind wir alle gewiß.«[44]

Das neue Gesetz zeigte deutlich, wie schnell die Reichsbank zu einem bloßen Anhängsel des NS-Staats degenerierte; später, im Jahr 1942, sollte der Reichsbank der Titel »Nationalsozialistischer

Musterbetrieb« verliehen werden.⁴⁵ Die vorgenommenen Personaländerungen dienten ebenfalls der Gleichschaltung. Während Ende 1938 nur drei NSDAP-Mitglieder im neunköpfigen Direktorium der Reichsbank saßen, gehörten ein Jahr später alle sieben Mitglieder des umgebildeten Gremiums der Partei an.⁴⁶

Die neue Führung machte deutlich, daß sie die Währung stabilisieren und nicht verkommen lassen wollte. Eine Schlüsselfigur war der neue Vizepräsident Rudolf Brinkmann, ein SS-Mann und führender Funktionär des Reichswirtschaftsministeriums, der ein ehemaliger Protegé Schachts war.⁴⁷ In einer seiner ersten Erklärungen nach seiner Ernennung im Februar 1939 sah sich Brinkmann der Währungsstabilität im höchsten Maße verpflichtet: »Das deutsche Volk hat erst vor fünfzehn Jahren die Wirkungen einer Inflation am eigenen Leibe zu spüren bekommen ... Eine Volkswirtschaft, die gedeihen und höchste Leistungen hervorbringen soll, [muß] unbedingt eine stabile Währung haben ... Eine Inflation bringt keine Steigerung der Erzeugung, sondern sie bedeutet ein einschneidendes Hemmnis für die Erzeugung.«⁴⁸ In einem Memorandum der Abteilung Statistik der Reichsbank wurde betont, aufgrund der vernünftigeren »Einstellung zu den Finanzierungsproblemen« der nationalsozialistischen Führung bestehe ein deutlicher Unterschied zwischen der deutschen Wirtschaftspolitik im Ersten und im Zweiten Weltkrieg.⁴⁹

Brinkmann beschwerte sich Anfang 1939 in Köln in einer ungewöhnlichen offenen Rede bitter über das wachsende Haushalts- und Handelsdefizit Deutschlands sowie über die sich beschleunigende Inflation; Auszüge aus der Rede gelangten an die ausländische Presse.⁵⁰ Brinkmanns geldpolitische Erklärungen mögen solide geklungen haben, aber es wurde schon bald offenbar, daß seine Ernennung zum zweithöchsten Mann der Reichsbank höchst unverantwortlich gewesen war. Brinkmann war der nationalsozialistischen Sache fanatisch ergeben, und seine Äußerungen zeigten darüber hinaus eine zunehmende geistige Verwirrung.

Funk pflegte in seinem verzweifelten Bestreben, sich einzuschmeicheln, den Führer durch die Schilderung von Brinkmanns Exzentrizitäten zu erheitern. In einem berühmt berüchtigten Fall hatte Brinkmann in der Berliner Hauptverkehrsstraße Unter den Linden aus seiner Aktentasche frisch gedruckte Banknoten verteilt, die Funks Unterschrift trugen; Passanten hatte er mit der witzig gemeinten Frage verwirrt: »Wer will von den neuen Funken haben?«[51]

Die Kollegen im Direktorium begannen, sich über Brinkmanns unflätige Sprache zu beschweren. Auch durch viele andere Marotten zog er die Aufmerksamkeit auf sich. So ließ er sein Büro leuchtendrot streichen, hatte einen geladenen Revolver im Schreibtisch und unterhielt die Putzfrauen der Reichsbank mit improvisierten Violinkonzerten.[52] Über diese Exzentrizitäten kam es zu einer hitzigen Diskussion zwischen hohen Reichsbankbeamten und Brinkmanns Protektor Göring. Trotzdem fiel Brinkmann auch bei einer Party zur Feier von Hitlers Geburtstag am 20. April 1939 wieder aus der Rolle. Als sich der Vizepräsident der Reichsbank danach in einem Gästehaus in Niedersachsen von den Berliner Vorkommnissen erholte, wurde er von Polizeibeamten und Krankenwärtern abgeholt und unter Anwendung physischen Zwangs in eine Bonner Nervenklinik gebracht. Anfang Mai beklagte er sich bitter bei Himmler, weil dieser ihm das Recht entzogen hatte, SS-Uniform und SS-Degen zu tragen. In einem Brief voll kalter Anteilnahme, der das Ende von Brinkmanns Beteiligung an den deutschen Kriegsanstrengungen signalisierte, antwortete der Reichsführer SS: »Ich habe die feste Überzeugung, daß Sie diese Krankheit überstehen, wenn Sie den Willen haben, gesund zu werden.«[53]

Die Brinkmann-Affäre war zwar besonders surreal, aber sie paßte gut zu der traumartigen Atmosphäre, die während des Krieges in der Reichsbank herrschte. Die währungspolitischen Bedenken, die Anlaß des Memorandums vom Januar 1939 gewesen waren, verschwanden nie ganz.[54] Als jedoch 1940 auf den Anfangserfolg der Wehrmacht in Polen überwältigende Siege im Westen folgten, war die Stimmung in der Reichsbank fast euphorisch.

»Die wirtschaftspolitische Rüstung Deutschlands«, erklärte beispielsweise 1940 Friedrich Oechsner, ein langjähriges NSDAP-Mitglied, »steht hinter der militärischen an Kraft und Leistungsfähigkeit nicht zurück.« Oechsner war damals Beamter der Abteilung für Volkswirtschaft und Statistik und sollte nach dem Krieg einige Spitzenposten bei süddeutschen Landeszentralbanken bekleiden.[55] Rudolf Windlinger, ein anderer Mitarbeiter der Abteilung Volkswirtschaft und Statistik, wurde nach 1948 ein hoher Beamter der Bank deutscher Länder.[56] Er schrieb im November 1940:

Eine der mannigfachen falschen Vorstellungen, mit denen die Westmächte im September 1939 in den Krieg eingetreten sind, war die von dem angeblich unvermeidlichen wirtschaftlichen und finanziellen Zusammenbruch Deutschlands. Inzwischen ist diese wie so manche andere Hoffnung der Feindmächte zuschanden gegangen. Das System der deutschen Kriegswirtschaft und im besondern der deutschen Kriegsfinanzierung hat sich reibungslos vollends eingespielt und seine Bewährungsprobe glänzend bestanden.[57]

Die wirtschaftliche Elite brachte immer wieder ihre Überzeugung zum Ausdruck, daß die deutsche Vorherrschaft unvermeidlich zu einer neuen europäischen Wirtschaftsordnung führen müsse. Der Nationalist Puhl,[58] der 1940 geschäftsführender Vizepräsident der Reichsbank wurde, erklärte, daß »die Achsenmächte führend sein werden bei der unausweichlichen Neuordnung der europäischen Wirtschaft«.[59] Er hatte 1913 als kleiner Buchhalter bei der Bank begonnen und Karriere gemacht, bis er 1934 im Direktorium saß.[60] Der zweite Vizepräsident neben Puhl war Kurt Lange, ein alter Nazi und grober Propagandist,[61] der vom Reichswirtschaftsministerium zur Reichsbank gestoßen war. Lange war für Personalangelegenheiten und für die Einhaltung der nationalsozialistischen Prinzipien in der Bank verantwortlich. Da Funk das Reichsbankgebäude kaum betrat, war Puhl fast die gesamte Kriegszeit für die tägliche Routine in der Bank zuständig. Als mit Himmler und der SS vereinbart wurde, daß ab August 1942 Schmuck, Uhren, Brillengestelle, Zahngold und andere Gegenstände aus Gold, die man den jüdischen Opfern der Konzentrationslager abgenommen hatte, in den Tresorräumen der Reichsbank gelagert werden sollten, war Puhl der zentrale Verbindungsmann.[62] Im Jahr 1949 wurde er von den Amerikanern wegen seiner Mittäterschaft bei diesem Arrangement inhaftiert.[63] Nach seiner Entlassung aus der Festung Landsberg setzte er seine Karriere als Führungskraft der Dresdner Bank in Hamburg fort.[64]

Otto Pfleiderer, ein Volkswirt der regierungseigenen Reichs-Kredit-Gesellschaft, vertrat ähnliche Ansichten wie Puhl. Er wurde später langjähriger Präsident der Landeszentralbank von Baden-Württemberg und war vierundzwanzig Jahre lang ein einflußreiches Mitglied des Zentralbankrats der Bundesbank.* Obwohl später aufgrund seiner Fähigkeiten als Finanzmann geschätzt, tat sich Pfleiderer in den ersten Kriegsjahren nicht durch Weitsicht hervor. Im Oktober 1940 schrieb er, Berlin werde das »Liquiditätszentrum der europäischen Länder« sein, die natürliche Heimat für die Reservewährungen der europäischen Länder, und Deutschland werde der »natürliche Kapitalgeber für die großen Entfaltungs- und Umstellungsinvestitionen [sein], die in Europa nach dem Krieg gemacht werden müssen«.[65]

Dieselbe Prognose stellte Pfleiderers Vorgesetzter Bernhard Benning, Chef der Volkswirtschaftsabteilung der Reichs-Kredit-Gesellschaft. Benning war nach dem Krieg fünf Jahre lang in sowjetischer Kriegsgefangenschaft; darunter war ein längerer Aufenthalt in Buchenwald, dem früheren deutschen Konzentrationslager in der Nähe von Weimar. Im Jahr 1950 wurde er freigelassen und ging in den Westen, wo er einen Posten im Direktorium der Bank deutscher Länder bekam. Als die Bundesbank gegründet wurde, blieb er Mitglied des Direktoriums bis zu seiner Pensionierung im Jahr 1972. »Unbestritten ist die führende Position der Reichsmark als europäische Leitwährung«, schrieb er 1943. »Berlin rückt in eine ähnliche, allerdings noch wesentlich stärkere Position, als sie London im Rahmen des Sterlingblocks eingenommen hat.«[66]

Die Männer der Reichsbank wußten, daß man die Moral stärken mußte, um die ökonomische Vorherrschaft zu sichern. Alphons Diel, ein leitender Beamter der Abteilung Volkswirtschaft

---

* Siehe Kapitel VI

und Statistik, der nach dem Krieg hohe Stellungen bei verschiedenen Landeszentralbanken bekleidete,[67] richtete 1941 zum achten Jahrestag der nationalsozialistischen Machtergreifung einen flammenden Appell an die Beschäftigten der Reichsbank. Seine Sprache hatte wenig Ähnlichkeit mit den moderateren Äußerungen der mehr traditionell orientierten Notenbanker: »Deutschlands Waffenträger stehen nach einem Siegeszug sondergleichen zum Endkampf mit unserem letzten Gegner bereit... Keiner von uns soll sich, wenn die Waffen wieder ruhen und das größere Deutschland für alle Zeiten gesichert ist, sagen müssen, daß er in entscheidender Zeit einmal versagt hat.«

3. Der Plan einer europäischen Wirtschaftsunion

Im Sommer 1940, als die Wehrmacht in Europa wütete, überzeugten die Erfolge des Blitzkriegs die Reichsbank und viele andere, daß die Kämpfe bald vorüber sein würden. Die Notenbank und das Reichswirtschaftsministerium machten damals Pläne für eine Währungsunion nach dem Krieg, die einen großen Teil Europas umfassen und in der die Reichsmark die dominierende Währung sein sollte.

Im Juni 1940 fertigte die Abteilung Volkswirtschaft und Statistik der Bank für Funk und die anderen Direktoriumsmitglieder eine detaillierte Analyse an, die sich mit den »Problemen der äußeren Währungspolitik nach Beendigung des Krieges« befaßte.[69] Das Dokument kam zu dem Schluß, daß die Reichsmark die »führende Währung in einem deutschen Großwirtschaftsraum«[70] und zusammen mit dem Dollar eine von zwei »Standardwährungen« sein werde. Deutschland werde von den besiegten Ländern Reparationen in Form von Rohstoffen, Gold und einer Reduktion seiner Auslandsschulden fordern. Die Bindung der Reichsmark an das Gold werde fortbestehen, wenn auch »stark gelockert«. Zusätzlich sollten »innerhalb des deutschen Währungsblocks« feste Wechselkurse eingeführt werden, »die den späteren Ausbau zu einer Währungs- und Zollunion erleichtern«. Die harte Behandlung Deutschlands nach dem Ersten Weltkrieg hatte ihre

Spuren hinterlassen, aber was die geplanten Reparationen betraf, waren die Experten der Reichsbank erstaunlich großzügig:

Wenn wir auch nicht den Fehler von Versailles wiederholen und etwa den Versuch machen wollen, den unterliegenden Gegner auf Jahrzehnte hinaus wirtschaftlich zu knebeln, so ist doch eine einmalige, namhafte Kriegsentschädigung durchaus angebracht.

Laut Einschätzung der Reichsbank waren Reparationen von sechzehn bis siebzehn Millarden Reichsmark für Großbritannien und Frankreich zusammen »tragbar«.[71] Nach dem Krieg bestritten deutsche Beamte, von diesen Überlegungen gewußt zu haben. Als Funk im Vorfeld der Nürnberger Prozesse verhört wurde, sagte er, es sei undenkbar, daß solche Pläne existiert hätten.[72]

Tatsächlich hatte das Reichswirtschaftsministerium im Juli 1940 bereits detaillierte Pläne für eine »Bank für Europäischen Zahlungsausgleich« oder Europabank entworfen, die nach dem Krieg den Angelpunkt des geplanten Währungssystems bilden sollte. Die Bank sollte ihren Sitz in Wien haben und verschiedenen Regierungen und Notenbanken gehören, die proportional zu ihren finanziellen Verpflichtungen aus der Vorkriegszeit Kapital einlegen sollten.[73] Der gesamte Zahlungsverkehr zwischen den Mitgliedsländern sollte über die Europabank abgewickelt werden; die Bank sollte außerdem das Recht haben, Reichsmarkkredite an ihre Mitglieder zu vergeben, um deren Exportaktivitäten zu steigern. Die Bank sollte die Befugnis von Notenbanken haben, Mindestreserven einzufordern, denn »die Verpflichtung, eine Reserve zu halten, gibt die Möglichkeit, die Kreditausweitung eines Mitgliedslandes zu kontrollieren«.

Als Mitgliedsländer der geplanten »Mitteleuropäischen Wirtschaftsunion« waren vorgesehen die Niederlande, Dänemark, die Slowakei, Rumänien, Bulgarien und Ungarn. Das Reichswirtschaftsministerium schlug vor, Belgien, Norwegen und Schweden ebenfalls miteinzubeziehen. Es fügte hinzu: »In der Vergangenheit waren es Frankreich und England, die alle Bestrebungen zur wirtschaftlichen Ergänzung Mitteleuropas unter der Führung Deutschlands zunichte gemacht haben. Sollen diese Widerstände künftig ausgeschaltet werden, bedarf es der Aufnahme von Bestimmungen in den künftigen Friedensvertrag, die den wirtschaftlichen Neubau Mitteleuropas sicherstellen.«

Obwohl die Reichsbank deutlich im Zentrum der europäischen Finanzordnung stehen sollte, war sich die Regierung über die politischen Nachteile der Einführung einer einheitlichen europäischen Währung durchaus im klaren. Im Reichswirtschaftsministerium war man der Ansicht, eine Einheitswährung sei »verwaltungsmäßig am einfachsten durchzuführen«. Jedoch machte man — ein interessanter Vorgeschmack auf die Ansichten der Bundesbank bezüglich der Europäischen Währungsunion ein halbes Jahrhundert später — eine Einschränkung: »Es könnte aus politischen Gründen unerwünscht sein, das Selbstbewußtsein der angeschlossenen Staaten durch Aufhebung ihrer Währungen zu verletzen.« Nach ersten Plänen sollten deshalb die jeweiligen Landeswährungen beibehalten werden, allerdings sollten sie feste Wechselkurse im Verhältnis zur Reichsmark haben.

Obwohl Schacht weg war, behauptete sich sein Irrglauben in veränderter Form. Ein Grund für die Zuversicht, die man in der Reichsbank Anfang der vierziger Jahre hegte, lag darin, daß man glaubte, eine unschlagbare Finanzierungsmethode erfunden zu haben. Die Reichsbehörden zapften die bei den Kreditbanken kurzfristig angelegten flüssigen Geldmittel durch das System der sogenannten »geräuschlosen Finanzierung« kontinuierlich an und vermieden so den Strom staatlicher Anleihen, durch den die USA und Großbritannien sich finanzierten. Die inflationistischen Auswirkungen der deutschen Methode wurden erst nach 1945 voll erkannt. Bernhard Benning schrieb 1943, das System verbinde niedrige Kosten mit »technischer Einfachheit«; es war laut Benning nur in einer »totalen Kriegswirtschaft« durchführbar, und zwar »mit Hilfe eines ständig verfeinerten Preis- und Lohnüberwachungsapparates«.[74]

Das System der »geräuschlosen Finanzierung« führte zu einem ständig wachsenden Berg kurzfristiger Regierungsschulden bei den Kreditbanken. Ähnlich wie gegen Ende des Ersten Weltkriegs wurde auch diesmal der größte Teil der Schulden erst nach 1943 in Form von Schatzanweisungen aufgehäuft, die direkt bei der Reichsbank untergebracht wurden. Als die Geldmenge gegen Ende des Krieges exponentiell anstieg, wurde der Wert der Reichsmark fast auf Null reduziert. Ironischerweise war jedoch der Umstand, daß das Dritte Reich es vermieden hatte, große Mengen öffentlicher Anleihen zu emittieren, für die späteren deutschen Regierungen ein Vorteil. Von der Entwertung der Guthaben im Zuge der Währungsreform von 1948 waren aus diesem Grund vor allem Sparguthaben betroffen und weniger öffentliche Anleihen. Der Ruf des Staates als Kreditnehmer nahm keinen großen Schaden, und die deutsche Regierung konnte auch weiterhin als ein zuverlässiger Emittent von Anleihen gelten. Die deutschen Nachkriegsregierungen mußten sich nicht erst darum bemühen, wieder einen guten Ruf als Schuldner zu bekommen; sie haben auf kuriose Weise von den wirtschaftlichen Praktiken Nazi-Deutschlands profitiert.

Zum Optimismus der Reichsbank bezüglich der Kriegsfinanzierung kam der neue Stolz auf die internationale finanzpolitische Position Deutschlands. Die These, daß Deutschland durch Eroberung und Besatzung währungspolitisch Ordnung in Europa schaffe, zog sich wie ein roter Faden durch das Denken der Reichsbank. Ende März 1939 erklärte Funk in seiner ersten Rede vor dem Zentralausschuß der Reichsbank kurz nach dem Einmarsch der deutschen Armee in Prag: »Im mitteldeutschen Raum ist ein unerträglicher Unruhe- und Gefahrenherd beseitigt und eine neue Ordnung hergestellt worden.«[75]

4. Orthodoxe Ziele

Emil Puhl, seit 1940 einer der beiden Vizepräsidenten der Reichsbank, verfolgte energisch und hartnäckig das Ziel, Deutschlands finanziellen Einfluß auf den ganzen Kontinent auszudehnen. Ein Mann von ausgesprochener Zwiespältigkeit, hatte er Schachts Anti-Inflations-Memorandum vom Januar 1939 mitunterzeichnet – ohne daß dies seine Karriere auch nur im geringsten beeinträchtigt hätte. Nach dem Krieg behauptete er, es sei »immer mehr erkennbar« geworden, daß Hitlers Politik zur Inflation führen würde.[76] Puhl hatte die ganze Zeit über einen Fuß in beiden Lagern. So hatte er zu Beginn des Krieges heimlich an obskuren finanzpolitischen Verhandlungen mit den Notenbanken der Alliierten in der Basler Bank für Internationalen Zahlungsausgleich teilgenommen.[77]

In Puhls öffentlichen Erklärungen Anfang der vierziger Jahre war allerdings von Zwiespalt oder Zweifeln keine Spur. Er verkündete in einer Sprache, die an Klarheit nichts zu wünschen übrig ließ, daß mit einer Reichsmark unter nationalsozialistischer Verwaltung die europäischen Währungsangelegenheiten in den denkbar besten Händen seien. In einer vom Rundfunk ausgestrahlten Propagandarede machte er sich im Mai 1940 über die Kassandras im Ausland lustig, die davor warnten, die NS-Führung werde Deutschland in eine Inflation stürzen.[78] Solche Unkenrufe zeigten lediglich, wie wenig das Ausland von der deutschen Geldpolitik verstehe. Das Bankgesetz von 1939, das die Reichsbank Hitler unterstellte, bezeichnete Puhl als »das modernste Bankengesetz in der Welt«. Er erklärte, daß die Nationalsozialisten an einer in jeder Beziehung orthodoxen Finanzpolitik festhalten würden: »Wohl in keinem Land genießt ehrliche Arbeit, in welcher Form sie auch immer verrichtet wird, größeren Schutz und höhere Achtung als im nationalsozialistischen Deutschland. Es ist daher eine Selbstverständlichkeit, daß die nationalsozialistische Staatsführung alle Währungsexperimente unbedingt ablehnt, weil hierdurch die Ersparnisse von Millionen fleißiger Menschen gefährdet werden könnten.«

Puhl glaubte, die wirtschaftliche Vorherrschaft Deutschlands werde für den ganzen Kontinent von Vorteil sein. Im Jahr 1941 führte er aus, wie die Reichskreditkassen, ein regionales Netz von Bankniederlassungen, die in den besetzten Gebieten als verlängerter Arm der Reichsbank die dort eingesetzten Truppen mit Zahlungsmitteln versorgten, in Polen »den gesamten geld- und kreditwirtschaftlichen Apparat zu ersetzen« hätten, weil dort »das Geld- und Kreditwesen völlig zerschlagen« sei.[79] Auch in Dänemark, Norwegen und den Niederlanden habe die Reichsbank ähnliche Operationen durchgeführt. »In Belgien und den besetzten Teilen Frankreichs standen wir vor weit schwierigeren

Aufgaben, da sich hier die Notenbanken erst allmählich zu einer Zusammenarbeit bereitfanden.« Fast überall im besetzten Europa ersetzte die Reichsbank die alten »Goldwährungen« durch Hitlers »Arbeitswährung«,[80] wobei das Gold üblicherweise in Berlin landete. Als Hitler seine Armeen im Juni 1941 gegen die Sowjetunion marschieren ließ und der Krieg am Wendepunkt angelangt war, erklärte Puhl, die Großzügigkeit der Reichsbank gegenüber den mit deutscher Waffengewalt unterworfenen Ländern sei eine Pflicht:

Die Währungshilfe, die die Deutsche Reichsbank in Serbien geleistet hat, ist schon früher allen anderen besetzten Gebieten zuteil geworden. Aus der Erkenntnis heraus, daß geordnete Währungsverhältnisse die Grundlage wirtschaftlicher Aufbauarbeit bilden, hat Deutschland allen diesen Ländern weit über die völkerrechtliche Praxis früherer Zeiten hinaus seine Unterstützung geliehen. Bei aller Verschiedenheit in den Einzelheiten haben wir überall mit der gleichen Gründlichkeit, Schnelligkeit und Sachkenntnis die vom Krieg zerstörten Währungen wiederaufgebaut. Damit haben wir unter Beweis gestellt, daß wir die mit einer europäischen Vormachtstellung verbundenen Pflichten auch auf wirtschaftlichem Gebiet kennen und zu erfüllen wissen.[81]

Nachdem die Wehrmacht im Osten einmarschiert war, berichtete Puhl im Dezember 1942, die Reichsbank habe ihre Arbeit im Dienst der europäischen Wirtschaftsunion auf die Sowjetunion und Bulgarien ausgedehnt.[82] 1943 erklärte Puhl: »An alle Zukunftsaufgaben gehen wir mit der Zuversicht heran, die der Größe und Würde des um seine Freiheit ringenden nationalsozialistischen Deutschen Reiches entspricht.«[83]

Ein Mann, der bei der Verbreitung deutscher Werte im Osten eine interessante Rolle spielte, war Fritz Paersch, ein engagierter, altgedienter Beamter der Reichsbank. Er wurde im September 1939 Vorstandsmitglied der Reichskreditkassenorganisation. Im Jahr 1940 wurde Paersch dazu ausersehen, die neue von Deutschland geschaffene Emissionsbank – eine Kombination von Noten- und Kreditbank – in den besetzten polnischen Territorien zu leiten. Er blieb bis zum Kriegsende auf seinem Krakauer Posten und war unübersehbar stolz auf seine Arbeit. Paersch ließ die alten Zloty-Scheine einziehen (zu einem extrem schlechten Umtauschkurs); die Bank Polski, die alte polnische Notenbank, war »nicht arbeitsfähig«, wie er es ausdrückte. »Die neue Zlotywährung ist eine Arbeitswährung, getragen von der Leistung der Volkswirtschaft. Sie hat sich in überraschend kurzer Zeit das Vertrauen der Bevölkerung erworben.«[84]

Obwohl kein NSDAP-Mitglied, stand Paersch in höchstem Ansehen sowohl beim Direktorium der Reichsbank als auch bei Hans Frank, dem sadistischen NS-Gouverneur Polens[85], der später in Nürnberg wegen seiner Kriegsverbrechen zum Tode verurteilt und hingerichtet wurde. Da seine loyalen Dienste gegenüber dem NS-Staat peinlich genau dokumentiert waren, hatte Paersch nach dem Krieg bei der Entnazifizierung beträchtliche Schwierigkeiten mit den alliierten Behörden. Er wurde abgelehnt, als er sich um einen Sitz im Direktorium der Bank deutscher Länder bewarb, wo er für Banken- und Kreditwesen verantwortlich gewesen wäre.*
Allerdings war es unmöglich, einen guten Mann der Reichsbank am Boden zu halten. Paersch bekam einen weniger exponierten Posten als Vizepräsident der hessischen Landeszentralbank, den er von 1949 bis 1957 bekleidete. Auch als Paersch mit fast siebzig Jahren das Pensionsalter schon weit überschritten hatte, fand er in Frankfurt noch Arbeit. Er wurde als gerichtlich bestellter Liquidator für die langwierige Liquidation der Reichsbank eingesetzt, die zwanzig Jahre nach Kriegsende noch immer nicht abgeschlossen war.[86] Die Reichsbank setzte damit ihre treuen Diener zwei Jahrzehnte, nachdem sie offiziell aufgehört hatte zu existieren, immer noch ins Brot.

---

* Siehe Kapitel VI

5. »Die deutsche Ordnung wurde brutal zerstört«

Intern war man in der Reichsbank weit weniger zuversichtlich als in öffentlichen Stellungnahmen. Bereits im Januar 1942, unmittelbar nachdem die USA nach dem japanischen Angriff auf Pearl Harbor in den Krieg eingetreten waren, wurde in einem internen Memorandum der Reichsbank die Befürchtung geäußert, der schnelle Anstieg des Geldumlaufs werde unvermeidlich zu einer Inflation führen:

Unsere Währung ist von zwei Seiten gefährdet: von der Geldseite, durch die ständig zunehmende Kaufkraft und von der Warenseite auf Grund des fortgesetzten Rückganges der Produktion an Konsumgütern. Alle Symptome sprechen dafür, daß bei einer Fortsetzung der bisherigen Entwicklung der Zeitpunkt nicht mehr fern ist, wo die Dämme der Preisüberwachung und der Warenbewirtschaftung, die allein noch die Währung vor dem Verfall schützen, unter dem übergroßen Druck zusammenbrechen.[87]

Das Dokument betont, daß eine Geldentwertung nicht nur »außerordentliche Verbitterung« bei der Bevölkerung hervorrufen, sondern auch den »Widerstandswillen sowohl an der Front wie in der Heimat wesentlich beeinträchtigen« würde.

Es folgte eine Lagebeschreibung, die auch auf die Situation der DDR fünfundvierzig Jahre später zugetroffen hätte: »Die ständig wachsende Überwachung und Bevormundung jedes einzelnen Volksgenossen ruft allgemeine Mißstimmung hervor. Dazu kommt, daß trotz formeller Preisstabilität die Wertschätzung des Geldes erheblich sinkt, da man praktisch eben für einen großen Teil seines Geldes nichts erhalten kann.«[88]

Noch 1943 klammerte sich die Reichsbank an die verzweifelte Hoffnung, Deutschland würden Niederlage und Inflation erspart bleiben. Die Hoffnung wurde jedoch zunehmend unrealistisch, als die USA in den Krieg eintraten und die deutschen Armeen im Osten zurückgeschlagen wurden. Noch im Oktober 1943 versuchte Rudolf Windlinger von der Volkswirtschaftsabteilung der

Bank, Optimismus zu verbreiten, freilich vergeblich. Windlinger verwendete dieselben Worte wie in seinem Artikel vom November 1940, um zu erklären, daß der Feind sich irre, wenn er »den wirtschaftlichen und finanziellen Zusammenbruch« Deutschlands voraussage.[89]

Im Juni 1943 hielt Kurt Lange, der nationalsozialistische Vizepräsident der Reichsbank, in Budapest eine plumpe Lobrede auf die »elastischen« Finanzierungsmethoden der Reichsbank. An Hitler anknüpfend, erklärte er: »Wir sind im autoritären Staat gewillt, dafür zu sorgen, daß ein zweites Mal der deutsche Sparer nicht betrogen wird. Es kann in einem autoritären Staat keine Inflation geben.«[90]

Bei einer Sitzung des 59köpfigen Beirats der Bank im Juni 1943 – sowohl Hermann Josef Abs als auch Karl Blessing waren anwesend – legte Walther Funk eine ernüchternde Bilanz der Auswirkungen der alliierten Bombardements auf die deutsche Konsumgüterproduktion vor.[91] Auf einer späteren Sitzung des Beirats im Februar 1944 sprach Funk zwar noch von Sieg, sagte aber, die Industrie müsse dazu von der Waffenproduktion auf den Wiederaufbau umgerüstet werden.[92] In ihrem Verwaltungsbericht für 1943 versicherte die Reichsbank: »Die Spannungen aus der im Kriege unvermeidlichen gegensätzlichen Entwicklung zwischen Geld- und Güterumlauf wurden nach wie vor gemeistert«[93] Die Zahlen gemahnten jedoch an ein historisches Ereignis, das sich, wie die Reichsbank versprochen hatte, nie wiederholen sollte: an die Inflation nach dem Ersten Weltkrieg. Das Reichsfinanzministerium stellte in immer größeren Mengen Schatzanweisungen aus, und der Umlauf an Reichsbanknoten, der 1939 bei zwölf Milliarden Reichsmark lag, war bis zum Dezember 1943 auf vierunddreißig Milliarden gestiegen, auf fast das Dreifache. Ende 1944 waren fünfzig Milliarden erreicht, zur Zeit der Kapitulation im Mai 1945 waren es über siebzig Milliarden.

»Der Anstieg der Reichsverschuldung«, log Lange in einer Rundfunkrede vom Oktober 1944, »ist in keiner Weise bedenklich.« Und er mahnte seine Zuhörer: »Kredit ist Glaube; Glaube ist Treuebekenntnis zum Führer«.[94] Dabei bereiteten die riesigen Mengen entwerteten Geldes, die in dem geschundenen Land in

Umlauf waren, bereits den Weg für die nächste Währungsreform und für die Geburt der D-Mark im Jahr 1948. Als die Deutschen nach einem totalen Krieg, der fünfundfünfzig Millionen Menschenleben kostete, der totalen Niederlage entgegengingen, sagte Funk in der Berliner Oper anklagend zu seinen Beschäftigten: »Überall da, wo jetzt die Feinde in die bisher von Deutschland besetzten Gebiete eingedrungen sind, wurde diese deutsche Ordnung brutal zerstört.«[95]

6. Das Schicksal des Zauberers

Hjalmar Schacht, »Hitlers Zauberer«, erlebte das Kriegsende unter wenig zauberhaften Umständen. Nach seiner Entlassung von der Reichsbank hatte er Verbindung mit der Widerstandsbewegung aufgenommen, und er war in die Verschwörung des 20. Juli 1944 verwickelt.[96] Am 23. Juli wurde er auf Anordnung Hitlers verhaftet. Hitler erklärte, Schacht hätte schon vor Beginn des Krieges erschossen werden sollen, weil er versucht habe, die Wiederbewaffnung zu sabotieren.[97] Schacht wurde zwischen verschiedenen Gefängnissen und Konzentrationslagern der Nazis hin- und hergeschoben, zwischen Ravensbrück, Potsdam, Berlin und Flossenbürg. Im April 1945 wurde er nach Dachau gebracht, und schließlich wurde er in Südtirol von den Amerikanern befreit. Sie nahmen ihn sofort erneut in Haft. 1946 war niemand überraschter als Schacht selbst, daß er in Nürnberg als Kriegsverbrecher angeklagt wurde. Er erzählte dem Gericht, er sei nie ein »überzeugter Anhänger« Hitlers gewesen[98] und habe Hitler sogar umbringen wollen.[99] Es ist symptomatisch für Schachts schillernde Persönlichkeit und sein Talent, gleichzeitig verschiedene Kurse einzuschlagen, daß eine seiner meistgefeierten Reden, die er 1935 in Königsberg gehalten hatte und in der er zugleich für und gegen die Juden gesprochen hatte, in Nürnberg sowohl von der Anklage als auch von der Verteidigung verwendet wurde.[100]

Schacht argumentierte vor allem, seine häufigen Lobreden über Hitler seien notwendig gewesen, um sich das Vertrauen der Nazis zu erhalten und seine wahren Gefühle zu »tarnen«.[101] Er verteidigte sich dank der brillanten Hilfe seines Rechtsanwalts Rudolf Dix selbstbewußt und wurde in allen Anklagepunkten freigesprochen. Eine bemerkenswerte Tatsache, die beim Prozeß in Nürnberg nicht zur Sprache kam, ist beispielhaft sowohl für Schachts Angst um seine Zukunft wie für seine Doppelzüngigkeit. Gegen Ende der dreißiger Jahre hatte er versucht, mit Hilfe der US-Botschaft Nazi-Deutschland zu verlassen.[102] Schacht unterschlägt diese Episode in seinen nach dem Krieg veröffentlichten Büchern und Erklärungen, vielleicht, weil sie seiner Behauptung widersprochen hätte, die ganze Zeit im Interesse des Vaterlandes gehandelt zu haben. Er enthüllte dagegen, daß er Anfang 1940 Hitler um Erlaubnis gebeten hatte, nach Amerika zu reisen und mit Roosevelt Friedensgespräche zu führen.[103] Der Vorschlag war von Außenminister Joachim von Ribbentrop abgelehnt worden.

Als in Deutschland der Wiederaufbau begann, war Schacht ein freier Mann. Der frühere Reichsbankpräsident baute sich selbstbewußt eine neue Existenz als kleiner Privatbankier auf und entwickelte sich zu einem publizitätstüchtigen ständigen Dorn im Auge der Bundesbank und verschiedener Bonner Regierungen.[104] Schachts Versicherung in einem Verhör der Alliierten, er werde keine Memoiren schreiben,[105] war voreilig gewesen. Er erlangte neuen Ruhm durch eine Serie von Büchern über die Hitlerjahre; der »Widerstand«, den er geleistet hatte, wurde mit jedem neuen Bericht stärker.[106] Im Jahr 1970 starb er im Alter von 93 Jahren. Mit dem Starrsinn des Greisenalters hatte er bis zum Schluß darauf bestanden, die Bundesrepublik habe das alte Reich aufgegeben, als sie der »Preisgabe der Reichsbank« zugestimmt habe, und das habe mit zur »dauernden Trennung« der beiden Teile Deutschlands beigetragen.[107]

Obwohl die ganze leidvolle Geschichte der Reichsbank im Krieg nie aufgeschrieben wurde, erfüllten die moralischen und monetären Lehren aus dem Ruin der Reichsbank einen wichtigen Zweck. Der Untergang der Bank erinnerte das geteilte Land, das sich nach 1945 unter schwierigen Bedingungen eine neue Stellung in der Welt aufbauen mußte, ständig an die Notwendigkeit größter Solidität in monetären Angelegenheiten. Die Lektion tat ihre Wirkung. Die Deutschen lernten sie auswendig und ernteten die Früchte ihrer neuen Politik. Niemand hätte damals voraussagen können, daß sich innerhalb weniger Jahre eine neue und dauerhaftere Währungsordnung aus den rauchenden Trümmern erheben würde.

KAPITEL VI

Kontinuität und Wandel

Ich will freimütig bekennen, daß ich hoffe, es werde gelingen, unsere nur künstlich stabilisierte Währung wieder auf eine geordnete Grundlage zu stellen. *Ludwig Erhard, bayerischer Wirtschaftsminister, 1945*[1]

Der Vorschlag, der »beste Deutsche« solle der neuen Währung seinen Namen geben, ist ausgezeichnet, und wir werden natürlich versuchen, ihn zu verwirklichen... Personen, die zu eng mit der Nazi-Vergangenheit verbunden sind, werden auch an erster Stelle für die Diskreditierung der Reichsmark verantwortlich gemacht. *Jack Bennett, Finanzberater von General Lucius Clay, dem amerikanischen Militärgouverneur, 1948*[2]

Die Notenbank muß gezwungenermaßen unter Umständen auch unpopuläre Maßnahmen ergreifen. Es dürfte auch für die Regierungen vom politischen Standpunkt aus besser sein, in solchen Fällen diese Maßnahmen, die im übrigen oft von heute auf morgen getroffen werden müssen, nicht von dem Ausgang parlamentarischer Debatten abhängig machen zu müssen.
*Wilhelm Vocke, Präsident des Direktoriums der
Bank deutscher Länder, 1950*[3]

In den ersten Friedensjahren konnte die deutsche Bevölkerung zwar erleichtert aufatmen, doch die allgemeine Lage verbesserte sich kaum. Die Menschen, die aus den zerstörten Dörfern und Städten geflohen waren, mußten nun statt der Bombardierung den langsamen Hungertod fürchten. Sogar der britische Feldmarschall Lord Montgomery, kein Mann, dem man eine besondere Zuneigung zu den Deutschen nachsagen könnte, forderte kurz nach Kriegsende die britische Regierung auf, die Getreidelieferungen zu erhöhen. Die Rationen der Deutschen in der britischen Besatzungszone entsprachen laut Montgomery im Durchschnitt dem, was die Insassen des Konzentrationslagers Bergen-Belsen gegen Kriegsende bekommen hatten.[4]

Der Morgenthau-Plan, nach dem aus Deutschland ein Agrarland werden sollte, war zwar längst nicht mehr offizielle Politik, doch für den uniformierten Besucher sah das zerstörte Land so aus, als würde dieser Plan verwirklicht. Im strengen Winter 1946/47 sank die Industrieproduktion in Deutschland auf ein Niveau, das sie zuletzt im 19. Jahrhundert gehabt hatte.[5] Die stolzen Männer der Reichsbank mußten jetzt lernen, was Bescheidenheit hieß. Der Volkswirt Rudolf Eicke, einer der Stützen der alten Berliner Bürokratie, fand Arbeit bei der alten Reichsbank in Hamburg. Die Russen hatten die Hauptverwaltung der Reichsbank in Berlin in der sowjetischen Besatzungszone geschlossen, deshalb blieb als Rumpf der alten Zentralbankstruktur nur die sogenannte Reichsbankleitstelle in der Elbestadt. Sie diente als Auffangbecken für aus dem Osten geflohene Reichsbankbeamte und übernahm außerdem in Norddeutschland die Aufgaben einer Zentralbank für die britische Besatzungszone. Eicke war wenig zuversichtlich. »Aufgrund der großen Not, in der wir uns befinden, breiten sich Verzweiflung und Lethargie in Deutschland aus«, schrieb er Weihnachten 1946 in holprigem, umständlichen Englisch an einen mitfühlenden Beamten der Bank of England.[6]

Inmitten von Verwüstung und Verfall bedeutete die Gründung der Bank deutscher Länder am 1. März 1948 wenigstens einen kleinen Schritt auf dem Weg zur Normalisierung. Die Geschichte des deutschen Geldes konnte neu beginnen; das Land hatte eine neue Zentralbank. Die Bank deutscher Länder, die Vorgänger-Organisation der Bundesbank, wurde zunächst in der amerikanischen und britischen Zone eingerichtet, nahm jedoch rasch auch in der französischen Zone die Arbeit auf. Sie war die erste zentrale öffentliche Institution im Nachkriegsdeutschland. Daß ihre Zuständigkeit auf die Westzonen beschränkt blieb, kündigt schon die politische Teilung an, die 1949 mit der Gründung von Bundesrepublik und DDR offiziell besiegelt wurde. Weitere einundvierzig Jahre mußten vergehen, bis das westdeutsche Zentralbanksystem in den Gebieten übernommen wurde, die nach dem Krieg zum sowjetischen Einflußbereich gehörten.

1. Ein Zwitter nimmt Gestalt an

Die Bank, die auf Geheiß der westlichen Siegermächte gegründet wurde, war ein zwitterhaftes Wesen. Auf brüchigem Fundament erbaut und dann vielfach erweitert, sollte sie einer Vielfalt widersprüchlicher Ziele dienen. Die Männer, denen man die Führung der Bank anvertraute, erfüllten ihre Aufgabe meisterhaft. Als 1957 die Bundesbank die Nachfolge der Bank deutscher Länder antrat, war die D- Mark noch keine frei konvertierbare Währung, und die Bundesrepublik spielte in internationalen Geldgeschäften nach wie vor eine kleine Rolle. Doch der wirtschaftliche und politische Wiederaufbau des Landes war in vollem Gang, und die neue Notenbank galt überall als durchsetzungfähige und unabhängig denkende Institution. Verblüffend schnell war eine neue deutsche Einrichtung entstanden, die Elemente des amerikanischen und britischen Zentralbanksystems und viele Elemente der alten Reichsbank in sich vereinte.

Die Hauptverwaltung der Bank deutscher Länder zog in das mit Akten vollgestopfte Bürogebäude der ehemaligen Frankfurter Reichsbankhauptstelle in der Nähe der Taunusanlage, einer Durchgangsstraße im Westen der zerbombten Innenstadt. Die Bank besaß keine Devisenreserven, konnte nicht unabhängig entscheiden und war nirgends anerkannt. Auf der Habenseite standen lediglich die Hoffnung und der feste Wille einiger Männer, das nach der Entmachtung der alten Ordnung entstandene Vakuum zu füllen. Daß die Bank deutscher Länder an Format gewann und ihr Aufgabengebiet erweitern konnte, verdankt sie teils ihrer Politik, teils dem Zufall. Für ihre anfängliche Entwicklung ist das Zusammenprallen unterschiedlicher Persönlichkeiten ebenso charakteristisch wie die Verkündung hehrer Ideale. Der Kampf um eine festgefügte Rolle in der jungen Bundesrepublik trug dramatische und teilweise tragikomische Züge; er war vor allem von der Entschlossenheit geprägt, die Fehler der Vergangenheit nicht zu wiederholen.

Die Bank deutscher Länder, die über ein Jahr vor Gründung der Bundesrepublik im Mai 1949 entstand, konnte nur eine betont föderative Institution sein. Man machte sie auch deshalb von

Weisungen der Regierung unabhängig, weil es zur Zeit ihrer Gründung keine Zentralregierung gab.[7] Die Bank deutscher Länder war das gemeinsame Eigentum der Landeszentralbanken der westlichen Bundesländer, eine Struktur, die in mancher Hinsicht dem Aufbau des amerikanischen Federal Reserve System glich.[8] Die Landeszentralbanken ihrerseits wurden kurz nach dem Krieg in den Besatzungszonen der Alliierten gegründet, weil die Sieger auch im Bankenwesen den zentralistischen Machtapparat des nationalsozialistischen Deutschlands aufbrechen wollten.

Die Bank deutscher Länder sollte in erster Linie die Entscheidungsprozesse in monetären Angelegenheiten koordinieren. Ihre Aufgaben sollten sein, »im allgemeinen Interesse die bestmögliche Verwendung der Geldmittel im Tätigkeitsbereich der angeschlossenen Landeszentralbanken herbeizuführen, die Währung sowie das Geld- und Kreditsystem zu festigen und die Geschäftstätigkeit der angeschlossenen Landeszentralbanken in Übereinstimmung zu bringen«.[9]

Zwei Jahre lang hatten die amerikanische und die britische Regierung heftig darüber gestritten, wie das neue deutsche Zentralbanksystem aussehen sollte. Die jetzt gegründete Bank deutscher Länder entsprach zwar eher den föderativen Vorstellungen der Amerikaner, doch später kamen weitere zentralistische Elemente hinzu, die mehr den Briten zusagten. Wichtiger jedoch war, daß mit Gründung der Bank die entscheidende Vorbedingung für ein Ereignis geschaffen war, dem später eine geradezu mystische Bedeutung beigemessen werden sollte: die Währungsreform vom Juni 1948, mit der die Reichsmark durch die D-Mark ersetzt wurde.

Dezentralisierung, das vorrangige Ziel der Amerikaner, bedeutete allerdings nicht, daß die neue Bank keine Macht haben sollte. Nach dem Willen der USA sollte die Bank deutscher Länder das Bankwesen stärker beeinflussen können, als die weitgehend passive Reichsbank es getan hatte. Ihr standen neue Instrumente der geldpolitischen Einflußnahme zur Verfügung, vor allem das Recht, den Geschäftsbanken Mindestreserven vorzuschreiben. Über die Mindestreserven kontrollierte die neue Bank die Zinssätze stärker, als die Reichsbank dies getan hatte. Wurden die

Mindestreservesätze angehoben, führte das tendenziell zu einer Einengung des Kreditspielraums der Banken; wurden dagegen die Mindestreservesätze gesenkt, erweiterte sich der Kreditspielraum.[10] Außerdem sollte verhindert werden, daß die Zentralbank dem Staat übermäßige Kredite gewähren konnte, die die Inflation in die Höhe getrieben hätten. Deshalb wurden die Grenzen für Überbrückungskredite an die Verwaltung des Vereinigten Wirtschaftsgebiets in den Westzonen eng gezogen.[11] Da die Notenbank in gebührendem Abstand von den Geschäftsbanken tätig sein sollte, übertrug man ihr keine Aufsichtsfunktionen über das Bankwesen. Außerdem durfte die Bank deutscher Länder im Unterschied zur Reichsbank keine Kredite an Privatkunden und Unternehmen vergeben.[12]

Paragraph 3 des Gesetzes über die Bank deutscher Länder bestimmt ausdrücklich, daß die neue Institution »nicht den Anweisungen irgendwelcher politischen Körperschaften oder öffentlichen Stellen mit Ausnahme der Gerichte unterworfen« ist.[13] Eine vollständige Unabhängigkeit wollten die Alliierten ihr aber natürlich dennoch nicht einräumen. Zumindest bis zum Ende der Besatzung sollte die Bank noch der Alliierten Bankkommission und damit der Aufsicht der westlichen Siegermächte unterstehen.[14] Die Alliierte Bankkommission konnte der Zentralbank zwar theoretisch Anweisungen erteilen, hatte jedoch in der Praxis kaum Einfluß auf die deutsche Geldpolitik.[15]

Auch wenn die Bank deutscher Länder als Institution neu war, die Männer, die sie aufbauten, gehörten eindeutig zur alten Garde. Wie in anderen Bereichen des öffentlichen Lebens konnten die Entnazifizierungsverfahren der Alliierten nicht viel mehr als verhindern, daß führende Nazis sofort wieder in leitende Positionen gelangten. Die Westmächte erkannten schnell, daß sie den westlichen Teil Deutschlands als Bollwerk gegen die sowjetische Expansion in Europa brauchten. Zu diesem Zweck mußte man qualifizierten Beamten die Leitung der Zentralbank anvertrauen, wie ja auch das Auswärtige Amt für den diplomatischen Dienst auf altbewährte Diplomaten zurückgreifen mußte und die Gerichte erfahrene Juristen auf ihre Bänke holten. Viele der neuen Notenbanker, insbesondere der Landeszentralbanken, kamen von der Reichsbank. Wenn sie den Nationalsozialismus nicht aktiv unterstützt hatten, so hatten sie ihn doch stillschweigend hingenommen.

Für viele Bankfachleute, die jetzt für die Bank deutscher Länder arbeiteten, war die neue Verpflichtung zu monetärer Rechtschaffenheit vielleicht eine schmerzlose Form der Reue für ihre Vergehen und Unterlassungssünden in der Vergangenheit. Viele waren in ihrem Verhalten von Opportunismus, Kurzsichtigkeit, Naivität oder Feigheit bestimmt gewesen. Ihre grundsätzlichen Überzeugungen in wirtschaftlichen Dingen mußten sie nun lediglich der veränderten Situation anpassen und nicht etwa vollständig über Bord werfen. Eine stabile Währung blieb ein vordringliches Ziel des neuen Staates – daran hatte sich seit Hitler nichts geändert. Diesmal waren die Umstände zur Verwirklichung des Ziels jedoch erheblich günstiger.

Die dramatische Vergangenheit der deutschen Währung steigerte die Bedeutung, die der ersten Generation der deutschen Notenbanker zukam. Als 1957 das Gesetz über die Deutsche Bundesbank in Kraft trat, übertrugen die Parlamentarier die Verfügungsgewalt über die D-Mark offiziell einer Organisation, die nicht ihrer Zuständigkeit unterstand. Aufgrund der Erfahrungen der Vergangenheit trauten sich die Politiker nicht mehr zu, die Inflation in den Griff zu bekommen. Die Männer der neuen Notenbank gewöhnten sich schnell an ihre Unabhängigkeit. Schon bald hüteten sie diese als ihr Grundrecht. Keine Regierung in Deutschland, so ahnten sie, würde je so stark oder verwegen sein, ihnen dieses Recht wieder abzuerkennen.

2. Ein Tauziehen zwischen den Alliierten

Selbst ihren Namen verdankt die Bank deutscher Länder einem Kompromiß. Eifrig darum bemüht, jede zentralistische Tendenz zu vermeiden, schlugen die Amerikaner zunächst die Bezeichnung »Länder-Union-Bank« vor, was dann auf »Union-Bank« verkürzt wurde. Die deutschen Fachleute, die an den Verhandlungen teilnahmen, lehnten diesen Namen ab und schlugen statt dessen »Deutsche Zentralbank« vor. Um alle Seiten zufriedenzustellen, einigte man sich dann auf »Bank der deutschen Länder«. Da dieser Name jedoch den Eindruck vermittelte, als ob nicht nur die westlichen, sondern auch die östlichen Gebiete in der Bank vertreten seien, strich man in letzter Minute den Artikel. So entstand der unbestimmte Name »Bank deutscher Länder«.[16]

Mitglieder des die Geldpolitik bestimmenden zentralen Gremiums der Bank waren die Präsidenten der elf Landeszentralbanken, die es 1948 in den Westzonen gab.[17] Sie wurden von den jeweiligen Länderregierungen ernannt. Die Leitung lag in der Hand zweier weiterer Mitglieder: des Präsidenten des Zentralbankrats und des Präsidenten des Direktoriums, des geschäftsführenden Vorstands, der die täglichen Geschäfte abwickelte. Der Zentralbankrat wählte die beiden Präsidenten und die anderen Direktoriumsmitglieder, doch die Wahl mußte von den Vertretern der Alliierten in der Alliierten Bankkommission abgesegnet werden. Die Direktoriumsmitglieder nahmen an den Sitzungen des Zentralbankrats teil, hatten jedoch keine Stimme. Nach der Verabschiedung des Bundesbankgesetzes 1957 wurde dies anders. Von nun an galt die Stimme der Direktoriumsmitglieder im Zentralbankrat ebensoviel wie die der Landeszentralbankpräsidenten.

Die Bank deutscher Länder war für die Landeszentralbanken und damit für das gesamte Bankwesen eine Art zentrale Verrechnungsstelle. Hier flossen beispielsweise die Mindestreserveeinlagen zusammen, die die einzelnen Landeszentralbanken erhoben. Anders als die Reichsbank hatte die Bank deutscher Länder das Monopol der Banknotenemission. Nach der Gründung der Bundesrepublik war sie für die staatliche Devisenbewirtschaftung zuständig und überwachte den Zahlungsverkehr mit dem Ausland durch ein Kontrollsystem, das erst abgeschafft wurde, als die D-Mark 1958 eine frei konvertierbare Währung wurde. 1950 wurde die Europäische Zahlungsunion gegründet, die den Zahlungsverkehr der europäischen Mitgliedsländer im Rahmen eines multilateralen Verrechnungssystems regeln sollte; Ländern mit Zahlungsbilanzdefiziten wurden automatisch Kredite gewährt, ein Mechanismus, der für die junge Bundesrepublik von großem Nutzen war.

Die Alliierten wollten einen klaren Bruch mit der Vergangenheit, wie der amerikanische und der britische Militärgouverneur deutlich betonten:

Anders als die ehemalige Reichsbank wird die Bank deutscher Länder nicht direkt mit den anderen Banken um private Gelder konkurrieren, und sie wird nicht der Vorherrschaft des Staates unterstehen. Auf der anderen Seite wird sie einen größeren Einfluß auf die allgemeinen monetären Verhältnisse haben, weil sie die Mindestreservesätze festsetzen kann. Wir hoffen, daß es so möglich ist, die vielen unerwünschten geld- und kreditpolitischen Taktiken zu unterbinden, die die deutschen Zentralbanken in der Vergangenheit angewendet haben.[18]

Nur mühsam gelang es den beiden einstigen Kriegsverbündeten, für beide Seiten akzeptable Kompromisse zu finden. Die Pläne für den Wiederaufbau des deutschen Währungssystems boten nach Kriegsende immer wieder Anlaß zu heftigen Auseinandersetzungen. Großbritannien plädierte dafür, die schlimmsten Nazis aus der alten zentralistischen Reichsbank zu entfernen und auf dieser Grundlage eine neue Zentralbank in den westlichen Ländern aufzubauen. Die Briten waren für die krisengeschüttelte Kohle- und Stahlindustrie in der nördlichen Besatzungszone verantwortlich und befürchteten, ein vollständiger Umbau des Bankwesens würde die Probleme der deutschen Wirtschaft weiter verschärfen. Der Freundschaft zwischen Montagu Norman und Hjalmar Schacht folgend, hatten in den dreißiger Jahren viele Beamten der Bank of England gute Kontakte zu ihren Kollegen von der Reichsbank gepflegt. Die britischen Beamten, die nach dem Krieg für Finanzpolitik zuständig waren, waren im allgemeinen überzeugt, daß deutsche Finanziers und Industrielle, die in die Kriegsvorbereitungen verwickelt gewesen waren, sich kaum anders verhalten hatten als ihre amerikanischen oder englischen Kollegen.

Die Amerikaner dagegen waren weniger nachsichtig und wollten streng durchgreifen. Während die kriegsmüden Briten den Weg des geringsten Widerstands suchten, waren viele Vertreter der amerikanischen Regierung entschlossen, weiterhin die Unterwerfung der Nazis als oberstes Ziel beizubehalten. Aus dieser Überzeugung erwuchs der Wunsch, ausgleichende Gerechtigkeit zu üben; das, so die Argumentation der Amerikaner, geschehe am besten durch die Zerschlagung der alten Strukturen der deutschen Kriegswirtschaft. Dazu gehörten auch die letzten Überbleibsel der Reichsbank.[19]

Joseph Dodge, der frühere Präsident der Detroit Bank and Trust Company, kam 1945 als Leiter der Finanzabteilung des Office of Military Government of the United States (OMGUS) nach Deutschland.[20] Ziel der USA sei es, so Dodge, »sicherzustellen, daß die deutsche Finanzwelt nie mehr den Frieden in der Welt stören kann.«[21] Als Dodge 1946 die amerikanischen Vorschläge für die neue Zentralbank erläuterte, betonte er vor allem, was die Bank nicht mehr sein sollte:

Die geplante Bank ist, das sollte man unterstreichen, keine regierungseigene Institution; sie ist auch nicht in Privatbesitz; sie ist keine zentrale Finanzbehörde, auch wenn sie vergleichbare Aufgaben übernehmen kann. Diese Institution wird nicht, wie sonst üblich, auf nationaler Ebene gegründet, um dann regionale Zweigstellen zu eröffnen, sondern sie entsteht von unten her und hat ihre Wurzeln in den Banken der Länder. Dennoch kann die Bank für Deutschland insgesamt zuständig sein.[22]

Schon mit dem Beschluß der britischen Regierung unmittelbar nach Kriegsende, die Hamburger Reichsbankleitstelle und damit die alte Reichsbankstruktur im Norden Deutschlands beizubehalten, wurde deutlich, daß Großbritannien die von den USA favorisierten Dezentralisierungsmaßnahmen ablehnte.[23] Die Reichsbankleitstelle übernahm die Leitung der Zweigstellen der Reichsbank im Nordwesten, die seit der Schließung der Berliner Hauptverwaltung ohne zentrale Führung gewesen waren. Zum Präsidenten und zum Vizepräsidenten der Hamburger Bank machten die Briten zwei frühere Direktoriumsmitglieder der Reichsbank, die die Bank nach dem Eklat vom Januar 1939 verlassen hatten, Ernst Hülse und Wilhelm Vocke.[24] Beide waren den Briten über die Bank für Internationalen Zahlungsausgleich, deren beigeordneter Generaldirektor Hülse von 1930 bis 1935 gewesen war, gut bekannt.[25]

Anfang 1947 verschärften die Briten ihren Widerstand gegen die amerikanischen Dezentralisierungspläne. Das Potsdamer Dreimächteabkommen vom August 1945, argumentierten sie, sehe eine »zentrale finanzielle Kontrolle« in Deutschland als notwendig vor.[26] Charles Gunston von der Bank of England,[26] der viele Freunde unter den ehemaligen Reichsbankbeamten hatte, die vehement gegen die Zerschlagung der alten Zentralbank opponierten, nannte Dodges Vorschläge »blödsinnig«.[28] In einem ungewöhnlich scharf formulierten Memorandum warnten die britischen Behörden, die Realisierung der amerikanischen Vorschläge könne der Rückkehr des Totalitarismus den Weg bereiten: »Errichtet man ein zu stark dezentralisiertes System, das dann in einer ähnlichen Finanzkatastrophe endet, wie Deutschland sie von 1926 bis 1933 erlebt hat, könnte dies einer zentralistischen und militaristischen Partei Auftrieb geben und sie womöglich wie 1933 an die Macht bringen.«[29]

Obwohl auch General Lucius Clay die Dezentralisierung stark befürwortete, war der amerikanische Militärgouverneur doch eher zu Verhandlungen mit den Briten bereit als sein Finanzberater Jack Bennett.[30] Im Herbst 1947 signalisierte Washington Kompromißbereitschaft, da man erkannt hatte, daß nur ein stabiler Staat im Westen Deutschlands als Bollwerk gegen die sowjetische Expansion dienen konnte. Eine »Länder-Union-Bank«, führte Clay aus, »bedeutet keine übermäßige Zentralisierung, die in Zukunft gefährlich werden könnte, solange das Kapital in den Händen der Landeszentralbanken verbleibt, die gemeinsam die Zusammensetzung des Zentralbankrats bestimmen... Da nun die schlimmsten Übel des Reichsbanksystems ausgemerzt sind, wäre ich bereit, eine dementsprechende Vereinbarung als Kompromiß mit der britischen Position zu akzeptieren.«[31]

In ihrem Kampf gegen die Dezentralisierung mußten die britischen Behörden immer wieder erkennen, daß ihnen kaum etwas anderes übrig blieb, als sich dem »Druck des Dollars« zu beugen.[32] Aber im Gegenzug zur Aufgabe ihrer Zentralisierungspläne konnten sie den USA wichtige Zugeständnisse abringen.[33] Man einigte sich über die Schaffung eines bizonalen öffentlichen Haushaltes, wodurch sich die Kosten für die teuren Subventionen an die Kohle- und Stahlindustrie in der britischen Besatzungszone halbierten. Die USA und Großbritannien einigten sich außerdem auf die Gründung der Kreditanstalt für Wiederaufbau, die in beiden Zonen, also auch im britisch besetzten Ruhrgebiet, den industriellen Wiederaufbau finanzieren sollte.[34]

Cameron Cobbold, der Vizegouverneur der Bank of England, erklärte, die Struktur, die man der Bank deutscher Länder geben wolle, sei eine Verbesserung der amerikanischen Vorschläge. »Die Tatsache, daß es in den Westzonen keine zentrale fiskalische oder Notenbankkontrolle gibt, sei aber eine Schwäche.«[35] Sobald die Leitung der Bank deutscher Länder vollständig in deutscher Hand lag, sollten die ehemaligen Reichsbanker genau diesen Punkt deutlich herausstreichen.

3. »Die Yankees fielen beinahe in Ohnmacht«

Am 2. April kamen die verantwortlichen Führungskräfte der Bank deutscher Länder zu einer entscheidenden Sitzung zusammen. Die Bank bestand bereits seit über einem Monat, hatte jedoch keine richtige Geschäftsführung. Der Zentralbankrat mußte zwei Präsidenten wählen, einen für den Zentralbankrat und einen für das Direktorium, wobei letzterer als Stellvertreter des ersten fungieren sollte. Es sollte noch zwei weitere lange Monate dauern, bis das Problem vom Tisch war. Doch auf der Sitzung vom 2. April kam es zur ersten Kraftprobe zwischen den deutschen Bankern und ihren offiziellen Vorgesetzten von der Alliierten Bankkommission; zum erstenmal im Nachkriegsdeutschland zeigten sich hier Ansätze einer unabhängigen Zentralbankpolitik.

Mit der Wahl von Otto Schniewind, der vor dem Krieg dem Direktorium der Reichsbank angehört hatte,[36] und Hermann Josef Abs, dem prominentesten Vorstandsmitglied der Deutschen Bank während des Krieges,[37] signalisierte der Zentralbankrat unmißverständlich seine Bereitschaft zum Widerspruch. Da die amerikanischen Besatzungsbehörden Einspruch erhoben, konnten die beiden bekannten, aber politisch belasteten Finanzspezialisten ihr Amt nicht antreten. Durch die eigenständige Politik gegen die Wünsche der Besatzungsmächte gab der Zentralbankrat jedoch hier erstmals zu verstehen, was er in den kommenden Jahrzehnten unablässig wiederholen sollte: Man wollte selbständig, ohne fremde Mitsprache, den Kurs der Bank bestimmen.

Schniewind wie Abs verfügten in reichlichem Maße über die drei Eigenschaften, die für eine Karriere als Banker im Dritten Reich unabdingbar waren: rasche Auffassungsgabe, technokratischer Sachverstand und politische Anpassungsfähigkeit. Sie profitierten von ihren guten Beziehungen zu führenden Köpfen des Nazi-Regimes. Später gehörten sie zum Umkreis der Gegner Hitlers. Nach dem Attentat auf den Führer im Juli 1944 wurde Schniewind von den Nazis interniert, da die Gestapo seinen Namen auf einer Liste gefunden hatte, auf der die Verschwörer ein Schattenkabinett für die Zeit nach Hitler zusammengestellt hatten.[39] Abs, nach dem Krieg Deutschlands mächtigster Geschäftsbankier, behauptete nie, am Widerstand gegen das Hitler-Regime teilgenommen zu haben: er sei kein Held, sondern Bankier. Einer seiner Lieblingssprüche war: »Ein Mann, den die Nazis weder eingesperrt noch gehängt noch erschossen haben, kann sich nicht als Widerstandskämpfer gegen Hitler bezeichnen.« 1948 war er den Briten in der nördlichen Besatzungszone beinahe schon so unentbehrlich wie ehemals den Wirtschaftsbossen des Dritten Reiches.[39]

Den vorläufigen Vorsitz bei der zukunftsweisenden Zentralbankratsitzung am 2. April hatte Otto Veit inne, der Präsident der hessischen Landeszentralbank. Der ehemalige Wirtschaftsjournalist war ein gebildeter, eigensinniger und eitler Mensch. Daß seine Mutter eine »nicht-arische« Engländerin war, machte ihm in der Nazizeit das Leben sehr schwer. Dennoch schaffte er aufgrund seines Könnens, auch im Krieg seine Stellung in einer »arisierten« Bank zu behalten.[40] Veit sammelte zunächst die schriftlichen Vorschläge der anwesenden Mitglieder des Zentralbankrats und teilte seinen Kollegen dann mit, die Alliierten hätten ihre Meinung zu einer Reihe potentieller Kandidaten bereits deutlich gemacht. Insgesamt dreißig Namen waren für die drei Spitzenpositionen der Zentralbank vorgeschlagen worden. Man brauchte einen Präsidenten des Zentralbankrats sowie einen Präsidenten und einen Vizepräsidenten des Direktoriums.[41] Die Alliierte Bankkommission, enthüllte Veit, habe bereits mehrere der auf der Liste Genannten als »nicht akzeptabel« bezeichnet, darunter aufgrund amerikanischer Einwände auch Abs und Schniewind.[42] Die Bedenken der USA kamen nicht überraschend. Die oberste amerikanische Militärbehörde in Deutschland OMGUS hatte kurz zuvor eine Untersuchung über die Tätigkeiten der Deutschen Bank während des Kriegs abgeschlossen, in der Abs an herausragender Stelle als Planer der Raubzüge der Bank durch das besetzte Europa genannt wurde.[43]

Die Zentralbanker setzten sich dennoch bewußt über die Einwände der Alliierten hinweg. Zum Präsidenten des Zentralbankrats wählten sie Schniewind mit acht Stimmen bei drei Gegenstimmen; zu seinem Stellvertreter und zum Präsidenten des Direktoriums Abs mit sieben Stimmen bei vier Gegenstimmen. An der Sitzung des Zentralbankrats nahmen auch Vertreter der britischen und amerikanischen Regierung im Auftrag der Finanzdivision der Alliierten teil. Ein Vertreter der Bank of England berichtete, die Amerikaner seien schockiert darüber gewesen, daß der Zentralbankrat ihre Empfehlungen ignoriert habe. »Als Abs' Name verkündet wurde, fielen die Yankees beinahe in Ohnmacht.«[44]

Schniewind und Abs waren selbst überrascht. Als sie das Wahlergebnis erfuhren, teilten sie dem Zentralbankrat mit, sie hätten »Bedenken«, die Wahl anzunehmen, »vor allem weil wir Zweifel hegen mußten, ob wir mit der Billigung der Besatzungsmächte nach deren bisheriger Einstellung uns beiden gegenüber rechnen konnten.«[45] Beide Männer wußten, daß sie den Amerikanern nicht genehm waren, und sie wollten nicht offen abgelehnt werden. Was nun folgte, war eine äußerst langwierige und schwierige Prozedur, die nur dem Ziel diente, daß die beiden das Gesicht wahren konnten. Als Vorbedingung für die Übernahme der Führung stellten Abs und Schniewind eine Forderung, die, wie sie wußten, unerfüllbar war: Das Gesetz über die Bank deutscher Länder sollte dahingehend verändert werden, daß der Einfluß des Präsidenten und seines Stellvertreters auf Kosten der Landesvertreter gestärkt würde. Dies sei, so beharrten sie, »unabdingbar« für eine wirksame Bekämpfung der Inflation. Schniewind und Abs verlangten ein Vetorecht bei Beschlüssen über die Kreditvergabe an Regierungsbehörden.[46] Mit diesen Forderungen glaubten die beiden Banker ein geschicktes und überzeugendes Mittel gefunden zu haben, ihre Kandidatur für ein Amt unmöglich zu machen, das ihnen die Amerikaner ohnehin verweigert hätten.[47]

Auf der nächsten Sitzung am 14. April wurde die Abneigung der Amerikaner gegen Schniewind und Abs vollends offenkundig. Die Vertreter der USA legten dem Zentralbankrat Dossiers vor, die die Aktivitäten der beiden Männer während des Krieges belegten. Zwar war keiner der beiden NSDAP-Mitglied gewesen, und beide waren in Entnazifizierungsverfahren der Nachkriegszeit entlastet worden.[48] Doch nach den Dokumenten, die dem Zentralbankrat nun vorlagen, hatte Schniewind seine Mitgliedschaft im Reichsbund der Beamten verschwiegen, außerdem hatte er möglicherweise von der Arisierung der Firma Telefonbau und Normalzeit profitiert, deren geschäftsführender Vorstandsvorsitzender er später wurde.[49] Abs wurde durch das Material noch schwerer belastet: In einem neunseitigen Bericht war detailliert ausgeführt, welche Rolle der Finanzexperte als »einer der wichtigsten Banker im Dritten Reich« gespielt hatte. So sei er an der Arisierung jüdischer Betriebe beteiligt und für »Partei und Regierung von großem Nutzen gewesen, da die von ihm geleitete Bank für die Regierung Geschäfte in den besetzten Ländern abwickelte«.[50] Die Amerikaner legten außerdem ostentativ auf einen Stuhl im Konferenzraum den fünfbändigen OMGUS-Bericht über die Geschäfte der Deutschen Bank während des Kriegs. Daß sie Abs ablehnten, stand somit fest.[51]

Die nächste Sitzung des Zentralbankrats fand am 21. April statt. Die Vertreter der Bank beantragten nun offiziell bei der Alliierten Bankkommission, das Gesetz über die Bank deutscher Länder den Wünschen Schniewinds und Abs' entsprechend zu ändern. Die Bankkommission lehnte den Antrag wie erwartet ab.[52] Nach zwei weiteren ergebnislosen Konferenzen zogen beide Männer am 5. Mai ihre Kandidatur zurück.[53] Enttäuscht darüber äußerte sich unter anderem Konrad Adenauer, der über ein Jahr später der erste Kanzler der Bundesrepublik werden sollte.[54]

Auf der Sitzung am 5. Mai versuchte der Zentralbankrat der Bank deutscher Länder dann erneut, einen zweiköpfigen Vorstand zu wählen. Zum Präsidenten des Zentralbankrats wurde Karl Bernard gewählt, ein ehemaliger Beamter des Reichswirtschaftsministeriums, der 1931 an der Umsetzung von Brünings Notverordnungen beteiligt gewesen war. Bernard, der wegen seiner Ehe mit einer Jüdin Schwierigkeiten mit den Nazis gehabt hatte, war während des Krieges Direktor einer Frankfurter Hypothekenbank.[55] Zum Präsidenten des Direktoriums wollte der Zentralbankrat das frühere Reichsbankmitglied Wilhelm Vocke machen, der eben erst Erfahrungen als Berater der Briten in Hamburg gesammelt hatte. Bernard nahm das Amt des Präsidenten des Zentralbankrats an, doch Vocke, aus der Sitzung heraus telefonisch verständigt, lehnte ab.[56]

Der Zentralbankrat blieb hartnäckig und wählte unmittelbar darauf einen anderen ehemaligen Reichsbanker zum Präsidenten des Direktoriums: Bodo von Wedel, der die Abteilung Auslandsschulden der Reichsbank geleitet hatte. Von Wedel galt als Gegner der Nazis.[57] Gegen Ende des Kriegs hatte er das Eigentum britischer und amerikanischer Banken in Deutschland verwaltet, ein Amt, das ihm enge Kontakte zur anglo-amerikanischen Finanzwelt verschaffte. Doch wieder wurde den Notenbankern ein Strich durch die Rechnung gemacht. Von Wedel, der sich immer noch von einer schweren Krankheit erholte, lebte seit fast vier Jahren in den Schweizer Bergen und wollte nicht nach Deutschland zurückkehren. In einem melodramatischen Brief an Veit bereicherte der ehemalige Reichsbanker die Debatte um die Besetzung der Präsidentenschaft um ein etwas abwegiges, auf seine Ernährung bezogenes Argument: »Ich bin absoluter Vegetarier und Abstinent und lehne darüber hinaus auch einige weitere Nahrungsmittel und fast alle Genußmittel ab. Dagegen brauche ich frisches Obst, Frischgemüse, Nährmittel und Pflanzenfette.«

Die zuständigen Behörden der Alliierten müßten die Bereitstellung dieser Lebensmittel garantieren.[58]

Nachdem von Wedel abgelehnt hatte, wandte sich der Zentralbankrat wiederum an Vocke, der am 19. März schließlich seine Bereitschaft signalisierte, Präsident des Direktoriums zu werden.[59] Er wurde mit acht zu drei Stimmen gewählt. Da Vocke wie alle Juristen zur Vorsicht neigte, teilte er Bernard in einem Telegramm mit, er werde das Amt nur antreten, wenn die Besatzungsmächte seine Wahl billigten. Die Alliierten waren einverstanden.[60]

Vocke reiste pünktlich zur nächsten Sitzung des Zentralbankrats am 1. Juni 1948 nach Frankfurt und blieb bis Ende 1957. Der 62jährige Reichsbanker sorgte in den folgenden neuneinhalb Jahren mit Unterstützung zahlreicher früherer Kampfgenossen dafür, daß manche alte Reichsbanktradition weitergeführt wurde. Ein Vierteljahrhundert später erinnerte er sich mit Vergnügen daran, wie er und seine Kollegen erfolgreich die amerikanischen Dezentralisierungspläne für die neue Notenbank vereitelt hatten. Die Amerikaner, schrieb Vocke, wollten auf keinen Fall eine »straffe Zentralisierung der Währungspolitik« in der Bundesrepublik. »Es ist mir heute noch beinahe rätselhaft«, fügte er selbstgefällig hinzu, »wie wir es trotzdem geschafft haben.«[61]

4. Eine gewisse Flexibilität

Die Präsidenten der elf regionalen Zentralbanken, die im ersten Zentralbankrat der Bank deutscher Länder saßen, waren eine buntgemischte Schar aus Verwaltungsbeamten, Bankern und Volkswirten. Einige hatten als deutsche Experten an dem sogenannten »Konklave« teilgenommen, das die Amerikaner und Briten zur Vorbereitung der Währungsreform abhielten. Zwei Monate lang traf man sich in streng bewachten Baracken in Rothwesten in der Nähe von Kassel und arbeitete praktikable Vorschläge aus, wie der riesige Überhang an Reichsmark, der nach dem Zusammenbruch des Dritten Reiches übriggeblieben war, abgebaut werden konnte.[62]

Das »Konklave« hatte keinen Einfluß auf die Entscheidung, wann die Währungsumstellung stattfinden sollte. Am Freitag, dem 18. Juni, wurde bekanntgegeben, die Währungsreform werde am folgenden Montag in Kraft treten. Die Bank deutscher Länder hatte mit diesen Vorgängen nicht direkt zu tun. Im ersten Schritt der Währungsumstellung bekam am Sonntag, dem 20. Juni, jeder Westdeutsche ein Kopfgeld von vierzig D-Mark ausgehändigt.[63] Laufende Zahlungen wie Löhne und Renten wurden zwar eins zu eins von der alten Reichsmark auf die neue D-Mark umgestellt, doch Bankguthaben schrumpften gewaltig: Als im Oktober die Sparkonten umgestellt wurden, schrieb man für hundert Reichsmark nur 6,50 D-Mark gut.[64]

Ludwig Erhard, Direktor für Wirtschaft in der britisch-amerikanischen Bizone, warb in einer Radioansprache um Vertrauen: »Ich appelliere nicht an einen dumpfen, nebelhaften Glauben, nicht an das Wunder der Unvernunft, wenn ich unser Volk in seinem Vertrauen in unsere neue Währung bestärken möchte, sondern ich appelliere gerade umgekehrt an den gesunden Sinn, die Einsicht und die Erkenntniskraft von Ihnen allen.«[65] Die Geburt der D-Mark war ein Anreiz für Geschäfte und Fabriken, bislang gehortete Waren zum Verkauf anzubieten. Die Waren wurden aus den Lagern geholt, weil jedermann wußte, daß von nun an das Geld, das man dafür erhielt, einen echten Wert hatte. Wer jedoch Geld auf dem Sparkonto hatte, erlitt durch die Währungsreform schwere Verluste. Besonders hart wurden ältere Menschen getroffen, die oft nicht fassen konnten, daß ihr Sparguthaben verschwunden war. Viele Familien standen auf einmal ohne Geld da. »Es müssen herzlose Menschen sein, die, ohne davon beeindruckt zu werden, täglich das Leid, die Verbitterung, aber auch die stille Traurigkeit und viele Tränen sehen«, schrieb ein Angestellter der Wetzlarer Sparkasse im Oktober 1948. Er schilderte bedrückende Szenen, die sich am Bankschalter abspielten. In einem Bericht der Rheinprovinz-Sparkasse heißt es: Eine Witwe von dreiundachtzig Jahren »verkaufte 1920 ihr Besitztum und legte das Geld bei uns an. Durch die erste Inflation ging 3/4 verloren. Bei unserer Sparkasse verblieben rd. RM 15 000, die vor der Geldneuordnung lange gereicht hätten. Es sind rd. DM 1000 verblieben... Nach dem 20. Juni mußte sie zur Wohlfahrt gehen.«[66]

Schicksale wie diese machen deutlich, welche Probleme der Zentralbankrat der Bank deutscher Länder zu bewältigen hatte. Flexibilität war dabei ebenso vonnöten wie Standfestigkeit. Die Mitglieder des Zentralbankrats hatten zwei Dinge gemeinsam: Sie hatten überlebt, und sie hatten sich dem Willen der Alliierten Besatzungsmächte unterworfen. Anfangs waren nur zwei ehemalige Reichsbanker vertreten: Hülse, der Präsident der nordrhein-westfälischen Landeszentralbank in der britischen Zone, und Karl Mürdel von der Landeszentralbank von Württemberg-Hohenzollern, das zur französischen Zone gehörte.[67] Die britische Regierung hatte ihren Respekt für Hülse bereits dadurch gezeigt, daß sie ihn zum Präsidenten der Hamburger Reichsbankleitstelle gemacht hatte; außerdem war er der Wunschkandidat der Briten für das Amt des Präsidenten des Zentralbankrats. Der Technokrat Hülse fühlte sich jedoch stark der alten Arbeitsweise der Reichsbank verpflichtet, und genau deshalb begegneten ihm die amerikanischen Behörden mit dem größten Mißtrauen und lehnten es rundheraus ab, ihn zum Leiter der neuen Zentralbank zu machen.[68] Bennett, der Finanzberater des amerikanischen Militärgouverneurs,[69] erklärte, die Ernennung dieses Mannes, »der früher Schachts rechte Hand war«, zum Chef der Bank deutscher Länder wäre »eine Katastrophe«.[70]

Ehemalige Mitglieder der NSDAP sollten, so das politische Ziel der Alliierten, im öffentlichen Leben keinen Platz mehr haben. 1948 war Mürdel der einzige Ex-Nazi unter den elf Präsidenten der Landeszentralbanken, ein überraschender Fehler der französischen Militärverwaltung in Südwestdeutschland.[71] Sobald der Einfluß der Alliierten schwand, drängten die ehemaligen NSDAP-Mitglieder verstärkt in ihre alten Positionen, so daß ihr Anteil an Sitzen im Zentralbankrat dramatisch zu steigen begann. 1958, im ersten vollständigen Geschäftsjahr der Bundesbank, als der Zentralbankrat um die Direktoriumsmitglieder erweitert wurde, waren fünf der neunzehn Mitglieder ehemalige Nationalsozialisten.[72] 1968 saßen acht frühere NSDAP-Mitglieder in dem nun zwanzigköpfigen Gremium.[73] Zieht man weitere führende

Beamte der Landeszentralbank mit in Betracht, wird dieser Trend noch deutlicher.[74] Von insgesamt vierunddreißig Beamten der Bundesbankleitung (den sogenannten »Organmitgliedern«, d. h. den Mitgliedern des Zentralbankrats und den Vorstandsmitgliedern der Landeszentralbanken) waren 1958 dreizehn (achtunddreißig Prozent) frühere Parteimitglieder. Bis 1968 war dieser Anteil auf achtzehn von vierunddreißig (dreiundfünfzig Prozent) gestiegen.[75]

Die Männer, die 1948 im Zentralbankrat der Bank deutscher Länder saßen, hatten ganz unterschiedliche Lebensgeschichten. Wilhelm Boden gehörte zu den prominenteren Mitgliedern. Die Nazis hatten den ehemaligen Zentrumspolitiker und preußischen Staatsbeamten nach der Machtergreifung 1933 aus dem Amt gejagt.[76] 1946/47 war er für kurze Zeit erster Ministerpräsident des neu gegründeten Bundeslands Rheinland-Pfalz gewesen. Auch der Hamburger Karl Klasen war politisch unbeschadet durchs Dritte Reich gekommen. Der Sozialdemokrat, der in den dreißiger Jahren in der Deutschen Bank Karrierre gemacht hatte, saß bei Kriegsende in amerikanischer Gefangenschaft. Der Banker Max Sentz, der Niedersachsen vertrat, war von 1936 bis 1946 geschäftsführender Direktor der Deutschen Girozentrale gewesen, der Zentralorganisation des deutschen Sparkassenwesens. Während des Krieges saß er im Beirat der Reichsbank, wo er allerdings, wie er später betonte, lediglich eine repräsentative Funktion gehabt habe.[77]

Zwei weitere Banker des Zentralbankrats waren Hermann Tepe aus Bremen[78] und der schleswig-holsteinische Zentralbankpräsident Otto Burckhardt, ein bekannter Finanzier, der 1938 an der »Arisierung« der in Essen ansässigen jüdischen Privatbank Simon Hirschland beteiligt war. Die Bank wurde später in Burckhardt und Cie. umgetauft.[79]

Ein Mann, der sich rasch als stimmgewaltiges Mitglied des Zentralbankrats einen Namen machte, war Otto Pfleiderer, ein Volkswirt, der die Landeszentralbank von Württemberg-Baden leitete.[80] Pfleiderer konnte eine solide akademische Ausbildung an vier deutschen Universitäten vorweisen und war lange Zeit in der Reichs-Kredit-Gesellschaft tätig gewesen; die Amerikaner hatten nach dem Krieg große Pläne mit ihm vor. Vor 1945 war Pfleiderer beredt für eine national ausgerichtete Wirtschaft und die Vormachtstellung der Reichsmark in Europa eingetreten,* wobei er die finanziellen Lasten, die die Kriegsvorbereitungen der deutschen Wirtschaft aufbürdeten, als viel zu niedrig einschätzte.[81] 1945 erhielt er eine hohe Stelle im Finanzministerium von Württemberg-Baden,[82] und 1948 nahm der Finanzexperte am »Konklave von Rothwesten« teil.[83] Pfleiderer gehörte inzwischen zu den Kritikern der Reichsbank. Seinem Einfluß ist es in erster Linie zu verdanken, daß zahlreiche Berliner Volkswirte, die nicht in der Reichsbank gewesen waren, in das Direktorium der Bank deutscher Länder gerufen wurden, darunter Erich Zachau, Bernhard Benning (Pfleiderers Vorgesetzter in der Reichs-Kredit-Gesellschaft), Eduard Wolf und später Otmar Emminger.[84]

Ein anderes Mitglied des Zentralbankrats der Bank deutscher Länder mit wechselvoller Vergangenheit war das frühere Mitglied des Reichsbankdirektoriums Hülse, dessen Verhältnis zu den Nazis ungewöhnlich kompliziert gewesen war. Vor seiner Entlassung aus der Reichsbank 1939 trat Hülse, zumindest in der Öffentlichkeit, trotz mancher Zweifel für die Wirtschaftspolitik der Nazis ein.[85] Ihm blieb keine andere Wahl, als dem neuen Regime in der Öffentlichkeit Beifall zu klatschen, denn man beobachtete ihn mißtrauisch, weil seine Frau »Halbjüdin« war. Das nationalsozialistische Hetzblatt *Der Stürmer* griff ihn deshalb Mitte der dreißiger Jahre sogar direkt an.[86] Während der dreieinhalb Jahre, die er ab 1935 im Direktorium der Reichsbank saß, tat Hülse, was er konnte, um die Kredite zur Finanzierung der Aufrüstung möglichst niedrig zu halten.[87] Nach dem Krieg sagte er, von allen Direktoriumsmitgliedern der Reichsbank habe man nur ihn in den dreißiger Jahren nicht aufgefordert, »repräsentative Aufgaben für Partei und Reichsregierung« zu übernehmen.[88] Angesichts seiner offensichtlichen Vorbehalte gegenüber dem Regime ist es um so pikanter, daß er Verlautbarungen der Reichsbank unterzeichnete, in denen die Banken aufgefordert wurden, die Kredite an jüdische Firmen zu beschränken[89], oder zu pünktli-

---

* Siehe Kapitel V

cher Teilnahme an Parteiveranstaltungen der Nazis aufgerufen wurde.[90]

Wenn Hülse als in der Tradition verwurzelter Notenbanker gelten kann, so war Veit, der 1948 zeitweilig Vorsitzender des Zentralbankrats war, eine eher unkonventionelle Persönlichkeit. Trotz des hohen Ansehens, das er mit theoretischen Arbeiten zu währungspolitischen Fragen erworben hatte, war Veit in erster Linie Historiker und Philosoph. Sein Horizont reichte weit über Wechselkurse und Preisindizes hinaus; er verfolgte mit Vorliebe die feinen Verästelungen von Metaphysik und Ethik. Besonders faszinierten ihn Ambivalenzen, wie sie für den Charakter vieler Notenbanker typisch sind. Er war kein Anhänger der bequemen Ansicht, die Welt könne nach festen Regeln regiert werden. Auf einer Feier anläßlich seines fünfzigsten Geburtstags und zugleich seiner Berufung zum Professor erläuterte er Verehrern und Freunden in einer Ansprache seine von Agnostizismus oder gar Anarchismus geprägte Weltanschauung:

Das einzige Gesetz der Geschichte, das der wissenschaftlichen Betrachtung sich darbietet, ist die Gesetzlosigkeit. Das gilt in ganz besonderem Maße für die geschichtliche Entwicklung des menschlichen Geistes. Hier erblicken wir krasse Antinomien, ja – wie ich zu zeigen versucht habe – ambivalente Tendenzen, die in einer Epoche, in einem Volk, in einem Menschen nebeneinander bestehen. Die Wurzeln des Zweiten Weltkrieges, die bis in die Zeit der Aufklärung oder noch weiter zurückreichen, sind nicht bloßzulegen ohne die Erkenntnis solcher Antinomien und Ambivalenzen. Ein Beispiel aus der Zeit, die wir erlebt haben, wäre etwa das Nebeneinander der extremsten Elemente von Gut und von Böse in der Einstellung der Mehrzahl aller Deutschen zur Tyrannei und ihrem äußeren Erfolg. Wo läßt sich hier ein Gesetz, eine historische »Ordnung« erblicken?[91]

Veits Einstellung zu Hitlers Wirtschaftspolitik war selbst widersprüchlich. Wie viele Wirtschaftswissenschaftler in Deutschland und im Ausland vertrat er in den dreißiger Jahren die stark an Keynes orientierte Theorie, daß staatliche Eingriffe in den Wirtschaftskreislauf zu befürworten seien. Die Voraussetzungen dafür, schrieb er in einem 1937 veröffentlichten Werk, seien in Deutschland besser als anderswo:

Dieses [nationalsozialistische] System, dessen Tragfähigkeit anfangs von vielen Seiten angezweifelt worden war, wurde durchgeführt mit erstaunlicher Konsequenz und unerwartetem Erfolg. Eine wesentliche Voraussetzung bot der festgefugte Boden des nationalsozialistischen Staates. In demokratischen Ländern wäre das Funktionieren so weitgehender Zwangseingriffe kaum denkbar.[92]

Die Welt brauche, so Veit 1938, »eine systematische Förderung der Investition, etwa in der Art, wie sie in Deutschland mit einem weithin bewunderten Erfolg durchgeführt worden ist«.[93] Zwei Monate nach Kriegsausbruch sagte er: »Deutschland und vielleicht auch die anderen kriegführenden Länder sind im Begriff zu beweisen, daß Investitionsaufgaben, die entweder rentabel oder vom Staat gestellt sind, auf alle Fälle gelöst werden können. Die Frage der Finanzierung ist stets sekundär.«[94] Als jedoch nach 1945 das tatsächliche Schicksal der Reichsmark offenbar wurde, stellte sich heraus, daß die Frage der Finanzierung keineswegs zweitrangig war. 1961 war Veit wie alle anderen ein gutes Stück klüger geworden:

Für... das Unterschätzen der Fernwirkungen geldwirtschaftlicher Vorgänge braucht man deutschen Lesern kaum Beispiele zu nennen... Im Zweiten Weltkrieg glaubte man, die Kriegsfinanzierung lasse sich »unsichtbar« oder »geräuschlos« und damit ohne eigentliche Folgen abwickeln. Auch hier vertraute man auf technische Methoden, auf systematische Tricks.[95]

5. Die alte Garde kehrt zurück

Als Vocke das Direktorium der Bank deutscher Länder in Frankfurt aufzubauen begann, zeichnete sich ab, daß in der neuen Bank viele ehemalige Beschäftigte der Reichsbank wieder in leitender Position tätig sein würden, ob den Alliierten das gefiel oder nicht. Vier der sechs Mitglieder des ersten Direktoriums (einschließlich Vocke) hatten schon in der alten Notenbank gedient.[96] Bis 1969, als Blessing die Bundesbank verließ, saßen nie weniger als vier ehemalige Reichsbanker in dem acht- bis neunköpfigen Gremium.

Immerhin waren nicht alle diese Männer typische Vertreter des alten Systems. Wilhelm Könnecker, Vizepräsident des Direktoriums unter Vockes Führung und ehemaliger Reichsbankbeamter, hatte bereits früh seine Illusionen über die alte Reichsbank verloren und den Nazis dann echten Widerstand geleistet. Als Direktor einer Reichsbankzweigstelle in Limburg bekam Könneker Schwierigkeiten mit den dortigen Nazis, weil er sich weigerte, in die Partei einzutreten. 1938 ignorierte er das ausdrückliche Verbot, einem jüdischen Pferdehändler keine Kredite mehr zu gewähren.[97] Der jüdische Händler machte dann zwar trotzdem Bankrott, doch nach Kriegsende zeigten sich die Amerikaner von Könnekers Rückgrat beeindruckt und machten ihn zum Treuhänder der nun nicht mehr existierenden Reichsbank in der amerikanischen Zone. Der Zentralbankrat der Bank deutscher Länder wählte ihn im Juni 1948 zum Vizepräsidenten.

Der Banker und Wirtschaftsprüfer Erich Zachau, auch er ein Mitglied des ersten Direktoriums, mußte in der Nazizeit Schmähungen über sich ergehen lassen, weil er mit einer Jüdin verheiratet war. Im August 1948 übernahm er die Verantwortung für das Dezernat für Verwaltung und Organisation.[98] Außerdem leitete er erfolgreich ein gewaltiges Wohnungsbauprogramm für Beschäftigte der Bundesbank, so daß die Bundesbank Anfang der sechziger Jahre 1200 Häuser und Wohnungen an Mitarbeiter vermieten konnte. Die Karriere von Hans Treue, einem Kollegen Zachaus, folgte einem eher herkömmlichen Muster. Treue hatte in der Reichsbank die Abteilung für Devisenhandel geleitet; er wechselte bei Kriegsbeginn zur Dresdner Bank und trat damals auch in die NSDAP ein.[99] Ein Mann mit seiner Erfahrung schien im Juli 1948 bestens geeignet, als Direktoriumsmitglied Verantwortung für die internationale Abteilung zu übernehmen.

Für Bank- und Kreditwesen war im Direktorium ab März 1950 Bernhard Benning zuständig, der früher die volkswirtschaftliche Abteilung der Reichs-Kredit-Gesellschaft geleitet und im Dritten Reich lautstark die Kriegsstrategie der »geräuschlosen Finanzierung« der Haushaltsdefizite propagiert hatte.[100]* Als Benning nach fünfjähriger russischer Kriegsgefangenschaft in Frankfurt ankam, setzte er sich mit derselben Beharrlichkeit für die neuen Wirtschaftsstrukturen ein, mit der er zuvor die alten unterstützt hatte.

Verkörpert Benning ein schmales Band der Kontinuität zwischen altem und neuem System, so stellt Friedrich Wilhelm ein weit stärkeres Bindeglied dar. Der barsche, selbstbeherrschte Währungsfachmann saß von Januar 1939 bis zur Kapitulation Deutschlands im Mai 1945 im Direktorium der Reichsbank. Nach dem Krieg nannte er sich nach seinem Taufnamen Karl Friedrich Wilhelm und nahm seinen alten Job wieder auf: Im November 1948 übertrug man dem neuen Direktoriumsmitglied die Leitung der Devisengeschäfte der Bank deutscher Länder. Dieses Amt hatte er bis zu seiner Pensionierung fünf Jahre später inne.[101] Die Alliierten sprachen sich zwar zunächst gegen seine Wiedereinstellung aus, doch wie sich zeigte, konnte der Experte Wilhelm den Wegbereitern der Demokratie ebenso große Dienste leisten wie einst den totalitären Machthabern. Die Weltanschauung dieses Mannes basierte auf Bilanzen, nicht auf Ideologien. »Mit Politik habe ich mich nie befaßt«, sagte er nach dem Krieg.[102]

Wilhelm war 1914 zur Reichsbank gekommen und leitete dort in den dreißiger Jahren die Devisenabteilung. Nachdem er sich beim Anschluß Österreichs im März 1938 nützlich gemacht hatte*, berief man ihn nach der Affäre um das Memorandum vom Januar 1939 in das Direktorium der Reichsbank.[103] Unmittelbar nach der Umbesetzung des Direktoriums im Januar 1939 war Wilhelm das

---

* Siehe Kapitel V

einzige neue Direktoriumsmitglied ohne Parteibuch der NSDAP; Ende 1939 hatte er sich jedoch den Gepflogenheiten der Bank angepaßt und war ebenfalls in die Partei eingetreten.[104] Wilhelm behauptete nach dem Krieg unschuldig, er sei aus Loyalität zur Reichsbank in die Partei eingetreten. Er habe um jeden Preis in der Reichsbank bleiben wollen, »um der Reichsbank, der mein Lebenswerk galt, meine damals fachlich nicht entbehrliche Kraft zu erhalten«.[105]

Wilhelm hielt zäh an den Prinzipien der Reichsbank fest. So widersetzte er sich beispielsweise dem Plan der Nazis, die Reichsbank riesige Mengen gefälschter Rubel drucken zu lassen, mit denen nach der Invasion im Juni 1941 die Sowjetunion überschwemmt werden sollte. Um zu verhindern, daß die Notenbank sich schuldig machte, empfahl Wilhelm den Nazi-Führern, für diese Aufgabe »eine besondere Organisation« aufzubauen.[106]

Als der Krieg zu Ende war, verhaftet die Rote Armee Wilhelm in Berlin. Er kam in sieben verschiedene Kriegsgefangenenlager, litt dort Hunger und Entbehrungen und war ein kranker Mann, als man ihn im Dezember 1945 entließ. Als die Militärverwaltung der Westzonen erfuhr, daß Wilhelm auf Vockes Wunsch seine alten Aufgaben bei der Bank deutscher Länder aufnehmen sollte, lehnte sie zunächst ab.[107] Doch die Bank bestand auf ihrem Wunsch, und schließlich zahlte sich diese Beharrlichkeit aus. Im November 1948, fünf Monate vor Abschluß des im Rahmen der Entnazifizierung gegen ihn eingeleiteten Verfahrens,[108] wählte der Zentralbankrat Wilhelm in das Direktorium. Ungeachtet der Tatsache, daß die Alliierte Bankkommission seiner Wahl offiziell noch nicht zugestimmt hatte, nahm Wilhelm Anfang 1949 die Arbeit auf. Erst im Mai 1949 bestätigte die Bankkommission schriftlich Wilhelms Ernennung. Auch das war ein Zeichen dafür, wie schnell die Kommission an Einfluß verlor.[109]

6. »Die Bank trifft nicht das geringste Verschulden...«

Im Juni 1948 schien es, als habe der Zentralbankrat der Bank deutscher Länder einen idealen Kandidaten für den Posten des Chefökonomen im Direktorium gefunden. Der intelligente, 41jährige Volkswirt Victor Wrede wurde ohne Gegenstimme gewählt. Wrede, ein geachtetes ehemaliges Mitglied des Instituts für Konjunkturforschung, eines in Berlin ansässigen Wirtschaftsforschungsinstituts, kam direkt vom Konklave in Rothwesten, das die Alliierten zu Fragen der Währungsreform beraten hatte, nach Frankfurt.[110] Alle Voraussetzungen für eine Bilderbuchkarriere schienen gegeben. Tatsächlich jedoch war seine Amtszeit bei der Bank deutscher Länder kurz und verhängnisvoll. Keine achtzehn Monate später mußte Wrede zurücktreten, nachdem herausgekommen war, daß er sich hoch verschuldet hatte. Er und seine Frau begingen in ihrem luxuriösen Heim in Bad Homburg vor den Toren Frankfurts Weihnachten 1950 Selbstmord. Über die Affäre wurde sofort der Mantel des Schweigens gebreitet. Genauere Einzelheiten blieben über vierzig Jahre in den Akten verborgen.

»Die Bank deutscher Länder trifft in dieser Angelegenheit nicht das geringste Verschulden«, schrieb der Präsident des Zentralbankrats Bernard in einem vertraulichen Rundbrief an führende Politiker. »Es handelt sich um einen ›Fall‹, wie er in jeder Behörde und in jedem Betrieb sich hätte ereignen können.«[111] Das entsprach nicht ganz der Wahrheit. Wrede war ein hochrangiger Vertreter einer Institution, die um ihrer Glaubwürdigkeit in der Öffentlichkeit willen in jeder Hinsicht ein Vorbild an Rechtschaffenheit zu sein hatte. In Geldangelegenheiten durften sich die Verantwortlichen der Bank deutscher Länder nichts zuschulden kommen lassen, vor allem nicht in einer Zeit wie Ende 1950, als die Bank trotz hoher Arbeitslosigkeit (elf Prozent) eine umstrittene Hochzinspolitik durchsetzte, um den durch den Koreakrieg ausgelösten Inflationsschub zu bekämpfen.*

Wären Einzelheiten darüber, wie unglaublich nachlässig

---

* Siehe Kapitel VII

Wrede in finanziellen Dingen gewesen war, in der Öffentlichkeit bekannt geworden, hätte dies das Vertrauen in die Bank deutscher Länder in einer besonders heiklen Periode der deutschen Wirtschaftsgeschichte erschüttert. Die Notenbank hatte also gute Gründe, Stillschweigen zu bewahren.

Daß man durch Wrede in Schwierigkeiten geraten würde, hatte niemand erwartet. Er hatte beste Abschlußzeugnisse, war nie Mitglied einer politischen Partei gewesen und trat 1940 aus der evangelischen Kirche aus, weil ihm, wie er später sagte, die nachgiebige Haltung der Kirche gegenüber dem Nazi-Regime mißfiel.[112] Während des Krieges arbeitete er zurückgezogen an seinem Berliner Wirtschaftsinstitut, wo er die regulären wirtschaftswissenschaftlichen Publikationen herausgab und Geheimberichte für das Militär zusammenstellte. Die Entnazifizierung nach dem Krieg war eine problemlose Formsache, und als Wrede seinen neuen Job in Frankfurt antreten wollte, ließ die Zustimmung der Alliierten Bankkommission nicht auf sich warten.[113] Allerdings kam es in der volkswirtschaftlichen Abteilung zu Spannungen zwischen Wrede und seinem Stellvertreter, dem drei Jahre älteren, arbeitsamen Eduard Wolf, dem es nicht gefiel, einen Mann vor die Nase gesetzt zu bekommen, den er für eindeutig weniger kompetent hielt.[114] Entnervt durch die ständigen Zwistigkeiten, sah Wrede sich ab Mitte 1949 nach einer anderen Aufgabe um. Zuvor jedoch verführte das hohe soziale Ansehen, das der Posten bei der Bank deutscher Länder ihm verlieh, Wrede und seine Frau Eva dazu, einen gewagten, für Notenbanker keineswegs ratsamen Kurs einzuschlagen: Sie liehen sich extrem hohe Summen Geld. Im November 1950 klingelten bei der Bank die Alarmglocken. Eine offizielle Überprüfung der Konten der Hamburger Handels- und Verkehrsbank, die in finanzielle Schwierigkeiten geraten war, ergab, daß Wrede und seine Frau der Bank 102 000 D-Mark schuldeten, das Dreifache seines Jahresgehalts von 30 000 D-Mark. Wie der Zentralbankrat der Bank deutscher Länder am 13. Dezember erfuhr, hatte Wrede seit der Währungsreform im Juni 1948 aus verschiedenen Quellen einen Schuldenberg von 225 000 D-Mark angehäuft, der lediglich durch Vermögenswerte in Höhe von 120 000 D-Mark gedeckt war. Unter anderem besaß er ein luxuriös ausgestattetes neues Eigenheim in Bad Homburg.[115]

Angesichts solcher Extravaganzen ging der Zentralbankrat mit Wrede streng ins Gericht. Wenn er nicht binnen sechs Tagen freiwillig zurücktrete, teilte man ihm mit, werde er fristlos entlassen. Allerdings signalisierte der Zentralbankrat seine Bereitschaft, über ein Darlehen an Wrede nachzudenken (zusätzlich zu dem Baukredit in Höhe von 9900 D-Mark, den er bereits erhalten hatte), damit er seine Schulden umverteilen konnte. Zuvor mußte jedoch eine wichtige Voraussetzung erfüllt sein: Das Ergebnis einer offiziellen Schätzung von Wredes Vermögenswerten und Verbindlichkeiten durfte nicht zu stark von den Zahlen abweichen, die die vorläufige Schätzung der Bank ergeben hatte. Man stellte Wrede außerdem einen Kredit von 5000 D-Mark in Aussicht, um ihm über unmittelbare Zahlungsschwierigkeiten hinwegzuhelfen.

Am nächsten Tag überreichte Wrede Bernard wie vereinbart sein Rücktrittsgesuch. Doch die finanzielle Rettungsaktion fand nie statt. Am 18. und 19. Dezember suchten Vertreter der Bank deutscher Länder die Wredes in ihrem Haus in Bad Homburg auf und entdeckten weitere beunruhigende Einzelheiten. Das Paar hatte mit den aufgenommenen Krediten einen extrem aufwendigen Lebensstil finanziert. Sie hatten antike Möbel und eine teure Garderobe für Eva gekauft, außerdem teure Auslandsreisen gebucht. Nach dem Tod des Ehepaars kursierten Gerüchte, Eva sei ein häufiger Gast im Bad Homburger Spielkasino gewesen. Die Nettoverschuldung lag insgesamt weit höher, als der Zentralbankrat zunächst angenommen hatte, nämlich bei rund 125 000 D-Mark. Den Ausschlag gab dann eine letzte, beunruhigende Entdeckung. Gefragt, wie er das außergewöhnlich hohe, weitgehend ungedeckte Darlehen von der Handels- und Verkehrsbank erhalten habe, mußte Wrede zugeben, daß er der Bank Ende 1948 geholfen hatte, ihre Kreditwürdigkeit zu verbessern, indem er in einem Empfehlungsschreiben an einen Direktor der Bank die Bonität des Instituts bescheinigte.[116]

Aufgrund dieser Enthüllungen berief der Zentralbankrat der Bank deutscher Länder für den 20. Dezember eine Krisensitzung ein, bei der man sich auf eine sehr viel strengere Linie einigte als noch eine Woche zuvor. Jetzt war nicht mehr die Rede davon, dem glücklosen Volkswirt finanziell unter die Arme zu greifen. Am 21. Dezember übersandte Bernard Wrede ein außerordentlich streng formuliertes Schreiben: »Im übrigen hat der Zentralbankrat die Überzeugung gewonnen, daß unter den gegebenen Verhältnissen ein Einsatz von Bankmitteln, also ein Einsatz öffentlicher Mittel zur nachträglichen Finanzierung eines leichtsinnigen und hemmungslosen Lebensgenusses, niemals politischen Stellen gegenüber verantwortet werden könnte. Demgegenüber erschien es für die Notenbank als das kleinere Übel, gewisse Kommentare über den finanziellen Zusammenbruch eines Direktoriumsmitgliedes der Bank über sich ergehen zu lassen.«[117]

Bernard beendete den Brief in väterlichem Ton:

Glauben Sie mir, daß ich dies alles nur sehr schweren Herzens zu Papier bringe! Gerade für mich, der ich seit langem als einziger der leitenden Herren in der Taunusanlage mich immer für Sie eingesetzt habe, ist diese Entwicklung nicht nur schmerzlich im Hinblick auf Sie, sondern sie bedeutet für mich eine sehr große menschliche Enttäuschung. Trotzdem ist mein Wunsch sehr aufrichtig, daß es Ihnen gelingen möge, aus diesem Zusammenbruch sich wieder zu erholen. Verlieren Sie den Mut nicht!...

Genau das geschah jedoch, nachdem Wrede Bernards Brief erhalten hatte. Das vom Glück verlassene Direktoriumsmitglied kritzelte auf die Rückseite des Schreibens, der Brief komme »einem Todesurteil für einen außergewöhnlich engagierten und loyalen Mitarbeiter« gleich. Am 25. oder 26. Dezember begingen Wrede und seine Frau Selbstmord durch Gift. Wie Bernard entdeckte, hatte Wrede seinen Selbstmord in mehreren Briefen – unter anderem auch an Journalisten – angekündigt und darin der Bank deutscher Länder einseitig die Schuld an der ganzen Affäre zugewiesen. In einem vertraulichen Schreiben an Bundeskanzler Adenauer wehrte sich Bernard gegen diese Schuldzuweisung; er bezeichnete sie als »Ausfluß von Wahnvorstellungen«.[118]

Kurz nach dem Selbstmord sicherte sich Wolf den Posten, auf

den er es so offensichtlich abgesehen hatte. Er wurde mit Wirkung zum 1. Januar 1951 Wredes Nachfolger und verwaltete das Amt als für Volkswirtschaft zuständiges Direktoriumsmitglied die nächsten dreizehn Jahre mit großem Erfolg. Wrede ließ nichts zurück als die rasch verblassende Erinnerung an ein trauriges Ereignis.

7. Der Kampf um die Unabhängigkeit

Gegründet in einem von Besatzungsmächten regierten Land, hatte die Bank deutscher Länder noch einen langen Weg bis zu einer eigenständigen Währungspolitik vor sich. Im April 1948 wurde ein Wechselkurs von 3,33 Reichsmark zu einem Dollar festgesetzt – während des Krieges hatte ein fiktiver Kurs von 2,50 Reichsmark gegolten. Die Entscheidung wurde von den Alliierten der Bizone ohne vorherige Beratung mit der Bank deutscher Länder verkündet.[119] Als die britische Regierung im September 1949 beschloß, das Pfund um dreißig Prozent abzuwerten, und die D-Mark infolgedessen ebenfalls abgewertet wurde, fanden zwar Beratungen mit der Bank deutscher Länder statt, doch den neuen Wechselkurs der D-Mark setzten die Alliierten fest.[120] Dabei übergingen die drei Siegermächte einen Beschluß des Bonner Kabinetts, das für eine Abwertung um fünfundzwanzig Prozent plädiert hatte, und setzten statt dessen zwanzig Prozent fest, was einem Kurs von 4,20 D-Mark pro Dollar entsprach. Die Entscheidung der Alliierten hatte jedoch auch symbolische Bedeutung: Damit kehrte man zum alten Umrechnungskurs von vor 1933 zurück.[121]

Wenn die Bank auch kaum Einfluß in Devisenangelegenheiten hatte, so verschaffte sie sich doch größere Geltung in Fragen der nationalen Geldpolitik. Ende 1949 hatte die Alliierte Bankkommission praktisch jedes Mitspracherecht bei Entscheidungen der Bank über die Festsetzung der Zinssätze verloren.[122] Schon im Juni 1948 widersetzte sich die Bank den Wünschen der Alliierten, die den Diskontsatz bei acht Prozent belassen wollten, und setzte den Diskontsatz zunächst auf fünf Prozent fest, um ihn dann bis zum Sommer 1949 noch einmal in zwei Schritten auf vier Prozent zu reduzieren.[123] Höflich schrieb die Alliierte Bankkommission im August 1948 an Bernard: »Wir haben nicht die Absicht, uns in Ihre Überlegungen einzumischen.«[124] Im November 1948 versuchte die Kommission allerdings, sich erneut eine gewisse Autorität der Bank deutscher Länder gegenüber zu verschaffen. Sie beschwerte sich schriftlich über einen Artikel im ersten Monatsbericht der Bank, der auf die hohen Kosten für die Besatzung aufmerksam machte, die die Deutschen zahlen mußten. Vocke blieb fest, er beantwortete das Schreiben nicht einmal.[125]

Je unabhängiger die Bank deutscher Länder von den Alliierten wurde, desto mehr befreite sie sich auch vom Einfluß der Regierung. Adenauer verfolgte Vockes hartnäckiges Beharren auf der Unabhängigkeit der Bank mit Mißtrauen. Später sprach sich der Kanzler sogar offen gegen Vocke aus. Aus Artikel 88 der Verfassung der Bundesrepublik Deutschland geht eindeutig hervor, daß die Bank deutscher Länder nur provisorische Befugnisse hatte, die später auf eine richtige Notenbank, die künftige Bundesbank, übergehen sollten. Die Aufgabe, Statuten für diese neue Bank auszuarbeiten, belastete das Verhältnis zwischen Bonn und Frankfurt erheblich.

Zwei voneinander unabhängige gesetzgeberische Schritte waren notwendig. Als 1951 die erste Phase der Besatzung zu Ende ging, mußte das Gesetz über die Bank deutscher Länder den veränderten Bedingungen angepaßt werden. Die Änderungen mußten mit den Vorbereitungsarbeiten für das Bundesbankgesetz abgestimmt werden. In beiden Fällen wollte Vocke um jeden Preis verhindern, daß die Regierungen jene gesetzliche Kontrolle zugesprochen bekam, die bislang die Alliierten ausgeübt hatten. Nach seinem Willen sollten die Länder auch in der neuen Bundesbank ihre Interessen vertreten können. Außerdem setzte er sich dafür ein, daß der Zentralbankrat das Recht behielt, den eigenen Präsidenten und den Präsidenten des Direktoriums zu wählen.

Vocke schrieb 1949 an Adenauer, wenn der Staat Teilhaber der neuen Bundesbank würde, bedeute das einen Bruch mit der Tradition der Reichsbank, was die Finanzwelt im In- und Ausland beunruhigen könne. Wie immer verpackte Vocke seine Argumente in pathetische Worte:

Das Vertrauen in die D-Mark, das im Inland wie auch im Ausland in einem verhältnismäßig sehr hohen Maße erreicht wurde, ist noch ganz jungen Datums und verträgt keine großen Belastungen und am wenigsten Erschütterungen vermeidbarer Art. Daher sollten vor allem Gedanken, wie sie zum Teil ventiliert wurden, als ob der Bund nun eine neue »Bundesbank« schaffen müßte anstelle der Bank deutscher Länder oder als ob eine neue »Bundesbank« kapitalmäßig in Eigentum des Bundes stehen müßte (was ja im Verhältnis Reichsbank und Reich auch nie der Fall war), als gänzlich weltfremd und unpraktisch beiseite geschoben werden. Unsere Aufgabe ist es, mit allen Mitteln das Vertrauen, das sich die Bank deutscher Länder und die Deutsche Mark-Währung errungen haben, zu verteidigen und zu festigen. Man sollte daher, auch wenn sich mancherlei Desiderata, Anregungen und Möglichkeiten von Änderungen der verschiedensten Art natürlich erörtern ließen, von einer Änderung der Fundamente der Bank und damit der Währung unbedingt absehen.[126]

Vocke erkannte, daß die Alliierte Bankkommission nur noch wenig zu sagen hatte, und er versuchte Adenauer ironischerweise gerade deshalb zu überzeugen, die formale Abhängigkeit von den Alliierten so lange wie möglich beizubehalten.[127] 1950 setzte sich Vocke vehement gegen Pläne der Regierung zur Wehr, die Notenbank einem »permanenten Bundesausschuß für währungs- und wirtschaftspolitische Entscheidungen« zu unterstellen.[128] Noch im März 1951 schlug Finanzminister Fritz Schäffer vor, die Regierung solle anstelle der Bankkommission die Aufsicht über die Bank deutscher Länder übernehmen. Vockes Argumente setzten sich jedoch durch. Als das Gesetz über die Bank deutscher Länder 1951 revidiert wurde und der Einfluß der Alliierten Bankkommission damit erlosch, blieb die Unabhängigkeit der Notenbank von der deutschen Regierung bestehen.[129]

Politiker und Juristen debattierten noch weitere sechs Jahre, bis das lang angekündigte Gesetz über die neue Notenbank im Juli

1957 endlich verabschiedet und aus der Bank deutscher Länder die Bundesbank wurde. Wirtschaftsminister Ludwig Erhard unterstützte Vocke entscheidend bei seinen Bemühungen, Adenauer und Schäffer von den Vorteilen einer unabhängigen Notenbank zu überzeugen.[130] Noch im September 1956 löste der Kanzler in Frankfurt Alarm aus, als er vorschlug, die Bundesbank solle nach Köln umziehen, damit der Einfluß Bonns garantiert wäre. Schließlich blieb die Bundesbank in Frankfurt. Das Bundesbankgesetz verstärkte zwar die Macht der Regierung, die nun das Direktorium der Zentralbank berufen konnte, doch die grundsätzliche Unabhängigkeit der Bank war in den Statuten verankert. Nach Adenauer dachte kein deutscher Kanzler mehr ernsthaft daran, das zu ändern.

KAPITEL VII

Die Macht der Zinsen

Steht eine Zentralbank so sehr unter der Kontrolle der Regierung, daß sie weder Unabhängigkeit noch Eigenständigkeit hat und nicht einmal über ein Einspruchsrecht verfügt, ist das eine ungünstige Ausgangslage; eine solche Zentralbank kann weder im eigenen Land noch darüber hinaus in der Zusammenarbeit mit anderen Zentralbanken ihre Aufgaben erfüllen.
*Montagu Norman, Gouverneur der Bank of England,
in einem Brief an Rudolf Havenstein, den Präsidenten
der Reichsbank, 1921*[1]

Sie sehen, daß wir im Raum des Politischen stehen und es nicht so einfach haben wie Sie. *Finanzminister Franz Etzel in einer Rede vor dem
Zentralbankrat der Bundesbank, 1961*[2]

Es war schon bisher billig und es ist heute besonders billig, die Bundesbank zum Sündenbock zu erklären, wie es gelegentlich geschieht, für Fehler und Versäumnisse, die auf ganz anderen Gebieten von ganz anderen zu verantworten und gemacht worden sind. *Karl Otto Pöhl, Bundesbankpräsident, 1981*[3]

Seit Gründung der Bundesrepublik 1949 wird über nationale Ziele im Rahmen eines institutionellen Systems entschieden, das auf der Grundlage gemeinsamer politischer und wirtschaftlicher Überzeugungen beruht und bei allen organisierten Teilen der Gesellschaft Platz bietet: den politischen Parteien, den Führungskräften der Industrie, den Vertretungen der Beschäftigten und den Gewerkschaften. Um zentrale Grundfragen wird selten in aller Öffentlichkeit gestritten; die eigentlich wichtigen Debatten finden meist hinter verschlossener Tür in den Geschäftsräumen der Banken, an den Verhandlungstischen der Tarifpartner und in den verrauchten Räumen der parlamentarischen Ausschüsse statt.

In diesem komplexen Gefüge, das die Richtung der deutschen Politik bestimmt, nimmt die Bundesbank eine Schlüsselposition ein. Da ihr laut Gesetz das Recht zusteht, Zinssätze festzulegen, kontrolliert sie einen wichtigen Bereich der Politik, eine Tatsache, die natürlich immer wieder Anlaß zu heftigen Kontroversen gibt. Aus den Erfahrungen der letzten vierzig Jahre haben die Bundesregierungen gelernt, daß ein Kampf gegen die Bundesbank meist die eigene Stabilität gefährdet. Gleichzeitig wissen die Männer an der Spitze der Notenbank instinktiv, daß sie ihre Aufgabe besser erfüllen können, wenn sie in der Öffentlichkeit nicht allzu häufig als Herausforderer der gewählten politischen Führung auftreten. Beiden Seiten ist also daran gelegen, die Macht der Bundesbank herunterzuspielen. Die Notenbank möchte vermeiden, daß ein überzogenes Bild ihres Einflusses entsteht, die Politiker wollen ihre Verwundbarkeit nicht zeigen. Das Verhältnis der beiden Seiten zueinander ist heikel, aber wenigstens wissen die Beteiligten, wo sie stehen. Mervyn King, der Chefvolkswirt der Bank of England, im allgemeinen ein großer Bewunderer der Leistungsfähigkeit der Bundesbank, hat einmal gesagt, daß eine gute Notenbank sich wie ein Schiedsrichter im Fußballspiel verhalten müsse: »Meistens unauffällig, um zuzulassen, daß das Spiel richtig fließt, darf er aber nicht davor zurückschrecken, wenn schwierige Entscheidungen nötig sind, eine zentrale Rolle zu spielen.«[4] Gewiß ähnelt die Bundesbank einem Schiedsrichter, der gelegentlich die rote Karte zeigen muß.

1. »Die Notenbank kann die Regierung stürzen...«

Fritz Schäffer, der erste Finanzminister der Bundesrepublik, wußte genau, daß der Einfluß der Notenbank auf die Währungspolitik für die Regierung unangenehme Folgen haben kann. Im Zuge der scharfen Kontroverse um das Bundesbankgesetz in den fünfziger Jahren erläuterte er seine Bedenken in einem Briefwechsel mit Wilhelm Vocke, dem Präsidenten des Direktoriums der Bank deutscher Länder. Vocke hatte sich bei Schäffer 1950 über den (später verworfenen) Vorschlag des Finanzministeriums beklagt, die Notenbank der Kontrolle der Regierung zu unterstellen: »Ein gewisses Mißtrauen gegen die Notenbankleitung zieht sich wie ein roter Faden durch die von Ihnen neu eingefügten Bestimmungen hindurch. Wie Sie selbst ausführten, ist dabei die Sorge für Sie maßgebend, ›daß die Notenbank die Regierung stürzen könne‹«.[5]

Die Geschichte der folgenden Jahrzehnte zeigt, daß Schäffers Mißtrauen berechtigt war. Die politische Geschichte der Bundesrepublik ist zwar eine Geschichte großer Stabilität, aber wenn Regierungen gestürzt wurden und neue Koalitionen entstanden, hatte die Notenbank darauf oft mehr Einfluß als die Wähler.

Karl Otto Pöhl gab einmal in einem Augenblick der Offenbarung zu, die Bundesbank sei »eine Art Staat im Staat – ein wirtschaftspolitisches Gegengewicht zur Regierung«.[6] Pöhl, der in den sechziger Jahren die Bundesbank als Journalist von außen sorgfältig – und manchmal kritisch – analysierte und später selbst aktiv die Währungspolitik mitbestimmte, wußte aufgrund seiner Erfahrungen genau, daß die Bundesbankführung eine starke innere Elite von Entscheidungsträgern war, deren Macht nicht auf Wahl basierte. Sowohl Pöhl wie sein Nachfolger Helmut Schlesinger äußerten sich meist sehr zurückhaltend, wenn es darum ging, den Kompetenzbereich der Bundesbank abzustecken und zu definieren. »Die Bundesbank ist keine Nebenregierung«, pflegte Pöhl in der Öffentlichkeit zu sagen.[7] Schlesinger erklärte Anfang 1992: »Wir sind nicht die Regierung.«[8] Gerade weil diese besänftigenden Bezeugungen nicht ganz glaubwürdig waren, wiederholten beide Männer sie immer wieder.

Der Bundesbank, die im Zusammenspiel der Institutionen zentrale Aufgaben übernimmt, kommt gleichzeitig die Rolle des Schiedsrichters zu. Wenn die inflationäre Entwicklung außer Kontrolle zu geraten droht, ist ihr das Recht vorbehalten, bei den Politikern, Industriellen und Gewerkschaftlern, die das Wirtschaftsleben maßgeblich prägen, Einspruch zu erheben. Normalerweise übt die Bank ihre Macht, den Spielraum der Wirtschaft durch strikte währungspolitische Maßnahmen zu begrenzen, diskret aus, so daß dies nur selten einen vorrangigen Platz in den politischen Debatten einnimmt. Sie könnte jedoch in der Währungspolitik jederzeit umwälzende Veränderungen auslösen.

Die Bundesbank bemüht sich, der Wirtschaft Selbstdisziplin aufzuerlegen. Je seltener sie die Waffe höherer Zinssätze einsetzen muß, das wissen alle Beteiligten, desto besser greifen ihre Abschreckungsmaßnahmen gegen die Inflation. Wenn die Politiker dennoch sehr gut verstehen, was die Bundesbank sagen will, so liegt das daran, daß sie nicht vergessen haben, wie schmerzhaft es meist war, wenn die Bundesbank ihre Waffen benutzte. In ungefähr ein Dutzend Fällen seit Gründung der Bundesrepublik kam es zu ernsthaften Auseinandersetzungen zwischen Bundesbank und Bonner Regierung über die Zinspolitik oder den Wechselkurs der D-Mark. Was die Zinsen anbelangt, hat die Bundesbank fast immer die Oberhand behalten. Bei umstrittenen Entscheidungen über die Anpassung des Wechselkurses — die endgültige Entscheidung über Auf- und Abwertung hat formal die Regierung — stand die Bundesbank zum Schluß ebenfalls meist als Gewinner da.

Dreimal führte die Politik der Bundesbank direkt oder indirekt zum Sturz eines Kanzlers: bei Ludwig Erhard 1966, Kurt Georg Kiesinger 1969 und Helmut Schmidt 1982. Alle drei verloren ihr Amt nicht durch eine Niederlage bei Bundestagswahlen, sondern aufgrund von Koalitionsumbildungen, zu denen es in Folge von Auseinandersetzungen über die Währungspolitik gekommen war. Auch beim Rücktritt von Willy Brandt 1974 spielte die Hochzinspolitik der Bundesbank eine wichtige, wenn auch nicht entscheidende Rolle. Zwar war der politische Hintergrund bei den Rücktritten von Erhard, Brandt und Schmidt jeweils grundverschieden, doch die wirtschaftliche Situation ähnelte sich in entscheidenden Punkten. Alle drei mußten abtreten, kurz nachdem die Zinssätze der Bundesbank Höchstwerte erreicht hatten und die verfügbaren Kreditmittel nach einer Phase der monetären Entspannung wieder knapper wurden. Als Kiesinger zurücktrat, waren die Zinsen zwar nicht hoch, doch kam es damals zu Kontroversen um die zweite Aufwertung der D-Mark in der Nachkriegszeit. Die Bundesbank lockerte die Kreditschraube, versuchte jedoch gleichzeitig den Kanzler zu zwingen, seinen Widerstand gegen eine Aufwertung der D-Mark gegenüber dem Dollar aufzugeben.

Verglichen mit den vielen Politikern, die der Politik der Bundesbank zum Opfer fielen, bleiben die Bundesbanker selbst aufgrund ihrer in den Statuten der Bundesbank verankerten langfristigen Amtszeit sowie dem Schutz vor Entlassung durch die Regierung lange im Amt. Pöhl, der 1991 viereinhalb Jahre vor Ablauf seiner zweiten Amtszeit freiwillig den Hut nahm, ist die einzige Ausnahme von dieser Regel. Außer Pöhl war Blessing der einzige Präsident, der (wenn auch nur vorübergehend) den Rücktritt aufgrund von Differenzen über die Währungspolitik erwog, als es 1961 zu Auseinandersetzungen um die erste Aufwertung der D-Mark kam.

Aus dieser Geschichte ständiger Konflikte zwischen Bundesbank und Regierung können Länder wie Großbritannien, die jetzt ihre Währungspolitik am Stil der Bundesbank orientieren, lehrreiche Schlüsse ziehen. Im Gegensatz zu im Ausland vielleicht verbreiteten Meinungen garantiert auch die Unabhängigkeit der deutschen Notenbank gegenüber Einmischungsversuchen der Regierung nicht das reibungslose Funktionieren der Wirtschaft. Das wirtschaftspolitische Schlaraffenland, wo eine niedrige Preissteigerungsrate schmerzlos und automatisch zu langanhaltendem Wirtschaftswachstum ohne Inflation führt, gibt es nicht. Wenn die Bundesbank auf die geldpolitische Bremse tritt, muß dafür meist ein Rückgang der wirtschaftlichen Produktion in Kauf genommen werden. Der Preis, den man in Deutschland dafür zahlt, daß man die Inflation bei rund zwei bis drei Prozent hält, ist vielleicht geringer als in anderen, eher zu inflationären Entwicklungen neigenden Ländern, doch umsonst gibt es das auch in Deutschland nicht.

Die Autorität der Institution Bundesbank ist über persönliche Bindungen erhaben. Zwei Episoden aus der konfliktreichen Geschichte des Verhältnisses von Bundesbank und Regierung belegen dies deutlich. In der glücklosen Endphase der Regierungen Erhard und Schmidt standen an der Spitze der Notenbank mit Blessing und Pöhl Männer, die von den Kanzlern protegiert worden waren. Blessing und Pöhl waren für Entscheidungen verantwortlich, die zur Erhöhung der Zinssätze führten und damit zum Sturz ihrer früheren Mentoren beitrugen. Deutschland gehört zu den wenigen Ländern, in denen die Notenbankpräsidenten wissen, daß harte und unpopuläre Maßnahmen ihnen einen Platz in der Geschichte einbringen können. Gelegentlich mag die Loyalität eines Bundesbankpräsidenten dem Bonner Kanzler gegenüber eine Rolle spielen, doch sie bleibt stets höheren Verpflichtungen untergeordnet. Vorrangig sind der Ruf der Bundesbank und die Stabilität der D-Mark.

2. Zwietracht und Harmonie

Das Verhältnis zwischen dem Bundesbankpräsidenten in Frankfurt und dem Kanzler in Bonn ist meist eine äußerst delikate Angelegenheit. Das beiderseitige Interesse, der Staatsführung das Vertrauen der Bevölkerung zu erhalten, verpflichtet sie zu harmonischer Koexistenz. Um der Etikette willen vermeidet man zumeist, Irritationen und Animositäten öffentlich kundzutun. Unter der Oberfläche gären solche Gefühle manchmal jedoch recht heftig. Kohls Empörung über Pöhl im März 1991 anläßlich der Kritik des Notenbankpräsidenten an den Auswirkungen der deutschen Währungsunion* waren freilich insofern ungewöhnlich, als er sie in aller Öffentlichkeit zeigte.

Tatsächlich sind solche persönlichen Auseinandersetzungen relativ häufig. Verärgert über die Sturheit und Unnachgiebigkeit des Präsidenten der Bank deutscher Länder Wilhelm Vocke nannte Konrad Adenauer ihn im privaten Kreise einen »überständigen Kühlschrank«.[9] Hans Matthöfer, vier entscheidende Jahre Finanzminister unter Helmut Schmidt, hielt Otmar Emminger für einen »elenden Rechthaber«, obwohl er auch seinen Respekt vor Emmingers Sachverstand in finanziellen Angelegenheiten deutlich zum Ausdruck brachte.[10] Schmidt selbst war über die Führung der Bundesbank zunehmend verbittert. Vor einigen Jahren nannte er Pöhl, der einst seine rechte Hand im Finanzministerium gewesen war, geringschätzig einen bloßen »Techniker«, was im politischen Vokabular des Ex-Kanzlers als vernichtende Kritik zu verstehen ist.[11] Mit Emminger, der großen Respekt vor ihm hatte, kam Schmidt insgesamt relativ gut zurecht, mit Helmut Schlesin-

---

* Siehe Kapitel VIII

ger, der in den achtziger Jahren lange Zeit Pöhls Stellvertreter war, schlechter. Schmidt nannte Schlesinger, der aus seiner Ablehnung gegen die Europäische Währungsunion keinen Hehl machte, aus eben diesem Grund einen »deutschen Nationalisten«.[12]

Im großen und ganzen kam Pöhl nach 1982 mit christdemokratischen Ministern leichter zurecht als mit den Sozialdemokraten, die zu Beginn seiner Amtsperiode an der Macht waren. Die Beziehung zu Kohl kühlte allerdings gegen Ende von Pöhls Präsidentschaft stark ab. Mit Schmidt und Matthöfer führte Pöhl viele lange, teils kontroverse Gespräche über fachliche Details, insbesondere über die Einführung des Europäischen Währungssystems. Rückblickend auf die fast neun Jahre, die er als Bundesbankpräsident mit einer christdemokratischen Regierung zusammengearbeitet hatte, konnte Pöhl sich nicht erinnern, mit Kanzler Kohl auch nur ein befriedigendes Gespräch über Wirtschaftsfragen geführt zu haben.[13]

Die Beziehungen zwischen Kohl und Pöhls Nachfolger Schlesinger waren viel harmonischer. Obwohl auch Kohl keine tiefgreifende ökonomische Diskussion mit dem Obervolkswirt Schlesinger bestanden hätte, war das Klima zwischen den beiden nicht nur durch die gemeinsame konservative Gesinnung, sondern auch durch menschliche Wärme geprägt. Im Umgang mit dem weitschweifigen Kanzler konnte Schlesinger immer das erforderliche Maß an Geduld aufbringen, Kohl zum Punkt kommen zu lassen – eine Fähigkeit, die Pöhl nie besaß. Gelegentlich wies Schlesinger stolz darauf hin, daß er während verschiedener EWS-Krisen der letzten Jahre – im Januar 1987, September 1992 und Juli 1993 – stets einen guten und direkten Kontakt zu Kohl aufrechterhalten konnte. Im Rückblick auf seine diskreten Gespräche mit dem Bundeskanzler während des Höhepunkts der Währungsspekulationen 1992/93 dankte Schlesinger Kohl im Oktober 1993 auf auffällig herzliche Weise: »Gerade auch in der Zeit, als Spannungen im Europäischen Währungssystem aufkamen, haben Sie die Bundesbank voll unterstützt.«[14]

Auch das Verhältnis zwischen Tietmeyer und Kohl ist von Ausgewogenheit und gegenseitiger Anerkennung gekennzeichnet. Ein Mann wie Tietmeyer, der nicht nur die Einzelheiten und das Fachjargon seines wirtschaftlichen Metiers perfekt beherrscht, sondern auch von einem profunden christlich-moralischen Ethos geprägt ist, erntet bei Kohl tiefsten Respekt. Teilweise aufgrund seiner langen Tätigkeit als Kohls persönlicher Berater bei den jährlichen Wirtschaftsgipfeln ist Tietmeyer einer der ganz wenigen Beamten, die bei dem Bundeskanzler einen langen Sermon halten dürfen. Gesprächsstoff aus berufenem Tietmeyerschen Munde klingt in des Kanzlers Ohr nicht wie Geschwafel, sondern wie Gold. Tietmeyer ist viel zu klug, um den geringsten Zweifel entstehen zu lassen, er würde versuchen, die Bundesbank linientreu zu steuern, um die Christdemokraten an der Macht zu halten. Auf der anderen Seite ist Tietmeyer viel mehr als Schlesinger und Pöhl bedacht, mögliche Differenzen mit Bonn – z. B. in bezug auf die Haushaltspolitik – gar nicht erst in die Öffentlichkeit zu tragen. Einige Tage bevor Tietmeyer Bundesbankpräsident wurde, faßte ein Bonner Spitzenbeamter, der sowohl Tietmeyer als auch Kohl aus langjähriger Erfahrung gut kennt, die Haltung Tietmeyers zu den politischen Machtinhabern in Bonn mit folgenden Worten zusammen: »Tietmeyer wird seine Bonner Vergangenheit vergessen – aber nur soweit, wie er es nötig hat.«

Laut Gesetz haben Minister und hohe Bonner Beamte das Recht, ihre Beschwerden direkt in der Bundesbank vorzutragen. An den Sitzungen des Zentralbankrats nehmen oft Gäste aus Bonn teil. Sie können ihre Meinung äußern, haben jedoch kein Stimmrecht. Bundesbanker aus Frankfurt – meist der Präsident oder der Vizepräsident – nehmen umgekehrt ab und zu an Sitzungen des Kabinetts in Bonn teil. Die persönlichen Kontakte zwischen Frankfurt und Bonn sind in den achtziger Jahren insgesamt deutlich zurückgegangen, was teils an dem – verglichen mit Helmut Schmidt – geringen Interesse Kohls an Wirtschaftsfragen lag, teils aber auch daran, daß es in den ersten fünf Jahren der Regierung Kohl zwischen Frankfurt und Bonn keine heftigen Differenzen in der Währungspolitik gab. Karl Klasen, in den siebziger Jahren Bundesbankpräsident und ein enger persönlicher Freund Schmidts, nahm im Durchschnitt an jährlich sieben bis acht Kabinettssitzungen in Bonn teil.[15] Pöhl war Ende der achtziger Jahre höchstens ein oder zwei Mal pro Jahr in Bonn zu Gast. Während der heftigen Auseinandersetzungen über die deutsche Währungsunion ignorierte man seine Ansichten meist in auffallender Weise.*

Auch die Tatsache, daß Pöhl in seiner Eigenschaft als Staatssekretär im Finanzministerium zwischen 1973 und 1976 an einundzwanzig Sitzungen des Zentralbankrats teilnahm, beweist, wie eng zu jener Zeit die Kontakte zwischen Bonn und Frankfurt waren. Tietmeyer, Pöhls Amtsnachfolger in den achtziger Jahren, besuchte zwischen 1983 und 1989 elf Sitzungen, also nur halb so viele in der doppelten Zeit. Die engen Bindungen zwischen Bundesbank und Finanzministerium Ende der siebziger Jahre haben noch einen anderen, eher prosaischen Grund. Finanzminister Matthöfer hatte seinen Wahlkreis in Frankfurt, wohnte in Kronberg im Taunus und lud hohe Bundesbankbeamte oft am Wochenende zu informellen Gesprächen ein, die manchmal auch beim Abendessen stattfanden. Unter Kohl gab es diese Form regelmäßiger Geselligkeit mit Bundesbankbeamten nicht mehr.

Laut Bundesbankgesetz hat die Regierung die Möglichkeit, im Fall grundlegender Meinungsverschiedenheiten die Entscheidungen der Bundesbank um zwei Wochen aufzuschieben. (Das Gesetz über die Bank deutscher Länder sah dafür eine Frist von einer Woche vor.) Wie sehr beide Seiten bemüht sind, spektakuläre Auseinandersetzungen zu vermeiden, läßt sich auch daran ablesen, daß dieses Vetorecht noch nie angewendet wurde. Ist die Regierung mit der Bundesbank uneins, versucht man in der Praxis meist, die Differenzen hinter verschlossener Tür auszutragen und in der Öffentlichkeit herunterzuspielen.

Die Bundesbank sah schon 1958 richtig voraus, daß beide Seiten im Normalfall kein Interesse an öffentlich ausgetragenen Konflikten haben konnten:

Diese [das Verhältnis von Bundesbank und Regierung regelnden] Bestimmungen mögen im Einzelfall unbequem sein; im ganzen

---

* Siehe Kapitel VIII

muß man aber wohl davon ausgehen, daß Bundesregierung und Bundesbank im Einklang miteinander handeln und daß unvermeidliche Meinungsverschiedenheiten im Wege der Übereinkunft geschlichtet werden, so daß wirkliche Konfliktfälle, die tatsächlich zu einer zeitlichen Verschiebung wichtiger Maßnahmen der Bundesbank führen könnten, selten sein werden.[16]

Als die Bundesbank im Februar 1961 die Mindestreserven senken wollte, um einer Aufwertung der D-Mark zuvorzukommen, war die Regierung nahe daran, von ihrem Vetorecht Gebrauch zu machen. Wenn die Regierung bei anderen Gelegenheiten von einer anstehenden Zinssatzerhöhung der Bundesbank erfuhr, versuchte sie manchmal, den Zentralbankrat auf informellem Wege zu überzeugen, eine solche Maßnahme um zwei Wochen zu verzögern.[17] Im Januar 1979 wäre das Vetorecht ebenfalls beinahe zum Einsatz gekommen. Über den Anlaß ist viel geschrieben worden; es folgte ein drei Jahre währender, zermürbender Kampf zwischen Bundesbank und Bonn, der schließlich im Oktober 1982 zum Auseinanderbrechen der Koalition unter Kanzler Helmut Schmidt führte.

Manfred Lahnstein, der 1977 von Pöhl das Amt des Staatssekretärs im Finanzministerium übernommen hatte, fuhr am 18. Januar 1979 zu einer der vierzehntägigen Sitzungen des Zentralbankrats nach Frankfurt. (Der blonde, lebhafte Finanzexperte, der gerne Jazzmusik machte, wurde 1982 in den Monaten vor dem Sturz der Regierung Schmidts für kurze Zeit Finanzminister.)[18] Die Bundesbank unter Vorsitz von Emminger befürchtete Anfang 1979 eine Überhitzung der Wirtschaft. Als relativ bescheidene Maßnahme dagegen beschloß man am 18. Januar, den Lombardsatz von 3,5 Prozent auf 4 Prozent heraufzusetzen.[19] Lahnstein sprach sich während der Sitzung gegen diese Schritte aus, und er äußerte die Einwände der Regierung auch, was ungewöhnlich ist, auf der anschließenden Pressekonferenz.

Wer öffentlich Stellung gegen die Bundesbank beziehe, sagte Lahnstein über zehn Jahre später, habe von vornherein verloren, das sei ihm schnell klargeworden. In den Augen der Öffentlichkeit und der Wirtschaftskolumnisten einflußreicher konservativer Zeitungen wie der *Frankfurter Allgemeinen Zeitung* oder der *Welt* gerät die Regierung mit solchen Aktionen in den Verdacht, im Kampf um eine stabile Währung auf der falschen Seite zu stehen:

Wir hielten die Kreditverknappung für überzogen, weil dadurch das Wachstum erschwert wurde, aber auch wegen des außerwirtschaftlichen Ungleichgewichts. Das Europäische Währungssystem war in seiner Anlaufphase, was die Situation noch heikler machte. Meinungsverschiedenheiten zwischen Zentralbankrat und Regierung sind nicht ungewöhnlicher als Meinungsverschiedenheiten innerhalb des Zentralbankrats. Doch ich äußerte meinen abweichenden Standpunkt öffentlich, auf der Pressekonferenz nach der Sitzung, das war der Unterschied. Es war keine dramatische Sache. Ich wußte, wie schwierig es sein würde, gegen die Bundesbank zu opponieren, weil die Bundesbank von der konservativen Presse stark unterstützt wird. Emminger blieb Sieger, und er konnte sich freuen. Ich verlor, aber darunter hat weder meine gute Laune noch mein Verhältnis zur Bundesbank gelitten.[20]

Hätte Lahnstein damals ein offizielles Veto eingelegt, so das langjährige Direktoriumsmitglied der Bundesbank Claus Köhler im Rückblick, hätte das lediglich zu unnötiger Polarisierung geführt. »Es ging Lahnstein nicht darum, Zwietracht zu säen. Er wußte, daß die Mehrheit für eine Erhöhung der Zinssätze war. Ein Veto hätte lediglich eine Verzögerung bewirkt, letztlich jedoch nichts an der Sachlage geändert.«[21]

Der Eklat, den Lahnstein provoziert hatte, kam Emminger gerade recht. Daß Lahnstein die Meinungsverschiedenheiten öffentlich gemacht hatte, nahm der Bundesbankpräsident zum Anlaß, der Öffentlichkeit ein positives Bild seiner Unabhängigkeit zu präsentieren. Emminger schreibt in seinen Memoiren: »Mir war es ganz recht, daß einmal ein solcher Konflikt mit der Regierung an die Öffentlichkeit kam und nicht, wie sonst üblich, nur abseits der Öffentlichkeit ausgetragen wurde.«[22] Einwände aus Bonn, so führt er schadenfroh weiter aus, hielten die Bundesbank nicht davon ab, ihren restriktiven währungspolitischen Kurs 1979 fortzuführen. Da der Inflationsdruck wuchs, erhöhte die Bundesbank im Mai 1979 Diskont- und Lombardsatz um einen ganzen Prozentpunkt. Emminger schreibt, Schmidt habe ihm gegen Ende des Jahres gesagt, er bedauere, daß Lahnstein im Januar die ablehnende Haltung der Regierung öffentlich gemacht habe: »Bundeskanzler Schmidt, offenbar beeindruckt durch die sichtbare Stärke des Aufschwungs, sagte mir, er sehe ein, daß wir mit unserer Restriktionspolitik doch recht gehabt hätten. Er bedauere jetzt, daß Lahnstein seinerzeit mit den Bonner Bedenken gleich an die Öffentlichkeit gegangen sei.«

Der Rücktritt von Helmut Schmidt im Oktober 1982 beendete mit einem Paukenschlag eine lange und immer unglücklichere Periode der Spannungen in der Koalition von SPD und FDP. Ein übereilt konzipiertes Maßnahmenpaket zur Belebung der Wirtschaft ließ 1978 das Haushaltsdefizit in die Höhe schnellen, während gleichzeitig der rapide Anstieg der Ölpreise auf dem Weltmarkt 1979 zu einer merklichen Abschwächung der Konjunktur führte. Beide Faktoren drückten den Kurs der D-Mark, und die Leistungsbilanz verzeichnete ungewöhnlicherweise drei Jahre lang, von 1979 bis 1981, Defizite.

Als 1977 und 1978 die D-Mark gegenüber dem Dollar stark aufgewertet wurde, lockerte die Bundesbank ihre restriktive Geldpolitik – aus heutiger Sicht zu sehr. Damit ließ sie in beiden Jahren zu, daß ihre Geldmengenziele relativ stark überschritten wurden.* Ab 1979 trat man dann wieder auf die geldpolitische Bremse und erhöhte den Diskontsatz nach und nach auf 7,5 Prozent im Mai 1980, den höchsten Stand seit dem Krieg. Im Februar 1981 verschärfte die Bundesbank noch einmal ihre Maßnahmen zur Inflationsbekämpfung. Sie setzte den üblichen Lombardsatz für Überbrückungskredite am Geldmarkt aus und legte einen extrem hohen »Sonder«-Lombardsatz von anfänglich zwölf Prozent fest. Die Geldmarktzinsen schnellten auf über dreißig Prozent hoch. In der darauffolgenden Rezession der Jahre 1981/82 waren dann zwei Millionen Menschen arbeitslos, doppelt so viele wie noch zwei Jahre zuvor.[23] Natürlich nahm die Aura der All-

---

* Siehe Anhang

macht, die Schmidts Kanzlerschaft umgeben hatte, dadurch großen Schaden.

Nach monatelangen Kämpfen hinter verschlossener Tür verließen die Freidemokraten schließlich die Koalition und gingen, wie schon in den fünfziger und sechziger Jahren, eine Allianz mit den Christdemokraten ein. Bei der entscheidenden Bundestagsdebatte am 1. Oktober 1982, in deren Verlauf das Schicksal der Regierung Schmidt besiegelt wurde und Helmut Kohl an die Macht kam, schoß Schmidt mit ungewöhnlich scharfer Munition öffentlich gegen die Bundesbank. Die Bundesbank, so warnte er, müsse »endlich entschieden zur Zinssenkung beitragen«, um die Investitionstätigkeit zu stimulieren. »Ich warne vor den Folgen einer deflationistischen Politik!«[24] Diese Ereignisse unterstreichen, daß die Bundesbank im entscheidenden Augenblick tatsächlich den politischen Schiedsrichter spielen kann. Je stärker die Unentschlossenheit der Regierung, desto größer der Tatendrang der Bundesbank.

3. Einen Standard setzen

Die Voraussetzungen für die währungspolitische Unabhängigkeit der Bundesbank in den siebziger und achtziger Jahren wurden in den Gründerjahren der Bank deutscher Länder geschaffen. Ein Meilenstein war der Oktober 1950 gewesen; die Bank deutscher Länder unter ihrem Präsidenten Vocke war damals gerade zweieinhalb Jahre alt. Die Bank hielt eine starke Erhöhung des Diskontsatzes für notwendig, um dem Inflationsdruck zu begegnen, der durch den Ausbruch des Koreakrieges und die von Wirtschaftsminister Erhard durchgesetzte Liberalisierung des Außenhandels ausgelöst worden war. Da allmonatliche Außenhandelsdefizite zu verzeichnen waren, war der Kreditspielraum der Bundesrepublik bei der neugegründeten Europäischen Zahlungsunion, über die der innereuropäische Handel und Zahlungsverkehr abgewickelt werden sollte, fast erschöpft. Die knappen Devisenreserven schwanden schnell dahin, und Vocke schrieb deshalb Anfang Oktober an Adenauer: »[Wir sind] in gefährliches und stürmisches Fahrwasser geraten. Heute kommt alles darauf an, die Notenbank, wenn es ihr gelingen soll, die Situation zu meistern und der Gefahren Herr zu werden, in ihrer Autorität zu stärken und damit das Vertrauen in die von ihr gesteuerte Währung zu festigen.«[25]

Aufgrund der stimulierenden Auswirkungen der Währungsreform von 1948 hatte eine umfassende Erholung der Konjunktur eingesetzt. Doch die Arbeitslosigkeit nahm immer noch zu, weil viele Flüchtlinge aus den ehemaligen deutschen Ostgebieten und der DDR in die Bundesrepublik kamen. Adenauer wollte vor allem einen weiteren Anstieg der Arbeitslosigkeit vermeiden, die 1950 bei 1,9 Millionen oder elf Prozent lag. Angesichts des wachsenden Handelsdefizits favorisierte Vocke, wie Adenauer wußte, Maßnahmen zur Geldverknappung. Der Kanzler tat, was er konnte, um dies zu verhindern, scheiterte mit seiner Verzögerungstaktik jedoch jämmerlich. Am 26. Oktober 1950 kam der Zentralbankrat der Bank deutscher Länder im Bonner Kanzleramt zusammen; das Kanzleramt war vorübergehend im Naturkundemuseum Alexander König unweit vom Rheinufer untergebracht, wo normalerweise ausgestopfte Tiere zu sehen waren.[26] Adenauer wandte sich heftig gegen eine Diskontsatzerhöhung, die »zu Preissteigerungen und damit unausweichlich zu weiteren Lohnforderungen und allgemeiner politischer Beunruhigung« führen würde.[27] Man müsse, so führte Adenauer weiter aus, »die Labilität und Undiszipliniertheit der Wirtschaft und der Bevölkerung in Betracht ziehen.« Finanzminister Schäffer schloß sich den Argumenten des Kanzlers an, doch Wirtschaftsminister Erhard sprach sich bezeichnenderweise dagegen aus, da seiner Meinung nach das Außenhandelsdefizit nur durch höhere Zinssätze vermindert werden konnte. Adenauers Intervention änderte nichts am Standpunkt des Zentralbankrats. Nachdem der Kanzler die Sitzung verlassen hatte, stimmte der Zentralbankrat mit acht zu fünf Stimmen für eine Erhöhung des Diskontsatzes und mit dem knapperen Ergebnis von sieben zu sechs Stimmen für eine Erhöhung von vier auf sechs Prozent.

Fast ein Vierteljahrhundert später schilderte Vocke die Sitzung im Oktober 1950 sehr dramatisch:

Der Kampf dauerte viele Stunden. Im Zentralbankrat selbst gab es starken Widerstand gegen meinen Vorschlag. Auch Finanzminister Schäffer hat mich nicht unterstützt. Schließlich verließ Adenauer das Kampffeld, und es wurde abgestimmt. Der Vorsitzende des Zentralbankrats, Bernard, trat mir bei, und es gab eine Mehrheit für die Diskonterhöhung von vier auf sechs Prozent. Die Gefahr war abgewendet. Die von den Gegnern an die Wand gemalten Schrecken blieben aus. Die Stabilität der Währung war gerettet.[28]

Der restriktive währungspolitische Kurs wurde noch volle neunzehn Monate bis zum Frühsommer 1952 beibehalten. Die Handelsbilanz besserte sich in dieser Zeit sichtbar. 1951 ging das Außenhandelsdefizit stark zurück, und im Jahr darauf verzeichnete die Bundesrepublik zum ersten Mal Überschüsse, die in den folgenden Jahren stetig wachsen sollten. Allerdings nahm die Arbeitslosigkeit in den nächsten zwei Jahren nur wenig ab; sie lag bis 1956 bei über einer Million.[29]

Vocke behielt die scharfen Maßnahmen gegen die Inflation bei und wandte sich in mehreren dramatischen Briefen an Adenauer. Im Februar 1951 schilderte er das weitere Anwachsen der deutschen Auslandsschulden aufgrund der erhöhten Importe und warnte den Kanzler vor einem möglichen Ausscheiden der Bundesrepublik aus der Europäischen Zahlungsunion, was »einem Todesstoß für die Europaidee, vor allem aber für die deutsche Wirtschaft« gleichkäme.[30] Vocke wagte sich mit seinen Vorschlägen in Bereiche vor, die man Jahrzehnte später auf keinen Fall mehr dem Kompetenzbereich der Bank zugerechnet hätte: Über Lohnanreize solle die Kohleproduktion gesteigert werden; höhere Zölle sollten den Importüberschuß dämpfen, weitere Kreditbeschränkungen die Nachfrage niedrig halten. Sein Brief endete melodramatisch: »Sollte man nicht, und sei es auch mit ungewöhnlichen Mitteln, in letzter Stunde alles dransetzen, um am Leben zu bleiben?«

Im Jahr 1954 beklagte Vocke sich in einem weiteren eigenmächtigen Schreiben an Bonn, Adenauer habe ein zu positives Bild von den verbesserten deutschen Währungsreserven gegeben. Adenauer hatte in einer Rede in Hamburg stolz verkündet, der Bargeldumlauf sei bald zu hundert Prozent durch Gold- oder Dollarreserven gedeckt. Vocke betonte kühl, der Prozentsatz liege in Wirklichkeit nur bei siebenundvierzig Prozent. »Ich glaube doch, daß wir unsere internationale Währungssituation selber mit Zurückhaltung beurteilen sollten, zumal unsere Lage labiler ist als die vieler anderer Länder.«[31]

Im April 1956 ging Vocke erneut in die Offensive und schlug ein Fünf-Punkte-Programm vor, um die durch »schwere Fehler« bedrohte Stabilität der D-Mark aufrechtzuerhalten. Er riet Adenauer mit erhobenem Zeigefinger zur Zurückhaltung bei den Verteidigungsausgaben, zu drastischen Kürzungen der öffentlichen Ausgaben beim Wohnungsbau und anderen Investitionen und zur Einschränkung der Abschreibungsmöglichkeiten. Außerdem müsse die Bank deutscher Länder ihre restriktive Zinspolitik beibehalten.[32]

Wie zum Beweis ihrer ernsthaften Besorgnis erhöhte die Bank einen Monat später den Diskontsatz um einen Prozentpunkt auf 5,5 Prozent. Es war die zweite Erhöhung innerhalb von zwei Monaten. Erhard wie Schäffer hatten dieser Maßnahme vorab zugestimmt.[33] Adenauer jedoch war anderer Meinung. Beeindruckt von den Klagen aus den Reihen der Unternehmer, die Geldverknappung werde den Aufschwung stark beeinträchtigen, nahm Adenauer kein Blatt vor den Mund, als er seine Verärgerung kundtat. In einer Rede am 23. Mai vor der Jahresversammlung des Bundesverbands der Deutschen Industrie im großen Gürzenich-Saal in Köln nahm er mit schonungsloser Offenheit gegen Erhard, Schäffer und Vocke Stellung. Der Kanzler sprach von einem »schweren Schlag für die deutsche Konjunktur«. Warnend fügte er hinzu: »Das Fallbeil trifft die kleinen Leute. Ich habe bisher nicht die Überzeugung gewonnen, daß eine derartige Maßnahme notwendig war.«[34]

Als 1957 die Bank deutscher Länder in die Bundesbank umgewandelt wurde, faßte man die Aufgaben des Präsidenten des Direktoriums und des Präsidenten des Zentralbankrats, mit denen damals Vocke bzw. Bernard betraut waren, zu einem Amtsbereich zusammen. Der 71jährige Vocke hoffte vergeblich, er werde über das Jahresende hinaus Chef der Bundesbank bleiben können. Das Zerwürfnis zwischen Adenauer und Vocke war tief, und Vockes Amtszeit von nun schon neuneinhalb Jahren wurde nicht verlängert. Vocke beklagte sich hinterher, er habe aus der Zeitung erfahren müssen, daß Adenauer und Erhard den damals bei Unilever arbeitenden Blessing gefragt hatten, ob er das Spitzenamt im deutschen Notenbankwesen übernehmen wolle. Blessing sprach Vocke in einem Brief im Juli 1957 sein Beileid aus: »Sehr verehrter, lieber Herr Geheimrat, was sich in den letzten Tagen abgespielt hat, ist alles andere als schön... Auch mir gegenüber ist das Bonner Vorgehen nicht von übertriebenem Taktgefühl gewesen. Ich habe mich um die Kandidatur nicht bemüht und wäre heute noch glücklich, wenn der Kelch an mir vorübergehen würde.«[35]

Von all den ärgerlichen Eigenschaften Vockes hat seine ständige Krittelei Adenauer wohl am meisten Verdruß bereitet.[36] In seinen Memoiren deutet Vocke an, er sei vor allem deshalb abberufen worden, weil er ein entschiedener Gegner einer Aufwertung der D-Mark gewesen sei.[37] Das Thema Aufwertung war jedoch nicht der Hauptgrund für Adenauers Überzeugung, daß die Zeit für einen Wechsel an der Spitze gekommen sei. Adenauer machte sich nicht für eine Aufwertung stark, und Blessing widersetzte sich Bestrebungen in diese Richtung anfangs ebenso stark wie Vocke. Vockes Schicksal zeigt vielmehr, daß ein Notenbankpräsident, der den Draht zu Bonn verliert, auf Einfluß in der Währungspolitik verzichten muß. Ein weiteres lehrreiches Beispiel für diesen Grundsatz der Arbeit der Bundesbank wurde der Zwist zwischen Pöhl und Kohl fünfunddreißig Jahre später.

4. Ein Dilemma tut sich auf

In den fünfziger Jahren verdankte die westdeutsche Wirtschaft ihren dynamischen Schwung der Entschlossenheit der Bevölkerung, das in Trümmern liegende Land wieder aufzubauen. Zusätzlich wurde der Aufschwung durch die ungewöhnlich starke Nachfrage nach deutschen Produkten im Ausland angeheizt. Die jährliche Ausfuhr verneunfachte sich zwischen 1949 und 1957 von vier auf sechsunddreißig Milliarden D-Mark, und die Handelsbilanz verzeichnete hohe Überschüsse[38] zu einer Zeit, in der Großbritannien und Frankreich wiederholt mit Defiziten zu kämpfen hatten. Die offenbaren Wettbewerbsvorteile deutscher Produkte auf ausländischen Märkten führten dazu, daß die D-Mark als zunehmend unterbewertet erschien. Wenn auf dem Devisenmarkt gelegentlich Gerüchte über eine Aufwertung kursierten, wurden sie jedoch von Notenbank und Regierung regelmäßig dementiert.

Vocke war wie die meisten seiner Kollegen im Direktorium fest von den Idealen einer »stabilen Währung« überzeugt, wie sie die Reichsbank propagiert hatte. Eine Änderung der Parität war für diese Männer daher unvorstellbar. »[Die Währung] ist stabil – sie wird stabil gehalten werden. Aufgewertet wird sie bestimmt nicht!« verkündete Vocke im August 1956.[39] Als Blessing im Januar 1958 sein Amt antrat, wandte er sich ebenfalls heftig gegen eine Aufwertung der D-Mark. Aber in eben dieser Frage mußte die Notenbank zuletzt einen deutlichen Prestige- und Autoritätsverlust hinnehmen. Als die Aufwertung schließlich im März 1961 vollzogen wurde, geschah das auf Beschluß der Bonner Regierung und gegen den Wunsch der Bundesbank. 1955 hatte Wirtschaftsminister Erhard die Bank deutscher Länder im Kampf um höhere Zinssätze gegen Adenauer unterstützt, 1961 widersetzte er sich dem Willen der Bundesbank. Da die Spekulationen um eine Aufwertung zu einem brisanten Zustrom ausländischen Kapitals geführt hatte, war Erhard zu der Überzeugung gelangt, daß die Gefahr einer »importierten Inflation« gemindert werden könne, wenn die D-Mark im Wert steigen dürfe. Zunächst lehnte Adenauer Erhards Pläne ab, doch letztlich setzte sich der Wirtschaftsminister mit seiner Meinung durch.

Die Glaubwürdigkeit der Bundesbank erlitt durch die Ereignisse von 1961 beträchtlichen Schaden: Zumindest diesmal hatte die Bonner Regierung – nach jahrelangen internen Debatten innerhalb der Bank deutscher Länder und der Bundesbank – die Trümpfe in der Hand. Mit Rückendeckung der meisten Direktoriumsmitglieder und Landeszentralbankchefs hatte Vocke Mitte der fünfziger Jahre geglaubt, jede Änderung des Wechselkurses würde das Vertrauen der Bevölkerung in die Währung herabmindern. Otmar Emminger, seit 1953 im Direktorium der Bank deutscher Länder für internationale Währungsangelegenheiten zuständig, war grundsätzlich gegenteiliger Meinung, sollte damit jedoch noch mehrere Jahre lang zu einer Minderheit gehören. Ein unterbewerteter Wechselkurs, so Emmingers Überzeugung, könne die Inflation verstärken. Gemeinsam mit Heinrich Irmler, ebenfalls Direktoriumsmitglied, erkannte er als erster deutscher Notenbanker das Dilemma, das darin bestand, innere und äußere Währungsstabilität unter einen Hut zu bekommen. Dieses Problem sollte die Bundesbank in den nächsten vier Jahrzehnten immer stärker beschäftigen.[40] Emminger glaubte, angesichts der weltweiten Inflation könne die Beibehaltung äußerer Währungsstabilität das Ziel der inneren Preisstabilität gefährden. Je stärker die Bundesbank versuche, den Druck in Richtung Aufwertung durch eine Senkung der Zinssätze abzublocken, desto größer sei das Risiko einer Aufwärtsspirale bei Löhnen und Preisen.

Emminger warnte in mehreren öffentlichen Reden vor der Gefahr der »importierten Inflation«. In einem internen vertraulichen Memorandum an Vocke betonte er Ende 1956, das alte Tabu, das jede Aufwertung verbot, müsse gebrochen werden: »Im Interesse der inneren Währungsstabilität wird es über kurz oder lang unausweichlich werden, eine Aufwertung der D-Mark in Betracht zu ziehen.«[41] Emminger plädierte für eine Aufwertung um sechs Prozent durch eine starke Erweiterung der Schwankungsmarge der D-Mark gegenüber dem Dollar innerhalb des Systems von Bretton Woods.[42] Anfänglich untersagte Vocke jede Diskussion dieses Themas im Direktorium; als man sich schließlich herabließ, Emmingers Vorschläge anzuhören, stieß er auf brüske Ablehnung.[43] Für Erhard standen die positiven Auswirkungen einer Aufwertung auf die Disziplin in der Preispolitik im Vordergrund, doch es gelang ihm nicht, Vocke umzustimmen. Nach langen Gesprächen in Vockes Haus in Frankfurt schrieb der Notenbankchef im Mai 1957 einen Brief an den Wirtschaftsminister, in dem er erklärte: »Ich bin nach wie vor ein entschiedener Gegner einer Aufwertung der D-Mark.« Er verurteilte die Pläne als »Experiment mit höchst ungewissem Ausgang« und warnte, daß »eine neue Quelle der Unordnung« geschaffen werden könnte.[44] Wenig später verkündete Vocke: »Aber zwei Dinge wollen wir nicht, nämlich: Wir wollen keine Aufwertung, und wir wollen kein Einschwenken auf die inflationistische Linie mancher Länder.«[45] Wie Emminger jedoch unablässig betonte, erhöhte das Nein zu jeder Aufwertung die Gefahr von Preissteigerungen, statt sie zu vermindern.

Nach einer beträchtlichen Abwertung des französischen Franc im August 1957 ließ der Aufwertungsdruck auf die D-Mark vorübergehend nach, und die Spekulationen auf den Devisenmärkten hörten auf. Als Großbritannien im Herbst den Diskontsatz erhöhte, senkte die Bundesbank gleichzeitig die Zinsen, weil man dadurch gemeinsam den Abgabedruck mindern wollte, der auf dem englischen Pfund lastete. Anfang 1958 erklärte Blessing in einem seiner ersten Auftritte als Bundesbankchef, eine Aufwertung wäre ein »Fehler«: »Bundesregierung und Bundesbank haben mit aller Klarheit erklärt, daß die gegenwärtige Parität nicht geändert wird. Dabei bleibt es!«[46]

Das Wechselkursdilemma verschärfte sich gegen Ende der fünfziger Jahre, als die Außenhandelsüberschüsse während einer Hochkunjunkturphase im Inland in die Höhe schnellten. In einem Brief an Erhard gab Blessing im August 1959 der Baupolitik der öffentlichen Hand die Mitschuld an dem außergewöhnlichen Boom und kündigte warnend an, die Bundesbank werde zur »Kreditwaffe« greifen, falls die öffentliche Hand ihre erhöhten Bauaufträge nicht reduzieren würde.[47] Die Bundesbank machte ihre Drohung schließlich wahr und erhöhte bis zum Sommer 1960 den Diskontsatz in drei Schritten auf fünf Prozent. Im Januar 1960 warb Emminger in einem internen Papier um eine Aufwertung von 7,7 Prozent gegenüber dem Dollar: Eine Anhebung des Wertes der Währung werde einen »heilsamen Effekt« auf die überhitzte Konjunktur haben.[48] Die Mehrheit im Zentralbankrat lehnte ein solches Vorgehen jedoch weiterhin ab. Im Oktober 1960, kurz vor einem Treffen mit Adenauer, in dem hohe Minister und der Bundesbankchef sich einstimmig gegen eine Aufwertung aussprachen, erklärte Blessing gegenüber den Direktoriumsmitgliedern sogar, falls es zu einer Aufwertung komme, werde er zurücktreten – eine Äußerung, die er später bedauern sollte.[49]

Um die internationale Nachfrage nach der D-Mark zu dämpfen, tat die Bundesbank einen umstrittenen Schritt: Sie gab ihren restriktiven Kurs in der Geldpolitik auf, um die Zinsen zu verringern, die ausländische Anleger für ihr Geld bekamen. Im November 1960 senkte die Notenbank den Diskontsatz von fünf auf vier Prozent, im Januar 1961 dann noch einmal auf dreieinhalb Prozent. Gleichzeitig verkündete sie eine Senkung der Mindestreservesätze. Zwar plädierte der neue Finanzminister Etzel jetzt wie Erhard für eine Aufwertung, doch Adenauer lehnte mit Unterstützung einer Reihe einflußreicher Berater wie Hermann Josef Abs von der Deutschen Bank und Fritz Berg, dem Präsidenten des Bundesverbandes der Deutschen Industrie, eine Anpassung der Währung weiterhin ab, weil damit die Wettbewerbsfähigkeit der Exportindustrie geschwächt werde.[50]

Das Geschehen in Washington setzte Bonn weiter unter Druck. Da Präsident Kennedy sich strikt weigerte, den Dollar abzuwerten, kamen die internationalen Devisenhändler immer mehr zu der Überzeugung, daß Deutschland nun im Alleingang den Wert der D-Mark heraufsetzen müsse. Als sich immer deutlicher zeigte, daß der Zufluß von »heißem Geld« aus dem Ausland akut das in den Statuten der Bundesbank festgelegte Ziel gefährdete, die Inflation zu verhindern, gewann Erhard endlich die Oberhand. Ende Februar 1961 war die Krise auf dem Höhepunkt. Die Bundesbank, die sich erneut mit einer Flut ausländischen Spekulationsgeldes konfrontiert sah, bedeutete der Regierung, eine weitere Senkung der Mindestreserven sei in Vorbereitung. Erhard und Etzel warnten Blessing vor einer weiteren Lockerung der Kreditpolitik, weil damit die Inflation angeheizt werde. Dies war einer der äußerst seltenen Fälle, wo ein Lockerungsbeschluß der Bundesbank von der Regierung beanstandet wurde.[51] Für den Fall, daß Adenauer nicht von der Notwendigkeit einer Aufwertung überzeugt werden konnte, schlug Etzel als drastische Maßnahme zur Eindämmung des Kapitalzustroms nach Deutschland Devisenkontrollen vor. Blessing räumte ein, daß der Bundesbank die Situation zunehmend aus der Hand geglitten sei,[52] und dachte allen Ernstes an Rücktritt.[53] Auf einer Sitzung in Bonn mit Erhard, Etzel und Blessing am 27. Februar änderte Adenauer auf Anraten seines Freundes und Beraters Robert Pferdemenges seine Meinung zur Aufwertung verblüffend rasch und gab seinen Segen zu einer Aufwertung um fünf Prozent. Dieser Beschluß wurde in einer Kabinettssitzung am 3. März bestätigt.[54] Blessing hatte keine andere Wahl, als zuzustimmen.

Am Nachmittag des 3. März reiste Erhard nach Frankfurt, um die offizielle Zustimmung des Zentralbankrats für diesen Schritt einzuholen. Bezeichnenderweise wurde die Bank nicht gefragt, in welcher Höhe sie eine Änderung des Wechselkurses für sinnvoll halte.[55] »Wir stehen tatsächlich vor zwei Alternativen«, erklärte Erhard den Bundesbankern. »Entweder wir lassen die Dinge weiter schlittern, wir lassen dem tendenziell inflationären Prozeß noch weiter Raum, oder aber wir ziehen die Konsequenzen in Richtung einer Aufwertung.«[56] Die Bundesbanker beugten sich der Aufwertung, die ihnen als Fait accompli präsentiert wurde, und stimmten mit sechzehn zu drei Stimmen dafür. Erhard rechtfertigte die Entscheidung mit der Notwendigkeit, sich das Vertrauen der deutschen Sparer zu erhalten, die seit der Währungsreform Guthaben in Höhe von 125 Milliarden D-Mark angespart hätten und eine Bestätigung bräuchten, daß ihre Ersparnisse anders als 1923 und 1948 sicher seien: »Wir erklären immer wieder vor dem deutschen Volk und auf Parteitagen: Wir treten für die Stabilität der Währung ein und werden alles in unseren Kräften Stehende tun. Das heißt, man muß gegebenenfalls energische Maßnahmen ergreifen.«

Das Ja der Notenbank zur Aufwertung bedeutete einen Bruch mit ihrem traditionellen Engagement für stabile Wechselkurse.[57] Blessing erklärte:

Die Bundesbank hat sich lange gegen eine Wechselkursanpassung gesträubt. Für die Notenbank ist nun einmal die Währungsparität eine sakrosankte Sache, die man nur ändern darf, wenn alle anderen Mittel nicht zum Erfolg führen.[58]

Wirtschaftsminister Erhard konnte seine Genugtuung kaum verbergen. In einer der schwungvollen Reden, für die er bekannt war, erklärte er, daß »die überwiegende Mehrheit des deutschen Volkes die Maßnahme der Bundesregierung begrüßt hat und ihr ob der mutigen Entscheidung Dank zollt.«[59]

Die deutschen Verbraucher profitierten tatsächlich von der Aufwertung, da dadurch Importwaren billiger wurden; der Export dagegen mußte wie erwartet Verluste in Kauf nehmen.[60] Die Bundesrepublik bekam die massiven Exportüberschüsse in der Folgezeit deutlich unter Kontrolle, was das Bretton-Woods-System zunächst stabilisierte. An der außenwirtschaftlichen Front herrschte nach der hartumkämpften Aufwertung tatsächlich mehrere Jahre Ruhe. Doch es war die Ruhe vor dem Sturm, vor dem endgültigen Zusammenbruch des Paritätensystems.

5. Ein Umschwung und seine Folgen

Für Blessing war der Verlust an Glaubwürdigkeit in der Öffentlichkeit, den er wegen seines Umschwenkens in der Aufwertungsfrage erlitt, eine ernüchternde Erfahrung, auch wenn es nicht die erste Kehrtwendung seiner langen Karriere war. Dieser überlegene Taktiker, der bei Machtkämpfen zwischen verschiedenen Institutionen geschickt die Fäden in der Hand behielt, ein Mann, der Schacht, Funk, Hitler und nach dem Krieg zwei Jahre amerikanische Gefangenschaft überlebt hatte, war zäh und anpassungsfähig genug, um sich auch von diesem Schlag zu erholen. Nach dem gestrengen Vocke kehrte mit Blessing ein deutlich anderer Stil ein. An die Stelle von Vockes preußischer Arroganz trat nun süddeutscher Charme. Der Charme hatte jedoch seine Grenzen. Die Ereignisse um die Aufwertung bestärkten Blessing noch in der Überzeugung, daß man der Regierung gegenüber mit einem kompromißlos strengen Kurs in der Geldpolitik am besten fuhr. An der Verpflichtung der Bundesbank auf die »Stabilitätspolitik« durfte kein Zweifel bestehen. Die Nachfolger Adenauers als Kanzler, Ludwig Erhard und Kurt Georg Kiesinger, sollten die Folgen dieser Einstellung noch zu spüren bekommen.

Bereits in den ersten Nachkriegsjahren hatte Blessing seine Unverwüstlichkeit und seine Fähigkeit, auf höchster Ebene die

Fäden zu ziehen, oft genug bewiesen. Das ehemalige Vorstandsmitglied der Kontinentale Öl setzte seine Karriere mit erstaunlichem Erfolg fort und eroberte sich rasch wieder einen Platz im Zentrum des deutschen Wirtschaftslebens. Im Juli 1948 wurde Blessing erneut in den Vorstand der deutschen Tochtergesellschaft von Unilever berufen, den er 1941 verlassen hatte. 1952 wurde er dort Vorstandsvorsitzender.

Als Geschäftsmann der Privatindustrie genoß Blessing in den Nachkriegsjahren das Vertrauen Adenauers. Auch mit Erhard, den er während des Kriegs mehrmals in Berlin zu Gesprächen traf, kam er gut zurecht. Außerdem hatte er keine Hemmungen, seinen Einfluß auf ehemalige Reichsbankkollegen in der Bank deutscher Länder geltend zu machen. In einer Abschrift an den Zentralbankrat 1949 warnte er, »unsere Lage ist außerordentlich labil«, und forderte, mit guter Begründung, die Schaffung neuer Arten von Geldmarktpapieren, um die kurzfristigen Überschüsse öffentlicher und privater Anleger in längerfristigere Investitionen, zum Beispiel in den Wohnungsbau, umzuleiten.[61] 1950 ging Blessing in einem Brief an Vocke auf Gerüchte ein, wonach die Bank deutscher Länder interne Konzernwechsel nicht mehr als notenbankfähig anerkennen wolle; er schrieb, ein solcher Schritt würde den Margarinepreis in die Höhe treiben und »unangenehme Diskussionen, insbesondere mit den Gewerkschaften und dem Parlament« auslösen.[62] Im Jahr 1955, zwei Jahre bevor Blessing die Leitung der Bundesbank übernahm, wurde seine herausragende Rolle im deutschen Geschäftsleben noch einmal deutlich. Er war eine Schlüsselfigur bei einer Reihe komplizierter Verhandlungen mit Erhard über Preissenkungen in der Margarineindustrie im Zusammenhang mit den von der Regierung geplanten Kartellgesetzen. Zusammen mit Schwestergesellschaften kontrollierte Unilever fünfundsiebzig Prozent des westdeutschen Margarinemarktes und hatte daher klare Interessen bezüglich der Antitrustgesetze, die im Wirtschaftsministerium auf höchster Ebene formuliert wurden. Erhard gab der Margarineindustrie zu verstehen, er werde Preisabsprachen in diesem Bereich bis zu einem gewissen Maße tolerieren, wenn die Margarineindustrie bereit sei, das Preisniveau insgesamt zu senken.[63] Der Unilever-Konzern ging sofort bereitwillig auf das Angebot des Ministers ein. Im September 1955 einigte man sich darauf, daß Unilever den Empfehlungen des Wirtschaftsministers folgend die Preise für eine Reihe von Margarinesorten senken[64] und der Wirtschaftsminister im Gegenzug die geplanten Kartellgesetze entschärfen sollte. Blessing wußte nur zu gut, daß er es hier mit einem Handel zu tun hatte. Ende September 1955 schrieb er einen Brief an Roland Risse, Ministerialdirigent im Bundeswirtschaftsministerium, er hoffe, daß »unser Opfer nicht vergebens ist«.[65]

Schon im Dritten Reich hatte Blessing bewiesen, daß er sich in Machtkämpfen geschickt das Vertrauen beider Streitparteien erwerben konnte. Ende der fünfziger Jahre spielte dieser Mann, der jetzt bei der Bundesbank das Sagen hatte, wieder die Rolle des politischen Vermittlers. Die Gelegenheit bot sich im Verlauf einer der häufigen Zankereien zwischen Adenauer und Erhard um das Streben Erhards nach der Kanzlerschaft. Adenauer hielt seinen Wirtschaftsminister nach wie vor für ungeeignet für das höchste Regierungsamt und bat Blessing, ihm bei dem vergeblichen Versuch zu helfen, Erhard seine Ambitionen auszureden.[66]

Als Erhard schließlich 1963 Adenauers Nachfolge antrat, hoffte er aufgrund seiner bisherigen guten Beziehungen zu Blessing natürlich auf eine gute Zusammenarbeit mit der Bundesbank. Doch dann wurde der »Vater des Wirtschaftswunders« drei Jahre später unsanft als Kanzler abgelöst, und Blessing war daran nicht ganz unschuldig. In den ersten Jahren nach der Aufwertung von 1961 war es auf der währungspolitischen Bühne in Deutschland ruhig geblieben. 1962 verzeichnete die Leistungsbilanz zum ersten Mal seit 1950 ein kleines Defizit. Es folgten zwei Jahre mit leichten Überschüssen. Der Diskontsatz lag nach der Aufwertung vier Jahre lang, von 1961 bis Anfang 1965, bei dem niedrigen Wert von drei Prozent, bis die Bundesbank etwas übereilt erklärte, die Gefahr einer »importierten Inflation« bestehe nicht mehr.[67] Als jedoch 1965 die Leistungsbilanz ein beträchtliches Defizit von fünf Milliarden D-Mark verzeichnete, zog die Bundesbank die Kreditschraube wieder stärker an. Ähnlich wie Pöhl, der 1990 der Kohl-Regierung vorwarf, nicht genug für Einsparungen im Haushalt getan zu haben, warnte Blessing eindringlich vor der »Euphorie«, die in den Jahren des Wirtschaftsbooms entstanden sei. »Wir sind an einem Punkt angelangt, an dem eine Wende eintreten muß. Wenn wir uns nicht aus Einsicht mäßigen, wird die Entwicklung selbst zur Anerkennung der Realität zwingen. Wir können den Status der D-Mark nur aufrechterhalten, wenn wir der schleichenden Inflation Einhalt gebieten. Wir in der Notenbank werden das Unsere tun. Den anderen Beteiligten rufen wir zu: Tun Sie das Ihre, sonst zwingen Sie uns, auch weiterhin allein zu handeln und daher möglicherweise noch härter zu werden.«[68] Die Inflation hatte die Vier-Prozent-Marke überschritten, und die Bundesbank sorgte sich vor allem um die inflationstreibende Wirkung der zusätzlichen Sozialausgaben, die die Regierung Erhard angesichts der anstehenden Bundestagswahlen für 1965 eingeplant hatte.

Blessing ermahnte die Regierung mit ernsten Worten und wies eindringlich auf die Konsequenzen einer Politik hin, die das Haushaltsdefizit nicht mit allen Mitteln bekämpfte: »Um zur Stabilität zurückzufinden, muß die monetäre Politik um so schärfer sein, je weniger Unterstützung sie bei der Fiskalpolitik findet ... Die Preise können nicht permanent steigen, ohne daß man gefährliche wirtschaftliche, soziale, ja sogar politische Folgen heraufbeschwört.«[69] Die Bundesbank machte ihre Drohungen wahr und erhöhte den Diskontsatz in drei Schritten auf fünf Prozent im Sommer 1966. Dies beschleunigte noch die erste westdeutsche Rezession der Nachkriegszeit. Angesichts der steigenden Arbeitslosigkeit (die Zahlen verdreifachten sich von nur 166 000 im Jahr 1966 auf 459 000 im Jahr 1967) nahm die Kritik an Erhard ständig zu. Nach einem Koalitionsstreit um den Ausgleich des Haushaltsdefizits mußte er Ende Oktober 1966 zurücktreten. Einen Monat später einigten sich CDU und SPD auf eine große Koalition unter Kurt Georg Kiesinger. Kiesinger hatte sich vom Bundestag nach Baden-Württemberg zurückgezogen, nachdem Adenauer es abgelehnt hatte, ihm das Auswärtige Amt zu übertragen. Für Blessing bestand kaum Zweifel, daß das Vorgehen der Bundesbank wesentlich zu Erhards Sturz beigetragen hatte. Kurz vor seinem Tod räumte Blessing 1971 in einem Interview ein, er habe 1966 »mit etwas Brachialgewalt versucht, die Dinge in Ordnung zu bringen«.[70]

In seiner ersten Bundestagsrede als Kanzler forderte Kiesinger im Dezember 1966 die Bundesbank auf, ihre Kreditpolitik zu lockern. Inzwischen hatte sich die Notenbank jedoch daran gewöhnt, dem Druck der Regierung standhalten zu müssen. Die Bundesbank senkte die Zinssätze nur langsam. Das trug ihr erneut Vorwürfe ein, diesmal von Karl Schilller, dem ehemaligen Hamburger Senator und jetzigen Wirtschaftsminister der großen Koalition. Die Bundesbank, so kritisierte Schiller, reagiere viel zu zurückhaltend auf die konjunkturelle Flaute.[71]

Aufgrund der vielfältigen Folgen des Aufschwungs, der nach 1966/67 einsetzte, kam es bald zum nächsten Konflikt. Die Bundesbank unterstützte die konjunkturelle Erholung, indem sie den Diskontsatz in der ersten Jahreshälfte 1967 von fünf auf drei Prozent herabsetzte. Weil zuvor die Wirtschaftstätigkeit jedoch nachgelassen hatte, verbesserte sich die Zahlungsbilanz jetzt dramatisch, und man verzeichnete in der Leistungsbilanz rasch hohe Überschüsse.[72] Daraufhin erfolgten erhebliche Zuflüsse spekulativer Gelder aus dem Ausland auf D-Mark-Konten, was das ohnehin stark gebeutelte internationale Wechselkurssystem zusätzlich durcheinanderbrachte.

Das englische Pfund wurde im November 1967 abgewertet; nach den Pariser Unruhen im Mai 1968 geriet dann der französische Franc unter starken Abgabedruck. Die Bundesbank hatte aus der peinlichen Niederlage im Jahr 1961 gelernt. Diesmal sprach sie sich ausdrücklich für eine Aufwertung der D-Mark aus und empfahl dem Wirtschaftsminister im September 1968 diesen Schritt auch als Maßnahme zur Inflationsbekämpfung. Schiller verteidigte jetzt jedoch den bestehenden Wechselkurs, wie Blessing selbst es bis zum Februar 1961 getan hatte. Der Wirtschaftsminister beharrte auf seiner Ablehnung und sagte in einer Rede im September 1968, er halte eine Aufwertung für »eine Absurdität«.[73] Kiesinger erklärte dazu, solange er Kanzler sei, werde die D-Mark nicht aufgewertet.

Da die Tumulte auf den Devisenmärkten anhielten, trafen die Finanzminister und Notenbankgouverneure der wichtigsten Industrieländer am 20. November 1968 zu einer surrealen und wenig konstruktiven Währungskonferenz in Bonn zusammen.[75] Demonstranten blockierten den Eingang zum Wirtschaftsministerium, in dem das Treffen stattfand; sie hielten Transparente hoch mit der Aufschrift »Rettet unsere Mark!«[76] Noch vor Beginn der Sitzung lehnte die Bundesregierung die Aufwertung der D-Mark ab, die in Fachgesprächen zwischen der Bundesbank und der Banque de France (bei gleichzeitiger Abwertung des Franc) ausgearbeitet worden war.[77] Statt dessen kündigte sie eine besondere steuerliche Belastung der Warenexporte und eine Entlastung der Importe an. Noch während der Konferenz ließ der Zentralrat die Regierung in einem gleich der Presse zugespielten Fernschreiben wissen, nur eine Aufwertung könne die Währungsunruhe dauerhaft beheben. Als die Kapitalflüsse nach Deutschland andauerten, änderte auch Schiller seine Meinung. Er schloß sich schließlich den Befürwortern einer Änderung der D-Mark-Parität an und empfahl im März 1969 wie die Bundesbank eine Aufwertung. Die endgültige Aufwertung, auf die die ganze Welt wartete, zögerte sich jedoch noch weitere sechs Monate hinaus, in erster Linie deshalb, weil Kiesinger und seine Berater unnachgiebig blieben.

Wie schon 1961 kämpfte die exportabhängige deutsche Industrie gegen jede Aufwertung mit der Begründung, daß dann die Auslandsverkäufe zurückgingen und das Wirtschaftswachstum beeinträchtigt werde. Und Kiesinger hörte genau wie Adenauer 1961 auf die Ratschläge Abs' und des inzwischen pensionierten Vocke, die sich öffentlich gegen eine Aufwertung aussprachen. Das Kabinett war gespalten: Die sozialdemokratischen Minister stimmten für, die christdemokratischen gegen eine Aufwertung. So schob man die Entscheidung bis nach den Wahlen im September 1969 auf. Auch im Wahlkampf spielte die Frage der Aufwertung eine große Rolle. Die Konservativen erhielten dann zwar sechsundvierzig Prozent der Stimmen, doch reichte das für Kiesinger nicht aus, um an der Macht zu bleiben. SPD und FDP wollten nun eine Koalition bilden. Einen stürmischen Monat lang ließ man die D-Mark frei gegen den Dollar floaten, bis sich die neue Regierung am 24. Oktober schließlich auf eine Aufwertung der D-Mark um 9,3 Prozent einigte. Der lange Streit um die Währung hatte den Christdemokraten sehr geschadet. Er war, wie Kiesinger nach seinem Sturz zugab, ihr »größter politischer Fehler« gewesen.[78]

Emminger, in der Bundesbank der entschiedenste Befürworter der Aufwertung, war ein enger persönlicher Freund Kiesingers. Wäre der christdemokratische Kanzler an der Macht geblieben, hätte Emminger sicherlich Blessings Nachfolge als Bundesbankpräsident angetreten, als sich dieser Ende 1969 im Alter von neunundsechzig Jahren zurückzog.[79] Nun, da die Regierung gewechselt hatte, übernahm Karl Klasen, der selbstherrliche Sozialdemokrat von der Deutschen Bank, das höchste Amt in der Bundesbank, und Emminger wurde Vizepräsident. Gemeinsam sollten sie bald in die nächste Währungskrise stürzen.

6. Das Ende von Bretton Woods

Klasen hatte schon früh öffentlich bezweifelt, daß die Aufwertung sich dämpfend auf die Preissteigerung auswirken würde.[80] Zunächst schienen ihm die Ereignisse nach der Änderung der Parität 1969 recht zu geben. Wie 1961, als die Inflation direkt nach der Aufwertung gestiegen war, zogen auch jetzt nach Oktober 1969 die Preise an.[81] Emminger sagte zwar nicht ganz zu Unrecht, die Preise stiegen deshalb, weil man 1968/69 die endgültige Entscheidung über die Aufwertung so lange hinausgeschoben habe; die steigende Inflation schien aber die Behauptungen der Aufwertungsbefürworter zu widerlegen. Gleichzeitig wurde deutlich, daß die Aufwertung keine Ruhe in die internationalen Devisenmärkte bringen konnte. Der deutsche Leistungsbilanzüberschuß, der 1968 auf dreizehn Milliarden Mark geklettert war, sank Anfang der siebziger Jahre auf ein Viertel. Da jedoch die Federal Reserve 1970 von ihrem bisherigen restriktiven Kurs abging und die Kreditpolitik lockerte, flossen große Kapitalbeträge über den Atlantik in die Bundesrepublik, um von den höheren Zinsen zu profitieren.[82] Um die Attraktivität der D-Mark für internationale Investoren zu mindern, senkte die Bundesbank den Diskontsatz vom Höchstwert von 7,5 Prozent im Sommer 1970 auf fünf Prozent im Frühjahr 1971.

Als im Mai 1971 der Kapitalzufluß einen Höhepunkt erreichte, besuchte Schiller, der in der neuen Koalitionsregierung Wirtschafts- und Finanzminister geworden war, eine Sitzung des Zentralbankrats und forderte eindringlich die Einführung flexibler Wechselkurse. Die Mehrheit unter Führung von Klasen lehnte dies ab und plädierte statt dessen für Kapitalkontrollen, um den Zustrom ausländischen Geldes abzuwehren. Die Regierung nahm den Lösungsvorschlag der Bundesbank schließlich nicht an, sondern holte die internationale Zustimmung für eine zeitweilige Befreiung der Bundesbank von der Verpflichtung zur Intervention auf dem Devisenmarkt ein, so daß die D-Mark nun mit anderen europäischen Währungen frei gegen den Dollar floaten konnte. Diese Zwischenlösung hielt bis Dezember, dann wurde die D-Mark im Rahmen des Washingtoner Realignments der Wechselkurse um 13,6 Prozent gegen den Dollar aufgewertet.[83] Bei den Gesprächen in Washington verlangte Schiller von Klasen und Emminger, die Bundesbank solle die Zinssätze weiter senken, um so die konjunkturschwächende Wirkung der D-Mark-Aufwertung auszugleichen. Daraufhin setzte die Bundesbank den Diskontsatz in zwei weiteren Schritten bis Dezember 1971 auf drei Prozent herab.[84] Mit den Ergebnissen von Washington war ein unbehaglicher Waffenstillstand zwischen Schiller und Klasen zustande gekommen. Da das englische Pfund stark unter Druck geriet, beschloß Großbritannien im Juni 1972 den Austritt aus der europäischen »Währungs-Schlange«, einem System der Wechselkursparitäten, das im April geschaffen worden war, um die Schwankungen der europäischen Währungen zu bremsen.*
Das Floaten des englischen Pfundes löste eine neue Welle spekulativer Nachfrage nach der D-Mark aus. Daraufhin schlug Klasen mit Unterstützung des Bundesbankdirektoriums am 28. Juni auf einer Kabinettssitzung in Bonn eine Reihe von Devisenabwehrmaßnahmen vor. So sollte der Verkauf deutscher Wertpapiere an Ausländer genehmigungspflichtig und das zur Eindämmung spekulativer Zuflüsse bereits eingeführte Bardepot-System verschärft werden. Schiller wehrte sich heftig gegen jegliche Kapital-

---

* Siehe Kapitel IX

verkehrskontrollen, da diese den Prinzipien der Marktwirtschaft widersprächen.[85] Sein Gegenvorschlag – eine Vereinbarung über das gemeinsame Floaten der europäischen Währungen gegenüber dem Dollar – wurde vom Kabinett einstimmig abgelehnt.[86]

Verärgert über die Abfuhr, die ihm das Kabinett verpaßt hatte, bot der »Superminister« für Wirtschaft und Finanzen ein paar Tage später seinen Rücktritt an – und war überrascht, als Bundeskanzler Brandt das Angebot sofort annahm. Der Streit um die Devisenkontrollen war nicht der Hauptgrund für Schillers Rücktritt. Mit seiner Streitlust und Arroganz, aber auch mit dem Versuch, im Haushalt für 1973 gewaltsam große Kürzungen durchzusetzen, hatte er sich im Kabinett ohnehin schon unbeliebt gemacht, und Brandt war offenkundig froh über die Gelegenheit, seine Regierungsmannschaft umzubilden.[87] Schillers Nachfolger wurde Helmut Schmidt. Der neue Finanzminister gehörte zu den entschiedensten Befürwortern von Devisenkontrollen, um damit den Druck in Richtung neuerliche Aufwertung abzuschwächen. 1973 fügte er sich jedoch dann ins Unvermeidliche und leitete den Übergang zu flexiblen Wechselkursen ein.

Diese Ereignisse zeigen deutlich, daß die Bundesbank ihre Ansichten auch gegen einen der populärsten Minister des Landes durchsetzen kann. Klasen und Schiller waren eng befreundet, doch als dann das gesamte Kabinett auf die Linie der Bundesbank einschwenkte, blieb Schiller kaum noch etwas anderes übrig als zurückzutreten. Die Affäre hatte ein bitter ironisches Nachspiel. Im März 1973 führten neue Unruhen auf den Devisenmärkten zum endgültigen Zusammenbruch des Bretton-Woods-Systems.[88] Nachdem sich die Bundesbank am 1. März gezwungen sah, zur Stützung des Dollars die Rekordsumme von 2,7 Milliarden Dollar anzukaufen, setzte sie ihre Interventionen aus. Die Notenbank drängte die Regierung zu einer Krisensitzung aller europäischen Finanzminister, auf der ein freies Floaten der europäischen Währungen gegenüber dem Dollar beschlossen wurde. Als die Devisenbörsen wegen der Krise zweieinhalb Wochen lang schließen mußten, wurde das von Schiller vorgeschlagene System flexibler Wechselkurse schließlich angenommen – fast ein Jahr nach seinem erfolglosen Versuch, diese Maßnahmen durchzusetzen.

Im Rückblick auf die stürmischen Entwicklungen der siebziger Jahre sagte Schiller 1991:

Die Bundesbank war 1971 bis 1973 auf dem falschen Dampfer. Sie war von der Idee fester Wechselkurse besessen, selbst wenn der Bundesgrenzschutz dazu eingesetzt werden mußte ... Leute wie [Johannes] Tüngeler [im Direktorium für internationale Geldangelegenheiten zuständig] waren mit Kapitalverkehrskontrollen aus der Zeit der Reichsbank vertraut. Das waren keine großen Befürworter der Marktwirtschaft.[89]

Daß er selbst im Herbst 1968 das System fester Wechselkurse verteidigte, verdrängt Schiller allerdings, wenn er erklärt, der wahre Grund für Klasens unnachgiebigen Einsatz für feste Wechselkurse sei die konservative währungspolitische Grundeinstellung, die dieser aus seiner langen Karriere in der größten Bank Deutschlands mitgebracht habe. »Klasen vertrat die Weltanschauung der Deutschen Bank ... Das war die Mentalität von Hermann Josef Abs.« Schon vor dem Streit mit Klasen 1972, räumt Schiller jedoch ein, hätten seine eigenen »temperamentvollen Beiträge« in den Kabinettssitzungen den friedliebenden Brandt irritiert. Auch die allgemeine Ablehnung seiner Haushaltspläne habe seine Entscheidung für einen Rücktritt stark beeinflußt.[90]

Nach dem Ende fester Währungsparitäten blieb, wie nach der Aufwertung 1969, das Problem der Inflation.[91] Da die Bundesbank erkannte, daß ihre vorherige Verpflichtung auf feste Dollar-D-Mark-Paritäten die Inflationsbekämpfung fast unmöglich gemacht hatte, nützte sie nun ihre neu gewonnene Freiheit für einen restriktiven Kurs in der Kreditpolitik. Vorrangiges Ziel war jetzt eine Verminderung der jährlichen Preissteigerungsrate, die 1973/74 bei etwa sieben Prozent lag.

Die meisten Industrieländer hatten 1974 zweistellige Inflationsraten zu verzeichnen, doch die Bundesbank übernahm die Rolle des Eisbrechers im weltweiten Kampf gegen die Inflation. So konnte sie die inflationäre Entwicklung zwar stoppen, aber nur um den Preis einer binnenwirtschaftlichen Rezession. Die Zinssätze stiegen beträchtlich, der Diskontsatz wurde im Juni 1973 auf sieben Prozent festgesetzt, und der übliche Lombardsatz für kurzfristige Kredite an die Banken wurde ausgesetzt – eine Maßnahme, die die Tagesgeldsätze am Geldmarkt im Juli 1973 auf achtunddreißig Prozent hinauftrieb. Gleichzeitig beschloß die Regierung ein Stabilitätsprogramm, das Ausgabenkürzungen und Steuererhöhungen beinhaltete. Die Politik der Kreditverknappung wurde fortgeführt, als sich nach dem Yom-Kippur-Krieg im Herbst 1973 die Ölpreise vervierfachten und sich als Folge davon die weltweite Rezession verschärfte, während zugleich die Beschäftigten des öffentlichen Dienstes in Deutschland in der nächsten Tarifrunde fünfzehn Prozent mehr Lohn und Gehalt forderten. Die Regierung Brandt war 1972 gestärkt aus den Wahlen hervorgegangen. Doch als die hohen Zinsen und der Exportrückgang zu einem weiteren Absinken der Industrieproduktion führten, lasteten die wirtschaftlichen Schwierigkeiten ab Ende 1973 zunehmend schwerer auf der Regierung. Der Skandal um die Enttarnung eines DDR-Spions im Bonner Kanzleramt brachte im April 1974 den gärenden Machtkampf in der SPD zum Ausbruch. Brandt fiel den Parteiintrigen, seiner eigenen Amtsmüdigkeit, wirtschaftlichen Unsicherheiten und der Hochzinspolitik der Bundesbank zum Opfer. Mit seinem Rücktritt machte er den Weg frei für Helmut Schmidt.

Schmidt zog 1977 eine Bilanz der Jahre, die mit dem Zusammenbruch des nach dem Krieg entstandenen Währungssystems geendet hatten: »Ich glaube, daß die allgemeine Freigabe der Wechselkurse fast aller Währungen der Welt ein erheblicher zusätzlicher Beitrag zur Verunsicherung und damit zur Rezession des Welthandels im Jahre 1975 gewesen ist. Aber es war halt unvermeidlich angesichts der divergierenden inflatorischen Finanzierungsmöglichkeiten so vieler Staaten.«[92] Schmidt lobte die Bundesbank für ihre am 1. März 1973 getroffene Entscheidung, die Interventionen zur Unterstützung des Dollars aufzugeben: »Das hat der Bundesbank den Spielraum zur Verfügung gestellt, der es ihr ermöglichte, in der Folgezeit ihr geldpolitisches Instrumentarium zur Stabilisierung der D-Mark wirklich erfolgreich einzusetzen.« Die Hochachtung, die er der Bundesbank dann noch aussprach, steht im entschiedenen Gegensatz zu den vielen wenig schmeichelhaften Bemerkungen aus späteren Jahren: »Aus Sicht der Bundesregierung hat die Zusammenarbeit so gut geklappt, nicht obwohl die Bundesbank autonom ist, sondern weil die Bundesbank autonom ist.«

7. Auf der Suche nach einer neuen Ordnung

Nach dem Ende des Bretton-Woods-Systems, so glaubten einige Befürworter frei schwankender Wechselkurse, sei die Bundesbank nun alle außenwirtschaftlichen Zwänge losgeworden und könne sich ausschließlich der Aufgabe widmen, die Inflation im Inland zu bekämpfen. Das jedoch war, wie sich bald herausstellte, eine Illusion. Angesichts der Offenheit der westdeutschen Wirtschaft – in den sechziger Jahren betrug der Anteil der Exporte am Bruttosozialprodukt etwa zwanzig Prozent, Ende der achtziger Jahre bereits ein Drittel –, mußte die Bundesrepublik bei geldpolitischen Entscheidungen in jedem Fall die wirtschaftliche Situation des Auslands mitberücksichtigen, sei es in einem festen oder einem flexiblen Wechselkurssystem.

Überdies erkannten Bundesbank und Regierung die Notwendigkeit, neue Maßstäbe zu finden, um die Geldpolitik besser steuern und kontrollieren zu können. Ende 1974 wurde erstmals ein Jahresziel für die Ausweitung der Zentralbankgeldmenge verkündet. Die jährliche Festsetzung solcher Zuwachsraten diente der Bundesbank einerseits als technisches Hilfsmittel, um ihre Kreditgewährung an die Banken besser steuern zu können, andererseits wollte man damit der Öffentlichkeit eine Richtschnur in die Hand geben, an der sich die Erwartungen bei Tarifverhandlungen orientieren sollten. Daß die Bundesbank ihre selbstgesteckten Ziele seither nicht immer einhalten konnte,* hat ihrer Glaubwürdigkeit im großen und ganzen nicht geschadet; es hat ihr vielmehr den währungspolitischen Handlungsspielraum erhalten. Auf den Finanzmärkten glaubt man der Bundesbank

* Siehe Kapitel I

meist, daß es das Inflationsrisiko nicht erhöht, wenn die Bank ihre Zielvorgaben gelegentlich nicht einhält.[93] So entsprach Helmut Schlesinger ganz und gar nicht dem Bild des unbeugsamen Finanzexperten, das man sich in der Öffentlichkeit von ihm machte, wenn er schon 1985 verkündete, die Bundesbank könne mit den Zielvorgaben flexibel umgehen: »Der von der Geldpolitik in der Bundesrepublik akzeptierte pragmatische Monetarismus darf nicht mit dem starren Festhalten an bestimmten Schuldoktrinen verwechselt werden.«[94]

Die Suche nach einem Ersatz für das Bretton-Woods-System trug zunächst vor allem auf außenwirtschaftlichem Gebiet Früchte. Da der deutsche Anteil am Handel innerhalb der europäischen Gemeinschaft zunahm und sich gleichzeitig die politische Notwendigkeit einer engeren währungspolitischen Zusammenarbeit mit Deutschlands Handelspartnern abzeichnete, ergriffen Bundeskanzler Schmidt und Präsident Valery Giscard d'Estaing die Initiative und bereiteten das Europäische Währungssystem vor, das dann 1979 in Kraft trat. Dieses Abkommen ergänzte und formalisierte die europäische »Währungsschlange«, die im April 1972 ins Leben gerufen worden war. Nach Schmidts Ansicht konnte auf diese Weise der Weg für eine eventuelle Rückkehr zu festen Wechselkursen bereitet werden. Die Bundesbank, die mögliche Eingriffe in ihren Kompetenzbereich immer mißtrauisch beäugte, reagierte zunächst mit Zurückhaltung auf die deutsch-französische Initiative. Als in den achtziger Jahren jedoch deutlich wurde, daß das Europäische Währungssystem neben Risiken auch Vorteile hatte, zeigte sie sich aufgeschlossener.*

Schmidt selbst besuchte die Bundesbank im November 1978, um den Zentralbankrat von den Vorteilen der Pläne zum Europäischen Währungssystem zu überzeugen.[95] Er nutzte die Gelegenheit zu einer leidenschaftlichen und politisch akzentuierten Ansprache, wie man sie im dreizehnten Stock der Bundesbank noch nie gehört hatte.[96] Deutschland müsse eine aktive Rolle bei der Vorbereitung der währungspolitischen Integration Europas übernehmen. Wo der Kanzler zu wirtschaftlichen Fragen Stellung

* Siehe Kapitel IX

nahm, ging er immer wieder mit Vergnügen auf unterschiedlichste historische Aspekte ein.[97] Bei diesem Besuch in der Bundesbank war Schmidt ganz in seinem Element. Seine Beiträge reichten weit über das Problem stabiler Wechselkurse hinaus. Zunächst erläuterte er ausführlich seine Sicht des Erbes von Auschwitz, dann behandelte er die Zukunft Deutschlands als eines Nationalstaates, die Notwendigkeit einer festen Einbindung des Landes in die westliche Welt und die Gefahr des Eurokommunismus.[98] »Das war eine echte Schmidt-Rede«, meinte Hans Hermsdorf, der frühere Präsident der Hamburger Landeszentralbank und ein enger Mitarbeiter und Kollege des ehemaligen Bundeskanzlers.[99]

Schmidts Rede enthielt eine Spitze. Sollte die Bundesbank sich zu heftig gegen die Unterzeichnung des Abkommens über das Europäische Währungssystem zur Wehr setzen, deutete er an, dann werde er vielleicht im Parlament darauf drängen, die Unabhängigkeit der Bundesbank durch eine Änderung des Bundesbankgesetzes einzuschränken.[100] 1991 faßte der ehemalige Kanzler die damaligen Ereignisse so zusammen: »Ich ließ sie wissen, daß sie ihre Unabhängigkeit nicht überstrapazieren sollten.«[101]

Schmidts Drohung war nicht wirklich ernst gemeint. Es ist äußerst zweifelhaft, ob er tatsächlich einen solchen Gesetzentwurf eingebracht hätte; der Kanzler wußte, daß tiefgreifende Änderungen des Bundesbankgesetzes im Bundestag kaum durchzusetzen waren. Schmidt konnte wahrscheinlich kein Mitglied des Zentralbankrats der Bundesbank dazu bringen, seine Meinung zum Europäischen Währungssystem zu ändern.[102] Dennoch hinterließ sein Besuch in der Bundesbank einen nachhaltigen Eindruck: Wenn das Europäische Währungssystem je zu einem System unveränderlicher Wechselkurse unter den europäischen Währungen führen sollte, dann könnte die Notenbank gezwungen sein, die politische Linie Bonns zu unterstützen. Die Konfrontation mit Schmidt verschaffte der Bundesbank einen Vorgeschmack auf spätere Auseinandersetzungen. Erst zehn Jahre später sollte es zu der größten Belastung der Beziehung zwischen Bundesbank und Regierung kommen, als gleichzeitig die Herausforderungen der deutschen Einheit und der Europäischen Währungsunion zu bestehen waren.

Kapitel VIII

Die Herausforderung der Einheit

Obwohl die Sehnsucht nach einer Wiedervereinigung des heute zerrissenen Deutschland allgemein ist, besteht in vielen Kreisen unseres Volkes, auch unter den Flüchtlingen, die Sorge, daß mit dem Zusammenschluß und den dann erforderlich werdenden großen wirtschaftlichen Anstrengungen eine unerträgliche Senkung des Lebensstandards verbunden sein würde.
Ludwig Erhard, Bundeswirtschaftsminister, 1953[1]

Möge der Tag kommen, an dem in einem wiedervereinten Deutschland eine Währungs- und Notenbank dem ganzen deutschen Volk dienen kann!
Karl Blessing, Bundesbankpräsident, 1967[2]

Ab 1. Juli 1990 gibt es für die Bundesbank 16 Millionen Gründe mehr, für Stabilität zu sorgen. *Karl Otto Pöhl, Bundesbankpräsident in einem 1990 in der DDR verteilten Flugblatt*[3]

Die deutsche Währungsunion vom 1. Juli 1990 war nicht das einzige Beispiel einer wirtschaftlichen Annexion in der deutschen Geschichte. Sie hatte jedoch bei weitem die besten Erfolgsaussichten. Keine acht Monate nach dem Fall der Berliner Mauer überquerte die D-Mark die vierzig Jahre alte Grenze zwischen Kapitalismus und Kommunismus, und die Grenze selbst wurde Geschichte. Die D-Mark war der Herold der liberalen Demokratie; sie versprach Profit und Wohlstand, wenigstens für einige. Die Bundesrepublik hatte ihren erfolgreichsten Exportartikel entdeckt – die Währung. Ihr Export war der erste Schritt zur Übernahme eines zerfallenden Landes. Nachdem die Regierung der DDR mit der Abschaffung der Ost-Mark ihre währungspolitische Souveränität aufgegeben hatte, war die Auflösung des ostdeutschen Staates am 3. Oktober 1990 eigentlich nur noch Formsache. Der friedliche Anschluß war vollzogen. Obwohl die Wiedervereinigung von fast allen Regierungen der Welt mit Beifall begrüßt wurde, gab es im Ausland wie 1938 Befürchtungen, daß Deutschland erneut gefährlich groß werden könnte. Dabei war den meisten ausländischen Beobachtern nicht bewußt, daß die größte Bedrohung für den Rest Europas nicht von einem Erfolg der deutschen Vereinigung ausginge, sondern von deren Scheitern.

Nach vierzig Jahren unter einem freudlosen, ineffizienten und manchmal brutalen Regime begrüßte die Bevölkerung der DDR die D-Mark begeistert. Sogar die Armee half bei der Einführung der neuen Währung. Bei den Vorbereitungen für den Umtausch der Ost-Mark transportierte die Bundesbank Ende Juni 1990 27,5 Milliarden D-Mark über die Elbe; insgesamt 460 Tonnen Geldscheine und 600 Tonnen Münzen wurden mit einem langen Konvoi von Lastwagen in die DDR gebracht. Ohne daß dies der Öffentlichkeit bekanntgeworden wäre, leistete die Nationale Volksarmee der DDR (NVA) der Bundesbank insofern entscheidende Hilfe, als sie Kasernen zur Lagerung der riesigen Bargeldmengen zur Verfügung stellte.[4] Eine Institution, die eine der wichtigsten Stützen der DDR gewesen war, hatte damit einen Beitrag zur Auflösung des Staates geleistet. Der Umtausch der Währung wurde denn auch mit militärischer Präzision durchgeführt; was danach kam, nahm allerdings einen weniger glatten Verlauf.

1. Ein Unternehmen von historischen Dimensionen

Die Einführung der Währungsunion der beiden Teile Deutschlands war ein Unternehmen von historischen Dimensionen mit einzigartigen Chancen und Risiken. Bundeskanzler Helmut Kohl ließ sich auf ein gewagtes Spiel ein. Vierzig Jahre lang war die Wirtschaftspolitik der Bundesrepublik von einer Ablehnung jeglicher Experimente geprägt. Diese Politik wurde jetzt über Bord geworfen. Die Art, wie die Verschmelzung der beiden deutschen Staaten vollzogen wurde, war finanzpolitisch so gewagt wie eine Übernahme an der Börse mit großen Kreditrisiken. Es war immer klar gewesen, daß es keine einfache Aufgabe sein würde, das kommunistische System zu demontieren und den Schaden zu reparieren, der durch dessen vielfältige Fehler, Mängel, Dummheiten und Verbrechen angerichtet worden war. Einige der Probleme, die dabei auftraten, waren unvermeidlich, andere wurden durch Fehler der Bonner Politik erst geschaffen.

Die Fehler zeugten weniger von mangelnder Kompetenz als von mangelnder Vorbereitung. Kohl hatte keinen Plan für die Übernahme der DDR. Nach dem Fall der Berliner Mauer im November 1989 war Bonn von der Sorge besessen, die Sowjetunion könne intervenieren, um der wachsenden Zerrüttung im Osten ein Ende zu setzen. Die Regierung Kohl sah sich daher gezwungen, zuerst zu handeln und dann zu denken. Sie bewies eindrucksvolles Improvisationstalent, aber sie traf nicht immer die richtigen Entscheidungen.

Kohl hatte zweifellos recht, als er Anfang 1990 instinktiv auf eine schnelle Währungsunion von Bundesrepublik und DDR drängte. Er handelte damit gegen den Rat der Bundesbank. Ludwig Erhard hatte jedoch bereits 1953 erkannt, daß der erste Schritt in Richtung auf eine Wiedervereinigung die Einführung der westdeutschen Währung im Osten sein mußte.[5] Ein Aufschub dieser Maßnahme hätte die wirtschaftlichen Schwierigkeiten lediglich aufgeschoben und die Verhandlungen über den Abzug der sowjetischen Truppen aus einem Land, das nach dem Zweiten Weltkrieg Moskaus wichtigstes Beutestück gewesen war, noch komplizierter gemacht.

Die verheerende Wirkung der Einführung der D-Mark auf die ostdeutsche Industrie wurde jedoch von Kohl und seinen Ministern gewaltig unterschätzt. Die moribunden Industriebetriebe der DDR waren jetzt nicht nur zum ersten Mal dem vollen Druck der westlichen Konkurrenz ausgesetzt, sie hatten auch die Last einer effektiven Aufwertung der DDR-Mark um drei- bis vierhundert Prozent zu tragen, die bei der Währungsumstellung am 1. Juli stattfand.[6] In der Folge gerieten die ostdeutschen Betriebe in einen Strudel der Zerstörung. Die Bonner Regierung hatte gehofft, daß aus den alten Industrien neue entstehen würden. Sie hatte jedoch übersehen oder verdrängt, daß dieser Erholungsprozeß mindestens zehn Jahre dauern und soziale Umwälzungen mit sich bringen würde. Horst Bockelmann, der frühere Bundesbankbeamte und jetzt Chefvolkswirt bei der Bank für Internationalen

Zahlungsausgleich, sagte dazu 1991: »Der Zusammenbruch der DDR-Wirtschaft kam nicht überraschend. Wenn man eine Wirtschaft hätte ruinieren wollen, wäre dies die Weise gewesen, um das richtig zu machen.«[7]

Nach der Vereinigung wurde der östliche Teil Deutschlands zum größten und problematischsten wirtschaftlichen Krisengebiet der Europäischen Gemeinschaft. Das Bruttosozialprodukt pro Kopf der ehemaligen DDR betrug 1991 nur dreißig Prozent des Niveaus der westlichen Bundesländer.[8] Die Infrastruktur löste sich auf, die Fabriken waren veraltet und die Umwelt verschmutzt, und die Menschen hatten psychische Narben davongetragen. Die Kosten für die Behebung all dieser Schäden sind den Deutschen von der Geschichte aufgebürdet worden. Vor den Ereignissen im November 1989 haben jedoch die meisten Westdeutschen die Probleme der DDR als etwas betrachtet, das sie nicht unmittelbar betraf. Seit der politischen Vereinigung am 3. Oktober 1990 muß die Verantwortung für die Reparatur der Schäden, die das Dritte Reich und der Stalinismus hinterlassen haben, von allen Deutschen gemeinsam getragen werden.

Wenn Kohl das Geschick besessen hätte, seine Landsleute davon zu überzeugen, daß die Vereinigung eine nie dagewesene Herausforderung darstellte, die nie dagewesene Anstrengungen erforderte, dann hätte er die Chancen für ihren Erfolg beträchtlich erhöht. Statt dessen verkündete er seinen Wählern zwei tröstliche, aber widersprüchliche Botschaften: Er erzählte den Deutschen im Osten, daß sie relativ schnell den westlichen Lebensstandard erreichen würden. Und er versicherte den Deutschen im Westen, die ganze Operation werde nicht allzuviel kosten. Jedes Versprechen war schon für sich betrachtet extrem zweifelhaft. Daß sie beide in Erfüllung gehen würden, war nicht zu erwarten.

Kohls Grundüberlegung war, daß sich die Übernahme des gescheiterten kommunistischen Staates in der ersten Hälfte der neunziger Jahre praktisch selbst finanzieren würde. Kohls Finanzminister Theo Waigel gründete seine Haushaltspolitik auf sehr optimistische Voraussagen über künftige Steuereinnahmen. Durch die Einheit, verkündeten die beiden Politiker und ihre Berater, werde ein sich selbst tragendes Wirtschaftswachstum entstehen. Dieses werde die Steuereinnahmen so sehr erhöhen, daß Bonn zusätzliche Subventionen und Investitionsbeihilfen in den Osten pumpen könne, ohne die staatlichen Haushaltsmittel durch zusätzliche Steuereinnahmen aufstocken zu müssen. »Dank glänzender Konjunkturlage bis 1993«, versprach Waigel im Juni 1990, seien »Steuermehreinnahmen von insgesamt 115 Milliarden DM« zu erwarten, daher halte er »den Verzicht auf Steuererhöhungen für richtig«.[9] Und zur gleichen Zeit verkündete Kohl: »Niemand muß für die deutsche Einheit auf irgend etwas verzichten.« Obwohl die Verhältnisse 1990 zweifellos ungleich besser waren als 1915, erinnert die hartnäckige Weigerung, eine Steuererhöhung in Betracht zu ziehen, doch sehr an Karl Helfferich, der im Ersten Weltkrieg meinte, auf Steuererhöhungen verzichten zu können.*

Die Neigung der Politiker, ihren eigenen Wunschvorstellungen zu glauben, wurde noch beträchtlich durch den Umstand verstärkt, daß praktisch das ganze Jahr 1990 der Wahlkampf tobte. Die DDR erlebte am 18. März die ersten demokratischen Wahlen ihrer Geschichte. Obwohl die ostdeutsche SPD während fast des ganzen Wahlkampfes in den Meinungsumfragen klar geführt hatte, bekam Kohls CDU eine klare Mehrheit – ein deutliches Votum für einen schnellen Zusammenschluß mit dem Westen. Auch als am 2. Dezember, zwei Monate nach dem Tag der deutschen Einheit, gesamtdeutsche Wahlen stattfanden, errang die CDU einen triumphalen Sieg. In den hektischen Monaten, die diesen ersten demokratischen Wahlen für ein gemeinsames deutsches Parlament vorausgegangen waren, wiederholten Kohl und Waigel ihr Versprechen, die Steuern nicht zu erhöhen. Auch wenn Kohls Kostenvoranschläge von den Sozialdemokraten als viel zu optimistisch angegriffen wurden, blieb der Kanzler hartnäckig. Als der sozialdemokratische Kanzlerkandidat Oskar Lafontaine im Juli 1990 voraussagte, die Einheit werde den Finanzminister hundert Milliarden Mark im Jahr kosten, lachte man ihn aus.[10] In Wirklichkeit aber war Lafontaines Schätzung noch zu niedrig gegriffen.

* Siehe Kapitel IV

Kohls Zuversicht, was die Kosten der Einheit betraf, war nicht nur den Sozialdemokraten suspekt. Auch Bundespräsident Richard von Weizsäcker war zunehmend irritiert über die Unfähigkeit des Kanzlers, den Tatsachen ins Auge zu sehen. Am 3. Oktober plädierte er bei der Vereinigungsfeier in der Berliner Philharmonie indirekt für Steuererhöhungen; der Kanzler, der im Publikum saß, verzog bei dieser Bemerkung merklich das Gesicht. Weizsäcker brachte seine Ansicht in zwei knappen Sätzen zum Ausdruck:

Kein Weg führt an der Erkenntnis vorbei: Sich zu vereinen, heißt teilen lernen. Mit hochrentierlichen Anleihen allein wird sich die deutsche Einheit nicht finanzieren lassen.[11]

Als nach den Wahlen am 2. Dezember der wahre Umfang der für den Osten benötigten Haushaltsmittel allmählich deutlich wurde, verabschiedete die Regierung Kohl rasch eine massive einjährige Steuererhöhung, um Finanzmittel für die Einheit aufzutreiben.[12] Kohl ist weniger Doppelzüngigkeit im Wahlkampf vorzuwerfen als Selbsttäuschung über das Ausmaß des Wandels, der seinem Land bevorstand. Kohl hat die Wähler nicht bewußt angelogen. Was er getan hat, war vielleicht noch schlimmer: Er hat seinen eigenen Voraussagen geglaubt.

Die Vereinigung gab der westdeutschen Wirtschaft gewaltigen Auftrieb. Die alten Bundesländer erlebten zwischen 1989 und 1991 einen beträchtlichen Boom. Westliche Firmen nahmen die Gelegenheit wahr, nach Osten zu expandieren und die explodierende Nachfrage auszunutzen, die dort dank großer Transferleistungen – und großer Defizite – der öffentlichen Hand entstanden war. Das höhere Wirtschaftswachsum von 1989 bis 1991 kam ganz Europa zugute, weil es die Nachfrage nach Industrieprodukten der Nachbarländer Deutschlands erhöhte. Östlich der Elbe aber sah es anders aus.

In den neuen Bundesländern übertraf der wirtschaftliche Niedergang alle Erwartungen. Kohl und Waigel hatten gehofft, die Einführung der D-Mark am 1. Juli 1990 werde im Osten einen ähnlichen Wirtschaftsaufschwung auslösen, wie er in den westlichen Besatzungszonen Deutschlands nach der Währungsreform 1948 eingetreten war. In Wirklichkeit aber brach die ostdeutsche Industrie einfach zusammen. In Westdeutschland war die Industrieproduktion 1948, in den ersten sechs Monaten nach der Währungsreform, um fünfzig Prozent gestiegen.[13] Obwohl die Arbeitslosigkeit bis in die fünfziger Jahre hinein hoch blieb,[14] hatten Produzenten und Konsumenten positiv auf die neue Währung und auf den Wirtschaftsliberalismus Ludwig Erhards reagiert. Der Unterschied zwischen 1948/49 und 1990/91 könnte nicht größer sein. In den ersten zwölf Monaten nach Einführung der D-Mark 1990 sank die Industrieproduktion im östlichen Teil Deutschlands um fünfzig Prozent. Daß der Konjunkturrückgang so stark war, lag vor allem an den zu großzügigen Bedingungen der Währungsumstellung vom 1. Juli und an den großen Lohnerhöhungen, die die ostdeutschen Arbeiter danach erhielten. Der Zusammenbruch der Exporte in die Sowjetrepubliken und in andere Teile Ost- und Mitteleuropas trug zur Verschärfung des Niedergangs bei. Das lange angestaute Konsumbedürfnis der Ostdeutschen wurde durch westliche Produkte befriedigt, die in den neuen Ostteil der Bundesrepublik strömten. Die ostdeutschen Betriebe – veraltet, personell übersetzt und ineffizient – hatten im Konkurrenzkampf keine Chance; die Folgen waren zahlreiche Fabrikschließungen und ein starker Anstieg der Arbeitslosigkeit.

Kohl, der kein besonderes Einfühlungsvermögen für wirtschaftliche Probleme besitzt, erkannte nicht, daß die Währungsreform von 1948 mit den Geschehnissen von 1991 nicht vergleichbar war. Drei Jahre nach Ende des Zweiten Weltkriegs waren große Teile der deutschen Industrie zerstört, aber zwölf Jahre nationalsozialistischer Herrschaft hatten weniger tiefe Spuren in der Psyche der deutschen Bevölkerung hinterlassen als vierzig Jahre Stalinismus. Da auch der Rest Europas durch den Krieg geschwächt und die noch nicht konvertierbare D-Mark durch Devisenkontrollen geschützt wurde, wirkte sich die ausländische Konkurrenz 1948 bei weitem nicht so verheerend aus, wie es 1990 in Ostdeutschland der Fall war. Kohls Vorgänger Helmut Schmidt hatte in einer wenig bekannten Analyse bereits fünfundzwanzig Jahre zuvor vorausgesagt, daß eine unbegrenzte Öffnung der DDR für westliche Güter zu deren wirtschaftlichem Zusammenbruch führen werde.[15] Wäre Schmidt Kanzler gewesen, wäre er sich der schlimmen wirtschaftlichen Folgen einer plötzlichen Einführung der D-Mark viel stärker bewußt gewesen. Und er hätte die Chance für eine deutsche Vereinigung, die sich 1990 ergab, wesentlich vorsichtiger genutzt. Es ist eine interessante Hypothese, daß die Chance dann vielleicht verspielt worden wäre.

Der Einbruch im Osten hatte direkte Auswirkungen auf die Finanzen der Regierung im Westen. Der West-Ost-Transfer von Finanzmitteln der öffentlichen Hand war viel größer als erwartet. In den Jahren 1991 und 1994 benötigte man für den Osten mit seiner schrumpfenden Einwohnerzahl von weniger als sechzehn Millionen jährliche Nettosubventionen von rund 150 Milliarden D-Mark für Sozialversicherungsprogramme, Investitionen, Umweltschutzmaßnahmen und den Aufbau einer neuen Infrastruktur. Der Betrag – etwa dreimal höher, als von Waigel im Sommer 1991 prognostiziert –[16] betrug ungefähr fünf Prozent des gesamtdeutschen Bruttosozialprodukts. Ostdeutschland hatte 1991 einen Anteil von 6,8 Prozent am gesamten Bruttosozialprodukt des vereinigten Deutschlands, es absorbierte jedoch dreizehn Prozent aller Ressourcen.[17] Bis Ende der neunziger Jahre werden jährlich mindestens hundert Milliarden D-Mark an staatlichen Finanzmitteln von West nach Ost fließen müssen.[18]

Für eine Volkswirtschaft von der Größe und Leistungsfähigkeit der deutschen sind Transfers dieser Größenordnung machbar; sie bedeuten jedoch eine beträchtliche Ressourcenverlagerung. Die Steuererhöhungen von 1991 kamen zu spät; die Bonner Regierung konnte eine massive Erhöhung der Staatsverschuldung nicht mehr vermeiden. Da die Bereitschaft der westdeutschen Wähler, weitere Steuererhöhungen zu akzeptieren, begrenzt ist, wird die Sanierung des östlichen Teils während der ganzen neunziger Jahre praktisch nur durch große und permanente Haushaltsdefizite finanziert werden können. Aufgrund der zusätzlichen durch die Wiedervereinigung verursachten Haushaltsbelastungen, die sowohl die neuen großen Kredittransaktionen der Treuhand und des Fonds der deutschen Einheit als auch die weit unterschätzten »Altschulden« der Unternehmen und des Wohnungswesens der DDR widerspiegelten, wird die Gesamtverschuldung der öffentlichen Hand von 1,2 Billionen D-Mark Ende 1991 auf 2 Billionen Ende 1994 und annähernd auf 2,5 Billionen im Jahr 2000 steigen.[19] Die rapide Verschlechterung der deutschen Finanzlage im Inland geht mit einer Verschlechterung der traditionell sehr gesunden Zahlungsbilanz einher. Ausgelöst durch die überdurchschnittliche Expansion der deutschen Binnenwirtschaft und ein Nachlassen der Nachfrage für deutsche Exporte drehte sich die Leistungsbilanz der Bundesrepublik von einem Überschuß von 76 Milliarden D-Mark im Jahr 1990 auf Defizite von 32 Milliarden, 34 Milliarden und 35 Milliarden in den drei darauffolgenden Jahren 1991 bis 1993.

Diese grundlegende Umkehrung der deutschen Finanzlage und der wachsende Inflationsdruck ließen der Bundesbank praktisch keine andere Alternative, als 1991 und 1992 ihren geldpolitischen Kurs zu straffen. Den drei Zinssteigerungen im Februar, August und Dezember 1991 folgte eine erneute Heraufsetzung des Diskontsatzes im Juli 1992. Obwohl die Bundesbank ab September 1992 eine vorsichtige Kreditlockerungspolitik einleitete, hatte die Zinsstraffung von 1991/92 weitreichende Konsequenzen. Im Ergebnis verlangsamte sich das Wirtschaftswachstum nicht nur in Deutschland, sondern auch in anderen europäischen Ländern, die Deutschlands wichtigste Exportmärkte sind. Diese Entwicklung hat wiederum die Aussichten auf eine schnelle Konjunkturerholung östlich der Elbe beeinträchtigt und die Ausgaben erhöht, die notwendig sind, um die ostdeutsche Wirtschaft über Wasser zu halten.

Die Rückschläge, die der Prozeß der wirtschaftlichen Vereinigung Deutschlands erlitten hat, hat mehrere langfristige Konsequenzen:

● Aufgrund des Schuldenzuwachses der öffentlichen Hand werden in Deutschland im Verlauf der weiteren Jahre sowohl die Steuern als auch die Zinssätze höher sein, als sie es sonst gewesen wären.
● In den reicheren Gebieten Deutschlands ist die Bereitschaft

gesunken, die finanziellen Lasten der Einheit mitzutragen. Dies schmälert die Aussicht auf ein gutes wirtschaftliches Ergebnis des Wiedervereinigungsprozesses bis zum Ende des Jahrhunderts.

● Aufgrund der internationalen Rolle der D-Mark verursachte das Bonner Mißmanagement bei der Finanzierung der deutschen Einheit nicht nur in Deutschland, sondern in ganz Europa schmerzhafte politische und wirtschaftliche Probleme. Dies stellt ein beträchtliches Hindernis auf dem Weg zu einer Europäischen Wirtschafts- und Währungsunion dar.*

2. Ein schwaches Gegengewicht zur Staatsgewalt

Ein Grund für die allgemeine Überraschung in der alten Bundesrepublik über den wirtschaftlichen Zerfall im Osten klingt besonders ironisch. Vor 1989/90 glaubte man in der Bundesrepublik allgemein der Ostberliner Propaganda, derzufolge die DDR unter den führenden Industriestaaten der Welt Platz neun oder zehn belegte. Ein derart leistungsfähiger Industriestaat, meinten viele Fachleute im Westen wie im Osten, könne doch nicht einfach im Lauf von ein paar Monaten zerfallen. Erich Honecker verkündete noch unmittelbar vor dem Ende, die Massen hätten bewiesen, daß sie ihr Schicksal »ohne Kapitalisten« selbst bestimmen könnten.[20] Auch Oskar Lafontaine machte sich Illusionen, als er im Sommer 1990 erklärte: »Die DDR war, bis die Mauer fiel, ein führendes Industrieland.«[21] Kohl selbst brachte das Problem im März 1990 auf den Punkt: »Die DDR erschien lange Zeit als ein Monolith. Aber sie war ein Kartenhaus, und sie ist einfach in sich zusammengefallen.«[22]

Seit der Gründung der DDR im Jahr 1949 war die Diskussion über deren wirtschaftliche Leistungsfähigkeit von Ausflüchten und Lügen geprägt. Im Jahr 1953 behauptete die Ostberliner Parteizeitung *Neues Deutschland*, die Bank deutscher Länder sei in einem geheimen Memorandum zu dem Schluß gekommen, daß

---

* Siehe Kapitel IX

die Preise in der DDR niedriger und die Löhne höher seien als im Westen.[23] Wilhelm Vocke, der Präsident des Direktoriums der Bank deutscher Länder, schrieb in einem wütenden Brief an Adenauer: »Selbstverständlich ist diese Meldung von A bis Z erfunden.«[24]

In den folgenden Jahrzehnten setzte die DDR ihre Desinformationskampagne fort. Sie war ein Gebilde, das auf gefälschten Statistiken basierte. Inmitten dieses Gewebes von Verdrehungen spielte die Staatsbank der DDR eine faszinierende Doppelrolle. Sie hatte wie alle Notenbanken die Aufgabe, das Vertrauen der Öffentlichkeit in die Währung zu erhalten. Aber sie erstellte auch einen Jahresbericht über die Wirtschaftslage für die Regierung, der nie veröffentlicht wurde und dessen Existenz nur Insidern bekannt war.[25] In diesem Dokument wies die Bank regelmäßig auf wirtschaftliche Mißstände hin, die in der Öffentlichkeit nie erwähnt werden durften. Die Staatsbank war nur ein schwaches Gegengewicht zum allmächtigen Regime der DDR und wies, was ihre Unentschlossenheit und ihr letztliches Scheitern betraf, deutliche Parallelen zur Reichsbank auf. Genau wie die Reichsbank konnte auch sie mit einer gewissen Glaubwürdigkeit behaupten, auf die ökonomischen Schwächen des Systems hingewiesen zu haben, lange bevor diese zum Zusammenbruch des Staates führten.

So stellte die Staatsbank beispielsweise in ihrem Jahresbericht für 1965 fest, daß das Ungleichgewicht zwischen Angebot und Nachfrage in der DDR zu einem potentiell inflationären »Geldüberhang« geführt habe, daß also zuviel Geld einer zu kleinen Menge von Gütern gegenüberstand. In der Folge wurde die Staatsbank von der SED heftig kritisiert, weil sie sich einer »bürgerlichen Theorie« bediene. Im Jahr 1966 stellte die Staatsbank einen Investitions- und Produktivitätsrückgang sowie einen sinkenden Handelsbilanzüberschuß fest:[26] »Die geplanten volkswirtschaftlichen Aufgaben [wurden] auf wichtigen Gebieten nicht voll erreicht.«

Im Jahr 1975 machte die Bank vor allem auf die Notwendigkeit einer höheren Produktivität und auf die wachsenden Kosten des Wohnungsbaus aufmerksam.[27] Sie warnte, daß die Finanzierung von Investitionen durch Kredite aus dem westlichen Ausland »in den kommenden Jahren nicht fortgesetzt werden« könne.[28] Die Auslandsverschuldung habe einen Umfang erreicht, der »nicht mehr ausgedehnt werden kann«. Der einzige Weg, die Schulden abzubauen, bestehe darin, im Rahmen des nächsten Fünfjahresplans Exportüberschüsse zu erzielen.

Ihre deutlichste Warnung formulierte die Staatsbank Anfang 1989 in einem Dokument mit dem Titel »Einschätzung der Stabilität der Währung der DDR«.[29] Darin hieß es, die Geldmenge sei seit 1965 um 165 Prozent gewachsen, das Volkseinkommen aber nur um 77 Prozent, und diese Entwicklung habe den potentiell inflationären Nachfrageüberhang weiter verschärft. Außerdem strafte die Staatsbank die offiziellen Prahlereien mit der Preisstabilität in der DDR Lügen und registrierte kummervoll, die Inflation in der Industrie, im Bauwesen und in der Landwirtschaft habe seit 1975 insgesamt 59,9 Prozent betragen. Die Auslandsverschuldung sei weiter gewachsen, und auf dem freien Markt sei der Wechselkurs der Ost-Mark im Verhältnis zur D-Mark seit 1976 um mehr als die Hälfte gesunken.[30]

Der offiziell für das Zentralbankwesen des Honecker-Regimes verantwortliche Mann war Horst Kaminsky. Der kraushaarige Beamte hatte sich vom einfachen Buchhalter in einem staatseigenen Kombinat zum Präsidenten der Staatsbank hochgearbeitet. Jahrelang regierte er in dem einst repräsentativen Staatsbankgebäude aus dem 19. Jahrhundert an der Charlottenstraße und war stolz auf seinen Platz in der DDR-Hierarchie. Nach den Wahlen im März 1990 blieb er noch ein paar Monate im Amt und wurde dann gebeten, mit dreiundsechzig Jahren vorzeitig in Pension zu gehen. Er bezieht eine Pension von 1400 D-Mark im Monat, ein Vierzigstel des Gehalts des Bundesbankpräsidenten. Kaminsky bekam nach der Vereinigung wie viele andere zu spüren, daß es jetzt keine gesicherten Arbeitsplätze mehr gab. Im Mai 1991 sagte er niedergeschlagen, in der früheren DDR habe »niemand Angst um die Arbeit« gehabt.[31] Er räumte jedoch ein, daß die Staatsbank schon seit mehreren Jahren über negative ökonomische Tendenzen besorgt gewesen sei. »Ungefähr seit der Mitte der achtziger Jahre wuchs die Erkenntnis über das Problem unserer Produktion und unseres Verbrauchs. Die Kluft ging so weit auseinander, daß sie bemerkbar wurde. Ich hatte das ausgeprägte Gefühl, daß eine Reform notwendig war – eine Korrektur der Politik an bestimmten Punkten, um mehr Effizienz, mehr Wirtschaftlichkeit in die sozialistische Wirtschaft einzuführen.«

Bruno Meier, unter Kaminsky einer von mehreren Vizepräsidenten der Staatsbank, räumte über ein halbes Jahr nach der Vereinigung ein, die ostdeutsche Notenbank habe schon seit längerem gewußt, daß ihre Tage gezählt seien. In den achtziger Jahren sei die Bank zu dem grundsätzlichen Schluß gekommen, daß das »sozialistische System in Konkurrenz mit dem Westen nicht überleben kann«.[32] Trotzdem hoffte man in der Staatsbank auch nach dem Fall der Mauer noch, daß man weiterhin eine – wohl kleinere – Rolle spielen würde, wenn die beiden deutschen Staaten sich nach und nach auf eine funktionierende wirtschaftliche Zusammenarbeit verständigten.[33] »Wir erwarteten«, so Meier, daß bis zur Währungsunion »drei oder vier Jahre vergehen würden«. Laut Meier sah die Staatsbank mit Neid auf die Bundesbank, eine Notenbank, die für eine wirkliche Währung die Verantwortung trage und nicht für eine künstliche. »Wir achteten die Bundesbank, weil sie die D-Mark zu einer der stabilsten Währungen der Welt gemacht hatte.« Meier bewunderte besonders die Fähigkeit der Bundesbank zu unabhängigen Stellungnahmen. »Der Bundesbankpräsident darf den Kanzler verärgern. Wenn Kaminsky etwas Kritisches gesagt hätte, wäre er sofort entlassen und als westlicher Agent verfolgt worden.«

Niemand hatte vorausgesehen, wie schnell die DDR-Mark abgeschafft und die Staatsbank überflüssig gemacht werden würde. Diese Fehleinschätzung unterlief nicht nur den Beamten der Ostberliner Notenbank; sie war auch von der Spitze der Bundesbank in Frankfurt geteilt worden.

3. »Die Idee einer Währungsunion ist unrealistisch«

Anders als ein Teil seiner Landsleute hatte Pöhl nie ein sentimentales Verhältnis zur DDR. Er sagte einmal in einem Fernsehinterview, die Eigenschaften, die ihn an der DDR am meisten beeindruckten, seien »die Armut, der Rückstand, die schlechte Luft«.[34] Er gehörte zu den vielen Westdeutschen, die sich gern damit begnügt hätten, daß die DDR und die Bundesrepublik als zwei selbständige demokratische Staaten weiterbestanden.[35] Pöhl reagierte auf den Fall der Berliner Mauer wie viele seiner Kollegen im Zentralbankrat im wesentlichen pragmatisch. Obwohl er wußte, daß die deutsche Vereinigung jetzt international auf der Tagesordnung stand, wollte er hastige währungspolitische Schritte vermeiden, die sein Hauptziel, die D-Mark stabil zu halten, hätten gefährden können. Als der Ruf nach einer Verschmelzung der D-Mark und der DDR-Mark Anfang 1990 immer lauter wurde, äußerten sich Pöhl und seine Kollegen in der Öffentlichkeit weiterhin zurückhaltend, aber entschieden skeptisch.

Die Bundesbank hatte für ihre Bedenken gegenüber einer Währungsunion und besonders einem Umtauschkurs von eins zu eins solide wirtschaftliche Gründe. Zu Beginn der neunziger Jahre lag der Umtauschkurs von Ost-Mark zu D-Mark bei geschäftlichen Transaktionen bei 4,5 zu 1. Auf dem freien Devisenmarkt, der nach den Gesetzen der DDR illegal war, lag der Kurs bei sieben zu eins. Eine Währungsunion auf der Basis von eins zu eins bedeutete nach Ansicht der Bundesbank eine substantielle Aufwertung der Ost-Mark. Durch eine starke Erhöhung der Kosten der ostdeutschen Unternehmen würde ein solcher Umtauschkurs die DDR-Industrie ruinieren; ihre Produkte wären dann nicht mehr konkurrenzfähig.

Im zwölften Stock des Frankfurter Bundesbankgebäudes gab es auch Stimmen für eine Währungsunion. Das für Geld- und Kapitalmarktangelegenheiten zuständige Direktoriumsmitglied Claus Köhler, ein jovialer Mann, der statt einer Krawatte eine Fliege trägt, empfand mehr Begeisterung für die Vereinigung als die meisten seiner Kollegen. Als einer der wenigen Keynesianer im Direktorium war der aus Berlin stammende Banker dem Monetaristen Schlesinger stets suspekt. Die beiden gerieten am Tisch des Zentralbankrats häufig aneinander, vertrugen sich jedoch sonst durchaus gut; fast jeden Tag begruben sie das Kriegsbeil beim gemeinsamen Mittagessen im Speisesaal des Direktoriums. Als am 22. November 1989 die erste Sitzung des Zentralbankrats nach dem Fall der Berliner Mauer stattfand, legte Köhler einen dreizehn Seiten langen Plan für die »schrittweise« Ersetzung der DDR-Mark durch die D-Mark vor.[36] Der Plan wurde nur kurz diskutiert, und dabei machten Pöhl und Schlesinger deutlich, daß sie Zweifel an seiner Realisierbarkeit hatten.

Die darauffolgenden Ereignisse ließen jedoch eine Währungsunion immer unvermeidlicher erscheinen. In den Monaten nach dem November 1989 lockerte das DDR-Regime die drakonischen Kontrollen an der Grenze zur Bundesrepublik. Die DDR-Bürger bekamen sogar Zugang zu bestimmten D-Mark-Beträgen, mit denen sie Reisen in den Westen finanzieren konnten. Anfang 1990 verließen täglich im Durchschnitt zweitausend unzufriedene DDR-Bürger ihr Land, um sich in der Bundesrepublik niederzulassen.[37] Viele Ostdeutsche bezweifelten, daß das repressive, aber baufällige System, unter dem sie vierzig Jahre gelebt hatten, zu einem echten Wandel fähig war. Die Übersiedlungswelle war ein deutliches Zeichen für die magnetische Anziehungskraft der wohlhabenden bundesrepublikanischen Demokratie. In Bonn löste diese Entwicklung freilich keine Freude aus. Besorgt über die Auswirkungen, die der Zustrom auf die soziale Sicherheit, den Wohnungsmarkt und die Arbeitsplätze im Westen haben würde, gab sich die Bonner Regierung alle Mühe, die Völkerwanderung einzudämmen.

Die Ostdeutschen waren nicht mehr auf der Flucht in die Freiheit, die jetzt ja auch im Osten eingeführt wurde. Sie wollten vielmehr dem Chaos ausweichen, das sie in der DDR heraufziehen sahen, und sie wollten direkten Zugang zur Währung der Bundesrepublik. Sie handelten immer entschiedener nach dem Motto: »Kommt die D-Mark nicht zu uns, gehen wir zu ihr.« Dazu kam später die Forderung nach einem Umtauschkurs von eins zu eins: »Eins zu eins, oder wir werden niemals eins.«

Altbundeskanzler Willy Brandt war die Vaterfigur der deutschen Einheit. Auf großen Kundgebungen in der DDR vor den Wahlen am 18. März drängte er Bonn, eine Wirtschafts- und Währungsunion herzustellen, um die DDR-Bürger zum Bleiben zu bewegen. Die Bundesbank war unbeeindruckt. Pöhl glaubte, die Regierung der DDR werde die bei einer Währungsunion beider Staaten notwendige Verlagerung der geldpolitischen Souveränität nach Frankfurt ablehnen. In einem Interview Ende Januar 1990 bezeichnete er einen solchen Vorschlag als »phantastisch«.[38] Ebenso unbeugsam gab sich Schlesinger, als er Ende Januar sagte: »Die Idee einer Währungsunion zu diesem Zeitpunkt ist völlig unrealistisch.«[39] Die beiden Spitzenleute der Bundesbank folgten der von Waigel festgelegten Linie. Bis Ende Januar weigerte sich der Finanzminister hartnäckig, die ursprünglich von der SPD entworfene Idee einer Währungsunion mit der DDR in Betracht zu ziehen. Am 19. Januar verkündete er, eine »künstlich aufgepfropfte« Währungsunion mit der DDR wäre ein »gefährliches und völlig falsches Signal«.[40] Am 25. Januar verwarf der Finanzminister erneut den Vorschlag: Eine Währungsunion mit der DDR würde sich als »wirkungslos« erweisen und könnte sogar »die Geldwertstabilität gefährden«.[41] Anfang Februar zeigte Waigel dann doch Verständnis für das Konzept. »Um den Menschen in der DDR eine unmittelbar überzeugende Zukunftsperspektive zu eröffnen, könnte die direkte Einführung der D-Mark als offizielles Zahlungsmittel in der DDR notwendig werden«, hieß es in einer am 2. Februar abgegebenen Verlautbarung des Ministers. Waigel fügte hinzu, dieser Weg wäre nur verantwortbar, »wenn er mit einer überzeugenden Befreiung marktwirtschaftlicher Kräfte in der DDR verbunden ist.«[42]

Angesichts des wachsenden Drucks, unter dem die DDR stand, rief Kaminsky von der Staatsbank Ende Januar Pöhl an und schlug ein Gipfelgespräch zwischen den beiden Notenbanken vor.[43] Pöhl erklärte sich ohne große Begeisterung bereit, zusammen mit Schlesinger nach Ostberlin zu kommen. Kaminsky und Pöhl waren alte Hasen im Aushandeln diskreter finanzpolitischer Abkommen. Sie hatten sich Anfang der siebziger Jahre zum ersten Mal getroffen, als sie beide Staatssekretäre waren. Damals hatten sie über das Kleingedruckte der abstrusen finanziellen

Forderungen der DDR verhandelt und sich durch einen Wirrwarr von Unterhaltsforderungen, Grundstückstransaktionen und Erbangelegenheiten durchgearbeitet, die im Sumpf des Ost-West-Konflikts versackt waren. Pöhls Verachtung für seinen kommunistischen Verhandlungspartner war mit widerwilligem Respekt für dessen Verhandlungsgeschick gepaart. Er räumte einmal ein, Kaminsky sei aus den Verhandlungen von 1970 als klarer Sieger hervorgegangen.

In den achtziger Jahren hatten die Banker auf den Jahresversammlungen der Bank für Internationalen Zahlungsausgleich in Basel manchmal Gelegenheit zu vorsichtigem Small talk gehabt. Kommunistische und kapitalistische Notenbanker aus der ganzen Welt pflegten sich auf diesen sommerlichen Begegnungen unter Schweizer Sonnenschirmen zu mischen und bei einem Cocktail Bilanzen zu studieren. Die beiden Männer hatten sogar ohne allzu große Erwartungen den Brauch eingeführt, einander jährliche Besuche in der jeweiligen Notenbank abzustatten. Bisher hatten diese Treffen primär repräsentativen Charakter gehabt. Im Februar 1990, als der bankrotte ostdeutsche Staat seinem endgültigen Untergang entgegenging, standen jedoch zum ersten Mal ernsthafte Probleme auf der Tagesordnung der beiden Präsidenten.

Pöhl und Kaminsky waren ein extrem ungleiches Paar, als sie am Dienstag, dem 6. Februar 1990, in Ostberlin vor die Presse traten. Die beiden Notenbanker kamen gerade von Gesprächen in einem geschmacklosen Konferenzraum im ersten Stock des Staatsbankgebäudes, der mit roten Vorhängen und gläsernen Beleuchtungskörpern aus kommunistischer Produktion geschmückt war. Die Kameraleute des Fernsehens konzentrierten sich automatisch auf Pöhl, der in seinem gutgeschnittenen Anzug lässige Eleganz und dynamisches Selbstvertrauen ausstrahlte. Der kommunistische Funktionär an seiner Seite war nur allzu deutlich der Unterlegene. Als die beiden Männer auf der Treppe der Staatsbank erschienen, senkte sich erwartungsvolles Schweigen über die versammelten Journalisten.

Pöhl und Kaminsky hatten über die Notwendigkeit von Reformen in der DDR gesprochen und sich darauf geeinigt, mögliche

Schritte zu einer Währungsunion zu untersuchen. Zunächst aber würde man die DDR-Mark in eine konvertierbare Währung umwandeln müssen. Angesichts der großen Unterschiede zwischen den Volkswirtschaften der beiden Länder waren sich Pöhl und Kaminsky einig gewesen, daß dieses Ziel noch in weiter Ferne lag. Zu den wartenden Journalisten vor der Staatsbank sagte Pöhl bezüglich der Aussichten auf eine Währungsunion, er und Kaminsky hielten es beide für »verfrüht, einen so weitreichenden Schritt schon jetzt ins Auge zu fassen«. Pöhl wußte nicht, daß Bundeskanzler Kohl am gleichen Morgen in Bonn mit führenden Koalitionspolitikern eine Krisensitzung zum Thema Währungsunion abhielt und kurz darauf den Beschluß verkünden sollte, man werde die Einführung der D-Mark im Osten forcieren.

Bevor Pöhl in das Westberliner Hotel Kempinski am Kurfürstendamm zurückkehrte, hatte er eine Unterredung mit Christa Luft, der Wirtschaftsministerin der DDR. Außerdem traf er sich mit Ibrahim Böhme, dem Vorsitzenden der Ost-SPD, von der man allgemein – und fälschlicherweise, wie sich dann herausstellte – annahm, daß sie aus den Wahlen am 18. März als stärkste Partei hervorgehen würde. In einer weiteren, getrennten Unterredung sprach Schlesinger, der an dem Gespräch mit Kaminsky teilgenommen hatte, mit Lothar de Maizière, dem Vorsitzenden der Ost-CDU und späteren Ministerpräsidenten. Dabei zeigte er starke Bedenken gegen das Ansinnen, die ostdeutschen Löhne und Ersparnisse auf einer Basis von eins zu eins in D-Mark umzutauschen.[44]

Ostberlin war nicht gerade Pöhls Lieblingsstadt, aber er hatte das Gefühl, daß die Reise ein Erfolg gewesen war. Da erreichte ihn am Abend ein aufgeregter Telefonanruf von Kohls Kanzleramtsminister Rudolf Seiters, der ihn völlig aus der Fassung brachte. Seiters informierte Pöhl zerknirscht, der Kanzler sei am Nachmittag vor die Fernsehkameras getreten und habe eine »unverzügliche« Währungsunion mit der DDR angeboten. Finanzminister Theo Waigel gab später einen wenig überzeugenden Grund dafür an, daß man im Kanzleramt versäumt hatte, Pöhl sofort zu informieren. Bonn, so Waigel, habe Pöhl wegen der schlechten Telefonverbindungen nach Ostberlin nicht erreicht.

Pöhl hatte allen Grund, sich brüskiert zu fühlen. Kohl hätte durchaus Gelegenheit gehabt, ihn vorzuwarnen, aber er hatte es nicht getan. Besonders verstimmt war Pöhl darüber, daß sein Verhalten auf der Treppe der Staatsbank den Journalisten zeigte, daß er nicht Herr der Lage war. Der stets vorsichtige Schlesinger, der zusammen mit Pöhl die Staatsbank verlassen hatte, setzte seinen Weg beharrlich fort, ohne sich den Fragen der Journalisten zu stellen. (Später machte Schlesinger dazu die ironische Bemerkung, Pöhl hätte sich ihm anschließen sollen.) Noch einen Tag zuvor, am Montag, dem 5. Februar, hatte Kohl Pöhl in seinem Büro im zwölften Stock des Bundesbankgebäudes angerufen, und sie hatten eine halbe Stunde lang über die DDR diskutiert – ein ungewöhnlich langes Gespräch für die beiden Männer. Kohl hatte offensichtlich vorfühlen wollen, was Pöhl von einer Währungsunion hielt, hatte jedoch nicht angedeutet, daß er eine sofortige Entscheidung plante.

Am Montag nachmittag, vor dem Abflug nach Berlin, war Pöhl in Begleitung Schlesingers nach Bonn gefahren und hatte mit Waigel eine zweistündige Unterredung in den engen Räumen des am Rheinufer gelegenen Finanzministeriums geführt. Pöhl hatte Waigel nie ganz vergeben, daß dieser sich seiner Nominierung als Bundesbankpräsident 1979 und der Verlängerung seiner Amtszeit 1987 widersetzt hatte. Davon abgesehen schätzte er jedoch Waigels Sinn für Humor. An jenem Montag nachmittag war der Finanzminister in Hinblick auf den Nervenkrieg in Ost-Berlin zu Scherzen aufgelegt: »Sie werden sehen, Herr Pöhl, das kommt noch soweit, daß sie uns sagen: ›Kobra, übernehmen Sie.‹ Das könnte sowohl für die DDR als auch für die Sowjetunion gelten.«[45] Mit dieser lakonischen Bemerkung versuchte Waigel dem Bundesbankpräsidenten klarzumachen, daß die zuvor verworfene Idee einer schnellen Währungsunion mit der DDR doch nicht ganz so wirklichkeitsfremd wäre. Pöhl, der gerade von einem Aufenthalt in den Vereinigten Staaten zurückgekehrt war, wußte wenig von der wachsenden Auswanderungsdramatik der DDR. In dieser höchstempfindlichen Frage der Währungsunion hätte Pöhl freilich seine politischen Antennen etwas intensiver in Richtung Bonn ausfahren können. Tatsache ist, daß weder Waigel noch Kohl ihm Andeutungen machten, daß ein Beschluß zur deutschen Währungsunion unmittelbar bevorstand.

Pöhl bezeichnete die Tatsache, daß er von Bonn nicht konsultiert worden war, später als »ungewöhnlich und auch ärgerlich« – eine absichtliche Untertreibung.[46] In Wirklichkeit war seine Empörung um einiges größer. Als er am Dienstag abend von Seiters benachrichtigt wurde, erwog er kurz, zurückzutreten. Er verwarf die Idee jedoch sofort wieder, weil er es für falsch hielt, in einer für Deutschland historisch bedeutsamen Zeit auf einen Verstoß gegen das Protokoll mit einer Überreaktion zu antworten. Er habe, erläuterte er später, »nicht wie eine beleidigte Leberwurst reagieren« wollen.[47] Statt dessen eilte er zum Berliner Flughafen, um ein Flugzeug nach Bonn zu besteigen; Kohl wünschte seine Teilnahme an einer hastig auf Mittwoch morgen anberaumten Kabinettssitzung zur deutschen Währungsunion. Zu allem Ungemach kam noch, daß Pöhl kein frisches Hemd für einen zusätzlichen Reisetag eingepackt hatte.

4. Der Kanzler ändert seine Meinung

Einige hohe Regierungsbeamte, die Kohl und Waigel wohlgesonnen waren, berichteten später, die beiden Politiker hätten ihre Absichten gegenüber Pöhl deutlich gemacht, Pöhl aber habe diese Andeutungen ignoriert. Doch das entspricht nicht den Tatsachen. Am 5. Februar bestellte Kohl seine DDR-Experten zu einer Sitzung ins Kanzleramt, und man kam überein, daß eine allmähliche Vorbereitung der Währungsunion durch eine schrittweise Annäherung der beiden Wirtschaftssysteme noch immer die praktikabelste Vorgehensweise war.[48] Später am Montag war Kohl immer noch der Ansicht, daß eine schnelle Einführung der D-Mark im Osten zu kompliziert und mit zu hohen Kosten verbunden wäre.[49] Am Montag abend dagegen hatte er in Ostberlin eine entscheidende Unterredung mit Lothar de Maizière und anderen führenden Politikern der christlich gesinnten DDR-Parteien, die dabei waren, sich auf die Wahl am 18. März vorzubereiten.[50] Sie warnten ihn, daß die DDR-Bürger nahe daran seien, an der Zukunft zu verzweifeln, und daß die schädliche Abwanderung in den Westen nur durch eine schnelle Einführung der D-Mark verhindert werden könne.[51] Dieses Argument überzeugte Kohl, daß eine schnelle Übernahme der DDR zu Bonner Bedingungen vermutlich weniger beschwerlich war, als den Zerfall des kommunistischen Staates abzuwarten.[52]

Horst Teltschik, der Leiter der Abteilung für auswärtige und innerdeutsche Beziehungen im Bonner Kanzleramt und eine Schlüsselfigur in der Diskussion, die hinter den Kulissen über die Einheit geführt wurde, bestätigte sechzehn Monate später, der Durchbruch sei erst am Dienstag, dem 6. Februar, erfolgt: »Am Montag haben weder Kohl noch Waigel etwas [von der geplanten Währungsunion] gewußt.«[53] Am 6. Februar um zehn Uhr traf Kohl auf einer Sitzung mit Seiters und Teltschik die historische Entscheidung, »unverzügliche« Verhandlungen über eine Einführung der D-Mark östlich der Elbe anzubieten.[54] Dieser Zeitpunkt wäre der richtige gewesen, Pöhl in Ostberlin über seinen Entschluß zu informieren; aber weder Kohl noch seine Mitarbeiter kamen auf die Idee.

Kohl erklärte später, die Bundesrepublik werde mit der D-Mark »unseren stärksten wirtschaftspolitischen Aktivposten« auf den Verhandlungstisch legen.[55] Die D-Mark wurde zum Instrument der Wiedervereinigung; sie konnte ihr allerdings auch zum Opfer fallen, wenn der Annäherungsprozeß nicht klappte. Der Plan war riskant, hatte aber beträchtliche politische Vorteile. Die Verkündung eines Plans zur Einführung der D-Mark, so Kohls Überlegung, würde den Christdemokraten im ostdeutschen Wahlkampf Auftrieb verschaffen und der SPD den Wind aus den Segeln nehmen. Seine Überlegung erwies sich als völlig korrekt. Indem er den Weg für die Abschaffung der DDR-Mark bahnte, machte er den Hoffnungen der SPD, in dem früheren kommunistischen Staat die Regierung zu stellen, den Garaus.

Das Hauptmotiv für den Beschluß war jedoch, wie Kohl später einräumte, die Angst vor dem Strom von Übersiedlern: »Ich habe keine Alternative. Wenn wir die Wirtschafts- und Währungsunion nicht durchführen, gehen wir das Risiko ein, daß im Sommer 500 000 Menschen aus der DDR herüberkommen.«[56] Der

Kanzler versuchte die Entscheidung so positiv wie möglich darzustellen, indem er voraussagte, sie werde in den Ländern der DDR einen ähnlichen Aufschwung auslösen wie seinerzeit 1948 die Maßnahmen Ludwig Erhards. Die »buchhalterische« Vorsicht der Sozialdemokraten in der Währungsfrage stehe in radikalem Gegensatz zu Erhards visionärer Nachkriegspolitik. »Wenn Ludwig Erhard sich so verhalten hätte, bräuchten wir jetzt noch Bezugsscheine, um Schuhe zu kaufen.«

Kohls farbige Schilderung der künftigen Auswirkungen des Kapitalismus in der DDR war weit stärker von seinen Ansichten über die menschliche Natur geprägt als von ökonomischem Fachwissen:

Ich würde die Deutschen nicht kennen, wenn es nicht sofort einen gewaltigen Auto-Boom gäbe. Die Deutschen legen großen Wert auf Essen und Trinken, auf Autos und Reisen. Das Auto ist ein Statussymbol. Und wenn die Ostdeutschen viele Autos haben, dann müssen die natürlich auch repariert werden. Außerdem wird die Bauindustrie einen gewaltigen Aufschwung nehmen. Sie [die Kommunisten] haben nichts getan, um die alten Häuser zu reparieren, und die neuen sind schrecklich. Die DDR hat einen sehr hohen Anteil an arbeitenden Frauen – neunzig Prozent. Also gibt es viele Doppelverdiener. Und was sagt die Hausfrau: »Ich will endlich ein ordentliches Bad haben« – genau wie in den Illustrierten. Und das eröffnet Klempnern und Handwerkern einzigartige Chancen.[57]

Später im gleichen Jahr erklärte Kohl: »Ich habe gar keinen Zweifel daran, daß wir eine breite Investitionswelle bekommen werden... Wir werden in wenigen Jahren, in drei, vier Jahren in Thüringen, in Sachsen-Anhalt, in Sachsen, in Mecklenburg, in Vorpommern, in Brandenburg eine blühende Landschaft vor uns sehen... Wenn Ludwig Erhard sich so verhalten hätte, wie viele heute mir raten, mich zu verhalten, wäre niemals das zustande gekommen, was nach der Währungsreform möglich war.«[58]

Kohl bestärkte die Menschen in dem Glauben, Ostdeutschland werde in wenigen Jahren mit dem Westen gleichziehen, aber diese Voraussage war absolut unerfüllbar.[59] Für den Kanzler sah die Zukunft rosiger aus als selbst für seine Berater. Mehrere leitende Bonner Regierungsbeamte befürchteten, östlich der Elbe werde ein Chaos ausbrechen. Horst Teltschik hielt mit seiner Ansicht nicht hinter dem Berg, daß in dem früheren kommunistischen Staat zwei Millionen Menschen ihre Arbeitsplätze verlieren könnten. Und Günther Krause, der Staatssekretär, der bei den Verhandlungen über die Währungsunion die Ostberliner Delegation leitete, sagte voraus, daß nur ein Drittel der ostdeutschen Unternehmen die Einführung der D-Mark ohne Hilfe überleben würde.

Kohl gab 1991 zu, die Probleme des Ostens unterschätzt zu haben. Besonders zerknirscht zeigten sich Bonner Spitzenbeamte über die Fehleinschätzung des Steuerproblems. Teltschik räumte ein, das Versäumnis, die Steuern schon früher zu erhöhen, sei »eine spektakuläre Fehlentscheidung« gewesen.[60] Auch laut Volker Rühe, dem Generalsekretär der CDU,* war das ein »großer Fehler«,[61] und Otto Schlecht, der altgediente Staatssekretär im Wirtschaftsministerium, sagte:

Wir haben uns etwas vorgemacht, was den Umfang und die Tiefe der Umstrukturierungskrise betraf. Wir betonen [bezüglich der wirtschaftlichen Aussichten der DDR] das Positive und drängten das Negative in den Hintergrund. Wir verhielten uns so, weil wir wollten, daß die Leute Mut fassen – und weil Wahlkampf war.[62]

Der Kanzler selbst blieb jedoch bei seiner Meinung, daß seine Politik insgesamt richtig gewesen sei. Sein Selbstvertrauen war mit dem trotzigen Wunsch gepaart, die Vorsicht der Bundesbank widerlegt zu sehen. »Wenn ich den Empfehlungen der Bundesbank gefolgt wäre«, erklärte er 1991, »hätten wir die D-Mark am ersten Juli nicht eingeführt.«[63] Im Superwahljahr 1994 erklärte Kohl trotzig, seine 1990 gemachten Aussagen zu »einer blühenden Landschaft« in Ostdeutschland gälten nach wie vor; nur in der Vorhersage des Zeitpunkts habe er sich geirrt.[64]

---

* Rühe wurde im April 1992 zum Verteidigungsminister ernannt.

5. Die Währungsumstellung nimmt Gestalt an

Am 9. Februar, drei Tage, nachdem Kohl die geplante Währungsunion angekündigt hatte, machte Pöhl einen äußerst ungewöhnlichen Schritt: Er berief in Bonn eine Pressekonferenz ein, auf der er seine Bedenken äußerte. Angetan mit seiner roten Lieblingskrawatte, teilte er den Journalisten mit, die Bundesbank werde die Politik der Regierung unterstützen, da sie dazu gesetzlich verpflichtet sei. Die Währungsunion sei schließlich eine politische Entscheidung, die von der Regierung getroffen werden müsse, nicht von der Notenbank. Dann jedoch brachte Pöhl zahlreiche Bedenken gegen die Einführung der D-Mark östlich der Elbe vor.[65]

Der Bundesbankpräsident wies darauf hin, daß die deutsche Währungsunion als Bestandteil einer umfassenden Vereinigung gesehen werden müsse. Die Einführung der D-Mark werde »enorme Transferleistungen« gegenüber dem Osten notwendig machen, »wenn der Einigungsprozeß ohne schwerwiegende soziale Verwerfungen« stattfinden solle. Die geplante Währungsunion werde »eine radikale Veränderung der Wirtschaftsstruktur der DDR erforderlich machen«, und dies könne »nicht über Nacht passieren«. Wenn die staatlichen Unternehmen der DDR ihre Löhne plötzlich in D-Mark auszahlen müßten, so Pöhl, »würden die meisten bankrott gehen«, eine Voraussage, die später exakt zutraf. Pöhl brachte in diplomatischen Worten sein Unbehagen über Kohls Meinungswandel zum Ausdruck und bezeichnete die Vorschläge des Kanzlers als »kryptisch«. Als er zu der allgemeinen Überraschung befragt wurde, die Kohls Entscheidung ausgelöst hatte, sagte er: »Ich rate den Politikern immer, zuerst die Bundesbank zu konsultieren.« Pöhl gab klar zu verstehen, daß Steuererhöhungen sehr wohl notwendig sein konnten, um die Kosten der Einheit zu finanzieren. Er sagte, es sei »schäbig« von den Politikern, dreißig Jahre lang von der Wiedervereinigung zu sprechen und dann, wenn sie da sei, nicht dafür bezahlen zu wollen.

Die Pressekonferenz markierte den Beginn eines konfliktreichen Sommers, was das Verhältnis von Bundesbank und Regierung betraf. Während seiner ersten achtjährigen Amtsperiode als Bundesbankpräsident war Pöhls Beziehung zur Regierung Kohl wesentlich harmonischer gewesen als die zu Helmut Schmidts Sozialdemokraten. Pöhl hatte mit Gerhard Stoltenberg, Kohls erstem Finanzminister von 1982 bis 1989, den Pöhl als anständig, verläßlich und humorlos charakterisierte, einen guten Modus vivendi gefunden. Das schleppende Wirtschaftswachstum Mitte der achtziger Jahre erlaubte der Bundesbank eine relativ gemäßigte Zinspolitik, und die Inflationsrate konnte trotzdem jedes Jahr etwas weiter reduziert werden. Außerdem war es damals im Europäischen Währungssystem relativ ruhig. Als in den Jahren 1986 und 1987 das Ende von Pöhls erster Amtsperiode näherrückte, spielte er mit dem Gedanken, eine besser bezahlte Stelle im privaten Bankwesen anzunehmen. Als jedoch deutlich wurde, daß Kohl eine Verlängerung seiner Amtszeit unterstützen würde, entschloß er sich, zu bleiben. Stets auf sein Image bedacht, betrachtete Pöhl die Wiederernennung eines sozialdemokratischen Bundesbankpräsidenten durch einen christdemokratischen Bundeskanzler als unschätzbare Anerkennung seiner Fähigkeiten. Eine solche Gelegenheit durfte man sich nicht entgehen lassen.

Die Beziehungen zu Bonn verschlechterten sich nach dem Börsenkrach von 1987* und wurden Anfang 1990 noch schwieriger, als Hans Tietmeyer in das Bundesbankdirektorium aufgenommen wurde. Der überzeugte Christdemokrat Tietmeyer genoß das besondere Vertrauen von Bundeskanzler Kohl. Pöhl respektierte den strengen und hartnäckigen früheren Staatssekretär im Finanzministerium als äußerst fähigen Währungsfachmann und Unterhändler, er sah in ihm aber auch einen Rivalen. Tietmeyer übernahm bei der Bundesbank mit dem Dezernat für internationale Währungsfragen den Verantwortungsbereich von Leonhard Gleske, der im September 1989 in Pension gegangen war. Es wurde jedoch schon bald offensichtlich, daß der neue Mann auch im Prozeß der deutschen Vereinigung eine zentrale Rolle spielen würde. Auf Pöhls Vorschlag wurde Tietmeyer im April 1990 nach Bonn beordert, wo er Bundeskanzler Kohl als besonderer Berater

---

* Siehe Kapitel II

in Fragen der Währungsunion mit der DDR diente. Er führte die westdeutsche Delegation bei den währungspolitischen Verhandlungen mit der neuen Ostberliner Regierung von Ministerpräsident de Maizière, die aus den Wahlen vom 18. März hervorgegangen war. Tietmeyers Doppelrolle führte dazu, daß die Bundesbank an den Verhandlungen über die Bedingungen der Währungsunion direkt beteiligt war. Die starke Position des neuen Direktoriumsmitglieds führte jedoch zu zusätzlichen Spannungen im Zentralbankrat der Bundesbank. Einige Mitglieder des Rats waren der Ansicht, Tietmeyer vereinige viel zuviel Macht auf sich.

Als im Februar und März die Vorbereitungsgespräche über die Währungsunion begannen, bat die Bonner Regierung die Bundesbank um eine Empfehlung bezüglich des Umtauschkurses von D-Mark und Ost-Mark. Die Regierung stand vor einem schweren Dilemma: Ein zu niedriger Umtauschkurs für die Ost-Mark würde die ostdeutschen Einkommen stark vermindern und die Westwanderung noch verstärken. Ein zu hoher Umtauschkurs würde dagegen die Arbeitslosigkeit erhöhen, und auch dies würde verzweifelte DDR-Bürger dazu treiben, ihr Glück in der wohlhabenden Bundesrepublik zu suchen.

Ende März schlug die Bundesbank vor, daß Guthaben und Löhne der DDR auf der Basis von zwei zu eins in D-Mark umgetauscht werden sollten. Dies war bereits ein Kompromiß zwischen dem Wunsch der Bundesbank nach einem noch niedrigeren Umtauschkurs für die DDR-Mark und der Befürchtung, daß ein solcher Kurs große soziale Probleme verursachen würde. Der Vorschlag der Notenbank wurde jedoch nicht ausgeführt – nicht zuletzt aufgrund der Proteste von DDR-Bürgern, die sich darüber beschwerten, daß ein schlechterer Umtauschkurs als eins zu eins ihre Ersparnisse ungerecht verkleinern und ihr Lohnniveau auf ein Viertel des westlichen senken würde. Am 23. April wurde bekanntgegeben, man habe sich auf eine großzügigere Umstellung geeinigt, basierend auf einem Umtauschkurs von eins zu eins für kleinere Sparguthaben. Der durchschnittliche Umtauschkurs für alle finanziellen Guthaben betrug 1,8 zu 1, was auf den schlechteren Kurs für größere Sparguthaben zurückzuführen war. Der Umtausch der DDR-Mark-Guthaben in D-Mark führte zu einer einmaligen Vergrößerung der gesamtdeutschen Geldmenge um etwa fünfzehn Prozent[66] – über das Doppelte, als bei der relativen Größe der DDR-Wirtschaft normal gewesen wäre, und einer von mehreren Faktoren, die zum immer schnelleren Anwachsen der Geldmenge beitrug, das der Bundesbank in den Jahren 1991 und 1992 zunehmend Sorgen bereitete.

De Maizière gab im nachhinein zu, der Umtausch der »durch nichts gedeckten« DDR-Sparkonten in harte D-Mark sei praktisch »geschenkt« gewesen.[67] Trotzdem gab es selbst nach dem Abkommen über den Umtauschkurs noch Stimmen in der DDR, die klagten, die Bonner Sparsamkeit habe den früheren kommunistischen Staat in ein »Billiglohnland« verwandelt.[68] Tietmeyer stand dem Abkommen kritisch gegenüber und kommentierte es 1991 wie folgt: »Der vom Zentralbankrat vorgeschlagene Umstellungssatz von 2 zu 1 wäre sowohl im Hinblick auf die Wettbewerbsfähigkeit der ostdeutschen Wirtschaft als auch für die notwendige Lohndifferenzierung [zwischen den beiden Teilen Deutschlands] günstiger gewesen. Der Vorschlag war aber leider nicht durchsetzbar.« Das Ergebnis, fügte er grimmig hinzu, sei eine deutlich geringere Wettbewerbsfähigkeit und höhere Arbeitslosigkeit im Osten gewesen.[69] Im Jahre 1994 erläuterte Tietmeyer einen weiteren wichtigen Punkt: Die sofortige, mit der Währungsunion einhergehende Übertragung der bundesdeutschen Sozialrechte auf die DDR sei ein Fehler gewesen, wofür Politiker und Gewerkschaftler im Osten und im Westen verantwortlich wären. »Mit einer sich allmählich entwickelnden Sozialunion (zum Beispiel im Bereich des Arbeits- und Tarifvertragsrechts) [hätten] wahrscheinlich manche der später ökonomischen Schockwirkungen besser abgefedert werden können. Alle Bemühungen, wenigstens einige Teile des hochentwickelten Arbeits- und Sozialrechts für eine Übergangszeit nicht anzuwenden, blieben erfolglos, vor allem auch wegen vielfältiger Widerstände und Interventionen auf westlicher Seite.«[70]

Der komplizierte Vertrag über die Währungsunion wurde in etwas mehr als drei Monaten ausgehandelt: ein gewaltiges Unterfangen. Als er am 18. Mai 1990 in Bonn feierlich unterzeichnet wurde, war die Atmosphäre heiter und gelöst. Die Zeremonie fand in einem gobelingeschmückten Raum im Palais Schaumburg statt, dem alten Sitz des Kanzleramts unter Konrad Adenauer. Das Abkommen wurde aus einem bezeichnenden Grund in Bonn und nicht in Berlin unterzeichnet: Bundeskanzler Kohl mußte gleich danach zur Geburtstagsfeier eines alten Bekannten in der Nähe. In einer kurzen Ansprache erklärte der Kanzler, Ostdeutschland habe durch die D-Mark nicht nur die Chance, sondern die »Gewähr«, schon bald eine »blühende Landschaft« zu werden.

Während vor den Augen der Öffentlichkeit um den Umtauschkurs gerungen wurde, waren bereits seit mehreren Wochen diskrete organisatorische Vorbereitungen für die Währungsumstellung im Gang. Am 2. April hatten sich vier Vertreter der Bundesbank und drei Funktionäre der Staatsbank in einem staatlichen Hotel der DDR in der Nähe des früheren Konzentrationslagers Buchenwald bei Weimar getroffen, um die wichtigsten Einzelheiten zu besprechen.[71] Mehrere Bundesbankbeamte machten sich in der DDR auf die Suche nach geeigneten Räumlichkeiten für das geplante Zweigstellennetz der Bundesbank; sie besichtigten zahlreiche Gebäude der Staatsbank, von denen viele einst der Reichsbank gehört hatten. Dabei kam es mehrmals zu unerquicklichen Reibereien mit der Deutschen Bank und der Dresdner Bank, die ebenfalls Gebäude für neue Filialen suchten.[72] Die Bundesbank investierte insgesamt sechzig Millionen D-Mark in ihr neues Netz von fünfzehn Zweigstellen im Osten. Die Hälfte des Geldes wurde in verbesserte Sicherheitseinrichtungen gesteckt. Die Bundesbankbeamten waren erstaunt darüber, daß die Tresorräume vieler Filialen der Staatsbank noch mit Schlössern und Türen aus der Zeit der Reichsbank versehen waren. Die Abteilung Bibliothek und Archive der Bundesbank veranlaßte ihre im Osten beschäftigten Kollegen, einige Gegenstände als Ausstellungsstücke für das Bundesbankmuseum mitzubringen.

Die Bundesbank leistete ihren Beitrag zur Modernisierung Ostdeutschlands, indem sie moderne Computersysteme in ihren dortigen Filialen installierte. Als die Bundesbank moderne Geräte zur Frequenzmodulation brauchte, um die Stromversorgung ihrer neuen Büros zu verbessern, geriet sie mit den Bestimmungen über den Technologietransfer in den Ostblock in Konflikt. Sie mußte sich um eine Sondergenehmigung beim COCOM bemühen, der westlichen Organisation, die den Export militärisch relevanter Technologien in den Ostblock kontrollierte. Ein besonderes Problem waren die Telefonverbindungen. Es löste sich jedoch von selbst, als die Bundesbank Zugang zum alten Reichsbank-Erweiterungsbau am Werderschen Markt erhielt und feststellte, daß sie über die leistungsfähigen Verbindungen der Staatssicherheit mit ihren Zweigstellen kommunizieren konnte.

6. Spannungen im Zentralbankrat

Trotz aller technischen Schwierigkeiten konnten die Computersysteme und Telefonverbindungen in der DDR ohne größere Pannen installiert werden. Im Lauf von ein paar Monaten hatte die Bundesbank in ihrem neuen östlichen Territorium ein funktionierendes Zentralbanknetz aufgebaut, in dem 250 Beamten der Bundesrepublik und 900 östliche Angestellte beschäftigt waren – eine bemerkenswerte organisatorische Leistung. Die Aufgabe, die Politik zwischen Bonn und Frankfurt zu koordinieren, bereitete dagegen sehr viel mehr Kopfzerbrechen. Die Bundesbanker, die bereits irritiert waren, daß man sie in der Frage des Umtauschsatzes brüskiert hatte, bekamen Mitte Mai 1990 neuen Grund zur Empörung. Das Finanzministerium sah sich der Notwendigkeit gegenüber, öffentliche Finanzmittel in unerwartet großem Umfang in den Osten zu transferieren. In Übereinstimmung mit den Länderregierungen beschloß das Ministerium, den Fonds Deutsche Einheit einzurichten, eine neue Finanzierungsmethode, über die Kreditaufnahmen für die ehemalige DDR unabhängig vom normalen Bonner Haushalt getätigt werden konnten.

Die Bundesbank war alarmiert. Zusätzliche Kreditaufnahmen der Regierung bringen die Gefahr erhöhter Inflation, und natürlich hätte die Notenbank bei einer solchen Maßnahme konsultiert werden müssen. Diesmal jedoch hatte man die Spitzenbeamten der Bundesbank – mit Ausnahme Tietmeyers – nicht gefragt.

Horst Köhler, Tietmeyers Nachfolger als Staatssekretär im Finanzministerium, rief erst am Morgen des 15. Mai 1990 Schlesinger an und informierte ihn über die Einrichtung des neuen Fonds. Zu diesem Zeitpunkt standen erste Berichte über die Gründung des Fonds bereits in den Zeitungen.

Pöhl war sich durchaus darüber im klaren, daß die Spannungen zunahmen, aber er verhielt sich ruhig, denn er wollte die Schwierigkeiten der Regierung nicht weiter verschärfen. Andere Mitglieder des Zentralbankrats übten weniger Zurückhaltung. Wilhelm Nölling, der temperamentvolle Präsident der Hamburger Landeszentralbank, übte in einem Zeitungsinterview vom 23. Mai 1990 scharfe Kritik daran, daß Bonn wiederholt versäumt habe, die Bundesbank zu konsultieren: »Die Bundesregierung muß endlich aufhören, so zu tun, als ob die Autonomie der Bundesbank für den Prozeß der Wiedervereinigung außer Kraft gesetzt worden wäre.« Er wies darauf hin, daß dies das Vertrauen in die D-Mark untergraben könne, und fügte hinzu, »das Ansehen der Bundesbank« würde darunter leiden.[73] Bei einem Vortrag in Kiel sprach Helmut Hesse, der Chef der niedersächsischen Landeszentralbank, eine ähnliche Warnung aus. Er klagte, die Bundesbank verliere ihre »Führungsrolle« in Währungsfragen, und betonte die mit dem zu großzügigen Umtauschkurs verbundene Inflationsgefahr. Die Folge, so Hesse, würde ein weiterer Anstieg der bereits relativ hohen Realzinsen sein.[74]

Diese beiden unverblümten Stellungnahmen wurden aus unterschiedlichen Gründen gemacht. Nölling wollte das Mißfallen der Sozialdemokraten über die eigenmächtige Vereinigungspolitik von Bundeskanzler Kohl ausdrücken. Hesses Vortrag dagegen war als akademischer Beitrag zur Debatte und nicht als politisches Argument gedacht. Unabhängig von diesen jeweiligen Motiven verursachte es Pöhl großes Unbehagen, daß beide Stellungnahmen in der Öffentlichkeit breit diskutiert wurden. Der Bundesbankpräsident fühlte sich von zwei Seiten unter Druck gesetzt – durch die Regierung, weil er über die Währungsunion nicht genug Begeisterung zeigte, und durch Teile des Zentralbankrats, weil er nicht laut genug protestiert hatte, als die Bundesbank in den Monaten zuvor ausmanövriert oder ignoriert worden war.

Wieder machte Pöhl einen ungewöhnlichen Schritt: Er rief den Zentralbankrat zur Ordnung. Am 23. Mai, dem Tag, an dem das Nölling-Interview erschien, schickte er einen Brief an alle Mitglieder des Zentralbankrats und bat sie, in ihren öffentlichen Äußerungen vorsichtiger zu sein. Am 30. Mai nutzte er eine Rede in Frankfurt, um Gerüchten über eine »Konfrontation« zwischen Bonn und Frankfurt entgegenzutreten. Am folgenden Tag trat der Zentralbankrat zu seiner regelmäßig alle vierzehn Tage stattfindenden Sitzung zusammen. Um dem immer stärker werdenden öffentlichen Eindruck entgegenzuwirken, daß zwischen Bonn und Frankfurt Uneinigkeit bestehe, nahmen Theo Waigel und Horst Köhler als Gäste an der Sitzung im dreizehnten Stock des Bundesbankgebäudes teil. Zu Beginn der Sitzung waren wie üblich Kameras zugelassen, damit für das Fernsehen Einigkeit demonstriert werden konnte. Von der eigentlichen Sitzung war die Presse jedoch wie immer ausgeschlossen, und sie verlief ungewöhnlich stürmisch. Als Pöhl die Sitzung eröffnete, kam er sofort zum Thema. Er klagte, in der Öffentlichkeit sei ein »falsches Bild« von der Bundesbank entstanden, zu dem auch »die Worte von einigen Mitgliedern [des Zentralbankrats]« beigetragen hätten.[75] In Zukunft, warnte Pöhl seine Bundesbankkollegen, dürfe so etwas nicht mehr vorkommen.

Aus dem Munde des sonst so diplomatischen Pöhl war dies eine scharfe Zurechtweisung, und die beiden Mitglieder, denen die Ermahnung galt, reagierten unterschiedlich. Nölling protestierte verärgert. Der ruhigere Hesse nahm die Kritik schweigend hin, doch der äußere Anschein trog; innerlich schäumte er vor Wut. »Kein Professor«, kommentierte später ein Mitglied des Zentralbankrats, »läßt sich gerne von jemandem zurechtweisen, den er als seinen Schüler betrachtet.« Die Sitzung endete damit, daß der Zentralbankrat, um das Gesicht zu wahren, eine Erklärung beschloß, in der betont wurde, der Zentralbankrat sei in Wirklichkeit »von Anfang an« an den mit der DDR geführten Verhandlungen über die Währungsunion beteiligt gewesen.

Fast ein Jahr später äußerte sich Hesse zu den Stürmen, die am Konferenztisch losgebrochen waren. Er und Nölling seien zu »Sündenböcken« für die Fehler bei der Vereinigung gemacht worden. »Ich war stark betroffen [von Pöhls Kritik]... Es war nicht sehr menschlich.« Die Kritik war »nicht dazu angetan, das Renommee unseres Präsidenten zu erhöhen«, und hatte »einen negativen Effekt auf den ganzen Zentralbankrat.«[76]

Die emotionsgeladene Sitzung im Mai schwächte den Zusammenhalt im Zentralbankrat, auch wenn die Auswirkungen nicht sofort erkennbar waren. Pöhls lockerer Führungsstil schien nicht mehr zu funktionieren. Im September 1990, als der Rat, diesmal in Bremen, zu seiner jährlichen »externen« Sitzung zusammentrat, traten die Spannungen auf dramatische Weise erneut auf. Pöhl hatte schon seit Jahren versucht, die komplizierte Struktur im höchsten Entscheidungsgremium der Bundesbank zu vereinfachen, und die Vereinigung schien ihm dafür eine ideale Gelegenheit zu bieten. Seit 1948 die Bank deutscher Länder gegründet worden war, hatte immer jedes Bundesland einen Vertreter in den Zentralbankrat entsandt. Pöhl empfand dieses System als zunehmend schwerfällig. Der Anschluß von fünf weiteren Bundesländern an die Bundesrepublik würde, wenn man in der Bundesbank analog verfuhr, zu einer Lähmung des Zentralbankrats führen. Nach dem bisherigen System würden dann nicht weniger als sechzehn Landeszentralbankpräsidenten im Zentralbankrat sitzen, und auch die Zahl der Direktoriumsmitglieder würde man erhöhen müssen. Pöhl glaubte, daß ein Zentralbankrat mit fünfundzwanzig oder sechsundzwanzig Mitgliedern nicht mehr arbeitsfähig sei, und wollte radikale Strukturreformen durchführen.

Er schlug deshalb in Bremen vor, die Zahl der Ländervertreter im obersten Organ der Bundesbank von bisher elf aus der alten Bundesrepublik auf nur noch acht aus dem vereinigten Deutschland zu beschneiden. Der Plan war durchaus konsequent: Aus den neuen Bundesländern sollte ein Vertreter in das Gremium aufgenommen werden, und durch eine Umstrukturierung der westdeutschen Landeszentralbanken sollte die Zahl der Repräsentanten der alten Bundesländer auf sieben reduziert werden. Pöhls Fähigkeit, Schwierigkeiten vorauszuahnen, versagte allerdings auch diesmal. Sein Vorschlag zog sofort die Kritik von sieben Landeszentralbankpräsidenten auf sich, die ihn beschuldigten, er wolle den Einfluß des Direktoriums auf die Länder vergrößern. Für Bundesbank-Insider mit gutem Gedächtnis hatten Pöhls Vorschläge verblüffende Ähnlichkeit mit einem abgelehnten Gutachten vom Januar 1970, das empfohlen hatte, die Landeszentralbankpräsidenten überhaupt abzuschaffen.[77] Nach diesem Gutachten, das nie veröffentlicht wurde, hätten die Landeszentralbanken von Beamten der Bundesbank geführt werden sollen – wie früher die Zweigstellen der Reichsbank in den Ländern. Der Plan hätte zu einer deutlichen Zentralisierung der Arbeit der Bundesbank geführt. Er trat jedoch nie in Kraft, sondern landete, nachdem er auf den vereinten Widerstand der Landeszentralbankpräsidenten und des Direktoriums gestoßen war, im Archiv.

Als Pöhl bei mächtigen Ländervertretern wie Reimut Jochimsen aus Nordrhein-Westfalen und Lothar Müller, dem Chef der bayerischen Landeszentralbank, auf Widerstand stieß, versuchte er Kohls Unterstützung für seinen Plan zu gewinnen. Der Brief, den er Kohl am 18. Januar 1991 schrieb, blieb jedoch viele Monate lang unbeantwortet. Jochimsen verärgerte sowohl Pöhl als auch Schlesinger, indem er am 21. Januar ebenfalls einen Brief an Kohl schickte. Darin trug er einen Vorschlag der sieben Landeszentralbanken vor, die Pöhls Vorschlag kritisch gegenüber standen; sie drangen darauf, daß weiterhin alle Bundesländer durch ihre Landeszentralbankpräsidenten im Zentralbankrat vertreten sein sollten. Das intrigante Gerangel um den Reformplan gehörte zu den Hinterlassenschaften Pöhls, die seinem Nachfolger das Leben schwer machten. Ein Kompromißvorschlag, der neun Landeszentralbanken vorsah, stieß Ende 1991 auf den erbitterten Widerstand der Länder; im Sommer 1992 aber hat die Regierung durchgesetzt, daß die neue Regelung Ende 1992 in Kraft tritt.

7. Das Desaster von Brüssel

In dem Katalog von Mißverständnissen über die deutsche Währungsunion nehmen die stürmischen Ereignisse, die sich am 19. März 1991 in Brüssel zutrugen, einen besonderen Platz ein.

Pöhl war vom Wirtschaftsausschuß des Europäischen Parlaments nach Brüssel eingeladen worden, um über die europäische Währungsunion zu sprechen. Pöhl machte einige improvisierte Bemerkungen auf englisch (in dieser Sprache drückt er sich immer weniger diplomatisch aus als auf deutsch) und sagte unvorsichtigerweise, die DDR sei auf die Währungsunion schlecht vorbereitet gewesen und in der Folge sei es zu einer Katastrophe gekommen (er verwendete das englische Wort »*disaster*«).[78] Pöhl wollte mit diesen Bemerkungen seine Ansichten über die Einführung einer gemeinsamen europäischen Währung begründen. Er befürchtete nämlich, daß bei einer zu schnellen Verwirklichung der europäischen Währungsunion durch die Europäische Gemeinschaft jene Länder, die noch nicht auf eine harte Währung eingestellt waren, genau wie die neuen Bundesländer unvermeidlich in ihrer Konkurrenzfähigkeit stark beeinträchtigt würden und unter Betriebsschließungen zu leiden hätten. Als Pöhls Worte jedoch durch die im Sitzungszimmer des Ausschusses anwesenden Journalisten der Nachrichtenagenturen auf den internationalen Geldmärkten bekanntgemacht wurden, riefen sie eine Sensation hervor. Die Diskussion an den Devisenbörsen konzentrierte sich sofort auf die Differenzen zwischen Bonn und Frankfurt, und der Kurs der D-Mark fiel gegenüber dem Dollar um mehrere Pfennige.

Pöhl dürfte kaum die Absicht gehabt haben, das internationale Vertrauen in die deutsche Wirtschaftspolitik zu schwächen. Aber genau das bewirkten seine Bemerkungen. Kohl vermutete wie immer eine Verschwörung und glaubte, Pöhl habe ihm bewußt schaden wollen. Sobald die Ausschußsitzung in Brüssel zu Ende war, machte Pöhl – entsetzt über die Reaktion der Devisenbörsen – einen sehr ungewöhnlichen Schritt: Er rief Dieter Vogel an, den Chef des Bundespresseamts, einen ehemaligen Kollegen aus den Jahren als Journalist in Bonn. Er erklärte Vogel, es habe sich um eine unüberlegte Bemerkung gehandelt und er habe nicht die Absicht gehabt, einen öffentlichen Aufruhr zu verursachen. Kohl aber war nicht in der Stimmung, ein Friedensangebot anzunehmen.[79] Er befand, Pöhl habe die Grenzen bloßer Unabhängigkeit überschritten und werde allmählich zu einem Ärgernis.

Auf einer Konferenz von Bankiers und Industriellen, die am

folgenden Tag im Bundeskanzleramt stattfand, um über den deutschen Einigungsprozeß zu diskutieren, erteilte Kohl dem Bundesbankpräsidenten einen ungewöhnlich scharfen öffentlichen Verweis. Pöhl reagierte mit einem teilweise zerknirschten Brief an Kohl, in dem er die öffentliche Aufregung bedauerte und ungewöhnlich ausführlich erklärte, was er in Brüssel wirklich gesagt habe:

Das Thema meiner fast zweistündigen Diskussion mit den Abgeordneten des Europäischen Parlaments war nicht die deutschdeutsche Währungsunion, sondern die europäische Währungsunion. Um zu erläutern, welche Probleme in einer Währungsunion mit stark divergierenden Volkswirtschaften entstehen (Thema Konvergenz), habe ich als extremes und drastisches Beispiel die deutsch-deutsche Währungsunion genannt. Ich habe ausdrücklich gesagt, daß ich die politische Notwendigkeit nie bestritten habe und daß ich die Entscheidung der Bundesregierung nicht kritisiere. Das Ergebnis sei allerdings ein »disaster«. Ich habe aber sofort diesen Ausdruck als »vielleicht zu stark« zu korrigieren versucht ...

Der weitaus größere Teil der Betriebe in der DDR [ist] unter den tatsächlichen Bedingungen nicht wettbewerbsfähig – mit allen Konsequenzen, die wir jetzt sehen und die durchaus voraussehbar, aber vielleicht nicht zu vermeiden waren. Dies ist ein »disaster«. Aber wenn ich das Echo vorausgesehen hätte, hätte ich es vielleicht nicht so genannt.

Sie wissen, Herr Bundeskanzler, daß die Bundesbank und auch ich persönlich alles in unseren Kräften Stehende getan haben, um die Währungsunion und damit auch die deutsche Vereinigung zu ermöglichen. Wir werden das auch in Zukunft tun, und ich bitte Sie, dem Brüsseler Vorfall nicht mehr Bedeutung beizumessen, als er in Wirklichkeit verdient.[80]

Der Brief konnte den Zwist nicht beilegen. Ende März machte Pöhl mit seiner Familie Skiurlaub in St. Moritz. Er dachte viel über die Affäre nach und kam zu dem Schluß, daß seine Position allmählich gefährlich exponiert war. Die Brüsseler Episode war nur ein relativ unbedeutender Lapsus gewesen, verursacht sowohl durch seine Unvorsichtigkeit wie durch seine tatsächlichen Bedenken gegen die Art, wie die D-Mark in der DDR eingeführt worden war. Kohls gereizte Reaktion war für ihn deshalb ein Schock gewesen. Pöhl schloß daraus, daß er mit keiner Rückendeckung seitens der Regierung rechnen konnte, wenn ihm in Zukunft ein wirklich ernster Fehler in der Währungspolitik unterlaufen würde. Er war als Bundesbankpräsident in ungeahnte währungspolitische Höhen aufgestiegen und flog jetzt wie Ikarus zu nahe an der Sonne. Mehr als drei Jahre später haftete diese Episode sowohl beim Bundeskanzler als auch dem ehemaligen Bundesbank-Chef noch in Erinnerung. Pöhl blieb kämpferisch: »Der Bundeskanzler mochte meine [Brüsseler] Bemerkung nicht. Trotzdem hatte ich recht.«[81]

8. Eine unwiderrufliche Entscheidung

Seit jenem Tag unangenehmer Überraschungen am 6. Februar 1990 war Pöhl dem Entschluß, die Bundesbank zu verlassen, immer näher gerückt, und als sich am 1. April 1991 eine Tragödie ereignete, stand seine Entscheidung fest. Pöhl, der die Osterferien in den Alpen verbrachte, mußte nach einem herrlichen Tag auf Skiern zu seinem Entsetzen erfahren, daß sein Freund Detlev Karsten Rohwedder, der frühere Staatssekretär im Wirtschaftsministerium, in seinem Düsseldorfer Haus von Terroristen erschossen worden war.

Pöhl und Rohwedder waren zur Zeit der Regierung Schmidt eng befreundet gewesen. Danach war Rohwedder in die Industrie gegangen und hatte ein Jahrzehnt lang erfolgreich den Dortmunder Stahlkonzern Hoesch AG geführt. Im Jahr 1990 war er von der Regierung Kohl auf einer der wichtigsten und undankbarsten Posten des vereinigten Deutschland berufen worden: Er wurde Vorstandsvorsitzender der Treuhandanstalt, die das ausgedehnte Industrievermögen und die Immobilien der früheren DDR verwaltet. Da Rohwedder in dieser Eigenschaft zahlreiche Unternehmen des bankrottgegangenen Staates privatisieren oder schließen mußte, sah er sich scharfer Kritik ausgesetzt; er war jedoch intelligent, fähig und prinzipientreu genug gewesen, sie leicht zu verkraften.

Der Mord – ausgeführt von der Rote Armee Fraktion (RAF) – war ein kaltblütiger und sinnloser terroristischer Akt. Pöhls Frau Ulrike hatte Rohwedders Gattin Hergard besonders nahegestanden. Pöhl wußte, daß auch er zur Elite politischer Entscheidungsträger gehörte, die auf der »Abschußliste« der RAF standen. Die strengen Sicherheitsvorkehrungen für ihn und seine Familie beunruhigten ihn schon seit einiger Zeit. Die Ermordung Rohwedders machte ihm nicht nur klar, wie ernst die Gefahr war, sondern auch wie nutzlos eine Spitzenkarriere sein kann, wenn sie durch eine Kugel der RAF beendet wird. Vor allem aber machte er sich Sorgen um seine Familie. Eingeschüchtert durch die ständige Anwesenheit von Leibwächtern, hatte sein kleiner Sohn ihn bereits gefragt, ob er das nächste Opfer sein würde.

Pöhl ließ einen Monat verstreichen, dann informierte er seine Kollegen von der Bundesbank und die Politiker in Bonn über seine Rücktrittsabsichten. Der erste, den er am Montag, den 6. Mai, in das Geheimnis einweihte, war sein Stellvertreter Helmut Schlesinger. Obwohl die beiden von Temperament und Persönlichkeit sehr verschieden sind, war der ältere Schlesinger bei weitem der engste Vertraute Pöhls in der Bundesbank. Schlesinger war von der Neuigkeit überrascht; ein Jahr bevor er selbst im Alter von achtundsechzig Jahren in Pension gehen wollte, hatte er jede Hoffnung aufgegeben, noch an die Spitze der Bundesbank zu gelangen. Am folgenden Tag, dem 7. Mai, reiste Pöhl nach Bonn und informierte Theo Waigel und Bundespräsident Richard von Weizsäcker.[82] Kohl war an jenem Nachmittag nicht in Bonn; er war nach Bayern unterwegs, um sich dort mit führenden Politikern der CSU zu treffen, und wurde deshalb von Waigel ins Bild gesetzt. Auf der regulären Mittwochssitzung des Bundesbankdirektoriums am 8. Mai informierte Pöhl die restlichen Mitglieder des Direktoriums.

Wäre das Verhältnis zwischen Kanzler und Bundesbankpräsident besser gewesen, sie hätten irgendwie die Zeit gefunden, am 7. Mai über Pöhls Rücktritt zu sprechen. So kamen sie erst eine

Woche später in Bonn zusammen. Kohl hatte bereits entschieden, daß Schlesinger Pöhls Nachfolger werden sollte. Er glaubte, der Wechsel werde sich vielleicht sogar positiv auswirken, und war zumindest fest entschlossen, das Beste daraus zu machen. Mit der Bemerkung, Pöhl sei auf die siebenstelligen Gehälter neidisch, die man bei Geschäftsbanken verdienen könne, deren Hochhäuser Pöhl von seinem Bundesbankbüro aus sehen konnte, gab Kohl später jovial zu verstehen, Pöhl gebe sein Amt nur deshalb auf, weil er mehr Geld verdienen wolle.[83]

Die Nachricht war zwar noch nicht offiziell, aber sie war Deutschlands schlechtestgehütetes Geheimnis. Als die Medien bereits kräftig über einen möglichen Wechsel an der Spitze der Bundesbank spekulierten, fand in Bonn eine Geburtstagsfeier statt. Am Abend des 15. Mai erschien Pöhl, einige Stunden, nachdem er sich mit Kohl getroffen hatte, zu einem Essen, mit dem der 80. Geburtstag des früheren sozialdemokratischen Wirtschaftsministers Karl Schiller gefeiert wurde. Es war Schiller gewesen, der Pöhl Anfang der siebziger Jahre aus dem Journalismus in die Politik geholt hatte. Auf der Speisekarte stand auch eine beträchtliche Anzahl unverdaulicher Reden. Ungeduldig auf seinem Stuhl sitzend, ließ der Bundesbankpräsident seinem sarkastischen Humor während einer Rede des smarten Wirtschaftsministers Jürgen Möllemann freien Lauf. Als Möllemann sich mit klingenden Worten über das Programm Aufschwung-Ost der Regierung erging, durch das Geldströme in den Osten der Republik geleitet werden sollten, und dabei an Eigenlob nicht sparte, kommentierte Pöhl trocken, die finanziellen Belastungen, die dabei den alten Bundesländern aufgebürdet würden, könnten durchaus einen parallelen »Niedergang-West« auslösen.

Pöhl verließ die Feier früh, um seine Rücktrittserklärung vorzubereiten. Als er am folgenden Morgen um 9.30 Uhr im Frankfurter Bundesbankgebäude eintraf, begegnete er auf dem Weg zur Sitzung des Zentralbankrats im dreizehnten Stock Wilhelm Nölling, dem Präsidenten der Hamburger Landeszentralbank. Die beiden waren einander in der SPD jahrelang freundschaftlich verbunden gewesen, hatten sich jedoch über Nöllings berühmt-berüchtigtes Zeitungsinterview im Mai 1990 zur deutschen Währungsunion schlimm zerstritten. Obwohl sie in jüngerer Zeit versucht hatten, ihre Beziehung zu kitten, war ihr Verhältnis immer noch gespannt. Im Aufzug teilte Pöhl dem erstaunten Nölling mit, er habe bereits vor einem Jahr erwogen, aus diesem Anlaß zurückzutreten.

Zu Beginn der Sitzung legte Pöhl die verschiedenen Gründe für seinen Rücktritt dar. Er habe das Amt jetzt schon länger inne als fast alle anderen Präsidenten in der Geschichte der Bundesbank, und die Last des Amtes werde immer schwerer. Dann ging er auf die Differenzen ein, die er mit der Regierung über die deutsche Einheit gehabt hatte. Er erwähnte auch die durch die Sicherheitsvorkehrungen verursachten Unannehmlichkeiten. In seiner Eigenschaft als dienstältester Landeszentralbankchef hielt Kurt Nemitz, der Präsident der Bremer Landeszentralbank, eine emotionsgeladene Rede und bat Pöhl, seine Entscheidung noch einmal zu überdenken. Pöhl war in den vorangegangenen vierzehn Tagen, in denen er innere Einkehr gehalten hatte, persönlich enttäuscht gewesen, daß weder Waigel noch Kohl versucht hatten, ihm den Rücktritt auszureden.[84] Als jetzt Nemitz den Versuch machte, war Pöhl ihm dankbar, er ließ sich aber – und niemand am Tisch hatte etwas anderes erwartet – nicht mehr umstimmen. Auch der Bundesbankpräsident war zu einem Opfer der Einheit geworden.

9. Die Folgen der Einheit

Die Folgen der deutschen Einheit waren äußerst widersprüchlich. Die Einführung der D-Mark jenseits der Elbe war Segen und Fluch zugleich. Günter Mittag war in Erich Honeckers Zentralkomitee Sekretär für Wirtschaft gewesen und hatte bis zum Fall der Mauer zu den gefürchtetsten Männern der DDR gehört. Er war jahrelang für die ruinöse Politik der DDR verantwortlich gewesen, die die Ressourcen des Staates auf riesige staatliche Industriekonglomerate konzentriert hatte. Als oberster Herr der Staatsbetriebe hatte er eifersüchtig die Souveränität der DDR gehütet, und er hatte als meisterhafter Propagandist mit der Überlegenheit der DDR-Industrie geprahlt und sich als vielgerühmter Unterhändler bei Geschäften mit dem Westen hervorgetan. Ein

DDR-Bürger, der den Mut oder die Dummheit besessen hätte, in Mittags Gegenwart von der Wiedervereinigung zu sprechen, wäre sofort verhaftet und der Staatssicherheit zur freien Verfügung übergeben worden. Als nach der Vereinigung seine Macht zu nichts zerfiel, machte Mittag eine seltsame Wandlung durch. 1991 erklärte er: »Ohne Wiedervereinigung wäre die DDR einer ökonomischen Katastrophe mit unabsehbaren sozialen Folgen entgegengegangen, weil sie auf Dauer allein nicht lebensfähig war.«[85] Er behauptete, er habe dies schon vor dem Fall der Mauer erkannt und 1989 versucht, Honecker zu einem ökonomischen Kurswechsel zu überreden.

Auch Kohl wurde durch die Einheit verändert. Er hatte während seiner ganzen politischen Karriere unbeirrt an die Unvermeidlichkeit und Legitimität der deutschen Vereinigung geglaubt. Als sich die Gelegenheit bot, ergriff er sie mutig und entschlossen. Doch auf dem Gipfelpunkt der deutschen Politik angelangt und als »Kanzler der deutschen Einheit« in die Geschichte eingegangen, gelang es ihm nicht, die Folgen der Einheit in den Griff zu bekommen. 1988 hatte er in einem Augenblick der Offenheit gesagt, er werde eine Wiedervereinigung seines geteilten Volkes wohl nicht mehr erleben. Wie viele andere war auch er nicht darauf vorbereitet, als sie dann kam. Für Kohl brachte sie Erfolg und Scheitern zugleich.

Die Deutschen östlich der Elbe waren entsetzt über die dramatischen Veränderungen, die mit der Einführung der D-Mark und der Marktwirtschaft über sie hereinbrachen. Vor dem Fall der Mauer hatte es in der DDR fast zehn Millionen Arbeitskräfte gegeben; 1992 waren es noch sechs Millionen, von denen 1,4 Millionen arbeitslos waren und eine Million kurzarbeiteten oder durch Arbeitsbeschaffungsmaßnahmen beschäftigt wurden. Im Sommer 1994 blieb die Arbeitslosenzahl in Ostdeutschland höher als vor Jahresfrist, nämlich auf einem Stand von über 1,1 Millionen. Die »verdeckte Arbeitslosigkeit« (Kurzarbeiter, Personen in beruflicher Weiterbildung und Personen in Arbeitsbeschaffungsmaßnahmen) hatte sich auf eine Gesamtzahl von 640 000 zurückgebildet.

Trotz massiver Finanzspritzen und Hilfsmaßnahmen des Westens war der selbsttragende Aufschwung, den die Bonner Politiker erwartet hatten, nicht in Gang gekommen. Das Bruttosozialprodukt der alten Bundesländer war 1991 um 4,5 Prozent gestiegen, aber das der neuen war um dreißig Prozent gefallen, so daß Gesamtdeutschland 1992 ein Wirtschaftswachstum von nur einem Prozent aufwies. Im Jahr 1992 kam zwar der Erholungsprozeß im Osten endlich in Gang, gleichzeitig ging aber das Wachstum im Westen stark zurück. Deutschland entpuppte sich als ökonomischer Gigant – mit gigantischen Problemen. Das französische Finanzministerium beobachtete diese Entwicklung von der Seine aus; man wußte dort allerdings, daß die Schwierigkeiten vermutlich nur vorübergehender Natur waren. In einer vertraulichen Denkschrift des Ministeriums über das Ergebnis der deutschen Vereinigung hieß es Ende 1990, die Deutschen würden schon bald wieder erstarken:

Das erste Paradoxon der Vereinigung besteht darin, daß sie zunächst einmal eine Schwächung der deutschen Volkswirtschaft zur Folge hat ... Wenn diese Probleme gegen Ende des Jahrhunderts überwunden sind, wird Deutschland noch mehr als heute die führende Wirtschaftsmacht Europas sein.[86]

Die Furcht vor einer deutschen Vorherrschaft war ein zusätzlicher Antrieb für die französische Regierung, bei Kohl auf ein klares Bekenntnis zur europäischen Währungsunion zu drängen. Durch die Schaffung einer einheitlichen europäischen Währung würden auch die anderen Länder ein Mitspracherecht im währungspolitischen Reich der Bundesbank erhalten, und die Deutschen könnten zeigen, daß sie trotz der Vereinigung noch »gute Europäer« waren. Kohl erklärte sich auf dem Gipfel von Maastricht im Dezember 1991 mit einem festen Zeitplan für die Verwirklichung der europäischen Währungsunion einverstanden – ein Schritt, der die Abschaffung der D-Mark bedeuten würde. Der Kanzler stand fest zu seinem Lieblingsspruch, daß »die deutsche und die europäische Einheit zwei Seiten der gleichen Medaille sind«. Er sah nicht voraus, daß beide Seiten der Medaille gleichzeitig ihren Glanz verlieren würden.

KAPITEL IX

Die Suche nach Europa

In einem einheitlichen Währungsgebiet kann die Währungs- und sonstige Notenbankpolitik nur von einer zentralen Stelle aus betrieben werden.
Hjalmar Schacht, Präsident der Reichsbank, 1938[1]

Ich möchte die Frage stellen, wie man sich die angestrebten »binnenmarktähnlichen Verhältnisse« im ganzen Bereich des Gemeinsamen Marktes vorstellen soll, wenn zwischen den einzelnen Regionen dieses großen Binnenmarktes die Umrechnungskurse der Währungen ständig schwanken würden? ... Unser nächstes Ziel muß sein, zunächst aus der Europäischen Wirtschafts-Gemeinschaft eine gemeinsame und damit wesentlich verbreitete Insel der Geldwertstabilität zu machen. Dies würde bei dem großen Gewicht der EWG in der Weltwirtschaft zweifellos eine bremsende Wirkung auf die inflationären Tendenzen auch in den übrigen Industrieländern haben
Otmar Emminger, Mitglied des Direktoriums der Bundesbank, 1965[2]

Niemand ist bereit, die stabile deutsche Mark aufzugeben zugunsten einer instabilen Währung. Das ist doch eine ganz große Selbstverständlichkeit.
Helmut Kohl, 1991[3]

Der Traum, eine Europäische Wirtschafts- und Währungsunion (WWU) zu schaffen, ist fast so alt wie die Europäische Gemeinschaft selbst. Der Wunsch nach festen Wechselkursen zwischen den europäischen Währungen und einer gesamteuropäischen Abstimmung der Wirtschaftspolitik beruhte nie allein auf finanzpolitischen Erwägungen; stets spielten noch andere Motive mit: Von der Wirtschafts- und Währungsunion erhoffte man sich, daß sie den wirtschaftlichen Zusammenhalt in Europa verbessern, politische Wunden der Nachkriegszeit heilen, Europa gegen Währungsturbulenzen im Ausland abschirmen, das Bewußtsein einer gemeinsamen europäischen Identität festigen und auf längere Sicht Europas Wirtschaft im Wettbewerb mit den USA und Japan stärken würde. Im Laufe der letzten dreißig Jahre wurden unterschiedliche Konzepte entwickelt, wie man die Wechselkurse der europäischen Währungen stabilisieren könnte. Immer stand dabei im Hintergrund die Überlegung, daß die wirtschafts- und währungspolitische Integration ein wirksames Mittel sei, um Nachkriegsdeutschland als festen und sicheren Partner in die Gemeinschaft der westlichen Staaten einzubinden. Beide Aspekte sind fest miteinander verknüpft: Indem die D-Mark zum Stabilitätsanker für ganz Europa wurde, wurde Deutschland in der westlichen Gemeinschaft verankert.

Im Jahr 1962, vier Jahre, nachdem die Römischen Verträge in Kraft traten, entwickelte die EG-Kommission erstmals die Idee einer Wirtschafts- und Währungsunion. Nachdem sich die Europäische Zahlungsunion, die erste Clearing-Einrichtung für den europäischen Handel in der Nachkriegszeit, bewährt hatte, erschien die Währungsunion der europäischen Staaten als natürliche Ergänzung des Wechselkurssystems von Bretton Woods. Die Wirtschafts- und Währungsunion war der logische nächste Schritt zur Verwirklichung multilateraler wirtschaftlicher Kooperation in ganz Europa. Im Laufe der sechziger Jahre verursachte das wachsende Zahlungsbilanzdefizit der USA jedoch so starke internationale Turbulenzen, daß das System von Bretton Woods zunehmend geschwächt wurde und schließlich zerfiel. Anfang der siebziger Jahre ging die Welt endgültig zu flexiblen Wechselkursen über, und die Europäische Währungsunion rückte in weite Ferne. Doch ganz in Vergessenheit geriet sie nie.

Ende der achtziger Jahre setzten die inzwischen zwölf Mitgliedsländer der EG die Währungsunion im Zuge ihrer Bemühungen um eine Stärkung des Programms »Europa 1992« erneut auf die Tagesordnung. Ziel war die Schaffung eines einheitlichen europäischen Binnenmarktes. Die Verfechter der Währungsunion argumentierten, solange es in der Europäischen Gemeinschaft elf unterschiedliche Währungen* gebe, könne sich die volle Wirkung des freien Verkehrs von Gütern, Arbeitskräften und Kapital nicht entfalten; eine starke Gemeinschaft brauche eine einheitliche europäische Währung. Hans-Dietrich Genscher als Außenminister verschaffte diesem Gedanken mit einem im Fe-

---

* Belgien und Luxemburg haben bereits eine Währungsunion.

bruar 1987 vorgelegten Diskussionspapier beträchtliches politisches Gewicht. Die dramatischen Umwälzungen im Osten zwischen 1989 und 1991 verstärkten die politischen Impulse, die die europäische Integration vorantrieben. Der Zusammenbruch des Kommunismus, die Vereinigung der beiden deutschen Staaten und der Zerfall der Sowjetunion beschleunigten den Wandel in Europa. Als Folge dieser Entwicklungen wird die Europäische Währungsunion seit 1990 zusammen mit einem weiteren Ziel betrieben: der Politischen Union Europas.

Da Deutschland der Angelpunkt Europas ist, wird Deutschland das Tempo bestimmen, in dem sich Europa der Politischen Union nähert. Deutschland kann den Prozeß beschleunigen oder bremsen, zur Vollendung bringen oder, wenn die Deutschen dies wollen, ein für allemal verhindern.

Wenn die EG-Staaten sich auf eine gemeinsame europäische Währung einigen, wird die D-Mark ebenso verschwinden wie das britische Pfund, der französische Franc, die italienische Lira und alle anderen nationalen Währungen. Die wichtigste währungspolitische Institution wird künftig die geplante übernationale Europäische Zentralbank sein; sie wird die Rolle übernehmen, die bislang die Deutsche Bundesbank gespielt hat.

Durch die Mitgliedschaft im Europäischen Währungssystem (EWS) haben die meisten Partnerländer in der EG ihre Entscheidungskompetenz in Währungsangelegenheiten faktisch nach Frankfurt übertragen. Wenn die Währungsunion kommt, werden diese Staaten nicht etwa noch mehr an Unabhängigkeit verlieren, sondern im Gegenteil neue Macht gewinnen, denn sie werden Einfluß auf die Operationen der Europäischen Zentralbank nehmen können. Unter dem Strich wird Deutschland der große Verlierer sein.[4] Ausgerechnet in einer Phase, in der die Belastungen durch die deutsche Einheit spürbar werden, müssen die Wähler in Deutschland damit rechnen, daß ihre Währung, ein nationales Symbol, vom Thron gestoßen und die Bundesbank, die Hüterin der Währung, entmachtet wird. In Anbetracht der tiefgreifenden Umwälzungen bereitet diese Aussicht den Deutschen großes Unbehagen.

Die deutsche Währungsunion und die Europäische Währungsunion unterscheiden sich in wesentlichen Aspekten. Dennoch gehören sie beide zu einer Entwicklung, die den gesamten Kontinent erfaßt hat, und sind darum untrennbar verbunden. Die Herstellung der Währungsunion in Deutschland war ein Experiment, das auf der Ebene einer Nation durchgeführt wurde. Noch viel ehrgeiziger und mit sehr viel größeren Risiken behaftet ist das Ziel, eine einzige Währung für ganz Europa einzuführen. Durch die deutsche Währungsunion dehnte die Bundesbank ihre Macht nach Osten aus, durch die Europäische Währungsunion wird sie ihre Macht verlieren. Bei Einführung der Währungsunion in Deutschland glaubte die Bonner Regierung, daß sie die Aussichten für die Europäische Währungsunion verbessern würde. Die Bundesbank dagegen befürchtete, daß die deutsche Währungsunion ein Hindernis für die europaweite Union darstellen würde. Wie sich gezeigt hat, war die Einschätzung der Bundesbank richtig. Die deutsche Währungsunion hat den Bemühungen um die Europäische Währungsunion zwar einen neuen Anstoß gegeben, doch die Schwierigkeiten, mit denen Deutschland seit der Vereinigung zu kämpfen hat, stellen eine ernsthafte Bedrohung für die Verwirklichung der Europäischen Währungsunion dar.

1. Wo sich Europas Straßen kreuzen

Beim EG-Gipfel im Dezember 1991 beherrschte ein großes Thema die Tagesordnung: Die Gemeinschaft war aufgerufen, eine Ergänzung der Römischen Verträge zur Einführung der politischen und wirtschaftlichen Union in Europa zu beschließen. Der Rahmen der Begegnung war dem Anlaß in idealer Weise angemessen. Maastricht, die elegante Stadt an der Maas in der südlichsten Ecke der Niederlande, ist für komplizierte internationale diplomatische Verhandlungen ideal gelegen. Maastricht ist die Hauptstadt der holländischen Provinz Limburg, einem Landzipfel, der an seiner schmalsten Stelle nur zehn Kilometer breit ist. Eingebettet zwischen den Nachbarn Belgien und Deutschland, kreuzen sich in Maastricht sozusagen die Straßen Europas.

An der Liste der Herren, die über Limburg herrschten, läßt sich das Hin und Her des schwankenden Mächtegleichgewichts in Europa demonstrieren. Limburg war einst römische Provinz; seine Blütezeit erlebte es vor zwölfhundert Jahren als Teil des Frankenreiches unter Karl dem Großen. Im 17., 18. und 19. Jahrhundert kämpften Frankreich, Spanien, Österreich, Preußen, die Niederlande und Belgien dort um die Macht. Von 1848 bis zur Reichsgründung durch Bismarck im Jahr 1871 war die niederländische Provinz als Herzogtum Limburg Mitglied des Deutschen Bundes, erst im 20. Jahrhundert wurde sie voll integrierter Bestandteil der Niederlande.[5]

Überreste der Stadtmauer von Maastricht sind noch zu sehen, doch dort, wo einst Garnisonen waren, befinden sich heute teure Modeboutiquen, und aus den Restaurants dringt das Sprachengewirr der Touristen. Am zweiten Wochenende im Dezember 1991 strömten Heerscharen von Politikern nach Maastricht und lauschten im runden Konferenzraum des Provinciehuis über Kopfhörer den Stimmen der Simultandolmetscher. Das Provinzhaus, ein Ziegelbau auf einer Insel in der Maas, der ein wenig an eine großzügig konzipierte Stadtbibliothek erinnert, ist Sitz der Provinzregierung von Limburg. Als die Regierungschefs der zwölf Mitgliedsstaaten der EG auf dem militärischen Teil des Flughafens von Maastricht landeten, wehten die Flaggen ihrer Staaten zwischen den Weihnachtsdekorationen.[6]

Der Maastrichter Gipfel war in monatelanger Arbeit vorbereitet worden. Mit ihm ging das von Kontroversen geprägte Halbjahr der niederländischen EG-Präsidentschaft zu Ende. Erst ein Jahr zuvor hatten der deutsche Kanzler Kohl und der französische Staatspräsident Mitterrand bei zwei Konferenzen auf Regierungsebene in Brüssel die Politische Union und die Währungsunion auf den Weg gebracht. Die zwölf Teilnehmer des Gipfeltreffens in Maastricht peilten bereits die höchsten Ziele an. Kernstück ihrer Beratungen war der Plan, bis zum Ende des Jahrhunderts eine gemeinsame europäische Währung in der Verantwortung einer europäischen Zentralbank einzuführen. Europa sollte dadurch ein ganz neues Gesicht bekommen.

In vorbereitenden Sitzungen hatten zahllose Minister und Beamte die Entwürfe für einen Vertrag über die Politische Union und die Währungsunion erschöpfend diskutiert. Sie waren dabei bemüht, auf den Erfahrungen der Vergangenheit aufzubauen. Erste Schritte in eine ähnliche Richtung hatte die Gemeinschaft bereits Ende der sechziger Jahre unternommen. Im Jahr 1970 hatten die Regierungsvertreter der damals sechs EG-Staaten dem gewaltigen Plan zur Verwirklichung einer Wirtschafts- und Währungsunion zugestimmt, den ein Ausschuß des Ministerrates unter Vorsitz des luxemburgischen Ministerpräsidenten Pierre Werner ausgearbeitet hatte.[7] Ziel des sogenannten Werner-Plans war die stufenweise Abstimmung der Wirtschaftspolitik der Mitgliedstaaten; 1980 sollte die Währungsunion erreicht sein. Die extrem starken Wechselkursschwankungen in den Jahren 1971 bis 1973 machten den Plan zunichte, und auf einem Treffen in Paris im Dezember 1974 trugen die Regierungschefs ihn formell zu Grabe.

Angesichts der weltweiten Währungsturbulenzen, die durch die Instabilität des Dollars ausgelöst worden waren, konnte der Werner-Plan nicht weiterverfolgt werden. Immerhin erfolgte durch ihn der Anstoß, daß Westeuropa sich intensiv um größere währungspolitische Unabhängigkeit von den Vereinigten Staaten bemühte. 1972 startete die Europäische Gemeinschaft den Versuch, durch die Bildung der sogenannten »Währungsschlange« die Wechselkursschwankungen zwischen den europäischen Währungen zu begrenzen.[8] Die »Schlange« erlebte unruhige Zeiten, die Wechselkurse mußten häufig neu angepaßt werden. Großbritannien verließ die »Schlange« noch im Jahr 1972, Frankreich schied 1974 aus, kehrte ein Jahr später zurück und stieg nach neuerlichen starken Schwankungen des Franc 1976 endgültig aus. Nach einer weiteren Schwächeperiode des Dollars Ende der siebziger Jahre reagierte Europa auf die transatlantische Herausforderung, indem es die »Schlange« zum EWS, dem Europäischen Währungssystem, weiterentwickelte. Das EWS sollte die innergemeinschaftliche Währungsstabilität stärker institutionell verankern. Die politischen Architekten des EWS waren der damalige Bundeskanzler Helmut Schmidt und der damalige französische Staatspräsident Valéry Giscard d'Estaing.[9] Bei Inkrafttreten der Vereinbarungen über das EWS im März 1979 gehörten dem

Wechselkursmechanismus des Systems alle EG-Staaten mit Ausnahme von Großbritannien an.

Das Europäische Währungssystem war ein Teil dessen, was Helmut Schmidt in späteren Jahren gerne seine »große Strategie zur Integration Europas« nannte.[10] 1987 offenbarte Schmidt, daß bei der Gründung des EWS noch ein anderes, sehr gewichtiges, wenn auch unausgesprochenes Motiv eine Rolle gespielt hatte: Durch die Mitgliedschaft Deutschlands sollte die Einbindung des Landes in den Westen verstärkt werden. Seit den Zeiten Konrad Adenauers zieht sich der Wunsch, Deutschland durch unauflösliche Bande mit Westeuropa zu verknüpfen, wie ein roter Faden durch die europäische Nachkriegspolitik. Doch der Wunsch wird nur selten laut ausgesprochen. Gerade weil bisweilen Zweifel an Deutschlands Westorientierung aufkommen, wird sie nie offen in Frage gestellt.

Die Bundesbank beobachtete die ersten Schritte des EWS höchst skeptisch. Die Währungshüter befürchteten, daß sie in eine Art Interventionsautomatismus geraten und gezwungen sein könnten, schwache Währungen massiv zu stützen. Sie setzten das EWS zunächst mit dem System von Bretton Woods gleich und sahen darin einen weiteren inflationsträchtigen Versuch, krampfhaft feste Wechselkurse aufrechtzuerhalten. Im Laufe der sechziger Jahre behauptete sich das EWS jedoch als ein beständiges und sehr erfolgreiches Instrument der internationalen Währungspolitik. Gleich zu Beginn der achtziger Jahre stellte das EWS seine Leistungsfähigkeit dadurch unter Beweis, daß es während einer ungewöhnlichen Schwächeperiode der D-Mark zu deren Stabilisierung beitrug. Später in den achtziger Jahren gerieten die übrigen Staaten durch die Einbindung in ein gemeinsames Währungssystem immer stärker in den Sog der rigorosen deutschen Stabilitätspolitik, die Inflationsraten glichen sich allmählich an, und Leitkursänderungen wurden immer seltener nötig.[11]

Das EWS trug dazu bei, stabilere Rahmenbedingungen für die europäische Wirtschaft zu schaffen. In zwei Bereichen erfüllte das EWS die Erwartungen allerdings nicht, die man in es gesetzt hatte, und beide Male spielte die Bundesbank eine wichtige Rolle. Schmidt und Giscard hatten ursprünglich beabsichtigt, das EWS um eine gemeinsame europäische Währungseinheit herum zu errichten, den ECU. Der ECU, eine Bezugs- und Rechengröße, in die alle Währungen der EWS-Mitglieder einflossen, sollte sich allmählich zu einer regelrechten europäischen Währung entwikkeln. Im Beschluß der europäischen Regierungschefs über die Errichtung des EWS vom Dezember 1978 heißt es über den ECU, er sei der »zentrale Punkt« des neuen Systems.[12] Damit hatten sich die Architekten des EWS allerdings verrechnet. Nicht der ECU, sondern die D-Mark wurde der Angelpunkt des Europäischen Währungssystems.[13] Karl Otto Pöhl, der in seiner Funktion als Vizepräsident der Bundesbank bei der Errichtung des EWS 1978/79 eine entscheidende Rolle gespielt hatte, blickte 1991 mit Befriedigung auf die Erfolgsbilanz der Bundesbank zurück: »Die Bundesbank hat damals das ursprüngliche Konzept [für das EWS] quasi vom Kopf auf die Füße gestellt und dafür gesorgt, daß ... die stärkste Währung zum Standard des Systems gemacht wurde.«[14]

Auch das Ziel, einen Europäischen Währungsfonds zu schaffen, konnte nicht verwirklicht werden. Der Europäische Währungsfonds war als analoge Einrichtung zum Internationalen Währungsfonds gedacht. Unter dem Dach des Fonds sollten andere Institutionen der EG wie die Europäische Investitionsbank zusammengefaßt werden. Der Fonds sollte einen Teil der Währungsreserven der Mitgliedsstaaten verwalten und Staaten in Zahlungsbilanzschwierigkeiten Kredite gewähren. Da die Bundesbank auf keinen Fall die Kontrolle über die deutschen Währungsreserven aus der Hand geben wollte, widersetzte sie sich der Errichtung des Fonds.[15] Eigentlich hätte die neue Institution 1981 gegründet werden sollen, doch das Vorhaben wurde stillschweigend fallengelassen.[16]

Allein dadurch, daß das EWS sehr viel länger überlebte, als die ersten Kritiker prophezeit hatten, erschien es allmählich als möglicher Ausgangspunkt einer echten Währungsunion. Mitte der achtziger Jahre gab Jacques Delors, ehedem französischer Finanzminister und seit 1985 Präsident der EG-Kommission, der Idee einer gemeinsamen europäischen Währung einen neuen Anstoß.[17] Delors' politische Wurzeln lagen in der katholischen sozialistischen Gewerkschaftsbewegung. Respekt und Ansehen erwarb er sich, als er 1983 die seit kurzem amtierende sozialistische Regierung in Paris durch eine rigorose Sparpolitik aus der Wirtschaftskrise führte. Nach drei Abwertungen des französischen Franc innerhalb der ersten beiden sozialistischen Regierungsjahre unterwarf sich Frankreich ganz und gar den Anforderungen des EWS an die wirtschaftspolitische Disziplin. Es war ein historisches Ereignis nicht nur für Frankreich, sondern für die gesamte Gemeinschaft, als Präsident Mitterrand seinen Versuch, eine ausgesprochene Ankurbelungspolitik zu betreiben, aufgeben mußte und auf einen entschieden anti-inflationären Kurs nach deutschem Vorbild umschwenkte. Die Regierung in Paris begriff, daß Frankreich nur dann Deutschlands uneingeschränkten Respekt erwerben würde, wenn das Land sich ein für allemal von der unbekümmerten Haltung abwandte, die es seit dem Zweiten Weltkrieg gegenüber der Inflation eingenommen hatte.

Als Präsident der EG-Kommission war Delors überzeugt, daß die anderen Länder Frankreichs währungspolitischer Disziplin folgen mußten und daß entsprechende Anstrengungen angemessen belohnt werden sollten. In Delors' Augen war die währungspolitische Kooperation der Schlüssel zu einer weitergehenden politischen Integration. Auf längere Sicht erschien es ihm unannehmbar, daß die anderen EG-Staaten in einem System leben sollten, in dem ein Land – die Bundesrepublik – praktisch die Währungspolitik für den gesamten Kontinent bestimmte. Konkrete Bemühungen um die Währungsunion würden nicht nur für den ab 1993 geplanten »Binnenmarkt« von Vorteil sein, sie würden auch einen enormen politischen Fortschritt bedeuten. Im übrigen wäre es ein Weg zu einer gerechteren Verteilung der wirtschaftlichen Macht, wenn man die dominierende Position der D-Mark beseitigte.

Es gehörte zu Delors' Strategie, daß das Ziel der Währungsunion in der Einheitlichen Europäischen Akte verankert wurde, die 1987 in Kraft trat.[18] Die ernsthaften Vorbereitungen für die Währungsunion begannen 1988 mit der Einsetzung eines Ausschusses unter dem Vorsitz von Delors, dem vor allem die Notenbankpräsidenten der EG-Staaten angehörten. 1989 wurde der sogenannte Delors-Bericht veröffentlicht, ein Dreistufenplan zur Schaffung der Wirtschafts- und Währungsunion. Voraussetzung für die Vollendung der WWU war ein hohes Maß an Konvergenz der wirtschaftlichen Ergebnisse der beteiligten Staaten.[19]

Die unerwartet schnelle Vereinigung der beiden deutschen Staaten im Jahr 1990 gab dem Projekt WWU einen neuen Anstoß. Getreu einem Diktum Konrad Adenauers beharrte Helmut Kohl darauf, die deutsche Einheit müsse Teil einer größeren europäischen Einheit sein. Dieser Grundsatz war gleichermaßen moralisch sympathisch wie politisch klug. Viele europäische Nachbarn, allen voran Frankreich, beobachteten die Wiederauferstehung einer vereinten deutschen Nation mit einer Bevölkerung von achtzig Millionen Menschen mit Unbehagen. Somit mußte die Bonner Regierung, als der Zusammenschluß der beiden ungleichen Staaten vor der Tür stand, die anderen europäischen Staaten eilends beruhigen und ihnen versichern, daß Deutschland auch in Zukunft ein verläßlicher und kooperativer Partner bleiben würde. Am überzeugendsten ließ sich der gute Wille durch das Festhalten am Ziel einer gemeinsamen europäischen Währung demonstrieren.

Die Bundesbank unterstützte das Projekt im Prinzip; nachdem die Bonner Regierung und ihre wichtigsten europäischen Partner ihr Einverständnis signalisiert hatten, blieb ihr auch gar nichts anderes übrig. Doch daß die Bundesbank Bedenken hegte, war unübersehbar. Wenn die WWU jemals Wirklichkeit würde, wäre die Bundesbank der Hauptverlierer. Im Juni 1989, kurz nach der Veröffentlichung des Delors-Berichts, brachte Karl Otto Pöhl die Haltung der Bundesbank, der dominierenden Notenbank im Europäischen Währungssystem, auf folgenden knappen Nenner: »Wir können sehr gut mit dem Status quo leben.«[20] Mehr als zwei Jahre bevor die Angst um die Zukunft der D-Mark in Deutschland für Schlagzeilen sorgte, sagte Pöhl sehr richtig voraus, der Plan, die deutsche Währung zugunsten einer gemeinsamen europäischen Währung aufzugeben, werde einen Sturm der Entrüstung entfachen:

Wenn der Plan bekannt wird und die deutsche Bevölkerung begreift, was es damit [der WWU] auf sich hat – vor allem, daß es um ihr Geld geht und daß die Entscheidungen künftig nicht mehr von der Bundesbank gefällt werden, sondern von einer neuen Institution –, dann nehme ich an, wird sich erheblicher Widerstand regen.

Als sich abzeichnete, daß die deutsche Vereinigung die Einführung der WWU beschleunigen würde, meldete Pöhls damaliger Stellvertreter Helmut Schlesinger öffentlich Zweifel an, daß es gelingen würde, beide Vorhaben gleichzeitig durchzuführen.[21] Die Bundesbank begriff rascher als die Bonner Regierung, daß die Europäische Währungsunion vor allem den Zweck hatte, die Macht Deutschlands zu untergraben. Pöhl brachte den politischen Machtkampf mit der Regierung in Paris auf den Punkt, wenn er sich regelmäßig beklagte, Frankreich habe vor, »die D-Mark in den Griff zu bekommen«. Wilhelm Nölling, der Präsident der Landeszentralbank Hamburg, formulierte es Anfang 1991 so: »Machen wir uns keine Illusionen – in der gegenwärtigen Auseinandersetzung über die neue Währungsordnung in Europa geht es um Macht, Einfluß und die Verfolgung nationaler Interessen.«[22]

Hans Tietmeyer, seit kurzem Vizepräsident der Bundesbank, drückte 1991 in einer Rede in Frankfurt die Position der Bundesbank vor dem Maastrichter Gipfel mit seltener Unverblümtheit aus:

Die innerdeutsche Einigung [sollte] den europäischen Einigungsprozeß nicht verzögern. Allerdings sollte die deutsche Einigung das Tempo der europäischen Währungsintegration nicht beschleunigen. Politische »Pressionen« nach dem Strickmuster: »Wir haben die deutsche Einigung unterstützt, jetzt muß die deutsche Seite auch ja zu ehrgeizigen europäischen Währungskonstruktionen sagen«, halte ich für problematisch ... Das vereinte Deutschland [kann] bei der anstehenden Währungsunion viel verlieren, nämlich eine der erfolgreichsten und besten Geldverfassungen der Welt.[23]

Tietmeyer brach damit ein seit langem bestehendes Tabu: Deutsche Politiker und Beamte sagten prinzipiell nur Gutes über die europäische Einigung. Tietmeyer gehörte zur Bundesbankführung und hatte sich überdies das uneingeschränkte Vertrauen des Bundeskanzlers erworben, er wußte, daß seine Worte nicht ungehört verhallen würden. Sie boten einen Vorgeschmack auf künftige heftige Debatten. Beim Gipfeltreffen von Maastricht stand eine zentrale Frage im Raum: Wollten die Deutschen tatsächlich die D-Mark aufgeben?

2. Ein einseitiges Abkommen

Die entscheidende Sitzung in Maastricht fand statt, bevor der Gipfel überhaupt begonnen hatte. Sonst traf François Mitterrand bei solchen Gelegenheiten als letzter ein, diesmal hingegen war er schon früh da – sicherer Hinweis, daß ein Präventivschlag geplant war. Am Sonntag abend, dem 8. Dezember, kam der französische Präsident mit dem altgedienten italienischen Ministerpräsidenten Giulio Andreotti zusammen. Andreotti hatte als einziger der Runde von Maastricht bereits an dem Gipfel dreizehn Jahre zuvor teilgenommen, bei dem die Regierungschefs das Europäische Währungssystem auf den Weg gebracht hatten. Mitterrand wie Andreotti näherten sich dem Ende einer langen, wechselvollen politischen Karriere, beide beherrschen alle Tricks im Umgang mit dem politischen Gegner, beide waren geradezu berühmt für ihre raffinierten Schachzüge. Der Handel, den sie in Mitterrands außerhalb der Stadt gelegenem Hotel ersannen, machte ihrem Ruf alle Ehre. Ihr Plan würde, so glaubten sie, die Einführung der Währungsunion bis zum Ende des Jahrtausends sicherstellen. Und die Deutschen könnten nichts dagegen unternehmen.

In den Monaten vor dem Gipfeltreffen von Maastricht waren die europäischen Finanzminister übereingekommen, daß der WWU strenge Kriterien der Inflationsbekämpfung zugrunde liegen sollten. Die Prinzipien der Geldwertstabilität sollten Vorrang haben vor anderen makroökonomischen Zielen wie der Verringerung der Arbeitslosigkeit. Weiterhin herrschte Einigkeit darüber, daß die geplante europäische Zentralbank von den nationalen Regierungen unabhängig sein und entschieden auf Preisstabilität achten sollte – diese Grundsätze waren unerläßlich, wenn man die Unterstützung Deutschlands gewinnen sollte. Ein großes Hindernis auf dem Weg zur WWU war freilich immer noch, daß Bonner Regierung und Bundesbank sich weigerten, einem festen Zeitplan zuzustimmen. In Paris, in Rom und in anderen europäischen Hauptstädten deutete man dies so, daß Deutschland keineswegs zum Projekt WWU stand.

Mitterrand und Andreotti erdachten ein geradezu geniales Rezept, um hier Abhilfe zu schaffen. Sie schlugen vor, im Jahr 1999 solle die Währungsunion für all die EG-Staaten verpflichtend sein, die verschiedenen strengen wirtschaftlichen Auflagen genügten: Die öffentlichen Defizite dürften drei Prozent des Sozialproduktes eines Landes nicht überschreiten, die gesamte öffentliche Schuldenlast dürfe bei höchstens sechzig Prozent des Sozialprodukts liegen.[24]* Nur die Länder, deren Inflationsraten und Zinssätze denen der wirtschaftlich stabilsten Länder nahekämen, sollten bei der Währungsunion mitmachen dürfen.[25] Sollte eine Mehrheit der EG-Staaten diese Konvergenz-Kriterien bis 1997 erfüllen, könnte die Währungsunion in diesem Jahr beginnen; im Jahr 1999 solle sie auf jeden Fall eingeführt werden, notfalls nur mit einer Minderheit der EG-Mitglieder.

Der Plan sah einen festen zeitlichen Rahmen vor und enthielt genaue Kriterien für wirtschafts- und währungspolitisches Wohlverhalten. Damit mußte er eigentlich auf allen Seiten Anklang finden. Länder wie Frankreich und Italien, die ein eindeutiges Signal zugunsten der WWU forderten, wurden zufriedengestellt. Der Plan nahm ferner Rücksicht auf die Bedenken von Ländern wie Großbritannien und Deutschland, die befürchteten, die WWU könne zu früh eingeführt werden, bevor die wirtschaftlichen Voraussetzungen erfüllt wären. Vor allem aber trug der Plan einem zentralen Argument der Bundesbank und der Bonner Regierung Rechnung, die seit Monaten immer wieder darauf hingewiesen hatten, daß nicht alle EG-Staaten zur gleichen Zeit mit der

---

* Siehe Anhang

Währungsunion beginnen könnten. Die WWU müsse »mit zwei Geschwindigkeiten« verwirklicht werden, sonst werde sie niemals Wirklichkeit werden. Die Länder mit niedrigen Inflationsraten könnten einen »schnellen Gang« einlegen und von Anfang an bei der Währungsunion dabeisein. Die Länder Südeuropas mit ihren höheren Inflationsraten würden warten müssen. Im Europäischen Währungssystem seien nur die Länder Vollmitglieder gewesen, die bereit gewesen seien, Stabilitätspolitik nach deutschem Vorbild zu betreiben, und unter dieser Bedingung habe die EWS gut funktioniert.[26] Wenn die WWU eine Chance haben solle, müsse man denselben Grundsätzen folgen und den Nachzüglern bei der Inflationsbekämpfung so lange die Mitgliedschaft verwehren, bis sie bessere wirtschaftliche Daten vorzuweisen hätten.

Am nächsten Tag, dem 9. Dezember, wurde der französisch-italienische Kompromißvorschlag den Staatschefs der übrigen EG-Staaten vorgestellt. Während draußen auf den Kanälen vor dem Provinzhaus holländische Polizeiboote patrouillierten, die die Politiker vor terroristischen Anschlägen schützen sollten, gaben drinnen die zwölf Regierungschefs der Währungsunion ihren Segen. Ein wichtiger Angelpunkt der Währungsunion sollte ein neueingerichteter »Kohäsionsfonds« sein. Über den Kohäsionsfonds sollte ein finanzieller Ausgleich zwischen den einkommensstarken EG-Ländern und den ärmeren Mitgliedern Spanien, Portugal, Irland und Griechenland geschaffen werden. Dieser Finanzierungsmechanismus war Teil der Bemühungen, durch strukturelle wirtschaftliche Veränderungen alle EG-Mitglieder in die Lage zu versetzen, den Herausforderungen einer einzigen europäischen Währung gerecht zu werden. In Anbetracht des wirtschaftlichen Gefälles zwischen Nord- und Südeuropa können die Mittelmeerländer unmöglich die strengen Anforderungen der Währungsunion erfüllen, solange sie dem Norden noch weit hinterherhinken. Der Kohäsionsfonds weckte natürlich politischen Widerstand bei den Hauptzahlmeistern der EG, vor allem bei Deutschland und Großbritannien. Doch wenn eine gemeinsame Währung Wirklichkeit werden sollte, würden, das ahnten alle Beteiligten, beträchtliche Summen erforderlich sein, um deren Auswirkungen in einigen Fällen abzumildern.

Bei einem Gespräch mit Journalisten am späten Montag abend im Hotel Goldene Tulpe ganz in der Nähe des Konferenzzentrums zeigte sich Kohl begeistert darüber, daß der Durchbruch gelungen sei. Er begrüßte den Katalog der »Konvergenz-Kriterien« für die wirtschaftlichen Leistungen der EG-Länder; damit sei gewährleistet, daß die europäische Währungsunion auf einem durch und durch soliden Fundament errichtet werde.[27] Mit Genugtuung wies er darauf hin, daß die Konferenzteilnahmer sich Deutschlands Vorstellungen von einer unabhängigen Zentralbank ohne Abstriche zu eigen gemacht hätten. Der englische Premierminister John Major verteidigte zwar immer noch beharrlich die britische Position, sich die Entscheidung über den Beitritt zur WWU offenzuhalten. Doch Kohl sagte, er sei beeindruckt gewesen von Majors ruhigem, entschlossenem Auftreten, und stellte in einem anschaulichen Bild Majors Besonnenheit dem »hammerschwingenden« Stil Margaret Thatchers gegenüber. Großbritannien werde 1997 mit dabeisein, verkündete der Kanzler, zum frühestmöglichen Zeitpunkt der Einführung einer gemeinsamen Währung. Wenn Europa entschieden den Weg zur Einheit betrete, würden auch die Briten nicht abseits bleiben wollen.

Manche vorsichtigeren Mitglieder der deutschen Regierungsdelegation teilten Kohls Begeisterung ganz und gar nicht. Besorgt dachten sie an das Trommelfeuer der Opposition, das zu Hause auf sie wartete. Monatelang hatten die deutschen Zeitungen das Thema, daß die D-Mark möglicherweise einer gemeinsamen europäischen Währung würde weichen müssen, links liegengelassen – dabei stand dieses Thema bereits seit über zwei Jahren auf der politischen Tagesordnung. Doch dann, ein wenig verspätet, griffen sie es auf und schlugen einige Tage lang Alarm und warnten vor der drohenden Gefahr für die Geldwertstabilität. Besorgt registrierten deutsche Beamte in Maastricht, daß Deutschlands meistgelesene Tageszeitung, die *Bild*-Zeitung, und das meistverkaufte Nachrichtenmagazin, der *Spiegel*, gleichzeitig mit der Kampagne gegen die Währungsunion begonnen hatten. Die beiden Nachrichtenorgane stehen sonst in entgegengesetzten politischen Lagern. Und nun kritisierten Hans Hermann Tiedje, der

Chefredakteur von *Bild,* und *Spiegel*-Herausgeber Rudolf Augstein einvernehmlich Kanzler Kohl, weil er anscheinend bereit war, die D-Mark aufzugeben. Unübersehbar prangte im Pressezentrum in Maastricht das Titelblatt des *Spiegel* mit der Schlagzeile »Angst um die Mark«.

Ein deutscher Beamter in Maastricht meinte, der Kanzler müsse die Warnungen in den Zeitungen ernst nehmen. »Er kennt die Macht der *Bild*-Zeitung.« Ein anderer Kanzlerberater sagte, angesichts der besorgten Schlagzeilen müsse Kohl unbedingt Zustimmung für den Plan finden, die neue Europäische Zentralbank nach Frankfurt zu holen – dann könne man der Öffentlichkeit zeigen, daß die Deutschen auch nach der Einführung einer gemeinsamen Währung die Kontrolle nicht aus der Hand geben würden. »Das ist eine Zeitbombe, die Kohl in die Luft jagen könnte«, befand er.

Der Vertrag von Maastricht berücksichtigte einige beharrlich vorgetragene harte Bedingungen der Deutschen. In der Satzung über die Europäische Zentralbank – das heißt in dem Bereich, in dem Deutschland den meisten Widerstand der anderen EG-Staaten erwartet hatte – stimmte die EG zu, daß die neue Institution praktisch eine Kopie der Bundesbank sein würde. Da niemand die deutschen Erfolge bei der Erhaltung der Preisstabilität bestreiten kann, soll die Europäische Zentralbank nach dem Vorbild der Bundesbank eingerichtet werden. An der Spitze soll ein sechsköpfiges Direktorium stehen (darunter ein Präsident und ein Vizepräsident); ihm zur Seite steht ein Rat, in dem die Präsidenten der Zentralbanken aller beteiligten EG-Mitgliedsstaaten sitzen. Die Europäische Zentralbank soll sich im Besitz der nationalen Zentralbanken befinden – genau wie die Bank deutscher Länder einst den Zentralbanken der Länder gehörte. Die Unabhängigkeit der Mitglieder des Rates und des Direktoriums wird in den Statuten der Bank festgeschrieben. Diejenigen EG-Länder, deren Zentralbanken nicht von der Regierung unabhängig sind – das ist die Mehrheit –, müssen ihre Zentralbankgesetze erst entsprechend ändern, bevor die letzte, dritte Stufe der WWU in Kraft treten kann.

In gewisser Hinsicht enthielten die vorgeschlagenen gesetzlichen Bestimmungen für die Europäische Zentralbank sogar noch strengere Regelungen als das Bundesbankgesetz. Wichtigstes Ziel der Europäischen Zentralbank sollte die Sicherung der »Preisstabilität« sein, ein klares Bekenntnis der Gründerväter zur Inflationsbekämpfung. Im Bundesbankgesetz heißt es weniger deutlich, Aufgabe der deutschen Notenbank sei »die Sicherung der Währung« – man kann diese Formulierung so interpretieren, daß die Wechselkursstabilität Priorität genießt.* Die Europäische Zentralbank wird überdies nicht in der Lage sein, den Regierungen finanziell aus der Patsche zu helfen, indem sie dem öffentlichen Sektor Kredite gewährt. Das Bundesbankgesetz dagegen gestattet Kredite für die öffentliche Hand, allerdings nur innerhalb bestimmter enger Grenzen. Auf dem zentralen Gebiet der Wechselkurspolitik wird die letzte Entscheidung beim EG-Ministerrat liegen. Doch auch in der Bundesrepublik hat die Regierung in Wechselkursfragen das letzte Wort.

Obwohl die deutsche Delegation diese Erfolge begrüßte, befürchteten Beamte in Kohls Umgebung dennoch, daß der Widerstand in Deutschland in den kommenden Monaten eher zunehmen als abnehmen würde. Ihr Unbehagen wurde noch dadurch vergrößert, daß es dem Kanzler nicht gelungen war, über eine wichtige Bedingung in Maastricht Einigkeit herzustellen. In öffentlichen Erklärungen vor dem Gipfel hatte Kohl immer wieder betont, daß er mit der stufenweisen Annäherung an die Währungsunion nur einverstanden sei, wenn zugleich Einigkeit über die Politische Union bestehe. Tatsächlich sahen der Maastrichter Vertrag zwar einen genauen Zeitplan für die Verwirklichung der Währungsunion vor, aber darüber hinaus war nur sehr allgemein von Schritten zu einem föderativen Europa die Rede. Zu den Themen Verteidigung, Sozialpolitik, Einwanderung und Kompetenzen des Europäischen Parlaments – lauter Fragen, bei denen Deutschland auf Fortschritte drängte –, brachte Maastricht nicht viel Neues. Kohl hatte es in den Monaten vor dem Gipfel immer unverblümter ausgedrückt: Der Maastrichter Vertrag war reichlich einseitig.

In einer Pressekonferenz kurz vor Mitternacht am 9. Dezember

---

* Siehe Kapitel VII

im Hotel wies Kohl überraschend heftig den Vorschlag der Franzosen und Italiener zurück, die geplante neue europäische Währung solle Ecu heißen (European Currency Unit, Europäische Währungseinheit). Es würden noch Jahre vergehen, bis dies entschieden sei, sagte Kohl. Im ersten Teil des neuen Vertragstextes stand indes zu lesen, die gemeinsame Währung der EG werde »der ECU« heißen. Doch Kohl bekräftigte das deutsche Widerstreben dagegen, daß der Vertrag von Maastricht automatisch das Ende der D-Mark bedeuten sollte, mit den Worten: »Man tauft ein Kind nicht, bevor es geboren ist.«[28]

Peter-Wilhelm Schlüter, der als einer von wenigen Bundesbankbeamten Bart trägt, war in der Hauptabteilung Internationale Währungsfragen der Bundesbank für europäische Währungsfragen zuständig. Außerdem kümmerte er sich in der Bundesbank um Kunst und Unterhaltung; er organisierte Theaterabende und Auftritte eines Bläserensembles. Schlüter gehörte als offizieller Beobachter der Bundesbank der deutschen Delegation in Maastricht an. Er befürwortet entschieden die europäische Währungsunion; als er Kohls kritische Worte über den ECU in der Goldenen Tulpe hörte, zog er erstaunt die Augenbrauen hoch. Kanzler Kohls Bedenken gegen den ECU deuteten künftige Auseinandersetzungen an. Sein mitternächtlicher Auftritt war der erste, wenngleich ein wenig surreale Akt eines denkwürdigen Schauspiels, das noch lange Zeit auf dem Spielplan des politischen Theaters in Deutschland stehen wird.

3. »So ein schönes Paar«

Am 11. Dezember, einen Tag nachdem das Treffen von Maastricht zu Ende gegangen war, faßte die *Bild*-Zeitung das Ergebnis des Gipfels in einer melodramatischen Schlagzeile zusammen.[29] Auf der ersten Seite verkündete sie »das Ende der Mark«, daneben sah man einen verlegen dreinblickenden Kanzler, der liebevoll ein vergrößertes Abbild der gepriesenen Münze umklammert hielt. »Helmut, ihr wart doch so ein schönes Paar«, lautete die Bildunterschrift. Im Leitartikel wurde mit Vorwürfen nicht gespart: »Die Tage der Deutschen Mark sind gezählt... Was also Bonn als großen Fortschritt preist, stößt bei der Bevölkerung weitgehend auf Ablehnung... Es ist die Schuld derer, die nicht erklären können, worin denn der große Vorteil des Ecu liegen soll... Die Abschaffung der Deutschen Mark kann verdammt teuer werden.« In großer Aufmachung berichtete die Zeitung über den Vorschlag von Finanzminister Theo Waigel, die neue europäische Währung solle nicht ECU heißen, sondern »Euro-Mark«. *Spiegel*-Herausgeber Rudolf Augstein tat in derselben Woche die Meinung kund, Deutschlands EG-Partner hätten sich aus Neid auf Deutschlands neugewonnene Macht zusammengetan, um das Land zu fesseln »wie Gulliver«.[30]

Kohl war verletzbarer geworden, weil er es nicht geschafft hatte, die Zustimmung der EG-Partner für die volle Verwirklichung der Politischen Union zu erlangen. Noch zehn Tage vor der Konferenz in Maastricht hatte er sehr sorgfältig seine Bedingungen für den Gipfel dargelegt.

Die Schaffung der Wirtschafts- und Währungsunion und der Politischen Union sind untrennbar miteinander verbunden. Die Politische Union ist das unerläßliche Gegenstück zur Wirtschafts- und Währungsunion. Wir können und werden nicht hinnehmen, daß wir die Verfügung über einen entscheidenden Bereich staatlicher Souveränität, die Währungspolitik, abgeben, die Politische Union aber ein »Luftschloß« bleibt.[31]

»Luftschloß« war jedoch eine gute Bezeichnung für die relativ lockere Maastrichter Verpflichtung zur Politischen Union, wenn man sie mit den deutschen Erwartungen verglich.

Die Bundesbank hatte Kohls Position, daß Politische Union und Währungsunion gleichzeitig vorangetrieben werden müßten, voll und ganz unterstützt. Im September 1990 hatte sie erklärt, daß in einer Währungsunion die EG-Länder währungspolitisch »auf Gedeih und Verderb« miteinander verbunden wären. Die Währungsunion sei »eine nicht mehr kündbare Solidargemeinschaft, die nach aller Erfahrung für einen dauerhaften Bestand eine weitergehende Bindung in Form einer umfassenden politischen Union benötigt«.³² Weiter hieß es in der Erklärung, daß »eine baldige, unwiderrufliche Fixierung der Wechselkurse sowie die Übertragung geldpolitischer Kompetenzen auf die Gemeinschaftebene insbesondere für die Bundesrepublik mit beträchtlichen Stabilitätsrisiken verbunden wäre«.

Diese Erklärung der Bundesbank stammte aus der Feder von Hans Tietmeyer, dem für internationale Währungsangelegenheiten zuständigen Direktoriumsmitglied. Tietmeyer war Anfang 1990 zur Bundesbank gekommen. Im Spätsommer hatte er die Erklärung entworfen, und an der Tatsache, daß die übrigen Mitglieder des Zentralbankrates ihr praktisch unverändert zustimmten, ist abzulesen, wieviel Einfluß er in dieser kurzen Zeit bereits gewonnen hatte.³³

Nicht sentimentale Gefühle für die Ideale eines vereinigten Europas, sondern nüchterne ökonomische Gründe bestimmten die Haltung der Bundesbank zur Politischen Union. Bei der Bundesbank wußte man genau, daß es nur dann gelingen würde, die europäischen Währungen zu einem festgefügten Block zusammenzuschmieden, wenn es ein einheitliches System für die Allokation fiskalischer Ressourcen gab. Nach Einschätzung der Bundesbank erforderte die Währungsunion eine gemeinsame Haushalts- und Steuerpolitik sowie vollkommene Solidarität der Steuerzahler in den verschiedenen Regionen des gemeinsamen Währungsgebiets. Ohne echte Fortschritte in Richtung einer Politischen Union waren diese Bedingungen nach Meinung der Bundesbank schlichtweg unerfüllbar.

Obgleich Tietmeyer eine weitergehende Kooperation der EG-Staaten in Währungsangelegenheiten sehr befürwortete, hatte er doch starke Zweifel, daß die WWU funktionieren würde. Seine Überzeugung beruhte auf seinen früheren Erfahrungen im Bonner Wirtschaftsministerium, wo er an der Ausarbeitung der deutschen Position zum Werner-Plan mitgewirkt hatte. Überdies folgten Tietmeyer und Schlesinger mit beachtlicher Konsequenz der Linie, die die Bundesbank dreißig Jahre zuvor eingeschlagen hatte, als die EG-Kommission die Währungsunion und die Europäische Zentralbank erstmals ins Gespräch gebracht hatte. 1963 hatte der erste Bundesbankpräsident Karl Blessing seinen Widerstand mit den gleichen Argumenten begründet, die 1992 verwendet wurden:

Letztes Ziel der Kommission ist eine europäische Währungsunion... Als Europäer wäre ich bereit, dem Ideal einer europäischen Währungsunion zuzustimmen und auch ein zentral gesteuertes förderales Notenbanksystem zu akzeptieren; als verantwortlicher Notenbankpraktiker und Realist kann ich aber nicht umhin, auf die Schwierigkeiten hinzuweisen, die der Verwirklichung einer Währungsunion entgegenstehen. Eine gemeinsame Währung und ein föderales Notenbanksystem sind nur denkbar, wenn es außer einer gemeinsamen Handelspolitik auch eine gemeinsame Finanz- und Budgetpolitik, eine gemeinsame Sozial- und Lohnpolitik, also eine gemeinsame Politik überhaupt gibt, kurz, wenn es einen Bundesstaat mit einem europäischen Parlament gibt, das Gesetzgebungsbefugnisse gegenüber allen Mitgliederstaaten hat.[34]

Nachdem die Bundesbank die Auswirkungen der deutschen Währungsunion analysiert hatte, konnte sie ihre Haltung zur Europäischen Währungsunion auf eine weitere lehrreiche Erfahrung stützen. In einem Vortrag in Rotterdam im November 1991, einen Monat vor dem Gipfel in Maastricht, legte Schlesinger eindringlich die Grundzüge der Position der Bundesbank dar.[35] Die Geschichte habe gezeigt, daß eine Währungsunion von entsprechenden politischen Maßnahmen begleitet werden müsse; nur so ließen sich die wirtschaftlichen und fiskalischen Unterschiede innerhalb des Währungsgebietes ausbügeln.[36] Im Grunde genommen teilte Schlesinger die Hauptsorge seines Amtsvorgängers Pöhl, der sieben Monate zuvor in Brüssel den vielzitierten Satz vom »Desaster« der deutschen Währungsunion gesagt hatte.* Der neue Bundesbankpräsident verpackte seine Besorgnis allerdings sehr viel diplomatischer:

Eine Währungsunion hat nur Bestand, wenn ein dominanter politischer Wille existiert, der in der Lage ist, gravierende wirtschaftliche Konsequenzen einer Währungsunion sozialpolitisch

---

* Siehe Kapitel VIII

abzufedern... Die Währungsgeschichte kennt keine dauerhafte Währungsunion ohne das Dach einer politischen Union.

Schlesinger, Tietmeyer und Pöhl waren sich einig in der Einschätzung der Gefahren, die ein zu rascher Übergang zur WWU mit sich bringen würde. Sie äußerten Besorgnis über die wirtschaftlichen Auswirkungen auf schwächere Länder – und über die Folgen für Deutschland. Wenn die Wechselkurse zwischen Ländern mit unterschiedlichen Strukturen und unterschiedlicher wirtschaftlicher Leistungsfähigkeit ein für allemal festgeschrieben waren, verschwand damit ein wichtiges Element der Flexibilität aus ihren wirtschaftlichen Beziehungen. Wirtschaftliche Angleichungen konnten nicht mehr durch Wechselkursänderungen erfolgen, sie mußten deshalb auf andere Weise vonstatten gehen, und die weniger reichen Länder würden sich über Kosten- und Produktionsänderungen an die Erfordernisse der plötzlichen Einführung einer harten Währung anpassen.

In Ostdeutschland konnte man diese Entwicklung bereits beobachten, und seit das englische Pfund im Oktober 1990 an die D-Mark gekoppelt war, erlebte Großbritannien in einer milderen Form denselben unangenehmen Konkurrenzdruck. Wenn einmal die gesamte Gemeinschaft betroffen war, würden die reicheren Länder beträchtliche Summen aufbringen müssen, um die Schwierigkeiten der ärmeren Länder auszugleichen. Die Kosten für die Europäische Wirtschafts- und Währungsunion würden zu den Zahlungen hinzukommen, die nach Ostdeutschland flossen. Am stärksten würde, wie immer, Deutschland zur Kasse gebeten werden. Nach Ansicht der Bundesbank waren solche zusätzlichen Belastungen in einer Zeit, da die deutsche Haushaltspolitik bereits unter großem Druck stand, schlichtweg untragbar.

4. »Die WWU wird es nicht geben...«

Vor Maastricht hatte die Bundesbank reichlich Erfahrung gesammelt, ihre Argumente zur Europäischen Währungsunion darzulegen. Aber die Diskussion war bis dahin immer nur theoretisch gewesen. Männer wie Pöhl hatten die Gefahr bereits seit einigen

Jahren kommen sehen, aber als sie dann tatsächlich akut wurde, war es zu spät. Wie ganz Deutschland war auch die Bundesbank über viel zu viele Monate ausschließlich mit den dramatischen Ereignissen im Zusammenhang mit der deutschen Vereinigung beschäftigt. Im Gerangel mit der Regierung um die Bedingungen der deutschen Währungsunion machte die Bundesbank die Erfahrung, daß ihre geldpolitischen Vorstellungen sich gegen politisches Kalkül nicht durchsetzen konnten. Dennoch wurde die Bundesbank von den Ereignissen des Maastrichter Gipfels überrascht.

Seit den späten achtziger Jahren hatte die Bundesbank wachsendes Interesse für die WWU beobachtet, und sie hatte ihre Taktik mehrmals geändert. Ursprünglich glaubte man bei der Bank, die Vorschläge für eine Europäische Währungsunion seien nicht praktikabel und würden unter dem Gewicht ihrer eigenen Widersprüche zusammenbrechen. Nach der Einsetzung des Delors-Ausschusses 1988 und der Vorlage seines Berichts ein Jahr später begriff die Bundesbank, daß die Pläne ernst genommen werden mußten. Da den Währungshütern klar war, daß offener Widerstand gegen die WWU fruchtlos bleiben und sich kontraproduktiv auswirken würde, wählten sie eine subtilere Strategie für den Angriff: Wenn die Bundesbank die WWU nicht von außen zu Fall bringen konnte, mußte sie versuchen, das Gebäude von innen zu unterminieren.

Wie Otmar Issing von der Bundesbank es formulierte:

Während einer langen Zeit dachten wir, daß es die WWU nicht geben wird. Wir haben die bessere Währungspolitik. Warum sollten wir eine schlechtere Währung übernehmen? Dann sehen wir ein, wenn wir am Rande [der Währungsverhandlungen] geblieben wären, wären wir mit Schwierigkeiten konfrontiert gewesen. Deshalb haben wir uns entschlossen, uns an die Spitze der Bewegung zu setzen, um die Position der Bundesbank auf der europäischen Ebene zu verdeutlichen.[37]

Die Bundesbank beschloß, die Europäische Währungsunion nach außen hin zu unterstützen, sie zugleich aber dadurch zu blockieren, daß sie Bedingungen stellte, die für die anderen Länder unannehmbar sein mußten. Beharrlich warnte sie vor den Gefahren, die entstehen würden, wenn man die Autonomie der Bundesbank antastete, und sie betonte eindringlich, daß die Währungsunion erst eingeführt werden könne, wenn die neue Ordnung mindestens genauso stabil sei wie das auf der D-Mark basierende System. Im Juni 1989 machte Pöhl klar, daß eine zu früh einberufene europäische Regierungskonferenz zur Währungsunion möglicherweise schlecht vorbereitet sein würde. Dies könne die Gemeinschaft spalten und zur Folge haben, daß das Ziel WWU scheitere – eine Aussicht, die die Bundesbank insgeheim gar nicht so abschreckend fand.[38]

Kanzler Kohl unterstützte in seinen öffentlichen Äußerungen voll und ganz die Linie der Bundesbank. Im Juni 1988 – die Pariser Regierung unter Premierminister Jacques Chirac drängte damals auf die Errichtung der Europäischen Zentralbank, um zu verhindern, daß das EWS zu sehr von der D-Mark dominiert wurde – widersprach Kohl der französischen Position in barschen Worten.[39] Im März 1990, als die beiden deutschen Staaten immer schneller auf die Vereinigung zusteuerten, betonte der Kanzler wieder nachdrücklich, daß die Europäische Währungsunion nur unter denselben Bedingungen zustande kommen könne, wie sie für die Bundesbank galten.[40] In den sorgfältig gedrechselten Sätzen der Rhetorik deutscher Politiker werden jedoch Differenzen im allgemeinen eher verborgen als offen dargelegt; verläßliche Anzeichen für Streit findet man zwischen den Zeilen.

Obgleich Kohl in einer wahren Flut von Stellungnahmen die Position der Bundesbank unterstützte, wuchs bei der Bundesbank die Sorge, die französische und die deutsche Regierung könnten einen politischen Kuhhandel über die Währungsunion abschließen. Als Hinweis darauf, daß Kohl einem solchen Handel nicht abgeneigt war, verstand die Bundesbank eine gemeinsame Erklärung von Kanzler Kohl und Präsident Mitterrand im April 1990, in der es hieß, die Wirtschafts- und Währungsunion werde am 1. Januar 1993 »wirksam werden«.[41] Die französisch-deutsche Stellungnahme war hinter verschlossenen Türen, ohne Wissen der Bundesbank, im deutschen Kanzleramt und im französischen

Élysée-Palast ausgearbeitet worden. Zwar gab sie den Anstoß zur Ergänzung der Römischen Verträge in Maastricht, sie vermittelte jedoch ein vollkommen unrealistisches Bild davon, in welchem Tempo die WWU verwirklicht werden konnte. Die Erklärung hatte eine rein politische Bedeutung. In einer Phase hektischer diplomatischer Aktivitäten im Zusammenhang mit der deutschen Einheit wirkte Deutschlands Unterstützung für die Europäische Union so glaubwürdiger.

Die Bundesbank befürchtete, der Kanzler könnte bei spätabendlichen Beratungen auf einem EG-Gipfel die überragende Wichtigkeit der Stabilitätspolitik einfach vergessen.[42] Der Gipfel von Maastricht bestätigte ihre Befürchtungen, aber die Ergebnisse kamen in einer Weise zustande, wie es die Bundesbank nicht erwartet hatte. In Maastricht war Kohls Drang ungebrochen, den übrigen EG-Partnern zu demonstrieren, daß die Deutschen nach wie vor »gute Europäer« waren. Die deutsche Verhandlungsposition war geschwächt durch die starke Belastung des öffentlichen Haushalts als Folge der deutschen Vereinigung. Den wichtigsten Anteil an der unerwarteten Einigung von Maastricht hatten jedoch nicht die Deutschen, sondern ihre EG-Partner. Sie übernahmen Deutschlands Maximalkonditionen für die Errichtung der Europäischen Zentralbank und spielten damit einen Trumpf aus, den die Deutschen selbst ins Spiel gebracht hatten.

Karl Otto Pöhl war inzwischen bei der Bundesbank ausgeschieden und beobachtete den Gipfel aus einer Randposition. Er war überrascht, daß die Regierungschefs der Gemeinschaft für die Unabhängigkeit der Europäischen Zentralbank Regelungen nach dem Vorbild der Bundesbank vereinbarten. Pöhl und seine Kollegen hatten nicht damit gerechnet, daß Länder wie Frankreich und Italien, die seit langem daran gewöhnt waren, daß die Zentralbank der Regierung unterstand, einer so weitreichenden Neuerung zustimmen würden. Die anderen EG-Staaten gingen tatsächlich aufs Ganze. Bis zuletzt begriff die Bundesbank nicht, daß Franzosen und Italiener zu fast jedem Versprechen bereit waren, wenn sie sich dadurch aus dem Griff der D-Mark befreien konnten.

5. Der Kampf um die D-Mark

Von dem Handel in Maastricht wurde die Bundesbank überrumpelt. Ihre erste Reaktion fiel verworren und zweideutig aus und war kaum zu hören. Tatsächlich kam so wenig aus Frankfurt, daß mehrere einflußreiche Mitglieder des Zentralbankrates privat ihrem Unmut darüber Ausdruck verliehen, daß Helmut Schlesinger, den man über Jahre hinweg dafür gepriesen hatte, daß er mit Adleraugen über die Währung wachte, anscheinend auf einmal weich geworden war.

Eine Laune des Kalenders hatte es gefügt, daß Schlesinger am Abend des 11. Dezember eine seit langem vereinbarte Rede in Paris halten sollte.[43] Aus politischer und psychologischer Sicht war dies der denkbar ungünstigste Ort, um gegen die Ergebnisse des Gipfels zu wettern. Schlesinger ließ es dabei bewenden, daß er in diplomatischen Formulierungen ganz allgemein die Erfolge der Gemeinschaft bei der währungspolitischen Integration und der Bekämpfung der Inflation würdigte. Dann wiederholte er noch einmal die sattsam bekannte Position der Bundesbank, daß die dritte Stufe der WWU erst in Kraft treten könne, wenn alle vorhandenen Notenbanken in den Mitgliedsstaaten der EG von den Regierungen unabhängig seien. Er wies auf die wirtschaftlichen Kosten eines verfrühten Übergangs zur Währungsunion hin und sagte warnend, die »eigentliche Arbeit«, um dieses Ziel zu erreichen, stehe noch bevor.

Schüchtern wies Schlesinger dann darauf hin, im Vertrag von Maastricht gebe es »einige Details, die sich die Bundesbank anders gewünscht hätte«. Aber da er darauf bedacht war, Kohls Schwierigkeiten nach dem Gipfel nicht noch mehr zu vergrößern, verzichtete er darauf, die fehlenden Fortschritte bei der Politischen Union zu kommentieren. Der Bundesbankpräsident klammerte in auffallender Weise Gedanken aus, die er einen Monat zuvor bei einem Vortrag in Rotterdam entwickelt hatte. Damals hatte er gesagt, ohne eine Politische Union werde die Währungsunion scheitern. Schlesinger schloß seine Ansprache in Paris mit vorsichtigem Optimismus: »Es besteht wirklich Anlaß, hoffnungsvoll in die Zukunft der währungspolitischen Integration in

Europa zu blicken.« Als der Zentralbankrat eine Woche später in Frankfurt zusammentrat, um über eine Erhöhung der deutschen Zinssätze zu beraten, äußerten etliche Mitglieder die Sorge, Schlesinger könne an Biß verlieren. Sein zahmer Auftritt in Paris erweckte den Anschein, als werde die Bundesbank die WWU kampflos hinnehmen. Der Zentralbankrat beschloß, diesen Eindruck zu widerlegen.[44]

Als erstes Mitglied äußerte Reimut Jochimsen, der Präsident der Landeszentralbank in Nordrhein-Westfalen, auf einer Rede in London am 17. Dezember öffentlich Kritik am Maastrichter Vertrag. Kohls Bereitschaft, die D-Mark aufzugeben, bevor man sich über die Politische Union geeinigt habe, sei »mutig, aber vielleicht selbstmörderisch«.[45] Mit dem Beschluß, bis zum Ende des Jahrhunderts die WWU einzuführen, habe man einen »zu strengen Zeitplan« festgelegt. Am 19. Dezember trat der Zentralbankrat in Frankfurt zu seiner letzten Sitzung im Jahr 1991 zusammen. Die Beschleunigung der Inflation in Deutschland, die Sorge über das Haushaltsdefizit und Kohls nachgiebige Haltung in Maastricht – all dies machte es erforderlich, ein deutliches Zinssignal zu setzen. Schlesingers zurückhaltende Reaktion gab den Anstoß, eine Maßnahme anzukündigen, damit die Bundesbank in ihrem Kampf gegen die Inflation nicht unglaubwürdig wurde. Karl Thomas von der Landeszentralbank Hessen formulierte es so: »Jetzt erst recht müssen wir zeigen, daß wir es ernst meinen.« Lothar Müller, Präsident der bayerischen Landeszentralbank und eine barocke Erscheinung, hatte am 5. Dezember, also noch vor Maastricht, vergeblich für eine Anhebung der Leitzinsen plädiert. Nun forderte er am lautesten eine entschlossene Reaktion. Später trug ihm dies einen Rüffel von Theo Waigel ein, dem Finanzminister und Vorsitzenden der bayerischen CSU, der Müllers Vorstoß ganz und gar nicht hilfreich fand. Schlesinger und Tietmeyer wollten den Lombardsatz nur um ein Viertel Prozent anheben, aber ihr Vorschlag wurde mit einer Stimme Mehrheit abgelehnt.*
Für Schlesingers Autorität war das ein schwerer Schlag. Ausgerechnet in einer Zeit, da die Bundesbank dringend eine straffe

---

* Siehe Kapitel II

Karl Klasen, selbstbewußter Hamburger Sozialdemokrat, Bundesbankpräsident 1970–1977. Ein Mann von beeindruckendem Auftreten. »Leute, die große Reden schwingen wollten, wurden von ihm lächerlich gemacht.«

Karl Blessing und Karl Schiller nach einer Sitzung des Zentralbankrats im Mai 1969.

Der Zusammenbruch von Bretton Woods: Finanzminister Helmut Schmidt mit Karl Klasen in Paris anläßlich einer internationalen Konferenz zur Währungskrise im März 1973.

Otmar Emminger, Bundesbankpräsident 1977–1979. Obwohl er lange Jahre als »Außenminister« der Bundesbank tätig war, sagte ein Kollege über ihn: »Zur Diplomatie war er völlig unfähig.«

Bundeskanzler Helmut Schmidt im November 1978, als er eine flammende Rede zum europäischen Währungssystem hielt, flankiert von Finanzminister Hans Matthöfer (links) und Otmar Emminger. Links von Matthöfer Horst Schulmann, der 1992 Präsident der Landeszentralbank in Hessen wurde.

Karl Otto Pöhl, Bundesbankpräsident 1980–1991, ein Meister geschliffener Formulierungen. Er stolperte über die deutsche Einheit.

Das Bundesbankgebäude im Nordwesten Frankfurts, gegen den Widerstand der dort ansässigen Schrebergärtner Ende der sechziger Jahre inmitten eines Grüngürtels errichtet.

Sitzung des Zentralbankrats im November 1980 mit Wirtschaftsminister Otto Graf Lambsdorff.

Karl Otto Pöhl mit Gerhard Stoltenberg bei einer Sitzung des Zentralbankrats im Oktober 1982 – drei Wochen, nachdem die von den Christdemokraten geführte Koalition die Regierung übernommen hatte.

Bundeskanzler Helmut Kohl bei einer Sitzung des Zentralbankrats im Juli 1988, an seiner Seite Karl Otto Pöhl und Friedhelm Ost, Staatssekretär im Bundespresseamt.

Glücklichere Zeiten: Karl Otto Pöhl leitet die Sitzung des Zentralbankrats im Dezember 1988.

Karl Otto Pöhl empfing die damalige britische Premierministerin Margaret Thatcher im Februar 1989. Für sie glich er zu sehr einem Chamäleon. »Ich will Ihnen mal etwas zu Karl Otto sagen: Früher oder später muß man feststellen, daß er alles gesagt hat.«

Karl Otto Pöhl bei einer Zentralbankratssitzung zum Thema »Deutsche Einheit« mit Theo Waigel (links) und Helmut Schlesinger. Pöhl klagte, in der Öffentlichkeit sei ein »falsches Bild« von der Bundesbank entstanden.

Helmut Schlesinger, der 1991 überraschend Karl Otto Pöhl als Bundesbankpräsident ablöste und 1993 in Ruhestand ging. Einer der »alten Schule«, etwas unbeweglich, aber geduldiger als Pöhl: der Pfadfinder der deutschen Notenbank.

Hans Tietmeyer, seit Oktober 1993 Präsident der Bundesbank. Er vereint missionarischen Eifer mit dem Charme einer »Donnerbüchse«.

Die erste Sitzung des Zentralbankrats unter Vorsitz von Helmut Schlesinger im August 1991, bei der eine Anhebung des Diskontsatzes um 1 Prozent beschlossen wird, um der Inflation entgegenzuwirken.

Führung brauchte, schienen dem Bundesbankpräsidenten zunehmend die Zügel aus der Hand zu gleiten.

In den nächsten Monaten schoß die Bundesbank aus dem Hinterhalt immer heftiger gegen die Währungsunion, und die Presse erhob weiterhin Einspruch gegen das bevorstehende Ende der D-Mark. Die Bundesbank konnte die Übereinkunft von Maastricht nicht direkt sabotieren und wollte das auch nicht. Da so viele der Bedingungen, denen die Regierungschefs im Dezember zugestimmt hatten, aus der Feder der Bundesbank stammten, hätte ein Frontalangriff reichlich plump ausgesehen. Doch die Bundesbank hielt es für ihr gutes Recht, die ihr verbliebenen Bedenken an die Öffentlichkeit zu bringen. Bei der Bundesbank wußte man genau, daß das Unbehagen der Bürger über die Zukunft der D-Mark von den Oppositionsparteien ausgebeutet werden würde – sowohl von den Sozialdemokraten wie von der extremen Rechten. Widerstand gegen den Maastrichter Vertrag wäre für die Regierung unangenehm, aber das größere Übel war nach Ansicht der Bundesbank, wenn die D-Mark durch ein instabiles Währungssystem hinweggefegt würde.

Die Vorahnungen der Bundesbank im Hinblick auf die zukünftige europäische Währung waren das eine Problem. Das andere war ihre Sorge um die D-Mark. Bei der Bundesbank rechnete man damit, daß ihre Glaubwürdigkeit beeinträchtigt und damit die deutsche Währung geschwächt werden würde, wenn die Bank nicht an ihrer Haltung zur WWU festhielt. Die negativen Folgen würden sich nach und nach über ganz Europa ausbreiten. Helmut Hesse von der niedersächsischen Landeszentralbank formulierte es so: »Wenn Deutschland keine Preisstabilität hat, wird es im übrigen Europa keine Stabilität geben. Eine hohe Inflationsrate in Deutschland führt zu höherer Inflation im Rest von Europa.«[46] In einem Atemzug wurde so die D-Mark verteidigt und die WWU attackiert: Was gut für Deutschland und die D-Mark war, mußte auch gut sein für Europa.

Anfang Februar veröffentlichte die Bundesbank eine Stellungnahme, in der sie ihre Bedenken gegen einige Aspekte des Maastrichter Vertrags darlegte. Die Erklärung war ein Ergebnis lebhafter Debatten im Zentralbankrat.[47] Der Entwurf stammte wiederum von Tietmeyer. Es war eine überaus heikle Arbeit gewesen. Noch vor der Veröffentlichung sickerte in Andeutungen der Tenor der Erklärung an die Presse durch. Daraufhin rief Tietmeyer – der für die undichte Stelle nicht verantwortlich war – im Kanzleramt an und entschuldigte sich für die offensichtliche Indiskretion.[48] Die Bundesbank erkannte in der Erklärung in überaus vorsichtigen Formulierungen an, ihre Empfehlungen »zu allen wichtigen fachlichen Fragen und Problemen« seien berücksichtigt worden und hätten sich in »wichtigen Punkten« des Vertrages über die WWU niedergeschlagen.[49] Des weiteren warnte die Bank davor, daß Terminvorgaben für das Inkrafttreten der dritten Stufe der WWU nicht die Oberhand gewinnen dürften gegenüber dem Ziel, daß möglichst viele Staaten die Konvergenzkriterien erfüllten. Und sie monierte, die Beschlüsse von Maastricht ließen »eine Einigung über die künftige Struktur der angestrebten politischen Union und die erforderliche Parallelität zur Währungsunion noch nicht erkennen«.

Sehr viel weiter gingen einige Mitglieder des Zentralbankrates in persönlichen Stellungnahmen. Dieter Hiss, Präsident der Landeszentralbank in Berlin und ehedem Berater von Bundeskanzler Helmut Schmidt, galt im Zentralbankrat sonst als Vertreter gemäßigter Positionen. Aber sogar er bezeichnete die Regelung, daß die dritte Stufe der WWU 1999 automatisch in Kraft treten sollte, als »äußerst bedenklich«.[50] Der hohe Stellenwert, den Deutschland der Inflationsbekämpfung beimesse, sei ein Produkt der deutschen Geschichte, und Hiss bezweifelte, ob man diese Einstellung überhaupt ins Ausland exportieren könne. Der Schlüssel zur deutschen Haltung liege in der Erfahrung mit der galoppierenden Inflation:

In Deutschland ist das große Stabilitätsbewußtsein das immer noch verhältnismäßig gut gesicherte Ergebnis eines schmerzhaften Lernprozesses mit zweimaliger völliger Vernichtung des gesparten Geldvermögens innerhalb von knapp dreißig Jahren. Dieses erlernte Verhalten kann nicht ohne weiteres an andere weitervermittelt werden.

Karl Thomas von der hessischen Landeszentralbank rückte die Frage in den Vordergrund, welchen Eindruck die Beschlüsse von Maastricht beim »kleinen Mann auf der Straße« hinterlassen würden. Er meinte: »Die Deutschen müssen zuerst damit fertig werden, daß sie die D-Mark aufgeben; dann müssen sie hinnehmen, daß in Europa ein ›Kohäsionsfonds‹ gegründet wird, in den die Deutschen für die ärmeren europäischen Länder einzahlen sollen. Und schließlich sollen sie auch noch akzeptieren, daß man ihnen Frankfurt als Sitz der Europäischen Zentralbank wegnimmt?«[51]

Lothar Müller, der Präsident der bayerischen Landeszentralbank, verlangte Neuverhandlungen, um hinsichtlich der Politischen Union die Vereinbarungen von Maastricht nachzubessern: »Maastricht darf nicht das Ende, sondern muß der Anfang sein.«[52] Dabei wußte er genau, daß diese Forderung unmöglich erfüllt werden konnte. Unerwartet fand Müller einen Verbündeten in Wilhelm Nölling, dem sozialdemokratischen Chef der Landeszentralbank in Hamburg. Nölling hatte bereits beim Übergang zur deutschen Währungsunion im Jahr 1990 hinreichend bewiesen, daß er unabhängig dachte.

Als Mitglied der sozialdemokratischen Partei konnte Nölling – wie Jochimsen – Kohl persönlich für sein Verhalten in Maastricht angreifen. »Daß es nun ernst werden soll mit der Abschaffung der D-Mark, hat mit Recht Aufsehen erregt, und viele bei uns reiben sich ungläubig die Augen... Die Vorteile für Deutschland sind sowieso nur schwer zu erkennen, ebenso wie die Begründung, daß die neue Ecu-Währung mindestens so stabil wie die D-Mark sein wird.«[53]

Einigermaßen verzweifelt plazierte die Bonner Regierung eine Reihe von Zeitungsanzeigen, in denen sie um Zustimmung für die Vereinbarungen von Maastricht warb. »Stabile Währung, stabile Zukunft«, lautete die Schlagzeile. »So stark wie die Mark wird auch im vereinten Europa die gemeinsame Währung bleiben.« Vom Ecu war in den Anzeigen demonstrativ nicht die Rede.

Die Vorahnungen der Regierung, daß der Vertrag von Maastricht in der Öffentlichkeit wenig Sympathie finden würde, bestätigten sich. Im April 1992 erreichten bei Landtagswahlen in

Baden-Württemberg und Schleswig Holstein ultrarechte Gruppierungen unerwartet hohe Stimmenanteile.[54] Ursache der erheblichen Gewinne war in erster Linie, daß viele Wähler ihrem Unmut über den starken Zustrom von Ausländern nach Deutschland und die wirtschaftlichen Folgen der deutschen Vereinigung Luft machen wollten. Daneben spielte jedoch auch eine Rolle, daß die extreme Rechte die Sorge über die Zukunft der deutschen Währung geschürt hatte.[55] Die deutschen Politiker spürten, daß die Mehrheit der Wähler den pro-europäischen Geist von Maastricht nicht länger unterstützte.[56]

Im April 1992 beschrieb ein hoher Beamter aus Bonn das ganze Ausmaß des Problems so:

Bisher war es so, daß die deutsche Regierung sich automatisch auf die Unterstützung der Wähler für die Politik der europäischen Integration verlassen hat. Damit ist es nun vorbei. Nach Maastricht sahen die Politiker sich um, um festzustellen, ob die Öffentlichkeit noch hinter ihnen stand. Nicht nur war niemand mehr da, die Menschen waren zwei Kilometer zurückgefallen und gingen in die entgegengesetzte Richtung.

6. Übriggebliebene Bedingungen

Die Bundesbank ist berühmt dafür, daß sie die Maßstäbe so hoch wie möglich ansetzt. Ihre Einwände gegen die WWU sind daher erwartungsgemäß nicht nur von erstklassiger Qualität, sondern sie werden auch dauernd auf den neuesten Stand gebracht. Wenn Deutschlands EG-Partner einer Reihe von Bedingungen zugestimmt haben, ist die Bundesbank meist hinreichend flexibel, um sich sofort neue Bedingungen auszudenken. Nach Maastricht führte die Bundesbank die folgenden sechs Punkte als Begründung dafür an, daß sie weiterhin Widerstand leistete:

● Stabilität: Kein anderes Land, läßt die Bundesbank immer wieder gern einfließen, ist so stabilitätsbewußt wie Deutschland – denn kein anderes Land hat die gleichen geschichtlichen Erfahrungen. Schlesinger betonte im Januar 1992: »Auf dem Papier sind die Voraussetzungen für eine stabile europäische Währung erfüllt. Aber in der Realität müssen sie ihre Bewährungsprobe erst noch bestehen ... In Deutschland gibt es so etwas wie eine ›Stabilitätskultur‹, und genau das braucht Europa auch.«[57]

- Zentralbank: Obgleich die vereinbarten Statuten für die geplante Europäische Zentralbank auf einer weiterentwickelten Version des Bundesbankgesetzes basieren, betont man in Deutschland, daß Erfahrung durch nichts zu ersetzen sei. Wie Hans Tietmeyer sagt: »Es wird von großer Bedeutung sein, ob und inwieweit es der künftigen Europäischen Zentralbank gelingt, ein eigenständiges stabilitätsorientiertes Profil zu gewinnen. Anders als bei der deutsch-deutschen Währungsunion übernimmt ja in Europa nicht eine bereits seit längerem existierende und erprobte Institution die Verantwortung.«[58] 1994 fügte Tietmeyer – inzwischen schon Präsident – hinzu, daß die Bundesbank es als ihre Pflicht sehe, »der künftigen Europäischen Zentralbank möglichst viel an Vertrauensbonus quasi als Startkapital mit auf den Weg zu geben. Diese Verantwortung für die gemeinsame europäische Sache kann der Deutschen Bundesbank im Bereich der Geldpolitik keiner abnehmen.«[59]

- Ein größeres Europa: Die Bundesbank ist seit je der Ansicht, daß die Erweiterung der Gemeinschaft wahrscheinlich Vorrang vor der Vertiefung der Integration haben muß.[60] Schweden, Österreich und Finnland sind ab Januar 1995 Mitglieder der EG geworden, und es könnte sein, daß die Schweiz diesen Ländern im weiteren Verlauf der neunziger Jahre folgt. Die Befürworter der Währungsunion sagen, dies mache die Reform der gegenwärtigen EG-Institutionen noch dringlicher, die Bundesbank dagegen vertritt eine radikal andere Position. Sie ist dafür, daß in der Zeit vor der Erweiterung, solange die Dinge noch im Fluß sind, das bestehende EWS – auch nach der Erweiterung der Schwankungsmargen im August 1993 – konsolidiert und verbessert werden sollte, bevor weitreichende Veränderungen in Richtung Währungsunion unternommen werden.

Tietmeyer beharrt regelmäßig darauf, daß der Maastrichter Vertrag »Vorkehrungen für ein differenziertes Vorgehen« enthalte. »Ob alle Mitgliedsstaaten zum gleichen Zeitpunkt den Weg in die Währungsunion gehen können oder wollen, erscheint aus heutiger Sicht eher unwahrscheinlich ... Denn wahrscheinlich ist nur der Weg in ein gestuftes, aber im Sinne der konzentrischen Kreise zugleich offenes Europa realistisch und zukunftsweisend.«[61]

- Konvergenz: Viele Studien belegen, daß es in Europa seit 1987 kaum Fortschritte in der wirtschaftlichen Konvergenz gegeben hat.[62] Die Annäherung, die es dennoch gegeben hat, hing mit der Verschlechterung der wirtschaftlichen Situation in Deutschland zusammen – wohl kaum ein gutes Vorzeichen für die WWU. Die Verlangsamung der Wirtschaftsentwicklung in Europa als Folge der hohen deutschen Zinsen bläht automatisch die Haushaltsdefizite auf – und damit wird es für etliche Länder noch schwieriger, die in Maastricht festgesetzten Kriterien zu erfüllen.

- Umstellung: Ein sehr großes Problem ist die Umstellung der Zinssätze, wenn die enormen D-Mark-Bestände im Besitz ausländischer öffentlicher und privater Anleger – rund eine Billion Mark – neu plaziert werden. Über dieses Problem hat man noch kaum nachgedacht. Nach den Worten von Horst Bockelmann von der Bank für Internationalen Zahlungsausgleich können die Verluste für Schuldner oder Gläubiger »im Einzelfall Dimensionen haben, die einer Enteignung gleichkämen«.[63]

- Öffentliche Verschuldung: In einer Währungsunion würden die Zinssätze der Mitgliedsstaaten aneinander angeglichen. Wenn nicht alle Mitglieder der WWU die öffentliche Verschuldung so weit wie möglich reduzieren und sie auf diesem niedrigen Niveau halten, wären Kreditnehmer aus den vorsichtigeren Ländern benachteiligt. Verschwenderische Regierungen könnten aus einem allgemein zugänglichen Kapitalpool schöpfen. Damit würden sie in allen Ländern die Zinsen nach oben treiben, sie selbst aber würden der in solchen Fällen üblichen Strafe – der Schwächung der eigenen Kapitalmärkte – entgehen. Regierungen, die sich so verhielten, wären in Tietmeyers Worten unfaire »Trittbrettfahrer« der sparsameren Länder.[64]

7. Befürchtungen und Perspektiven

Der jungenhaft wirkende Horst Köhler, bis Sommer 1993 Staatssekretär im Bonner Finanzministerium und der wichtigste Vertraute von Kohl und Waigel in Wirtschaftsfragen, strahlt Charme und Zuversicht aus. An seine Arbeit geht er mit einem geradezu südländisch anmutenden unerschütterlichen Optimismus heran. Als Amtsnachfolger Karl Otto Pöhls, Manfred Lahnsteins und Hans Tietmeyers war es eine seiner Aufgaben in Bonn, den Deutschen beizubringen, daß sie sich mit dem Gedanken an das Ende der D-Mark anfreunden müssen. Im April 1992 drückte Köhler Befriedigung darüber aus, daß mit dem Plan für die Europäische Währungsunion ein »gutes Stück deutscher Identität« ins übrige Europa exportiert werde. »Wir sollten nicht zuviel Angst haben, daß uns die anderen sozusagen mit der D-Mark gegen unseren Willen Stabilität entreißen können.« Doch schon im nächsten Atemzug gab Köhler zu, daß solche Befürchtungen sehr real seien. Er wies eindringlich darauf hin, daß die anderen EG-Staaten unbedingt Frankfurt als Sitz der Zentralbank zustimmen sollten; nur so könne man die Ängste der Deutschen lindern, daß ihnen ein wertvoller Besitz geraubt werden solle. »Wir brauchen offensichtlich auch Symbole. Der Sitz Frankfurt wird unsere Bürger vielleicht ein bißchen beruhigen.«[65] Gerade der Wunsch, die deutschen Ängste vor der WWU abzubauen, hat die EG-Regierungschefs im Oktober 1993 dazu veranlaßt, Frankfurt als Sitz des Europäischen Währungsinstituts, des Vorläufers der Zentralbank, zuzustimmen.

Wie Köhler zum Ausdruck bringt, ist Deutschland von manchmal widersprüchlichen Ängsten geplagt. Und im Ausland fürchtet man, das vereinigte Deutschland könnte ein anderes Land werden. Diese Befürchtung hat etwa André Szaz, Vorstandsmitglied der Nederlandsche Bank, der niederländischen Notenbank, und ausgezeichneter Kenner des europäischen Notenbankwesens. Szaz meint, Deutschland werde sich verändern – wenn es nicht von außen durch Kräfte wie die WWU in Schranken gehalten werde:

Wenn Deutschland sich selbst überlassen bleibt, wird es in den nächsten zwanzig Jahren ein anderes Land werden. Das westeuropäische Land, an das wir uns lange gewöhnt haben, wird durch eine zentrale europäische Macht ersetzt, deren Eigeninteressen möglicherweise nicht mit unseren Interessen übereinstimmen. Die Deutschen, die heute in Führungspositionen sitzen, haben im Rahmen einer engen westeuropäischen Kooperation Karriere gemacht. Sie wissen um die enormen Vorteile dieser Kooperation für Deutschland und für Europa. Sie wissen auch um die Gefahr, daß dies eines Tages anders sein könnte, und deshalb sind sie bereit, ihren Beitrag für Deutschlands Integration in Westeuropa zu leisten . . . Darum ist heute auf beiden Seiten ein Anreiz zur Errichtung der Wirtschafts- und Währungsunion da, der früher fehlte.[66]

Wolfgang Schäuble, einer der wichtigsten Ratgeber Kohls unter den führenden Bonner Politikern, hat gute Chancen, der nächste Kanzler zu werden – obgleich er seit einem Mordanschlag im Oktober 1990 an den Rollstuhl gefesselt ist. Schäuble macht sich Sorgen, daß Deutschland ohne den Beistand seiner Freunde und Partner unberechenbar werden könnte. Er leitete die westdeutsche Verhandlungsdelegation, als 1990 mit der Ostberliner Regierung der Einigungsvertrag ausgehandelt wurde; heute ist er Fraktionschef der gemeinsamen Fraktion von CDU und CSU im Bundestag. Im April 1992 gestand Schäuble: »Ich glaube, daß unsere westlichen Freunde gut darüber nachdenken sollten, wie die Bundesrepublik in der Mitte Europas noch fester in Westeuropa verankert werden kann, damit sie nicht hin und her gerissen wird zwischen Ost und West.«[67]

Vorherrschend in den Gefühlen gegenüber Deutschland ist die Sorge vor der deutschen Macht. Ex-Kanzler Helmut Schmidt sieht diese Sorgen – zu Hause wie im Ausland. Schmidt hat jahrelang für eine gemeinsame europäische Währung gekämpft; er sagt, daß der Weg zu einer europäischen Währung ein Wettlauf gegen die Zeit sei. Wenn die WWU nicht bis zum Jahr 2000 vollendet sei, werde es sie niemals geben.[68] Bis zum Ende der neunziger Jahre sieht er zwei Alternativen: Entweder die D-Mark wird vom ECU abgelöst, oder sie wird die »dominierende, alles beherrschende Währung infolge der Kapitalbildung in einem Staat mit achtzig Millionen Deutschen«. Ende der neunziger Jahre, so Schmidt weiter, werde sich Deutschland von den Erschütterungen der Vereinigung erholt haben und »in einer Position« sein, in der es »beträchtlichen Einfluß auf ganz Europa« nehmen könne – und weder die deutsche Regierung noch die deutsche Finanzwelt werde diese Position wieder räumen wollen.

Die anderen EG-Mitgliedsstaaten haben Schmidts Botschaft sehr wohl verstanden. Länder wie Frankreich und Italien waren 1990/91 in jeder Hinsicht bemüht, ihre Wechselkurse innerhalb des EWS möglichst stabil zu halten, in der Hoffnung, dies würde zu einer wachsenden deutschen Bereitschaft zur Wirtschafts- und Währungsunion beitragen. Doch die Hoffnungen trogen. Hinter den Kulissen bauten sich genau jene Spannungen auf, die das EWS im September 1992 und dann erneut im Juli/August 1993 sprengten. Der Herbstkrise um das Pfund und die Lira folgten die erneuten Wechselkursstürme vom Sommer 1993, in denen sich Bundesregierung und Bundesbank – nach sorgfältigen Rücksprachen mit dem Bundeskanzler an seinem Urlaubsort in Österreich – hartnäckig weigerten, eine Wechselkursgarantie zugunsten des leidenden französischen Franc abzugeben.[69]

Gerade wegen der zwischen 1987 und 1992 lange anhaltenden Ruhe im Währungsverbund hatte die Bundesbank die Meinung gehegt, daß das Pfund und die Lira unterbewertet waren. Schuld an den 1992/93 ausgebrochenen Währungsdebakeln waren laut Tietmeyer diejenigen Länder, die sich in den vorhergehenden Jahren gegen eine Neuanpassung der Wechselkurse gewehrt hatten. »Sicherlich wäre es besser gewesen, wenn man der besonderen deutschen Situation nach der Wiedervereinigung schon früher durch eine Aufwertung der D-Mark Rechnung getragen hätte. Zu einer solchen Lösung waren jedoch die anderen EWS-Partner nicht bereit.«[70]

Tietmeyers Einsicht, daß eine DM-Aufwertung den inflationären Folgen der deutschen Vereinigung entgegengewirkt und damit ein reibungsloseres Funktionieren des EWS ermöglich hätte, war zweifelsohne richtig, kam aber etwas spät; denn die Bundesbank hatte sich während der kritischen 18 Monate nach der Wiedervereinigung nie wirklich für diese Option eingesetzt. Im Jahre 1993 meinte Tietmeyer, der bis 1992/93 entstandene Eindruck, die EWS-Länder befänden sich bereits de facto in einer stabilen Währungsunion, sei »gefährlich« gewesen: »›Gefährlich‹ deshalb, weil dieser Eindruck nicht mit der Wirklichkeit übereinstimmte.«[71]

Die Bundesbank sah es als ihre Pflicht an, europäische Illusionen nicht nur über die Festigkeit der Wechselkurse, sondern auch im Hinblick auf die Realisierbarkeit des WWU-Plans zu durchbrechen. Schon 1991 wußten François Mitterrand und Jacques Delors, daß die Zeit kurz bemessen war, um die Deutschen zur Ersetzung der D-Mark durch eine europäische Währung zu überreden. Nach den Währungskrisen von 1992 und 1993 konnte von einer nennenswerten Zeitspanne kaum noch die Rede sein.

KAPITEL X

Gratwanderungen

Die Kardinalfrage der Währung ist die der Unabhängigkeit der Notenbank.
Wilhelm Vocke, Präsident des Direktoriums der Bank deutscher Länder, 1950[1]

Der Weg zu einer europäischen Währungsunion wird kein Spaziergang sein; er wird hart und dornig werden. *Karl Blessing, Bundesbankpräsident, 1963*[2]

Unsere Unabhängigkeit beruht darauf, daß wir unsere Grenzen nicht überschreiten. *Helmut Schlesinger, Bundesbankpräsident, 1992*[3]

An einem winterlichen Tag im November 1967 stand eine illustre Gesellschaft von Politikern, Bankern, Geschäftsleuten und Funktionären an einer Baugrube im Nordwesten von Frankfurt. Sie wohnten einem ganz besonderen Ereignis bei: der feierlichen Grundsteinlegung für das neue Dienstgebäude der Bundesbank, das anstelle des alten Bürohauses der Bank deutscher Länder bezogen werden sollte. Nachdem die obligatorische einleitende Musik von Bach verklungen war, begrüßte Werner Lucht, das für Verwaltung und Bau zuständige Mitglied des Bundesbankdirektoriums, die Gäste, die »zur Taufe eines neuen Erdenbürgers« erschienen waren, wie er es ausdrückte.[4] Dann trat Bundesbankpräsident Karl Blessing ans Podium. Der ehemalige Beamte der Reichsbank, der an fast allen währungspolitischen Auseinandersetzungen der letzten dreißig Jahre teilgenommen hatte, formulierte feierlich das Credo der Bundesbank. Vier Jahre später wurden seine Worte in der Trauerrede anläßlich seiner Beerdigung wiederholt*: »Die Verteidigung der Währungsstabilität ist ein täglicher Kampf.«

Blessing sagte, die Glaubwürdigkeit der Bundesbank hänge von ihrer Entschlossenheit ab. »Eine Notenbank, die nie kämpft,

---

* Siehe Kapitel II

eine Notenbank, bei der von Spannungen zur Wirtschaft, zum Staat, zum Ausland nie etwas zu hören ist, eine Notenbank, die im Zeitalter des Massen- und Wohlfahrtsstaates es allen immer recht machen wollte, müßte mit Mißtrauen betrachtet werden.«
Blessing erinnerte an die schwierige Vorgeschichte der Bundesbank, die auf einer im Grundstein aus Basalt verschlossenen Urkunde festgehalten war: »Der Ausgang des Zweiten Weltkrieges hat zur Auflösung der alten Deutschen Reichsbank geführt. Die Aufgaben der Zentralnotenbank gingen auf die Bank deutscher Länder und die Landeszentralbanken über, die am 1. August 1957 zur Deutschen Bundesbank verschmolzen wurden.«
Der wichtigste Grund für die vielgerühmte Unabhängigkeit der Bundesbank sei gewesen, daß man eine Wiederholung der Geschichte habe verhindern wollen: »Im Kern geht es darum, einen Mißbrauch der Notenpresse durch den Staat möglichst zu erschweren, einen Mißbrauch, den es ja in der Vergangenheit mehrfach gegeben hat.« Im Jahr 1967 betrachtete man die Bundesbank bereits mit einigem Respekt, weil sie ihre Position so fest behauptete – und weil sie Regierungen ins Wanken brachte. Im Jahr zuvor hatte Blessings restriktive Geldpolitik erheblich zum Sturz seines einstigen Mentors Ludwig Erhard* beigetragen. Vielleicht deshalb schlug er in seiner Rede bescheidene Töne an. Die Bundesbank könne niemals »Staat im Staat« sein, beruhigte er seine Zuhörer, letztlich seien Regierung und Parlament »immer die Stärkeren«.
Blessing beendete die Feier mit einem traditionellen Akt. Er schlug dreimal mit einem Hammer auf den Grundstein, und laut und klar stiegen seine Worte nach jedem Schlag zum vom Regen reingewaschenen Himmel auf: »Stehe fest!... Dem deutschen Volk zum Nutzen und Glück!... Zum Segen für alle, die hier ein und aus gehen werden!«

---

* Siehe Kapitel VII

1. Ein delikates Gleichgewicht

Wenn die Bundesbank gegen Mitte der neunziger Jahre auf ihre Anfänge zurückblickt, kann sie eine positive Bilanz ziehen. Sie hat Nutzen gebracht und auch Glück. Sie ist in einem Land mit einer wechselvollen Vergangenheit ein entscheidender stabilisierender Faktor geworden. Sie hat die richtigen Lehren aus der Geschichte gezogen. Eine stabile Währung ist die Grundlage einer stabilen Regierung, und eine stabile Regierung schafft eine stabile Gesellschaft. Wenn nicht die Instanz, die die D-Mark kontrolliert, glaubwürdig und überzeugend gewesen wäre, wäre es niemals zur Vereinigung der beiden deutschen Staaten gekommen. Die Turbulenzen infolge der deutschen Vereinigung haben jedoch der Bundesbank eine Herausforderung beschert, die an den Wurzeln des Erfolges von Nachkriegsdeutschland großen Schaden anrichten könnte, wenn es nicht gelingt, sie zu meistern. Der Schaden würde nicht allein Deutschland treffen, sondern ganz Europa.

Als Notenbank, die einen bestimmten Einfluß auf die Währungspolitik des Kontinents ausübt, ist die Bundesbank eine europäische Institution. Aber vor allem ist sie eine sehr deutsche Institution mit einer einzigartigen Stellung in Deutschlands korporatistischem Regierungssystem. Andere Länder, die bewundernd auf Westdeutschlands niedrige Inflationsraten und den wirtschaftlichen Aufschwung der Nachkriegszeit schauen, können aus der deutschen Erfahrung lernen, doch die Umstände, die diese Entwicklung in Deutschland ermöglicht haben, lassen sich nicht ins Ausland übertragen. Die Unabhängigkeit der Bundesbank, die Tatsache, daß sie keinem gewählten Regierungsorgan verantwortlich ist, ist ein Produkt der deutschen Geschichte. Die im Jahr 1957 vom Bundestag getroffene Entscheidung, die Zuständigkeit für die Währung auf eine Institution zu übertragen, die nicht aus wahltaktischen Überlegungen manipuliert werden kann, ist Ergebnis einer spezifisch deutschen Erfahrung, eines bitteren Kreislaufs von Krieg, Niederlage und Inflation.

Die Pläne der Europäischen Gemeinschaft für die Währungsunion sehen vor, daß die Europäische Zentralbank eine möglichst naturgetreue Nachbildung der Bundesbank im europäischen Maßstab werden soll. Allerdings wird sich eine Zentralbank, die von zwölf unterschiedlichen Ländern errichtet wurde, niemals so verhalten wie die Bundesbank, zumal viele der beteiligten Länder sich vor allem erhoffen, daß sie dank einer Europäischen Zentralbank der Vorherrschaft der Bundesbank entrinnen. Das deutsche »Modell« einer unabhängigen Zentralbank kann nicht auf andere Länder mit anderen Traditionen und Erfahrungen übertragen werden.

Die Bundesbank ist stark, aber genau wie Deutschland ist sie verwundbar. Die Notenbank, um die sich die meisten Mythen ranken, kann leicht ein Opfer ihrer eigenen Mythologie werden. Ihre Unabhängigkeit wird gepriesen, doch sie ist keineswegs absolut, das mußten alle Bundesbankpräsidenten einsehen. Wenn die Bonner Regierung eine Finanzpolitik betreibt, die die Stabilität der Währung gefährdet, oder wenn einmal der vielgerühmte deutsche Konsens in Lohnverhandlungen zusammenbrechen sollte, dann hat die Bundesbank wenig Möglichkeiten, die Dinge zum Besseren zu wenden. Ihre Autonomie beschränkt sich darauf, die Zinsen zu erhöhen oder zu senken. Die Vorstellung, die Bundesbank hätte in Deutschland konsequent eine positive Entwicklung ermöglicht, bei der niedrige Inflationsraten automatisch ein stetiges Wirtschaftswachstum zur Folge gehabt hätten, ist eine Illusion.

Falls es eine solche völlig selbsttragende Entwicklung überhaupt einmal gegeben hat, dann nur in den ersten zwei Jahrzehnten der Bundesrepublik, in den fünfziger und sechziger Jahren unter den sehr besonderen Bedingungen des Wirtschaftswunders. Die Bundesrepublik hat seltener als Großbritannien Perioden eines wirtschaftlichen »Stop and go« erlebt; aber wenn die Bundesbank gezwungen war, stark auf die Geldbremse zu treten, hat sich gezeigt, daß Geldpolitik ein stumpfes Instrument sein kann.* Mehrmals in ihrer Geschichte, nicht zuletzt während der Jahre 1991/92, hat die Bundesbank in dem Bestreben, den »täglichen Kampf« gegen die Inflation zu gewinnen, einen Konjunk-

---

* Siehe Kapitel VII

turabschwung, wenn nicht eine regelrechte Rezession herbeigeführt. Einige Male bedeutete dies das Ende einer Regierung. Die Inflation zu besiegen ist in Deutschland, wie in anderen Ländern, kein schmerzloser Prozeß.

Der strikt anti-inflationäre Kurs der Bundesbank wurde nach ganz Europa exportiert; Stabilitätspolitik ist inzwischen Teil des internationalen Konsenses. Weltweit werden niedrige Inflationsraten als wichtigste Bedingung für eine sowohl quantitative wie qualitative Verbesserung des Wirtschaftswachstums gepriesen. Der Zusammenbruch des Systems von Bretton Woods im Jahr 1973 machte es für die Bundesbank leichter, ihre Unabhängigkeit zu behaupten, aber er läutete eine lange Periode ein, während der die wirtschaftlichen Wachstumsraten in Deutschland unter dem Durchschnitt blieben. Mit Ausnahme der beiden Jahre unmittelbar vor und nach der Vereinigung ist das Wirtschaftswachstum in der Bundesrepublik seit Anfang der siebziger Jahre signifikant schwächer gewesen als in den meisten anderen Industrieländern.[5]

Die Arbeitslosenzahlen in der Bundesrepublik sind in den letzten zwanzig Jahren rascher gestiegen als bei all ihren Handelspartnern – was freilich zum Teil daher rührt, daß das Angebot an Arbeitskräften schneller gewachsen ist, als neue Arbeitsplätze geschaffen wurden.[6] Internationale Vergleiche zeigen, daß auf lange Sicht die Unabhängigkeit der Zentralbank zwar eine Schlüsselrolle bei der Eindämmung der Inflation spielt,[7] den Weg zu höheren wirtschaftlichen Wachstumsraten jedoch nicht bereitet.

Die Bundesbank hat Deutschland gute Dienste erwiesen, denn was sie erreicht hat, entspricht alles in allem den Wünschen der deutschen Bevölkerung. Die Bank ist der Angelpunkt des delikaten Gleichgewichts in Sachen Wirtschaft zwischen der politischen Führung und den Wählern. In den letzten zwanzig Jahren stand wirtschaftliche Stabilität auf der Prioritätenliste weiter oben als wirtschaftliches Wachstum. Und für Stabilität hat die Bundesbank gesorgt. Dasselbe gilt für die spezifisch deutsche Form des Konsenses zwischen Politik, Gesellschaft und Management. Dieser Konsens hat vierzig Jahre lang darum so reibungslos funktioniert, weil die deutsche Bevölkerung fürchtete, alles andere würde ins Chaos führen; das »Modell Deutschland« ist ein leuchtendes Vorbild für andere Länder geworden. Doch die Vereinigung der beiden deutschen Staaten hat die Grundlagen dieses Konsenses erschüttert. Vor allem das Gleichgewicht zwischen Föderalismus und Zentralismus – das auch ganz entscheidend die Zusammensetzung des Zentralbankrates und den Abstimmungsmodus dieses Gremiums bestimmt – ist starken Belastungen ausgesetzt. Der deutsche Föderalismus hat sich bewährt, solange Deutschland aus elf relativ homogenen Ländern bestand. In einem Staat mit sechzehn Ländern, von denen fünf schwer am wirtschaftlichen und gesellschaftlichen Erbe des ostdeutschen Kommunismus tragen, wirkt das »Modell« sehr viel zerbrechlicher.

Die Turbulenzen, die durch die Einführung der D-Mark in der DDR und dann durch die Vorbereitungen auf die Europäische Währungsunion verursacht wurden, zeigten die Grenzen des Konsenses auf und ebenso die Zwänge, denen die Autonomie der Notenbank unterworfen ist. Die wichtigsten Entscheidungen fielen unvermeidlicherweise in Bonn und nicht in Frankfurt. Die Autorität wurde geschwächt, weil politische Notwendigkeiten gegenüber der Geldwertstabilität die Oberhand gewannen. In beiden Fällen unterschätzte die Bundesbank den politischen Druck.

Die Fehleinschätzung der Bundesbank betraf beide Male Fragen der Souveränität. Im Zusammenhang mit der deutschen Vereinigung verkannte die Führung der Bundesbank, daß die verzweifelte Lage das DDR-Regime zwingen würde, sich innerhalb kurzer Zeit mit der Übertragung der geldpolitischen Kompetenzen nach Frankfurt einverstanden zu erklären. Die Bundesbank reagierte schnell und wirksam auf die technischen Herausforderungen der Währungsunion mit dem Osten, aber damit konnte sie nicht ausgleichen, daß sie zu Anfang ins Hintertreffen geraten war, weil die Ereignisse sie überrollt hatten. Bei der Europäischen Währungsunion konnte die Bundesbank nicht glauben, daß die übrigen Staaten der Europäischen Gemeinschaft im Dezember 1991 in Maastricht bereit sein würden, den Regierungen die Verantwortung für die Währungspolitik aus der Hand zu nehmen und sie einer unabhängigen Europäischen Zentralbank zu übertragen. Das einzigartige Ethos der Bundesbank verleiht ihr einen herausragenden Rang, aber es darf nicht überstrapaziert werden. Der wirkungsvollste Weg, einer Institution zu schaden, deren Autorität auf ihrer Verläßlichkeit und Berechenbarkeit beruht, besteht darin zu zeigen, daß sie überrumpelt werden kann.

Seit den fünfziger Jahren hat man die Bundesbank stärker als jede andere Notenbank mit dem Ziel der Inflationsbekämpfung identifiziert. Ihr manchmal schon übertriebener Ruf ist eine Stärke und eine Schwäche zugleich. Wenn Deutschland, wie Mitte der achtziger Jahre geschehen, spektakuläre Erfolge bei der Begrenzung des Preisanstiegs erzielt, wächst die Glaubwürdigkeit der Bundesbank zu Hause und im Ausland entsprechend; der gute Ruf erhält sich dann von selbst. Wenn jedoch wie 1991/92 die deutsche Inflationsrate steigt, sinkt das Ansehen der Bundesbank und damit ihre Fähigkeit zu festem und entschlossenem Handeln. Die Bundesbank ist Europas führende Institution in der Geldpolitik, aber Mißerfolge können ihr großen Schaden zufügen. Wenn die Bundesbank einmal eine echte Vertrauenskrise erleben sollte, dann wird sie gerade aufgrund ihres Ansehens und ihrer Bedeutung dadurch stärker in Mitleidenschaft gezogen werden als jede andere Notenbank. Die Entschlossenheit der Bundesbank, ihre Unantastbarkeit zu verteidigen, läßt Auseinandersetzungen auch in der Zukunft erwarten.

2. Der deutsche Weg

Der britische Industrieminister Nicholas Ridley löste im Juli 1990 einen Skandal aus mit der Bemerkung, die Entwicklung hin zur Europäischen Währungsunion sei »ein deutscher Schwindel mit dem Ziel, ganz Europa zu übernehmen«.[8] Ridley, der kurz darauf zurücktreten mußte, legte eine geradezu grandiose Fehleinschätzung der politischen und wirtschaftlichen Veränderungen im Herzen des Kontinents an den Tag. Die Europäische Währungsunion ist kein Versuch, die deutsche Vorherrschaft auszudehnen, vielmehr ist sie Ausdruck eines hauptsächlich von Frankreich und Italien ausgehenden Bestrebens, den Deutschen die Flügel zu stutzen. Deutschlands ausländische Partner wissen, daß Deutschland ohne die D-Mark und einer Europäischen Zentralbank unterworfen weniger mächtig sein wird. Dies ist der wichtigste Grund für die WWU, und genau deshalb finden die Deutschen keinen Gefallen daran.

Andere Gründe für das Widerstreben der Deutschen hängen direkt mit den Erschütterungen durch die Bildung des neuen Deutschlands zusammen:

- Für die Bemühungen um eine Integration Ostdeutschlands muß die öffentliche Hand pro Jahr eine Summe von ungefähr 150 Milliarden D-Mark für Transferleistungen von West nach Ost aufbringen – das sind grob gerechnet 10 000 D-Mark für jeden Einwohner jenseits der Elbe. Unter dem Druck dieser enormen fiskalischen Herausforderung verspüren die Deutschen keine Lust, zusätzlichen Zahlungen an weniger entwickelte Staaten innerhalb der EG zuzustimmen, die von den EG-Politikern als Beitrag zu dem in Maastricht vereinbarten »Kohäsionsfonds« verlangt werden.
- Die deutschen Wähler blicken noch skeptischer auf die Kosten der Europäischen Währungsunion, seit Kanzler Kohl sie über die Lasten der deutschen Währungsunion getäuscht hat. Die Vorahnungen der Deutschen schaffen ein Klima, in dem Pläne, die D-Mark aufzugeben, besonders schlecht gedeihen.
- Nachdem die deutsche Einheit vollzogen ist, sieht die deutsche Regierung anders als in den zwölf Monaten vor dem Tag der Vereinigung am 3. Oktober 1990 keine Notwendigkeit mehr, demonstrative Maßnahmen zum Verzicht auf Souveränität zu ergreifen. Das Ausland wird in den neunziger Jahren die Erfahrung machen, daß Deutschland sehr viel bestimmter seine eigenen Interessen verfolgt und mit weniger Begeisterung eine Rolle innerhalb der Gemeinschaft spielt. Das muß nicht nur schlecht sein. Deutschland wird in einer wichtigen Hinsicht den anderen Staaten Europas ähnlicher.
- Durch den Zusammenbruch des Kommunismus in der Zeit zwischen 1989 und 1991 haben sich für Europa größere Perspek-

tiven eröffnet; die politische und wirtschaftliche Union mit einer begrenzten Zahl westeuropäischer Staaten hat an Attraktivität bei den Wählern verloren. Die Verzögerung der Ratifizierung des Maastrichter Vertrags nach dem ablehnenden Votum des dänischen Referendums vom Juni 1992 zeigt, daß es auch in anderen EG-Ländern Vorbehalte gibt. Viele Deutsche glauben, daß ihr Land besser beraten wäre, wenn es in Wirtschafts- und Währungsfragen engere Bande mit Skandinavien und Mitteleuropa knüpfte statt mit Ländern wie Italien, Spanien, Griechenland oder Portugal. Österreich, Schweden und Finnland – alle drei ab 1995 Mitglieder der EG – werden weit eher in der Lage sein, die Konvergenzkriterien des Maastrichter Vertrages zu erfüllen als die der EG angehörenden Mittelmeerländer. Wenn der in Maastricht angestoßene Prozeß ins Stocken geraten sollte, wird als Alternative die Neuverhandlung einer weniger strukturierten Form der Währungsunion unter Einschluß einiger dieser Staaten, zusammen mit einigen mitteleuropäischen Ländern wie der Tschechischen Republik, diskutiert werden.

Letztlich werden die deutschen Wünsche stärker als die Wünsche Frankreichs und Italiens das Ergebnis der Bemühungen um die WWU prägen. Der in Maastricht eingeschlagene Kurs in Richtung auf eine gemeinsame europäische Währung ist durchaus umkehrbar. Laut dem Urteil des Bundesverfassungsgerichts vom Oktober 1993 wird der deutsche Bundestag zu einem späteren Zeitpunkt in den neunziger Jahren darüber zu entscheiden haben, ob die Währungsunion in Kraft tritt oder nicht.

Durch die Wiedervereinigung hat Deutschland seine volle nationale Souveränität wiedererlangt; den Deutschen vorzuschlagen, die D-Mark zu opfern, hieße von ihnen verlangen, daß sie diese Souveränität wieder aufgeben. Ein größer gewordenes Deutschland wird hier aufgefordert, auf die Kontrolle über die D-Mark zu verzichten, weil man es als Bedrohung für das wirtschaftliche und politische Gleichgewicht auf dem Kontinent ansieht. Die Mehrheit der Deutschen teilt diese Überlegung nicht. Überdies sind die Maastrichter Konvergenzkriterien hinsichtlich der wirtschaftlichen Daten so deflationistisch, daß die Unterstützung für die WWU auch in anderen Ländern zusammenbrechen könnte. Aller Wahrscheinlichkeit nach wird eine angemessene europäische Währung nicht innerhalb des Zeitrahmens eingeführt werden, der in Maastricht vereinbart wurde. Die deutsche Vereinigung hat zunächst die Entwicklung hin zur Europäischen Union beschleunigt, nun scheint sie dazu angetan, den Prozeß zu bremsen.

Ein zentraler, lobenswerter Grundsatz der deutschen Politik seit der Öffnung der Berliner Mauer lautet, daß die deutsche Einheit in die europäische Union eingebettet sein muß. Das stimmt mit der Überzeugung von Konrad Adenauer überein, und auch im Grundgesetz aus dem Jahr 1949 ist der Grundsatz niedergelegt.[9] Wenn sich herausstellen sollte, daß der Vorsatz nicht zu verwirklichen ist, könnte dies die Glaubwürdigkeit der deutschen Politik gegenüber ihren Partnern in der Gemeinschaft insgesamt untergraben. Trotzdem lassen die in Deutschland nach dem Zustandebringen des Maastrichter Vertrags im Dezember 1991 angestellten Überlegungen eine solche Entwicklung geradezu unausweichlich erscheinen.

Europa hat die Wahl zwischen zwei gegensätzlichen Zielen. Soll es geradewegs auf ein föderatives europäisches Regierungssystem zusteuern, in dem die Einzelstaaten ihre politischen und wirtschaftlichen Entscheidungsbefugnisse an supranationale Institutionen abgeben? Oder soll Europa sich dafür entscheiden, das System konkurrierender Nationalstaaten beizubehalten, das die europäische Geschichte über Jahrhunderte hinweg geprägt – und überschattet – hat? Deutschland hat stets für den ersten Weg plädiert, vor allem aus dem Grund, weil es die Hauptverantwortung für zwei Weltkriege in diesem Jahrhundert trägt. Gleichgültig welcher Weg beschritten wird, feindselige Gefühle und Rivalitäten zwischen europäischen Staaten können nicht endgültig ausgeräumt werden. Das Dilemma ist, daß man in Deutschland zum ersten Mal seit dem Zweiten Weltkrieg sieht, daß nationale und europäische Ziele zu widersprüchlichen Prioritäten zwingen.

3. Die Vorherrschaft der Bundesbank?

Deutsche Politiker und ebenso Beamte der Bundesbank haben in zahllosen Erklärungen versichert, sie seien entschlossen, die Wirtschafts- und Währungsunion anzustreben. War das alles unaufrichtig? Tatsächlich hat Deutschland von jeher die Währungsunion zugleich gewollt und nicht gewollt. Die deutsche Sprache eines Volkes in der Mitte Europas, das aufgrund seiner Geschichte und geographischen Lage daran gewöhnt ist, nach Ost *und* West zu schauen, kann gleichzeitig nach verschiedenen Richtungen ganz verschiedene Dinge ausdrücken. Deutschland ist das klassische Land der Doppelwahrheit, der hochtönenden Sätze, die alles und nichts bedeuten können, je nachdem wer sie ausspricht und an wen sie gerichtet sind.

Um mehrere Ziele zugleich zu verfolgen, waren die Deutschen seit je beides, Befürworter und Gegner der WWU. Ähnlich wie die Beamten der Reichsbank, die zur gleichen Zeit Hitler unterstützten und ihm Widerstand leisteten, sind die Verantwortlichen in der Bundesbank in der Lage, die WWU aus zwei Perspektiven zu sehen. Mit Befriedigung haben die Bundesbanker registriert, daß die Prinzipien der Stabilitätspolitik auf einen so weiten Bereich ausgedehnt werden konnten, aber sie wissen nicht recht, ob sie die übrigen Länder tatsächlich unwiderruflich für ihre Sache gewonnen haben. Sie befürworten die Zusammenarbeit in Währungsfragen, aber sie wollen ihre Zuständigkeit nicht aus der Hand geben. Sie wollen »gute Europäer« sein, aber sie wollen an der D-Mark festhalten.

Dieser Dualismus existiert durchaus auch in anderen Ländern. Ein vielsagendes Paradox im Zusammenhang mit den Verhandlungen über die Europäische Währungsunion ist die Tatsache, daß die Folgen der WWU in den einzelnen Ländern, die auf ihre Verwirklichung drängen, unterschiedlich eingeschätzt werden. Die WWU gilt allgemein als eine Möglichkeit, die deutsche Vorherrschaft zu beschneiden; in der Tat ist dies die wichtigste Begründung. Aber zugleich üben Frankreich, Italien und Großbritannien Kritik an der WWU, weil sie die Kriterien einer deflationistischen Wirtschaftspolitik nach deutschem Vorbild für ganz Europa verbindlich mache. Deutsche Zeitungen verkünden in alarmierenden Schlagzeilen, die D-Mark verschwinde, französische Zeitungen melden, die WWU bedeute den »Sieg der D-Mark«. Der Beobachter kann daraus nur folgern, daß die Wähler reichlich verunsichert sein müssen.

Würde man von den Deutschen verlangen, daß sie ihre stabile Währung im Tausch gegen ein weniger sicheres Währungssystem aufgeben, dann wäre damit weder Deutschland noch Europa gedient. Solange das geplante neue europäische Währungssystem nicht unter Garantie genauso stabil ist wie dasjenige, das Deutschland im Verlauf der letzten vierzig Jahre aufgebaut hat, werden die Deutschen ihm wohl kaum ihre Zustimmung geben. Die Sackgasse ist von vornherein eingebaut. Damit sich die Deutschen wirklich mit dem Vorschlag anfreunden, daß die Verfügungsgewalt über die Währung von der Bundesbank auf eine andere Institution übertragen wird, müßten sie erneut einen Zusammenbruch ihrer Währung erleben wie 1923 und 1948 (und 1990 in der ehemaligen DDR). Wenn es denn eine gemeinsame europäische Währung geben muß, dann sollte dies nach Meinung der Bundesbank am besten die D-Mark sein.[10]

Die Nachwirkungen der Vereinigung stellen für die Bundesbank eine unerwartete Herausforderung dar. Ihre Position als Hüterin von Europas unbestritten härtester Währung ist bereits geschwächt. Dennoch ist es unwahrscheinlich, daß die gelegentlich im Ausland gehegte Hoffnung in Erfüllung gehen wird, Deutschlands wirtschaftliche Probleme könnten günstige Bedingungen dafür schaffen, den Deutschen die D-Mark zu entreißen. Drei Szenarios sind denkbar, wie sich die durch die Vereinigung entstandenen Probleme der Deutschen entwickeln werden; keines davon führt zur WWU:

● Es könnte der Bundesbank gelingen, Deutschland bis 1996/97 auf den vertrauten Weg der Stabilität zurückzuführen, die Regierung auf eine redliche Finanzpolitik zu verpflichten und die Inflation unter den langfristigen Richtwert von zwei Prozent zu drücken. Wenn der Bundesbank dieses Kunststück gelingen sollte, werden die Deutschen sich unter dem Eindruck dieses neuen Erfolges erst recht dem Ansinnen widersetzen, eine Institution aufzugeben, die das Land so gut an einer der schwierigsten Klippen seiner währungspolitischen Geschichte vorbeigeleitet hat.

- Die Probleme infolge der Vereinigung könnten noch bis Ende der neunziger Jahre fortdauern, sie geraten aber nicht außer Kontrolle. In diesem Fall wird die Bundesbank gezwungen sein, die Leitzinsen über einen relativ langen Zeitraum auf hohem Niveau zu halten, um die Inflation zu bremsen und die finanzielle Stabilität des Landes wiederherzustellen. Ein hohes Zinsniveau in Deutschland wird die wirtschaftliche Dynamik in ganz Europa verlangsamen und zur Folge haben, daß die meisten Länder der Gemeinschaft die im Maastrichter Vertrag festgelegten »Konvergenz-Kriterien« nicht erfüllen werden.
- Deutschlands Probleme könnten sich zu einer regelrechten, dauerhaften Krise auswachsen. Nach diesem Szenario würde Deutschland angesichts der Aufgabe, das Haushaltsdefizit unter Kontrolle zu bringen, auf ganzer Linie scheitern; die D-Mark würde ihre Funktion als »Ankerwährung« innerhalb des Europäischen Währungssystems verlieren, und diese Funktion könnte auf den französischen Franc übergehen. Instabilität in Deutschland wäre die denkbar schlechteste Ausgangsbedingung für die Errichtung der Währungsunion. In diesem Fall würde nicht allein Deutschland an den Konvergenzzielen des Maastrichter Vertrags scheitern; auch andere Länder würden infolge der Größe und Bedeutung der deutschen Volkswirtschaft mit in den Strudel hineingerissen werden. In diesem dritten Szenario – dem dramatischsten und am wenigsten wahrscheinlichen – wäre der Weg zur Währungsunion noch gründlicher versperrt als in den anderen beiden.

Europa hat schon mehrere Anläufe zur Währungsunion genommen und ist dabei gescheitert, etwa nach den Vorschlägen der EG-Kommission im Jahr 1962, nach der Vorlage des Werner-Berichts 1970 und nach der Errichtung des EWS 1978/79. Ein erneutes Scheitern wäre ein Rückschlag, aber keine Tragödie. Bedenkt man jedoch, wieviel politisches Kapital die Bonner

Regierung in die Europäische Union investiert hat, dann muß man annehmen, daß ein erneuter Rückschlag Deutschlands politische Beziehungen zum übrigen Europa tiefgreifend stören würde. In einer Phase des Übergangs und der Umwälzungen nach dem Ende des Kalten Krieges und dem Zusammenbruch der Sowjetunion muß das vereinigte Deutschland seine Prioritäten gegenüber den europäischen Partnern neu festsetzen. Doch solange die inneren Verhältnisse durch das Gewicht der neuen Verantwortung schwer belastet sind, wird Deutschland dieser Aufgabe wohl kaum seine volle Aufmerksamkeit widmen. Es liegt im Interesse von ganz Europa, daß Deutschland so schnell wie möglich aus den Schwierigkeiten wieder auftaucht.

Wenn am Ende der Übergangsperiode die Bundesbank noch immer für Europas Geschick in Währungsfragen zuständig ist, finden womöglich die, die diese durch und durch deutsche Einrichtung vom Thron stoßen wollten, inmitten ihrer Enttäuschung Anlaß zur Hoffnung. Dann werden sie nämlich ein neues Deutschland und ein neues Europa vor sich haben. Andere Regierungen und Notenbanken – im Osten und im Westen des Kontinents – werden aus den Erfolgen und den Fehlern der Bundesbank gelernt haben. Ein unübersehbares Versäumnis der Bundesbank ist, daß sie es nicht geschafft hat, Licht in ihre zuweilen unbequeme Vergangenheit zu bringen und sie zu bewältigen. Die Bundesbank hat ihren eigenen Mythos geschaffen, und manchmal war sie nur allzu leicht bereit, daran zu glauben.

Die Geschichte der Bundesbank zeigt viele Erfolge, läßt aber auch gewichtige Grenzen erkennen. Keine Notenbank, auch keine unabhängige, lebt im politikfreien Raum. Ausschlaggebend für eine erfolgreiche Geldpolitik ist, daß sie von der Öffentlichkeit verstanden und mitgetragen wird.

Je klarer die Ziele der Bundesbank in einer gesunden und offenen Gesellschaft dargelegt und diskutiert werden, desto größer ist die Chance, daß sie Zustimmung finden, in Deutschland ebenso wie im Ausland. Die Aussicht, daß die Europäische Währungsunion noch in diesem Jahrhundert Wirklichkeit wird, ist in die Ferne gerückt. Doch je mehr Unterstützung die Bundesbank für ihre Mission findet, desto wahrscheinlicher ist, daß sie ihre schwere Verantwortung in einer wirklich kooperativen Regelung der Währungsfragen mit den anderen europäischen Ländern teilt. Die Bundesbank ist viel zu stark, als daß andere sie kontrollieren könnten. Aber sie hat zu viel Macht, um allein zu herrschen.

Anhang

Mitgliedslisten und statistische Daten

A. Mitgliedslisten

Abkürzungen

Das erste Datum hinter dem Namen ist das Geburtsdatum.
* Mitglied des Zentralbankrats

BB Bundesbank
BdL Bank deutscher Länder
D   Direktoriumsmitglied
LZB Landeszentralbank
MV Mitglied des Vorstands (einer Landeszentralbank)
N   Mitglied der NSDAP, danach Eintrittsdatum und Mitgliedsnummer
N(a) Mitgliedschaft in der NSDAP beantragt, jedoch unklar, ob der Antrag angenommen wurde
N(z) Mitgliedschaft in der NSDAP beantragt, jedoch zurückgewiesen
P   Präsident
PZ Präsident des Zentralbankrats
PD Präsident des Direktoriums
R   Reichsbank
(R) ehemaliger Reichsbankbeamter
SS Mitglied der Schutzstaffel
VP Vizepräsident
Z   Zentralbank (Berlin)

I. Mitglieder des Zentralbankrats und des Direktoriums der Bank deutscher Länder und der Bundesbank sowie der Vorstände der Landeszentralbanken von 1948 bis 1980 (Amtsbeginn)

1 Adamski, Ernst, 13. Dezember 1918, VP LZB Rheinland-Pfalz 1975-1982.
2 * Benning, Bernhard, 17. September 1902, D BdL/BB 1950-1972.
3 * Bernard, Karl, 8. April 1890, PZ BdL 1948-1957.
4 * Bernhuber, Maximilian (R), 7. August 1898, N 1940/8531823, VP LZB Bayern, 1954-1964.
5 Bertuch, Fritz, 2. Oktober 1898, MV LZB Hamburg 1951-1954.
6 * Blessing, Karl (R), 5. Februar 1900, N 1937/5917306, D R 1937-1939; P BB 1958-1969.

7 * Boden, Wilhelm, 5. März 1890, P LZB Rheinland-Pfalz 1947-1949.
8 Böttcher, Reinhold (R), 21. Januar 1895, MV LZB Nordrhein-Westfalen 1948-1958.
9 Braune, Kurt (R), 29. September 1891, N. 1940/7466047, MV LZB Nordrhein-Westfalen 1948-1958.
10 * Bröker, Leopold, 5. Juni 1906, N 1937/3801133, P LZB Hessen 1958-1974.
11 * Burkhardt, Otto, 3. August 1894, P LZB Schleswig-Holstein 1948-1960.
12 Cahn-Garnier, Fritz, 20. Juni 1889, P LZB Württemberg-Baden, 1947-1948.
13 * Dahlgrün, Hans-Georg, 21. Dezember 1901, N 1937/4575679, P LZB Hessen, 1958-1947.
14 Dejon, Fridolin (R), 7. November 1883, VP LZB Schleswig-Holstein, 1948-1958.
15 Diehl, Alphons (R), 7. November 1899, MV LZB Rheinland-Pfalz, 1948-1959, VP LZB Hessen 1960-1964.
16 Dietze, Helmut (R), 14. Januar 1913, N 1937/4301871, VP LZB Hamburg 1974-1978.
17 * Dingwort-Nusseck, Julia, 6. Oktober 1921, P LZB Niedersachsen 1976-1988.
18 * Duppre, Fritz, 30. Januar 1919, P LZB Rheinland-Pfalz 1969-1985.
19 * Emde, Hans Georg, 28. Juli 1919, D BB 1973-1987.
20 * Emminger, Otmar, 2. März 1911, N 1937/5226547, D BdL/BB, 1953-1969, VP BB 1970-1977, P BB 1977-1979.
21 Ernst, Konrad, 20. Januar 1903, MV LZB Niedersachsen 1952, MV/VP LZB Hamburg 1954-1967.
22 * Fessler, Ernst, 23. August 1908, N 1933/2132836, MV LZB Niedersachsen 1951-1953, VP/P LZB Nordrhein-Westfalen 1953-1976.
23 * Frede, Karl, 12. März 1903 (R), N 1940/8182865, MV/VP/P LZB Württemberg-Hohenzollern 1947-1952, MV/VP LZB Baden-Württemberg 1953-1958.
24 * Geiselhart, Pankraz (R), 6. Juli 1899, N 1941, MV/VP/P LZB Nordrhein-Westfalen 1949-1956.
25 * Gleimius, Rudolf, 3. März 1890, P Z/LZB Berlin 1949-1959.
26 * Gleske, Leonhard, 18. September 1921, P LZB Bremen 1964-1976, D BB 1976-1989.
27 * Gocht, Rolf, 3. Juli 1913, D BB 1967-1975.
28 * Grasmann, Max, 20. Juni 1889, P LZB Bayern 1947-1955.
29 Gulden, Walter, 13. Februar 1926, N 1944/10115602, MV LZB Bayern seit 1978.
30 * Gust, Werner, 3. Mai 1910, N 1937/4511801, VP/P LZB Berlin 1958-1978.
31 * Härtl, Alfred, 1925, P LZB Hessen 1974-1990.
32 * Hartlieb, Heinrich (R), 7. Juli 1900, VP LZB Bayern 1947-1953, D BdL/BB 1954-1965.
33 Hauptmann, Gerhard, 9. Dezember 1926, VP LZB Niedersachsen 1968-1984.

34 Hecker, Wolfgang (R), 12. Januar 1904, N 1940/8157639, VP LZB Schleswig-Holstein 1964-1969.
35 Heimann, Clemens, 8. September 1917, N 1937/5275229, MV LZB Nordrhein-Westfalen 1967-1970.
36 Heinritzi, Curt (R), 13. August 1902, N 1937/4917993 MV/VP LZB Nordrhein-Westfalen 1963-1967.
37 * Henckel, Hans, 23. Januar 1906, N 1933/2956359, D BB 1966-1967.
38 * Hermsdorf, Hans, 23. Dezember 1914, P LZB Hamburg 1974-1982.
39 Hesselbach, Walter, 20. Januar 1915, MV LZB Hessen 1952-1957.
40 * Hinkel, Eugen Christian, 6. Februar 1882, P LZB Baden 1947-1952.
41 * Hiss, Dieter, 10. Juli 1930, P LZB Berlin seit 1978.
42 Holzmaier, Helmut, 13. Juni 1925, N 1943/9404065, MV LZB Baden-Württemberg 1978-1990.
43 * Hoose, York (R), 27. März 1911, MV/P LZB Niedersachsen 1948-1962.
44 * Hülse, Ernst (R), 29. Juni 1881, D R 1935-1939, P LZB Nordrhein-Westfalen 1948-1949.
45 Hüttl, Adolf, 9. März 1923, VP LZB Hessen 1969-1985.
46 * Irmler, Heinrich (R), 27. August 1911, MV/VP LZB Niedersachsen 1953-1957, VP LZB Nordrhein-Westfalen 1958-1962, P LZB Niedersachsen 1962-1964, D BB 1964-1979.
47 Jennemann, Gerhard, 21. Februar 1924, VP LZB Hamburg 1978-1989.
48 * Kähler, Otto (R), 17. April 1905, MV/VP/P LZB Schleswig-Holstein 1951-1973.
49 Kaiser, Johannes (R), 19. Mai 1880, N 1937/4058292, VP LZB Hamburg 1948-1951.
50 Karnstädt, Hans, 2. Mai 1903, N 1940/7465083, MV/VP LZB Niedersachsen 1959-1968.
51 Kilian, Hans, 26. Februar 1883, N(z), VP LZB Württemberg-Baden 1947-1952.
52 * Klasen, Karl, 23. April 1904, P LZB Hamburg 1948-1952, P BB 1970-1977.
53 * Kloten, Norbert, 12. März 1926, P LZB Baden-Württemberg 1976-1992.
54 * Köhler, Claus, 5. März 1928, D BB 1974-1990.
55 * Könneker, Wilhelm (R), 3. April 1898, VP LZB Hessen 1947-1948, VP/D BdL 1948-1957, D BB 1958-1966.
56 Krause, Richard (R), 3. April 1898, N 1937/5727953, MV LZB Schleswig-Holstein 1948-1951, MV/VP LZB Niedersachsen 1958-1962.
57 * Kriege, Walter, 15. März 1891, N(z), P LZB Nordrhein-Westfalen 1950-1952.
58 Krug, Edgar, 17. März 1931, MV LZB Nordrhein-Westfalen seit 1978.
59 Kürzel, Alfred, 25. Mai 1901, N 1939/7311986, MV LZB Württemberg-Hohenzollern 1948-1952.
60 Küspert, Erich, 12. April 1913, N 1937/4335936, MV LZB Bayern 1963-1978.
61 Kulla, Walter, 24. Oktober 1928, MV/VP LZB Hessen seit 1974.
62 Lange, Erich, 25. Februar 1918, VP LZB Schleswig-Holstein 1977-1981.

63 * Leist, Erich, 15. Februar 1892, VP LZB Nordrhein-Westfalen 1948-1951, P LZB Niedersachsen 1951-1952, P LZB Hamburg 1952-1957.
64 Lippert, Georg, 15. August 1913, VP LZB Saarland 1972-1978.
65 * Lucht, Werner, 7. April 1910, N 1933/2585578, MV LZB Baden-Württemberg 1959-1966, D BB 1966-1978.
66 Lutze, Hans Günther, 1. Dezember 1907, MV Z Berlin 1950-1958, MV LZB Niedersachsen 1959-1960.
67 Mees, Jürgen, 6. März 1926, VP LZB Hamburg 1968-1974.
68 Möckel, Hellmut, 21. April 1893, N(z), MV LZB Württemberg-Baden 1947-1952, VP LZB Baden-Württemberg 1953-1957.
69 * Müller, Lothar, 27. Januar 1927, P LZB Bayern seit 1979.
70 Mürdel, Karl (R), 4. August 1894, N 1937/4728865, P LZB Württemberg-Hohenzollern 1947-1952, MV LZB Bayern 1952-1959.
71 * Nemitz, Kurt, 10. Juli 1925, P LZB Bremen 1976-1992.
72 Oechsner, Friedrich (R), 29. September 1902, M 1933/3561949, MV LZB Württemberg-Hohenzollern 1952, MV LZB Bayern 1952-1959.
73 Offner, Walter, 11. Juli 1912, MV LZB Baden-Württemberg 1968-1977.
74 Paduch, Paul, 21. August 1907, N 1933/1882141, VP LZB Saarland 1967-1972.
75 Paersch, Fritz (R), 4. März 1893, VP LZB Hessen 1949-1957.
76 * Pfleiderer, Otto, 17. Januar 1904, P LZB Württemberg-Baden 1948-1952, P LZB Baden-Württemberg 1953-1972.
77 * Pöhl, Karl Otto, 1. Dezember 1929, VP BB 1977-1979, P BB 1980-1991.
78 Prein, Otto (R), 14. Mai 1991, N 1940/7403588, MV LZB Baden 1947-1952.
79 Preiß, Ludwig, 31. Dezember 1910, N 1933/2515299, VP LZB Bremen 1971-1975.
80 Prieß, Friedrich, 10. Oktober 1910, N 1937/4874013, MV/VP LZB Hamburg 1950-1952.
81 * Rahmsdorf, Wilhelm, 18. September 1908, N 1937/5252911, VP LZB Nordrhein-Westfalen 1962-1964, P LZB Niedersachsen 1964-1976.
82 Röthemeier, Helmut, 24. Dezember 1926, N 1944/9779345, VP LZB Nordrhein-Westfalen 1978-1991.
83 Rohland, Bernhard, 31. Januar 1912, N 1933/34844291, VP LZB Rheinland-Pfalz, 1966-1974.
84 Rothenbücher, Heinz-Georg, 6. November 1912, MV LZB Bayern 1947-1952.
85 Ruppert, Heinz (R), 10. Juni 1912, N(a), VP LZB Schles.-Holst. 1969-1977.
86 Sandler, August, 19. Februar 1905, N 1940/7380910, MV LZB Baden-Württemberg 1959.
87 Schack, Wilhelm, 23. April 1886 (R), N 1939/7333859, P LZB Bremen 1947-1948.
88 von Schelling, Friedrich Wilhelm (R), 3. Mai 1906, N 1940/8185105, P LZB Hamburg 1957-1974.
89 * Schiettinger, Fritz, 12. August 1909, N 1933/3109855, P LZB Baden-Württemberg 1972-1976.

90 Schlesinger, Helmut, 4. September 1924, D/VP/P BB seit 1972.
 91 Schmidt, Herwald, 25. Februar 1924, VP LZB Saarland 1978-1983.
 92 Schmitt, Rudolf, 22. November 1905, VP LZB Bremen 1958-1970.
 93 * Schöllhorn, Johann Baptist, 16. März 1922, P LZB Schleswig-Holstein 1973-1989.
 94 Schubert, Werner, 7. März 1904, N 1937/4363399, VP LZB Hessen 1964-1969.
 95 Schütz, Paul, 27. Juni 1910, P LZB Saarland 1961-1981.
 96 * Sentz, Max, 25. Januar 1886, P LZB Niedersachsen 1948-1950.
 97 Spilger, Wilhelm (R), 11. Mai 1899, N 1937/4312642, VP LZB Hessen 1964-1969.
 98 * Stadler, Kurt, 24. April 1926, N 1944/9740657, P LZB Bayern 1977-1979.
 99 * Suchan, Franz, 19. Januar 1911, MV/VP/PZ LZB Berlin 1950-1971.
 100 Szagunn, Volhard, 25. März 1920, MV/VP LZB Baden-Württemberg 1966-1985.
 101 * Tepe, Hermann, 17. November 1893, VP/P LZB Bremen 1947-1963.
 102 Thoma, Josef, 11. Februar 1913, N 1937/6993430, MV/VP LZB Nordrhein-Westfalen 1965-1978.
 103 Traeger, Franz, 1. Juli 1881, VP LZB Niedersachsen 1948-1951.
 104 Tratzsch, Werner, 10. September 1920, N 1938/7011953, VP LZB Berlin 1971-1985.
 105 Treskow, Joachim, 25. März 1919, VP LZB Bremen 1976-1983.
 106 Treue, Hans (R), 19. Mai 1898, N 1940/8015808, D BdL 1948-1953.
 107 * Troeger, Heinrich, 4. März 1901, P LZB Hessen 1956-1957, VP BB 1958-1969.
 108 * Tüngeler, Johannes (R), 23. November 1907, D BdL/BB 1953-1976.
 109 * Veit, Otto, 29. Dezember 1898, P LZB Hessen 1947-1952.
 110 * Vocke, Wilhelm, 9. Februar 1886, D R 1919-1939, PD BdL 1948-1957.
 111 * Wagenhöfer, Carl, 24. Februar 1910, P LZB Bayern 1956-1977.
 112 Weidmann, Eugen, 13. März 1897, N 1940/7550688, MV LZB Württemberg-Baden 1948-1952.
 113 Werner, Reinhold (R), 2. März 1902, N 1937/5378010, VP LZB Saarland 1959-1967.
 114 * Werthmöller, Ottomar, 3. Mai 1925, MV LZB Nordrhein-Westfalen 1970-1978, D BB 1978-1991.
 115 * Wertz, Hans, 4. Juli 1922, P LZB Nordrhein-Westfalen 1976-1990.
 116 Wießer, Kurt, 18. März 1913, N 1933/2196040, MV LZB Bayern 1967-1978.
 117 Wilhelm, (Karl) Friedrich (R), 22. Februar 1898, N 1939/7312605, D R 1939-1945, D BdL 1948-1953.
 118 Wilz, Anton (R), 28. November 1901, N 1940/7593898, MV/VP LZB Rheinland-Pfalz 1947-1966.
 119 Winckelmann, Johannes, 29. März 1900, N 1937/4057034, MV 1948-1950.
 120 Windlinger, Rudolf (R), 30. Januar 1904, MV LZB Baden 1947-1952.
 121 Wirmer, Otto, 14. August 1903, MV LZB Hessen 1952-1957.
 122 * Wolf, Eduard, 1. Juni 1903, D BdL/BB 1951-1964.

123 * Wolfslast, Ernst Walter, 10. Januar 1896, VP/P LZB Hessen 1951-1954.
124 Wrede, Victor, 30. Oktober 1906, D BdL 1948-1950.
125 * Zachau, Erich, 1. November 1902, D BdL/BB 1948-1972.
126 Zimmer, Herbert, 2. Januar 1927, N 1944/9767732, MV LZB Bayern 1978-1986.

II. Mitglieder des Zentralbankrats der Bundesbank und der Vorstände der Landeszentralbanken seit 1980 (Amtsbeginn)

1 von der Ahe, Jürgen, VP LZB Nordrhein-Westfalen seit 1991.
2 Dauzenroth, Eberhard, 16. Januar 1930, VP LZB Saarland seit 1984.
3 Fabritius, Hans-Georg, 21. September 1945, MV LZB Hessen seit 1989.
4 Fein, Erich, VP LZB Bayern seit 1991.
5 Flesch, Roman, 29. März 1926, N 1944/9706529, VP LZB Niedersachsen 1984-1990.
6 * Gaddum, Johann Wilhelm, 18. Juni 1930, P LZB Rheinland-Pfalz 1985-1986, D BB seit 1986.
7 * Gliem, Hans, 6. Dezember 1923, P LZB Saarland 1981-1991.
8 * Grobecker, Claus, P LZB Bremen 1992 (nominiert, trat sein Amt nicht an).
9 * Hartmann, Wendelin, D BB seit 1992.
10 Hermann, Hans-Georg, VP LZB Bremen seit 1992.
11 * Hesse, Helmut, 28. Juni 1934. P LZB Niedersachsen seit 1988.
12 Homp, Helmut, 28. Juni 1923, VP LZB Schleswig-Holstein 1982-1988.
13 * Issing, Otmar, 27. März 1936, D BB seit 1990.
14 * Jochimsen, Reimut, 8. Juni 1933, P LZB Nordrhein-Westfalen seit 1990.
15 * Koebnick, Hans-Jürgen, 1. Juni 1938, P LZB Saarland seit 1991.
16 Kremers, Johannes, 29. August 1930, VP LZB Bremen 1984-1991.
17 Langefeld, Horst, VP LZB Niedersachsen seit 1991.
18 Leopold, Bolko, VP LZB Rheinland-Pfalz seit 1990.
19 * Nölling, Wilhelm, 17. November 1933, P LZB Hamburg seit 1982.
20 Oberndorfer, Dietger, 17. März 1932, VP LZB Berlin seit 1985.
21 * Schieber, Helmut, 25. Juni 1938, VP LZB Baden-Württemberg 1985-1992, D BB seit 1992.
22 Schmid, Günther, MV LZB Baden-Württemberg seit 1991.
23 * Schreiner, Heinrich, 28. Juni 1927, P LZB Rheinland-Pfalz seit 1987.
24 * Schulz, Werner, 24. Juli 1936, P LZB Schleswig-Holstein seit 1989.
25 Siegmund, Hans-Jürgen, VP LZB Hamburg seit 1989.
26 * Storch, Günther, 2. Februar 1926, D BB seit 1987.
27 Ströhlein, Rudolf, 1. Februar 1926, VP LZB Bayern 1986-1990.
28 * Thomas, Karl, 7. Januar 1929, P LZB Hessen seit 1990.
29 * Tietmeyer, Hans, 18. August 1931, D BB 1990-1991, VP BB seit 1991.
30 Titzhoff, Peter, 9. Oktober 1933, VP LZB Schleswig-Holstein seit 1988.
31 Völlgraf, Heinz-Georg, 6. Dezember 1925, N 1943/9495609, MV LZB Hessen 1985-1989.
32 Weiler, Eberhard, 12. Dezember 1924, VP LZB Rheinland-Pfalz 1983-1989.

III. Direktoriumsmitglieder der Reichsbank im Dritten Reich, die nicht mehr in der Bank deutscher Länder/Bundesbank vertreten waren

1 Bayrhoffer, Walter, 1. Februar 1890, N 1933/3019575, D R 1939-1945.
2 Brinkmann, Rudolf, 28. August 1893, SS 1938/308241, D R 1937-1938, VP R 1939.
3 Dreyse, Friedrich Wilhelm, 12. November 1874, D R 1924-1926, VP R 1926-1939.
4 Eberhardt, Carl, D R 1934-1939.
5 Emde, Paul, 25. November 1882, N 1933/2680559, D R 1939-1945.
6 Funk, Walther, 18. August 1890, N 1931/551712 P R 1939-1945.
7 Kretzschmann, Max, 6. März 1890, N 1937/3934028, D R 1937-1945.
8 Lange, Kurt, 8. Juli 1895, N 1930/345284, VP R 1940-1945.
9 Puhl, Emil, 28. August 1889, N 1937/5852526, D R 1934-1940, VP R 1940-1945.
10 Schacht, Hjalmar, 22. Januar 1877, P R 1923-1930 und 1933-1939.
11 Schniewind, Otto, 15. August 1887, D R 1937-1938.

B. Wirtschaftswachstum der Industrieländer

	Bundesrepublik*	Großbritannien	USA	OECD
1974	0,1	−1,5	−0,5	0,8
1975	−1,3	−0,7	−1,3	−0,1
1976	5,5	2,7	4,9	4,6
1977	2,6	2,3	4,7	3,8
1978	3,4	3,6	5,3	4,3
1979	4,0	2,7	2,6	3,6
1980	1,0	−1,7	−0,2	1,3
1981	0,1	−1,0	1,9	1,7
1982	−1,1	1,5	−2,5	−0,1
1983	1,9	3,5	3,6	2,6
1984	3,1	2,1	6,8	4,6
1985	1,8	3,5	3,4	3,4
1986	2,2	3,9	2,7	2,7
1987	1,5	4,8	3,4	3,4
1988	3,7	4,3	4,5	4,5
1989	3,8	2,3	2,5	3,3
1990	5,7	0,4	1,2	2,6
1991	5,0	−2,0	−0,6	1,0
1992	2,2	−0,5	2,3	1,6
1993	−1,1	2,0	3,1	1,3
1994	2,8	3,5	3,9	2,8

* Ab 1991 Gesamtdeutschland. Quelle: OECD

C. Geldmenge* und Inflationsrate** in der Bundesrepublik

	Geldmengenziel*** Prozent	tatsächlicher Zuwachs in Prozent	Ziel erfüllt	Inflationsrate Prozent
1975	ca. 8	10	nein	5,9
1976	8	9	nein	4,3
1977	8	9	nein	3,7
1978	8	11	nein	2,7
1979	6-9	6	ja	4,1
1980	5-8	5	ja	5,5
1981	4-7	4	ja	6,3
1982	4-7	6	ja	5,2
1983	4.7	7	ja	3,3
1984	4-6	5	ja	2,4
1985	3-5	5	ja	2,0
1986	3,5-5,5	8	nein	-0,1
1987	3-6	8	nein	0,2
1988	3-6	7	nein	1,3
1989	ca. 5	5	ja	2,8
1990	4-6	6	ja	2,7
1991	3-5	5,2	nein	3,5
1992	3,5-5,5	9,4	nein	4,0
1993	4,5-6,5	7,4	nein	4,2
1994	4-6	5,7	ja	3,0

* Definition Geldmenge: bis 1988 Zentralbankgeldmenge, ab 1988 M3.
** Jährliche Teuerungsrate der Lebenshaltungskosten.
*** Jeweils vom vierten Quartal des Vorjahres bis zum vierten Quartal des laufenden Jahres, außer in den Jahren 1975 (Dezember bis Dezember) und 1976 bis 1978 (Jahresdurchschnitt).

Quelle: Bundesbank

D. Die Europäische Gemeinschaft und die Konvergenzkriterien nach dem Maastrichter Vertrag

	Inflation	Haushaltsdefizit*	Staatsverschuldung*	Mitglied im EWS (enges Band)	Geeignet für WWU?
Belgien	3,2	6,3	129,4	ja	nein
Dänemark	2,4	1,7	67,2	ja	ja**
Deutschland	3,5	3,2	46,2	ja	ja***
Frankreich	3,1	1,5	47,2	ja	ja
Griechenland	18,9	17,9	96,4	nein	nein
Großbritannien	5,9	1,9	43,8	nein	nein
Irland	3,2	4,1	102,8	ja	nein
Italien	6,4	9,9	101,2	ja	nein
Luxemburg	3,1	2	6,9	ja	ja
Niederlande	3,9	4,4	78,4	ja	nein
Portugal	11,3	5,4	64,7	nein	nein
Spanien	5,9	3,9	45,6	nein	nein

Alle Zahlen für 1991.
* In Prozent des Bruttoinlandsprodukts.
** Ja, weil Hochrechnungen ein Absinken der Staatsverschuldung auf sechzig Prozent des Bruttosozialprodukts erwarten lassen.
*** Ja, weil das Haushaltsdefizit sich aus außergewöhnlichen Gründen vergrößerte (deutsche Einheit).

Konvergenzkritieren für die Mitgliedschaft in der WWU

1. Die Inflationsrate darf im Jahr vor der Prüfung nicht mehr als 1,5 Prozentpunkte über der durchschnittlichen Inflationsrate der drei Länder mit der niedrigsten Inflationsrate liegen (für 1992 2,5 Prozent).
2. Das Haushaltsdefizit des »general government« darf nicht mehr als drei Prozent des Bruttoinlandsprodukts betragen, wenn nicht außergewöhnliche Umstände vorliegen.
3. Die öffentliche Verschuldung darf nicht über sechzig Prozent des Bruttoinlandsprodukts betragen, wenn nicht eine stetige Entwicklung auf dieses Ziel abzusehen ist.
4. Die Länder müssen in das engere Kursband des EWS mindestens zwei Jahre vor der Prüfung spannungs- und abwertungsfrei einbezogen sein.
5. Die Zinsen für langfristige Schuldverschreibungen dürfen nicht mehr als zwei Prozentpunkte über den Zinsen in den drei EG-Ländern mit der niedrigsten Inflationsrate liegen.

Quellen: Bundesbank, EG-Kommission

Glossar

Bank deutscher Länder: Vorgängerin der Bundesbank. 1948 von den Alliierten als föderativ organisierte, provisorische Notenbank für die westlichen Besatzungszonen eingerichtet. Gemeinsame Tochter der rechtlich selbständigen Landeszentralbanken.

Bank für Internationalen Zahlungsausgleich: Die internationale Bank wurde 1930 zur Abwicklung der deutschen Reparationszahlungen gegründet. Hauptaktionäre sind inzwischen zweiunddreißig der wichtigsten Notenbanken der Welt. Sitz ist Basel, Schweiz.

Deutsche Bundesbank: Nachfolgeorganisation der Bank deutscher Länder, mit der Verabschiedung des Bundesbankgesetzes im Juli 1957 errichtet. Dabei wurden die Landeszentralbanken einschließlich der Berliner Zentralbank mit der Bank deutscher Länder verschmolzen und diese dann zur Bundesbank umgestaltet. Das Grundkapital von 290 Millionen Mark gehört dem Bund.

Deutsche Mark: Im Juni 1948 eingeführte Währung im westlichen Teil Deutschlands. Wurde am 1. Juli 1990 in der damals noch selbständigen DDR eingeführt.

Direktorium: Zentrales Exekutivorgan der Bank deutscher Länder und der Bundesbank mit Sitz in Frankfurt. Es leitet und verwaltet die Bank und führt die Beschlüsse des Zentralbankrats durch. Es besteht aus dem Präsidenten, dem Vizepräsidenten und bis zu acht (ab Ende 1992 sechs) weiteren Mitgliedern. Die Direktoriumsmitglieder gehören seit 1957 dem Zentralbankrat an.

Diskontsatz: Zinssatz, zu dem die Wechselbank den Banken über den Ankauf von »rediskontierbaren« Wechseln und Schatzwechseln mit einer Laufzeit von bis zu drei Monaten Kredit einräumt.

Europäisches Währungssystem (EWS): Im März 1979 in Kraft getretenes Abkommen zur Stabilisierung der Wechselkurse, wonach die Währungen aller Mitgliedsstaaten der Europäischen Gemeinschaft innerhalb einer festgelegten Bandbreite gegeneinander schwanken können. Die Währungen von acht Mitgliedsstaaten schwanken innerhalb einer Bandbreite von maximal 2,25 Prozent um die vereinbarten Leitkurse; für Großbritannien, Portugal und Spanien galt 1992 eine Bandbreite von 6 Prozent. Die Bandbreiten wurden im August 1993 für alle Währungen bis auf die D-Mark und den niederländischen Gulden auf 15 Prozent erweitert.

Geldmenge M3: Bargeld sowie von inländischen Nichtbanken bei inländischen Kreditinstituten unterhaltene Sichteinlagen, Termingelder unter vier Jahren und Spareinlagen mit gesetzlicher Kündigungsfrist.

Geldmengenziel: Die Bundesbank formuliert seit Dezember 1974 ein jährliches

Ziel für die Zunahme der Geldmenge in den kommenden zwölf Monaten. Sie orientiert sich dabei am erwarteten Wirtschaftswachstum sowie der angestrebten Preisentwicklung.
Landeszentralbank: Hauptverwaltung der Bundesbank in einem westlichen Bundesland. Die nach dem Zweiten Weltkrieg gegründeten Landeszentralbanken bauten teilweise auf dem alten System der Reichsbankleitstellen auf und waren die Bausteine des Notenbanksystems der Bundesrepublik. Im Zuge der 1992 ausgehandelten Neuorganisation der Bundesbank wurde eine Landeszentralbank in Sachsen errichtet, die auch für Thüringen zuständig ist. Einige kleinere Landeszentralbanken in Westdeutschland wurden mit größeren verschmolzen: die saarländische Landeszentralbank mit der rheinland-pfälzischen, die Bremer Landeszentralbank mit der niedersächsischen (zugleich zuständig für Sachsen-Anhalt) und die Landeszentralbank in Schleswig-Holstein mit der in Hamburg (zugleich zuständig für Mecklenburg-Vorpommern); die Landeszentralbank Berlin ist nun für Brandenburg zuständig.
Lombardsatz: Zinssatz, zu dem die Bundesbank den Banken auf längstens drei Monate befristete Kredite zur kurzfristigen Überbrückung vorübergehender Liquiditätsbedürfnisse gewährt. Die Banken verpfänden der Bundesbank dafür Wechsel, unverzinsliche Schatzanweisungen, Anleihen der öffentlichen Hand sowie andere von der Bundesbank bestimmte Schuldverschreibungen und Schuldbuchforderungen.
Maastrichter Vertrag: Im Dezember 1991 von den Regierungschefs der EG-Mitgliedsstaaten beschlossener Vertrag, wonach die Europäische Wirtschafts- und Währungsunion bis spätestens 1999 verwirklicht werden soll. 1992 verzögerte sich die Ratifizierung. Nach einem verlängerten Ratifizierungsprozeß tritt der Vertrag im November 1993 in Kraft.
Mark der DDR: Inkonvertible »Binnenwährung« der DDR. Existiert seit 1. Juli 1990 nicht mehr.
Mindestreserven: Obligatorische unverzinsliche Einlagen der Banken bei der Bundesbank in Höhe eines festgelegten Prozentsatzes ihrer Verbindlichkeiten. Wurde erst 1948 mit der Gründung der Bank deutscher Länder als wirksames Instrument zur Kontrolle der Bankenliquidität eingeführt, nachdem schon im Jahre 1934 eine – nie ausgeführte – Bestimmung über Mindestreserven bei der Reichsbank beschlossen wurde.
Offenmarktpolitik: An- und Verkauf von Wertpapieren durch die Bundesbank für eigene Rechnung am offenen Markt. Instrument zur »Feinabstimmung« der Zinspolitik. Offenmarktgeschäfte am Geldmarkt wurden erstmals 1955 aufgenommen; die Bundesbank hat ihre diesbezüglichen Aktivitäten im Lauf der achtziger Jahre immer stärker ausgedehnt (siehe auch »Wertpapierpensionsgeschäfte«).
Organmitglieder: Mitglieder des Zentralbankrats sowie die Vorstände der Landeszentralbanken, die sich aus dem Präsidenten, dem Vizepräsidenten und bei den größeren Landeszentralbanken einem weiteren Vorstandsmitglied zusammensetzen.

Rediskontkontingent: Gesamtbeitrag des den Banken insgesamt zur Verfügung stehenden Diskontkredits. Wird vom Zentralbankrat festgesetzt.
Reichsbank: Gegründet durch das Bankgesetz vom März 1875, nahm die Reichsbank am 1. Januar 1876 die Arbeit auf. Ihr oblag die Verwaltung der nach der Reichsgründung 1871 eingeführten einheitlichen deutschen Währung (Mark).
Reichsmark: Nach der großen deutschen Inflation zur Jahreswende 1923/24 eingeführte Währung. 1948 durch die D-Mark abgelöst.
Staatsbank: Notenbank der DDR. Mit der deutschen Einheit erloschen ihre Funktionen als Zentralbank.
Unabhängigkeit: Die Reichsbank war zwischen 1922 und 1937 formell von der Regierung unabhängig. Die 1948 gegründete Bank deutscher Länder war von deutschen politischen Stellen unabhängig. Ihre volle Autonomie gegenüber den Alliierten erlangte sie 1951. Die Unabhängigkeit der Bundesbank ist in Paragraph 12 des Bundesbankgesetzes festgelegt.
Wertpapierpensionsgeschäfte: Transaktionen, bei denen die Bundesbank den Banken für befristete Zeit Kredite gewährt. Die Banken verkaufen der Bundesbank festverzinsliche Wertpapiere und verpflichten sich zugleich, sie zu einem späteren Zeitpunkt zurückzukaufen. Seit August 1988 bietet die Bundesbank üblicherweise monatlich vier Pensionsgeschäfte an (siehe auch »Offenmarktpolitik«).
Wirtschafts- und Währungsunion (WWU): Entwurf zu einem europäischen Währungssystem, das die Wechselkurse innerhalb der Europäischen Gemeinschaft unwiderruflich festlegt und das von einer europäischen Zentralbank gesteuert wird. Ein erster Entwurf wurde 1962 vorgelegt; 1970 beschloß die EG einen Stufenplan zur Verwirklichung dieses Ziels bis 1980 (sogenannter Werner-Plan), sie gab das Vorhaben jedoch im Zuge der währungspolitischen Turbulenzen am Anfang der siebziger Jahre wieder auf. Neuer Vorstoß mit dem Maastricher Vertrag.
Zentralbankrat: Höchstes Entscheidungsorgan der Bundesbank, bestehend aus den Mitgliedern des Bundesbankdirektoriums in Frankfurt sowie den Präsidenten der Landeszentralbanken der Bundesrepublik. Tagt in der Regel alle zwei Wochen und faßt seine Beschlüsse mit einfacher Mehrheit der abgegebenen Stimmen. Im Zuge der Neugliederung der Bundesbank wurde die Zahl der Landeszentralbankpräsidenten von elf auf neun und der Direktoriumsmitglieder von maximal zehn auf acht reduziert. Der Zentralbankrat hatte im März 1995 17 Mitglieder.

Wichtige Personen

Bernard, Karl, Präsident des Zentralbankrats der Bank deutscher Länder 1948-1957.
Blessing, Karl, Direktoriumsmitglied der Reichsbank 1937-1939, Bundesbankpräsident 1958-1969.

Erhard, Ludwig, Bundeswirtschaftsminister 1949-1963, Kanzler 1963-1966.
Emminger, Otmar, Bundesbankvizepräsident 1970-1977, Bundesbankpräsident 1977-1979.
Funk, Walther, Reichsbankpräsident 1939-1945.
Havenstein, Rudolf, Reichsbankpräsident 1908-1923.
Klasen, Karl, Bundesbankpräsident 1970-1977.
Luther, Hans, Reichsfinanzminister 1923-1925, Reichskanzler 1925-1926, Reichsbankpräsident 1930-1933.
Pöhl, Karl Otto, Bundesbankvizepräsident 1977-1979, Bundesbankpräsident 1980-1991.
Schacht, Hjalmar, Reichsbankpräsident 1923-1930 und 1933-1939.
Schlesinger, Helmut, Bundesbankvizepräsident 1980-1991, Bundesbankpräsident 1991-1993.
Tietmeyer, Hans, Bundesbankvizepräsident 1991-1993, Bundesbankpräsident ab 1993.
Vocke, Wilhelm, Direktoriumsmitglied der Reichsbank 1919-1939, Präsident des Direktoriums der Bank deutscher Länder 1948-1957.

Anmerkungen

Verwendete Abkürzungen

BAF	Bundesarchiv Freienwalderstraße, Berlin
BAK	Bundesarchiv Koblenz
– – RK	Akten der Reichskanzlei
BAP	Bundesarchiv Potsdam
– – RB	Akten der Reichsbank
BB	Bundesbankarchive, Frankfurt
– – Protokolle	Protokolle der Sitzungen des Zentralbankrats
– – KO	Korrespondenz
– – PA	Personalakte
– – RS	Rundschreiben
BDC	Berlin Document Center, Berlin
– – KO	Korrespondenz
– – PA	Parteiakte
– – SS	SS-Akte
BoE	Bank of England, London
BIZ	Bank für Internationalen Zahlungsausgleich
IMG	Verhandlungsniederschriften des internationalen Militärgerichtshofs, Nürnberg
LZB-NS	Landeszentralbank in Niedersachsen, Hannover
LZB-NRW	Landeszentralbank in Nordrhein-Westfalen, Düsseldorf
PRO	Public Records Office, London
St.A.	Staatsbankarchiv, Berlin
Uni.	Archiv von Unilever, Hamburg
UMT	Verhandlungsniederschriften des US Military Tribunal, Nürnberg
WWA/Omgus	Westfälisches Wirtschaftsarchiv, Dortmund, OMGUS-Akten

Kapitel I

1 Ansprache auf der Festsitzung des deutschen Sparkassen- und Giroverbandes, 28. September 1931.
2 Rede in Stuttgart, 24. Juni 1966.
3 Rede anläßlich seiner Abschiedsfeier, 27. August 1991 in Frankfurt.
4 Der Brief und die Antworten der Bank finden sich in BoE/OV 34/90.
5 Rede auf der Jahrestagung des IWF am 24. September 1990.
6 Unterdurchschnittliches Wachstum verzeichnete die Bundesrepublik in der Zeit von 1972 bis 1988, mit Ausnahme der Jahre 1976 und 1979.
7 Zu den Ländern, die sich Anfang der neunziger Jahre von der Bundesbank über die Gründung unabhängiger Notenbanken beraten ließen, gehören Chile, Argentinien, die Tschechoslowakei, Polen, Ungarn, Rumänien und die drei wiedergegründeten unabhängigen Staaten Estland, Lettland und Litauen. Im Jahr 1991 richtete die Bundesbank eine spezielle Abteilung ein, um ausländischen Notenbanken in einem größeren Ausmaß fachliche Hilfe leisten zu können; sie folgte damit einer seit langem bestehenden Praxis der Bank of England und der Banque de France.
8 In Dollar waren sechsundfünfzig Prozent der Weltwährungsreserven angelegt, der Yen lag mit elf Prozent auf dem dritten Platz; in britischen Pfund waren nur noch vier Prozent der Reserven angelegt. Jahresbericht 1991; Rede von Helmut Schlesinger, 21. Februar 1992.
9 Interview mit dem japanischen Finanzminister Tsuomo Hata, *Financial Times*, Februar 1992.
10 Interview mit dem *Spiegel*, 17. Februar 1992.
11 Vortrag in Königswinter, 10. Dezember 1993.
12 Vortrag in Paris, 15. Oktober 1993.
13 Geschäftsbericht der Bundesbank für 1974.
14 Derselbe Glaubenssatz lag auch der gefeierten Erklärung des britischen Premierministers James Callaghan auf dem Parteitag der Labour Party von 1978 zugrunde. Auch Helmut Schmidt hatte sich zu diesem Credo der Bundesbank erst bekehren müssen: Im Mai 1972 hatte er als Finanzminister noch erklärt, eine Inflation von fünf Prozent sei besser als fünf Prozent Arbeitslose.
15 Die Bundesbank übernahm das Gebäude, die Funktionen, die Traditionen und das Personal der Bank deutscher Länder. Um die Kontinuität zwischen den beiden Institutionen zu betonen, numeriert die Bundesbank ihre Monatsberichte nach einem System, das 1948 mit der Gründung der Bank deutscher Länder eingeführt wurde.
16 Mitglieder des Direktoriums, Mitglieder des Zentralbankrats und andere Vorstandsmitglieder der Landeszentralbanken. Näheres siehe Kapitel 5, 6 und Appendix.
17 Das Wort »Hüterin« wurde zuerst 1912 von Karl von Lumm verwendet, einem Mitglied des Direktoriums der Reichsbank (Aufsatz über »Diskont-

politik« in Schmollers Jahrbuch). Im Dritten Reich bezeichnete der Vizepräsident der Reichsbank Emil Puhl die Reichsbank in einer Rede, die er am 7. Januar 1943 hielt, als »Hüterin der Währung«. BAP/RB 25. 01./ 7132. Paul Oestreich nennt Hitler in seiner schmeichlerischen Biographie von Walther Funk den »Hüter und obersten Leiter von Deutschlands Währung«. *Walther Funk. Ein Leben für die Wirtschaft*, München 1941, S. 116.

18 Aidan Crawley, *The Rise of Western Germany 1945-1972*, London 1973, S. 49f.
19 Siehe dazu die Rede, die Otmar Issing, als Mitglied des Bundesbankdirektoriums für das Dezernat Volkswirtschaft zuständig, am 6. März 1922 in Innsbruck hielt.
20 Herman-Josef Dudler vor dem Treasury and Civil Service Select Committee des britischen Unterhauses im November 1980.
21 Die Zahlen über die britische Geldmenge Ende der siebziger und Anfang der achtziger Jahre geben ein verzerrtes Bild von der wirklichen Inflationsgefahr. Die Statistik wird durch die zunehmende Deregulierung des Finanzsektors aufgebläht, die zu einem schärferen Wettbewerb um Kredite und Depositen führte. Ironischerweise scheint in Deutschland 1992 und 1994 ein ähnlicher Vorgang stattzufinden, der teils durch ein raffiniertes Verhalten von Investoren und teils durch strukturelle Veränderungen im Zuge der Vereinigung – vor allem durch die zunehmende Verwendung der D-Mark als Parallelwährung in Mittel- und Osteuropa und in der ehemaligen Sowjetunion – verursacht wird.
22 J. von Spindler, *Kommentar zum Bundesbankgesetz*, 1960, Einleitung.
23 Die Einnahmen der Bundesbank kommen vor allem aus Kreditgeschäften mit deutschen Banken und den Zinsen ihrer Devisenreserven. Ihre Gewinne hängen von der jährlichen Neubewertung des übers Jahr gestiegenen oder gefallenen Wertes in D-Mark der Devisenreserven ab (die hauptsächlich in Dollar gehalten werden). Im Zeitraum von 1981 bis 1991 hat die Bundesbank rund 120 Milliarden D-Mark Gewinn an das Bundesfinanzministerium gezahlt.

Kapitel II

1 Brief Hitlers an Funk anläßlich seiner Ernennung zum Reichsbankpräsidenten. 19. Januar 1939.
2 Schacht, *1933 – Wie eine Demokratie stirbt*, Düsseldorf 1967, S. 7.
3 Rede in Frankfurt, 1. Oktober 1993.
4 Gesetz vom 15. Juni 1939. In der Präambel hieß es: »Die Deutsche Reichsbank untersteht als deutsche Notenbank der uneingeschränkten Hoheit des Reichs. Sie dient der Verwirklichung der durch die nationalsozialistische Staatsführung gesetzten Ziele im Rahmen des ihr anvertrauten Auf-

gabenbereichs, insbesondere zur Sicherstellung des Wertes der deutschen Währung.« In Par. 1 wurde die Reichsbank »dem Führer und Reichskanzler unmittelbar unterstellt«.
5 Par. 3 des Bundesbankgesetzes vom 26. Juli 1957: »Die Deutsche Bundesbank regelt mit Hilfe der währungspolitischen Befugnisse, die ihr nach diesem Gesetz zustehen, den Geldumlauf und die Kreditversorgung der Wirtschaft mit dem Ziel, die Währung zu sichern, und sorgt für die bankmäßige Abwicklung des Zahlungsverkehrs im Inland und mit dem Ausland.«
6 Par. 12 Bundesbankgesetz: »Sie ist bei der Ausübung der Befugnisse, die ihr nach dem Gesetz zustehen, von Weisungen der Bundesregierung unabhängig.«
7 Rede vor Mitarbeitern der Reichsbank am 11. November 1941 in Berlin.
8 Ludwig Erhard, *Wohlstand für alle*, Düsseldorf 1957.
9 Karl Schillers berühmte Worte fielen erstmals in einer Parlamentsdebatte Mitte der sechziger Jahre.
10 *Einschätzung zur Stabilität der Währung der DDR*, 1989, St.A.
11 *Hitlers Tischgespräche*, 11. August 1942.
12 De Maizière wurde von denselben Kräften zu Fall gebracht, die ihn für die sechs dramatischen Monate von April bis Oktober 1990 zum Ministerpräsidenten der DDR gemacht hatten. Im September 1991 wurde er aufgrund hartnäckiger Gerüchte, er habe als Spitzel für den Staatssicherheitsdienst der DDR gearbeitet, zum Rücktritt als stellvertretender Vorsitzender der wiedervereinigten CDU gezwungen.
13 Die Größe der Sparguthaben, die eins zu eins umgetauscht werden konnten, durfte maximal betragen: 2000 DDR-Mark pro Kind unter vierzehn Jahren, 4000 DDR-Mark pro Erwachsener bis sechzig und 6000 DDR-Mark für Rentner und Pensionäre. Für höhere Summen galt die weniger günstige Umtauschrate von zwei zu eins. Siehe Kapitel 8.
14 *Kunst dem Volk*, Mai 1940.
15 In einem Artikel der Abteilung Volkswirtschaft und Statistik der Reichsbank vom Februar 1941 über das Reichsbankgebäude. BAP/RB 25.01/6365.
16 Das Reichsbankgebäude wurde von 1954 bis 1957 vom Finanzministerium der DDR genutzt.
17 Der Autor wurde am 1. Juli 1990 Zeuge dieser Szene.
18 Gespräch mit dem Autor in Bonn, 18. Juni 1990.
19 Gespräch mit dem Autor in Berlin, 24. November 1989.
20 Gespräch mit dem Autor in Frankfurt, 23. April 1991.
21 Der Chefredakteur Wilhelm Korspeter und der Geschäftsführer Gustav Schmidt-Küster griffen Pöhl kräftig unter die Arme, als er seine Ausbildung bei der Zeitung mit achtzehn begann. Sie finanzierten ihm die ersten drei Semester an der Hochschule für Arbeit, Politik und Wirtschaft in Bremerhaven.
22 Otmar Emminger, Pöhls Vorgänger als Bundesbankpräsident, schreibt in

seinen Memoiren boshaft, Pöhl sei bei vielen wichtigen währungspolitischen Entscheidungen der frühen siebziger Jahre im Urlaub gewesen. Emminger, *D-Mark, Dollar, Währungskrisen,* Stuttgart 1986.

23 Interview mit dem *Wall Street Journal,* 25. Januar 1990.
24 Bundesbank-Protokoll der Pressekonferenz vom 16. Mai 1991.
25 Brief an den Reichspräsidenten Hindenburg vom 16. März 1933. BAK.
26 Wäre der Rat effektiv gewesen, hätte er die Bundesbank hindern können, Entscheidungen über die Zinssätze ohne vorherige Rücksprache mit den Franzosen zu treffen — ein untragbarer Zustand. Es gelang der Bundesbank, die Bestimmungen des Vertrags so zu verwässern, daß der Rat nicht wie von den Franzosen gewünscht bindende Entscheidungen treffen konnte, sondern auf eine beratende Funktion beschränkt war.
27 Ende 1987 schlug Stoltenberg vor, parallel zur Senkung der Zinssätze gegenüber den USA feste Interventionsverpflichtungen zur Stützung des Dollars einzugehen. Pöhl und seine Kollegen bei der Bundesbank lehnten diesen Vorschlag als potentiell inflationistisch ab. Außerdem kam es zu scharfen Auseinandersetzungen über die (später wieder aufgehobene) Entscheidung der Regierung von 1988, eine Quellensteuer zum Ausgleich des Haushaltsdefizits zu erheben. Die Entscheidung veranlaßte Sparer, ihr Geld im Ausland anzulegen, und schwächte die D-Mark.
28 Gespräch mit dem Autor in Kronberg, 16. August 1991.
29 Außerhalb seiner beruflichen Arbeit ist Schlesinger vor allem als Vorsitzender der Freiherr von Stein-Gesellschaft tätig, einer Vereinigung von Beamten und Managern, deren Arbeit besonders kommunalpolitischen Angelegenheiten gilt. Schlesinger übernahm den Vorsitz 1990 vom Stuttgarter Oberbürgermeister Manfred Rommel, in Vorbereitung seiner Pensionierung bei der Bundesbank, mit der er 1992 rechnete.
30 Schlesinger meinte, die Frage sei »berechtigt« ob man sich »in Hinblick auf den Zeithorizont nicht noch etwas flexiblere Vorstellungen machen muß, als das in dem Vertrag von Maastricht vorgeschrieben ist.« Bundesbank Magazin, September 1993.
31 Rede in Frankfurt, 1. Oktober 1993.
32 *Der Volkswirt,* 15. September 1965.
33 Pöhl verließ die Bundesbank mit einer Beamtenpension in Höhe von 75 Prozent seines Grundgehalts als Bundesbankpräsident, was einem Betrag von über 350 000 D-Mark pro Jahr entspricht. Er wurde auch Mitglied des Aufsichtsrats bei einer Reihe renommierter Unternehmen, so bei Bertelsmann, Unilever, Shell, der Züricher Versicherung, IBM World Trade und der niederländischen Investmentgruppe Robeco. Außerdem wurde er Mitglied im Beirat von J. P. Morgan und General Electric.
34 Was die wahren Umstände seines Rücktritts betraf, wurde Pöhl in einer nur wenig publizierten Rede am deutlichsten, die er am 1. Juni 1991 in Zürich hielt. Dort klagte er, man habe den Rat der Bundesbank während des Vereinigungsprozesses oft nicht befolgt und manchmal nicht einmal eingeholt.

35 Rede anläßlich der Auszeichnung mit dem Preis der Ludwig-Erhard-Stiftung für Wirtschaftspublizistik im Jahr 1991.
36 Von Schacht und sieben weiteren Mitgliedern des Reichsbankdirektoriums unterzeichnetes Memorandum vom 7. Januar 1939, das die Entlassung des Präsidenten und fünf weiterer Mitglieder zur Folge hatte.
37 Telefongespräch mit dem Autor, 12. August 1991.
38 Gespräch mit dem Autor in Frankfurt, 14. Juni 1991.
39 Rede in Frankfurt, 1. Oktober 1993.
40 Die Feier fand am 27. August 1991 statt, vier Wochen, nachdem Pöhl zurückgetreten war.
41 Einen ähnlichen Ton hatte Emminger 1978 in seiner Rede zum dreißigsten Geburtstag der D-Mark angeschlagen: Die wichtigste Erfahrung dieser dreißig Jahre bestehe darin, daß die Aufrechterhaltung der Geldwertstabilität permanente Anstrengung erfordere; sie sei ein ständiger Abwehrkampf gegen Bedrohungen und Gefahren von innen und außen.
42 Am 1. Mai 1937; Mitgliedsnummer 5226547. BDC/PA.
43 Emminger wurde 1938 in München Assessor.
44 Feier in Frankfurt, 20. Dezember 1979.
45 Feier in Frankfurt, 20. Dezember 1979.
46 Rede anläßlich der Amtsübernahme als Klasens Nachfolger 1977.
47 Feier in Frankfurt, Januar 1970.
48 Vocke war ein Protegé Rudolf Havensteins (Reichsbankpräsident 1908 bis November 1923) und Otto Georg von Glasenapps (Vizepräsident der Reichsbank 1907 bis 1924).
49 Vocke wurde erst Anfang Februar 1939 entlassen, also nicht unmittelbar nachdem das Direktorium das Memorandum übergeben hatte. In seinen Memoiren schreibt Vocke, er habe im Juli 1938 einen ersten Entwurf des Memorandums vorgelegt, der später verwässert worden sei. Seine zentrale Rolle in der Affäre sei jedoch von den deutschen Behörden nicht erkannt worden. »Schacht, Dreyse und Hülse wurden sofort entlassen. Und ich? Mich hatte man vergessen. Niemand kannte mich in Hitlers Umgebung.« Vocke, *Memoiren*, Stuttgart 1973, S. 103, 110. Im Februar 1986 veröffentlichte die Bundesbank im Rahmen einer Ausstellung zum hundertsten Geburtstag Vockes einen Entwurf für das spätere Memorandum, der vom Oktober 1938 datiert.
50 Über seine Aktivitäten als Reichsbankbeamter unter Hitler schreibt Vocke, er habe in den ersten Morgenstunden üblicherweise einen Ausritt im Tiergarten gemacht. »Nach 10 Uhr traf ich in der Bank ein, um vor 13 Uhr schon wieder zu verschwinden.« *Memoiren*, S. 102.
51 Friedrich Wilhelm von Schelling, ein Reichsbankbeamter, der später Präsident der Hamburger Landeszentralbank wurde, bestätigte, daß Vocke in der Reichsbank allgemein den Ruf außergewöhnlicher Faulheit genoß. Gespräch mit dem Autor in Hamburg, 5. Juli 1991.
52 Von Vocke verfaßtes Reichsbank-Memorandum vom 20. November 1930. BAK R. 431/310.

53 Vocke behauptet, er habe den außergewöhnlichen Weitblick besessen, Schacht bereits 1931 vor Hitler zu warnen. Vocke, *Memoiren*, S. 99.
54 Er gehörte dem Kuratorium der Kaiser-Wilhelm-Gesellschaft für ausländisches und internationales Privatrecht an, ein Posten, den er 1926 auf Vorschlag von Hjalmar Schacht angenommen hatte. Die Aktivitäten der Gesellschaft während des Krieges waren jedoch sehr begrenzt.
55 »Es soll nicht pietätlos klingen, wenn ich behaupte, daß das Unglück, das über uns hereinbrach, sich schließlich für meine Entwicklung auch günstig ausgewirkt hat... Hätte mein Vater lange gelebt, so hätten sich schwere Spannungen ergeben.« Vocke, *Memoiren*, S. 19.
56 Artikel in der *Zeitschrift für das gesamte Kreditwesen*, 1. Juli 1971.
57 Vocke, *Memoiren*, S. 155.
58 Vocke, *Memoiren*, S. 156.
59 Bernard war ein bescheidener früherer Beamter des Reichswirtschaftsministeriums, den man 1935 gezwungen hatte, den Dienst zu quittieren, weil seine in Griechenland geborene Frau Halbjüdin war. Er und Vocke führten von 1948 bis 1957 gemeinsam die Bank deutscher Länder.
60 Ansprache vor dem Zentralbankrat der Bank deutscher Länder, 1. Juni 1948.
61 »Schwieriger Start der neuen Zentralbank«, *Zeitschrift für das gesamte Kreditwesen*, 15. Juni 1973.
62 Aussage Wilhelm Vockes vom 3. Mai 1946, IMG XIII, S. 65. Siehe auch Schacht, *76 Jahre meines Lebens*, 1953, S. 621.
63 Da es der Bundesrepublik gelang, eine Serie von Handelsbilanzüberschüssen zu erzielen, die bis in die neunziger Jahre anhielt, konnte Vocke seinem Nachfolger Blessing Goldreserven im Wert von elf Milliarden und Devisen im Wert von sieben Milliarden D-Mark übergeben.
64 Siehe Rede vor dem Zentralbankrat, 1. Juni 1948.
65 Rede auf der Tagung des Sparkassenverbands am 12. März 1950 in Hamburg.
66 Das Dritte Reich hielt an der nominellen Goldparität fest, die für die Reichsmark zum ersten Mal 1871 gegolten hatte. Die Reichsmark wurde während des ganzen Dritten Reiches mit einem Umrechnungskurs von 2,50 pro Dollar notiert, wie er mit der Abwertung des Dollars 1933 eingeführt worden war. In Anbetracht der verschiedenen Wechselkurse, die für den Außenhandel eingeführt wurden, und der Subventionen, die den Export erleichtern sollten, errechneten Reichsbankbeamte nach dem Krieg, daß der tatsächliche Wert der Reichsmark zwischen 3,3 und 3,5 Reichsmark pro Dollar betragen hatte. Auch die Bank of England kam 1936 zu dem Schluß, daß die Reichsmark seit 1933 de facto um dreißig Prozent abgewertet worden war. Notiz am 27. Mai 1936. BoE/OV 34/7.
67 Rede über »Deutschland in der Weltwirtschaft«, Leipzig, 4. März 1935.
68 Rede auf einer Fortbildungsveranstaltung für Reichsbankbeamte, 20. Juni 1938. BB/RS.
69 »Die Entwicklung der Währungen und die Möglichkeiten einer Stabilisie-

rung«, Rede an der Berliner Wirtschaftshochschule, 16. Februar 1938. BAP/RB 25.01/3413.
70 Rede während eines Essens zu Ehren von Blessing und Bundesbankvizepräsident Heinrich Troeger, der ebenfalls in den Ruhestand trat. Frankfurt, 4. Dezember 1969.
71 Am 1. Mai 1937; Mitgliedsnummer 5917306. BDC/PA.
72 UMT, Case V, 18. August 1947.
73 Blessing datierte seine Entlassung auf den 2. Februar 1939. UMT-Flick, 18. August 1947.
74 Viele Mitglieder des Kreises, der sich in unregelmäßigen Abständen zum Tee oder zu Besuchen wichtiger Rüstungsbetriebe traf, gehörten der SS an. Blessing sagte im Verhör, er habe Himmler 1939 und 1940 dreimal in diesem »Kreis« gesehen, sei ihm 1941 und 1942 jedoch überhaupt nicht begegnet.
75 Vocke, *Memoiren*, S. 164.
76 Auf einer Liste, die 1943 von dem Leipziger Bürgermeister Carl Friedrich Goerdeler, später eine Schlüsselfigur des Widerstands, vorgelegt wurde, war Blessing als Reichsbankpräsident vorgesehen; Bodo von Wedel, ein anderer bekannter Reichsbankbeamter, sollte Vizepräsident werden. Eine spätere Liste, die der Gestapo in die Hände fiel, sah Blessing als Wirtschaftsminister vor, eine Position, die die Reichsbankpräsidentschaft eingeschlossen hätte. Siehe Gerhard Ritter, *Carl Goerdeler und die deutsche Widerstandsbewegung*, Stuttgart 1954.
77 UMT, 18. August 1947.
78 *Hitlers Tischgespräche*, 13. Oktober 1941 (mittags).
79 Brief Blessings an Al. Ottulescu, den Präsidenten der rumänischen Zentralbank, vom 8. Oktober 1941. BAP/RB 25.01/6330.
80 Brief Funks, in dem er den Vorschlag ablehnt, Blessing als ständigen wirtschaftlichen Berater nach Rumänien zu entsenden; 19. Juni 1944. BAK.
81 Vortrag gehalten auf einer Unterrichtswoche für Beamte der Reichsbank, 7. Mai 1935. BAP/RB 25.01/6514.
82 Auch wenn »es ganz einfach nicht möglich [ist], eine Volkswirtschaft wie die deutsche durch eine Deflation erneut zur Untertemperatur zu verdammen und damit das Gespenst der Arbeitslosigkeit mit allen seinen sozialen Rückwirkungen erneut hervorzurufen«, wertete Deutschland die Reichsmark nicht ab. »Wir wollen weder auf die Arbeitsbeschaffungspolitik verzichten – wenn wir auch ihre Grenzen kennen – noch wollen wir das Vertrauen des deutschen Volkes zu seiner Währung enttäuschen ... Die beste Sicherung der Währung ist nicht die Zusammensetzung der Aktiven der Zentralbank; auch nicht, wie das deutsche Beispiel zeigt, das Deckungsverhältnis der Noten; die beste Sicherung ist das Vertrauen, das die Bevölkerung der Staatsführung und damit der Währung entgegenbringt.« Rede an der Verwaltungsakademie in Berlin, 22. Januar 1935. BAP/RB 25.1/6398.

83 Der »Nationalsozialismus [hat] den Vorrang der Politik des Staates vor der Wirtschaft eindeutig stipuliert«, und die Zentralbank ist zum »Vollstrecker des staatlichen« Willens geworden.

84 »Die deutsche Handelspolitik an der Jahreswende«, *Die deutsche Volkswirtschaft*, Januar 1936.

85 »Drei Jahre Neuer Plan«, Rede vom 28. November 1937. BAP/RB 25.1/3413.

86 In einer Rede vor den Beschäftigten der Österreichischen Nationalbank vom 21. März 1938 stellte Schacht Blessing als den Mann vor, »der künftig die österreichischen Angelegenheiten in Berlin betreuen wird«. BB/RS.

87 Rede in Berlin am 2. Juni 1938. BAP/RB 25.01/6389.

88 Blessing hatte Unilever in seiner Zeit als Beamter geholfen, Devisenkontrollen zu umgehen und Finanzmittel aus »blockierten« in Deutschland akkumulierten Guthaben, deren Transfer ins Ausland gesperrt war, in ihr Mutterland abzuführen. Siehe dazu die Briefe von Paul Rijkens, Chef des kontinentalen Zweigs von Unilever, an Blessing (26. April 1937), Keppler (16. November 1937) und Blessing (16. November 1937). Uni. Unilever hatte große Bargeldüberschüsse in Deutschland akkumuliert, die wegen der Politik der »Sperrmark« nicht in Form von Dividenden ins Ausland transferiert werden konnten. Von 1935 bis 1937 handelte Blessing mit Rijkens in einer Serie von Zusammenkünften eine komplizierte Abfolge finanzieller Transaktionen aus, aufgrund derer das akkumulierte Geld zum Bau von Schiffen verwendet werden konnte. Zwischen 1935 und 1939 wurden mit dem Geld von Unilever verschiedene Schiffe mit einer Tonnage von insgesamt 300 000 Tonnen gebaut. Einige wurden von den in Deutschland operierenden Unilever-Betrieben genutzt, andere wurden exportiert und für Gulden oder Pfund verkauft. Siehe Charles Wilson, *The History of Unilever*, Bd. 2. Siehe auch Unilever-Memorandum vom 2. November 1936, in dem die Vergabe von Produktionsaufträgen für Investitionsgüter an große deutsche Konzerne wie Siemens, Otto Wolff, AEG, Gutehoffnungshütte diskutiert wird, die mit »blockierten« Mitteln finanziert werden sollten.

89 Hitler war sich über diese Tatsache völlig im klaren, als er im Oktober 1933 den Unilever-Vorstandsvorsitzenden Charles d'Arcy Cooper und Paul Rijkens, den eigentlichen Chef des kontinentalen Zweigs der Firma, empfing. Er versicherte den beiden, die Interessen des Konzerns würden vom nationalsozialistischen Staat geschützt. Uni. Brief des Reichswirtschaftsministers an die Margarine-Verkaufs-Union vom 26. Oktober 1933 mit einem Bericht über das Treffen mit Hitler am 24. Oktober 1933. Die Direktoren von Unilever erkundigten sich besorgt, ob die Tochterfirmen ausländischer Konzerne im nationalsozialistischen Deutschland benachteiligt werden würden, und Hitler versicherte ihnen, daß ausländische und deutsche Firmen nicht unterschiedlich behandelt würden. Siehe auch Brief des Reichswirtschaftsministeriums vom 27. November 1935 an Unilever, in dem bestätigt wird, daß der Staat die Selbstbestimmung der

Margarineindustrie nicht antasten würde und daß Firmen in ausländischem Besitz keine Nachteile zu befürchten hätten.
90 Blessing deutete nach dem Krieg an, sein Eintritt in Unilever sei eine Art Affront gewesen, da Unilever, wie er behauptete, in Deutschland als »jüdisch und kapitalistisch« verschrien gewesen sei. Siehe UMT, 18. August 1944, und ein internes Dokument der Bundesbank von 1965. Die Spenden, die Unilever der NSDAP 1939 und 1940 zukommen ließ (je 15000 Reichsmark), waren laut Blessing lediglich ein Versuch, die Beziehungen des Konzerns zum NS-Staat zu verbessern.
91 Ein Reichsbankmemorandum vom Mai 1940 bietet einen entlarvenden Einblick in die wichtigsten wirtschaftlichen Gründe für die deutsche Invasion der Niederlande: Holland sei »ein Land, das 110 Jahre lang nicht mehr Krieg geführt habe und über große Reichtümer verfüge... Die holländische Wirtschaft habe in der letzten Zeit reiche Vorräte aller Art angesammelt, die der deutschen Wirtschaft nutzbar gemacht werden und die ihre Lage erleichtern könnten.« Besondere Aufmerksamkeit wurde in dem Memorandum den Vorräten »an Margarine-Rohstoffen des Unilever-Konzerns« geschenkt, und es wurde darauf hingewiesen, daß »der Unilever-Konzern mit seinen zahlreichen Margarinebetrieben und verwandten Unternehmungen... von großer Bedeutung« sei. Das Memorandum vom Mai 1940 (»Was können wir von Holland erwarten«) bezieht sich auf ein Gespräch mit von Boeckh, einem Holland-Experten im Reichswirtschaftsministerium, der später Reichskommissar für die besetzten niederländischen Gebiete wurde. BAP/RB 25.01/7006.
92 Die beiden anderen waren der Präsident Heinrich Schicht und Karl Lindemann.
93 Die drei »Verwalter der großdeutschen Interessen des Unilever-Konzerns« wurden vom Reichskommissar für die Behandlung feindlichen Vermögens eingesetzt.
94 Die Berufung eines Reichskommissars für den Unilever-Konzern in Person von Staatssekretär Dr. Posse wurde im Reichsanzeiger vom 30. Juni 1941 bekanntgegeben. Als Begründung hieß es: »Diese Neuordnung erfolgt aus wirtschaftspolitischen Gründen im Hinblick auf die Entwicklung der europäischen Großraumwirtschaft.« Blessing sagte nach dem Krieg, er sei im September 1941 bei Unilever hinausgeworfen worden. Dies sei das Ergebnis eines Streits mit Göring gewesen, dadurch verursacht, daß er, Blessing, gegen die Einschleusung von Nazi-Agenten bei Unilever protestiert habe. Blessing sagte, man habe ihn »gezwungen«, eine neue Stelle anzunehmen. »Der Grund war im wesentlichen, daß die Gestapo bzw. der SD den Wunsch hatte, Vertrauensleute in die weitverzweigten Unilever-Interessen hineinzusetzen, und daß die Herren wußten, daß sie dies nicht erreichen würden, solange ich eine führende Stellung in dem Konzern einnahm.« UMT, 27. August 1947; interne Notiz der Bundesbank; Mitteilung an Reinhard Vogelsang, dokumentiert in: *Der Freundeskreis Himmler*, Göttingen 1973.

95 Blessing war eines der Gründungsmitglieder des 28köpfigen Aufsichtsrats der Kontinentale Öl, in dem so ziemlich das gesamte wirtschaftliche Establishment Deutschlands vertreten war, darunter Walther Funk, Görings Berater Wilhelm Keppler und Fritz Kranefuß (die beiden Hauptorganisatoren des Freundeskreises), Carl Krauch von der I.G. Farben, Karl Rasche von der Dresdner Bank und Hermann Josef Abs von der Deutschen Bank. Dokument über die Gründung der Kontinentale Öl AG. BAK R. 176/2.

96 Das Kapital der Kontinenale Öl AG von achtzig Millionen Reichsmark war auf dreizehn Aktionäre verteilt, wobei das Reich — vertreten durch die Borussia-Beteiligungs-GmbH — dreißig Millionen Reichsmark hielt. Auch die Banken hielten insgesamt dreißig Millionen; die Deutsche Bank und die Dresdner Bank hatten mit je siebeneinhalb Millionen die größten Anteile; der Rest verteilte sich auf Commerzbank, Reichs-Kredit-Gesellschaft und Berliner Handelsgesellschaft. Öl- und andere Industriekonzerne wie die I.G. Farben besaßen einen Anteil von insgesamt zwanzig Millionen.

97 *Staatsanzeiger*. BAK, R. 176/2.

98 Produktion und Exploration in Rumänien wurden im Laufe des Krieges immer stärker beeinträchtigt und brachen 1944 nach dem Einmarsch der Russen ganz zusammen.

99 In dem Brief von Dr. Becker, Erdölraffinerie Trzebania, ist außerdem von »erhöhtem Unterkunftsaufwand und starkem Ausfall infolge Krankheit« die Rede; 1. März 1945. BAK, R.176/2.

100 Der deutsche Vorschlag wurde von der Bank of England auf Anraten des Foreign Office abgelehnt. Notiz vom 29. April 1958, BoE/OV 34/243.

101 Rede in Frankfurt am 7. Januar 1958. Er machte außerdem den Beschäftigten ein Versprechen: »Ich weiß aus meiner alten Reichsbankarbeit, welcher Hingabe die Angehörigen der Notenbank fähig sind, weil sie sich bewußt sind, daß sie einer großen Sache dienen. Bringen Sie mir Vertrauen entgegen, und ich verspreche, Ihnen ein gerechter und verständnisvoller Dienstherr zu sein.«

102 Rede vor den Personalvertretern der Bundesbank am 18. März 1958 in Frankfurt.

103 Diese Erinnerung verdankt der Autor Lord Roll.

104 Gespräch auf einer Konferenz von Zentralbankern in der Bank für Internationalen Zahlungsausgleich in Basel, wiedergegeben von Charles Coombs, dem Chef der Devisenabteilung der Federal Reserve Bank von New York. »Blessing«, schrieb Coombs, »setzte seine gewaltige Autorität mutig und mit gutem Gespür für seine weltweiten finanzpolitischen Verpflichtungen ein. Ich hielt ihn für einen der wirklich großen Männer seiner Zeit.«

105 Trauerrede vom 5. Mai 1971.

Kapitel III

1 Rede vor dem Bundesverband der Deutschen Industrie in Köln, 23. Mai 1956.
2 Gespräch mit dem Autor in Hamburg, 4. Juni 1991.
3 Gespräch mit dem Autor in Frankfurt, 29. April 1991.
4 Albert Speer beschreibt in seinem Buch *Der Sklavenstaat*, Stuttgart 1981, ein Mittagessen mit Funk in der Reichsbank Mitte September 1943.
5 Pöhl bekam seinen ersten Ehrendoktor Ende der achtziger Jahre von der Georgetown University, Washington. Sein Förderer Ferdinand von Galen, der Vorsitzende der Frankfurter Börse, wurde später durch einen Skandal um die Privatbank Schröder, Münchmeyer und Hengst diskreditiert.
6 Die Transaktionen der Bundesbank mit Geschäftsbanken laufen weitgehend über die Landeszentralbanken und nicht über den Stammsitz in Frankfurt.
7 Die Bundesbank ist mit dieser Geheimhaltung sehr viel strenger als die Federal Reserve, die das Sitzungsprotokoll ihres Open Market Committee bereits nach sechs Wochen veröffentlicht. Die Bank of England dagegen gestattet die uneingeschränkte Veröffentlichung der Sitzungsprotokolle ihres inneren Entscheidungsträgers, des Court, erst nach hundert Jahren.
8 Helmut Schlesinger soll sich als Vizepräsident 1980 bis 1991 für eine weniger umfassende Protokollierung der Bundesbankberatungen eingesetzt haben.
9 Gespräch mit dem Autor in Düsseldorf, 24. April 1991.
10 Gespräch mit dem Autor in Jesteburg, 8. Oktober 1987.
11 Die Präsidenten der Landeszentralbanken werden offiziell vom Bundesrat ernannt. Nach Rücksprache mit dem Zentralbankrat folgt der Bundesrat dem Vorschlag des betreffenden Landes. Der Zentralbankrat hat sich in der Vergangenheit schon mehrmals negativ über einen bestimmten Kandidaten geäußert, ohne daß der Bundesrat darauf reagiert hätte.
12 Die Direktoriumsmitglieder werden vom Bundespräsidenten auf Vorschlag des Kanzlers ernannt.
13 Auf einem Empfang in Bremen zu Ehren von Nemitz' sechzigstem Geburtstag am 10. Juli 1985.
14 Interview mit der Frankfurter Allgemeinen Zeitung, 24. Januar 1993.
15 Rede in London, 2. Februar 1993.
16 Bericht des Bundesrechnungshofs vom 16. Oktober 1989.
17 Das Bundesbankgesetz sieht ein Direktorium mit bis zu zehn Mitgliedern vor, aber Pöhl wollte die Größe des Gremiums auf sechs Mitglieder beschränken. Da die Stimme des Bundesbankpräsidenten im Direktorium anders als im Zentralbankrat bei Stimmengleichheit entscheidet, bedeutete das, daß Pöhl im Direktorium nur zwei Verbündete brauchte, um sich durchzusetzen.

18 Issing, Unabhängigkeit der Notenbank und Geldwertstabilität, Akademie der Wissenschaften und der Literatur, Stuttgart 1993, 31/32.
19 Rede in Frankfurt, 14. Oktober 1993.
20 Rede in Zermatt, 8. August 1993.
21 Gespräch mit dem Autor in London, 27. März 1991.
22 Ein ungewöhnlicher Gast auf einer Sitzung des Zentralbankrats war Oskar Lafontaine, Ministerpräsident des Saarlands. Er nahm an einer Sitzung im Juni 1987 teil, die als eine der »auswärtigen« Veranstaltungen der Bundesbank in Saarbrücken stattfand.
23 Die Sitzung fand am 24. September statt, kurz bevor Pöhl nach Washington reiste. Der Mindestzins für die wöchentlichen Wertpapierrückkäufe durch die Bundesbank wurde auf 3,6 Prozent gegenüber bisher 3,5 Prozent erhöht.
24 In dem Bestreben, die Geldmarktverhältnisse durch die Wertpapierpensionsgeschäfte knapp zu halten, wurde Schlesinger vor allem durch Lothar Müller (Bayern), Johann Baptist Schöllhorn (Schleswig-Holstein) und Hans Wertz (Nordrhein-Westfalen) unterstützt.
25 Mit Ausnahme von Kurt Nemitz aus Bremen, für seine nachgiebige Haltung in der Zinspolitik bekannt, waren alle Mitglieder des Zentralbankrats – im Dezember 1991 sechzehn – anwesend. Zwei Mitglieder enthielten sich der Stimme. Wäre Nemitz anwesend gewesen, hätte er gegen die halbprozentige Zinserhöhung gestimmt, und dann wäre der zurückhaltendere Vorschlag von Schlesinger und Tietmeyer mit Sicherheit durchgekommen.
26 Eine Erhöhung des Zinssatzes hat normalerweise Klagen der Bundesregierung zur Folge. Daß die Regierung Kritik an einer Lockerung des Kurses äußert wie im Februar 1961, ist selten. Siehe Kapitel VII.
27 Gespräch mit dem Autor in Hannover, 30. April 1991.
28 Gespräch mit dem Autor in Hamburg, 4. Juni 1991.
29 Gespräch mit dem Autor in Bad Homburg, 17. Mai 1991. Siehe auch Carl Wagenhöfer. Der Föderalismus und die Notenbankverfassung, München 1957.
30 Gespräch mit dem Autor in Kiel, 4. Juni 1991.
31 Gespräch mit dem Autor in Basel, 6. März 1991.
32 Auch wenn man sich privat duzt, bei offiziellen Sitzungen siezen die Zentralbanker einander. Der Präsident wird bei solchen Gelegenheiten üblicherweise mit »Herr Präsident« oder »Herr Vorsitzender« angeredet.
33 Das einzige Mitglied des Zentralbankrats, mit dem Schlesinger sich in der Vergangenheit duzte, war Alfred Härtl, der lebenslustige Chef der hessischen Landeszentralbank. Am Ende seiner sechzehnjährigen Mitgliedschaft im Zentralbankrat drängte Härtl allen Kollegen das »Du« auf.
34 Karl Otto Pöhl verbrachte übrigens als Junge im Krieg einige Monate in Clausthal-Zellerfeld, in das er aus dem zerbombten Hannover evakuiert worden war.
35 Zwischen der Bank of England und der Bundesbank gibt es sportliche

Wettkämpfe in Fußball, Karate, Badminton, Langstreckenlauf, Tennis, Tischtennis und Schwimmen. Auch mit Frankreich, Belgien, Italien und Österreich und der Bank für Internationalen Zahlungsausgleich mißt man sich in vielfältigen Sportarten. Eine Besonderheit sind die Schachturniere mit italienischen, österreichischen und holländischen Mannschaften.

36 Gespräch mit dem Autor in Frankfurt, 32. Mai 1991.
37 Vb 2201 etwa bezeichnet einen relativ kleinen Beschäftigten aus einer Unterabteilung der Hauptabteilung Verwaltung und Bau, A 231 einen untergeordneten Beschäftigten der Hauptabteilung Ausland.
38 Das für die Ausgabe von Noten und Münzen zuständige Direktoriumsmitglied (Hauptabteilung H für Hauptkasse) hat die römische Ziffer I, der für Statistik (S) und Volkswirtschaft (Vo) zuständige Experte die II. Das für internationale Währungsangelegenheiten zuständige Direktoriumsmitglied hat Ziffer III; er ist oberster Chef der Hauptabteilung Ausland (A) und der Hauptabteilung J, zuständig für Fragen des internationalen Geldverkehrs. Der Dezernent der Hauptabteilung Organisation hat die Ziffer IV, der Dezernent der Hauptabteilung Banken die V.
39 Die Statistikabteilung ist aber stolz auf ihre außergewöhnlich gute Ausstattung. Die Hauptabteilung macht, was für eine Zentralbank eher ungewöhnlich ist, auch Zahlungsbilanzstatistiken. Vor 1945 war dafür das Statistische Reichsamt zuständig, nach dem Krieg wies man diese Aufgabe der Bank deutscher Länder zu, um ein höheres Maß an Genauigkeit und Objektivität sicherzustellen. 4700 deutsche und ausländische Banken geben ihre monatliche Bilanzstatistik an diese Hauptabteilung weiter.
40 Das Dokument von etwa achtzig Seiten enthält kurze Berichte über neueste monetäre und makroökonomische Entwicklungen, die Situation auf den Aktienmärkten, die Lage der öffentlichen Haushalte und die Zahlungsbilanz. Dazu kommen drei bis vier zusätzliche Berichte über verschiedene Themen und ein ausführlicher Statistikteil.
41 Der Geschäftsbericht erscheint in einer Auflage von 65 000 Exemplaren, dazu kommen weitere 7500 Exemplare in englischer Übersetzung. Außerdem gibt die Bundesbank regelmäßig eine Zusammenstellung von Pressekommentaren deutscher und ausländischer Zeitungen heraus – die berühmten »Auszüge aus Presseartikeln« –, die etwa zwei- bis dreimal pro Woche in 19 500 Exemplaren erscheint.
42 In Auflagen von 5900 (englisch), 1000 (französisch) und 700 (spanisch).
43 Wolf arbeitete während des Krieges wie Otmar Emminger im Institut für Konjunkturforschung in Berlin und war von 1951 bis zu seinem Tod 1964 Direktoriumsmitglied der Bank deutscher Länder und der Bundesbank.
44 Sein Beharren auf strengen Grundsätzen bereitete der Regierung manchmal Schwierigkeiten, wenn die Bank deutscher Länder die Lage in öffentlichen Stellungnahmen anders einschätzte als die Bonner Regierung. Fritz Schäffer, in den fünfziger Jahren Finanzminister unter Adenauer,

schrieb deswegen einige verärgerte Briefe an Wilhelm Vocke. In einem Brief an Vocke vom 23. September 1943 mahnt er, die Bank deutscher Länder möge sich darauf beschränken, die Zahlen, die Bonn über die Haushaltssituation weitergab, zu »objektiven« Berichten zusammenzufassen. BB/PA Vocke.
45 Nach Wolfs Tod 1964 übertrug man dem damals 39jährigen Schlesinger die Verantwortung für die Monatsberichte. Schlesinger war Irmler unterstellt, dem für Volkswirtschaft zuständigen Direktoriumsmitglied.
46 Als Schlesinger 1972 Mitglied des Zentralbankrats wurde, leitete er dennoch weiterhin die Herausgabe der volkswirtschaftlichen Publikationen. Erst 1990 gab er diese Arbeit ab.
47 Gespräch mit dem Autor in Frankfurt, 17. Mai 1991.
48 Wie andere große europäische Zentralbanken hat die Bundesbank normalerweise mindestens drei Milliarden Dollar bei der Bank für Internationalen Zahlungsausgleich.
49 Die meisten europäischen Zentralbanken haben in den letzten Jahren große Teile ihrer Dollarreserven auf andere Währungen aufgesplittet. Doch die Bundesbank hat nach wie vor fast ihre gesamten Reserven in US-amerikanischer Währung angelegt.
50 Gespräch mit dem Autor in Frankfurt, 12. Juli 1991.
51 Nach Angaben der Bank für Internationalen Zahlungsausgleich beträgt das Verhältnis von Geldumlauf und Bruttosozialprodukt 1989 in Kanada 2,9 Prozent, in Großbritannien 3,0 Prozent, in Frankreich 4,0 Prozent, in den USA 4,4 Prozent und in Italien 5,5 Prozent. Höher lag der Prozentsatz in der Schweiz (8,6 Prozent) und in Japan (10,3 Prozent).
52 Die Bundesbank vergibt ihre Aufträge an zwei Firmen: an die regierungseigene Bundesdruckerei in Berlin und Neu-Isenburg und an zwei Werke der alteingesessenen privaten Banknotendruckerei Giesecke und Devrient in München. Wie schon die 1882 im Kaiserreich gegründete Reichsdruckerei konzentriert sich die Bundesdruckerei auf die Herstellung der 10-, 50- und 500-DM-Scheine. Die 1925 in Leipzig gegründete Firma Giesecke und Devrient zog nach Süddeutschland, als 1943 das Stammwerk zerstört wurde. Sie produziert vor allem die 5-, 20-, 100- und 1000-DM-Scheine.
53 Der »automatisierte Shredder«, der in Zusammenarbeit mit einer Tochterfirma von Giesecke und Devrient entwickelt wurde, kann zwischen 70 000 und 80 000 Banknoten täglich zerkleinern; davor werden die Banknoten sortiert und nach möglichen Fälschungen durchsucht. Ende 1991 waren achtzig der insgesamt vierhundert Geldsortiergeräte bereits mit dem neuen »Shredder« ausgerüstet.
54 Etwa vierzig Prozent der Bundesbankbediensteten sind Beamte. Ihr Gehalt liegt um zweiundzwanzig Prozent über den sonst üblichen Beamtentarifen. Bis 1976 betrug die Zulage noch dreißig Prozent, doch im Zuge öffentlicher Sparmaßnahmen wurde die Bankeinlage eingefroren. Erst seit 1990 darf die Zulage wieder leicht steigen.

55 Vocke greift in einem Brief an Finanzminister Fritz Schäffer vergeblich auf ein schon in Reichsbankzeiten verwendetes Argument zurück: »Unter dem Nazi-System war dies selbstverständlich«, schreibt er über die regierungsamtliche Kontrolle der Gehälter. Er fährt fort: »Aber wozu soll sich die Regierung damit belasten, daß sie jede Gehaltsposition der Bank im Parlament verteidigen muß?«

56 Klasen war bereits ein wohlhabender Mann, da er lange Zeit im Vorstand der Deutschen Bank gesessen hatte, davon drei Jahre als einer der Vorstandsvorsitzenden.

57 Die Bonner Regierung erfüllte Klasens Forderungen. Wie Schiller später erfuhr, bekam Klasen auch noch als Bundesbankpräsident beträchtliche Summen von der Deutschen Bank in Form einer stattlichen Pension. Die finanzielle Einbuße, die er in Kauf nahm, war also nicht so groß, wie er zuvor verkündet hatte. Ähnliche Überlegungen spielten 1979 eine Rolle: Damals bot Helmut Schmidt Wilfried Guth von der Deutschen Bank die Nachfolge von Emminger als Bundesbankpräsident an. Guth verdiente knapp eine Million Mark pro Jahr (auch aus seiner Tätigkeit als Mitglied verschiedener Aufsichtsräte) und hätte sehr viel höhere Einkommensverluste in Kauf nehmen müssen als Klasen. Er lehnte das Angebot ab, sagte aber, für seine Entscheidung habe nicht das Gehalt den Ausschlag gegeben. Gespräch mit dem Autor in Frankfurt, 18. März 1991.

58 Gespräch mit dem Autor in Hamburg, 5. Juli 1991.

59 Protokoll vom 6. Juli 1948. Klasen führte aus, daß die Bundesbank mit der Verzinsung der Gehaltskonten ihrer leitenden Beamten nur einer Praxis der großen Privatbanken folgte.

60 Die Mitglieder des Zentralbankrats haben außerdem ein Anrecht auf große Dienstwagen mit Chauffeur, die hauptsächlich als Statussymbol dienen. Der sparsame Landeszentralbankpräsident Dieter Hiss stieß auf Widerstand, als er einen schlichten Mercedes 200 statt eines luxuriösen Modells der S-Klasse kaufen wollte.

61 Die Summe von 380 000 D-Mark schließt eine feste Zulage von ungefähr 80 000 D-Mark ein. Die Mitglieder des Zentralbankrats gelten nicht als Beamte, sondern haben einen Sonderstatus. Sie werden jedoch in der Praxis insofern wie Beamte behandelt, als ihr Gehalt wie das aller Beamten in bestimmten Abständen automatisch steigt. Die Tantiemen von 80 00 D-Mark sind den Pensionen der Zentralbankmitglieder nicht anzurechnen. Über lange Zeit bis zum Ende der achtziger Jahre betrug die Zulage unverändert 40 000 D-Mark.

62 Die Bundesbank vergibt an ihre Beschäftigten Wohnungsbaukredite von bis zu 250 000 D-Mark zum niedrigen Zinssatz von sechs Prozent. Der Zinsvorteil muß versteuert werden.

63 Pöhl wies darauf hin, daß die Einkommen der Beschäftigten der Bundesbank seit 1975 um nur fünfzig Prozent gestiegen waren und damit weit hinter denen der Privatbanken zurücklagen. Dort waren die Gehälter um sechsundachtzig Prozent gestiegen.

64 Gespräch mit dem Autor in Frankfurt, 15. April 1991.
65 Gespräch mit dem Autor in Basel, 6. März 1991.

Kapitel IV

1 Rede vor dem Reichstag, 20. August 1915.
2 Rundfunksendung, 18. März 1933. BAP/RB 25.01/7163.
3 Vortrag gehalten auf der Unterrichtswoche für Reichsbankbeamte, 7. Mai 1935. BAP/RB 6514.
4 Im Mai 1871, kurz nach der Reichsgründung, betrug der Bargeldumlauf insgesamt 2,6 Milliarden Mark. Er bestand zu 76 Prozent aus Münzen (davon 63 Prozent Silbermünzen), zu 10 Prozent aus staatlichem Papiergeld und zu 14 Prozent aus Banknoten. Das Münzgesetz von 1873 gab außer dem Reich auch privaten Institutionen das Recht, Goldmünzen zu prägen, und führte aus praktischen Gründen den Goldstandard ein. Allerdings blieben auch Silbermünzen bis 1907 weiterhin gültig.
5 Verwaltungsbericht der Reichsbank für 1919, veröffentlicht im März 1920.
6 Hitler äußerte sich abfällig: Man könne die Stabilität einer Währung nicht auf den gesunden Menschenverstand der Bürger gründen. *Hitlers Tischgespräche*, 12. November 1941.
7 Zwischen 1875 und dem Vorabend des Ersten Weltkriegs wuchs die deutsche Bevölkerung von 42,5 auf 65 Millionen; die Kohleproduktion verfünffachte sich, und die gesamte wirtschaftliche Produktion stieg um 150 Prozent. Das Nettosozialprodukt betrug (in Preisen von 1913) 20,9 Milliarden im Jahr 1876 und war 1913 auf 52,4 Milliarden angewachsen.
8 Zur geldpolitischen Landschaft in Deutschland um die Mitte des 19. Jahrhunderts und zu den frühen Jahren der Reichsbank siehe Knut Borchard, »Währung und Wirtschaft« in: *Währung und Wirtschaft in Deutschland. 1876-1975*, Hg. Deutsche Bundesbank, Frankfurt 1976; Salamon Flink, *The German Reichsbank and Economic Germany*, New York 1930; Carl-Ludwig Holtfrerich, *Monetary Cooperation and the central bank question in the German Unification process during the 19the century*, 1988.
9 Bereits im Jahr 1838 schlug die Regierung Sachsens, des damals fortgeschrittensten Industriestaats in Deutschland, ein gemeinsames Münzsystem vor, dessen Grundeinheit den Wert von einem Drittel des preußischen Talers haben sollte – eine Lösung, die 1871 verwirklicht wurde. Sachsen schlug verschiedene Namen für die neue Währung vor, darunter auch »Deutsche Mark«, und plante eine dezimale Unterteilung in Pfennige. Der Vorschlag sah außerdem eine Silber- statt einer Goldwährung vor; er wurde von den anderen Ländern als zu radikal abgelehnt. Trotzdem einigten sich die deutschen Staaten in der Dresdner Münzkonvention von 1838 darauf, das System wesentlich zu vereinfachen; alle Teilnehmerstaaten wurden aufgefordert, entweder den Taler oder den Gulden als Grundeinheit der Währung zu übernehmen.

10 Im Jahr 1871 waren in Deutschland 140 verschiedene Geldsorten im Umlauf, darunter ausländische Münzen, Noten, die von den vielen deutschen Ländern und Stadtstaaten herausgegeben wurden, und alte Münzen aus dem 18. Jahrhundert.

11 Die Konversion der Silbermünzen in die neue Goldmark (im Verhältnis zu einem Teil Gold auf 15,5 Teile Silber) wurde auf einer Basis durchgeführt, die den Taler und den Gulden scheinbar gleich behandelte. Bezeichnenderweise war es für die Deutschen im preußisch beherrschten Gebiet des Talers jedoch viel leichter, den Kurs der neuen Währung zu berechnen − ein Silbertaler entsprach drei Goldmark − als für die Deutschen im Gebiet des Guldens, der 1,71 Goldmark wert war.

12 Nur ein kleiner Teil der Reparationen wurde direkt in Gold übergeben. Etwa drei Viertel wurden in Wechseln bezahlt, der Rest in Silber.

13 Die Mark war zu einem Preis von 2784 Mark pro Kilo jederzeit in Gold konvertierbar, und laut Par. 17 des Bankgesetzes mußte ein Drittel der Banknoten von den Goldreserven der Reichsbank gedeckt sein. Als Ersatz für die Golddeckung wurden außerdem auch Reichskassenscheine (eine vom Reich in kleinen Mengen herausgegebene Geldart) und ausländische Münzen akzeptiert. Der Rest der Reichsbankreserven, der die anderen zwei Drittel der ausgegebenen Noten deckte, mußte in diskontierte Wechsel mit einer Laufzeit von höchstens drei Monaten investiert werden, die mindestens zwei, in der Regel jedoch drei Unterschriften tragen mußten.

14 Der Vorläufer war die 1765 in Berlin gegründete Königliche Giro- und Lehnbank. Sie war zu Beginn des 19. Jahrhunderts die einzige Institution in Deutschland, die Banknoten herausgab. Sie wurde 1836 liquidiert und 1846 als Preußische Bank reorganisiert.

15 Bankgesetz von 1875, Par. 12. Eine Verpflichtung zur Geldwertstabilität wurde nirgends erwähnt. Diese wurde angesichts des Goldstandards für selbstverständlich gehalten.

16 Bankgesetz Par. 27.

17 Obwohl die im Umlauf befindliche Geldmenge immer noch größtenteils aus Münzen bestand, waren während des Booms von 1872 Banknoten im Wert von 456 Millionen Taler in Umlauf, im Vergleich zu 236 Millionen im Jahr 1869 und nur sechs Millionen 1846. Siehe Karl Helfferich, *Geschichte der deutschen Geldreform*, Leipzig 1898.

18 Die Bestimmungen lauteten u.a.: Banknoten unter hundert Mark sind nicht mehr erlaubt; die Banken sind verpflichtet, die von ihnen ausgegebenen Noten in ihrer Zentrale zum Nennwert zurückzukaufen und sie auch in ihren Zweigstellen als Zahlungsmittel für Schulden anzunehmen. Außerdem wurden auch Bestimmungen über die Bilanzen der Banken und über die regelmäßige Veröffentlichung von bankstatistischen Erhebungen erlassen.

19 Siehe Dieter Lindenlaub, »Seit 90 Jahren sind Banknoten in Deutschland gesetzliches Zahlungsmittel« in der Hauszeitschrift der Bundesbank, Mai

1989. Daß die ersten geldpolitischen Arrangements in Deutschland im wesentlichen konservativ waren, zeigt sich in der Tatsache, daß in den meisten Jahren vor Beginn des Ersten Weltkriegs der Geldumlauf in Banknoten etwas niedriger war als der in Goldmünzen. Im Jahr 1876 belief sich bei einem Geldumlauf von insgesamt 3,05 Milliarden Mark der Anteil der Reichsbanknoten auf 747 Millionen und der der privaten Banknoten auf 207 Millionen. In Goldmünzen waren 985 Millionen Mark in Umlauf, in anderen Münzen 990 Millionen. Im Jahr 1913 war der Geldumlauf auf 6,55 Milliarden Mark gestiegen, davon waren 2,57 Milliarden Mark in Reichsbanknoten, 147 Millionen in privaten Banknoten, 2,75 Milliarden in Goldmünzen und 928 Millionen in anderen Münzen in Umlauf.
20 Es gab keine gesetzlichen Grenzen für Kredite der Reichsbank an den Staat (beispielsweise durch Rediskontierung von kurzfristigen Reichsschatzanweisungen), tatsächlich aber war der Spielraum sehr eng, weil ein Drittel der herausgegebenen Banknoten durch Gold gedeckt sein mußte. Der Geldumlauf stieg von 1876 bis 1913 etwas weniger als die volkswirtschaftliche Gesamtleistung. Die Preise, die unmittelbar nach der Reichsgründung unter dem Einfluß der Rezession Ende der siebziger Jahre gefallen waren, stiegen im ersten Jahrzehnt des 20. Jahrhunderts um etwa zwei Prozent pro Jahr.
21 1914 stiegen die Goldreserven der Reichsbank auf etwa 2 Milliarden Mark, als eine Reichskriegsreserve von 120 Millionen Mark, die aus den französischen Kriegsreparationen stammte und bis dahin im Juliusturm von Spandau eingelagert war, in die Reserven aufgenommen wurde. Die Reichsbank erhielt außerdem 95 Millionen Mark an Goldreserven der Regierung sowie den Ertrag eines Aufrufs der Regierung, für den Krieg private Goldvorräte zu spenden.
22 Siehe Reinhold Zilch, *Die Reichsbank und die finanzielle Kriegsvorbereitung von 1907 bis 1914*, Ostberlin 1987. Aus dem Reichsbankarchiv der Vorkriegszeit geht hervor, daß die ersten gesetzlichen Vorbereitungen für den geld- und kreditpolitischen Notstand im Kriegsfall bereits vor der Jahrhundertwende getroffen wurden.
23 Brief an den Reichsvizekanzler vom 29. April 1911, zitiert in Zilch, op.cit, S. 126. Die Reichsbank sah sich Ende Juli 1914 zum Handeln gezwungen, als eine Vielzahl von Einlegern ihre Sparguthaben in Gold umtauschten, was die kostbaren Goldreserven der Bank in der letzten Juliwoche um 100 Millionen Mark oder acht Prozent verringerte. Dadurch aufgeschreckt, hob die Reichsbank die Konvertibilität der Mark auf; diese Maßnahme wurde am 4. August durch eine Änderung des Bankgesetzes legalisiert (Par. 2 des Gesetzes über Reichskassenscheine und Banknoten vom 4. August 1914). Die Reichskassenscheine, die bereits als Deckung für Reichsbanknoten fungierten, waren damit selbst zum gesetzlichen Zahlungsmittel geworden.
24 Par. 1 und 2 des Darlehnskassengesetzes, 4. August 1914. Für die Ausgabe von Darlehnskassenscheinen wurde eine Obergrenze von 1,5 Milliarden

Mark festgesetzt, die jedoch bei Bedarf vom Parlament erweitert werden konnte.

25 Siehe Heinz Haller, »Die Rolle der Staatsfinanzen für den Inflationsprozeß« in *Währung und Wirtschaft*, Hg. Deutsche Bundesbank.

26 Rede vor dem Reichstag am 10. März 1915. Deutschland würde den Krieg fast ausschließlich durch Anleihen und durch die Ausgabe von Papiergeld finanzieren. Helfferich bestätigte, daß das Reich sich primär auf Schatzanweisungen verließ, die direkt an die Reichsbank gingen, fügte jedoch hinzu: »Je mehr durch Anleihen aufgebracht werden kann, desto besser. Die Inanspruchnahme der Notenbanken und gar erst die der Notenpresse wird, solange es irgendwie geht, nur als temporäres Finanzierungsmittel benutzt werden dürfen.«

27 Rede vor dem Reichstag, 20. August 1915.

28 Insbesondere hatte die Tatsache, daß die Überweisungen der Anleihenzeichner im Reichsschatzamt mit Verzögerung eingingen, zur Folge, daß die »Welle der kurzfristig finanzierten Ausgaben ... in immer größer werdendem Abstand vor der ›Konsolidierung‹« herrollte. Haller, op.cit., S. 129.

29 Im Jahr 1916 war die Regierung gezwungen, die indirekten Steuern zu erhöhen, sie konnte sich jedoch im Gegensatz zu Großbritannien nicht zu einem generellen Anziehen der Steuerschraube durchringen; das Haushaltsdefizit blähte sich deswegen gewaltig auf.

30 Die Zahlen für den Geldumlauf lauten: 6,6 Milliarden Mark im Jahr 1913, 8,7 Milliarden 1914, 10,1 Milliarden 1915, 12,3 Milliarden 1916, 18,5 Milliarden 1917 und 33,1 Milliarden 1918. Der Index der Großhandelspreise lag 1918 bei 217 (1913 = 100). Der Index der Verbraucherpreise lag 1918 bei 310 (1913/14 = 100).

31 Die Bestände der Reichsbank an Reichskassenscheinen stiegen von zwei Milliarden Mark im Jahr 1914 auf 27 Milliarden Mark Ende 1918.

32 Ende 1918 war die Lage für die Reichsbank noch alles andere als hoffnungslos: Die Inflation während des Krieges war nicht wesentlich höher gewesen als in anderen kriegführenden Ländern. Außerdem war man in der frühen Weimarer Republik bestrebt, zusätzliche Steuern zu erheben, besonders unter Finanzminister Matthias Erzberger vom Zentrum.

33 Leider scheint sich die Reichsbank nicht der Tatsache bewußt gewesen zu sein, daß industrielle Kreditnehmer durch die Inflation gewaltige Profite machen konnten, indem sie sich riesige Summen bei der Reichsbank beschafften und sie in völlig entwerteten Mark zurückzahlten. Die Reichsbank versäumte es während des gesamten Zeitraums der großen Inflation, zur Waffe der Zinserhöhung zu greifen, um das Geldangebot zu verknappen. Der Diskontsatz wurde im August 1923 von 18 auf 30 Prozent und im September auf 90 Prozent erhöht. Im Dezember wurde er wieder auf 10 Prozent gesenkt. Angesichts der astronomischen Inflationsraten der Jahre 1922 und 1923 kann man diese Zinssätze kaum als abschreckend bezeichnen.

34 Rede in Berlin, 12. Mai 1919.
35 Verwaltungsbericht der Reichsbank für 1918, veröffentlicht im März 1919.
36 Der niedrige Prozentsatz der Golddeckung war nach Ansicht der Reichsbank »zu einem nicht geringen Teil mit der übergroßen Inanspruchnahme der Reichsbank durch das Reich und der sich ergebenden starken Vermehrung der Papiergeldausgabe« zu erklären. Brief des Reichsbankdirektoriums an den Reichskanzler, 31. März 1919. BAK/R.43 I/638.
37 Brief des Reichsbankdirektoriums an das Reichsfinanzministerium, 1. Juli 1919. BAK/R.43 I/2391.
38 Brief des Reichsbankdirektoriums an das Reichsfinanzministerium, 14. Juli 1919. BAK/R.2 1894.
39 Der Geldumlauf stieg 1919 von 33 Milliarden auf 50 Milliarden Mark. Brief des Reichsbankdirektoriums an den Reichspräsidenten, 6. April 1920.
40 Der Geldumlauf stieg Ende 1920 auf 81 Milliarden Mark.
41 Die Reichsbank wies mit Recht darauf hin, daß die große Zahl von Schatzanweisungen, die von der Öffentlichkeit gehalten wurden, in einer Krisenzeit vermutlich in Banknoten umgetauscht würden, was die Zentralbank unter enormen Druck setzen würde. Brief des Reichsbankdirektoriums an den Reichspräsidenten, 21. Mai 1921. BAK/R.43 I/638.
42 Der Bargeldumlauf stieg Ende 1921 auf 122 Milliarden Mark.
43 Die wachsende Kluft zwischen Einnahmen und Ausgaben und die Unfähigkeit der Regierung, Anleihen mit langer Laufzeit aufzulegen, zwangen das Reich, wie die Reichsbank schrieb, »seinen Haushalt wieder durch die Herausgabe von kurzfristigen Schatzanweisungen auszugleichen ... Unter solchen Umständen war eine außerordentliche... Inanspruchnahme der Reichsbank seitens des Reiches an Kredit und an Zahlungsmitteln wiederum unvermeidlich«. Die von der Reichsbank diskontierten Schatzanweisungen hatten sich im Lauf des Jahres 1921 mehr als verdoppelt und erreichten einen Gesamtwert von 132 Milliarden Mark (Verwaltungsbericht der Reichsbank für 1921 vom März 1922). Ein weiteres Anzeichen dafür, daß die Reichsbank im Kampf gegen die Inflation klein beigab, ist darin zu sehen, daß die Vorschrift einer nominellen Golddeckung eines Drittels der Banknoten im Mai 1921 durch eine Änderung des Reichstagsgesetzes aufgehoben wurde, und zwar auf Betreiben von Reichsbank und Regierung.
44 Ende 1921 räumte Reichsbankpräsident Havenstein in einem Brief an den Gouverneur der Bank of England Montagu Norman ein, daß es sich bei der Drohung der Reichsbank, die Diskontierung der Schatzanweisungen einzustellen, nur um eine leere Geste gehandelt habe: »Wir haben in Wirklichkeit klar gesehen, daß diese Drohung unrealistisch war, denn das Reich kann sich die notwendigen Mittel nicht anders beschaffen.« Brief Havensteins an Norman, 4. März 1922. BoE/KO Norman.
45 »Eine Abstellung dieser den einzelnen und die Allgemeinheit äußerst schädigenden Finanzierungsmethode kann, wenn nicht jede staatliche Ordnung und Wirtschaftsführung aufhören soll, erst dann vor sich ge-

hen, wenn die Ausgaben des Reiches, und unter ihnen namentlich die Reparationsverpflichtungen eine Herabminderung auf ein der steuerlichen Leistungsfähigkeit der Bevölkerung entsprechendes Maß erfahren.«

46 Gesetz über die Autonomie der Reichsbank vom 26. Mai 1922. Großbritannien und Frankreich hatten diese Maßnahme auf der Konferenz von Cannes im Januar 1922 als Voraussetzung für ein Teilmoratorium der Reparationszahlungen gefordert.

47 Auch das Verfahren zur Ernennung des Reichsbankpräsidenten und der anderen Mitglieder des Direktoriums wurde geändert. Sie wurden nicht mehr direkt vom Reichspräsidenten ernannt (der in dieser Beziehung die Aufgabe des Kaisers übernommen hatte), sondern vom Reichsrat (der Länderkammer der Weimarer Republik) nominiert und konnten vom Reichspräsidenten erst ernannt werden, wenn dieser den fachlichen Rat des Zentralausschusses und des Direktoriums eingeholt hatte.

48 Brief Havensteins an Norman, 4. März 1922, BoE/KO Norman.

49 Im Jahr 1922 sprang der Gesamtbetrag auf 1,1 Billionen, und der Geldumlauf stieg auf gewaltige 1,3 Billionen Mark. Brief des Reichsbankdirektoriums an den Reichspräsidenten, 25. Mai 1922.

50 Verwaltungsbericht der Reichsbank für 1922, Mai 1923.

51 Brief des Reichsbankdirektoriums an den Reichspräsidenten, 30. Mai 1923. BAK.

52 Brief des Reichsbankdirektoriums an den Reichsfinanzminister, 23. August 1923. BAK/R.43 I/632.

53 Da die Regierung erkannte, daß das private Kapital entweder im Ausland oder in Sachwerten angelegt wurde, hatte sie bereits 1922 den Vorschlag gemacht, eine Anleihe auf Goldmarkbasis zu schaffen. Die Reichsbank hatte das Vorhaben jedoch abgelehnt, da es zur »Flucht aus der Mark« ermutigt hätte. Siehe Brief an das Reichsfinanzministerium im Oktober 1922. BAK/R.43 I/2391.

54 Siehe Pfleiderer, »Die Reichsbank in der Zeit der großen Inflation«, in *Wirtschaft und Währung in Deutschland*.

55 Diese Schatzanweisungen wurden unter teilweiser Verwendung eines Kredits von 1,2 Milliarden Rentenmark ersetzt, der von der neugegründeten Rentenbank an den Staat ausbezahlt wurde.

56 Infolge der massiven Abwertung des Geldes und der Spargelthaben konnte die Reichsbank verkünden, daß die Golddeckung für die Banknotenausgabe noch nie höher gewesen sei. Am Tag der Umstellung, dem 23. November 1923, betrug der Wert der in Umlauf befindlichen Reichsbanknoten nur 224 Millionen Goldmark, während die Reichsbank über Goldreserven im Wert von 467 Millionen verfügte.

57 Schacht wurde in Tingleff in Schleswig nahe der dänischen Grenze geboren. Er wäre beinahe wie sein älterer Bruder William als amerikanischer Staatsbürger geboren worden. Schachts Vater war nach Amerika emigriert, aber der schlechte Gesundheitszustand seiner Frau hatte die Fami-

lie kurz vor Schachts Geburt zur Rückkehr nach Deutschland gezwungen. Die Amerikabegeisterung des Vaters zeigt sich darin, daß er seinen Sohn auf den Namen des bekannten demokratischen Politikers Horace Greeley taufen ließ.
58 Titel eines Buches von Norbert Mühlen, Zürich 1938.
59 Schachts Enkel wurde Anfang Januar 1939 im Beisein Normans auf den Namen Norman Hjalmar getauft, vierzehn Tage bevor Schacht als Reichsbankpräsident entlassen wurde. *Deutsche Allgemeine Zeitung*, 7. Januar 1939.
60 So in einem Brief an Sir James Taylor, den Präsidenten der Bank von Indien, am 22. März 1939. BoE/KO Norman. Ein Beispiel für die Vertraulichkeit der Kommunikation zwischen Schacht und Norman ist ein Brief, den der Reichsbankpräsident kurz nach dem Münchener Abkommen vom September 1938 von Norman erhielt: »Wir sind uns zweifellos darüber einig, daß sich die Aussichten für Europa seit Godesberg und München verbessert haben, wo unser Premierminister angesichts der entgegenkommenden Haltung Ihres Führers Mut zur Initiative gezeigt hat, was in einem so demokratischen Land wie dem unseren nicht die Regel und nicht einfach ist. Wir können dankbar sein, daß wir einem Krieg entronnen sind, in der nahen Zukunft und, wie ich hoffe, für lange Zeit.« BoE KO/Norman.
61 Vocke, op.cit., S. 92.
62 *Hitlers Tischgespräche*, Mittagessen vom 22. April 1942.
63 Bevor Schacht 1903 bei der Dresdner Bank anfing, hatte er als Direktor des Handelsvertragsvereins 6000 Mark pro Jahr und durch journalistische Arbeit 2600 Mark verdient.
64 Schachts eigener Beschreibung zufolge hatte das Quartier, das ihm für diese Aufgabe zur Verfügung stand, keinerlei Ähnlichkeit mit der pompösen Umgebung, die er später als Reichsbankpräsident genießen sollte. Er zog in »einen halbdunklen, in einen engen Hof hinausliegenden Raum« im Finanzministerium in der Wilhelmstraße, und seine Sekretärin saß in einem kleinen Zimmer, das zuvor als Aufenthaltsraum für die Putzfrauen gedient hatte. Schacht, *Die Stabilisierung der Mark*, S. 68.
65 Brief Havensteins und von Glasenapps an den Reichspräsidenten, 11. März 1923.
66 Schacht wies später darauf hin, daß die Reichsbank, indem sie den Kurs der Mark auf 4,2 Billionen zu 1 Dollar fallen ließ, den schließlichen Übergang zur neuen Reichsmark vereinfacht habe. Der offizielle Umtauschkurs der Mark wurde von 630 Milliarden zu 1 am 12. November auf den Kurs von 4,2 Billionen zu 1 am 20. November gesenkt, der dem gewaltigen Papiergeldumlauf entsprach. Schacht, *Stabilisierung*, S. 17-83.
67 Der Präsident wurde vom Reichsrat ernannt, der Länderkammer, in der die preußische Regierung entscheidenden Einfluß hatte.
68 Brief des Reichsbankdirektoriums vom 17. Dezember 1923, unterzeichnet von Grimm und von Glasenapp. In dem Brief heißt es, Schacht

werde vom gesamten Direktorium einstimmig abgelehnt. BDC/PA Schacht.

69 In dem Brief wurde Schacht außerdem doppelte Moral vorgeworfen. Das Reichsbankdirektorium behauptete, er habe die Verwirklichung von Helfferichs Rentenmark-Plan bekämpft und zu verhindern versucht, als Währungskommissar jedoch das Verdienst für die Stabilisierung der Mark für sich in Anspruch nehmen wollen.

70 Stresemann, der Außenminister geworden war, nachdem er im November als Kanzler hatte zurücktreten müssen, gab Schacht die entscheidende Unterstützung, indem er die Sozialdemokraten für Schachts Nominierung gewann.

71 Im Jahr 1927 schrieb Schacht großzügig, die Präferenz des Reichsbankdirektoriums für Helfferich sei »menschlich verständlich« gewesen. Schacht nannte sich selbst einen »Outsider«, den die meisten Direktoriumsmitglieder »nur flüchtig einmal gesehen oder gesprochen hatten« und »einige sogar noch überhaupt nicht kannten«. Schacht, *Stabilisierung*, S. 93.

72 Schacht diskutierte die Idee, von der Golddiskontbank goldgedeckte Banknoten herausgeben zu lassen, auf einem Treffen mit Montagu Norman am Neujahrstag 1924. Schacht, *Stabilisierung*, S. 9.

73 Aussage Vockes, 2. Mai 1946. IMT XIII, S. 60.

74 IMG XIII, S. 60.

75 Schacht, *76 Jahre meines Lebens*, S. 13.

76 Par. 1 lautete: »Die Reichsbank ist eine von der Reichsregierung unabhängige Bank.« Par. 20 sah vor, daß »zur Aufrechterhaltung einer ständigen Führung in den währungs- und finanzpolitischen Angelegenheiten das Reichsbankdirektorium verpflichtet [ist], in regelmäßigen Zeitabständen der Reichsregierung sowie jederzeit auf Ersuchen über Angelegenheiten dieser Art Bericht zu erstatten«.

77 Der Generalrat bestand aus sieben deutschen und sieben ausländischen Mitgliedern (Par. 14). Die Ausländer sollten aus Großbritannien, Frankreich, Italien, Belgien, den USA, den Niederlanden und der Schweiz kommen. Die ausländische Kontrolle über den Generalrat bestand bis 1930, als die Mitgliedschaft von Ausländern durch eine weitere Änderung des Bankgesetzes abgeschafft wurde. In Par. 19 wurde das Amt eines Kommissars für die Notenausgabe geschaffen, der ein Ausländer sein mußte. Er hatte die Aufgabe, dafür zu sorgen, daß es zu keiner exzessiven Vermehrung des Papiergeldumlaufs kam, was eine inflationäre Wirkung gehabt hätte. Aus dem gleichen Grund wurde der Zugang der Regierung zu Reichsbankkrediten auf 100 Millionen Reichsmark und eine Laufzeit von maximal drei Monaten beschränkt.

78 Mindestens dreißig Prozent der Banknoten mußten durch Gold gedeckt sein.

79 »Daß diese Finanzierungsmethode ... unrichtig war«, schrieb Schacht 1927, »dafür trägt in erster Linie wohl die Reichsfinanzverwaltung, nicht

aber die Reichsbank die Verantwortung«. Er wies darauf hin, daß in Deutschland nur sechs Prozent der Kriegskosten durch Steuern abgedeckt worden seien, in England dagegen zwanzig Prozent. Schacht, *Stabilisierung*, S. 3.

80 Am heftigsten kritisierte Schacht die sozialistischen Stadtverwaltungen im November 1927 in einer Rede in Bochum. Im Jahr 1931 schrieb er: »Es mutet, wenn es nicht so ernst wäre, fast erheiternd an, daß die unentwegte Fortsetzung der Borgwirtschaft gerade von jenen marxistischen Elementen in Deutschland befürwortet wird, bei denen die Sorge um den Schutz des Privatkapitals nicht gerade im Vordergrund des Parteiprogramms steht.« Schacht, *Das Ende der Reparationen*, S. 42.

81 Verwaltungsbericht der Reichsbank für 1928.

82 Schacht stellte sich im Januar 1930 gegen die eigene Regierung, indem er erklärte, daß sich die Reichsbank nun doch nicht an der Bank für Internationalen Zahlungsausgleich beteiligen würde − ein Schachzug, dem die Regierung mit Erfolg entgegentrat.

83 Schacht löste seine Bindung an die Deutsche Demokratische Partei, als die Regierung 1926 plante, Eigentum der kaiserlichen Familie der Hohenzollern zu enteignen.

84 Siehe den Rücktrittsbrief an den Generalrat der Reichsbank, zitiert nach Franz Reuter, *Schacht*, S. 103 ff.

85 Zitiert nach Reuter, *Schacht*, S. 111 f.

86 BAP/RB 25.01/7588.

87 Selbst die Führung des Dritten Reichs hielt Schacht zeitweise für ein Parteimitglied. Nachdem Schacht im Januar 1941 als Minister ohne Geschäftsbereich entlassen worden war, schrieb Hitlers Sekretär Martin Bormann an den Schatzmeister der Partei: »Verschiedene abfällige und kritische Äußerungen haben den Führer veranlaßt, Herrn Dr. Schacht aus seinem Amt als Reichswirtschaftsminister und aus der Partei zu entlassen.« Brief vom 13. Februar 1943, BDC/PA Schacht. Im Jahr 1937 bekam Schacht das »goldene Ehrenzeichen« der Partei, eine Nazi-Auszeichnung, die alle Regierungsmitglieder erhielten. In Nürnberg betonte Schacht in seiner Verteidigung, das Ehrenzeichen sei auch anderen prominenten Nicht-Parteimitgliedern verliehen worden, etwa den Vertretern des Heeres im Kabinett. Schacht gab das Ehrenzeichen zurück, als er im Herbst 1943 die Regierung verließ. Er leistete freilich dem Irrtum Vorschub, daß er Parteimitglied sei. Auf einer Sitzung im Haus von Rudolf Heß im November 1934 erklärte er, »daß er sich selbst zur Bewegung rechne... Er sei schon sehr lange in der nationalsozialistischen Bewegung, wenn er auch nicht einen Knopf im Knopfloch trage. Zwischen ihm und der Bewegung bestünden keine Gegensätze.« Protokoll der Sitzung im Haus des Stellvertreters des Führers, 20. November 1934, BAP/RB 25.01/7588.

88 Die Feindschaft zwischen Schacht und Teilen der NSDAP-Führung war bereits 1925 offen zutage getreten, als die NSDAP ihre Anhänger darüber

informierte, daß Schacht in Wirklichkeit Hajum Schachtl heiße und ein ungarischer Jude sei, der zum Wohl des internationalen Judentums arme Deutsche ausbeute. Im Lauf der dreißiger Jahre traten die Spannungen in unregelmäßigen Abständen offen zutage. 1934 wurde der Partei von einem Informanten der Zeitung *Grüne Post* mitgeteilt, Schacht habe bei einem Besuch in der Redaktion erklärt, Deutschland werde noch im Juli desselben Jahres unter einer Inflation zu leiden haben. 24. März 1934, BDC/PA Schacht. Später im selben Jahr wurde Schacht im Brief eines NSDAP-Mitglieds an Rudolf Heß vom 1. November 1934 beschuldigt, ein »Hochgrad-Freimaurer« und »langjähriger Komplice ostjüdischer Schieber übelster Sorte« zu sein. BDC/PA Schacht.

89 Der SS-Führer erhob eines Tages die bezeichnende Beschwerde, Schacht sei nicht nur ein perfekter Lügner, sondern rede Hitler auch oft mit »Herr Kanzler« statt mit »mein Führer« an. Die Bemerkung ist in den US National Archives dokumentiert und hier zitiert nach Padfield, *Heinrich Himmler*, 1990, S. 207. Hitler stellte fest, Schacht sei die einzige Person, die sich bei der Anrede solche Freiheiten herausnehme (Ritter S. 144). In den frühen dreißiger Jahren scheint die SS Schacht durch versteckte Mikrophone in seiner Wohnung abgehört zu haben (Gisevius, S. 195). Himmler gestand 1936, er habe Schacht wegen einer bitter ironischen Rede nach einem Essen in Bremen verhaften lassen wollen. Er reagierte am 1. Mai 1936 mit einer wütenden Notiz auf die Rede, in der Schacht die Tradition gepriesen und die Neuerungssucht der Nazis versteckt kritisiert hatte: »Ich trug dem Führer kurz die Angelegenheit der Rede Schachts bei der Schaffermahlzeit in Bremen vor und sagte, ich hätte Schacht am liebsten an diesem Tag verhaftet.« Er habe sich damit begnügen müssen, die Veröffentlichung der Rede durch die Bremer Zeitung zu verbieten. BDC PA/Schacht.

90 Aussage in seinem Entnazifizierungsprozeß. Protokoll der Berufungsverhandlung gegen Dr. Hjalmar Schacht, S. 53.

91 Bevor Schacht an Bord des Schiffes nach New York ging, kaufte er sich ein Exemplar von *Mein Kampf* und las das Buch zum ersten Mal. Später äußerte er darüber: »Das Buch ist für eine volkstümliche Massenpropaganda viel zu schwerfällig und in einem Stil geschrieben, den man nur als eine Vergewaltigung der deutschen Sprache empfinden kann.« Schacht, *Abrechnung*, S. 5.

92 *New York Times*, 3. Oktober 1930.

93 In einer unkritischen Biographie jener Zeit heißt es, Schacht sei nach seiner Rückkehr aus den USA im Dezember 1930 »ein bewußter Helfer der nationalsozialistischen Bewegung« gewesen, »der an ihrem schließlichen Siege einen wertvollen Anteil hat«. Reuter, op.cit., S. 125.

94 Reuter, op.cit., S. 117.

95 Schacht, *Ende der Reparationen*. S. 238.

96 Die Harzburger Front war vor allem der Versuch, die verschiedenen zerstrittenen Parteien der rechten Opposition zu einigen. Schacht ging

nicht so weit, sich ausdrücklich für die NSDAP einzusetzen. BAP/RB 25.01/6494.
97 Bedauernder Brief an Hitler vom 29. August 1932 nach dem Rückschlag, den die NSDAP bei den Wahlen im Juli 1932 erlitten hatte. Schacht gab Hitler einen Rat: »Aber vielleicht darf ich als Wirtschaftler eines sagen: Bringen Sie möglichst *kein* detailliertes Wirtschaftsprogramm. Es gibt kein solches, worüber sich 14 Millionen [Menschen] einigen könnten.« IMG 457-EC. XXXVI, S. 536.
98 Brief mit dem Datum »November 1932«; abgedruckt in IMG 3901-PS. XXXIII, S. 531.
99 »Es unterliegt für mich gar keinem Zweifel, daß diese Entwicklung nur das eine Ende haben kann, und das ist Ihre Kanzlerschaft. Es scheint, als ob unser Versuch, eine Reihe von Unterschriften aus der Wirtschaft dafür zu bekommen, doch nicht ganz umsonst ist.« Brief an Hitler, 12. November 1932. IMG 456-EC. XXXVI, S. 535. Goebbels hatte entschieden den Eindruck, daß Schacht auf Hitlers Seite stehe. Er schrieb am 21. November in sein Tagebuch, er habe bei einem Gespräch mit Dr. Schacht festgestellt, daß dieser einer der wenigen sei, die fest zum Führer hielten. Goebbels, op.cit., S. 208.
100 Dies geschah nach der unglücklichen zweimonatigen Kanzlerschaft von Kurt Schleicher, der später ermordet wurde.
101 Schacht warb am 20. Februar auf einer Versammlung von Industriellen Spender für die NSDAP: Göring prophezeite auf derselben Versammlung, daß die kommenden Wahlen am 5. März mit Sicherheit für die nächsten zehn Jahre und wahrscheinlich für hundert Jahre die letzten sein würden. IMG XXXV, S. 42-46. 203-D; XXXVI, S. 520 439-EC.
102 *Hitlers Tischgespräche*, 22. April 1942, mittags, S. 143.
103 Bevor Schacht im März 1933 seinen Posten wiederbekam, hatte Luthers Jahresgehalt 145 000 Reichsmark betragen, außerdem verfügte er über eine offizielle Residenz und einen Dienstwagen. In Schachts Vierjahres-Vertrag war ein Jahresgehalt von nur 60 000 Reichsmark vorgesehen (einschließlich Aufwandsentschädigung).
104 In der ersten Hälfte der dreißiger Jahre hat Schacht in der Zusammenarbeit mit Hitler vielleicht ein Mittel gesehen, selbst an die Macht zu kommen. Noch im Oktober 1934 glaubte der amerikanische Botschafter William Dodd, daß Schacht, falls Hitler ermordet würde, vermutlich Staatsoberhaupt würde. *Ambassador Dodd's Diary 1933-1938*, New York 1941, S. 176. George Messersmith, der von 1930 bis 1934 amerikanischer Konsul in Berlin war und Schacht gut kannte, sagte später in Nürnberg aus: »Es besteht kein Zweifel, daß er den Ehrgeiz hatte, Präsident von Deutschland zu werden«. Messersmiths Aussagen machen Schachts ambivalente Haltung deutlich: »Dr. Schacht wollte immer auf zwei Hochzeiten tanzen. Er sagte mir, und ich weiß, daß er das auch anderen Vertretern der USA in Berlin und Vertretern Großbritanniens sagte, daß er praktisch alles mißbillige, was die Nazis tun würden ... Trotz dieser

kritischen Äußerungen zeigte sein Handeln jedoch, daß er ein willfähriger Exekutor des gesamten Nazi-Programms war.« IMG 451-EC. XXXVI, S. 530.
105 Seine formelle Wiederernennung durch den Generalrat der Reichsbank fand am 16. März 1933 statt.
106 BAP/RB 25.01/7263.
107 Stellungnahme vor dem Reichstag am 23. März 1933. In seinem Rücktrittsschreiben an Reichspräsident Hindenburg schrieb Luther: »Daß die Reichsregierung keinerlei Währungsexperimente zu machen gedenkt, geht nicht nur aus den bisherigen regierungsseitig hierüber erfolgten Erklärungen hervor, sondern ist mir vom Herrn Reichskanzler ausdrücklich versichert worden.« BAK/RK.
108 Stellungnahme zur Volksabstimmung vom 12. November 1933. BAP/RP 25.01/7164.
109 Schacht übernahm das Wirtschaftsministerium am 2. August 1934 von Kurt Schmitt.
110 Rundfunkansprache vor der Wahl des Präsidenten, 19. August 1934. BAP/RB 25.01/2029. Schachts Eintreten für die Diktatur stand in krassem Gegensatz zu einer Äußerung, die er nur sieben Jahre zuvor gemacht hatte. Damals hatte er kritisiert, die deutsche Regierung zur Zeit des Ersten Weltkriegs sei »nichtdemokratisch« gewesen – eine Tatsache, die laut Schacht zu den Fehlern Helfferichs bei der Kriegsfinanzierung beigetragen hatte. Schacht, *Stabilisierung*, S. 18.
111 Interview mit der *Berliner Börsenzeitung*, 13. August 1934. BAP/RB 25.01/7029.
112 Schacht, *Abrechnung*, S. 10.
113 Schacht, *Abrechnung*, S. 11.
114 Rede auf der Leipziger Messe, 4. März 1935, nachgedruckt in *Deutschland in der Weltwirtschaft*, 1935, S. 11.
115 Feier anläßlich der Aufstellung der Hitlerbüste im Vestibül der Reichsbank, 31. Juli 1935. BAP/RB 25.01/7167.
116 Brief an Hitler, 3. Mai 1935. IMG 1168-PS XXVII, S. 50.
117 Die Mefo-Wechsel mit staatlicher Akzeptanzgarantie sollten kurzfristige Guthaben auf dem Kapitalmarkt in langfristige Kredite umwandeln. Die Wechsel hatten eine Laufzeit von drei Monaten, waren aber mit Prolongation auf eine Laufzeit von insgesamt fünf Jahren ausgestattet.
118 Protokoll der Sitzung im Haus des Stellvertreters des Führers, 20. November 1934. BAP/RB 25.01/6577.
119 Vortrag am 13. Dezember 1934. BAP/RB 25.01/7010.
120 BAP/RB 25.01/6992.
121 Anscheinend für Hitler bestimmtes Memorandum, am 14. August 1935 entworfen und wahrscheinlich im September vorgelegt. Als Zeichen für die schwierige Lage der deutschen Wirtschaft enthüllte Schacht dem Führer, daß die Reichsbank Ende August Gold im Wert von zehn Millionen Reichsmark habe verkaufen müssen (bei Goldreserven im Wert von

insgesamt etwas über hundert Millionen Reichsmark). Er sagte, daß »wir dies nicht oft wiederholen können«. BDC PA/Schacht.
122 So in einem Brief an Kriegsminister Blomberg vom 24. Dezember 1935; Schacht schrieb, es sei unmöglich, Blombergs Bitte um zusätzliche Devisen zu erfüllen. Blomberg brauchte die Devisen, weil sich der Bedarf der Wehrmacht an Kupfer und Blei verdoppelt hatte. IMG 293-EC. XXXVI, S. 291.
123 Brief vom 2. April 1937. IMG 286-EC. XXXVI, S. 282.
124 Aussage Albert Speers. IMG, 21.6.46 XVI, S. 562.
125 Brief Hitlers an Schacht, 26. November 1938. Hitlers Versicherung, Schacht werde Reichsbankpräsident bleiben, freute dessen Untergebene. Siehe die Rede Rudolf Eickes, des Leiters der Abteilung Volkswirtschaft und Statistik, 2. Dezember 1937. BAP/RB 25.01/630. Auch die nationalsozialistische Presse interpretierte den Umstand, daß Schacht Reichsbankpräsident blieb, als ein Zeichen der Kontinuität in der wirtschaftlichen Führung. Siehe beispielsweise »Schacht bleibt ›im Boot‹«, *Germania*, 28. November 1937.
126 Kurz vor seiner Entlassung führte Schacht in Berlin und London Verhandlungen über die Finanzierung jüdischer Emigration. Außerdem setzte er sich für Beamte ein, die aus rassischen Gründen diskriminiert wurden, etwa für Karl Bernard, den späteren Präsidenten des Zentralbankrats der Bank deutscher Länder. Bernard verlor seine Stelle im Reichswirtschaftsministerium, weil er mit einer jüdischen Frau verheiratet war; Schacht verhalf ihm für die Zeit des Krieges zu einer Stelle als Mitglied des Vorstands der Frankfurter Hypothekenbank.
127 Siehe Schachts Memorandum vom 14. August 1935: »Wir können z. B. 700 000 Juden mit einem intensiv arbeitenden Kapital, das eine Milliarde RM weit überschreitet, nur im Laufe eines langen Zeitraums aus Deutschland in andere Länder abschieben. Gegenwärtig ist der Transfer großer Vermögenswerte völlig unmöglich.« BDC PA/Schacht und BAP/RB 21.01/6444.
128 Rede vom 28. August 1935. BAP/RB 25.01/6992.
129 Memorandum für Schacht, 7. September 1935. BAP/RB 25.01/6992. Bei der Reichsbank war man außerdem besorgt darüber, daß die Rückzahlung von Krediten im geschätzten Umfang von mindestens 750 Millionen Reichsmark, die »nicht-arische« Firmen bei »deutschen« Banken aufgenommen hatten, gefährdet sein könnte, wenn die Kreditnehmer aufgrund von Boykottmaßnahmen Verluste erlitten.
130 Brief vom 1. Januar 1935. BAP/RB 25.01/6789.
131 Brief an Reichskriegsminister Blomberg, 24. Dezember 1934. IMG 293-EC. XXXVI, S. 291.
132 BAP/RB 25.01/6789.
133 »Die Juden im deutschen Privatbankiergewerbe«. BAP/RB 25.01/6790.
134 BAP/RB 25.01/6790.
135 Aussage Otto Schniewinds. IMG Scha-34, XLI, S. 268.

136 Sitzung im Reichsluftfahrtministerium, 12. November 1938. IMG 1816-PS. Blessing hatte bereits einen Erlaß der Reichsbank vom 20. Juni 1938 mitunterzeichnet, der den Transfer jüdischer Wertpapiere ins Ausland verbot. Der Erlaß folgte auf eine Reichsverordnung vom 26. April 1938, die die Registrierung des jüdischen Vermögens anordnete, um »den Einsatz des angemeldeten jüdischen Vermögens im Einklang mit den Belangen der deutschen Wirtschaft sicherzustellen«. BB/RS IIa/14633.
137 IMG, 1.5.46 XII, S. 556.
138 Siehe Anmerkung von Dieter Lindenlaub, Deutsche Bundesbank, vom 30. Januar 1990.
139 Konferenz mit Keppler und anderen hohen Regierungsbeamten, 21. Februar 1938. BAK/RFMR2/14.599.
140 BAP/RB 21.01/6673.
141 Man kam überein, die Wertrelation zwischen Schilling und Reichsmark auf zwei zu eins festzulegen. Die Vertreter der Regierung empfahlen jedoch, den Schilling als eigenständige Währung zu erhalten.
142 Brief an Göring (undatiert), März 1938. BAP/RB 15.01/6673.
143 NSDAP-Mitglied ab 1. Dezember 1939; Mitgliedsnummer 7312605. BDC/PA.
144 Wilhelm behauptete, er sei am Morgen des 10. März von Schacht alarmiert worden – einen Tag bevor Schacht selbst behauptete, über den geplanten Anschluß informiert worden zu sein. Wilhelm, op.cit. (1954).
145 BAP/RB 25.01/6675.
146 Der Wechselkurs galt ab 17. März, als die Reichsmark parallel zum Schilling zur gesetzlichen Währung in Österreich erklärt wurde.
147 Angesichts der offiziellen Überbewertung der Reichsmark könnte der Wechselkurs des Schilling noch immer zu niedrig gewesen sein. Ein realistisches Umtauschverhältnis von Schilling zu Reichsmark wäre vermutlich eins zu eins gewesen.
148 Siehe »Das österreichische Noteninstitut«, *Währungspolitik in der Zwischenkriegszeit*, Wien 1991.
149 *Österreichischer Volkswirt*, 19. März 1936.
150 Die Änderungen wurden durch ein Gesetz vollzogen, das am 10. Februar 1937 die Autonomie der Reichsbank von der Reichsregierung beendete und den Reichsbankpräsidenten und die anderen Mitglieder des Direktoriums dem Führer unmittelbar unterstellte.
151 Die Reichsbank bezeichnete die Veränderungen in ihrem Jahresbericht für 1936 als Wiederherstellung der uneingeschränkten Souveränität Deutschlands.
152 Veröffentlicht in *Zeitschrift der Akademie für deutsches Recht*, 1. März 1937. BAP/RB 25.01/7035.
153 Aussage Vockes. IMG, 3.5.46 XIII, S. 82.
154 Schacht, *Abrechnung*, S. 17.
155 Rede in Wien, 21. März 1938, BB/RS. Bei seiner Vernehmung in Nürnberg behauptete Schacht, er habe Hitler gelobt, weil dieser »die internationale

Stellung des Reichs wiederhergestellt« habe, er habe Hitlers »moralische Prinzipien« jedoch nicht gebilligt. Verhör vom 9. Januar 1946. IMG 3727-PS, XXXII, S. 586.

156 Schacht erinnerte die Beschäftigten daran, daß sie »Mitarbeiter beim nationalsozialistischen Aufbauwerk« seien und warnte: »Für die verschwindend kleine Zahl von Volksgenossen, die sich der Größe der Zeit immer noch verschließen, ist kein Raum in unseren Reihen.« BB/RS A.3749/Z.B. 12.4.38.

157 »Die Reichsbank im größeren Deutschland«, 23. April 1938. BAP/RB 25.01/7027.

158 Rede über das »Finanzwunder« und den »Neuen Plan« vor dem Wirtschaftsrat der Deutschen Akademie, Berlin, 29. November 1938.

159 Eidliche Erklärung Otto Schniewinds. IMG, Schacht-34 XLI, S. 267.

160 Schreiben der Abteilung für Volkswirtschaft und Statistik, verfaßt von Rudolf Eicke, 3. Oktober 1938. BAP/RB 25.01/6521.

161 Ein von Schacht unterzeichneter Zeitschriftenartikel vom November 1938 schloß zuversichtlich: »Wir dienen den künftigen Zielen des Führers am besten damit, daß wir auf dem eingeschlagenen Weg weitergehen. Wenn nur soviel ausgegeben wird, als gespart werden kann, wenn das Vorhandene aufs Sorgfältigste verwaltet wird, wenn der Kapitaleinsatz dort konzentriert wird, wo der größte Nutzen herausspringt, dann werden die künftigen geldwirtschaftlichen Probleme mit der gleichen Sicherheit wie bisher gemeistert werden können.« »Bankpolitik im Dritten Reich«, BAP/RB 25.01/6521.

162 Vocke, IMG, 3.5.46 XIII, S. 81.

163 Memorandum vom 7. Januar 1939. BAK/R 43 II/234.

164 Der Papiergeldumlauf war in den vorangegangenen zehn Monaten um etwa zwei Milliarden Reichsmark gestiegen – mehr als in den fünf Jahren zuvor (in denen er um 1,7 Milliarden gestiegen war).

165 Aussage Vockes, der einen Beamten (»Herrn Berger«) aus dem Finanzministerium zitiert. IMG, 3.5.46 XIII, S. 73.

166 Im November 1938 hatten Dreyse und Hülse einen Erlaß unterzeichnet, im Dezember gaben Vocke und Hülse eine ähnliche Bekanntmachung heraus. Den Erlaß vom Januar hatten Vocke und Blessing unterzeichnet. BB/RS II/13691 (30. November 1938); II/14800 (30. Dezember 1938); II/1202 (28. Januar 1939). Als Vocke ein knappes Jahrzehnt später Präsident des Direktoriums der Bank deutscher Länder wurde, schlug er der Bonner Regierung vor, ehemalige NSDAP-Mitglieder sollten ihre monatlichen Mitgliedsbeiträge weiterzahlen, um eine Entschädigung der Juden zu finanzieren. Brief an Finanzminister Schäffer, 20. Juli 1950. BB/KO Vocke.

167 In dem Brief vom 19. Januar 1939 heißt es: »Ihr Name wird vor allem für immer mit der 1. Epoche der nationalen Wiederaufrüstung verbunden sein.«

168 Schreiben an die Beschäftigten der Reichsbank, 20. Januar 1939. BB/RS A.822 Z.B.

Kapitel V

1 Brief, 21. Januar 1939. BDC/KO Brinkmann.
2 *Bank-Archiv*, 1. Oktober 1940.
3 Rundfunkansprache, 21. Juni 1948.
4 Aussage vom 2. Mai 1946. IMG-XII, S. 585.
5 Schacht, *Abrechnung mit Hitler*, S. 20.
6 Karl Blessing »widersetzte [sich] der inflationistischen Rüstungsfinanzierung« Hitlers, aber seiner Karriere während des Krieges schadete das offensichtlich nicht. UMT, Verhör als Zeuge im Flick-Prozeß, 18. August 1947. Emil Puhl, ein Mitunterzeichner des Reichsbank-Memorandums von 1939, brachte es sogar zum Vizepräsidenten der Reichsbank.
7 *Zeitschrift für das gesamte Kreditwesen*, 15. Juni 1973.
8 Paul Oestreich, Funks Kollege bei der *Berliner Börsenzeitung*, berichtet in seiner unkritischen Biographie, Funk sei mit acht Jahren zum ersten Mal ins Theater mitgenommen worden. Dort sah er eine Vorstellung des *Zigeunerbarons* und konnte zum verständlichen Entzücken seiner Eltern die Melodien der Operette am nächsten Tag auf dem Klavier nachspielen. Oestreich, *Walther Funk. Ein Leben für die Wirtschaft*, München 1941, S. 11.
9 Funk spielte eine wichtige Rolle bei der Zurückdrängung des Einflusses, den wirtschaftliche Revolutionäre wie Otto Frisch und Gregor Strasser in der NSDAP hatten. Daß es Funk gelungen war, das Interesse des Führers für konservative volkswirtschaftliche Theorien zu wecken, zeigte sich darin, daß er 1932 ein Papier zur politischen Linie der NSDAP verfaßte, das Hitlers Zustimmung fand. Das Papier rief zu einem Arbeitsbeschaffungsprogramm auf, das auf öffentlichen und privaten Investitionen basieren und folgenden Inhalt haben sollte: »Produktive Kreditschöpfung durch die Reichsbank, aber keine Inflation, sondern Wiederherstellung einer gesunden Währung und einer gesunden produktionsfördernden Geld- und Kreditwirtschaft«. Oestreich, op.cit., S. 82.
10 Ein Beispiel für die dilettantische Personalpolitik des Dritten Reichs ist, daß Funk Reichswirtschaftsminister wurde, nachdem Hitler ihm den Posten eines Nachts in der Oper angeboten hatte. Das Ministerium war damals bereits Göring untergeordnet, der als Verantwortlicher des Vierjahresplans viele Machtbereiche auf sich vereinigte.
11 *Hitlers Tischgespräche*, 13. Oktober 1941.
12 Douglas Kelley, *In 22 Cells in Nuremberg*, London 1953. Funk machte im Gefängnis keine gute Figur. Kelley schreibt, er habe mehr Beschwerden eingereicht als jeder andere Gefangene.
13 Shirer, *Aufstieg und Fall des Dritten Reiches*, München 1963.
14 Telefongespräch mit dem Autor, 23. Juli 1991.
15 Abs hielt besonders viel von deutschen Kapitalexporten in die Länder Südosteuropas, um dort eine Nachkriegsproduktion aufzubauen. Siehe z. B. »Kapitalexport als Zukunftsaufgabe«, *Weltwirtschaft*, Januar 1941.
16 Funk entwickelte in einer Rede am 12. Juli 1929 vor rechtsgerichteten

Studenten in Tübingen Ideen für eine neue internationale Wirtschaftsstruktur (»Befreiung von Kriegstributen und soziale Erneuerung«, publiziert von der Gesellschaft für deutsche Wirtschafts- und Sozialpolitik, Berlin 1929). Siehe auch Rede vor dem Zentralausschuß der Reichsbank, 30. September 1939. BAP/RB 25.01/7041.
17 Rede vor Reichsbankbeamten, 2. Februar 1940. BAP/RP 25.01/7041.
18 Protokoll der BIZ über die Sitzung am 13. März 1939.
19 Rede vor dem Reichstag, 30. Januar 1937.
20 In dem Memorandum der Bank of England über die Begegnung zwischen Funk und Norman am 13. März 1939 in Basel heißt es: »Funk betonte, daß Hitler gute Beziehungen zu Großbritannien wünsche. Der Präsident wies auf die Notwendigkeit einer ›allgemeinen Entspannung [appeasement] zwischen den Völkern‹ hin.« BoE/OV 34/9.
21 *The Old Lady*, Dezember 1934. Gunstons Bericht über die drei Wochen beim Arbeitsdienst endete positiv: »Die Arbeit, die der Arbeitsdienst leistet, ist nur ein Teil der Anstrengungen, die Deutschland in seinem Kampf macht. Es scheint mir gute Arbeit, und ich persönlich wäre froh, wenn die Briten auch so tüchtig wären, wenn wir je das Unglück haben sollten, in eine ähnliche Lage zu geraten.«
22 Notiz von Charles Gunston, 30. März 1938. BoE/OV 34/7.
23 Verhör Schachts durch Clifford Hynning, Mitglied der amerikanischen Finanzdivision, 25. Juli 1945, und zweiter Bericht über Schacht nach dem Verhör, 7. September 1945, Economic and Financial Branch of Field Information Agency, Technical Control Commission for BAOR (britische Rheinarmee); beide Dokumente in BoE/OV 34/11. In seinen späteren Äußerungen ging Schacht etwas milder mit seinem Nachfolger um: »Funk war sicherlich ein anständiger Mensch und auch nicht unklug, aber träge und ohne Übersicht über die Aufgaben, die man ihm übertragen hatte.« Schacht, *76 Jahre meines Lebens*, S. 577.
24 Gefragt, ob Funk intelligent genug sei, um zu lügen, antwortete Schacht: »Ich bezweifle, daß Funk lügt. Seine Situation ist nicht danach.« BoE/OV 34/11. Albert Speer, ebenfalls in Nürnberg angeklagt, berichtet, Funk habe ihm in Spandau versichert, er könne seine Ärzte nur deshalb über seinen wahren Gesundheitszustand täuschen, weil er selbst an seine Lügen glaube. *Speer, Erinnerungen*.
25 Speer berichtet, die SS habe angeblich ein Dossier über Funks »ausschweifendes Liebesleben« angelegt. Und er fügt hinzu, Funk habe in der zölibatären Situation von Spandau lüstern von seinen erotischen Ausflügen in Casablanca erzählt, das er von Zeit zu Zeit aufgesucht habe, um sich neuen Leidenschaften hinzugeben. Speer, *Der Sklavenstaat*. Siehe auch Henry Turner, *Hitler aus nächster Nähe*, 1978. Otto Wagener, Hitlers Vertrauter und wirtschaftlicher Berater, berichtet, Funk habe 1932 eines Nachts in einer Münchener Bar einen romantischen Hang zu zwei schwarzen Frauen verspürt und dabei »alle Gebote rassischen Bewußtseins ignoriert«.

26 Schelling wurde 1940 NSDAP-Mitglied, nach der ersten Welle der Begeisterung über Hitlers Siege im Westen. Beitritt am 5. September 1940; Mitgliedsnummer 8185105. BDC/PA.
27 Gespräch mit dem Autor in Hamburg, 5. Juli 1991. Johannes Puhl, der Sohn Emil Puhls, eines der zwei Vizepräsidenten der Reichsbank im Krieg, bestätigte, man habe in der Reichsbankführung dem Alkohol stark zugesprochen. Wenn sein Vater abends auf einem Empfang ging, pflegte er sich darauf vorzubereiten, indem er große Mengen Sardinenöl trank. Gespräch mit dem Autor in Köln, 22. Juli 1991.
28 Brief Funks an Hitler, 25. August 1939. IMG 699-PS.
29 Rede auf der jährlichen Generalversammlung der Reichsbank, 17. Januar 1942. BAP/RB 25.01/7042.
30 In dem Artikel »Wirtschaftsordnung gegen Währungsmechanismus«, 1944. BAP/RB 25.01/6370.
31 Rede auf der Generalversammlung der Reichsbank, 9. Februar 1944. BAP/RB 25.01/7012.
32 »Im Bewußtsein seiner geschichtlichen Aufgabe hat das nationalsozialistische Deutschland eine neue Ordnung in Europa geschaffen, um auf der Basis der europäischen Wirtschaftsfreiheit eine neue europäische Wirtschaftsgemeinschaft, einen neuen europäischen Wirtschaftsgeist und eine neue wirtschaftliche und soziale Ordnung zu gestalten.« Rede vor einer Versammlung der Reichsbankbeschäftigten in der Berliner Staatsoper, 9. November 1944.
33 Der Morgenthau-Plan wurde im August und September 1944 entwickelt und im Oktober ad acta gelegt.
34 Im November 1948 tauchten Überlegungen, wie sie Funk schon vier Jahre zuvor angestellt hatte, in einem Dokument der Amerikaner auf: »Ohne ein gesundes, wohlhabendes Deutschland kann es keine wirkliche Erholung Europas geben.« Office of Military Government in Germany, »Economic Developments since the Currency Reform«, November 1948.
35 Gegen Ende des Krieges hatte der gesamte Goldvorrat der Reichsbank nach dem offiziellen Preis von 2764 Reichsmark pro Kilo einen Wert von 655,4 Millionen Reichsmark. Im Februar und März 1945 wurde der größte Teil der Vorräte in das Merkers-Salzbergwerk in Thüringen gebracht. Dieses Gold wurde im April 1945 von Eisenhowers Armee konfisziert. Es wurde an die Länder verteilt, deren Goldreserven vom Dritten Reich übernommen worden waren. Siehe Dieter Lindenlaub, Manfred Pohl, *Zum Verbleib des »Reichsbankgoldes« nach dem Zweiten Weltkrieg*, Hg. Deutsche Bundesbank, 1990.
36 »Eine traurige Nachricht kommt über UP aus Mühlhausen in Thüringen. Dort sind in den Salzbergwerken unsere gesamten Goldreserven in Höhe von hundert Tonnen und dazu noch ungeheure Kunstschätze, u. a. die Nofretete, in die Hand der Amerikaner gefallen. Ich habe immer dagegen plädiert, daß Gold und die Kunstschätze von Berlin weggebracht würden; aber Funk hat sich trotz meiner Einwendungen nicht eines Besseren

belehren lassen... Nun haben sie in einer sträflichen Pflichtvergessenheit die wertvollsten Besitztümer des deutschen Volkes in die Hand des Feindes fallen lassen. Ich erfahre auf Erkundigungen bei der Reichsbahn, daß man zwar etwas laxe Maßnahmen ergriffen hat, um vor allem die Gold- und Kunstschätze aus Thüringen nach Berlin zu transportieren; das ist aber bezeichnenderweise durch die Ostertage verhindert worden. Man könnte sich sämtliche Haare ausraufen, wenn man sich vorstellt, daß die Reichsbahn Ostern macht und unterdes unser gesamter Goldvorrat vom Feind erbeutet wird.« Tagebucheintragung von Goebbels, 9. April 1945.

37 Notiz Friedrich-Wilhelm von Schellings, 25. Juni 1957. Brief Vockes an Hans Rechenberg, der Funks Interessen wahrnahm, 27. Juni 1957. Funk war in einem Sanatorium in Bad Mergentheim in Süddeutschland in Behandlung. Er starb am 31. Mai 1960. BB/PA.

38 *Bank-Archiv*, 1. Februar 1939. Einzelheiten des neuen Gesetzes gab Funk am 30. März 1939 dem Zentralausschuß der Reichsbank bekannt. BAP/RB 25.01/7041.

39 Rede vor dem Reichstag zum sechsjährigen Jubiläum der Machtergreifung am 30. Januar 1939.

40 Das neue Gesetz ergänzte das Gesetz von 1937, das die Reichsbank direkt dem Führer unterstellt hatte (Art. 1), durch die Bestimmung: »Die Deutsche Reichsbank wird nach den Weisungen und unter der Aufsicht des Führers und Reichskanzlers ... geleitet und verwaltet« (Art. 3). Die ausländische Beteiligung am Aktienkapital wurde aufgelöst. Während die Kreditvergabe an das Reich bisher auf 100 Millionen Reichsmark (für direkte Betriebskredite) und 400 Millionen Reichsmark (für den Ankauf von Schatzwechseln) begrenzt gewesen war, wurden diese Grenzen nun aufgehoben; der Führer legte die neuen Höchstbeträge fest (Art. 16).

41 Frede lieferte eine elegante Umdeutung der Gründe, warum der Führer die absolute Kontrolle der Reichsbank übernommen hatte; er schrieb, die Bestimmungen, die es dem Führer erlaubten, die Höchstgrenzen für die Kredite der Reichsbank an den Staat festzusetzen, seien besonders wichtig für die »Stabilisierung der Währung«. »Die neue Reichsbank«, 20. Juni 1939. BAP/RB 25.01/6861.

42 Am 1. Oktober 1940; Mitgliedsnummer 8182865. BDC/PA.

43 Frede war von 1947 bis 1957 Vorstandsmitglied der Landeszentralbanken von Württemberg-Hohenzollern und dann von Baden-Württemberg.

44 Vortrag im Rahmen der bankberuflichen Fortbildung, 11. Dezember 1939. BAP/RB 25.01/6861.

45 Auszeichnung als »nationalsozialistischer Musterbetrieb« am 1. Mai 1942. BAP/RB 25.01/6367.

46 Kurt Lange wurde am 1. Oktober 1930 NSDAP-Mitglied (Mitgliedsnummer 345284), Funk am 1. Juni 1931 (551712), Paul Emde, der nach dem Ausscheiden Brinkmanns am 5. Mai 1939 ins Direktorium aufstieg, am 1. August 1933 (2680559), Max Kretzschmann 1937 (3934028), Emil Puhl

am 1. Mai 1937 (5852526) und Friedrich Wilhelm am 1. Dezember 1939 (7312605). BDC/PA. Ende 1938 hatten im Reichsbankdirektorium nur Blessing, Puhl und Kretzschmann der NSDAP angehört.
47 Brinkmann wurde am 20. April 1938 Mitglied der SS; Mitgliedsnummer 308241. Zum SS-Oberführer wurde er am 9. November 1938 befördert. BDC/SS.
48 Von der Abteilung Volkswirtschaft und Statistik vorbereiteter Artikel mit dem Titel »Stabile Währung«, *Völkischer Beobachter*, 10. Februar 1939. BAP/ RB 25.01/6521.
49 In dem Reichsbankmemorandum vom Februar 1940 heißt es: »Die vermiedene Besteuerung [im Ersten Weltkrieg] wurde durch den bequemeren Umweg der Geldentwertung ersetzt. Das Ausmaß der Geldentwertung war bis Kriegsende nicht unheilbar und hätte durch straffere bzw. rechtzeitigere Wirtschaftsmaßnahmen weiter eingedämmt werden können.« Die Reichsbank zog daraus für 1940 den Schluß: »Die Beschaffung der erforderlichen Geldmittel und die Abschöpfung der überschüssigen Kaufkraft soll weitgehend durch Besteuerung erfolgen.« »Vergleich der deutschen Kriegsfinanzierung 1914/18 und 1939«, BAP/RB 25.01/7005.
50 Die Abteilung Volkswirtschaft und Statistik der Reichsbank übersetzte einen Bericht der *Financial Times* über die Brinkmannrede vom 21. März 1939. BAP/RB 25.01/6585.
51 Die Geschichte wird erzählt in Albert Speer, *Memoiren*.
52 Puhl op.cit.; Wilhelm op.cit.; Speer op.cit.
53 Briefwechsel zu der Affäre in BC/SS.
54 So hieß es beispielsweise in einem Memorandum an das Reichsbankdirektorium vom November 1940, »die Hoffnung auf ein schnelles Kriegsende« würde »schwächer«. Außerdem wurde auf eine »Verschärfung der Spannungen« hingewiesen, weil die Geldmenge steige, während die Verfügbarkeit von Konsumgütern abnehme. Referat über die Währungslage, 29. November 1940. BAP/RB 25.01/7006.
55 Artikel in: *Die Reichsbank*, 30. Januar 1940. BAP/RB 25.01/6365. NSDAP-Mitglied seit 1. Mai 1933; Mitgliedsnummer 3561949. BDC/PA. Nach einem Zwischenspiel an der Landeszentralbank von Württemberg-Hohenzollern ging Oechsner zur bayerischen Landeszentralbank; dort war er zwischen 1959 und 1967 Vorstandsmitglied und Vizepräsident.
56 Windlinger war von 1947 bis 1952 Mitglied im Vorstand der badischen Landeszentralbank. Er gehörte außerdem zu den zehn deutschen Experten, von denen sich die britische und die amerikanische Militärregierung über die Währungsreform von 1948 beraten ließen.
57 Artikel in: *Staatsbank*, November 1940. Der Artikel war nicht mit dem Namen des Autors gekennzeichnet. BAP/RB 25.01/7006.
58 NSDAP-Mitglied seit 1. Mai 1937; Mitgliedsnummer 5852526.
59 *Die Deutsche Volkswirtschaft* Nr. 30, 1940, BAP/RB 25.01/7042.
60 Wie viele andere Banker standen die Hardliner an der Spitze der NSDAP Puhl mit beträchtlichem Mißtrauen gegenüber. In einem vierseitigen

Memorandum aus der Parteizentrale der NSDAP (undatiert, aber während des Krieges geschrieben) heißt es: »Vor und nach 1933 hat Puhl in der Reichsbank... oftmals Äußerungen gegen den Nationalsozialismus gemacht.« Seine Kinder hatten angeblich Schulfreunden erzählt, ihr Vater habe zu Hause gesagt, Deutschland könne den Krieg nicht gewinnen und »Hitler werde es schließlich genauso gehen wie Napoleon«.

61 NSDAP-Mitglied seit 1. September 1930; Mitgliedsnummer 345284. BDC/PA.

62 Im Sommer sagte Puhl zu Albert Thoms, einem Reichsbankbeamten, die Bank werde für die SS ungewöhnliche Wertgegenstände, darunter auch Gold, in Empfang nehmen und lagern, eine Angelegenheit, die streng geheim bleiben müsse. Als Puhl nach dem Krieg in einem amerikanischen Internierungslager verhört wurde, bestätigte er die Vereinbarung, Gold und Juwelen für die SS zu lagern, in einer eidlichen Erklärung vom 3. Mai 1946. Funk hatte sowohl Puhl als auch Friedrich Wilhelm mitgeteilt, daß es sich bei dem Material um konfiszierten Besitz aus den besetzten Gebieten im Osten handle. Puhl sagte, er habe protestiert, aber man habe ihm befohlen, seine Arbeit zu tun und keine Fragen zu stellen. Oswald Pohl, der Chef des Hauptamts Verwaltung und Wirtschaft der SS, sagte am 15. Juli 1946 aus, er habe die Art der Lieferung mit Puhl besprochen und aus dem Gespräch sei völlig klargeworden, daß es sich bei den Gegenständen um Schmuck und Wertsachen handelte, die den Insassen von Konzentrationslagern gehörten. Siehe *Trials of War Criminals, October 1946 – April 1949*, Bd. XII, Washington, insbesondere S. 611–625.

63 In der Urteilsbegründung hieß es, daß »Puhl ohne Zweifel über den ganzen Plan informiert war und an ihm teilgenommen hat, auch wenn er dabei keine zentrale Rolle spielte«. Puhl wurde der Beihilfe zu »Grausamkeiten und Vergehen gegen Zivilisten« für schuldig befunden, er wurde jedoch von der Anklage freigesprochen, Unternehmen finanziert zu haben, die Zwangsarbeiter einsetzten. Er wurde zu fünf Jahren Gefängnis verurteilt. Seine Untersuchungshaft seit Mai 1945 wurde jedoch auf das Urteil angerechnet, deshalb kam er bald frei. Während Puhl inhaftiert war, wurde seine Familie von der Bank deutscher Länder finanziell unterstützt. Gespräch mit Johannes Puhl in Köln, 22. Juli 1991.

64 Puhl wurde Vorstandsmitglied bei der Hamburger Kreditbank, dem Kreditinstitut, das gegründet worden war, um die Geschäfte der Dresdner Bank in der britischen Besatzungszone abzuwickeln.

65 *Bank-Archiv*, 1. Oktober 1940.

66 Benning, »Europäische Währungsfragen«, in: *Europäische Wirtschaftsgemeinschaft*, 1943. Benning produzierte während des Krieges eine große Zahl von Gutachten und Propagandaartikeln. In einem unveröffentlichten Gutachten über die Kriegswirtschaft schrieb er Mitte 1941: »Der nicht aufholbare Vorsprung, der in dieser Hinsicht die Rüstungswirtschaft Deutschlands vor den ausländischen, insbesondere den gegnerischen Volkswirtschaftlern, errungen hat, erklärt sich daraus, daß die verant-

wortlichen Stellen in Deutschland die erforderlichen Maßnahmen einer dem öffentlichen Bedarf dienenden Rangordnung der Produktion rechtzeitig und weit vorausschauend getroffen haben.« (Reichs-Kredit-Gesellschaft, Wirtschaftsbericht für das erste Halbjahr 1941.) Das Gutachten zeigte, daß Benning die Möglichkeiten der US-Kriegswirtschaft falsch einschätzte: »Im Gegensatz zu dieser auf höchste Leistung ausgerichteten deutschen Kriegswirtschaft stehen die gegnerischen Volkswirtschaften noch inmitten ungelöster Umstellungsaufgaben. Dies gilt ebenso für Großbritannien wie für die Vereinigten Staaten von Amerika; gerade die letzteren bilden ein charakteristisches Beispiel für die Reibungsschwierigkeiten einer überstürzten volkswirtschaftlichen Umschaltung.« Siehe auch den Begleitbrief Bennings an Einsiedel vom 23. September 1941. Beide Dokumente in BAP/RB 25.01/6428.

67 Diel saß von 1948 bis 1959 im Vorstand der rheinland-pfälzischen Landeszentralbank und war 1960 bis 1964 Vizepräsident der hessischen Landeszentralbank.

68 Rede auf einer Betriebsversammlung am 30. Januar 1941. BAP/RB 25.01/6792.

69 Dokument vom 20. Juni 1940. BAP/RB 25.01/7015.

70 Die Reichsbank definierte einen Großwirtschaftsraum als ein Gebiet, in dem ein bestimmtes Land die Vorherrschaft hatte. Die Welt sollte in sechs derartige »Interessengebiete« aufgeteilt werden: ein deutsches (mit Belgien, Holland, Skandinavien und Südosteuropa), ein italienisches (Spanien, Griechenland und die Türkei), ein russisches (baltische Staaten, Finnland und der Iran), ein japanisches (China und Mandschurei), ein britisches (nicht definiert) und ein US-amerikanisches (Mittel- und Südamerika).

71 Rohstofflieferungen und Schuldenerlasse wurden mit je sieben Milliarden Reichsmark veranschlagt, mit einem geschätzten »Gold- und Devisenfonds für die Reichsbank« in Höhe von schätzungsweise zwei bis drei Milliarden Reichsmark. Die Reichsbank wies darauf hin, daß Frankreich und Großbritannien Goldreserven im Wert von insgesamt zehn bis zwölf Milliarden Reichsmark besäßen und daß Deutschland es geschafft habe, nach dem Ersten Weltkrieg über 68 Milliarden Goldmark an Reparationen zu zahlen.

72 Verhör vom 22. Oktober 1945. IMG 3544-PS XXXII, S. 371.

73 Aufzeichnungen aus dem Reichswirtschaftsministerium, 3. Juli 1940. BAP/RB 25.01/6428.

74 »Abschöpfung durch Anleihebegebung«, *Bankwirtschaft, 15. Juni 1943*; »*Europäische Währungsfragen*«, *Europäische Wirtschaftsgemeinschaft, 1943*.

75 30. März 1939. BAP/RB 25.01/7041.

76 Stellungnahme Puhls vor dem Hamburger Rotary Club, 10. März 1954.

77 Stellungnahme vor dem Hamburger Rotary Club, 10. März 1954.

78 Entwurf der Rede durch die Abteilung Volkswirtschaft und Statistik im Mai 1940. BAP/RB 25.01/6428.

79 Rede über »Die Reichsbank im neuen Deutschland«, Köln 26. Februar 1941. BAP/RB 25.01/6365.
80 »Deutsche Währungshilfe in den besetzten Gebieten«. Der Artikel des Mitglieds des Reichsbankdirektoriums Max Kretzschmann in der Zeitschrift *Bank-Archiv* vom 1. Januar 1941 schildert, wie »Goldwährungen« praktisch über Nacht in »Arbeitswährungen« verwandelt wurden.
81 »Währungsaufbau in Serbien«, *Der Vierjahresplan*, Juni 1941. BAP/RB 25.01/6327.
82 »Reichsbankarbeit im Dienste der europäischen Wirtschaftsgemeinschaft«, *Weltwirtschaft*. BAP/RB 25.01/6367.
83 Rede in Bochum, 7. Januar 1943. BAP/RB 25.01/7132.
84 »Die Kreditwirtschaft im Generalgouvernement«, *Bank-Archiv*, 1941.
85 Frank äußerte sich mündlich am 15. März 1941, 15. Mai 1943 und 7. Juli 1944 lobend über Paerschs Fähigkeiten. BAF Briefe/Stellungnahmen von Frank.
86 Brief von Heinrich Hartlieb, Mitglied des Bundesbankdirektoriums, an Paersch, 16. Februar 1965. BB.
87 »Gefahren der heutigen Währungslage«, Memorandum der Abteilung Volkswirtschaft und Statistik, 19. Januar 1942. BAP/RB 25.01/6428.
88 In ihren öffentlichen Äußerungen war die Reichsbank wesentlich zurückhaltender — genau wie sie es in der Zeit wachsender Inflationsgefahr während des Ersten Weltkriegs gewesen war. In dem im März 1942 veröffentlichten Jahresbericht für 1941 heißt es lapidar: »Die deutsche Währungspolitik vermochte den aus der gegenläufigen Entwicklung von Geldvolumen und Verbrauchsgütermenge sich ergebenden Spannungserscheinungen wirksam zu begegnen.« Jahresbericht, 3. März 1942.
89 BAP/RB 25.01/7132.
90 Vortrag in Budapest, 9. Juni 1943. BAP/RB 25.01/7010.
91 Protokoll der Beiratssitzung vom 24. Juni 1943. BAP/RB 25.01/7133.
92 Protokoll der Beiratssitzung vom 9. Februar 1944. BAP/RB 25.01/7133.
93 Jahresbericht für 1943, 31. Januar 1944.
94 Von der Abteilung Volkswirtschaft verfaßte Rundfunkansprache, 26. Oktober 1944. BAP/RB 25.01/7010.
95 Rede in der Berliner Staatsoper, 9. November 1944.
96 Schacht wurde nach dem gescheiterten Attentat vom 20. Juli am 23. Juli 1944 inhaftiert. Er behauptete später, er habe erst im Todeslager Flossenbürg von den Grausamkeiten gegen die Juden erfahren.
97 Aussage Albert Speers über Hitlers Bemerkungen im Juli 1944. IMG XVI, 21.6.46, S. 562.
98 Er fügte hinzu: »Ich bin innerlich nie mit Hitler verbunden gewesen; aber ich habe äußerlich in seinem Kabinett gearbeitet, weil er nun einmal an der Macht war und weil ich es für meine Pflicht hielt, meine Kraft im Sinne des Guten für mein Volk und mein Land einzusetzen.« IMG XII, 30.4.46, S. 493. Schacht vorzuwerfen, er habe den Krieg vorbereitet, war seinem Verteidiger Dix zufolge genauso unsinnig wie einen Autofabri-

kanten anzuklagen, weil ein betrunkener Taxifahrer einen Fußgänger überfahren hat. IMG XVIII, 25.7.46, S. 303.
99 Schacht: »Wenn ich die Gelegenheit gehabt hätte, hätte ich ihn [Hitler] umgebracht, ich.« IMG XIII, 2.5.46, S. 41. Der Wahrheit näher kam Schacht mit seiner Aussage, daß dieser halbgebildete Mann durch Massenpsychologie und Willenskraft in der Lage gewesen sei, vierzig bis fünfzig Prozent des Volkes hinter sich zu bringen.
100 Schachts Verteidiger Dix betonte besondere den Satz, mit dem Schacht Leute kritisiert hatte, »die nächtlicher Weile heldenhaft Fensterscheiben beschmieren«; er meinte die Angriffe auf jüdische Läden und Geschäfte. Siehe IMG XII, 30.4.46, S. 561. Dagegen machte der amerikanische Hauptankläger Jackson auf eine andere Passage in der gleichen Rede aufmerksam: »Das Ziel, das diese Leute im Auge haben, ist überall richtig und gut.« IMG XII, 2.5.46, S. 638.
101 Laut einer eidlichen Erklärung Otto Schniewinds hatte Schacht häufig zu Kollegen gesagt, er müsse sich vor Angriffen der NSDAP und der SS schützen. IMG XLI, Schacht-34, 18.3.46, S. 270. Siehe auch Vockes Aussage, Schacht habe seine »Schmeicheleien« verstärkt, als seine Opposition gegen Hitler stärker wurde. IMG XIII, 3.5.46, S. 73.
102 So Harold James 1987 in: »Schacht's attempted defection from Hitler's Germany«, *Historical Journal*, 30. März 1987. Aus den Aufzeichnungen über Gespräche zwischen dem amerikanischen Finanzminister Morgenthau und seinen Kollegen geht hervor, daß Schacht sich in einem Gespräch mit Donald Heath, dem Ersten Sekretär der US-Botschaft in Berlin, erboten hatte, eine Stelle bei der US-Regierung zu übernehmen. Er ist jedoch von den Amerikanern anscheinend nie ernst genommen worden. Protokoll der Sitzung in F. D. Roosevelt Library, Hyde Park, New York.
103 Schacht, *Abrechnung*, S. 26.
104 Das Verhältnis zwischen Schacht und der Bundesbank war eisig. Laut Otmar Emminger wurden Artikel von Schacht im Pressespiegel, den die Bank deutscher Länder und dann die Bundesbank in den fünfziger Jahren regelmäßig veröffentlichten, nie berücksichtigt, weil man Schacht als »Steigbügelhalter Hitlers« betrachtet habe. Dies wirkt heuchlerisch, wenn man Emmingers eigene NSDAP-Mitgliedschaft in Betracht zieht. Emminger behauptet, Schacht habe sich unter anderem damit gerächt, »daß er den damaligen Bundesbankpräsidenten Blessing... gegen Ende der fünfziger Jahre in höchst unfairer Weise als Nazi-Mitläufer angriff, was Blessing zutiefst verletzte, da es völlig unbegründet war«. Emminger, *D-Mark, Dollar, Währungskrisen*, S. 280 und Fußnote. Im Exemplar von Schachts polemischem Buch *Die Politik der Deutschen Bundesbank* im Bundesbankarchiv wimmelt es von wütenden Randbemerkungen, die Emminger darin mit Rotstift machte. Besonders regte er sich über eine Bemerkung Schachts auf S. 31 auf: »Ein wachsendes Preisniveau ist die selbstverständliche Begleiterscheinung des wachsenden sozialen und wirtschaftlichen Fortschritts.«

105 Bei dem Verhör vom 25. Juli 1945 erklärte Schacht gelegentliche Gedächtnislücken damit, daß er nie ein Tagebuch geführt habe. Sein Gegenüber reagierte mit dem sarkastischen Satz: »Sie werden Schwierigkeiten haben, wenn Sie Ihre Memoiren schreiben.« Darauf Schacht: »Ich habe nicht die Absicht.« BoE/OV 34/11 1084/31.
106 Siehe beispielsweise A.J.P. Taylors Rezension der englischen Übersetzung von Schachts Buch *76 Jahre meines Lebens*, die 1955 erschien: »Sein Widerstand ist jetzt ein bißchen härter und seine Zusammenarbeit mit den anderen Verschwörern entschlossener geworden; dagegen wirkt die Unterstützung, die er zunächst Hitler angedeihen ließ, zweideutiger und matter.« *Observer*, 31. Juli 1955.
107 »Mit der Preisgabe der Reichsbank wurde eines der stärksten Bindeglieder des Reiches beseitigt. Sie pflanzte den Keim zur dauernden Trennung von Ost und West.« Hjalmar Schacht, *Die Politik der Deutschen Bundesbank*, München 1970, S. 12f.

Kapitel VI

1 Artikel in: *Neue Zeitung* vom 31. Dezember 1945.
2 Memo an General Clay vom 21. Januar 1948 als Antwort auf den Brief Clays vom 27. Dezember 1947, in dem Clay die »Notwendigkeit einer Währungsreform« betont. WWA/OMGUS.
3 Brief Vockes an Adenauer, 31. Oktober 1949, BB KO/Vocke.
4 In einer Rede in Hastings, zitiert nach Aidan Crawley, *The Rise of Western Germany 1945-1972*, London 1973, S. 61.
5 Bericht der Reichsbankleitstelle, Januar 1947. Nach Angaben des Statistischen Zentralamts in Minden war die Industrieproduktion auf dem Niveau von 1880, was bei einer Aufschlüsselung pro Kopf den Zahlen von 1865 entsprach.
6 Brief an Charles Gunston, 18. Dezember 1946, BoE/OV 24.12.
7 Noch vor der Bildung der Bundesregierung im Mai 1949 konstituierten sich in den Westzonen auf Betreiben der Alliierten die Länder innerhalb neuer oder historischer Grenzen.
8 Am stärksten unterscheiden sich das amerikanische und deutsche System in der Größe der einzelnen Zentralbanken. In den USA, in denen viermal so viele Menschen leben wie in Deutschland, gibt es zwölf Federal Reserve Banks.
9 Präambel zum Gesetz über die Bank deutscher Länder, 1948.
10 Die Einführung eines Mindestreservesystems, wie es in den USA besteht, ist eine der wichtigsten Neuerungen der Währungspolitik, die Washington eingebracht hat. Das Gesetz über das Kreditwesen von 1934 hatte bereits die gesetzliche Grundlage für die Einführung von Mindestreserven geschaffen, doch wurde dieser Teil des Gesetzes nie in Kraft gesetzt.

11 Die Geschäftsbanken müssen bei den Landeszentralbanken unverzinste Guthaben hinterlegen, deren Höhe nach einem bestimmten Prozentsatz aus der Summe ihrer Verbindlichkeiten berechnet wird.
12 Die Zentralbanken in der französischen Zone durften bis 1952 Kredite an private Schuldner vergeben. Die rheinland-pfälzische Zentralbank tat das noch bis 1957.
13 Gesetz zur Errichtung der Bank deutscher Länder, 1948.
14 In der Alliierten Bankkommission saßen zunächst nur Amerikaner und Briten. Die französische Militärregierung trat Ende März 1948 bei. Die Einrichtung einer Alliierten Bankkommission wurde einen Tag nach Bekanntmachung der Gründung einer neuen Zentralbank durch die Alliierten verkündet. Die Alliierte Bankkommission sollte laut der amerikanischen Militärregierung »die Politik der Bank deutscher Länder insgesamt überwachen und damit sicherstellen, daß die gesetzlich festgeschriebenen Ziele der Militärregierung in die Tat umgesetzt werden«. OMGUS-Bericht, 15. Februar 1948.
15 Die Vertreter der Alliierten Bankkommission hatten ihre Büros in der Frankfurter Hauptverwaltung der Bank deutscher Länder. Zu Beginn der ersten, besonders restriktiven Phase der Besatzungszeit zwischen 1948 und 1951 nahmen die Vertreter der Alliierten Bankkommission an den Sitzungen des Zentralbankrats teil. Viele sprachen schlecht Deutsch und konnten daher kaum Einfluß auf die Entscheidungen des Zentralbankrats nehmen.
16 Zunächst schlugen die Amerikaner den umständlichen Namen »Vereinigung der Länder-Banken« vor. Der spätere Vorschlag »Länder-Union Bank« fand keine Zustimmung, da die Deutschen darauf hinwiesen, daß es in Frankfurt bereits eine Deutsche Union Bank gebe, die dem schwedischen Mischkonzern STB gehöre. Den Artikel »der« ließ man schließlich fallen, weil die Alliierten die Sowjetunion, die die östlichen Zonen kontrollierte, nicht vor den Kopf stoßen wollten. Siehe Eckhard Wandel, *Die Entstehung der Bank deutscher Länder und die deutsche Währungsreform 1948*, Frankfurt 1980, S. 51–68.
17 Baden, Bayern, Bremen, Hamburg, Hessen, Niedersachsen, Nordrhein-Westfalen, Rheinland-Pfalz, Schleswig-Holstein, Württemberg-Baden und Württemberg-Hohenzollern.
18 Kommuniqué des britischen und des amerikanischen Militärgouverneurs, 14. Februar 1948.
19 Die Amerikaner wollten außerdem die Macht der größten Kreditbanken beschneiden, vor allem der Deutschen Bank und der Dresdner Bank, die in ganz Mitteleuropa die finanzielle und industrielle Annexion und Plünderung unterstützt und daran auch selbst teilgenommen hatten.
20 Die Finanzdivision vom OMGUS empfiehlt in Berichten aus den Jahren 1946 und 1947, die Deutsche Bank und die Dresdner Bank zu liquidieren und führende Vertreter und Vorstandsmitglieder als Kriegsverbrecher vor Gericht zu stellen. Außerdem sollten die betreffenden Personen keine

wichtigen Ämter in Politik und Wirtschaft des zukünftigen Deutschland übernehmen dürfen. Die Berichte hatten keine Gesetzeskraft und blieben weitgehend unbeachtet.

21 Memorandum von Joseph Dodge über »Zentralbankwesen und Bankenaufsicht«, 8. November 1945, WWA 2/169/4.
22 Memorandum an das Finanzdirektorium, 5. April 1946, BE OV/34/11.
23 Die Hamburger Reichsbankleitstelle wurde im November 1945 eingerichtet.
24 Kurz nachdem Vocke und Hülse in Hamburg ihr Amt angetreten hatten, wurden sie im Winter 1945/46 vom Dienst suspendiert, da sie als Zeugen im Prozeß gegen Schacht vor dem Nürnberger Kriegsgericht aussagen sollten. Hülse wurde schließlich doch nicht vorgeladen. Vocke dazu: »Bei Hülses innerer Unklarheit und Ängstlichkeit war das für mich eine Erleichterung« (Vocke, op.cit, S. 144), Hülse nahm am 24. April 1946 die Arbeit auf. Sein Anfangsgehalt als Vorstandsmitglied betrug jährlich 35 000 Reichsmark, am 15. Juni 1946 wurde dieser Betrag auf 40 000 Reichsmark jährlich für den Vorsitz erhöht. Vocke verdiente als stellvertretender Vorsitzender ab 15. Juni 1946 37 000 Reichsmark. LZB-NRW PA/ Hülse.
25 Vocke hatte an den Verhandlungen mit der Bank of England über einen Notkredit teilgenommen, die Reichsbankpräsident Luther Anfang der dreißiger Jahre führte.
26 Die britischen Beamten argumentierten nicht ganz ehrlich, da das Potsdamer Abkommen vom August 1945 in diesem Punkt bewußt vage bleibt. Es heißt dort, Deutschland solle während der Besatzung als wirtschaftliche Einheit behandelt werden, gleichzeitig wird jedoch festgelegt, daß vorerst keine Zentralregierung eingerichtet werden solle.
27 Nach dem Krieg war Gunston kurzfristig Leiter der für Bankwesen zuständigen Abteilung der Finanzdivision in der britischen Zone. 1925 hatte die Bank of England ihn zur Ausbildung in die Reichsbank entsandt, später war er für die britischen Behörden einer der wichtigsten Beobachter des Geschehens in Deutschland. Manche Berichte an die Bank of England lassen vermuten, daß er den Personen, die er beobachten sollte, viel zu unkritisch gegenüberstand. Am 6. Januar 1936 schreibt er in herablassendem Ton an Montagu Norman, der Korrespondent der *Times* in Berlin deute in seinen Berichten an, »Dr. Schacht opponiere gegen die gesamte NSDAP oder zumindest Teile der Partei. Die Publikation solcher Meinungen kann für Dr. Schacht peinlich oder sogar gefährlich werden. Er würde es sicherlich als Entgegenkommen betrachten, wenn wir die *Times* zu größerer Diskretion verpflichteten.« Gunston schlug vor, Norman solle darüber mit dem britischen Außenministerium sprechen. BoE/ OV 34/7. Der Korrespondent der *Times* berichtete etwa über Schachts Rede 1935 in Königsberg.
28 Brief Gunstons, 17. Januar 1947: »Hülse und Vocke haben die Reichsbankleitstelle in Hamburg für die britische Zone jetzt meisterhaft durch-

organisiert. Bislang konnten sich die britischen Bankfachleute erfolgreich gegen die irrsinnigen Vorstellungen des Amerikaners Dodge zur Wehr setzen, der die Reichsbank in der amerikanischen Zone in drei Landeszentralbanken in für die Länder Bayern, Württemberg und Hessen aufgeteilt hat.« BoE/OV 34/12.

29 Darstellung der britischen Position, 20. Februar 1947, WWA. »Großbritannien war bezüglich der Vorschläge zur Dezentralisierung des Bankenwesens in Deutschland von Anfang an der Meinung, daß drastische Maßnahmen, wie sie in COAC/P (46) 323 vorgeschlagen werden, nicht notwendig sind, um die Konzentration wirtschaftlicher Macht in den Banken zu verhindern; letzteres kann man auch dadurch erreichen, daß Banken weder Teilhaber industrieller Unternehmen werden noch in entscheidenden Punkten mit abstimmen dürfen. Nach Ansicht der britischen Regierung ist jedoch ein System wie das jetzt vorgeschlagene dem bereits existierenden System technisch definitiv unterlegen. Nur mit großem Geschick würde es innerhalb des jetzt vorgeschlagenen Systems gelingen, die enormen finanziellen Belastungen der nächsten Jahre zu bewältigen. Um eine Finanzkatastrophe zu vermeiden, braucht man eine strenge, zentral gesteuerte Kontrolle des Bank- und Finanzwesens, und die Alliierten müßten ebenfalls dafür sorgen, daß diese Zentralmacht nicht mißbraucht wird.«

30 In einem Telegramm an Washington schreibt Clay, die Tatsache, daß es in der Bizone keine Zentralbank gebe, sei »ein ernsthaftes Hindernis für den Wiederaufbau der Gebiete in der Bizone« Telegramm an das Kriegsministerium, 16. September 1947, WWA/OMGUS.

31 Zitiert nach einem Brief Bennetts an Sir Eric Coates, 9. September 1947, WWA/OMGUS.

32 Brief Albert Haynes' (Kleinwort Sons & Co) an Edward Hellmuth, Finanzdivision, 18. September 1947, PRO, Foreign Office 1046/678.

33 Siehe Theodor Horstmann, »Die Entstehung der Bank deutscher Länder als geldpolitische Lenkungsinstanz in der Bundesrepublik Deutschland«, in: *Geldpolitik und ökonomische Entwicklung*.

34 Um die Einrichtung der Kreditanstalt für Wiederaufbau gab es heftige Kontroversen innerhalb der amerikanischen Behörden. In einem Memorandum vom 19. Februar 1948, in dem die Vorlage eines Gesetzentwurfes der britischen Finanzdivision über die Einrichtung der Kreditanstalt mitgeteilt wird, heißt es: »Die windigen Versuche, eine neue Superbank einzurichten... und einen monolithischen Bankenblock aufzubauen, könnten wirksam dazu beitragen, daß unsere Versuche einer Reform des Bankenwesens völlig bedeutungslos werden.« Notiz von Adolphe J. Warner an Mr. Aikin. WWA/OMGUS.

35 Brief an Sir Edward Bridges, 1. Juni 1948, BoE/OV 34/22.

36 Davor war Schniewind Ministerialdirektor im Reichswirtschaftsministerium unter Schacht. Ende 1937 wurde er in das Direktorium der Reichsbank berufen, er schied jedoch bereits ein Jahr später wieder aus, nach-

dem es zu Differenzen in wirtschaftspolitischen Fragen gekommen war. Sein Verhalten während des Krieges ist undurchsichtig.

37 Abs wuchs im Rheinland in einer erzkatholischen Familie auf und machte eine steile Karriere. Mit nur sechsunddreißig Jahren wurde er 1938 Vorstandsmitglied der Deutschen Bank; er vertrat Deutschland vor dem Krieg bei Verhandlungen über die Einfrierung der Auslandsschulden der Banken. Während des Krieges saß er wie Blessing im Beirat der Reichsbank und arbeitete eng mit Funk zusammen. Fanatische NSDAP-Mitglieder lehnten Abs (und Funk) entschieden ab. In einer (undatierten) Untersuchung, die von den NSDAP-Behörden in Auftrag gegeben wurde, rechnet Emil Puhl, in Kriegszeiten Vizepräsident der Reichsbank, Abs zu den »politisch unzuverlässigen« Bankern. Außerdem macht er auf den »starken katholischen Einfluß« in der Deutschen Bank aufmerksam. BDC PA/Puhl.

38 Auf Goerdelers Liste, die im Januar 1943 entdeckt wurde, ist Schniewind als Wirtschaftsminister vorgesehen. Schniewind zerstritt sich später mit Goerdeler und zog sein Angebot zur Mitarbeit zurück. Ritter, op.cit., S. 601 (Appendix IX).

39 Abs verließ Berlin am 15. April 1945 in einem Lieferwagen des Kaufhauses Karstadt, der mit Akten der Deutschen Bank beladen war, um nach Hamburg zu fahren. Nach Verhören durch britische und amerikanische Behörden kam er im Juni 1945 in der britischen Sektion der Finanzdivision mit Gunston zusammen, den er von vor dem Krieg kannte. Gunston ernannte ihn zum Berater der britischen Regierung in Hamburg. Nach dreimonatiger amerikanischer Gefangenschaft wurde Abs im Frühjahr 1946 auf das Gut seiner Familie in Bentgerhof nahe Remagen entlassen. Nach und nach nahm er seine Karriere als Banker wieder auf. Edward Hellmuth, ein Angestellter der Midland Bank, der zu den britischen Mitgliedern der Finanzdivision gehörte, entband Abs offiziell von den Direktorenposten, die dieser während des Krieges bekleidet hatte. Wie Hellmuth später berichtete, war die herzliche Verbindung, die er in Hamburg zu dem Banker aufbaute, ein gutes Fundament für die späteren Geschäftsbeziehungen zwischen der Midland Bank und der Deutschen Bank. Siehe Tom Bowyer, *Blind Eye to Murder*, London 1981, S. 25.

40 Veit war von Juli 1929 bis Januar 1931 Wirtschaftsredakteur der Industrie- und Handelszeitung. Von Februar 1931 bis Ende März 1934 leitete er eine Abteilung der Reichsstelle für Außenwirtschaft und gab Publikationen dieses Amtes heraus. Vor den amerikanischen Behörden sagte Veit am 18. August 1945 aus, er sei aufgrund seiner liberalen wirtschaftspolitischen Haltung und seiner Rassenzugehörigkeit entlassen worden. Sein Name wurde von der Liste der Redaktion gestrichen, und Veit konnte keine Anstellung oder Berufung an eine deutsche Universität mehr bekommen. Er arbeitete bis 1937 »illegal« als Schriftsteller und Bankberater, danach kam er bei der Privatbank Hardy unter, die Ende der dreißiger Jahre im Zuge der »Arisierung« von der Dresdner Bank übernommen wurde. WWA/OMGUS.

41 Protokolle der Zentralbankratsitzung vom 2. April 1948, BB/Protokolle, BDL/BBK-2/1.
42 Saul Kagan, der Leiter der Financial Intelligence Croup in der amerikanischen Finanzdivision, sprach sich dagegen aus, daß Abs und Schniewind ein Amt übernahmen. Jo Fisher Freeman, stellvertretendes amerikanisches Mitglied in der Alliierten Bankkommission, teilte dies dem früheren Direktor des bayerischen Industrieverbandes Max Grasmann mit, der nun die bayerische Landeszentralbank leitete. Eugen Hinckel, der Präsident der badischen Landeszentralbank, berichtete in der Sitzung, die französische Militärregierung habe keine Einwände gegen Schniewind, werde aber gegen Abs stimmen. Hülse, der die nordrhein-westfälische Landeszentralbank vertrat, informierte seine Kollegen darüber, daß für die britischen Behörden gegen beide Männer nichts vorlag.
43 Zwei Wochen später sagte Kagan, von den fünfzehn Personen, die in den dreißig Vorschlägen für die drei Spitzenämter am 2. April genannt würden, seien »mindestens zehn wahrscheinlich unbelastet«. Er nennt Merton, Hincke, Könneker, Hartlieb, Bernard, Blücher, Veit, Kaiser und Neubaur. (Abs und Schniewind sind also ausdrücklich ausgeklammert.) »Ich weise darauf besonders hin, weil ich fürchte, daß bei Neuwahlen unerwünschte Personen hinzukommen könnten und wir uns dann wieder in der unangenehmen Situation befänden, die Wahlen ablehnen zu müssen.« Brief vom 19. April 1948 an Freemann (Alliierte Bankkommission). WWA/OMGUS.
44 Brief Robert Fenwicks, der für Großbritannien in der Finanzdivision für Devisenhandel und Bankwesen zuständig war, an Gunston von der Bank of England, 5. April 1948, BoE/OV 34/90.
45 Protokolle der Zentralbankratsitzung vom 9. April 1948, BB/Protokolle, BDL/BBK-2/1.
46 Da der Zentralbankrat Entscheidungen normalerweise mit einfacher Mehrheit treffe, so führten die beiden Banker aus, könnten die Ländervertreter ihren Ländern leicht Kredite beschaffen, ohne daß die Bank deutscher Länder dies verhindern könne.
47 Laut Abs wollten die Finanzminister der Länder die Vorschläge von Abs und Schniewind unterstützen. Telefonat mit dem Autor, 23. Juli 1991. Zugleich war freilich bekannt, daß die Amerikaner keinesfalls von ihrem Grundsatz abweichen wollten, den Ländern und nicht der Zentralbank Frankfurt die Kontrolle über die Bank deutscher Länder zuzuweisen.
48 Für die Entnazifizierung waren deutsche Behörden zuständig. Die Münchener Spruchkammer klassifizierte Schniewind am 17. Mai als »überhaupt nicht belastet« ein Urteil, das von der Münchener Militärregierung am 26. Juli 1947 bestätigt wurde. Laut einem Urteil der Hamburger Spruchkammer vom 19. Februar 1948 galt Abs als »entlastet«. Brief von Veit an die Alliierte Bankkommission, 30. April 1948; Protokolle der Zentralbankratsitzung vom 28. April 1948, BB/Protokolle.
49 Schniewind soll sich außerdem geweigert haben, den Anweisungen der

Alliierten Folge zu leisten und seine Aufgaben als schwedischer Generalkonsul und als Bankier bei Seiler und Cie., deren Teilhaber er war, niederzulegen. Die Seiler-Bank war angeblich in illegale Transporte von Briefen und Paketen verwickelt. Ermittlungsberichte der Alliierten Behörden, 9. April 1947, 2. Juli 1947 und 3. April 1948; Protokolle der Zentralbankratsitzung vom 14. April 1948, BB/Protokolle, BDL/BBK-2/1.

50 Abs soll »im Dritten Reich mit führenden Politikern in Regierung, Industrie und Partei« eng zusammengearbeitet haben. Er saß im Aufsichtsrat von etwa dreißig deutschen Unternehmen (zählt man ausländische Firmen und Banken hinzu, kam er in den Jahren 1941/42 sogar auf über vierzig Posten).»Abs war der wichtigste Verbindungsmann der Deutschen Bank zu Wirtschaftsministerium und Reichsbank, da er ausgezeichnete Beziehungen zu Minister Walter [sic] Funk unterhielt, der beide Behörden leitete.« Ermittlungsbericht der Alliierten Behörden, 20. Februar 1947; Protokolle der Zentralbankratsitzung vom 14. April 1948, BB/Protokolle, BDL/BBK-2/1.

51 Information von Hermann Josef Abs, Telefonat mit dem Autor, 23. Juli 1991.

52 Brief der Alliierten Bankkommission an den Zentralbankrat der Bank deutscher Länder, 24. April 1948: »Die Kommission hat die vorliegenden Vorschläge gründlich geprüft, kann sie zu ihrem Bedauern jedoch nicht akzeptieren.« BDL/BBK-2/1.

53 Weiter verzögert wurde die Angelegenheit durch einen Verfahrensfehler bei der Weitergabe der Vorschläge von Abs und Schniewind an die Alliierten. Protokolle der Zentralbankratsitzung vom 5. Mai, BB/Protokolle, BDL/BBK-2/1.

54 »Sehr bedauert habe ich, daß man Abs und Schniewind nicht als Direktoren der Bank genommen hat. Es sind doch hervorragende Kräfte.« Adenauer in einem Brief an seinen Freund Paul Silverberg vom 24. Mai 1948, Adenauer-Archiv, Rhöndorf.

55 Nachdem die Nazis 1935 die antisemitischen Nürnberger Gesetze verabschiedet hatten, konnte Bernard nicht länger Beamter bleiben. Auf Veranlassung Hjalmar Schachts überredete man ihn, freiwillig zurückzutreten, bevor er offiziell entlassen wurde. Kollegen verhalfen ihm zu einer angenehmen Stelle in einer Hypothekenbank. »Mit der Hilfe befreundeter Nazi-Gegner wurde ich am 1. Januar 1936 Vorstandsmitglied bei der Frankfurter Hypothekenbank.« Aussage vor den Alliierten Behörden am 17. April 1945, zitiert nach einem Bericht der Financial Intelligence Group, 11. Mai 1948. Bernard war »förderndes Mitglied« der SS gewesen. Die Förderkreise der SS, die etwa 1 bis 1,5 Millionen Mitglieder hatten, trugen wesentlich dazu bei, die wirtschaftliche Basis der SS zu sichern. Wie in vielen anderen Fällen kann Bernards Mitgliedschaft jedoch kaum als Ausdruck seiner politischen Ansichten gelten. Die Frankfurter Spruchkammer erklärte ihn nach dem Entnazifizierungsgesetz am 30. Mai 1947 für entlastet. WWA/OMGUS.

56 Vocke erklärte später – auch das ein Beispiel für die vielen bösen Intrigen der beiden Männer gegeneinander –, Hülse habe ihn angerufen und ihm geraten, das Amt abzulehnen, weil Briten und Amerikaner gegen ihn seien. Vocke, op.cit., S. 147.

57 Von Wedel war auf einer frühen Kabinettsliste, die die am Attentat gegen Hitler 1944 beteiligten Verschwörer für eine zukünftige deutsche Regierung zusammengestellt hatten, als stellvertretender Präsident der Reichsbank (unter Blessing) vorgesehen, was im nachhinein fast prophetisch anmutete.

58 Eine weitere Bedingung von Wedels war, daß die deutschen Behörden ihm eine angemessene Wohnung zuwiesen, »mit mindestens zwei Zimmern, abgetrennter Küche für mich allein, WC, Bad und Heizung«. Brief an Veit vom 3. Mai 1948 als Antwort auf Veits Schreiben vom 23. April 1948.

59 Protokolle der Zentralbankratssitzung vom 20. Mai 1948, BB/Protokolle, BDL/BBK-2/2.

60 Ein (undatierter) Aktenvermerk der amerikanischen Alliierten widersprach der Darstellung, wonach Vockes Ausscheiden aus der Reichsbank eng mit Schachts Entlassung zusammenhing. Vockes ablehnende Haltung den Nazis gegenüber wird zwar bestätigt, doch sein Ausscheiden aus der Reichsbank wird darin etwas anders interpretiert, als Vocke selbst es später darstellte. »Als er 1939 zurücktrat, folgte er damit einer Bestimmung, die es führenden Mitgliedern der Reichsbank erlaubte, unter Beibehaltung ihres letzten Gehalts in Ruhestand zu gehen, wenn sie mit der Politik nicht einverstanden waren o. ä. Sein Ausscheiden hatte nichts mit der Entlassung Schachts zu tun. Der Grund für seine Entscheidung war, daß er die Nazis ablehnte.« Nach 1939 betätigte Vocke sich lediglich als Mitglied der Kaiser-Wilhelm-Gesellschaft für ausländisches und internationales Privatrecht. Nach einem innerbehördlichen Aktenvermerk an Kagan vom 30. Oktober 1946 fungierte Vocke 1943 als »geschäftsführendes Präsidialmitglied der Internationalen Rechtskammer, Sektion Bank und Geldwesen in Berlin. Wiederanstellung stand außer Betracht.« Vocke selbst gibt an: »1939 (1. Februar): aus politischen Gründen von Hitler entlassen. 1939-45: beschäftigungslos.« (Unterschriebene Aussage, 12. November 1946). Alle Dokumente von WWA/OMGUS.

61 »Schwieriger Start der neuen Zentralbank«, Artikel in: *Zeitschrift für das gesamte Kreditwesen*, 15. Juni 1973.

62 Allgemeine Richtlinien für eine rasche Währungsreform hatten deutsche Volkswirte bereits im Rahmen von Ludwig Erhards »Sonderstelle Geld und Kredit« erarbeitet, die sich im Winter und Frühjahr 1945 im Kurort Bad Homburg als beratendes Team konstituierte.

63 Im August und September wurden weitere zwanzig D-Mark ausbezahlt.

64 Schulden wurden mit dem Kurs von 10 D-Mark für 100 Reichsmark konvertiert.

65 Rundfunkansprache vom 21. Juni 1948 zur Einführung der D-Mark, BB.

66 Unterlagen der Sparkassen, BB.B330/3617.
67 Die Vizepräsidenten der Länderorganisationen unterlagen nicht der Sicherheitsprüfung der Alliierten. In einigen Fällen waren Vizepräsidenten von Landeszentralbanken entweder ehemalige Reichsbeamte oder NSDAP-Mitglieder oder beides.
68 Die französische Regierung sprach sich ebenfalls gegen Hülse aus. Als Bedingung für die Beteiligten Frankreichs an der Bank deutscher Länder verlangte man von den Briten, Hülse nicht weiter zu stützen. Memorandum vom 15. März 1948, PRO FO 1046/682.
69 In einem Schreiben vom 6. März 1948 an Coates, den britischen Vertreter in der Finanzdivision, erklärte Bennett, Hülse gehe davon aus, daß er zum Präsidenten des Zentralbankrats der Bank deutscher Länder gewählt werde, und rekrutiere bereits Personal, das er nach Frankfurt mitnehmen könne. Bennett verwies auf eine eidliche Erklärung des früheren Vizepräsidenten der Reichsbank Emil Puhl, in der Puhl sich zu Hülses Beteiligung am Konzept der Mefo-Wechsel in den dreißiger Jahren äußert und erklärt, Hülse habe 1939 aus der Reichsbank austreten müssen, weil er »als hundertprozentiger Anhänger Schachts galt«. WWA/OMGUS.
70 Bennett in einem Schreiben an General Clay, 3. März 1948: »Ich denke, Sie sollten über diese Situation Bescheid wissen. Großbritannien unterstützt diesen Mann, der Schachts rechte Hand in der Reichsbank war, seit vielen Monaten, obwohl wir wiederholt auf seine unrühmliche Vergangenheit hingewiesen haben. Er führt einen entschlossenen Ein-Mann-Krieg gegen unsere Anstrengungen, die Reichsbank zu liquidieren und die Bank deutscher Länder aufzubauen. Es wäre katastrophal, wenn er zum Präsidenten der neuen Bank gewählt würde.« Am 14. März 1948 schrieb Bennett noch einmal an Coates: »Es scheint uns, als verfolge Hülse in der Bank deutscher Länder nur ein Ziel, nämlich die Veränderungen des deutschen Bankwesens zu verhindern, auf die sich die britische und die amerikanische Militärregierung geeinigt haben. Für die Verwirklichung der gemeinsam festgelegten politischen Ziele ist gerade die Bank deutscher Länder von entscheidender Bedeutung.« Am 17. März 1948 antwortete Coates kühl auf die beiden Schreiben vom 3. und 14. März 1948: »Es müßte schon mehr gegen Hülse vorliegen als die Anschuldigungen eines Mannes von so fragwürdigem Charakter wie Puhl, um die abschätzigen Bemerkungen, die Puhl zu Hülses Vergangenheit macht, zu bestätigen ... Ich favorisiere weder Hülse noch irgend jemand anderen für die Führungspositionen in der Bank deutscher Länder. Meiner Ansicht nach sollten wir und Sie diese Wahl allein den Deutschen überlassen. Wenn natürlich die von den Alliierten eingesetzte Kommission zur Sicherheitsüberprüfung die Wahl aus guten Gründen ablehnen müßte, wäre die Situation eine andere.« Alle Dokumente in WWA/OMGUS.
71 Er trat der NSDAP am 1. Mai 1937 bei, Mitgliedsnummer 4728665 BDC/PA.

72 Blessing, Emminger von Schelling, Bröker und Fessler. Sechs Mitglieder (Blessing, Hartlieb, Könneker, Tüngeler, von Schelling und Fessler) gehörten früher der Reichsbank an.
73 Blessing, Emminger, Lucht, von Schelling, Bröker, Rahmsdorf, Fessler und Dahlgrün. Siehe Appendix.
74 1958 waren acht von vierzehn Vizepräsidenten und Vorstandsmitgliedern der Landeszentralbanken ehemalige Nazis – Frede, Bernhuber, Mürdel, Gust, Krause, Braune, Wilz und Spilger. 1968 waren es zehn von vierzehn – Küspert, Wießer, Gust, Schubert, Karnstädt, Thoma, Heimann, Rohland, Padurch und Hecker. Siehe Appendix.
75 Die personelle Kontinuität zwischen altem und neuem System zeigte sich besonders deutlich auf der mittleren Führungsebene vor allem der Landeszentralbanken. Die neuen Landeszentralbanken übernahmen oft einfach das Personal der Reichsbank aus der Zeit vor 1945, darunter viele NSDAP-Mitglieder.
76 Die französischen Behörden hielten von Boden viel. In einer Aktennotiz vom 24. März 1948 für Kagan von der amerikanischen Finanzdivision heißt es: »Die Franzosen betrachten ihn als Nazi-Gegner«.
77 Die Alliierten enthoben Sentz 1946 seines Amtes in der Deutschen Girozentrale. Seinem Einspruch bei den Entnazifizierungsbehörden wurde stattgegeben, da er erfolgreich geltend machen konnte, der Beirat der Reichsbank habe tatsächlich keinen Einfluß auf die Entscheidungen der Zentralbank gehabt. Siehe Brief an die Entnazifizierungskommission in Berlin-Zehlendorf, 20. März 1946. LZB-NS PA/Sentz.
78 Tepe erhielt diesen Posten, als die Amerikaner feststellten, daß sein Amtsvorgänger Wilhelm Schack NSDAP-Mitglied gewesen war. Brief Tepes an Veit vom 31. März 1948 zu den Gründen von Schacks Entlassung. Protokolle der Zentralbankratsitzung vom 2. April 1948, BB/Protokolle, BDL/BBK-2/1. Der ehemalige Reichsbankdirektor Schack trat der NSDAP am 1. Dezember 1939 bei, Mitgliedsnummer 7333859. BDC PA/Schack.
79 Burckhardt und Cie wurde nach der »Arisierung«, an der die Deutsche Bank entscheidend beteiligt war, im Oktober 1938 gegründet. Auch als Otto Burckhardt nicht mehr aktiv im Bankgeschäft tätig war, blieb er Teilhaber der Bank. 1972 wurde Burckhardt und Cie von der Trinkaus-Bank übernommen und hieß von nun an Trinkaus und Burckhardt.
80 Pfleiderer leitete bis Ende 1952 die Landeszentralbank Württemberg-Baden, danach wurde er Präsident der neuen Landeszentralbank Baden-Württemberg, zu der sich die drei Landeszentralbanken in Südwestdeutschland nach der politischen Neuorganisation des Gebietes zusammenschlossen. Pfleiderer blieb bis zu seiner Pensionierung 1972 im Amt.
81 In: Europäische Währungsfragen, *Bank-Archiv*, 15. Dezember 1943: »Deutschland selbst hat den Beweis erbracht, daß auch bei kräftiger Kreditausweitung eine wirksame Preisstabilisierung erzielbar ist; es gibt sich jedoch keiner Illusion darüber hin, daß dieser einzigartige Erfolg –

dem auch die Feindmächte nichts Entsprechendes entgegenzusetzen haben – nur auf der Grundlage einer (anderwärts kaum verwirklichten) totalen organisatorischen Durchdringung der Wirtschaft möglich ist.«
82 Pfleiderer war 1932 in Heidelberg Assistent des berühmten Soziologieprofessors Alfred Weber, der nach der Machtergreifung der Nazis 1933 entlassen wurde. Nach dem Krieg übernahm Pfleiderer als Ministerialrat das Amt für Banken- und Versicherungsaufsicht im Finanzministerium von Württemberg-Baden. So Leonhard Gleske in der Gedenkrede zum ersten Todestag Pfleiderers, Heidelberg, 6. Februar 1990.
83 Weitere Teilnehmer am Konklave, die später zur Bundesbank kamen, waren Karl Bernhard sowie Heinrich Hartlieb, Eduard Wolf und Victor Wrede. Wolf war eingeladen, konnte jedoch nicht teilnehmen, weil man seiner Familie nicht erlaubte, Berlin zu verlassen. Wandel, op.cit., S. 107f.
84 Siehe Gleskes Rede in Heidelberg vom 6. Februar 1990.
85 Hülse schrieb 1938 in einem Artikel für den deutschen Bankentag: »Die Reichsbank hat, als sie mit den großen innen- und außenpolitischen Aufgaben bekannt gemacht wurde, die der Führer sich selbst und dem deutschen Volke gestellt hat, nicht einen Augenblick gezögert, die Probleme in Angriff zu nehmen und in ihrer Zwischenkreditgewährung bis an die Grenze des Möglichen zu gehen.« *Bank-Archiv*, 15. Mai 1938.
86 Nach Hülses Darstellung hatte die Partei dafür gesorgt, daß er 1935 seinen gutbezahlten Posten als beigeordneter Generaldirektor der Bank für Internationalen Zahlungsausgleich in Basel verlor. Hülse verdiente dort 105 000 Reichsmark steuerfrei. Als er auf Schachts Veranlassung in das Direktorium der Reichsbank berufen wurde, schrumpfte sein Gehalt auf 52 000 Reichsmark jährlich (nach Abzug der Steuern 22 000 Reichsmark). Nach seiner Entlassung aus der Reichsbank bezog er dieses Gehalt weiterhin – ein Umstand, der, wie er nach dem Krieg sagte, ihm dem Hitler-Regime entgangen war. Fragebogen (undatiert) der Militärregierung für Deutschland; Aussage vor den Alliierten Behörden, 22. Januar 1946. LZB-NRW PA/Hülse.
87 Teilweise aufgrund seiner Kritik wurden die über die Mefo-Wechsel aufgenommenen Geldmittel ständig durch Begebung von Reichsanleihen refinanziert. In einem Bericht für die Alliierten Behörden in Hamburg stellt Hülse die Ereignisse so dar: »Als ich am 1. Juli 1935 meine Arbeit bei der Reichsbank übernahm, waren alle Entscheidungen grundsätzlicher Art bezüglich der Rüstungsfinanzierung und der sonstigen Arbeitsbeschaffung (Autobahnbau u. a.) bereits getroffen. Als ich nach Kenntnis der Dinge meinem Erstaunen über die gegebenen weitgehenden Diskontzusagen Ausdruck gab, erwiderte Dr. Schacht, daß er gerade deshalb mich in die Reichsbank zurückgeholt habe, weil er mich für den geeigneten Mann hielte, die Reichsbank wieder nach und nach aus der öffentlichen Finanzierung herauszubringen. Tatsächlich habe ich in der ganzen Zeit meiner Tätigkeit in der Reichsbank vom 1. Juli 1935 bis 20. Januar

1939 einen Kampf gegen die Kreditgewährung der Reichsbank an oder für die Zwecke des Reiches (d. h. namentlich die Rüstungskredite) geführt.« Aussage vor den Alliierten Behörden, 22. Januar 1946. LZB-NRW PA/Hülse.

88 Aussage vor den Alliierten Behörden, 22. Januar 1946. LZB-NRW PA/Hülse.
89 »Kredit-Einräumung: Juden. Die in der letzten Zeit getroffenen Maßnahmen der Reichsregierung bezüglich der Juden in der Wirtschaft lassen in der Kreditgewährung an jüdische Unternehmen größte Zurückhaltung geboten erscheinen.« Mitteilung der Reichsbank, unterzeichnet von Dreyse und Hülse, 11. Juli 1938, BB/RS A.12933 Z.B. Rbk-1-Drs. 1.
90 Mitteilung vom 5. Juni 1938, die ausdrückliche Anordnungen von Goebbels und Bormann wiedergibt. Hülse unterzeichnete gemeinsam mit Dreyse. BB/RS A.12933 Z.B. Rbk-1-Drs.1.
91 Rede zum fünfzigsten Geburtstag, Wiesbaden, 29. Dezember 1948.
92 Otto Veit, *Die Zukunft des Geldes,* Berlin 1937.
93 »Neue Grundlagen der Krisenbekämpfung« *Bank-Archiv,* 1. Juni 1938.
94 »Kapitalbereitschaft und Kriegsfinanzierung«, *Bank-Archiv,* 2. November 1939.
95 Otto Veit, *Grundriß der Währungspolitik,* Frankfurt, 1961.
96 Vocke, Treue, Könnecker und Wilhelm. Die anderen beiden waren Wrede und Zachau.
97 Der Pferdehändler war die Firma Heymann und Beringer. Könnecker sagte später, er habe sich aufgrund von Schwierigkeiten mit den Nazis 1942 für die Einberufung zur Verfügung halten müssen. Zur Zeit der Kapitulation Deutschlands saß Könnecker in britischer Kriegsgefangenschaft. Aussage vor den Militärbehörden, 7. Oktober 1945. WWA/OMGUS.
98 Zachau war von 1927 bis 1943 im Deutschen Sparkassen- und Giroverband und in der Deutschen Girozentrale-Deutsche Kommunalbank.
99 Er trat der NSDAP am 5. Februar 1940 bei; Mitgliedsnummer 8015808. BDC PA/Treue.
100 Nach dem Wunsch des Zentralbankrats sollte zunächst Fritz Paersch im Direktorium für Bankwesen und Kredite zuständig sein. Doch Paersch kam nicht durch das Entnazifizierungsverfahren.
101 Im Personenregister des Historischen Archivs der Deutschen Bundesbank werden Anfang der neunziger Jahre Friedrich Wilhelm, der ehemalige Reichsbanker, und Karl Friedrich Wilhelm, das Direktoriumsmitglied der Bank deutscher Länder, als zwei verschiedene Personen aufgeführt.
102 Nach dem Krieg niedergeschriebene, autobiographische Notiz (Datum unleserlich). BB PA/Wilhelm.
103 Wilhelms Ernennung wurde Anfang Februar 1939 verkündet (zusammen mit der von Bayrhoffer und Lange), nachdem Vocke, Blessing und Erhard gegangen waren. Mitteilung der Reichsbank, 6. Februar 1939. BB/RS I.2016.

104 Nach dem Krieg gab Wilhelm an, er sei 1940 in die Partei eingetreten. Aus den Parteiakten der NSDAP geht jedoch hervor, daß er am 1. Dezember 1939 aufgenommen wurde, nachdem er am 24. November 1939 den Aufnahmeantrag gestellt hatte. Seine Mitgliedsnummer war 7312605. BDC PE/Wilhelm.
105 Wilhelm gab zwei weitere Gründe für sein Verhalten an: Er sei in die Partei eingetreten, um »dafür zu sorgen, daß dem Parteieinfluß durch Nazi-Aktivisten in der Bank fachlich Widerpart gehalten werden konnte, und schließlich, um mich nicht durch eine Verweigerung des Parteieintritts der Gefahr des Verlustes von Hab, Gut und Leben auszusetzen und mich der Bespitzelung tunlichst zu entziehen«.
106 Diesen Vorschlag machte Alfred Rosenberg, Hitlers Reichsminister für die besetzten Ostgebiete, in einer Sitzung am 28. Mai 1941. Im offiziellen Protokoll der deutschen Regierung wird Wilhelm mit folgenden Worten zitiert: »Man darf auf keinen Fall der Reichsbank den Vorwurf machen, daß sie Noten gefälscht hätte.« IMG 1031-PS. In nicht veröffentlichten Erinnerungen vom März 1954 schreibt Wilhelm, er habe in der Sitzung gesagt, eine solche Aktion werde »nur über meine Leiche« stattfinden. In diesen Erinnerungen unterläuft Wilhelm ein wichtiger sachlicher Fehler, was den Status der Reichsbank angeht. Er behauptet, er sei zum Direktoriumsmitglied befördert worden, als die Bank noch unabhängig von der Regierung gewesen sei, aber die Reichsbank unterstand seit 1937 offiziell der Reichsregierung. BBPA/Wilhelm.
107 Vermerk von Redel, dem Personalchef der Bank deutscher Länder, 20. Juli 1948. BBPA/Wilhelm.
108 Wilhelm wurde im März 1949 als »Mitläufer« eingestuft.
109 Bernard schrieb am 15. März 1949 an die Kommission und verlangte, die Alliierten sollten Wilhelms Ernennung zustimmen. Am 20. April 1949 stellte Bernard der Kommission eine Art höfliches Ultimatum: Er schrieb, die Bank würde von einer Zustimmung ausgehen, wenn man nicht bis zum 1. Mai 1949 eine anderslautende Antwort erhalte. Das Antwortschreiben traf erst am 16. Mai 1949 ein. BB PA/Wilhelm.
110 Wrede hatte außerdem in Ludwig Erhards »Sonderstelle« in Bad Homburg mitgearbeitet.
111 Brief an Hugo Scharnberg, den Vorsitzenden des Bundestagsausschusses für Bank- und Kreditfragen, 1. Januar 1951. Zu den Spitzenpolitikern, die schriftlich über die Stellungnahme der Bank deutscher Länder informiert wurden, gehörten Kanzler Adenauer, Vizekanzler Blücher, Wirtschaftsminister Erhard und Finanzminister Schäffer. BB PA/Wrede.
112 Fragebogen der Hamburger Militärbehörden, 5. Juli 1948. BB PA/Wrede.
113 Der Zentralbankrat wählte Wrede am 1. Juni 1948 in sein Amt. Nach Abschluß der Sicherheitsüberprüfung stimmte die Alliierte Bankkommission seiner Berufung am 14. Juli 1948 offiziell zu.
114 Wolf machte sich ein Vergnügen daraus, Wrede zu übergehen, wo er nur konnte, und das führte zu Streit innerhalb der Bank. In einem

Schreiben an Bernard vom 4. Juli 1949 beklagt sich Wrede, Vocke beauftrage Wolf regelmäßig, vertrauliche Berichte zur Vorbereitung der Sitzungen des Zentralbankrats zusammenzustellen. Außerdem schickte Wolf die endgültige Version des monatlichen Wirtschaftsberichts der Bank deutscher Länder direkt an Vocke, ohne Wrede vorher zu informieren. Außerdem wurde regelmäßig Wolf anstelle von Wrede gebeten, die Bank deutscher Länder in auswärtigen Konferenzen zu vertreten. BB PA/Wrede.
115 So das Protokoll der Sitzung vom 13. Dezember 1950 zu diesem Punkt, der außerhalb der Tagesordnung behandelt wurde. Die Ausstattung des Hauses in Bad Homburg machte Wredes verhängnisvollen Hang zum Luxus ebenfalls deutlich: verchromte Handtuchhalter, elektrischer Warmwasserspeicher, Tischtennisplatte im Keller. Der Architekt Franz Hufnagel beschreibt Wredes Haus in einem Bericht vom 20. Dezember 1950. BB PA/Wrede.
116 Bericht über Vermögen und Einkommensverhältnisse von Dr. Victor Wrede, 20. Dezember 1950, BB PA/Wrede.
117 Brief Bernards an Wrede, 20. Dezember 1950. BB PA/Wrede.
118 »Wenn er geglaubt hat, trotz dieser Tatbestände und Zusammenhänge rein finanzieller Art sein Ausscheiden aus der Bank und seinen Selbstmord auch mit angeblichen Schwierigkeiten seiner Stellung innerhalb des Direktoriums motivieren zu sollen und in diesem Zusammenhang einige Mitglieder der Bankleitung als moralisch für diesen Ausgang mitverantwortlich zu machen, so kann ich aus meiner genauen Kenntnis der persönlichen und sachlichen Verhältnisse derartige Angaben nur als Ausfluß von Wahnvorstellungen bezeichnen.« Zu Wredes fachlicher Kompetenz innerhalb der Bank schrieb Bernard: »Es ist nicht zu bestreiten, daß Wrede in der Tagesarbeit zum großen Teil versagt hat. Er war den laufenden Geschäften nicht gewachsen, was ich so zu verstehen bitte, daß er sie nicht innerhalb angemessener Frist und in angemessener Art zur Erledigung bringen konnte. Dies mußte zu gewissen Auseinandersetzungen mit dem Präsidenten und anderen Mitgliedern des Direktoriums führen. Der Präsident des Direktoriums sah in vielen Fällen keinen anderen Ausweg, als mit der Erledigung bestimmter Arbeiten den Leiter der Hauptabteilung Volkswirtschaft und Statistik, Dr. Eduard Wolf, zu betrauen.« Brief Bernards an Adenauer und Scharnberg, 11. Januar 1951, BB PA/Wrede.
119 Die Joint Export/Import Agency gab bekannt, daß deutsche Exporteure die Preise in Reichsmark variabel festsetzen durften. Damit war ein wichtiger Schritt weg von dem starren, seit 1939 bestehenden Preisgefüge getan. Siehe Friedrich Jeerchow, »Der Außenwert der Mark 1944–1949«, *Vierteljahrshefte für Zeitgeschichte*, 1982.
120 Der neue Wechselkurs entsprach zufällig der Empfehlung der Bank deutscher Länder, doch tatsächlich hatte die Zentralbank mit der Entscheidung nichts zu tun. Vor allem die französische Regierung bestand auf

einer relativ geringen Abwertung, weil die deutschen Exporte dann keinen zusätzlichen Wettbewerbsvorteil erhielten.
121 Die Empfehlung der Bank deutscher Länder wurde am 20. September 1949 mit zehn zu drei Stimmen beschlossen. Die Gegenstimmen kamen von Pfleiderer und Hartlieb (von der bayerischen Landeszentralbank), die für eine dreißigprozentige Abwertung plädierten. Die Zentralbank dürfe, so ihre Begründung, nicht die Fehler von 1931 wiederholen, als der Wert der Reichsmark nach der Abwertung des englischen Pfunds unverändert blieb. Die Mehrheit empfahl vor allem deshalb eine geringere Abwertung, weil ein zu hoher Wertverlust der D-Mark die Inflation hätte anheizen können. BB/Protokolle, BDL/BBK-2/18.
122 Vocke bestätigt Adenauer dies in einem Schreiben vom 31. Oktober 1949: »Das Recht der Alliierten Bankkommission, der Bank Weisungen zu geben, hat – wie mir Sir Eric Coates versichert – praktisch aufgehört. Im übrigen hat davon die Alliierte Bankkommission bisher kaum Gebrauch gemacht.« BB KO/Vocke.
123 Im Vergleich dazu: Der Diskontsatz der Reichsmark lag vom April 1940 bis zum Kriegsende bei 3,5 Prozent.
124 Brief der Alliierten Bankkommission an Bernard vom 14. August 1949, in dem um zusätzliche Informationen zu den Sitzungen des Zentralbankrats gebeten wird: »Wir wollen die laufenden Schwierigkeiten, die unser gemeinsames Anliegen sind, genauer verfolgen und die Beschlüsse, die Sie uns vorlegen, besser verstehen können.« Die Kommission bat ausdrücklich um englische und französische Übersetzungen der deutschen Protokolle und bestätigte damit den Verdacht, daß sie bisher dem Geschehen kaum hatte folgen können. 31. August 1948. BB/Protokolle, BDL/BBK-2/4.
125 Brief der Kommission vom 29. Oktober 1948. Vockes Brief an Bernard vom 5. November 1949. BB/Protokolle, BDL/BBK-2/4.
126 Brief an Adenauer, 31. Oktober 1949, BB KO/Vocke.
127 So behauptete Vocke dem Kanzler gegenüber, eine enge Verbindung zur Bankkommission sei entscheidend für die Rolle der Bank bei internationalen Währungsvereinbarungen.
128 Brief Vockes an Schäffer, 7. März 1950. BB KO/Vocke.
129 Nach dem abgeänderten Paragraph 3 soll die Bank »im Rahmen der ihr übertragenen Kompetenzen die allgemeine Wirtschaftspolitik der Regierung unterstützen«. Vertreter der Regierung konnten ein Veto gegen Beschlüsse der Bank einlegen, doch damit den Vollzug um höchstens acht Tage hinausschieben. Änderung zum Gesetz über die Bank deutscher Länder, 10. August 1951.
130 Zu den Vorgängen um die Entstehung des Bundesbankgesetzes siehe Volker Hentschel, »Die Entstehung des Bundesbankgesetzes 1949–1957. Politische Kontroversen und Konflikte«, in: *Bankhistorisches Archiv*, Dezember 1988.

Kapitel VII

1 Brief vom 5. Dezember 1921, BoE KO/Norman.
2 Bemerkung auf der Sitzung des Zentralbankrats vom 3. März 1961. BB/Protokolle.
3 Rede am 2. Juni 1981.
4 Rede in London anläßlich eines Seminars über die Rolle der Deutschen Bundesbank, 25. März 1993.
5 Brief Vockes an Schäffer, 7. März 1950. BB KO/Vocke.
6 Gespräch mit dem Autor in Kronberg, 7. Januar 1989.
7 Pöhl wiederholte diese Bemerkung auf der Pressekonferenz am 16. April 1991, auf der er seinen Rücktritt bekanntgab. Als »Nebenregierung« wurde die Zentralbank auch von Kritikern bezeichnet, die den starken Einfluß der Zentralbank auf die Regierungspolitik beklagen, so bei Friedrich-Wilhelm Dörge und Ralf Mairose, »Die Bundesbank – eine Nebenregierung?«, in: *Gegenwartskunde*, 1/1969.
8 Interview mit dem *Spiegel*, 17. Februar 1992.
9 Emminger, op.cit., S. 463.
10 Gespräch mit dem Autor in Frankfurt, 14. Juni 1991.
11 Gespräch mit dem Autor in Hamburg, 1. Juli 1988.
12 Gespräch mit dem Autor in Hamburg, 4. Juni 1991.
13 Als Pöhl die Bundesbank verließ, gab Kohl dem scheidenden Präsidenten kein offizielles Abschiedsessen, wie es Helmut Schmidt sowohl bei Klasen (1977) als auch bei Emminger (1979) getan hatte.
14 Rede in Frankfurt anläßlich der Amtsübernahme von Tietmeyer, 1. Oktober 1993.
15 Rede Schmidts in Bonn anläßlich des Abschiedsessens für Klasen, 11. Mai 1977.
16 Geschäftsbericht der Bundesbank 1977, S. 7.
17 Herausragendes Beispiel dafür ist das stillschweigende Abkommen im Dezember 1991 darüber, daß die Bundesbank die Erhöhung des Zinssatzes bis nach dem Maastrichter Gipfel aufschiebt.
18 Lahnstein ging danach zum Medienkonzern Bertelsmann, weil er dort, wie er mit ungewöhnlicher Offenheit zugab, sehr viel mehr Geld verdienen konnte.
19 Außerdem erhöhte man die Mindestreservesätze der Geschäftsbanken um fünf Prozent, um die Liquidität der Banken zu vermindern. Zentralbankratssitzung am 18. Januar 1979.
20 Telefongespräch mit dem Autor, 12. August 1991.
21 Gespräch mit dem Autor in Bonn, 28. Juni 1991.
22 Emminger, op.cit., 445.
23 Die Arbeitslosigkeit stieg von durchschnittlich 889 000 im Jahr 1980 auf 1,27 Millionen im Jahr 1981 und 1,83 Millionen im Jahr 1982.
24 Rede im Bundestag, 1. Oktober 1982.

25 Brief Vockes an Adenauer, 4. Oktober 1950. BBKO/Vocke.
26 1950 traf man sich meist jede Woche, nicht alle zwei Wochen. Am 1. März 1950 war der Zentralbankrat bereits in Bonn zusammengekommen. Im Oktober 1950 bestellte zum letzten Mal ein Regierungschef den Zentralbankrat nach Bonn. Seither fanden die Sitzungen des Zentralbankrats in der Frankfurter Hauptverwaltung statt, auch wenn der Bundeskanzler teilnahm (Schmidt tat dies 1978, Kohl 1988 und 1992).
27 Protokoll der Sitzung des Zentralbankrats in Bonn, 26. Oktober 1950. BB/Protokolle, BDL/BBK-2/32.
28 Vocke, op.cit., S. 155.
29 Der Diskontsatz lag bis Ende Mai 1952 bei sechs Prozent und wurde dann auf fünf Prozent gesenkt. In den folgenden zwei Jahren setzte man den Diskontsatz dann viermal um einen halben Prozentsatz bis auf drei Prozent herab. Die Arbeitslosigkeit sank nur langsam auf 1,7 Millionen (oder 10,4 Prozent) im Jahr 1951 und 1,65 Millionen (9,5 Prozent) im Jahr 1952. Das Handelsdefizit, das 1949 3,7 Milliarden und 1950 3 Milliarden D-Mark betragen hatte, sank jedoch auf 100 Millionen D-Mark im Jahr 1951, und 1952 war bereits ein Überschuß von 700 Millionen Mark zu verzeichnen.
30 Brief Vockes an Adenauer, 26. Februar 1951. Adenauer reagierte prompt: »Seien Sie überzeugt, sehr geehrter Herr Geheimrat, daß auch ich die Lage sehr ernst beurteile.« BBKO/Vocke.
31 Brief Vockes an Adenauer, 12. Mai 1954. BBKO/Vocke.
32 Brief Vockes an Adenauer, 20. April 1956. BBKO/Vocke.
33 Siehe Hentschel, »Die Entstehung des Bundesbankgesetzes 1949-1957. Politische Kontroversen und Konflikte«, in: *Bankhistorisches Archiv*, Dezember 1988.
34 Rede vor dem Bundesverband der Deutschen Industrie in Köln, 23. April 1956.
35 Brief Blessings an Vocke, 6. Juli 1957. BBKO/Blessing.
36 Laut Emminger glaubte »niemand, wirklich niemand außer Vocke«, daß man Vocke das neue Amt des Bundesbankpräsidenten übertragen werde. Emminger, op.cit., S. 92.
37 »Ich war ihm [Adenauer] recht unbequem geworden. Und so hat er schließlich Erhard mit seiner Aufwertungspolitik gegen mich freie Hand gegeben und ein Gesetz durchgebracht, wonach der Bundesbankpräsident nicht wie bisher vom Zentralbankrat, sondern vom Bundespräsidenten, das heißt praktisch von der Regierung, zu ernnenen war.« Vocke, op.cit., S. 152.
38 Die Handelsüberschüsse stiegen von drei bis vier Milliarden D-Mark in den Jahren 1953-1955 auf 5,6 Milliarden D-Mark im Jahr 1956 und 7,3 Milliarden D-Mark im Jahr 1957.
39 Ansprache anläßlich des hundertjährigen Jubiläums der Vereinsbank in Hamburg, 11. August 1956.
40 Irmler und Emminger wiesen 1956/57 beide auf das Dilemma hin, daß eine restriktive Geldpolitik eine Aufwertung immer dringender machen

konnte. Irmler legte seine Vorstellungen erstmals in einer Rede am 5. November 1956 dar. Anders als Emminger ging Irmler zwar nicht soweit, eine Aufwertung vorzuschlagen, doch er zeigte mit denselben theoretischen Argumenten, daß ein höherer Wechselkurs die Inflation dämpfen würde. Zu den Diskussionen um die Aufwertungsfrage siehe Emminger, op.cit., S. 98–134.

41 Brief Emmingers an Vocke mit beiliegendem Bericht, 12. November 1956. BBKO/Emminger. Der Zustrom »heißen Geldes« aus dem Ausland nach Deutschland werde, so Emminger, kaum nachlassen, und auch Zinssenkungen könnten die Flut internationalen Kapitals, das ins Land ströme, wahrscheinlich nicht eindämmen.

42 Siehe Emminger, »Deutsche Geld- und Währungspolitik im Spannungsfeld zwischen innerem und äußerem Gleichgewicht 1948-1975«, in: Deutsche Bundesbank (Hg), *Währung und Wirtschaft*, S. 485-555.

43 Emminger, op.cit., S. 81.

44 Brief Vockes an Erhard, 2. Mai 1957, BBKO/Vocke.

45 Rede auf der Bankenkonferenz vom 23. Mai 1957.

46 Stellungnahme nach der Sitzung des Zentralbankrats im Januar 1958.

47 Brief Blessings an Erhard, 6. August 1959. BBKO/Blessing.

48 Memorandum vom 20. Januar. BB PA/Emminger. Siehe auch Emminger, op.cit., S. 104–108.

49 Emminger, op.cit., S. 117f. Blessing verknüpfte seine Ablehnung einer Aufwertung allerdings mit dem Angebot, eine Heraufsetzung der D-Mark dann in Erwägung zu ziehen, wenn im Rahmen einer allgemeinen Neufestlegung der Wechselkurs schwächere Währungen abgewertet würden.

50 Wenn die Währungsparitäten schon geändert werden mußten, dann, so forderten manche, müßten die Staaten mit schwächerer Währung den Anfang machen und ihre Währungen abwerten. Der deutsche Wunsch nach einer Abwertung schwächerer Währungen ähnelt stark der traditionellen Reaktion der Bundesbank in den achtziger und neunziger Jahren, wenn Spannungen innerhalb des Europäischen Währungssystems auftraten.

51 Etzel sagte Blessing am 23. Februar, für ihn und Erhard komme eine weitere Senkung der Mindestreserven nicht in Frage, da sonst in der Öffentlichkeit der Eindruck entstehe, Regierung und Notenbank ließen den Wirtschaftsboom ungehindert weitergehen. In der Frage der Aufwertung befürchtete Blessing zunächst nur, er werde sein Gesicht verlieren, wenn er jetzt zustimme, weil allgemein bekannt war, daß er eine Aufwertung in der Vergangenheit immer abgelehnt hatte. Etzel und Erhard meinten jedoch, eine Änderung der Sachlage – vor allem die anhaltende Hochkunjunktur – rechtfertige eine Meinungsänderung Blessings. Dazu Etzel: »Das ergibt bei der neuen Lage ... die Notwendigkeit, eine Aufwertung vorzunehmen, die wir nicht Aufwertung nennen werden, sondern wir wollen sagen: ›Die Kaufkraft der D-Mark muß

erhalten bleiben.‹« Protokoll der Sitzung des Zentralbankrats vom 3. und 25. Februar 1961. BB/Protokolle B 330/157/I/II.
52 So Etzel auf der Sitzung des Zentralbankrats am 3. März 1961, BB/Protokolle.
53 Laut Emminger wollte Blessing zu Adenauer gehen und zurücktreten, nachdem Erhard ihn bei einem Treffen mit CDU-Abgeordneten am 20. Februar 1961 öffentlich kritisiert hatte. Emminger, op.cit., S. 123.
54 Emminger, op.cit., S. 124f.
55 Wäre die Entscheidung für eine fünfprozentige Kürzung der Mindestreservesätze nicht mit der Aufwertung einhergegangen, bestätigte Erhard auf der Zentralbankratsitzung vom 3. März, hätte die Bundesregierung dem tags zuvor getroffenen Beschluß der Bundesbank nicht zugestimmt. Protokolle der Sitzungen vom 2. und 3. März 1961. BB/Protokolle B 330/175/II.
56 Protokoll der Sitzung des Zentralbankrats vom 3. März 1961. BB/Protokolle B 330/175/II.
57 Die Abwertung der D-Mark im Jahr 1949 war eine Ausnahme. Diese Entscheidung wurde jedoch im wesentlichen von den Alliierten ohne vorherige Absprache mit der Bank deutscher Länder getroffen.
58 Pressekonferenz in Bonn anläßlich der Bekanntgabe der Aufwertung, 5. März 1961.
59 Rundfunkansprache vom 6. März 1961.
60 Nach der Aufwertung lag der Exportzuwachs etwa zehn Prozent unter dem, was ohne Aufwertung möglich gewesen wäre. Emminger, op.cit., S. 133.
61 Memorandum an den Zentralbankrat, 28. April 1949. BB/Protokolle, BDL/BBK-2/14.
62 Brief Blessings an Vocke, 30. Dezember 1950. BBKO/Vocke.
63 Bericht Dreschers von der Margarine-Union über das Treffen mit Erhard, 23. September 1955: »Im übrigen wäre der Minister bereit, als Gegenleistung horizontale Absprachen über Preise zuzulassen, wenn das ganze Preisniveau auf diese Weise heruntergebracht werden könne.« Uni.
64 In einem Fernschreiben an Westrick, Erhards ersten Staatssekretär im Wirtschaftsministerium, schrieb Blessing am 29. September 1955, Unilever werde am darauffolgenden Montag die Preise für Palmin um acht Pfennig pro Kilo und für die beliebte Sanella-Margarine um vier Pfennig pro Kilo senken. Man wage diesen Schritt trotz steigender Rohstoffpreise, die »derzeit gegen eine Preissenkung sprechen«, so das Fernschreiben. »Wir haben also Mut gezeigt und die uns zugedachte Rolle des Eisbrechers auf uns genommen.« Uni.
65 Brief vom 29. September 1955: »Wir hoffen, die Erwartungen, die auch Sie in uns gesetzt haben, erfüllt zu haben. Der Entschluß ist uns weiß Gott nicht leicht geworden, und wir möchten nur hoffen, daß unser Vorgehen Schule macht und unser Opfer nicht vergebens ist.« Uni.
66 Blessing wußte immer, wann sich ihm eine Gelegenheit bot, die eigene

Karriere zu fördern. Später hieß es, er habe Adenauer gegenüber angeboten, das Amt des Wirtschaftsministers zu übernehmen, wenn Erhard seine Drohung ernst machen und zurücktreten sollte. Daniel Koerfer, *Kampf ums Kanzleramt*, Stuttgart 1988, S. 310.
67 Geschäftsbericht der Bundesbank 1964.
68 Ansprache auf der Hauptkundgebung des Deutschen Genosssenschaftstags in Baden-Baden, 15. Oktober 1965.
69 Rede an der Universität Mainz, 24. Februar 1966.
70 Interview in Leo Brawand, *Wohin steuert die deutsche Wirtschaft?*, München 1971, S. 56.
71 So Schiller im April 1967.
72 1965 belief sich das Leistungsbilanzdefizit auf fünf Milliarden D-Mark. 1966 war jedoch schon ein Überschuß von 1,7 Milliarden, 1967 ein Überschuß von 11,4 Milliarden D-Mark zu verzeichnen.
73 Emminger, op.cit., S. 141.
74 Emminger, op.cit., S. 143.
75 Die Konferenz war äußerst dilettantisch vorbereitet und brachte keinerlei Ergebnisse. Die Finanzminister ließen die Teilnahme der anwesenden Notenbanker an vielen Sitzungen der Konferenz nicht zu; Otmar Emminger von der Bundesbank vertrieb sich die Zeit schließlich beim Tischtennisspiel mit hohen Beamten des Federal Reserve Board. Siehe Coombs, op.cit., S. 183.
76 Coombs, op.cit., S. 183.
77 Blessing klagte danach: »Ich habe in der Tasche von Frankreich eine Abwertung des französischen Franc, wenn wir parallel mitmachen. Und ich habe um die Aufwertung gerungen, dreieinhalb Stunden. Aber es war nicht möglich. Alle waren dagegen.« Brawand, op.cit., S. 50.
78 Interview mit dem *Spiegel*, 3. November 1969.
79 Ende 1969 hielt man es in politischen Kreisen für denkbar, Emminger als Präsident und Heinrich Irmler, ehemaliger Reichsbanker und langjähriges Mitglied des Direktoriums, als Vizepräsident könnten die neue Führungsmannschaft der Bundesbank bilden. Diese Kombination war für die neue, SPD-geführte Regierung jedoch nicht akzeptabel. So wurde Emminger Vizepräsident unter Klasen; nach dessen Rücktritt Mitte 1977 war er dann zweieinhalb Jahre lang Präsident.
80 Klasen schrieb 1969, der Anstieg der Inflation nach der Aufwertung der D-Mark 1961 beweise, wie wenig Aufwertung zur Dämpfung der Preissteigerungsrate beitragen könnten. Brief an die *Börsenzeitung*, 19. Mai 1969, zitiert in Emminger, op.cit., S. 170.
81 Von 1967 bis 1969 lag die Inflation in der Bundesrepublik bei durchschnittlich 1,7 Prozent, von 1970 bis 1972 bei durchschnittlich 4,7 Prozent.
82 In den ersten fünf Monaten des Jahres 1971 flossen 19 Milliarden D-Mark an spekulativem »heißen Geld« in die Bundesrepublik, 1970 waren es insgesamt 22 Milliarden D-Mark. Die daraus resultierende Liquidisie-

rung des internationalen Bankwesens trug wesentlich zum weltweiten Inflationsdruck bei.
83 Unterdessen wagten die Amerikaner einen historischen Schritt: Am 15. August 1971 verkündete Präsident Nixon, die Einlösbarkeit des Dollars in Gold sei »vorübergehend« ausgesetzt.
84 Gleichzeitig beschloß die Bundesregierung in Übereinstimmung mit der Bundesbank die Einführung des sogenannten Bardepots zur Kontrolle der Kapitalzuflüsse, um die spekulative Nachfrage nach der D-Mark zu bremsen. Das System wurde am 1. März 1972 eingeführt und schrieb vor, daß deutsche Firmen und Einzelpersonen, die im Ausland Kredite aufnahmen, 40 Prozent der Kreditsumme bei den deutschen Behörden zinslos hinterlegen mußten.
85 Schiller konnte die Maßnahmen etwas entschärfen. Genehmigungspflichtig wurde nur der Verkauf von festverzinslichen Wertpapieren, nicht von Aktien.
86 Das Kabinett akzeptierte Klasens Vorschläge auch deshalb, weil der Bundesbankpräsident versprach, daß die Devisenabwehrmaßnahmen zumindest bis zu den Bundestagswahlen 1972 für Ruhe an der außenwirtschaftlichen Front sorgen würden. Klasens Prophezeiung erwies sich als richtig. Emminger, op.cit., S. 222.
87 Nach Schillers Rücktrittsangebot schrieb Brandt an ihn, in dem Streit sei es lediglich um eine unbedeutende Entscheidung gegangen. Auch Klasen, der 1970 auf Schillers persönlichen Vorschlag hin Präsident wurde, spielte die Auseinandersetzung in öffentlichen Äußerungen später herunter.
88 Die letzte Sturzflut spekulativer Devisen, die die D-Mark bedrängten, führte in der Bundesrepublik zu einem Konflikt zwischen Klasen, der eine Intervention zur Unterstützung des Dollars befürwortete, und Emminger, der mit anderen für ein freies Floaten plädierte. In der entscheidenden Phase lag Klasen größtenteils im Krankenhaus, so daß Emminger (unterstützt von Schlesinger) die Kampagne der Bundesbank für eine Freigabe der Wechselkurse organisieren konnte.
89 Gespräch mit dem Autor in Hamburg, 5. Juli 1991.
90 Schiller hielt seine Entscheidung, nach dem Rücktritt von Hans Möller 1971 das Finanz- und das Wirtschaftsministerium zu übernehmen, im nachhinein für einen Fehler: »Es war zuviel. Ich mußte nicht nur die Stabilitätspolitik hochhalten, sondern gegen die Wünsche der Minister, die Geld ausgeben wollten, für Einsparungen kämpfen. So verdoppelte sich die Zahl meiner Gegner im Kabinett.«
91 Dazu trugen auch die großen Interventionssummen bei, die die Bundesbank in den vier Wochen bis zum endgültigen Zusammenbruch des Systems fester Wechselkurse Anfang März 1973 aufbieten mußte. In dieser Zeit kaufte die Bundesbank Dollars im Wert von 20 Milliarden D-Mark, was einen inflationären Schub für die Geldmenge in Deutschland bedeutete.

92 Ansprache in Bonn anläßlich eines Abendessens für den scheidenden Präsidenten Klasen, 11. Mai 1977.
93 Jährliche Geldmengenziele gibt es seit Ende 1974 (auch wenn sich in Ankündigung und Definition des Geldmengenziels ab und zu Veränderungen ergeben).
94 »Zehn Jahre Geldpolitik mit einem Geldmengenziel« in: »*Öffentliche Finanzen und monetäre Ökonomie*, Frankfurt 1985.
95 Schmidt wußte bereits von Emminger, wie der letzte Besuch eines Bundeskanzlers bei einer Sitzung des Zentralbankrats ausgegangen war. Im Oktober 1950 hatte die Bank deutscher Länder Adenauer, der sich gegen eine Erhöhung der Zinssätze ausgesprochen hatte, eine Abfuhr beschert. Schmidt nahm sich die Warnung zu Herzen und reiste erst nach Frankfurt, als man sich über das Abkommen zum Europäischen Währungssystem in groben Zügen einig war und damit das größte Konfliktpotential ausgeräumt war. Emminger, op.cit., S. 13f.
96 Bei Kohls Besuchen kam es im Zentralbankrat nicht zu so heftigen Wortwechseln wie mit Schmidt bei dessen Besuch im Jahr 1978.
97 Der Autor dankt Johann Baptist Schöllhorn für die Angaben, die er aus dem Gedächtnis zu Schmidts Rede machte. Gespräch in Kiel, 4. Juni 1991. Weitere Teilnehmer der Sitzung vom 30. November 1978, die der Autor befragte, waren Leonhard Gleske, Hans Hermsdorf, Kurt Nemitz und Helmut Schmidt.
98 Information von Teilnehmern der Sitzung vom 30. November 1978.
99 Gespräch mit dem Autor in Hamburg, 5. Juli 1991.
100 Da der Ton bei Begegnungen von Bundesbank und Regierung im allgemeinen immer sehr sachlich bleibt, wurde auch diese Drohung nur angedeutet. Manche Teilnehmer der Sitzung erinnern sich nicht, daß Schmidt sich dahingehend geäußert haben soll.
101 »Zwischen den Zeilen ließ ich sie wissen, daß ich mich an den Bundestag wenden könnte... Ich drückte mich sehr vorsichtig aus. Sonst bin ich eigentlich nicht so diplomatisch... Emminger und Pöhl verstanden mit Sicherheit, was ich andeuten wollte. Andere [Mitglieder des Zentralbankrats], die etwas provinzieller waren, verstanden vielleicht nicht, was ich meinte.« Gespräch mit dem Autor in Hamburg, 4. Juni 1991.
102 Emminger, op.cit., S. 364

Kapitel VIII

1 Artikel im Bulletin des Presse- und Informationsamtes der Bundesregierung, 19. September 1953.
2 Rede anläßlich der Grundsteinlegung des neuen Bundesbankgebäudes in Frankfurt am 10. November 1967. Blessing zitiert aus einer im Grundstein verschlossenen Erklärung der Bundesbank.

3 Das Flugblatt wurde in den Wochen vor dem 1. Juli an 8,3 Millionen Haushalte verteilt.
4 Information von Wendelin Hartmann, dem Chef der Hauptabteilung Organisation der Bundesbank. Gespräch mit dem Autor in Frankfurt, 31. Mai 1991.
5 Erhard hatte in seiner am 12. September 1953 veröffentlichten Schrift »Wirtschaftliche Probleme der Wiedervereinigung« erkannt, daß »sich eine Währungsneuordnung in der sowjetischen Zone, d. h. eine Einbeziehung in unser Währungssystem als unerläßlich erweisen« würde.
6 Jürgen Möllemann, Wirtschaftsminister im Kabinett Kohl von 1991, erklärte im Juni 1991 vor einem amerikanischen Publikum: »Wenn der Dollar um 300 bis 400 Prozent aufgewertet worden wäre, hätte auch eine ausgesprochen konkurrenzfähige Wirtschaft beträchtliche Rückschläge erlitten.« Rede in Washington, 7. Mai 1991.
7 Gespräch mit dem Autor in Basel, 6. März 1991.
8 Geschäftsbericht der Bundesbank für das Jahr 1991.
9 Interview mit der *Süddeutschen Zeitung*, 2. Juni 1990.
10 Die optimistischen Prognosen der Regierung wurden durch Untersuchungen der führenden Banken des Landes bestätigt. Eine typische Äußerung der Dresdner Bank über die Kosten der Vereinigung vom Februar 1990 lautete beispielsweise: »Eine Inflationsrate von 5 Prozent und eine Inanspruchnahme der Kapitalmärkte in Höhe von 100 Milliarden D-Mark liegen außerhalb jeder Wahrscheinlichkeit.«
11 Rede in Berlin, 3. Oktober 1990.
12 Im Februar 1991 einigte sich die Koalitionsregierung darauf, ein ganzes Jahr lang zusätzliche Steuern und Sozialversicherungsbeiträge in Höhe von etwa 50 Milliarden D-Mark zu erheben – eines der größten Steuerpakete der deutschen Geschichte.
13 Siehe Holger Schmieding. *Die ostdeutsche Wirtschaftskrise: Ursachen und Lösungsstrategien*, Institut für Weltwirtschaft, Kiel 1991.
14 Im Jahr 1950, zwei Jahre nach der Geburt der D-Mark, gab es in der Bundesrepublik 1,9 Millionen Arbeitslose.
15 Helmut Schmidt sagte 1967 voraus, daß die DDR-Betriebe »im Wettbewerb innerhalb ihres eigenen Raumes weitgehend von westdeutschen Unternehmungen an die Wand gespielt werden könnten«. Schmidt, *Beiträge*, 1967, s. 536 u. 543.
16 Waigel schätzte im Juni 1990, daß die öffentliche Hand 1991 vierzig bis sechzig Milliarden D-Mark in den Osten würde transferieren müssen. Interview mit der *Süddeutschen Zeitung*, 2. Juni 1990.
17 Rede von Johann Wilhelm Gaddum in Berlin, 27. März 1992.
18 Diese Voraussage wurde 1991 von dem sächsischen Ministerpräsidenten Kurt Biedenkopf gemacht; sie wurde zunächst skeptisch aufgenommen, klingt jedoch 1992 zunehmend plausibel.
19 Einschließlich der Schulden von Treuhand, Bundesbahn und Fonds der deutschen Einheit.

20 Rede anläßlich der Feierlichkeiten zum 40. Jahrestag der DDR in Ostberlin, 6. Oktober 1989.
21 Interview mit dem *Spiegel*, Nr. 33, 1990.
22 Gespräch mit dem Autor in London, 30. März 1990.
23 »In der DDR lebt man besser«, *Neues Deutschland*, 13. Oktober 1953. Der Artikel ist charakteristisch für die Bemühungen der Ostberliner Behörden, die Arbeiter in der DDR, die gerade einen gescheiterten Aufstand wegen einer Verschlechterung ihres Lebensstandards hinter sich hatten, davon zu überzeugen, daß es den Menschen im Westen letztlich auch nicht besser ging.
24 Brief Vockes an Adenauer, 21. Oktober 1953. BBPA/Vocke.
25 Der Autor bedankt sich bei Prof. Wolfrid Stoll von der Staatsbank für den Zugang zu diesen Dokumenten.
26 Staatsbankbericht für 1966 in der auf 29. Dezember 1967 datierten Version. St.A.
27 Bericht über den Zusammenhang zwischen Staatshaushalt und Kreditsystem, 4. März 1975. St.A.
28 Einschätzung der Staatsbank der »Stabilität der Währung der DDR«, 28. Mai 1975, St.A.
29 Mit dem Datum »1969« versehener Bericht. St.A.
30 Der Staatsbankbericht wurde von einem unheilverkündenden Memorandum vom September 1989 begleitet, das fünf führende DDR-Funktionäre verfaßt hatten; das Memorandum wies darauf hin, daß die DDR damals schon praktisch abhängig von kapitalistischen Kreditgebern im Westen gewesen sei.
31 Gespräch mit dem Autor in Ostberlin, 13. Mai 1991.
32 Gespräch mit dem Autor in Buchholz, 13. Mai 1991.
33 Anfang 1991 versuchte die Ostberliner Regierung, im Vereinigungsprozeß Zeit zu gewinnen; sie legte einen Plan vor, der die Staatsbank von der Regierung unabhängig machen sollte. Die DDR-Mark sollte im Lauf von zwei Jahren in eine konvertierbare Währung umgewandelt werden.
34 Interview mit dem ZDF, 19. April 1990.
35 Nur sieben Monate vor dem Fall der Mauer sagte Pöhl, es könne noch fünfzig Jahre dauern, bis die Grenze der Bundesrepublik zur DDR eine normale Grenze sein werde »wie etwa die Grenze zu Belgien«. Gespräch mit dem Autor in Kronberg, 6. Februar 1989.
36 Plan Claus Köhlers für eine Währungsreform, 22. November 1989.
37 Anfang Februar 1990 waren seit Jahresbeginn 63 000 DDR-Bürger in die Bundesrepublik übergesiedelt, im Vergleich zu 344 000 im ganzen Jahr 1989.
38 Interview mit der *Zeit*, 26. Januar 1990.
39 Gespräch mit dem Autor in Frankfurt, 29. Januar 1990.
40 *Münchner Merkur*, 20. Januar 1990.
41 Rede in Siegen, 25. Januar 1990.
42 Pressemitteilung des Bundesministeriums der Finanzen, 2. Februar 1990.

43 Information von Horst Kaminsky. Gespräch mit dem Autor in Ostberlin, 13. Mai 1991.
44 De Maizière sagte zum Umtauschkurs von 1 zu 1: »Er [Schlesinger] war entschieden dagegen.« Gespräch mit dem Autor in Bonn, 18. Juni 1991.
45 Theo Waigel & Manfred Schell, *Tage, die Deutschland und die Welt veränderten*, 1994, S. 17.
46 Interview mit dem *Spiegel*, 26. Februar 1990.
47 Gespräch mit dem Autor in Frankfurt, 20. Juni 1990.
48 Information von Horst Teltschik. In seinem Buch *329 Tage* schwächt Teltschik den Eindruck ab, daß Kohl seine Meinung am 6. Februar radikal geändert habe. Er schreibt, man sei bereits auf dem Treffen vom 5. Februar zu dem Schluß gekommen, daß eine sofortige deutsche Währungsunion »nicht länger« ausgeschlossen werden könne.
49 Am 5. Februar gab Reigerungssprecher Dieter Vogel eine unverblümte Erklärung ab, die Kohls Haltung ausdrückte. Er sagte, die DDR werde »radikale« Maßnahmen zur Einführung einer Marktwirtschaft beschließen müssen, wenn die D-Mark eingeführt werden solle. Eine bloße Einführung der westdeutschen Währung im Osten ohne begleitende Schritte werde, so Vogel, »weder die Wettbewerbsfähigkeit der DDR-Wirtschaft steigern noch die Übersiedlung stoppen«.
50 An der Unterredung nahmen die drei Spitzenkandiaten der »Allianz für Deutschland« teil: Wolfgang Schnur, Lothar de Maizière und Hans-Wilhelm Ebeling.
51 Der DDR-Ministerpräsident Hans Modrow hatte Kohl am Wochenende zuvor auf einem internationalen Treffen von Geschäftsleuten bei Davos in den Schweizer Alpen mitgeteilt, noch immer hätten Tausende von DDR-Bürgern die Absicht, das Land zu verlassen. Er bat um eine bundesdeutsche Geldspritze von fünfzehn Milliarden D-Mark zur Überbrückung der wirtschaftlichen Schwierigkeiten der DDR. Dieser Wunsch wurde abgelehnt, als Modrow Kohl Ende Februar in Bonn besuchte. Modrows Forderung überzeugte den Kanzler, daß das Abenteuer, die DDR unter die Fittiche der Bundesrepublik zu nehmen, auf jeden Fall teuer werden würde.
52 Kohls Entscheidung hatte mindestens ebensoviel mit Politik zu tun wie mit Wirtschaft. Am Dienstag morgen mußte der Kanzler zu seinem Ärger erfahren, daß Lothar Späth, der christdemokratische Ministerpräsident von Baden-Württemberg, bei seiner Regierungserklärung in Stuttgart noch in derselben Woche eine Währungsunion vorschlagen wollte. Der Bundeskanzler beschloß, Späth zuvorzukommen und den Vorschlag als erster zu machen.
53 Gespräch mit dem Autor in Gütersloh, 24. Juni 1991.
54 Ein weiteres Anzeichen für die Verwirrung in Bonn war, daß Wirtschaftsminister Helmut Haussmann am 6. Februar, am selben Tag, an dem Kohl für eine baldige Währungsunion eintrat, öffentlich einen Stufenplan für eine Währungsunion bis Ende 1992 verkündete.

55 Erklärung im Bundestag, 15. Februar 1990.
56 Gespräch mit dem Autor in London, 30. März 1990.
57 Gespräch mit dem Autor in London, 30. März 1990.
58 Interview im deutschen Fernsehen, 18. Juni 1990.
59 Nach einer OECD-Prognose vom Juli 1990 würde der Ostteil Deutschlands bei einer jährlichen Wachstumsrate von 7,5 Prozent, wie es sie in der Bundesrepublik in den fünfziger Jahren gegeben hatte, mindestens fünfzehn Jahre brauchen, bis er den Westen eingeholt hätte. Im Fall eines ostdeutschen Wirtschaftswachstums von nur fünf Prozent wurden dreißig Jahre angesetzt, bis beide Teile Deutschlands die gleiche wirtschaftliche Leistungsfähigkeit aufweisen würden.
60 Gespräch mit dem Autor in Gütersloh, 24. Juni 1991.
61 Gespräch mit dem Autor in Bonn, 7. Mai 1991.
62 Gespräch mit dem Autor in Bonn, 28. Mai 1991.
63 Pressekonferenz in Bonn, 28. Februar 1991.
64 Rede in Chemnitz, 20. April 1994.
65 Pressekonferenz in Bonn, 9. Februar 1991.
66 Die Umstellung vermehrte die deutsche M3-Geldmenge von ungefähr 1,2 Billionen D-Mark um 180 Milliarden, ein Anstieg von etwa fünfzehn Prozent.
67 Gespräch mit dem Autor in Bonn, 18. Juni 1991.
68 Siehe beispielsweise das Interview von DDR-Finanzminister Walter Romberg mit der *Zeit*, 11. Mai 1990.
69 Rede in Frankfurt, 11. Juni 1991.
70 Im von Tietmeyer verfaßten Kapitel in Waigel & Schell, op.cit., S. 66.
71 Information von Wendelin Hartmann. Gespräch mit dem Autor in Frankfurt, 31. Mai 1991.
72 Am größten war das Gerangel um die Nutzung von Gebäuden in Berlin, Neubrandenburg, Schwerin und Leipzig.
73 Interview mit dem *Hamburger Abendblatt*, 23. Mai 1991.
74 Vortrag in Kiel, 14. Mai 1991. Hesses Bemerkungen gelangten erst in die öffentliche Diskussion, als sie am 28. Mai im *Handelsblatt* publiziert wurden.
75 Protokoll der Sitzung des Zentralbankrats, 31. Mai 1991.
76 Gespräch mit dem Autor in Hannover, 30. April 1991.
77 Bundesbankpräsident Karl Blessing und sein Vizepräsident Heinz Troeger legten den Plan im Januar 1970 vor, einen Monat nach ihrer Pensionierung. Der Plan war in einem Bericht über die zwölfjährige gemeinsame Amtszeit von Blessing und Troeger enthalten. Der neue Bundesbankpräsident Karl Klasen nahm den Vorschlag nicht ernst, und er wurde schon bald ad acta gelegt. Am 10. März 1970 wurde er vom Zentralbankrat formell abgelehnt.
78 Pöhl hatte sich zu dieser Übertreibung verführen lassen, weil er Englisch sprach. Hätte er vor deutschen Zuhörern auf deutsch gesprochen, hätte er kaum das Wort »Katastrophe« benutzt.

79 Daß Kohl seinen Referenten nach seinem letzten Treffen mit Pöhl am 6. März 1991 in Bonn mitteilte, Pöhl habe sich voll damit einverstanden erklärt, daß die D-Mark am 1. Juli in der DDR eingeführt werde, ist ein gutes Beispiel für die ständigen Mißverständnisse zwischen Kanzler und Bundesbankpräsident.
80 Brief an Kohl, 21. März 1991.
81 Vortrag in der London School of Economics, 10. November 1993.
82 Die Presse erfuhr erst in der folgenden Woche von Pöhls Besuchen in Bonn.
83 In einer Diskussion mit dem Autor in Bonn, 15. Mai 1991.
84 Im Gegensatz dazu bat Weizsäcker Pöhl, seine Entscheidung noch einmal zu überdenken.
85 Interview mit dem *Spiegel*, Nr. 37, 1991.
86 Gutachten von Alain Boublil, »Les Conséquences Économiques de l'Unification de l'Allemagne«, 20. November 1990.

Kapitel IX

1 »Die Reichsbank im größeren Deutschland«, in: *Der Vierjahresplan*, April 1938, BAP/RB, 25.01/7037.
2 Rede am 11. Februar 1965 in Saarbrücken.
3 Pressekonferenz in Bonn, 1. Juli 1991.
4 Dies hat André Szaz, Vorstandsmitglied der niederländischen Zentralbank und ausgezeichneter Kenner des Zentralbankwesens in Europa, mit allergrößter Deutlichkeit dargelegt. Vor dem Finanzausschuß des Bundestages sagte er am 18. September 1991: »Im Unterschied zu den meisten anderen EG-Staaten wird Deutschland bei der Gründung einer Wirtschafts- und Währungsunion tatsächlich Souveränität abgeben, in dem Sinne, daß es auf seine dominierende Rolle in der Europäischen Währungspolitik verzichtet.«
5 Aus diesem Grund taucht die Maas in der ersten (heute nicht mehr gesungenen) Strophe des *Deutschlandliedes* auf, der 1841 komponierten deutschen Nationalhymne.
6 Der Autor berichtete für die *Financial Times* vom Gipfeltreffen in Maastricht.
7 Die Staats- und Regierungschefs der EG-Länder bekundeten erstmals auf einem Gipfeltreffen in den Niederlanden am 1./2. Dezember 1969 die Absicht, innerhalb von zehn Jahren zur Wirtschafts- und Währungsunion zu gelangen.
8 In der »Schlange« durften die Währungen der beteiligten Staaten untereinander um maximal 2,25 Prozent nach oben oder unten schwanken. Der »Schlange« gehörten auch die beiden skandinavischen Staaten Schweden und Norwegen an, obgleich sie nicht Mitglieder der EG waren.

9 Verglichen mit der »Schlange« stellte das EWS ein stärker formalisiertes System »fester, aber anpassungsfähiger« Wechselkurse dar, abgestützt durch Beistandsregelungen und Kreditfazilitäten. Die Schwankungsbreiten wurden auf 2,25 Prozent nach oben oder unten, ausgehend von einem in ECU ausgedrückten Leitkurs, begrenzt. Die Festsetzung der Ober- und Untergrenzen erfolgte mit Hilfe eines »Paritätengitters« bilateraler Leitkurse, durch das alle beteiligten Währungen miteinander verbunden waren. Mitgliedstaaten, die besondere Schwierigkeiten damit hatten, ihre Währungen stabil zu halten, wurde eine Bandbreite von sechs Prozent zugestanden. Italien gehörte mit dieser größten Bandbreite von 1979 an dem EWS an und wechselte 1990 zur »schmalen Bandbreite« über. Spanien schloß sich der Schlange 1989 an, England 1990 und Portugal 1992; für alle drei gilt die Bandbreite sechs Prozent.

10 Gespräch mit dem Autor in Hamburg, 4. Juni 1987. Schmidt verstand sich außerordentlich gut mit James Callaghan, der als englischer Premierminister 1978 beschloß, das Pfund Sterling nicht in die »Schlange« einzureihen. Dennoch kritisierte Schmidt beharrlich, daß England sich die gesamten achtziger Jahre über, bis zum Ende der Amtszeit von Margaret Thatcher, weigerte, der Währungsschlange beizutreten. In Anbetracht der Tatsache, daß Margaret Thatcher später das EWS strikt ablehnte, klingt ihr Kommentar im Unterhaus zu Callaghans Haltung besonders ironisch: Der Tag, an dem Callaghan verkündet habe, daß das Pfund außerhalb der Schlange bleiben werde, sei »ein trauriger Tag für Europa«. Rede im Unterhaus, 6. Dezember 1978.

11 In den ersten vier Jahren nach Inkrafttreten der Regelungen (von März 1979 bis März 1983) wurden die Bandbreiten siebenmal neu angepaßt, meist in der Art, daß die D-Mark gegenüber schwächeren Währungen, hauptsächlich dem französischen Franc, der dänischen Krone und der italienischen Lira, aufgewertet wurde. Nach der Leitkursänderung vom März 1983 erfolgten bis zum Januar 1987 vier Änderungen, aber nur zwei davon (im April 1986 und im Januar 1987) waren größeren Umfangs. Seit Januar 1987 hat es nur eine Neufestsetzung gegeben – eine kleine Veränderung bei der Lira im Januar 1990. Auch das finanzielle Volumen der Zentralbankinterventionen – die erfolgen müssen, wenn eine Währung die zulässige Ober- oder Untergrenze erreicht hat – hat seit 1987 abgenommen. Der größte Einzelposten bei Interventionen in den achtziger Jahren war Anfang Januar 1987 der Verkauf von fünf Milliarden D-Mark als Vorspiel zur Leitkursänderung eine Woche später.

12 Um diese Zeit hatte die Bundesbank die zentrale Rolle des ECU akzeptiert. So sagte zum Beispiel Pöhl: »Daß das ECU im Mittelpunkt dieses Währungssystems steht, hat keineswegs nur symbolische Bedeutung. Langfristig kann es weitreichende Konsequenzen haben...« In »Neuer Anlauf für Europa«, *Weltwoche*, 6. Dezember 1978.

13 Der Grundstein für die zentrale Position der D-Mark wurde kurz vor der formellen Errichtung der EWS beim deutsch-französischen Gipfel in Aa-

chen im September 1978 gelegt. Die Regierungen von Frankreich und der Bundesrepublik kamen überein, die Grenzen für die Währungsschwankungen in einem »Paritätengitter« mit Ober- und Untergrenzen für jede einzelne Währung festzusetzen und nicht in Prozentwerten für die Abweichung von einem zentralen ECU-Leitkurs. Die Bundesbank hatte sich nachdrücklich für das »Paritätengesetz« ausgesprochen, weil dadurch die Länder mit schwächeren Währungen stärker in die Pflicht genommen würden, etwas für die Stärkung ihrer Währungen zu tun. Die Franzosen hatten aus dem genau entgegengesetzten Grund für die Orientierung am ECU plädiert. Die Übereinkunft von Aachen war ein früher Sieg für die Position der Bundesbank bei der Errichtung des EWS.

14 Rede in der Frankfurter Paulskirche, 27. August 1991.

15 In den siebziger Jahren geriet die Bundesbank immer wieder mit Kanzler Schmidt in Streit, weil Schmidt die hohen deutschen Währungsreserven für Kredite an verschuldete Länder, einmal auch an die Sowjetunion, verwenden wollte. Die Bundesbank stand dem Plan eines Europäischen Währungsfonds, bei dem die Reservebestände in einem »Pool« zusammengefaßt werden sollten, äußerst skeptisch gegenüber und unternahm einen besonderen Vorstoß, um sicherzustellen, daß Schmidt diesen Weg nicht beschritt. Emminger, op.cit., S. 248.

16 Die Bundesbank willigte ein, zwanzig Prozent der deutschen Gold- und Dollarreserven einem Europäischen Fonds für Währungspolitische Zusammenarbeit (EFWZ) gegen ECU zu überschreiben, der Mitgliedstaaten des Systems ermöglichen sollte, durch Interventionsverpflichtungen entstehende Schulden zu begleichen. Aber diese Regelung sollte keinen permanenten Reservepool schaffen, sondern basierte auf Dreimonatsswaps, die auf Geheiß der jeweiligen Notenbank jederzeit widerrufen werden konnten.

17 Delors war früher bei der Banque de France tätig gewesen und verfügte deshalb über gute Kontakte zu den Zentralbanken überall auf der Welt.

18 Die Akte enthält die Regelungen für die Vollendung des EG-Binnenmarktes. Sie wurde von allen zwölf EG-Staaten einschließlich Großbritanniens unterzeichnet, obwohl Großbritannien als einziges EG-Mitgliedsland schwerwiegende Bedenken gegen die Währungsunion anmeldete.

19 Als das Komitee im Juni 1989 auf dem EG-Gipfel in Madrid seine Ergebnisse vorstellte, bezeichnete es die D-Mark nachdrücklich als »Ankerwährung« innerhalb des EWS. Die Bundesbank hat diese Formulierung seither immer wieder aufgegriffen.

20 Gespräch mit dem Autor in Frankfurt, 29. Juni 1989.

21 Gespräch mit dem Autor in Frankfurt, 29. Januar 1991.

22 Gegenüber einer deutsch-amerikanischen Gruppe von Wirtschaftspolitikern, 7. März 1991.

23 Rede in Frankfurt, 11. Juni 1991.

24 Diese Bedingungen sind in relativ weichen Formulierungen im Vertrag

von Maastricht niedergelegt. Die Referenzwerte können ignoriert werden, wenn das Defizit eines Landes nur »ausnahmsweise und vorübergehend« besteht oder wenn die Schuldenlast »hinreichend rückläufig« ist und sich der 60-Prozent-Marke »schnell genug« nähert.
25 Bei der Währungsunion dürfen nur die Länder mitmachen, deren Inflationsraten und Zinssätze um nicht mehr als 1,5 beziehungsweise 2 Prozentpunkte von den Zahlen der drei EG-Staaten mit den besten Ergebnissen abweichen. Außerdem müssen diese Länder ihre Währungen innerhalb des EWS über die letzten beiden Jahre stabil gehalten haben.
26 Als 1978 die vertraglichen Grundlagen zur Errichtung des EWS gelegt wurden, begrüßte die Bundesbank die Aussicht, daß wahrscheinlich nicht alle Mitglieder der Gemeinschaft daran beteiligt sein würden: »Das Fernbleiben einer oder mehrerer ›schwacher‹ Währungen vermindert eher die Risiken für die interne und externe Stabilität«, sagte Pöhl am 10. Dezember 1978 in einem Interview mit der *Welt am Sonntag*.
27 Gespräch mit Journalisten in Maastricht, 9. Dezember 1991.
28 Um den Widerstand der Deutschen gegen den Namen Ecu zu unterstreichen, beharrte die deutsche Regierung darauf, daß in der gedruckten Fassung des Maastrichter Vertrags ECU in Großbuchstaben stehen sollte. ECU ist das Akronym für European Currency Unit, Europäische Währungseinheit, im Unterschied zum französischen *écu* für eine Münzeinheit. Der Bonner Regierung zufolge besagte die Verwendung der Abkürzung, daß noch keine Entscheidung darüber gefallen war, wie die Währung heißen sollte.
29 *Bild*, 11. Dezember 1991.
30 *Der Spiegel*, Dezember 1991.
31 Rede über die deutsch-französischen Beziehungen in Jouy-en-Josas, 3. Dezember 1991.
32 Stellungnahme zur Währungsunion, September 1990.
33 Tietmeyer freute sich besonders darüber, daß er in der Stellungnahme vom September die Formulierung »auf Gedeih und Verderb« untergebracht hatte. Dies bedeutete, daß die Währungsunion endgültig war – und daß sie unbedingt durch gemeinsame Entscheidungsprozesse auch in anderen Bereichen ergänzt werden mußte.
34 In einer Sendung des NDR am 27. Januar 1963.
35 Rede in Rotterdam, 8. November 1991.
36 Außer der deutschen Währungsunion, die am 1. Juli 1990 in Kraft trat, nannte Schlesinger als weitere Beispiele die Reichsgründung von 1871, den Anschluß Österreichs an Deutschland 1938 und die Rückgliederung des Saarlandes 1957-1959. In allen Fällen, so betonte er, sei die Währungsunion nach der politischen Union der betreffenden Länder und Regionen gekommen.
37 Gespräch mit dem Autor in Frankfurt, 15. April 1991. Zu »konstruktiver Mitarbeit« entschloß sich die Bundesbank während der Kampagne für die Währungsunion nach dem EG-Gipfel in Hannover im Juni 1988. Auf

diesem Gipfel wurde der »Delors-Ausschuß« eingesetzt; er erhielt den Auftrag, ein Programm für die Errichtung der WWU zu erarbeiten.
38 Rede vor dem Ifo-Institut in München, 23. Juni 1989.
39 Pressekonferenz in Bonn, 14. Juni 1988.
40 Als Bedingungen nannte Kohl »an erster und wichtigster Stelle« die Priorität der Währungsstabilität, danach die vollständige Unabhängigkeit von der Regierung und drittens die Verpflichtung, auf eine Annäherung der jeweiligen Wirtschafts- und Haushaltspolitik hinzuwirken. Gespräch mit dem Autor in London, 30. März 1990.
41 Die Botschaft war in einer gemeinsamen Mitteilung enthalten, die den Staatschefs der übrigen EG-Staaten im Vorfeld eines EG-Sondergipfels zur Beratung über die deutsche Einheit überreicht und am 19. April 1990 veröffentlicht wurde.
42 Bei der Bundesbank war man zum Beispiel sehr aufgebracht darüber, daß Kanzler Kohl auf dem EG-Gipfel in Rom im Oktober 1990 der Errichtung einer neuen »Institution« der EG zum 1. Januar 1994 zugestimmt hatte, die von Franzosen und Italienern als Vorläuferin der Europäischen Zentralbank angesehen wurde.
43 Rede in Paris vor dem Institut de l'Entreprise, 11. Dezember 1991.
44 Einige Mitglieder des Zentralbankrates nahmen auch Anstoß an einer Rede des Bundeskanzlers vor dem Bundestag am 13. Dezember, in der er die allgemeine Verwirrung über die Ergebnisse des Maastrichter Gipfels noch vergrößerte. Einerseits sagte er, die Währungsunion werde nur dann verwirklicht werden, wenn die EG-Mitglieder die in Maastricht aufgestellten Bedingungen erfüllten. Andererseits deutete Kohl an, die Union sei bereits ein »irreversibles« Faktum. »1997 oder 1999 wird Europa eine gemeinsame Währung haben. Man muß einen Moment innehalten und sich klarmachen, was das tatsächlich bedeutet: eine gemeinsame Währung von Kopenhagen bis Madrid, von Den Haag bis Rom.«
45 Diese Bemerkung fiel bei einem Abendessen in London am 17. Dezember 1991.
46 Telefonat mit dem Autor, 28. Januar 1992.
47 Jochimsen von der Landeszentralbank Nordrhein-Westfalen ging so weit, daß er ein eigenes Papier zum Abkommen über die WWU entwarf.
48 Die *Financial Times* berichtete in ihrer Ausgabe vom 29. Januar 1992 über den Tenor des Papiers.
49 Stellungnahme im Monatsbericht vom Februar 1992, von der Bundesbank veröffentlicht auf einer Pressekonferenz am 7. Februar 1992.
50 *Der Tagesspiegel*, 14. Dezember 1991.
51 Interview mit *Finanz und Wirtschaft*, 21. Dezember 1991.
52 *Bayerische Staatszeitung*, 10. Januar 1992.
53 Rede in Hamburg, 15. Januar 1992.
54 Die Republikaner sind in das Landesparlament von Baden-Württemberg eingezogen, die Deutsche Volksunion (DVU) hat Sitze im Parlament von Schleswig-Holstein erobert.

55 Sowohl die Republikaner wie die DVU haben aus der Ungewißheit über die Zukunft der Währung reichlich politisches Kapital geschlagen.
56 Meinungsumfragen in den Monaten vor der Wahl hatten bereits in diese Richtung gewiesen. Im Dezember 1991 ergab eine Umfrage des Allensbacher Instituts, daß 29 Prozent der Westdeutschen und 35 Prozent der Ostdeutschen dafür waren, das Tempo der europäischen Integration zu verlangsamen.
57 Rede vor dem American Council on Germany in New York, 15. Januar 1992.
58 Rede in Berlin, 10. Januar 1992.
59 Rede in Oldenburg, 14. Januar 1994.
60 Polen, die Tschechoslowakei und Ungarn haben bereits erklärt, daß sie sich ebenfalls um eine Mitgliedschaft in der EG bemühen wollen. Eine Reihe kleinerer Staaten – von Zypern über Malta bis zu Gebieten des ehemaligen Jugoslawien – stehen in den Startlöchern.
61 Rede in Halle, 19. Mai 1994.
62 Vgl. zum Beispiel Paul de Grauwe, Daniel Gros, »Convergence and divergence in the Comunity's ecconomy on the eve of economic and monetary union«, in *Setting European Community Priorities 1991-92*, Centre for European Policy Studies 1991.
63 *Bankinformation und Genossenschaftsforum*, März 1991.
64 Rede in Frankfurt, 11. Juni 1991.
65 Interview mit dem *Spiegel*, Nr. 15, 6. April 1992.
66 Rede in Amsterdam auf einer Devisenhändlertagung, 27. November 1991.
67 Interview mit der *Financial Times*, 21. April 1992. Schäubles Kommentar stimmt geradezu verblüffend mit einer Äußerung des früheren Finanzministers Hans Matthöfer aus dem Jahr 1978 überein. Matthöfer betonte die überragende Bedeutung der politischen Motive für die positive Haltung der Bundesrepublik zum EWS: »Wir brauchen als ein Land, das an verschiedenen Stellen verwundbar ist – ich brauche nur auf Berlin zu verweisen – eine feste Einbettung in die europäische Gemeinschaft und in die Atlantische Allianz.« Interview mit *Christ und Welt*, 1. Dezember 1978.
68 Gespräch mit dem Autor in Hamburg, 4. Juni 1991.
69 Nach einem geheimgehaltenen Besuch im Pariser Finanzministerium am 30. Juli 1993 flogen noch am selben Tag Finanzminister Theo Waigel, Staatssekretär Gert Haller, Bundesbankpräsident Helmut Schlesinger und sein Vize Hans Tietmeyer zu Gesprächen mit Kohl nach Österreich, um gemeinsam einen möglichen Ausweg aus der Währungskrise zu finden. Anstatt – wie manche Gesprächsteilnehmer befürchtet hatten – die Bundesbank zur Zinssenkungs- oder weiteren Interventionsmaßnahmen zu drängen, gab Kohl den Finanzleuten grünes Licht zur von der Bundesbank favorisierten Lösung einer Erweiterung der EWS-Schwankungsmargen, einem Schritt, der am 2. August vollzogen wurde.

70 Rede in Hachenburg, 20. Oktober 1992.
71 Vortrag in Bonn, 24. November 1993.

Kapitel X

1 Brief an Finanzminister Fritz Schäffer, 7. März 1950. BB KO/Vocke.
2 In einer Sendung des NDR, 27. Januar 1963.
3 Pressekonferenz in Frankfurt, 7. Februar 1992.
4 Rede am 10. November 1967 anläßlich der Grundsteinlegung. Der Grundstein ist heute auf dem Boden im Empfangsbereich des Hauptgebäudes der Bundesbank zu sehen.
5 Nach der Statistik der OECD lag die durchschnittliche wirtschaftliche Wachstumsrate in der Bundesrepublik zwischen 1971 und 1990 bei jährlich 2,4 Prozent gegenüber 2,3 Prozent in Großbritannien, 2,8 Prozent in Frankreich und den USA und 4,4 Prozent in Japan. Im Durchschnitt aller vierundzwanzig Mitgliedstaaten der OECD betrug die Wachstumsrate für denselben Zeitraum 3,5 Prozent.
6 Zwischen 1973 und 1990 erhöhte sich die Arbeitslosenquote in der Bundesrepublik von 0,8 Prozent auf 5,1 Prozent nach der standardisierten Statistik der OECD. In den USA stieg die Quote von 4,8 auf 5,4 Prozent, in Japan von 1,3 auf 2,1 Prozent, in Frankreich von 2,7 auf 8,9 Prozent, in Italien von 6,2 auf 9,9 Prozent und in Großbritannien von 3,0 auf 6,9 Prozent.
7 Eine Reihe internationaler Studien belegt, daß ein Zusammenhang besteht zwischen der Unabhängigkeit der Zentralbank und einem erfolgreichen Kampf gegen die Inflation. Siehe A. Alesina, L. Summers, *Central Banking, Independence and Macroeconomic Performance: Some Comparative Evidence*, Harvard University, Diskussionspapier Nr. 1496.
8 Interview mit dem *Spectator*, 12. Juli 1990. Ridley sagte weiter, das kurz vor der Vereinigung stehende Deutschland werde zunehmend »arrogant«, deshalb solle England wieder in altbewährter Weise für das »Mächtegleichgewicht« in Europa sorgen. Indirekt verglich Riddley Bundesbankpräsident Karl Otto Pöhl mit Adolf Hitler.
9 In der Präambel des 1949 verabschiedeten Grundgesetzes wird als höchstes Ziel genannt, in einem vereinten Europa »die Einheit und Freiheit Deutschlands zu vollenden«.
10 Diesen Standpunkt vertrat überzeugend das früher für Internationale Währungsfragen zuständige Direktoriumsmitglied Leonhard Gleske in einem 1990 veröffentlichten Papier mit dem Titel *Institutionelle Aspekte einer Europäischen Wirtschafts- und Währungsunion*. Gleske gab allerdings zu, daß die Umwandlung der Bundesbank in eine Europäische Zentralbank und die Erhebung der D-Mark zur gemeinsamen europäischen Währung (wenn auch unter einem anderen Namen) für die meisten Partner der Bundesrepublik nicht annehmbar wäre.

Bibliographie

Blessing, Karl. *Im Kampf um gutes Geld*. Frankfurt, 1966.
Bowyer, Tom. *Blind Eye to Murder*. London, 1981.
Brawand, Leo. *Wohin steuert die deutsche Wirtschaft?* München, 1971.
Brüning, Heinrich. *Memoiren 1918-1934*. Stuttgart, 1970.
Coombs, Charlie. *The Arena of International Finance*. New York, 1976.
Crawley, Aidan. *The Rise of Western Germany 1945-1972*. London, 1973.
Czichon, Eberhard. *Der Bankier und die Macht*. Köln, 1970.
− Der Prozeß gegen die Hauptkriegsverbrecher vor dem Internationalen Militärgerichtshof. Nürnberg 14. November 1945 bis 1. Oktober 1946. 42 Bde, Nürnberg 1947-1949.
Deutsche Bundesbank (Hg.). *Währung und Wirtschaft in Deutschland 1876-1976*. Frankfurt, 1976.
− *40 Jahre Deutsche Mark:* Monetäre Statistiken 1948-1987. Frankfurt, 1988.
Dodd, William E. jr. und Dodd, Martha. *Ambassador Dodd's Diary 1933-1938*. New York, 1941.
Duewendag, Dieter (Hg.). *Macht und Ohnmacht der Bundesbank*. Frankfurt, 1973.
Emminger, Otmar. *Währungspolitik im Wandel der Zeit*. Frankfurt, 1966.
− *D-Mark, Dollar, Währungskrisen*. Stuttgart, 1986.
Erhard, Ludwig. *Wohlstand für alle*. Düsseldorf, 1957.
− *Deutsche Wirtschaftspolitik*. Düsseldorf, 1962.
Fischer, Wolfram (Hg.). *Währungsreform und soziale Marktwirtschaft*. Berlin, 1989.
Fürstenberg, Hans (Hg.). *Carl Fürstenberg. Die Lebensgeschichte eines deutschen Bankiers. 1870-1917*. Berlin, 1931.
Flink, Salamon. *The German Reichsbank and Economic Germany*. New York, 1930.
Gisevius, Hans Bernd. *Bis zum bitteren Ende*. Zürich, 1946.
Gilbert, Milton. *Quest for World Monetary Order*. New York, 1980.
Goebbels, Joseph. *Tagebücher 1945. Die letzten Aufzeichnungen*. Hamburg, 1977.
Helfferich, Karl. *Geschichte der deutschen Geldreform*. Leipzig, 1898.
Hitler, Adolf (hg. von Henry Picker) *Hitlers Tischgespräche im Führerhauptquartier 1941-1942*. Stuttgart, 1963.
Holtfrerich, Carl-Ludwig. *Die deutsche Inflation 1914-1923*. Berlin, 1980.
James, Harold. *The Reichsbank and Public Finance in Germany 1924-1933*. Frankfurt, 1985.
− *A German Identity*. London, 1989.

Kennedy, Ellen. *The Bundesbank: Germany's Central Bank in the International Monetary System.* London, 1991.
Koerfer, Daniel. *Kampf ums Kanzleramt.* Stuttgart, 1987.
Ludlow, Peter. *The Making of the European Monetary System.* London, 1982.
Luther, Hans. *Vor dem Abgrund 1930-1933.* Berlin, 1964.
Mühlen, Norbert. *Der Zauberer.* Zürich, 1938.
Müller, Helmut. *Die Zentralbank — eine Nebenregierung: Reichsbankpräsident Hjalmar Schacht als Politiker der Weimarer Republik.* Opladen, 1973.
Nölling, Wilhelm. *Abschied von der D-Mark?* Hamburg, 1992.
Northrop, Mildred. *Control Policies of the Reichsbank 1924-1933.* New York, 1932.
Oestreich, Paul. *Walther Funk. Ein Leben für die Wirtschaft.* München, 1941.
Pentzlin, Heinz. *Hjalmar Schacht, Leben und Wirkung einer umstrittenen Persönlichkeit.* Berlin, 1980.
Petersen, Edward Norman. *Hjalmar Schacht: For and against Hitler.* Boston, 1954.
Pohl, Manfred. *Hermann J. Abs. Eine Bildbiographie.* Wiesbaden, 1981.
Reuter, Franz. *Schacht.* Leipzig, 1934.
Riehl, Hans. *Die Mark.* Hannover, 1978.
Riese, Hajo, und Spahn, Heinz-Peter. *Geldpolitik und ökonomische Entwicklung.* Berlin, o.J.
Ritter, Gerhard. *Carl Goerdeler und die deutsche Widerstandsbewegung.* Stuttgart, 1954.
Roeper, Hans. *Die D-Mark: Vom Besatzungsgeld zum Weltstar.* Frankfurt, 1978.
Schacht, Hjalmar. *Die Stabilisierung der Mark.* Berlin/Leipzig, 1927.
— *Das Ende der Reparationen.* Oldenburg, 1931.
— *Abrechnung mit Hitler.* Hamburg, 1948.
— *1933 — Wie eine Demokratie stirbt.* Düsseldorf, 1968.
— *Die Politik der Deutschen Bundesbank.* München, 1970.
Schelling, Friedrich Wilhelm von. *Die Bundesbank in der Inflation. Plädoyer für eine neue Geldverfassung.* Frankfurt, 1975.
Schmidt, Helmut. *Menschen und Mächte.* Berlin, 1987.
Schmidt, Paul. *Statist auf diplomatischer Bühne.* Bonn, 1949.
Shirer, William. *Aufstieg und Fall des Dritten Reiches.* München, 1963.
Speer, Albert. *Erinnerungen.* Frankfurt/Berlin, 1969.
— *Der Sklavenstaat. Meine Auseinandersetzung mit der SS.* Stuttgart, 1981.
Spindler, Joachim von, et al. *Die Deutsche Bundesbank.* Stuttgart, 1960.
Teltschik, Horst. *329 Tage. Innenansichten der Einigung.* Berlin, 1991.
Thyssen, Fritz. *I Paid Hitler.* New York, 1941.
Toniolo, Gianni (Hg.). *Central Bank's Independence in Historical Perspektive.* Berlin/New York, 1988.
US Printing Office. *Trials of War Criminals before the Nuremberg Tribunals. October 1946-April 1949.* Washington, 1949-1950.
Veit, Otto. *Die Zukunft des Goldes.* Berlin, 1937.
— *Grundriß der Währungspolitik.* Frankfurt, 1961.

Vocke, Wilhelm. *Gesundes Geld*. Frankfurt, 1956.
– *Memoiren*. Stuttgart, 1973.
Vogelsang, Reinhard. *Der Freundeskreis Himmlers*. Göttingen, 1973.
Wallich, Henry. *Mainsprings of the German Revival*. New Haven, 1955.
Wandel, Eckard. *Die Entstehung der Bank deutscher Länder und die Währungsreform*. Frankfurt, 1980.
Zilch, Reinhard. *Die Reichsmark und die finanzielle Kriegsvorbereitung von 1907 bis 1914*. Berlin, 1988.

Personenregister

Abs, Hermann Josef 104, 161, 180, 194–198, 237, 244, 248, 404 ff.
Adenauer, Konrad 66, 76, 198, 214 f., 222, 230 ff., 238, 241
Andreotti, Giulio 305 f.
Augstein, Rudolf 312

Bayrhoffer, Walther 156
Becket, Thomas 33
Bennett, Jack 184, 193, 201
Benning, Bernhard 171, 174, 203, 207
Berg, Fritz 237
Bernard, Karl 66, 98, 198, 209, 212, 232, 366, 388, 406
Blessing, Karl 15, 32, 35, 58, 67–71, 116, 120, 151, 156, 180, 206, 221, 233, 236 ff., 239, 241–245, 253, 313 f., 331 f., 367 ff., 391
Bockelmann, Horst 104, 118, 255, 326
Boden, Wilhelm 202
Böhme, Ibrahim 270
Brandt, Willy 54, 220, 247, 249, 267 f.
Brinkmann, Rudolf 156, 159, 168 f.
Brüning, Heinrich 140
Buch, Thomas 118
Burckhardt, Otto 202

Chirac, Jacques 54
Clay, Lucius 193
Cobbold, Cameron F. 16 f., 194

Delors, Jacques 301 ff., 330
Diel, Alphons 171, 397
Dingwort-Nusseck, Julia 88

Dodge, Joseph 192
Dreyse, Friedrich 140, 156
Drogheda, Lord 17
Dudler, Herman-Josef 362
Duppré, Fritz 106

Ehrhardt, Carl 156
Eicke, Rudolf 185
Einsiedel, Eugen 167
Emminger, Otmar 58, 63 f., 104 f., 203, 222, 227 f., 235 f., 245 f., 294, 363, 365, 399
Erhard, Ludwig 42, 159, 163, 184, 216, 220, 230, 234–242, 253
Erzberger, Matthias 379
Etzel, Franz 217, 237 f., 417

Frank, Hans 178
Frede, Karl 167
Funk, Walther 41, 70 f., 148, 156, 160–166, 168, 180 f., 391 f., 394

Gaddum, Johann Wilhelm 47, 94
Galen, Ferdinand von 371
Genscher, Hans-Dietrich 295
Giscard d'Estaing, Valéry 251, 299
Gleske, Leonhard 103, 277
Goebbels, Joseph 386
Goerdeler, Carl Friedrich 367
Göring, Hermann 141, 143, 148, 169
Gunston, Charles 162, 193, 402
Guth, Wilfried 375

Hartmann, Wendelin 95, 118
Häusler, Gerd 95, 107, 118
Havenstein, Rudolf 130, 135, 380
Helfferich, Karl 120, 125, 135, 257

439

Hermsdorf, Hans 93, 106, 252
Hesse, Helmut 92, 102, 282 f., 321
Heß, Rudolf 147
Himmler, Heinrich 141, 169
Hindenburg, Paul von 145
Hiss, Dieter 107, 322
Hitler, Adolf 31, 39 f., 59, 72, 132, 134, 141–148, 155 ff., 162, 166, 368, 386, 391
Honecker, Erich 48, 262
Hugenberg, Alfred 142
Hülse, Ernst 156, 192, 201, 203 f., 402, 408, 410

Irmler, Heinrich 235
Issing, Otmar 95, 100, 316

Jochimsen, Reimut 86, 92, 100, 106, 285, 320

Kaminsky, Horst 264 f., 268 ff.
Kiesinger, Kurt-Georg 220, 242–245
King, Mervyn 218
Klasen, Karl 58, 64, 96, 104 f., 116, 202, 224, 245 f., 248, 375
Kloten, Norbert 91
Koebnick, Hans-Jürgen 91
Kohl, Helmut 24, 49, 54, 61 f., 222 ff., 255–259, 262, 270–275, 277, 280, 286 f., 289 f., 292, 303, 308, 310 ff., 424
Köhler, Claus 99, 227, 266 f.
Köhler, Horst 282 f., 327
Könnecker, Wilhelm 206
Krause, Günther 275
Krenz, Egon 48
Kretzschmann, Max 156
Krupp, Hans-Jürgen 90 f.

Lafontaine, Oskar 257, 372
Lahnstein, Manfred 60, 226 ff.
Lange, Kurt 156, 170, 180
Larosière, Jacques de 105
Leigh-Pemberton, Robin 96, 105
Leutwiler, Fritz 59

Lipp, Ernst-Moritz 99
Lucht, Werner 331
Luft, Christa 270
Lumm, Karl von 361
Luther, Hans 15, 53, 66, 133, 140, 142 f., 387

Maizière, Lothar de 44 f., 47, 270, 272, 278 f., 363
Major, John 19, 308
Marx, Wilhelm 136
Matthiessen, Jürgen 108
Matthöfer, Hans 60, 222 f., 225, 431
Meier, Bruno 265
Meister, Edgar 95
Mittag, Günter 291
Mitterrand, François 302, 330, 395 f.
Modrow, Hans 424
Möllemann, Jürgen 290
Montgomery, Lord 188
Müller, Hermann 138
Müller, Lothar 89 f., 93, 100, 106, 285, 320, 323
Mürdel, Karl 201

Nemitz, Kurt 89, 106, 291, 372
Nölling, Wilhelm 90, 106, 282 f., 291, 304, 323
Norman, Montagu 130, 134, 162, 191, 217

Oechsner, Friedrich 169

Paersch, Fritz 177 f.
Palm, Guntram 91
Pferdemenges, Robert 238
Pfleiderer, Otto 159, 171, 202 f., 409 f.
Pöhl, Karl Otto 15, 28, 33, 35, 48–56, 58, 61 ff., 80, 84, 94, 96, 99, 104 ff., 116, 217 f., 221 ff., 225, 241, 253, 266, 268–273, 276 f., 282–291, 301, 303, 317, 363 f., 371
Puhl, Emil 156, 170 f., 175–177, 362, 396

Rath, Ernst vom 150
Ribbentrop, Joachim von 71, 182
Ridley, Nicholas 337
Risse, Roland 241
Rohwedder, Detlev Karsten 288f.
Rühe, Volker 275

Schacht, Horace Greeley Hjalmar 39, 51, 59, 67f., 120, 134–148, 150–158, 160, 163, 181, 191, 294, 381, 384ff., 388, 399f.
Schäffer, Fritz 66, 215f., 218, 230, 373
Schäuble, Wolfgang 328
Scheidemann, Philipp 127
Schelling, Friedrich Wilhelm von 163, 365, 393
Schieber, Helmut 95, 118
Schiller, Karl 42, 75, 87, 116, 243f., 246ff., 290
Schlecht, Otto 275
Schlesinger, Helmut 26, 33, 56f., 61f., 80, 94, 97, 99, 101, 104, 106, 109, 219, 223, 251, 267f., 270f., 289, 303, 314, 319f., 331, 364
Schlüter, Peter-Wilhelm 311
Schmidt, Helmut 28, 54, 76, 102, 220, 222ff., 226–229, 247, 249–252, 259f., 299, 328, 361
Schniewind, Otto 194–198, 495
Scholl, Franz 112f.
Schöllhorn, Johann Baptist 104
Schreiner, Heinrich 91
Schulmann, Horst 91
Schumacher, Kurt 50

Seiters, Rudolf 270
Sentz, Max 202
Sievert, Olaf 91
Stoltenberg, Gerhard 58, 277, 364
Strauß, Franz Josef 89
Stresemann, Gustav 133, 139

Szaz, André 327, 426

Teltschik, Horst 273, 275
Tepe, Hermann 202
Thatcher, Margaret 19, 34, 52
Thomas, Karl 76, 90, 104, 320, 323
Thomson, Donald 16
Tietmeyer, Hans 26, 33, 39, 57, 60f., 91, 94, 97, 101, 104, 223f., 277ff., 304, 313, 322, 325, 329
Tomberg, Willy 15f.
Treue, Hans 206
Tüngeler, Johannes 248

Ulbricht, Walter 48

Veit, Otto 195f., 204f., 404
Vocke, Wilhelm 58, 65ff., 116, 134, 136, 156, 160, 165, 184, 193, 198f., 206, 214ff., 218, 222, 229–233, 235, 239, 244, 263, 331, 365, 390, 402, 407
Vogel, Dieter 286
Vögler, Albert 138
Volcker, Paul 59

Waigel, Theo 58, 100, 256, 268, 270ff., 283, 289
Wedel, Bodo von 198f., 407
Weizsäcker, Richard von 258, 289
Werner, Pierre 299
Wertz, Hans 93
Wilhelm, Friedrich 152, 156, 207f., 411f.
Windlinger, Rudolf 170, 179, 395
Wolf, Eduard 109, 203, 210, 212f.
Wrede, Viktor 209–213, 412

Young, Owen 138

Zachau, Erich 203, 206

Sachregister

Alliierte Bankkommission 188, 194, 198, 208, 210, 214 f.
Annexion Österreichs 148, 151
Aufwertung 220, 226, 233–239, 243 f.

Bank deutscher Länder 15, 28 ff., 40, 66 ff., 78, 82, 118, 165 f., 185–193, 229
Bank für Internationalen Zahlungsausgleich 139
Bank of England 15, 23, 61, 77, 81
Banque de France 23, 61, 77, 81
Bretton-Woods-System 26, 36, 247, 250, 295
Bundesbankbericht 109
Bundesbankgesetz 29, 40, 190, 216, 225
Bundesrechnungshof 93

Darlehenskassenscheine 124, 378
Dawesplan 137
Delors-Bericht 303
Deutsch-Französischer Krieg 1870/71, 120, 125
Deutsche Bank 125, 161, 196, 248
Deutsche Einheit 44 ff., 253–260, 292
Deutsche Währungsunion 45 ff., 49, 55, 253 ff., 266–280, 296 f.
DNVP 136, 142

ECU 110, 301 ff., 308, 311, 427, 429
Entnazifizierung 188, 197, 201, 210
Erster Weltkrieg 125 f.
Europäische politische Union 296, 310, 312 ff.

Europäische Zahlungsunion 190, 295
Europäische Zentralbank 20, 101, 296, 306, 309 f., 318, 325, 334
Europäischer Währungsfonds 301
EWM, Europäischer Wechselkursmechanismus 19
EWS, Europäisches Währungssystem 19, 223, 251 f., 296, 299 ff., 307, 329 f., 343

Federal Reserve Bank 77, 81, 112 f.

Geldscheine 114 f.
Geldwertstabilität 39 f.
Geräuschlose Finanzierung 174
Gold 80 f., 120, 122–124, 126
Golddiskontbank 137 f.

Inflation 27 f., 40, 127–133, 138, 144, 156, 179 f., 242, 248, 322, 335, 379
Internationaler Währungsfonds 23

Judenverfolgung 143, 148–151

Kohäsionsfonds 307, 338
Konklave von Rothwesten 199 f., 203, 209, 410
Kreditanstalt für Wiederaufbau 194, 403

Landeszentralbanken 86 ff. 102, 187

Maastricht, Gipfeltreffen von 24, 293, 297 f., 305, 318 ff., 339
Marokkokrise 124
Mefo-Wechsel 147, 155, 387

Mindestreserven 82
Morgenthau-Plan 164f., 184, 393

NSDAP-Mitglieder 30f., 168, 394, 409

Offenmarktpolitik 82f.
OMGUS, Office of Military Government of the United States 192, 196, 197
Österreichische Nationalbank 151 ff.

Personelles Wachstum der Bundesbank 97
Potsdamer Dreimächteabkommen 193
Preußische Bank 122

RAF, Rote Armee Fraktion 289
Reichsbank 29, 40, 46, 120–124, 128–132, 135–139, 148–159, 192
Reichsbankgesetz 166
Reichskreditkassen 176f.
Reichskristallnacht 150
Reichsmark 42f., 172

Rentenmark 133
Reparationen 127, 130, 137ff., 141, 377

SED, Sozialistische Einheitspartei Deutschlands 45–48
Staatsbank der DDR 42, 46, 263–265, 268ff., 280
Steuererhöhungen 256–260, 276

Versailler Vertrag 120, 127, 131, 139

Währungsreform 187, 200
Währungsschlange 299, 427f.
Werner-Plan 299, 343
WWU, Wirtschafts- und Währungsunion 18, 20, 23f., 37, 52, 293–297, 302–318, 324f., 337–345

Youngplan 139

Zentralbankrat 53f., 81–93, 116f., 199–205, 284f., 320, 371
Zentralbankrat, Sitzungen des 97ff., 224

Bildnachweis

Deutsche Bundesbank, Archiv: 1 oben u. unten, 2 oben u. unten, 3, 4 unten, 5 unten, 6 unten, 7 oben, 11 oben, 12 unten, 14 oben, 15 oben u. unten, 16 oben links u. oben rechts; dpa: 8 unten, 10 oben u. unten, 12 oben, 13 oben u. unten; Joppen: 14 unten; Keystone: 8 oben; Kleinhaus: 11 unten; König: 6 oben; Muhlke: 4 oben rechts; Ullstein Bilderdienst: 4 oben links, 7 unten; Wessel: 16 unten; Würsching: 5 oben.

GOLDMANN

Internationale Politik

H. Norman Schwarzkopf,
Man muß kein Held sein 12560

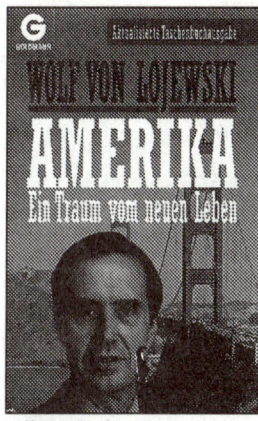

Wolf von Lojewski,
Amerika 12421

Alexander Niemetz,
Brennpunkt Nahost 12433

Klaus Bednarz,
Rußland 12516

Goldmann · Der Taschenbuch-Verlag

GOLDMANN TASCHENBÜCHER

Das Goldmann Gesamtverzeichnis erhalten Sie im Buchhandel oder direkt beim Verlag.

Literatur · Unterhaltung · Thriller · Frauen heute
Lesetip · FrauenLeben · Filmbücher · Horror
Pop-Biographien · Lesebücher · Krimi · True Life
Piccolo Young Collection · Schicksale · Fantasy
Science-Fiction · Abenteuer · Spielebücher
Bestseller in Großschrift · Cartoon · Werkausgaben
Klassiker mit Erläuterungen

∗ ∗ ∗ ∗ ∗ ∗ ∗ ∗ ∗

Sachbücher und Ratgeber:
Gesellschaft / Politik / Zeitgeschichte
Natur, Wissenschaft und Umwelt
Kirche und Gesellschaft · Psychologie und Lebenshilfe
Recht / Beruf / Geld · Hobby / Freizeit
Gesundheit / Schönheit / Ernährung
Brigitte bei Goldmann · Sexualität und Partnerschaft
Ganzheitlich Heilen · Spiritualität · Esoterik

∗ ∗ ∗ ∗ ∗ ∗ ∗ ∗ ∗

Ein SIEDLER-BUCH bei Goldmann
Magisch Reisen
ErlebnisReisen
Handbücher und Nachschlagewerke

Goldmann Verlag · Neumarkter Str. 18 · 81664 München

Bitte senden Sie mir das neue kostenlose Gesamtverzeichnis

Name: _____

Straße: _____

PLZ / Ort: _____